大阪府

〈収録内

■ 2019・2020年度は、弊社ホームページで公開しております。
本ページの下方に掲載しておりますQRコードよりアクセスし、データをダウンロードしてご利用ください。
■ 作文の一部は問題のみを掲載しております。
■ 2022・2023年度のリスニング問題は解答用紙集に掲載しております。

2023 年度 ……………………… 特別（数・英・理・社・国）
一般（数・英・理・社・国）
※特別国語 B 問題の大問二は、問題に使用された作品の著作権者が二次使用の許可を出していないため、問題を掲載しておりません。

2022 年度 ……………………… 特別（数・英・理・社・国）
一般（数・英・理・社・国）

2021 年度 ……………………… 特別（数・英・理・社・国）
一般（数・英・理・社・国）
※一般国語 B 問題の大問四は、問題に使用された作品の著作権者が二次使用の許可を出していないため、問題を掲載しておりません。

2020 年度 ……………………… 特別（数・英・理・社）
一般（数・英・理・社）

2019 年度 ……………………… 特別（数・英・理・社）
一般（数・英・理・社）

解答用紙・音声データ配信ページへスマホでアクセス！ ⇒

※データのダウンロードは 2024 年 3 月末日まで。
※データへのアクセスには、右記のパスワードの入力が必要となります。 ⇒ 239567
※リスニング問題については最終ページをご覧ください。

〈 各教科の合格者平均点 〉

	数学A	数学B	数学C	英語A	英語B	英語C	理科	社会	国語A	国語B	国語C
2023年度	48.9	55.2	51.2	36.2	53.2	67.3	61.0	53.2	55.0	66.7	64.3
2022年度	58.2	57.5	66.1	41.9	55.2	69.0	58.7	54.0	61.6	59.2	66.3
2021年度	56.4	60.2	63.4	43.4	48.8	54.2	59.9	51.9	63.5	64.2	68.2
2020年度	61.4	49.5	41.3	44.3	53.4	52.7	53.9	58.1	60.0	61.1	59.6
2019年度	64.2	54.6	58.0	41.2	46.3	51.7	48.6	50.5	50.4	55.1	47.3

※一般入学者選抜の数値。（平均点は、100点満点に換算した点数。）
※数学・英語・国語は、それぞれA・B・Cのうちから学校選択。

本書の特長

POINT 1　解答は全問を掲載、解説は全問に対応！

POINT 2　英語の長文は全訳を掲載！

POINT 3　リスニング音声の台本、英文の和訳を完全掲載！

POINT 4　出題傾向が一目でわかる「年度別出題分類表」は、約 10 年分を掲載！

実戦力がつく入試過去問題集

- ▶ 問題 ……………　実際の入試問題を見やすく再編集。
- ▶ 解答用紙 ……　実戦対応仕様で収録。
- ▶ 解答解説 ……　重要事項が太字で示された、詳しくわかりやすい解説。
  ※採点に便利な配点も掲載。

合格への対策、実力錬成のための内容が充実

- ▶ 各科目の出題傾向の分析、最新年度の出題状況の確認で、入試対策を強化！
- ▶ その他、志願状況、公立高校難易度一覧など、学習意欲を高める要素が満載！

解答用紙ダウンロード　解答用紙はプリントアウトしてご利用いただけます。弊社ＨＰの商品詳細ページよりダウンロードしてください。トビラのＱＲコードからアクセス可。

リスニング音声ダウンロード　英語のリスニング問題については、弊社オリジナル作成により音声を再現。弊社ＨＰの商品詳細ページで全収録年度分を配信対応しております。トビラのＱＲコードからアクセス可。

famima PRINT　原本とほぼ同じサイズの解答用紙は、全国のファミリーマートに設置しているマルチコピー機のファミマプリントで購入いただけます。※一部の店舗で取り扱いがない場合がございます。詳細はファミマプリント（http://fp.famima.com/）をご確認ください。

UD FONT　見やすく読みまちがえにくいユニバーサルデザインフォントを採用しています。

～2024年度大阪府公立高校入試の日程（予定）～

☆特別入学者選抜

出願期間	2／14・2／15 ※音楽科は2／6・2／7

↓

学力検査等	2／20
実技検査等	・工業に関する学科、グローバル探究科、体育に関する学科、演劇科、美術科、芸能文化科、総合造形科…2／21（実技検査） ・音楽科…2／17（専攻実技、視唱）、2／20（聴音） ・総合学科（エンパワメントスクール）…2／21（面接）

↓

合格者発表	2／29

☆一般入学

出願期間	3／4・3／5・3／6

↓

学力検査等	3／11

↓

合格者発表	3／19

※募集および選抜に関する最新の情報は大阪府教育委員会のホームページなどで必ずご確認ください。

2023年度/大阪府公立高校出願状況(特別入学者選抜)

【全日制専門学科】

学校名・学科名		募集人員	志願者数	競争率
工芸	建築デザイン	40	35	1.27
	インテリアデザイン	40	31	
	ビジュアルデザイン	40	57	
	映像デザイン	40	54	
	プロダクトデザイン	40	62	
	美術	40	65	
岸和田市立産業	デザインシステム	40	34	0.85
港南造形	総合造形	200	256	1.28
夕陽丘	音楽	40	29	0.73
桜宮	人間スポーツ科学	120	138	1.15
汎愛	体育	120	121	1.01
摂津	体育	80	59	0.74
大塚	体育	80	134	1.68
水都国際	グローバル探究	81	132	1.63
咲くやこの花	演劇	40	31	0.78
東住吉	芸能文化	40	40	1.00

※　同一選抜の複数学科で選抜を行う場合、第１志望で不合格となっても第２志望で合格となる場合があるため、競争率は学科ごとではなく全体の人数に対する倍率で表示。

※　第２志望の学科・人数の記載は省略。

※　府立水都国際の募集人員には、海外から帰国した生徒の入学選抜の募集人員を含む。

※　府立長吉、府立布施北高校の募集人員には、日本語指導が必要な帰国生徒・外国人生徒入学者選抜の募集人員を含む。

【全日制総合学科(エンパワメントスクール)】

学校名・学科名		募集人員	志願者数	競争率
淀川清流	総合	210	180	0.86
成城	総合	210	220	1.05
西成	総合	210	232	1.10
長吉	総合	210	184	0.88
箕面東	総合	210	166	0.79
布施北	総合	210	197	0.94
和泉総合	総合	210	205	0.98
岬	総合	210	128	0.61

【多部単位制Ⅰ部・Ⅱ部(クリエイティブスクール)、昼夜間単位制】

学校名・学科名		募集人員	志願者数	競争率
大阪わかば	普通(Ⅰ部)	90	46	0.56
	普通(Ⅱ部)	45	30	
中央	普通	160	146	0.80
	ビジネス	80	45	

2023年度/大阪府立豊中高等学校能勢分校に係る入学者選抜の志願者数

〈能勢・豊野地域選抜〉

学校名・学科名		募集人員	志願者数	競争率
豊中高校能勢分校	総合	20	20	1.00

〈府内全域選抜〉

学校名・学科名		募集人員	志願者数	競争率
豊中高校能勢分校	総合	50	5	0.10

2023年度/大阪府公立高校志願状況(一般入学者選抜)

【全日制普通科】

学校名・学科名		募集人員	志願者数	競争率
東淀川	普通	264	357	1.35
旭	普通	240	297	1.10
	国際文化	77	52	
桜宮	普通	160	175	1.09
東	普通	200	309	1.47
	理数	80	114	
	英語	39	45	
汎愛	普通	200	225	1.13
清水谷	普通	280	359	1.28
夕陽丘	普通	280	334	1.19
港	普通	240	348	1.45
阿倍野	普通	280	393	1.40
東住吉	普通	280	341	1.22
平野	普通	160	118	0.74
阪南	普通	240	293	1.22
池田	普通	360	418	1.16
渋谷	普通	240	266	1.11
桜塚	普通	360	468	1.30
豊島	普通	320	402	1.26
刀根山	普通	360	417	1.16
箕面	普通	280	275	1.17
	グローバル	74	139	
春日丘	普通	320	537	1.68
茨木西	普通	240	268	1.12
北摂つばさ	普通	240	212	0.88
吹田	普通	240	251	1.05
吹田東	普通	320	457	1.43
北千里	普通	320	381	1.19
山田	普通	360	496	1.38
三島	普通	360	460	1.28
高槻北	普通	320	389	1.22
芥川	普通	320	349	1.09
阿武野	普通	240	268	1.12
大冠	普通	280	313	1.12
摂津	普通	200	204	1.02
寝屋川	普通	320	413	1.29
西寝屋川	普通	240	256	1.07
北かわち皐が丘	普通	240	251	1.05
枚方	普通	240	314	1.15
	国際文化	79	53	
長尾	普通	240	252	1.05
牧野	普通	280	329	1.18
香里丘	普通	240	278	1.16
枚方津田	普通	240	258	1.08
いちりつ	普通	200	256	1.04
	理数	40	38	
	英語	79	37	

学校名・学科名		募集人員	志願者数	競争率
守口東	普通	240	257	1.07
門真西	普通	200	196	0.98
野崎	普通	240	112	0.47
緑風冠	普通	240	246	1.03
交野	普通	240	253	1.05
布施	普通	320	411	1.28
花園	普通	240	303	1.18
	国際文化	79	75	
かわち野	普通	160	117	0.73
みどり清朋	普通	240	264	1.10
山本	普通	280	339	1.21
八尾	普通	280	394	1.41
八尾翠翔	普通	240	164	0.68
大塚	普通	160	173	1.08
河南	普通	280	286	1.02
富田林	普通	121	136	1.12
金剛	普通	240	235	0.98
懐風館	普通	240	165	0.69
長野	普通	160	162	0.82
	国際文化	79	35	
藤井寺	普通	240	282	1.18
狭山	普通	240	283	1.18
登美丘	普通	280	371	1.33
泉陽	普通	320	419	1.31
金岡	普通	240	271	1.13
東百舌鳥	普通	240	264	1.10
堺西	普通	240	258	1.08
福泉	普通	240	130	0.54
堺上	普通	240	270	1.13
美原	普通	160	97	0.61
泉大津	普通	240	247	1.03
信太	普通	240	225	0.94
高石	普通	320	402	1.26
和泉	普通	240	258	1.16
	グローバル	79	113	
久米田	普通	280	327	1.17
佐野	普通	200	319	1.35
	国際文化	77	56	
日根野	普通	240	286	1.19
貝塚南	普通	240	248	1.03
りんくう翔南	普通	240	211	0.88
東大阪市立日新	普通	160	171	0.93
	商業	40	33	
	英語	40	18	

【全日制普通科単位制】

学校名・学科名		募集人員	志願者数	競争率
市岡	普通	280	346	1.24
府教育センター附	普通	240	293	1.22
槻の木	普通	240	244	1.02
鳳	普通	320	334	1.04

【全日制専門学科】

学校名・学科名		募集人員	志願者数	競争率
園芸	フラワーファクトリー	80	103	1.16
	環境緑化	40	39	
	バイオサイエンス	80	90	
農芸	ハイテク農芸	40	58	1.16
	資源動物	80	93	
	食品加工	80	80	
東淀工業	機械工学	70	53	0.53
	電気工学	35	16	
	理工学	35	5	
淀川工科	機械・電気・メカトロニクス◆	175	192	1.07
	工学系大学進学専科	35	32	
都島工業	機械・機械電気◆	70	61	0.86
	電気電子工学	70	78	
	建築・都市工学◆	105	90	
	理数工学	70	42	
西野田工科	機械・電気・建築都市工学・工業デザイン◆	210	128	0.61
泉尾工業	機械	35	9	0.66
	電気	35	26	
	工業化学・セラミック◎	35	26	
	ファッション工学	35	31	
生野工業	機械	35	15	0.42
	電気	35	13	
	電子機械	35	16	
今宮工科	機械・電気・建築・グラフィックデザイン◆	175	164	0.96
	工学系大学進学専科	35	37	
茨木工科	機械・電気・環境化学システム◆	175	142	0.78
	工学系大学進学専科	35	21	
城東工科	機械・電気・メカトロニクス◆	210	179	0.85
布施工科	機械・電気・建築設備◆	210	159	0.76
藤井寺工科	機械・電気・メカトロニクス◆	210	153	0.73
堺工科	機械・電気・環境化学システム◆	210	195	0.93
佐野工科	機械・電気・産業創造◆	210	214	1.02
堺市立堺	機械材料創造	80	60	0.95
	建築インテリア創造	40	49	
	マネジメント創造	80	84	
	サイエンス創造	40	35	
淀商業	商業	200	172	0.86
	福祉ボランティア	40	34	
鶴見商業	商業	200	176	0.88
住吉商業	商業	200	176	0.88
岸和田市立産業	商業	160	101	1.03
	情報	80	147	
大阪ビジネスフロンティア	グローバルビジネス	240	262	1.09

学校名・学科名		募集人員	志願者数	競争率
住吉	総合科学	114	139	1.17
	国際文化	158	180	
千里	総合科学	116	193	1.34
	国際文化	159	175	
泉北	総合科学	119	145	1.17
	国際文化	159	180	
北野	文理	360	452	1.26
大手前	文理	360	488	1.36
高津	文理	360	517	1.44
天王寺	文理	360	420	1.17
豊中	文理	360	562	1.56
茨木	文理	320	482	1.51
四條畷	文理	360	524	1.46
生野	文理	360	532	1.48
三国丘	文理	320	510	1.59
岸和田	文理	320	419	1.31
桜和	教育文理	240	296	1.23

【全日制総合学科】

学校名・学科名		募集人員	志願者数	競争率
柴島	総合	240	288	1.20
大阪市立咲くやこの花	食物文化	40	46	1.15
	総合	80	92	
大正白稜	総合	160	120	0.75
今宮	総合	240	352	1.47
千里青雲	総合	240	331	1.38
福井	総合	148	149	1.01
枚方なぎさ	総合	240	265	1.10
芦間	総合	240	284	1.18
門真なみはや	総合	226	266	1.18
枚岡樟風	総合	240	195	0.81
八尾北	総合	226	237	1.05
松原	総合	240	257	1.07
堺東	総合	240	294	1.23
成美	総合	224	170	0.76
伯太	総合	240	254	1.06
貝塚	総合	240	264	1.10

【全日制総合学科（クリエイティブスクール）】

学校名・学科名		募集人員	志願者数	競争率
東住吉総合	総合	234	256	1.09

※　同一選抜の複数学科で選抜を行う場合、第１志望で不合格となっても第２志望で合格となる場合があるため、競争率は学科ごとではなく全体の人数に対する倍率で表示。

※　第２志望の学科・人数の記載は省略。

※　◆は総合募集，◎はくくり募集。

大阪府公立高校難易度一覧

目安となる偏差値	公立高校名
75 ~ 73	北野(文理) 天王寺(文理)
72 ~ 70	茨木(文理), 大手前(文理), 三国丘(文理)
69 ~ 67	高津(文理), 豊中(文理) 四條畷(文理) 生野(文理), 岸和田(文理)
66 ~ 64	春日丘 千里(総合科学/国際文化) 和泉(グローバル), 箕面(グローバル)
63 ~ 61	住吉(国際文化), 泉陽, 寝屋川 池田, 鳳, 住吉(総合科学), 富田林, 東(理数), 八尾 和泉, 清水谷, 東(英語)
60 ~ 58	三島 いちりつ(理数), 今宮(総合), 北千里, 東, 箕面 いちりつ(英語), 佐野(普/国際文化), 泉北(総合科学/国際文化), 槻の木, 牧野, 夕陽丘
57 ~ 55	市岡, 桜塚, 東住吉, 夕陽丘(音楽) 旭(国際文化), いちりつ, 水都国際(グローバル探究), 布施, 山田 桜和(教育文理), 登美丘
54 ~ 51	河南, 刀根山, 花園(国際文化), 枚方(国際文化) 旭, 阿倍野, 久米田, 工芸(美術), 堺東(総合), 高槻北, 枚方 大阪ビジネスフロンティア(グローバルビジネス), 工芸(ビジュアルデザイン), 香里丘, 咲くやこの花(食物文化), 狭山 芦間(総合), 咲くやこの花(演劇), 桜宮(人間スポーツ科学), 吹田東, 千里青雲(総合), 花園, 都島工業(理数工学)
50 ~ 47	咲くやこの花(総合), 阪南, 東住吉(芸能文化), 都島工業(電気電子工学), 山本 交野, 工芸(映像デザイン), 高石, 長野(国際文化), 日根野, 都島工業(機械・機械電気/建築・都市工学) 芥川, 門真なみはや(総合), 金岡, 工芸(プロダクトデザイン), 摂津, 豊島 大塚(体育), [市]岸和田市立産業(情報), 柴島(総合), 工芸(建築デザイン/インテリアデザイン), [市]堺市立堺(サイエンス創造), 摂津(体育), 八尾翠翔, 淀川工科(工学系大学進学専科)
46 ~ 43	[市]岸和田市立産業(デザインシステム), 金剛, [市]堺市立堺(マネジメント創造), 桜宮, 藤井寺, みどり清朋 今宮工科(工学系大学進学専科), [市]岸和田市立産業(商業), 北かわち皐が丘, 港南造形(総合造形), [市]堺市立堺(建築インテリア創造), 長野, 汎愛(普/体育), 東淀川, 港 茨木西, 大冠, 貝塚南, [市]堺市立堺(機械材料創造), 堺西, 長尾, [市]東大阪市立日新(英語), 東百舌鳥 泉大津, 今宮工科(機械・電気・建築・グラフィックデザイン), 大阪府教育センター附属, 大塚, 渋谷, 農芸(ハイテク農芸/資源動物), 枚方津田, 枚方なぎさ(総合), 淀川工科(工業), 緑風冠
42 ~ 38	阿武野, 貝塚(総合), 懐風館, 農芸(食品加工), [市]東大阪市立日新(普/商業) 松原(総合), 八尾北(総合) 茨木工科(工学系大学進学専科), 堺上, 吹田, 成城(総合), 北摂つばさ, 守口東, 淀商業(福祉ボランティア) 茨木工科(機械・電気・環境化学システム), 園芸(フラワーファクトリ/環境緑化/バイオサイエンス), 佐野工科(工業), 住吉商業(商業), 鶴見商業(商業), 西寝屋川, 枚岡樟風(総合), 福井(総合), 淀商業(商業), りんくう翔南 かわち野, 城東工科(工業), 成美(総合), 伯太(総合), 東住吉総合(総合), 藤井寺工科(工業), 布施工科(工業), 箕面東(総合), 美原, 豊中[能勢分校](総合)
37 ~	泉尾工業(ファッション工学), 門真西, 堺工科(工業), 信太, 西野田工科(工業), 平野, 淀川清流(総合) 生野工業(機械/電気/電子機械), 泉尾工業(機械/電気/工業化学・セラミック), 和泉総合(総合), 大正白稜(総合), 長吉(総合), 西成, 野崎, 東淀工業(機械工学/電気工学/理工学), 福泉, 布施北(総合)

＊(　)内は学科・コースを示します。特に示していないものは普通科(普通・一般コース), または全学科(全コース)を表します。[市]は市立を表します。

＊データが不足している高校, または学科・コースなどにつきましては掲載していない場合があります。

＊公立高校の入学者は, 「学力検査の得点」のほかに, 「調査書点」や「面接点」などが大きく加味されて選抜されます。上記の内容は想定した目安ですので, ご注意ください。

＊公立高校入学者の選抜方法や制度は変更される場合があります。また, 統廃合による閉校や学校名の変更, 学科の変更などが行われる場合もあります。教育委員会などの関係機関が発表する最新の情報を確認してください。

＜特別入試＞（旧前期）

数学　出題傾向の分析と合格への対策

出題傾向とその内容

〈最新年度の出題状況〉

本年度の出題数は，大問がA，B共に4題，小問でAが21問，Bが22問であった。

本年度の出題内容は，Aの大問1が数・式の計算，平方根から基本的計算問題が6問，大問2は数の性質，方程式の応用，資料の散らばり・代表値，文字を使った式，一次方程式，因数分解，確率，関数$y=ax^2$，投影図と見取図など基本的な数学能力を問う小問が9問，大問3はミニハードルを等間隔に並べることを題材とした規則性の問題，文字を使った式，方程式の応用，大問4は平面図形の問題で，相似の証明と角度，線分の長さの計量問題であった。Bの大問1は数・式の計算，式の展開，平方根から基本的計算問題が6問，大問2は文字を使った式，比例関数，連立方程式，二次方程式，資料の散らばり・代表値，確率，線分和の最短の長さ，関数とグラフなど基本的な数学能力を問う小問が8問，大問3はミニハードルを等間隔に並べることを題材とした規則性の問題，文字を使った式，方程式の応用，大問4は三角形の相似の記述式証明を含む平面図形の総合問題で，面積と線分の長さの計量問題であった。

〈出題傾向〉

問題の出題数に関して，本年度もA，B共，大問数で4題と昨年度と同じであった。

問題の内容は，A，B共に，大問1では数・式の計算，平方根に関する基本的な計算能力を問う問題が6問，大問2では中学数学のあらゆる分野から基本的な数学能力を問う小問が8～9問出題されている。大問1，2は基本レベルの問題なので，授業や学校の教材をしっかり理解して確実に得点していきたい。大問3は規則性と方程式の応用の融合問題，大問4は図形の総合問題であった。図形の問題に対しては，円の性質，三平方の定理，平行線と線分の比についての定理等を自在に使えるような訓練を十分にしておこう。

問題の難易度はA，Bの順で高くなっている。証明や求め方を記述させる問題が出題されていて，解答までの過程や思考も見られる内容となっている。

来年度の予想と対策

来年度も，問題構成，難易度ともにこれまでと大きな変化はないと思われるが，たとえ変化があっても対処できる確実な力を備えておきたい。Aで言えば，教科書や問題集で言う基本問題～標準問題をこなせるような実力をつけることができれば合格に必要な点数は取れるであろうが，高得点を狙うのであれば，規則性を問うものを中心に思考力を試す関数を多く解いておくこと。Bで言えば，問題集などの応用問題に取り組み，対処していく力を身につけなければ高得点は難しいだろう。見たことのない出題方法に出会ったとしても，自ら考えるということを普段から意識して勉強しておくようにしよう。パターンの暗記では対応できない。図形が占める割合が共通して比較的高いので，平面図形，空間図形といった図形問題に対する力はつけておきたい。ただ，関数分野を中心に他の分野も多数出題されているので，苦手な部分は確実になくしておこう。

⇨学習のポイント

・授業や学校の教材を中心に全分野の基礎力をまんべんなく身につけよう。
・過去問や問題集を使って図形と関数・グラフの融合問題や図形の計量問題への対策を立てよう。

年度別出題内容の分析表　数学

※H26年度からは普通科他＝A，国際文化科他＝B。
H28年度からはA問題＝A，B問題＝B。／▒▒は出題範囲縮小の影響がみられた内容

出題内容			26年	27年	28年	29年	30年	2019年	2020年	2021年	2022年	2023年
数と式		数の性質	AB	AB		AB			B	B	AB	A
		数・式の計算	AB	AB	AB	AB	AB	AB	AB	AB	AB	AB
		因数分解		A	B	AB		A		A		A
		平方根	AB	AB	AB	AB	AB	AB	AB	AB	AB	AB
方程式・不等式		一次方程式		B	AB	AB	AB	A	AB	AB	AB	AB
		二次方程式	AB			B	B	B	B	B	B	B
		不等式										
		方程式の応用		A	AB	AB	AB	AB	B	AB	AB	AB
関数		一次関数	AB	AB	B	AB	B	AB	AB	B	B	B
		関数 $y = ax^2$	AB	AB	AB	B	AB	AB	AB	AB	AB	AB
		比例関数		B			B	B	B			B
		関数とグラフ	AB	AB	B	AB	AB	B	AB	B	B	B
		グラフの作成										
図形	平面図形	角度	A	A			B	A	B			A
		合同・相似	AB	AB	AB	AB	AB	AB	AB	AB	AB	AB
		三平方の定理	AB	AB	AB	AB	AB	AB	AB		AB	AB
		円の性質	AB	AB	B							B
	空間図形	合同・相似	B	AB								
		三平方の定理	B	AB								
		切断	AB	B								
	計量	長さ	AB	AB	AB	AB	AB	AB	AB	B	AB	AB
		面積	AB	AB	AB	AB	B	B	AB	AB	B	B
		体積	B	AB		B			B		B	
		証明	AB	AB	A	AB	AB	AB	AB	AB	AB	AB
		作図										
		動点										
データの活用		場合の数										
		確率	AB	AB	AB	AB	AB	AB	AB	AB	AB	AB
		資料の散らばり・代表値(箱ひげ図を含む)				AB	A	B	B	A	AB	AB
		標本調査										
融合問題		図形と関数・グラフ										
		図形と確率										
		関数・グラフと確率										
		その他										
その他			A	A	AB	AB	B	AB		AB	AB	AB

<特別入試>(旧前期)

英語 ●●●・・ 出題傾向の分析と合格への対策 ・・●●●

出題傾向とその内容

〈最新年度の出題状況〉

平成28年度より入試制度が変更され，特別入試，一般入試の2種となった。各入試において，それぞれ難易度の異なるA問題，B問題，そして一般入試にはC問題も用意された。(以下A，B，C)

特別入試A，Bは，いずれも語句補充をして文章を完成させる問題，会話文問題，長文読解が出題された。その他にはAでは語句補充問題(選択)，和文英訳(選択)，会話文補充問題が出題された。Aの英作文は条件にしたがって5語程度の英文を作る出題だった。Bでは大問数こそ少ないが，分量も難易度もAをはるかに上回り，会話文問題，英作文が出題された。Bの英作文は10語程度，20語程度と，まとまった量を書くことが要求された。Bは読解力，英文を書く力が必要な問題である。

リスニングは会話を聞いて，適文を選択する問題，絵を用いた問題，英語の質問に答える問題(選択)，会話の内容についての内容真偽問題(選択)が出題された。配点は11点であった。

Aは語い力，文法力，読解力が，Bはそれらに加え表現力が求められる問題であるといえよう。

〈出題傾向〉

さまざまな形式の問題が出題されたが，昨年度と比較して，出題傾向・配点に大きな変化はない。過去問題に取り組んでおくことは必須である。

読解に関しては，AとBで難易度，量が異なるものが出題された。

その他の問題では，Aは基礎的な文法知識や語いを問う問題が多く出題された。一方Bでは会話文及び長文読解問題で文法力だけでなく，内容把握の力や英作文の力も問われ，総合的な力が求められた。

来年度の予想と対策

基本的な文法知識，語い力，読解力と表現力が求められる点は今後も同様と予想される。

リスニングの際には，最初に設問に目を通し，何について問われるか確認しておくとよい。対策としては，できるだけ英語の音声に触れ，英文を聞きとることができるよう練習を重ねておくことがよいだろう。

長文読解問題の対策としては，平易な英文で書かれた読解問題に取り組み，問題に答える練習をすることをすすめたい。そしてさらに，レベルの高い文章や問題にもどんどんチャレンジしよう。

また，さまざまな形式の問題が出題され，単語や文法，構文の確実な知識が要求される。中学校で学習する文法や単語はしっかり身につけておこう。また，Bでは比較的量の多い自由・条件英作文が出題されたので，日頃から多くの英文を書き，比較的簡単な表現で英作文をする練習をしておくと良いだろう。なお英作文に関しては，自分で採点するのは難しいと思われる。学校もしくは塾の先生などに添削してもらい力をつけておこう。

⇨学習のポイント

- 中学校で学習する基本的な文法事項をしっかり習得しておこう。
- 長文読解問題や，英作文問題を多く解いて力をつけておくこと。

年度別出題内容の分析表　英語

※H26年度からは普通科他＝A，英語科・理数科等＝B。H28年度からはA問題＝A，B問題＝B。
／　　は出題範囲縮小の影響がみられた内容

		出題内容	26年	27年	28年	29年	30年	2019年	2020年	2021年	2022年	2023年
設問形式	リスニング	絵・図・表・グラフなどを用いた問題	AB	AB	AB	AB	AB	AB	AB	AB	AB	AB
設問形式	リスニング	適文の挿入	AB	AB	AB	AB	AB	AB	AB	AB	AB	AB
設問形式	リスニング	英語の質問に答える問題	AB	AB	AB	AB	AB	AB	AB	AB	AB	AB
設問形式	リスニング	英語によるメモ・要約文の完成										
設問形式	リスニング	日本語で答える問題										
設問形式	リスニング	書き取り										
設問形式	語い	単語の発音										
設問形式	語い	文の区切り・強勢										
設問形式	語い	語句の問題	A	A	AB	AB	AB	AB	AB	AB	AB	AB
設問形式	読解	語句補充・選択（読解）	AB	AB	AB	AB	AB	AB	AB	AB	AB	AB
設問形式	読解	文の挿入・文の並べ換え	AB	AB	AB	AB	AB	AB	AB	AB	AB	AB
設問形式	読解	語句の解釈・指示語	AB	AB	AB	AB	AB	AB	AB	AB	AB	AB
設問形式	読解	英問英答（選択・記述）	AB	AB	B	B	B	B	AB	B	B	B
設問形式	読解	日本語で答える問題	AB	AB	B		B	B				
設問形式	読解	内容真偽	AB	AB	AB	AB	AB	AB	B	B	B	B
設問形式	読解	絵・図・表・グラフなどを用いた問題	AB	A								
設問形式	読解	広告・メール・メモ・手紙・要約文などを用いた問題	A	A	AB	A	A	A	AB	AB	A	A
設問形式	文法	語句補充・選択（文法）	A	A	A	A	A	AB	AB	AB	AB	AB
設問形式	文法	語形変化										
設問形式	文法	語句の並べ換え	AB		B	AB	AB	AB	AB	AB	AB	AB
設問形式	文法	言い換え・書き換え										
設問形式	文法	英文和訳										
設問形式	文法	和文英訳	AB	AB	B	AB	AB	AB	AB	AB	AB	AB
設問形式	文法	自由・条件英作文	AB	AB	B	B	B	B	AB	AB	AB	AB
文法事項		現在・過去・未来と進行形	AB	A	A	AB	AB	AB	AB	AB	AB	AB
文法事項		助動詞	B	B	A	B	A		A	AB	AB	A
文法事項		名詞・冠詞・代名詞	AB	A	AB	AB	AB	AB	AB	AB	A	AB
文法事項		形容詞・副詞	A	A	A	A	A	A	AB	AB	AB	AB
文法事項		不定詞	A	B	AB	AB	AB	AB	AB	AB	AB	AB
文法事項		動名詞	AB	B	AB	B				A	A	A
文法事項		文の構造（目的語と補語）	B	A	B	AB	AB	A	A	A	AB	AB
文法事項		比較	AB	AB	A	A		AB	A	A	A	AB
文法事項		受け身	B	AB	AB	B	A	A	AB	AB	A	AB
文法事項		現在完了	AB	B	A		A	AB	AB	AB	AB	A
文法事項		付加疑問文										
文法事項		間接疑問文	B	A	AB	AB	AB	B		B		
文法事項		前置詞		B	A	AB	A	A	AB	A	AB	A
文法事項		接続詞	B	A			A		AB	B	AB	B
文法事項		分詞の形容詞的用法		AB	A	B	AB	AB	B		B	AB
文法事項		関係代名詞	AB		B	AB	AB	AB	B	AB	AB	AB
文法事項		感嘆文										A
文法事項		仮定法									B	

<特別入試>(旧前期)

理科 ●●●●● 出題傾向の分析と合格への対策 ●●●●

出題傾向とその内容

〈最新年度の出題状況〉

出題数は大問が4題で，出題内容はそれぞれが物理，化学，生物，地学を中心とした1題ずつとなっている。各大問の内容は，複数の学年の学習単元をそれぞれ小問としておおむね出題されているが，まったく異なる学習単元の内容をからめたものを，小問として出題する形は見られなかった。大問数は多くないが，単元および学年に偏りがないように工夫されている。

〈出題傾向〉

基本的な知識を問う問題が中心であるが，実験結果について考察する問題も出題されている。特に広範囲にわたる知識や高度な理解力を必要とする問題は見受けられないが，基礎的な知識を応用，複合させた形での出題が目立つので，さまざまなパターンの問題に慣れておく必要がある。解答形式は，記号選択，用語記入，文章記述，計算問題などいろいろである。

資料として与えられた内容を考察して解答を導いたり，グラフの変化を読み取って当てはまる解答を選び出すといった問いもある。計算問題では，複雑ではないが，公式にあてはめるだけではなく，基礎的な理解力を確かめようとする出題になっている。それだけに計算問題で間違えると得点に差が出てしまうため，十分に気をつけたいところである。

第1分野は法則や原理をどの程度理解しているか，第2分野は知識を正確に身につけているかだけでなく，現象をしっかり理解できるかを問われる出題内容といえる。したがって，それぞれの単元ごとにじっくり学習する必要がある。

物理的領域　最新年度は1年～3年の学習単元から出題されている。力のつり合いでは，基本的な内容を問いにしており，電流と磁界についての問いでは，具体的な実験とその結果を示して考察させている。学習した内容をあてはめ，落ち着いて対応できるように注意しよう。

化学的領域　物質や化学変化のようすなどを選択肢から選ばせる形式に加え，用語の記入や短い文章による記述など，解答の形式もさまざまである。それぞれの単元について，確実な知識が要求されるといえる。

生物的領域　動物の分類や生殖，進化など，1年～3年の学習内容にわたって出題されている。したがって，学校での定期試験に対する準備を確実にこなしていれば十分に対応できるとも言える。普段の学習をしっかりと積み上げておきたい。

地学的領域　火山や火成岩，気象など，1年・2年の学習単元から出題されている。教科書の範囲を超えることなく，偏りなく理解力を問う内容が多いので，これらの単元も確実な知識を見につけておきたい。

来年度の予想と対策

教科書や参考書で，重要語句をはじめ基本的な内容を整理して確認しよう。重要語句はどのようなことを意味しているのか，自分の言葉できちんと説明できることが“理解している”ということである。簡潔に説明する訓練はどの教科にも役に立つものである。

基本的な知識が身についたら，過去に出題された問題を解いて，実戦形式に慣れよう。他県の過去問も良問がたくさんあるので，ぜひ挑戦してほしい。

⇨学習のポイント

- 掘り下げた出題にも対応できるよう，原理原則からの確実な考え方ができるよう練習しよう。
- 暗記事項が多い単元も，確実にひとつひとつ覚えておくことが，複合問題を制する鍵になる。

年度別出題内容の分析表　理科

※★は大問の中心となった単元／　　は出題範囲縮小の影響がみられた内容

分野	学年	出題内容	26年	27年	28年	29年	30年	2019年	2020年	2021年	2022年	2023年
第一分野	第1学年	身のまわりの物質とその性質	-	-		○	○			○	○	○
		気体の発生とその性質	-	-					○			
		水溶液	-	-	★			○			○	
		状態変化	-	-			○					○
		力のはたらき(2力のつり合いを含む)	-	-	○	○		○	○	○		○
		光と音	-	-	○		○	★			○	
	第2学年	物質の成り立ち	-	-								○
		化学変化，酸化と還元，発熱・吸熱反応	-	-		○		○	○	○		○
		化学変化と物質の質量	-	-		○		○	○			
		電流(電力，熱量，静電気，放電，放射線を含む)	-	-	○		○	○		○	○	
		電流と磁界	-	-		○				○		○
	第3学年	水溶液とイオン，原子の成り立ちとイオン	-	-	○							
		酸・アルカリとイオン，中和と塩	-	-	○		○			○		
		化学変化と電池，金属イオン	-	-					○			
		力のつり合いと合成・分解(水圧，浮力を含む)	-	-						○		○
		力と物体の運動(慣性の法則を含む)	-	-					○	○		
		力学的エネルギー，仕事とエネルギー	-	-		○			○			
		エネルギーとその変換，エネルギー資源	-	-			○					
第二分野	第1学年	生物の観察と分類のしかた	-	-						○		
		植物の特徴と分類	-	-		○				○		
		動物の特徴と分類	-	-	○		○			○		○
		身近な地形や地層，岩石の観察								○		
		火山活動と火成岩	-	-	○	○			○			○
		地震と地球内部のはたらき	-	-							○	
		地層の重なりと過去の様子	-	-	○		○			○		○
	第2学年	生物と細胞(顕微鏡観察のしかたを含む)	-	-		○		○	○	○	○	
		植物の体のつくりとはたらき	-	-			○		○	○	○	
		動物の体のつくりとはたらき	-	-			○		○			
		気象要素の観測，大気圧と圧力	-	-		○		○	○	○		○
		天気の変化	-	-		○	○	○	○			○
		日本の気象	-	-	○				○			
	第3学年	生物の成長と生殖	-	-						○	○	○
		遺伝の規則性と遺伝子	-	-								
		生物の種類の多様性と進化										○
		天体の動きと地球の自転・公転	-	-		○		○	○			
		太陽系と恒星，月や金星の運動と見え方	-	-	○		○				○	
		自然界のつり合い	-	-	★	★		○				
自然の環境調査と環境保全，自然災害												
科学技術の発展，様々な物質とその利用			-	-								
探究の過程を重視した出題			-	-	○	○	○	○	○	○	○	○

※H27年度までの前期では理科の実施はなし。

―大阪府公立高校＜特別＞―

<特別入試>(旧前期)

社会

出題傾向の分析と合格への対策

出題傾向とその内容

本年度の出題数は大問4題，小問27題である。解答形式は，記号選択が17題，語句記入が8題出題されている。また，記述式問題も2題出題されている。小問数は歴史，地理，公民はほぼ同じ割合で出題されている。

地理的分野では，グラフ，統計表が用いられ，世界の気候，宗教などの問題が出題されている。

歴史的分野では，各時代の政治，経済などについて，基礎的な事項が幅広く出題されている。

公民的分野では，憲法，政治の仕組み，基本的人権などについて基礎的な問題が出題されている。

〈出題傾向〉

地理的分野では，統計資料・グラフなどを読み取らせることで，基本知識の定着度合いを確認しようとしている。

歴史的分野では，一問一答のような形で様々な基本事項を幅広く問うことで，各時代の特徴をきちんと把握できているかを確認しようとしている。

公民的分野では，今日の日本社会に対する理解の程度や基礎知識を幅広く問う内容となっている。また，短文記述を通して，説明する力の確認もしていると言えるだろう。

来年度の予想と対策

来年度も出題のレベルや量，形式などは大きく変わることはないであろう。内容的には，基礎的事項を問う問題が中心であるが，資料の読み取りや短文記述を求める問題もあるので，思考力や表現力も必要となってくると言えるだろう。

地理的分野では，教科書の内容をまんべんなく，正確に理解することが必要である。その際，地図や統計資料，文化財の写真なども参照し，それらの資料を正しく読みとることも大切である。

歴史的分野では，年表や図版，その他の史料も参照しながら，教科書にある基礎的な用語や人名を正しく覚えるとともに，それらの意味内容や人物の業績，同時代の世界と日本との関係などを確認し，理解しておく必要がある。

公民的分野では，憲法や政治，経済のしくみなどを整理するとともに，新聞やテレビのニュースなどから，最近の動きを含めて十分に学習しておくようにしよう。

⇨学習のポイント

・地理では，基礎を中心に，統計資料や地図からの読みとりに慣れておこう！

・歴史では，基礎的事項を整理し，幅広く一問一答形式に順応できるようにしよう！

・公民では，憲法・政治の仕組み・経済一般の基礎的事項を整理しよう！

年度別出題内容の分析表　社会

※　　は出題範囲縮小の影響がみられた内容

		出題内容	26年	27年	28年	29年	30年	2019年	2020年	2021年	2022年	2023年
地理的分野	日本	地形図の見方	-	-	○		○					
		日本の国土・地形・気候	-	-	○	○				○		
		人口・都市	-	-	○	○	○		○	○		
		農林水産業	-	-	○	○		○				
		工業	-	-	○			○				
		交通・通信	-	-			○					
		資源・エネルギー	-	-								
		貿易	-	-	○							
	世界	人々のくらし・宗教	-	-								○
		地形・気候	-	-	○	○	○	○	○	○	○	○
		人口・都市	-	-			○	○		○	○	
		産業	-	-		○	○		○	○	○	
		交通・貿易	-	-					○			
		資源・エネルギー	-	-				○		○	○	
	地理総合		-	-								
歴史的分野	日本史―時代別	旧石器時代から弥生時代	-	-				○		○		
		古墳時代から平安時代	-	-	○	○	○	○	○	○	○	○
		鎌倉・室町時代	-	-	○	○	○	○	○	○	○	○
		安土桃山・江戸時代	-	-	○	○	○	○	○	○	○	○
		明治時代から現代	-	-	○	○	○		○	○	○	○
	日本史―テーマ別	政治・法律	-	-	○	○	○	○	○	○	○	○
		経済・社会・技術	-	-				○	○	○	○	○
		文化・宗教・教育	-	-	○	○	○	○	○	○		○
		外交	-	-	○		○	○	○	○	○	○
	世界史	政治・社会・経済史	-	-	○	○	○	○		○		
		文化史	-	-	○							
		世界史総合	-	-								
	歴史総合		-	-								
公民的分野	憲法・基本的人権		-	-	○	○	○	○	○	○	○	○
	国の政治の仕組み・裁判		-	-	○	○	○	○	○		○	○
	民主主義		-	-								
	地方自治		-	-		○	○			○		
	国民生活・社会保障		-	-	○		○	○	○			
	経済一般		-	-	○	○	○	○	○			○
	財政・消費生活		-	-	○	○	○	○	○			○
	公害・環境問題		-	-							○	○
	国際社会との関わり		-	-	○	○	○					○
時事問題			-	-								
その他			-	-								

※H27年度までの前期では社会の実施はなし。

―大阪府公立高校 <特別>―

＜特別入試＞（旧前期）

国語

出題傾向の分析と合格への対策

出題傾向とその内容

〈最新年度の出題状況〉

平成28年度から入試制度が変更になり，特別入試と一般入試の2種類になった。特別入試は，A・Bともに，現代文の読解問題2題，古文の読解問題1題，漢字の書き取りの独立問題が1題の計4題であった。

Aは，随筆の読解では，本文の内容について空欄の抜き出しや記述で埋める設問が大きく配点を占めた。もうひとつは説明文の読解で，基礎的な国語力を問うものから，要旨を読み取るものまで，幅広く出題された。古文は，内容を読み取る問題が出題された。漢字は，独立した大問で読み書きが出題され，接続語の問題も出題された。

Bは，随筆の読解では，主題をつかむための記述や空欄補充の設問があった。もうひとつは論説文の読解で，説明内容や筆者の考えをまとめた文の空らんを記述するものも出題された。古文は，Aと同一の文章で，内容を読み取るものの出題が中心だった。漢字もAとほぼ同様の出題であった。

〈出題傾向〉

現代文の読解問題は，論説文と随筆文が多い。

読解問題の内容は，要旨把握，脱語補充などさまざまな角度から出題される。記述問題の比重が大きく，また，文章中からの抜き出しも多い。記述量は，10字程度のものから，40字程度のものまである。文章を正しく読み取る力と，的確に表現する力が必要とされている。

古文も内容読解が中心。部分的な口語訳が選択式で出題されたり，表現技法にからめて場面の様子を指定された文字数以内でまとめさせたりする出題であった。

現代文，古文ともに，より深い読解力が求められていると言えるが，語句の意味や歴史的仮名遣い，書き下し文や返り点など，基本的な国語能力も必要だ。また，文法問題，書写の問題にも対応することが必要である。

なお，近年，課題作文は出題されていない。

来年度の予想と対策

出題内容は，課題作文がなかったが，それ以外は大きく変化していない。平成28年度より新しい入試制度となったが，過去の入試問題に取り組み，傾向と難易度を把握しておくこと。

現代文の読解問題は，内容理解に重点を置いて練習するとよいだろう。文学的文章と説明的文章のどちらも出題される可能性があるので意識して触れること。また，記述問題では，60字前後という長めのものが出題されるなど，記述量が増える傾向にある。字数制限内でまとめる練習を普段からしておきたい。

古文は基本的な文法や古語の用法に慣れておきたい。また，主語を把握したり，前後の文のつながりを意識したりしながら読解することも必要である。漢文の基礎知識と和歌の表現技法なども押さえておきたい。漢字や語句，文法については，教科書などでよく復習をしておこう。

⇨学習のポイント

・多くの読解問題に取り組み，さまざまな出題パターンに慣れよう。
・段落や文章全体の要旨をまとめるなど，記述の練習を。
・教科書を使って漢字の練習をよくしよう。

年度別出題内容の分析表　国語

※H26年度からは普通科他＝A，国際文化科等＝B。H28年度からはA問題＝A，B問題＝B。
／　　は出題範囲縮小の影響がみられた内容

		出題内容	26年	27年	28年	29年	30年	2019年	2020年	2021年	2022年	2023年
内容の分類	読解	主題・表題										
		大意・要旨	B	B	AB	B		AB	AB	AB	AB	B
		情景・心情										
		内容吟味	AB	AB	AB	AB	AB	AB	AB	AB	AB	AB
		文脈把握			B	AB	A	AB	AB	B	AB	A
		段落・文章構成			A		AB			B		
		指示語の問題										
		接続語の問題			A	A		AB	A	AB	A	B
		脱文・脱語補充	AB	AB		AB	AB	AB	AB	AB	AB	AB
	漢字・語句	漢字の読み書き		AB	AB	AB	B	AB	AB	AB	AB	AB
		筆順・画数・部首										
		語句の意味	AB	B	A	AB			A	AB		B
		同義語・対義語		B								
		熟語			B				A	AB	A	AB
		ことわざ・慣用句							B			
		仮名遣い		A	AB	AB	B	AB	AB	AB	AB	AB
	表現	短文作成										
		作文(自由・課題)										
		その他										
	文法	文と文節					A	A			A	
		品詞・用法	A			A	B	B	A	B	B	A
		敬語・その他						AB		A		AB
	古文の口語訳		AB	AB		B						
	表現技法・形式				AB				A			
	文学史											
	書写								B			
問題文の種類	散文	論説文・説明文	AB	A	AB	AB	A	AB	AB	AB	AB	AB
		記録文・報告文										
		小説・物語・伝記										
		随筆・紀行・日記		A	AB		AB	AB	AB	AB	AB	AB
	韻文	詩										
		和歌(短歌)	AB	B	AB							
		俳句・川柳										
	古文		AB	A	AB	AB	AB	AB	AB	AB	AB	AB
	漢文・漢詩										B	A
	会話・議論・発表						AB	AB				
	聞き取り											

数学　出題傾向の分析と合格への対策

出題傾向とその内容

〈最新年度の出題状況〉

一般入学者選抜では独立した問題として，難易度が異なるA問題(以下A)，B問題(以下B)，C問題(以下C)が用意された。

本年度の出題数は，大問がA，Bで4題，Cで3題，小問はAが24問，Bが23問，Cが17問であった。

本年度の出題内容は，Aの大問1が数・式の計算，平方根から基本的計算問題が6問，大問2は数直線，式の値，数の性質，文字を使った式，角度，資料の散らばり・代表値，連立方程式，二次方程式，確率，関数$y=ax^2$，空間内の直線と平面の位置関係など基本的な数学能力を問う小問が11問，大問3は加湿器のタンクの水の量を題材とした関数とグラフ，文字を使った式，方程式の応用，大問4は三角形の相似の証明を含む平面図形の問題で，面積や線分の長さの計量問題であった。Bの大問1が数・式の計算，式の展開，平方根から基本的計算問題が5問，大問2は式の値，二次方程式，数の性質，比例関数，確率，資料の散らばり・代表値，表面積，図形と関数・グラフなど基本的な数学能力を問う小問が8問，大問3は加湿器のタンクの水の量を題材とした関数とグラフ，文字を使った式，方程式の応用，大問4は相似の記述式証明と線分の長さを問う平面図形の問題と，空間内の2直線の位置関係と線分の長さ，体積を計量させる空間図形の問題であった。Cの大問1は数・式の計算，平方根，二次方程式の応用から少しレベルの高い計算問題が3問，関数$y=ax^2$と一次関数，数の性質，確率，図形と関数・グラフの融合問題など基本的な数学能力を問う小問が5問，大問2は相似の記述式証明と相似の性質や三平方の定理を利用して面積，線分の長さを計量させる平面図形の問題，大問3は空間内の2直線の位置関係と面積比，線分の長さ，体積を計量させる空間図形の問題であった。

〈出題傾向〉

問題の内容に関して，Aの大問1と2，B，Cの大問1では数・式の計算，平方根に関する計算問題を含め，中学数学のあらゆる分野から基本的な数学能力を問う小問が出題されている。これらの問題は基本レベルの問題なので，授業や学校の教材をしっかり理解して確実に得点していきたい。Aの大問3～4，Bの大問2～4，Cの大問2～3は一次関数の応用問題，平面図形や空間図形の総合問題が出題されている。図形の問題に対しては，円の性質，三平方の定理，平行線と線分の比についての定理等を自在に使えるような訓練を十分にしておこう。

問題の難易度はA，B，Cの順で高くなっている。証明や求め方を記述させる問題が出題されていて，解答までの過程や思考も見られる内容となっている。

来年度の予想と対策

全体的な問題の量，構成に大きな変化はないと思われるが，多少の変動があっても対応できるだけの準備はしておきたい。たとえば，今までにないパターンの問題や，図形と関数・グラフの融合問題なども対策はしておきたい。また，過去の出題から考えてみると，Aの大問1，2やB，Cの大問1の小問群ではできるだけ素早く解答していく必要がある。まずは基本事項を確実にしよう。その後，図形の問題ははずせないので，教科書の章末問題や，入試問題集の標準～応用の部分まで見ておきたい。特に，空間図形は切断をして体積を求めるなどのかなり複雑なものまでできるようにしておくと心強い。さらに，一次関数の応用の様な，いわゆる思考力の問われる問題も，関数をベースとしたものを中心に練習しておくとよい。

⇨学習のポイント

・授業や学校の教材を中心に全分野の基礎力をまんべんなく身につけよう。
・過去問や問題集を使って図形と関数・グラフの融合問題や図形の計量問題への対策を立てよう。
・規則性を探して，方程式をたてるようないわゆる思考力を問う問題に慣れておこう。

年度別出題内容の分析表　数学

※H28年度からはA問題=A，B問題=B，C問題=C。／（網掛け）は出題範囲縮小の影響がみられた内容

出題内容			26年	27年	28年	29年	30年	2019年	2020年	2021年	2022年	2023年
数と式		数の性質	○	○		C		C	BC	BC	BC	ABC
		数・式の計算	○	○	ABC	ABC	ABC	ABC	ABC	ABC	ABC	ABC
		因数分解	○	○	A	C		C		C		
		平方根	○	○	ABC	ABC	ABC	ABC	ABC	ABC	ABC	ABC
方程式・不等式		一次方程式	○	○	ABC	ABC	ABC	ABC	ABC	ABC	ABC	ABC
		二次方程式		○	C	C	ABC	AB	ABC	AB	ABC	ABC
		不等式	○					A			A	C
		方程式の応用	○	○	BC	BC	ABC	ABC	BC	BC	ABC	ABC
関数		一次関数	○	○	ABC	ABC	ABC	ABC	ABC	BC	AC	BC
		関数 $y = ax^2$	○	○	ABC	ABC	ABC	ABC	ABC	ABC	ABC	ABC
		比例関数		○	ABC	A	A		ABC	B		B
		関数とグラフ	○	○	BC	ABC	BC	BC	BC	BC	BC	ABC
		グラフの作成										
図形	平面図形	角度	○		A	A	ABC	B	C	ABC	AB	A
		合同・相似	○	○	ABC	ABC	ABC	ABC	ABC	AB	ABC	ABC
		三平方の定理	○	○	ABC	ABC	ABC	ABC	ABC		ABC	ABC
		円の性質	○	○		BC		C	B		BC	
	空間図形	合同・相似	○	○		BC			B			
		三平方の定理	○	○		BC		C	C			
		切断		○	C	BC	BC	BC	BC			B
	計量	長さ	○	○	ABC	ABC	ABC	ABC	ABC	BC	ABC	ABC
		面積	○	○	C	ABC	ABC	ABC	ABC	ABC	BC	ABC
		体積	○	○	AC	ABC	ABC	ABC	AB	AB	ABC	BC
		証明	○	○	ABC	ABC	ABC	ABC	ABC	AB	ABC	ABC
		作図										
		動点										
データの活用		場合の数										
		確率	○	○	ABC	ABC	ABC	ABC	ABC	ABC	ABC	ABC
		資料の散らばり・代表値(箱ひげ図を含む)		○	B	AB	AC	AB	ABC	AB	ABC	AB
		標本調査						C				
融合問題		図形と関数・グラフ		○	BC	B	C	C	BC	BC	C	BC
		図形と確率										
		関数・グラフと確率										
		その他	○									
その他				○			AB	AB		AB	AB	

〈一般入試〉(旧後期 ※全日制・多部制単位制ⅠⅡ)

英語 出題傾向の分析と合格への対策

出題傾向とその内容

〈最新年度の出題状況〉

今年も例年通り，特別入試，一般入試の2種であった。一般入試では難易度の異なるA問題，B問題，C問題が用意された。(以下A，B，C) 本年度の大問構成は，Aは語句の問題，基礎的な文法問題，読解問題，会話文問題，自由・条件英作文，Bは会話文問題，長文読解問題，自由・条件英作文，Cは問題文もすべて英語で出題され，語句補充(文法)，読解問題(4題)，自由・条件英作文と量がかなり多く，難易度も高かった。

リスニングは独立した形でA，B問題とC問題という形で2種用意された。A，Bは一般的な形式だが，Cは内容的に難易度が高く量も多かった。解答をまとまった量の英文で書くことを求められる問題も出された。

小問の構成としては，さまざまな形式の問題が出されるが，A，Bでは記述式の問題が多いのに対し，Cは英作文以外は選択問題が出題された。

英作文はAは5語程度，Bは10語程度，20語程度と指定され，Cでは語数指定はないが，かなり多い量の英文を書くことが求められた。

全体的に見て，読解力と表現力に重点が置かれ，総合的な力が求められる問題であるといえよう。

〈出題傾向〉

出題の傾向に大きな変化はないが，問題の内容は語いを問うもの，文法知識を要するもの，内容に関わるものと多岐にわたる。C問題の読解問題は本年度も，4題出題された。難易度は昨年度と比較して大きな変化はない。とは言うものの，本文・問題文ともに分量があり，小問内容も多種出題され，難易度の高いものも多く含まれている。時間をかけずに，かつ正確に英文を読解する力が求められている。

ABは，難易度としては例年並みだ。語句補充，文の挿入，英作文など「書く」問題が多いため，基礎的な文法の知識や語い力をしっかりつけておこう。

また，毎年和文英訳や英作文が出題されているので，教科書などを利用して文法力，表現力を高めておく必要があろう。BとCではやや複雑な構造の英文も扱うため，機械的に暗記するだけでなく，比較的長い論理的な英文を読みこなす力が必要とされる。特にCは長文の内容にやや専門的な題材も扱われ，表の読み取りが求められたので，英語以外の幅広い知識をつけておくとよいだろう。

全体として，幅広いレベルの問題が出題されているといえる。

来年度の予想と対策

来年度も読解問題や英作文を軸に，単語や文法に関する問題が出題されるという内容に変化はないであろう。さまざまな形式の問題が出題されるので，確かな実力が必要だ。

リスニングの際には，できるならば最初に設問に目を通し，何に関して問われるか確認しておくとよい。対策としては，ラジオやCDなどで練習を重ねリスニングの力を上達させておこう。

長文読解問題の対策としては，Aは平易な英文で書かれた読み物を読んで，大意をとらえる練習をすることを勧めたい。小問では文法知識も問われるので力をつけておく必要がある。BとC，特にCでは問題の文章量が多いので，語い力はもとより，英文の構造を時間をかけずに理解して読み進める力が求められる。

また，A，Bでは英作文，英問英答といった記述式の問題が多いので，単語や文法，構文の確実な知識が要求される。日頃から多くの問題演習に取り組み，本番でどんな問題が出されても柔軟に対応できるよう努力しよう。なお英作文に関しては，自分で採点するのは難しいと思われる。学校もしくは塾の先生などに添削してもらうことを強くすすめる。

⇨学習のポイント

- 文法の基礎固めをするとともに，いろいろな種類の問題を数多く練習しよう。
- 語い力をつけておこう。
- BとCでは，ある程度難易度の高い読解問題や和訳・英作文問題に挑戦しよう。
- リスニングの力をつけておこう。

年度別出題内容の分析表　英語

※H28年度からはA問題=A，B問題=B，C問題=C。／（網掛け）は出題範囲縮小の影響がみられた内容

出題内容			26年	27年	28年	29年	30年	2019年	2020年	2021年	2022年	2023年
設問形式	リスニング	絵・図・表・グラフなどを用いた問題	○	○	○		AB	AB	AB	AB	AB	AB
		適文の挿入	○	○	○		AB	AB	AB	AB	AB	AB
		英語の質問に答える問題	○	○	○		ABC	ABC	ABC	ABC	ABC	ABC
		英語によるメモ・要約文の完成										
		日本語で答える問題										
		書き取り										
	語い	単語の発音										
		文の区切り・強勢										
		語句の問題	○	○	A	A	A	A	A	A	A	A
	読解	語句補充・選択（読解）	○	○	ABC	ABC	ABC	ABC	ABC	ABC	ABC	ABC
		文の挿入・文の並べ換え	○	○	BC	ABC	ABC	ABC	ABC	ABC	ABC	ABC
		語句の解釈・指示語	○	○	AB	ABC	ABC	ABC	ABC	ABC	AB	ABC
		英問英答（選択・記述）	○	○	AB	ABC	ABC	ABC	ABC	AB	AB	AB
		日本語で答える問題	○	○	ABC	AB	AB	AB				
		内容真偽	○	○	ABC	ABC	ABC	ABC	ABC	ABC	ABC	ABC
		絵・図・表・グラフなどを用いた問題	○	○	C	ABC	BC	ABC	C	BC	C	C
		広告・メール・メモ・手紙・要約文などを用いた問題	○	○	A							
	文法	語句補充・選択（文法）	○	○	ABC	ABC	ABC	ABC	ABC	ABC	A	A
		語形変化			BC	B	AB	AB	AB	A	A	
		語句の並べ換え	○		ABC	AB	ABC	AB	AB	AB	AB	AB
		言い換え・書き換え										
		英文和訳										
		和文英訳	○	○	BC		AB	AB		AB	AB	AB
		自由・条件英作文	○	○	ABC	ABC	ABC	ABC	AB	ABC	ABC	ABC
文法事項		現在・過去・未来と進行形	○	○	ABC	AB	AB	AB	AB	ABC	AB	ABC
		助動詞					AB	A		AC	ABC	ABC
		名詞・冠詞・代名詞	○	○		A	AC	ABC	ABC	ABC	AB	AB
		形容詞・副詞	○			AC	A	A	AC	ABC	ABC	ABC
		不定詞	○	○	ABC	ABC	ABC	ABC	ABC	ABC	AC	ABC
		動名詞	○	○	A		AC	B	AB	AB	BC	ABC
		文の構造（目的語と補語）		○	B	C	AC	BC	AC	AC	BC	BC
		比較	○	○	AC	ABC	C	AC	AC	AB	C	AC
		受け身		○	C	B	AC	C	BC	BC	AC	ABC
		現在完了	○	○	ABC	BC	BC	A	ABC	A	ABC	AB
		付加疑問文										
		間接疑問文			BC	ABC	B	BC	BC	BC	AB	C
		前置詞	○	○	C	A	AB	ABC	AB	A	AC	A
		接続詞	○	○	C					C	BC	BC
		分詞の形容詞的用法	○	○	ABC	ABC	ABC	AC	AC		AC	ABC
		関係代名詞	○	○	ABC	ABC	BC	ABC	ABC	ABC	BC	ABC
		感嘆文										
		仮定法										

〈一般入試〉(旧後期 ※全日制・多部制単位制ⅠⅡ)

理科 ●●●•• 出題傾向の分析と合格への対策 ••●●●

出題傾向とその内容

〈最新年度の出題状況〉

出題数は大問が4題で，内容的には，物理，化学，生物，地学から各1題ずつの出題となっている。大問数は多くないが，単元が比較的限定されているかわりに，設問が深く掘り下げられている大問と，単元をこえて1年～3年までの内容を総合的に扱っている大問の，大きく2つの出題形式に分かれていた。

〈出題傾向〉

基本的な知識を問う問題，実験や観察の結果を考察する問題がバランスよく出題されており，特に高度な知識や理解力を必要とする問題は見受けられないが，基本的な知識を応用・複合させた形での出題が多いので，あらゆるパターンの問題に慣れておく必要がある。

計算問題では，公式に当てはめるだけでなく，分析力や思考力を必要とする問題も出題されている。第1分野は法則をどの程度理解しているか，第2分野は知識を正確に身につけているかだけでなく，現象をしっかり理解して考察できるかを問われているといえる。したがって，それぞれのテーマについてじっくり学習しておく必要がある。特に第1分野では，基本的な法則を応用し，正確な分析力，科学的考え方を問われており，計算問題で間違えると得点に差がついてしまうため，気をつけたい。

物理的領域　最新年度では1年の光と凸レンズについての出題であった。実験の設定数が多く，それぞれについての問いがあるため戸惑うかもしれないが，単位に気をつけて原理に沿って解いていけば問題はない。基本的な内容について確実な知識を身につけよう。

化学的領域　計算問題や語句の記入，化学反応式や選択肢から選ぶものなど，回答の形式はさまざまである。1，2年の化学の主要範囲に関係している問いを組み合わせての出題になっている。実験やその結果についての考察を会話文で設定しているが，それぞれについての文が長いので，問題文を正確に早く読み取る広い確実な知識と技術が要求される。

生物的領域　出題される内容が深く掘り下げられており，解答に戸惑うこともあるかもしれないが，定期試験における学習を確実にこなしていれば対応できるレベルのものである。普段の学習をしっかりとこなすようにしておきたい。複数の設定について，それぞれに小問が3問ほど出題されている。

地学的領域　最新年度では太陽と地球を中心とした出題であった。気象もからめた問いは，内容的には教科書の範囲をこえてはいないが，応用された内容にふれることで，確実な理解を要する出題もいくつか見られた。小問数も多く，基本的な内容を答える問題は得点源となるため，確実な知識を身につけておきたい。資料として与えられた図の内容を読み解くには，同様の問題に慣れておくしかない。

来年度の予想と対策

教科書や参考書で，重要語句をはじめとする基本的な知識を整理しよう。重要語句はどのようなことを意味しているのか，自分の言葉できちんと説明できることが“理解している”ということである。簡潔に説明する訓練はどの教科にも役に立つものである。

基本的な知識が身についたら，あとは徹底的に過去問で実戦形式に慣れよう。他県の過去問も良問がたくさんあるので，挑戦してみるとよい。

⇨学習のポイント

- 掘り下げた出題に対応できるよう，原理原則からの確実な考え方ができるよう練習しよう。
- 暗記事項が多い単元も，確実にひとつひとつ覚えておくことが，複合問題を制する鍵になる。

年度別出題内容の分析表　理科

※★は大問の中心となった単元／■は出題範囲縮小の影響がみられた内容

出題内容			26年	27年	28年	29年	30年	2019年	2020年	2021年	2022年	2023年
第一分野	第1学年	身のまわりの物質とその性質	○						○	○		○
		気体の発生とその性質		○	★		○	○			○	○
		水溶液		○		○						
		状態変化		○					★		○	
		力のはたらき（2力のつり合いを含む）		○				○			○	
		光と音			★					○		★
	第2学年	物質の成り立ち									○	
		化学変化，酸化と還元，発熱・吸熱反応	○		○			○	★	★		
		化学変化と物質の質量	○		○			○	○	○		★
		電流（電力，熱量，静電気，放電，放射線を含む）	○		○		★		★	○		
		電流と磁界	○		★			○				
	第3学年	水溶液とイオン，原子の成り立ちとイオン	○	○		★		○				
		酸・アルカリとイオン，中和と塩		○				○				
		化学変化と電池，金属イオン					○					
		力のつり合いと合成・分解（水圧，浮力を含む）	○	○		○		○			○	
		力と物体の運動（慣性の法則を含む）	○			★				○	○	
		力学的エネルギー，仕事とエネルギー	○			○		★	○		○	
		エネルギーとその変換，エネルギー資源	○	○				○		■		○
第二分野	第1学年	生物の観察と分類のしかた										
		植物の特徴と分類	★				○		○			○
		動物の特徴と分類						○	○	○	○	
		身近な地形や地層，岩石の観察								○		
		火山活動と火成岩		○		○			○	○		
		地震と地球内部のはたらき				○						
		地層の重なりと過去の様子				○			○	○		
	第2学年	生物と細胞（顕微鏡観察のしかたを含む）		○	○	○						○
		植物の体のつくりとはたらき		○			★		○			
		動物の体のつくりとはたらき		★	○	★		★		★	○	○
		気象要素の観測，大気圧と圧力					★					
		天気の変化		★						○		○
		日本の気象		○	○		○			○		
	第3学年	生物の成長と生殖	○		○		○					
		遺伝の規則性と遺伝子	○		○				★			
		生物の種類の多様性と進化								○		
		天体の動きと地球の自転・公転	○	○	○			○			○	★
		太陽系と恒星，月や金星の運動と見え方	★		★			○			○	
		自然界のつり合い								■	○	○
自然の環境調査と環境保全，自然災害			○			○				■	○	
科学技術の発展，様々な物質とその利用									■		
探究の過程を重視した出題			○	○	○	○	○	○	○	○	○	○

—大阪府公立高校〈一般〉—

社会 出題傾向の分析と合格への対策

出題傾向とその内容

〈最新年度の出題状況〉

本年度の出題数は大問4題，小問数40題である。解答形式は，記号選択が23題，語句記入が13題出題されている。また，短文記述も4題出題されている。地理，歴史，公民でほぼ同数の出題であった。

地理的分野では，地図やグラフ，統計表が用いられ，世界や日本の諸地域についての問題が出題されている。

歴史的分野では，各時代の政治，社会，文化などについて基礎的な事項が幅広く出題されている。世界史との関連問題も出題されている。

公民的分野では，憲法や基本的人権，経済などについて基本的な問題が出題されている。

〈出題傾向〉

地理的分野では，略地図・統計資料・グラフなどを読み取らせることで，基本知識の定着度合いを確認しようとしている。

歴史的分野では，様々な基本事項を幅広く問うことで，各時代の特徴をきちんと把握できているかを確認しようとしている。

公民的分野では，今日の日本社会に対する理解の程度を問うている。憲法の条文に関する出題もあり，基礎知識を幅広く問う内容となっている。また，短文記述を通して，説明する力の確認もしていると言えるだろう。

来年度の予想と対策

来年度も出題のレベルや量，形式などは大きく変わることはないであろう。内容的には，基礎的事項を問う問題が中心であるが，資料の読み取りや文章の記述を求める問題もあるので，思考力や表現力も必要となってくると言えるだろう。

地理的分野では，教科書の内容をまんべんなく，正確に理解することが必要である。その際，地図や統計資料，写真なども参照し，それらの資料を正しく読みとることも大切である。

歴史的分野では，年表や図版，その他の史料も参照しながら，教科書にある基礎的な用語や人名を正しく覚えるとともに，それらの意味内容や人物の業績，同時代の世界と日本との関係などを確認し，理解しておく必要がある。

公民的分野では，憲法や政治，経済のしくみなどとともに，財政・国際社会との関わりなどについても，新聞やテレビのニュースなどから，最近の動きを含めて十分に学習しておくようにしよう。

⇨学習のポイント

- 地理では，世界地理の基礎を中心に，統計資料の正確な読みとり力をつけておこう！
- 歴史では，基礎的事項を整理し，世界史にも目を配っておこう！
- 公民では，憲法・政治の仕組み・財政・経済一般の基礎的事項を整理しておこう！

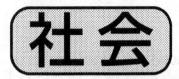

年度別出題内容の分析表　社会

※　　は出題範囲縮小の影響がみられた内容

分野	区分	出題内容	26年	27年	28年	29年	30年	2019年	2020年	2021年	2022年	2023年
地理的分野	日本	地形図の見方		○		○			○			
		日本の国土・地形・気候				○	○	○	○	○	○	○
		人口・都市	○									○
		農林水産業	○				○		○	○	○	
		工業	○								○	○
		交通・通信		○			○					○
		資源・エネルギー										
		貿易										○
	世界	人々のくらし・宗教			○					○		
		地形・気候		○	○	○	○	○		○		○
		人口・都市	○	○	○							
		産業	○	○	○	○	○		○		○	○
		交通・貿易		○		○			○			
		資源・エネルギー	○					○		○	○	
	地理総合											
歴史的分野	日本史―時代別	旧石器時代から弥生時代	○	○	○		○			○		○
		古墳時代から平安時代	○	○	○	○	○	○	○	○	○	○
		鎌倉・室町時代	○	○	○	○	○	○	○	○	○	○
		安土桃山・江戸時代	○	○	○	○	○	○	○	○	○	
		明治時代から現代	○	○	○	○	○	○	○	○	○	○
	日本史―テーマ別	政治・法律	○	○	○	○	○	○	○	○	○	○
		経済・社会・技術	○	○	○	○	○	○		○	○	○
		文化・宗教・教育		○	○	○	○	○	○	○	○	○
		外交	○	○	○	○	○	○		○		
	世界史	政治・社会・経済史	○	○	○	○	○	○	○		○	○
		文化史		○		○	○		○			
		世界史総合										
	歴史総合											
公民的分野		憲法・基本的人権	○	○	○	○	○	○	○	○	○	○
		国の政治の仕組み・裁判	○	○	○	○	○	○		○	○	○
		民主主義										○
		地方自治	○	○				○		○		○
		国民生活・社会保障			○				○			
		経済一般	○	○	○	○	○	○	○		○	○
		財政・消費生活	○	○	○	○	○	○	○		○	
		公害・環境問題	○		○	○		○				
		国際社会との関わり	○	○		○		○				
時事問題												
その他												

〈一般入試〉(旧後期 ※全日制・多部制単位制ⅠⅡ)

国語 出題傾向の分析と合格への対策

出題傾向とその内容

〈最新年度の出題状況〉

平成28年度から入試制度が変更になり，特別入試と一般入試の2種類になった。一般入試は，基礎(以下A。問題ページ参照)，標準(以下B。問題ページ参照)，発展(以下C。問題ページ参照)の3種類の問題が用意され，A・B・Cいずれも，現代文の読解問題2題，古文の読解問題1題，漢字の書き取りの独立問題が1題，作文が1題の計5題であった。読解問題は抜き出し・記述問題がバランスよく出題されている。作文問題は，資料が示され，それについての意見を述べる形式で出題された。

〈出題傾向〉

Aは，論説文と随筆が出題された。基礎的な国語力を問うものから，文脈把握，筆者の考えを読み取るものが出題された。会話を含む出題もみられた。古文は，200字程度の文章で，仮名遣いと内容の読み取りが出題された。漢字は，独立した大問の書き取りで出題された。

Bは，論説文と随筆の読解で，記述内容，要旨の読み取りの他に脱文・脱語補充が出題された。筆者の考えや主張の読み取りを中心にした出題もあった。記述問題は，内容をまとめた文の空欄を25字程度で埋める形で出題された。古文は，300字程度の文章で，内容の読み取りを中心に出題された。漢字は，独立した大問の書き取りであった。作文は260字以内。

Cは，論説文と随筆の2題で文章の難易度は高い。大問一は，要旨や内容の読み取り，脱文補充が出題された。大問四は，筆者の考えの読み取り，要旨の把握が中心である。記述問題は，本文の内容を，30字～50字程度でまとめる形で出題された。漢文は，内容の読み取り，返り点などが出題された。作文は，示された資料より，「美しさを感じる言葉」とはどのようなものかを読み取り，300字以内で考えを述べる形の出題。

来年度の予想と対策

平成28年度より入試制度は変わったが，出題内容は大きく変化してはいない。過去の入試問題に取り組み，傾向と難易度を把握しておくこと。

漢字や文法から大意把握，作文に至るまで，総合的な国語力が問われる出題。したがって，日々の授業内容をとりこぼさないことが必須である。

現代文の読解問題は，説明的文章と文学的文章のどちらも出題される可能性があるので意識して触れること。また，記述問題が配点を大きく占めると考えられるので，字数制限内でまとめる練習を普段からしておきたい。

古文は基本的な文法や古語の用法，和歌の表現技法にも慣れておきたい。また，前後の文のつながりを意識しながら読解することも必要である。

課題作文は，原稿用紙で実際に書く練習を行うことが大切である。

⇨学習のポイント

- 多くの読解問題に取り組み，さまざまな出題パターンに慣れよう。
- 段落や文章全体の要旨をまとめるなど，記述の練習を。
- 教科書を使って漢字の練習をよくしよう。

年度別出題内容の分析表　国語

※H28年度からはA問題=A，B問題=B，C問題=C。／　　は出題範囲縮小の影響がみられた内容

		出題内容	26年	27年	28年	29年	30年	2019年	2020年	2021年	2022年	2023年
内容の分類	読解	主題・表題						AB	AB	ABC		
		大意・要旨		○	ABC	AB	ABC	ABC	ABC	ABC	A	BC
		情景・心情			C							C
		内容吟味	○	○	ABC	ABC	ABC	ABC	AC	ABC	ABC	ABC
		文脈把握	○		ABC	ABC	AB	ABC	ABC	ABC		ABC
		段落・文章構成					B	AB	BC	B		AB
		指示語の問題						C				A
		接続語の問題	○				AC	A	B	A	AB	
		脱文・脱語補充	○	○	BC	AC	C	ABC	ABC	ABC	ABC	ABC
	漢字・語句	漢字の読み書き	○	○	ABC	ABC	ABC	ABC	ABC	ABC	ABC	ABC
		筆順・画数・部首					C			A		
		語句の意味	○	○	AB	ABC	A		A	BC	BC	A
		同義語・対義語					B					
		熟語	○				AC		C	AB	A	AC
		ことわざ・慣用句						AB			C	C
		仮名遣い			AB	B	AB	A	ABC	AB	AB	AB
	表現	短文作成										
		作文(自由・課題)	○	○	ABC	ABC	A	ABC	AB	ABC	ABC	ABC
		その他										
	文法	文と文節				B	B		A		A	
		品詞・用法		○	BC	A	BC	C	AB	BC	C	AB
		敬語・その他						B				
	古文の口語訳		○	○			B		C			A
	表現技法・形式					C		C				
	文学史											
	書写											
問題文の種類	散文	論説文・説明文	○	○	ABC	ABC	ABC	C	ABC	ABC	ABC	ABC
		記録文・報告文										
		小説・物語・伝記										
		随筆・紀行・日記	○	○	AB		A	ABC	ABC	ABC	ABC	ABC
	韻文	詩										
		和歌(短歌)		○	C							
		俳句・川柳										
	古文		○	○	ABC	ABC	AB	ABC	ABC	ABC	ABC	ABC
	漢文・漢詩						C	B	B	AC	B	B
	会話・議論・発表						A	AB	A			
	聞き取り											

不安という人なつっこい怪物。

曽我部恵一｜ミュージシャン

曽我部恵一

'90年代初頭よりサニーデイ・サービスのヴォーカリスト／ギタリストとして活動を始める。2004年，自主レーベルROSE RECORDSを設立し，インディペンデント／DIYを基軸とした活動を開始する。以後，サニーデイ・サービス／ソロと並行し，プロデュース・楽曲提供・映画音楽・CM音楽・執筆・俳優など，形態にとらわれない表現を続ける。

受験を前に不安を抱えている人も多いのではないでしょうか。今回はミュージシャンであり，3人の子どもたちを育てるシングルファーザーでもある曽我部恵一さんにご自身のお子さんに対して思うことをまじえながら，“不安”について思うことを聞いた。

── 子どもの人生を途中まで一緒に生きてやろうっていうのが，何だかおこがましいような気がしてしまう。

子どもが志望校に受かったらそれは喜ばしいことだし，落ちたら落ちたで仕方がない。基本的に僕は子どもにこの学校に行ってほしいとか調べたことがない。長女が高校や大学を受験した時は，彼女自身が行きたい学校を選んで，自分で申し込んで，受かったからそこに通った。子どもに「こういう生き方が幸せなんだよ」っていうのを教えようとは全く思わないし，勝手につかむっていうか，勝手に探すだろうなと思っているかな。

僕は子どもより自分の方が大事。子どもに興味が無いんじゃないかと言われたら，本当に無いのかもしれない。子どもと仲良いし，好きだけど，やっぱり自分の幸せの方が大事。自分の方が大事っていうのは，あなたの人生の面倒は見られないですよって意味でね。あなたの人生はあなたにしか生きられない。自分の人生って，設計して実際動かせるのは自分しかいないから，自分のことを責任持ってやるのがみんなにとっての幸せなんだと思う。

うちの子にはこの学校に入ってもらわないと困るんですって言っても，だいたい親は途中で死ぬから子どもの将来って最後まで見られないでしょう。顔を合わせている時，あのご飯がうまかったとか，風呂入るねとか，こんなテレビやってたよ，とかっていう表面的な会話はしても，子どもの性格とか一緒にいない時の子どもの表情とか本当はちゃんとは知らないんじゃないかな。子どもの人生を途中まで一緒に生きてやろうっていうのが，何だかおこがましいような気がしてしまう。

── 不安も自分の能力の一部だって思う。

一生懸命何かをやってる人，僕らみたいな芸能をやっている人もそうだけど，みんな常に不安を抱えて生きていると思う。僕も自分のコンサートの前はすごく不安だし，それが解消されることはない。もっと自分に自信を持てるように練習して不安を軽減させようとするけど，無くなるということは絶対にない。アマチュアの時はなんとなくライブをやって，なんとなく人前で歌っていたから，不安はなかったけど，今はすごく不安。それは，お金をもらっているからというプロフェッショナルな気持ちや，お客さんを満足させないとというエンターテイナーとしての意地なのだろうけど，本質的な部分は“このステージに立つほど自分の能力があるのだろうか”っていう不安だから，そこは受験をする中学生と同じかもしれない。これは不安を抱えながらぶつかるしかない。それで，ぶつかってみた結果，ライブがイマイチだった時は，僕は今でも人生終わったなって気持ちになる。だから，不安を抱えている人に対して不安を解消するための言葉を僕はかけることができない。受験生の中には高校受験に失敗したら人生終わると思ってる人もいるだろうし，僕は一つのステージを失敗したら人生終わると思ってる。物理的に終わらなくても，その人の中では終わる。それに対して「人生終わらないよ」っていうのは勝手すぎる意見。僕たちの中では一回の失敗でそれは終わっちゃうんだ。でも，失敗しても相変わらずまた明日はあるし，明後日もある。生きていかなきゃいけない。失敗を繰り返していくことで，人生は続くってことがわかってくる。子どもたちの中には，そこで人生を本当に終わらそうっていう人が出てくるかもしれないけど，それは大間違い。同じような失敗は生きてるうちに何度もあって，大人になっている人は失敗を忘れたり，見ないようにしたりするのをただ単に繰り返して生きてるだけなんだと思う。失敗したからこそできるものがあるから，僕は失敗するっていうことは良いことだと思う。挫折が多い方が絶対良い。若い頃に挫折とか苦い経験っていうのはもう財産だから。

例えば，「雨が降ってきたから，カフェに入った。そしたら偶然友達と会って嬉しかった」。これって，雨が降る，晴れるとか，天気みたいなもうどうしようもないことに身を委ねて，自然に乗っかっていったら，結局はいい出来事があったということ。僕は，無理せずにそういう風に生きていきたいなと思う。失敗しても，それが何かにつながっていくから，失敗したことをねじ曲げて成功に持っていく必要はないんじゃないかな。

不安を感じてそれに打ち勝つ自信がないのなら，逃げたらいい。無理して努力することが一番すごいとも思わない。人間，普通に生きると70年とか80年とか生きるわけで，逃げてもどこかで絶対勝負しなきゃいけない瞬間っていうのがあるから，その時にちゃんと勝負すればいいんじゃないかな。受験がどうなるか，受かるだろうか，落ちるだろうか，その不安を抱えている人は，少なからず，勝負に立ち向かっていってるから不安を抱えているわけで。それは素晴らしいこと。不安っていうのは自分の中の形のない何かで自分の中の一つの要素だから，不安も自分の能力の一部だって思う。不安を抱えたまま勝負に挑むのもいいし，努力して不安を軽減させて挑むのもいい。または，不安が大きいから勝負をやめてもいいし，あくまでも全部自分の中のものだから。そう思えば，わけのわからない不安に押しつぶされるってことはないんじゃないかな。

MEMO

大切なことはメモしておこうネ！

ダウンロードコンテンツのご利用方法

※弊社 HP 内の各書籍ページより，解答用紙などのデータダウンロードが可能です。

※巻頭「収録内容」ページの下部 QR コードを読み取ると，書籍ページにアクセスが出来ます。（ Step 4 からスタート）

Step 1 東京学参 HP（https://www.gakusan.co.jp/）にアクセス

Step 2 下へスクロール『フリーワード検索』に書籍名を入力

Step 3 検索結果から購入された書籍の表紙画像をクリックし，書籍ページにアクセス

Step 4 書籍ページ内の表紙画像下にある『ダウンロードページ』を

クリックし，ダウンロードページにアクセス

Step 5 巻頭「収録内容」ページの下部に記載されている

パスワードを入力し，『送信』をクリック

解答用紙・+αデータ配信ページへスマホでアクセス！ ⇒

※データのダウンロードは 2024 年 3 月末日まで。

※データへのアクセスには，右記のパスワードの入力が必要となります。 ⇒ ●●●●●●

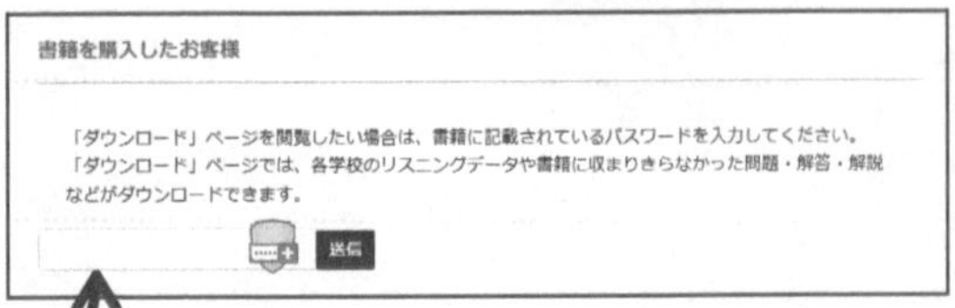

Step 6 使用したいコンテンツをクリック

※ PC ではマウス操作で保存が可能です。

大阪府公立高等学校（特別）

2023年度

★★★★★★★★★★★★★★★★★★★★★★★

入　試　問　題

2023
年
度

●くわしい解説……39ページ

＜数学＞

時間　40分　　満点　45点

1　次の計算をしなさい。

(1)　$18-5\times 2$

(2)　$\frac{1}{2}+\frac{3}{7}$

(3)　$-22+5^2$

(4)　$3(x-3)+6x-2$

(5)　$-7x\times x$

(6)　$8\sqrt{3}-3\sqrt{3}$

2　あとの問いに答えなさい。

(1)　次の**ア**～**エ**のうち，8と20の最大公約数はどれですか。一つ選び，記号を○で囲みなさい。

ア　2　　**イ**　4　　**ウ**　8　　**エ**　40

(2)　バターと小麦粉を，重さの比が2：5になるように混ぜてクッキーを作る。バターの重さが60 gであるとき，混ぜる小麦粉の重さは何 gであるか求めなさい。

(3)　右図は，20人の生徒それぞれが1学期に読んだ本の冊数を，M先生が調べてグラフにまとめたものである。20人の生徒それぞれが読んだ本の冊数の平均値は4.5冊であった。20人の生徒のうち，読んだ本の冊数が平均値より多い生徒の人数を求めなさい。

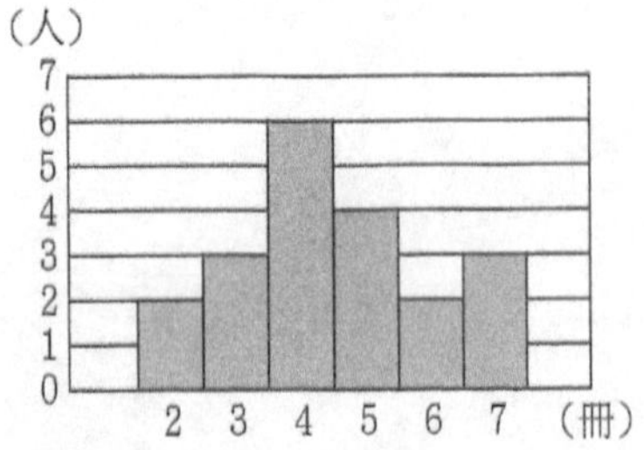

(4)　次の**ア**～**エ**の式のうち，「1000mLの水を a 人で同じ量に分けたときの一人当たりの水の量(mL)」を正しく表しているものはどれですか。一つ選び，記号を○で囲みなさい。

ア　$1000-a$　　**イ**　$1000a$　　**ウ**　$\frac{1000}{a}$　　**エ**　$\frac{a}{1000}$

(5)　一次方程式　$7x-9=2x+21$　を解きなさい。

(6)　次の ㋐ ， ㋑ に入れるのに適している自然数をそれぞれ書きなさい。

$x^2+2x-15=(x+$ ㋐ $)(x-$ ㋑ $)$

(7)　10本のくじがあり，そのうち1等が1本，2等が3本である。この10本のくじから1本をひくとき，ひいたくじが2等である確率はいくらですか。どのくじをひくことも同様に確からしいものとして答えなさい。

(8)　右図において，m は関数 $y = x^2$ のグラフを表す。次のア～エのうち，m 上にある点はどれですか。一つ選び，記号を○で囲みなさい。

ア　点（0，2）　　**イ**　点（4，－3）
ウ　点（3，6）　　**エ**　点（－2，4）

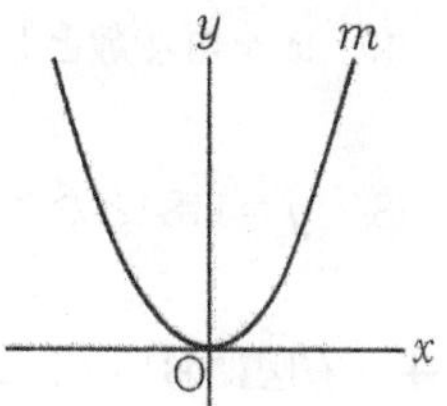

(9)　右図は，ある立体**P**の投影図である。次の**ア**～**エ**のうち，立体**P**の見取図として最も適しているものはどれですか。一つ選び，記号を○で囲みなさい。

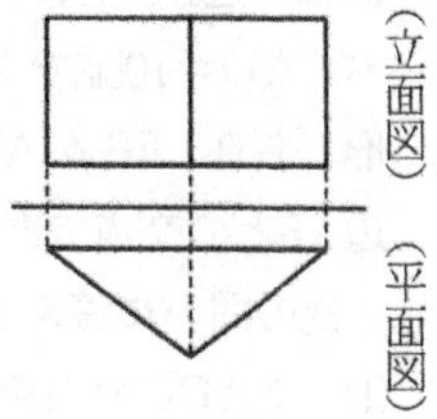

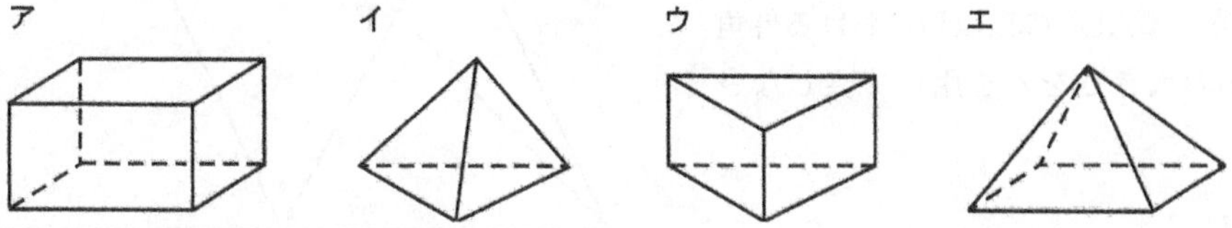

3　バレーボール部に所属するＦさんは，部活動でミニハードルを使ったトレーニングをしようと考えた。Ｆさんは，200㎝の助走路を設定したあと同じ大きさのミニハードルを等間隔に並べることにし，助走路を含めたミニハードルの列の長さについて考えてみた。ミニハードルの奥行は24㎝である。下図は，ミニハードルを80㎝ごとに配置したときのようすを表す模式図である。

下図において，O，Pは直線 ℓ 上の点である。「ミニハードルの個数」が x のときの「線分OPの長さ」を y ㎝とする。$x = 1$ のとき $y = 224$ であるとし，x の値が１増えるごとに y の値は80ずつ増えるものとする。

あとの問いに答えなさい。

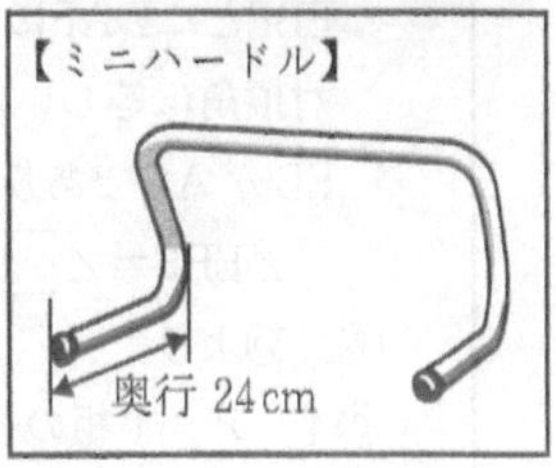

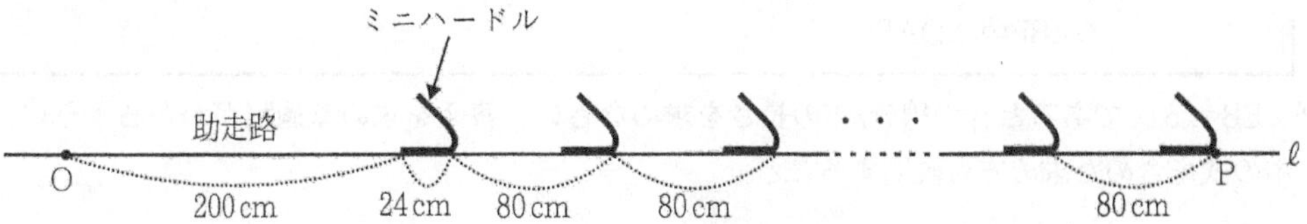

(1)　次の表は，x と y との関係を示した表の一部である。表中の(ア)，(イ)に当てはまる数をそれぞれ書きなさい。

x	1	2	3	・・・	6	・・・
y	224	304	(ア)	・・・	(イ)	・・・

(2)　x を自然数として，y を x の式で表しなさい。

(3)　y =1184となるときの x の値を求めなさい。

4　右図において，△ABCは∠ACB=90°，AC=BC= 9 cmの直角二等辺三角形である。Dは，辺BC上の点である。AとDとを結ぶ。AD=10cmである。△EBDは鋭角三角形であり，EB//ADである。Fは，辺EDと辺ABとの交点である。

次の問いに答えなさい。

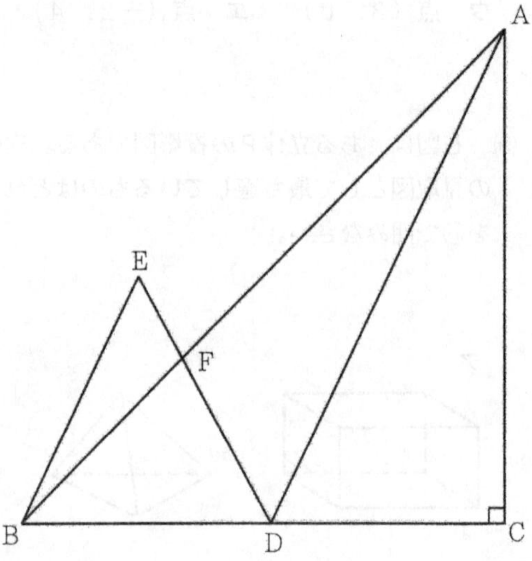

(1)　△ADCの内角∠ADCの大きさを a°とするとき，△ADCの頂点Dにおける外角∠ADBの大きさを a を用いて表しなさい。

(2)　次は，△EBF∽△DAFであることの証明である。ⓐ，ⓑに入れるのに適している**「角を表す文字」**をそれぞれ書きなさい。また，ⓒ〔　〕から適しているものを一つ選び，記号を○で囲みなさい。

（証　明）
△EBFと△DAFにおいて
対頂角は等しいから　∠BFE=∠ ⓐ ……………………………… ㋐
EB//ADであり，平行線の錯角は等しいから
∠EBF=∠ ⓑ ……………………………………………… ㋑
㋐，㋑より，
ⓒ〔 ア　1組の辺とその両端の角　　イ　2組の辺の比とその間の角　　ウ　2組の角 〕がそれぞれ等しいから
△EBF∽△DAF

(3)　EB= 5 cmであるときの線分AFの長さを求めなさい。答えを求める過程がわかるように，途中の式を含めた求め方も説明すること。

＜数学＞

〔B問題〕 時間　40分　　満点　45点

1　次の計算をしなさい。

(1)　$8-18\div(-3)$

(2)　$(-2)^2-5$

(3)　$5(x+3y)-(2x-y)$

(4)　$6ab\div 2b\times a$

(5)　$(x+5)(x-1)+x(x+4)$

(6)　$\sqrt{8}-\sqrt{2}-\sqrt{50}$

2　あとの問いに答えなさい。

(1)　a，bを１けたの自然数とする。次のア～エの式のうち，十の位の数がa，一の位の数がbである２けたの自然数を表しているものはどれですか。一つ選び，記号を○で囲みなさい。

ア　ab　　**イ**　$10ab$　　**ウ**　$10+a+b$　　**エ**　$10a+b$

(2)　yはxに反比例し，$x=3$のとき$y=8$である。$x=2$のときのyの値を求めなさい。

(3)　連立方程式 $\begin{cases} x-2y=10 \\ 3x+y=16 \end{cases}$ を解きなさい。

(4)　二次方程式　$x^2-6x-27=0$　を解きなさい。

(5)　バドミントン部の顧問であるＴ先生は，部員が行ったハンドボール投げの記録を度数分布表にまとめ，資料を作成した。ところが，右図のようにその資料が破れて一部が読み取れなくなっている。右図の度数分布表において，23m以上26m未満の階級の相対度数を求めなさい。答えは**小数**で書くこと。

資料

ハンドボール投げの記録(m)	度数(人)	相対度数
以上　未満		
14 ～ 17	2	0.10
17 ～ 20	9	0.45
20 ～ 23	6	
23 ～ 26		
合計		

(6)　二つのさいころを同時に投げるとき，出る目の数の積が８以下である確率はいくらですか。１から６までのどの目が出ることも同様に確からしいものとして答えなさい。

(7)　次のページの図において，立体ABCD－EFGHは直方体であり，AB＝５㎝，AD＝６㎝，AE＝４㎝である。Ｉは，辺AB上にあって線分CIの長さと線分IEの長さとの和が最も小さくなる点である。線分CIの長さと線分IEの長さとの和を求めなさい。

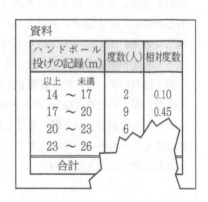

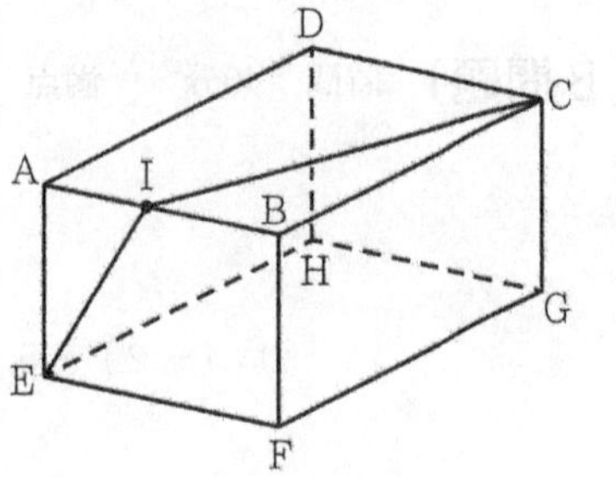

(8)　右図において，m は関数 $y = ax^2$（a は正の定数）のグラフを表し，ℓ は関数 $y = x + 1$ のグラフを表す。Aは m と ℓ との交点のうち，x 座標が正の点である。Bは y 軸上の点であり，その y 座標は2である。n は，Bを通り傾きが $-\dfrac{3}{2}$ の直線である。Cは n 上の点であり，Cの y 座標とAの y 座標は等しい。Cの x 座標は－2である。a の値を求めなさい。答えを求める過程がわかるように，途中の式を含めた求め方も説明すること。

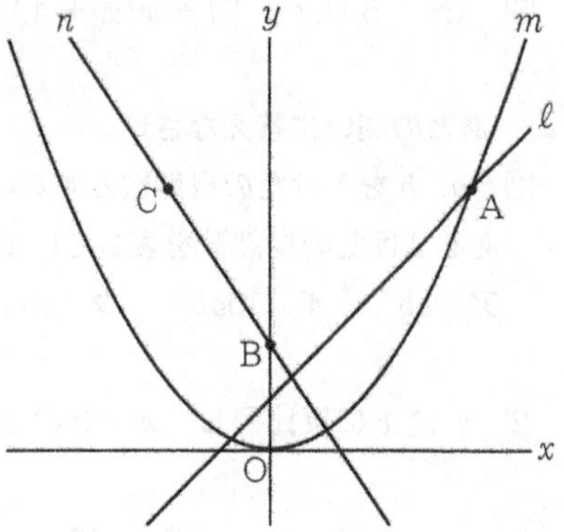

3　バレーボール部に所属するFさんは，部活動でミニハードルを使ったトレーニングをしようと考えた。Fさんは，200cmの助走路を設定したあと同じ大きさのミニハードルを等間隔に並べることにし，助走路を含めたミニハードルの列の長さについて考えてみた。ミニハードルの奥行は24cmである。図Ⅰは，ミニハードルを等間隔に並べたときのようすを表す模式図である。

図Ⅰにおいて，O，Pは直線 ℓ 上の点である。「ミニハードルの個数」が1のとき「線分OPの長さ」は224cmであるとし，「ミニハードルの個数」が1増えるごとに「線分OPの長さ」は a cmずつ長くなるものとする。ただし，$a > 24$ とする。

あとの問いに答えなさい。

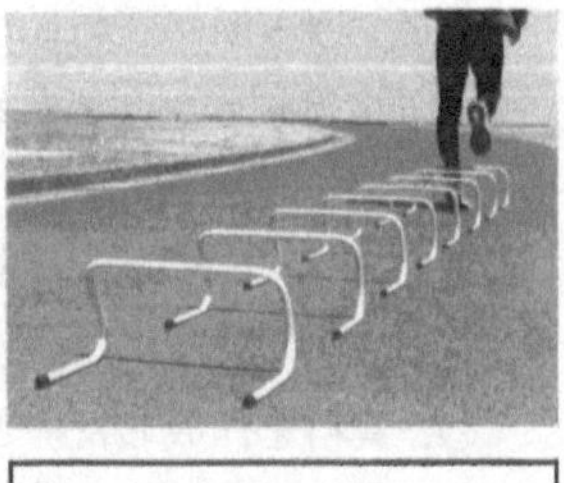

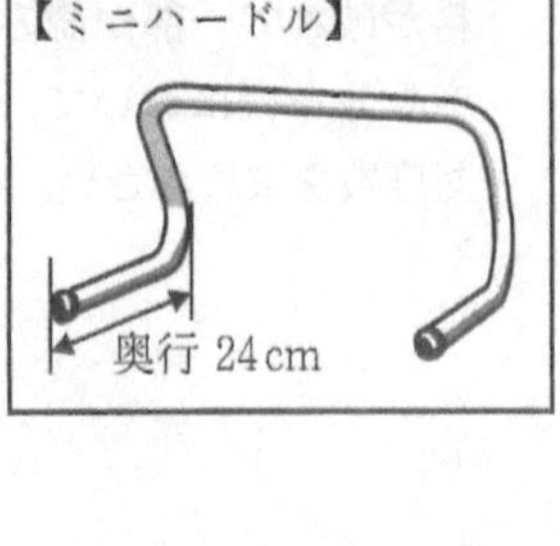

図Ⅰ

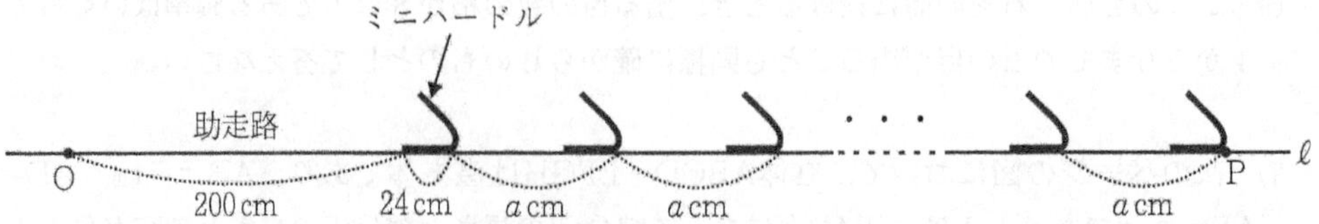

(1)　Fさんは，図Ⅰにおいて a ＝80である場合について考えた。「ミニハードルの個数」が x の

ときの「線分OPの長さ」を y cmとする。

① 次の表は，x と y との関係を示した表の一部である。表中の(ア)，(イ)に当てはまる数をそれぞれ書きなさい。

x	1	2	・・・	4	・・・	7	・・・
y	224	304	・・・	(ア)	・・・	(イ)	・・・

② x を自然数として，y を x の式で表しなさい。

③ $y=1184$ となるときの x の値を求めなさい。

(2) バレーボール部には，ミニハードルが全部で17個ある。Fさんは，17個のミニハードルをすべて使い，助走路を含めたミニハードルの列の長さが1440cmになるように，ミニハードルの間隔を決めることにした。

図Ⅰにおいて，「ミニハードルの個数」を17とする。「線分OPの長さ」が1440cmとなるときの a の値を求めなさい。

4 図Ⅰ，図Ⅱ（次のページ）において，A，B，Cは円Oの周上の異なる3点であり，3点A，B，Cを結んでできる△ABCは内角∠ABCが鈍角の三角形であって，AB>BCである。Dは，直線OBと円Oとの交点のうちBと異なる点である。DとAとを結ぶ。四角形AEFCは長方形であり，Fは直線AB上にある。Gは，直線CBと辺EFとの交点である。

円周率を π として，あとの問いに答えなさい。

(1) 図Ⅰにおいて，

① DO＝a cmとするとき，円Oの周の長さを a を用いて表しなさい。

② △DAB∽△GFCであることを証明しなさい。

図Ⅰ

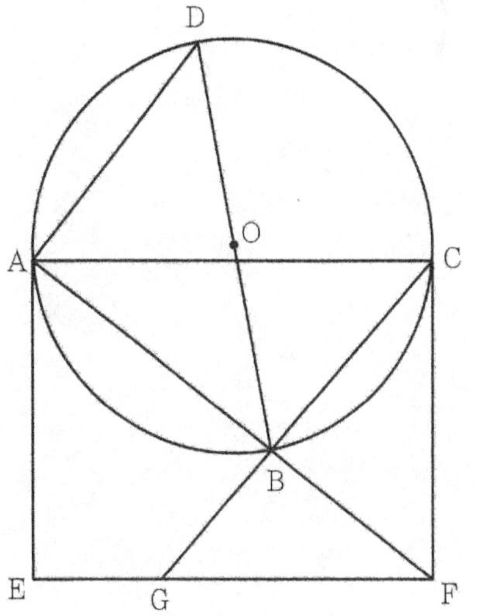

⑵　図Ⅱは，Gが辺EFの中点であるときの状態を示している。

図Ⅱにおいて，AE＝５㎝，AF＝９㎝である。Hは，Ｅから線分AFにひいた垂線と線分AFとの交点である。DとHとを結ぶ。

①　線分GFの長さを求めなさい。

②　△DAHの面積を求めなさい。

図Ⅱ

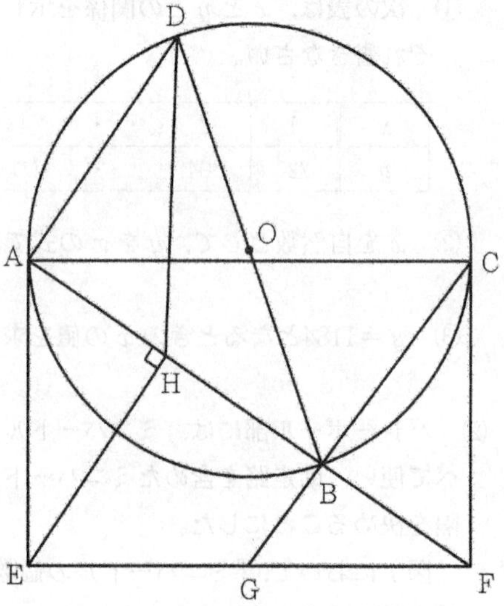

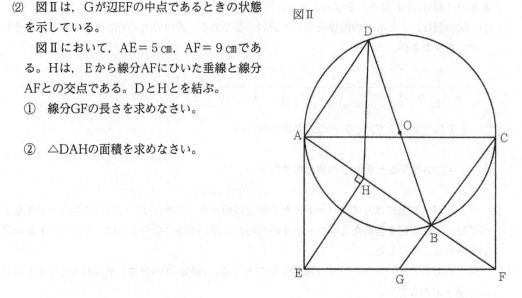

＜英語＞

〔A問題〕　時間　55分（リスニングテスト15分を含む）
満点　45点

1　次の(1)～(12)の日本語の文の内容と合うように，英文中の（　）内のア～ウからそれぞれ最も適しているものを一つずつ選び，記号を○で囲みなさい。

(1)　これは私の自転車です。
This is my (ア bike　イ desk　ウ doll).

(2)　私たちはいくつかの花を買うつもりです。
We will buy some (ア eggs　イ flowers　ウ hats).

(3)　私は毎日，英語を勉強します。
I (ア feel　イ study　ウ teach) English every day.

(4)　あの古いギターを見てください。
Look at that (ア long　イ new　ウ old) guitar.

(5)　彼は彼の祖父と歩いていました。
He was walking (ア in　イ on　ウ with) his grandfather.

(6)　彼女は私たちにいくつかの写真を見せました。
She showed (ア our　イ us　ウ ours) some photos.

(7)　なんてかわいいのでしょう。
(ア How　イ What　ウ Which) cute!

(8)　窓を開けてもいいですか。
May I (ア open　イ opens　ウ to open) the window?

(9)　あの教会は約150年前に建てられました。
That church was (ア build　イ built　ウ to build) about 150 years ago.

(10)　あなたはこれまでに馬に乗ったことがありますか。
Have you ever (ア ride　イ rode　ウ ridden) a horse?

(11)　考えを共有することは大切です。
(ア Share　イ Shared　ウ Sharing) ideas is important.

(12)　マンガを読んでいる生徒たちは私の友だちです。
The students (ア read　イ reading　ウ to read) comics are my friends.

2　あとの(1)～(4)の日本語の文の内容と合うものとして最も適しているものをそれぞれア～ウから一つずつ選び，記号を○で囲みなさい。

(1)　この歌はあの歌と同じくらい人気があります。
ア　This song is as popular as that one.
イ　This song is more popular than that one.
ウ　That song is more popular than this one.

(2)　この音楽は私を幸せにするでしょう。
ア　I will make this music happy.

イ　This happy music was made by me.

ウ　This music will make me happy.

⑶　これは昨日，彼女が私にくれたプレゼントです。

ア　She got this present from me yesterday.

イ　This is the present she gave me yesterday.

ウ　I gave her this present yesterday.

⑷　私のおばは彼女の犬をラッキーと名付けました。

ア　My aunt named her dog Lucky.

イ　My aunt Lucky named her dog.

ウ　I named my aunt’s dog Lucky.

3　高校生の洋子（Yoko）と留学生のポール（Paul）が，駅でポスターを見ながら会話をしています。ポスターの内容と合うように，次の会話文中の［　］内のア～ウからそれぞれ最も適しているものを一つずつ選び，記号を○で囲みなさい。

【ポスター】

いちょう市
無料バスツアー
毎週土曜日開催！

訪れる場所
さくら神社 → もみじ寺 → わかば公園 → 市立美術館

集合時間・場所
午前9時　いちょう駅

終了時間・場所
午後4時　いちょう駅

※わかば公園で午後１時に昼食を食べます。各自持参してください。

Yoko: Paul, look! The city holds a free bus tour. Let’s join the tour next ①［ア Friday　イ Saturday　ウ Sunday］.

Paul: That’s a good idea. Where can we visit?

Yoko: We can visit various places, for example, the shrine and the temple. You are interested in Japanese art, right? We can also visit the ②［ア museum　イ restaurant　ウ zoo］.

Paul: That’s great!

Yoko: We need to bring our lunch and we will eat it together at the park.

Paul: Sounds fun! Oh, but I help my host family prepare dinner every weekend, so I have to go home by five o’clock.

Yoko: Don’t worry. The tour will finish at ③［ア one　イ four　ウ nine］ o’clock.

Paul: Then, there is no problem. Let’s join the tour!

Yoko: OK!

4　あとの⑴～⑷の会話文の［　　］に入れるのに最も適しているものをそれぞれア～エから一つずつ選び，記号を○で囲みなさい。

⑴　A：Where did you go yesterday?

B：［　　　　］

ア　No, I don’t.　　　　　イ　You are very kind.

ウ　I went to the stadium.　エ　I am a junior high school student.

(2) A：Look!　Some cats are under the tree.
B：How many cats are there?
A：[　　　　]
ア Yes, they are.　イ No, they aren't.
ウ It is sleeping.　エ There are eight cats.

(3) A：Which season do you like the best?
B：I like winter the best. [　　　　]
A：I like summer the best.　I like to swim in the sea.
ア How about you?　イ How cold is it?
ウ How far is it?　エ How old are you?

(4) A：Let's play video games.
B：[　　　　] But, I wish I could play video games with you.
A：Then, let's do it next time.
B：Sure.
ア Yes, I do.　イ No, it isn't.
ウ Me, too.　エ I'm sorry, I can't now.

5 秀 (Hide) は日本の高校生です。あとの［Ⅰ］,［Ⅱ］に答えなさい。

［Ⅰ］ 次は，秀が英語の授業で行ったポップコーン (popcorn) に関するスピーチの原稿です。彼が書いたこの原稿を読んで，あとの問いに答えなさい。

corn（とうもろこし）

Today, I will tell you about my favorite food.　I like popcorn very much.　Did you know that popcorn is made from corn?　One day, when I was eating popcorn at a movie theater, I thought, "How can I make popcorn at home?"　After the movie, I found corn for making popcorn at a supermarket and bought it.　The next day, I made popcorn at home. [①] I was making popcorn, I found that the corn for making popcorn was hard.　I became interested in corn, so I read a book about corn.　According to Ⓐit, there are many kinds of corn, and the corn for making popcorn and the corn we usually eat are different kinds.

I also learned many other things about corn.　There are various colors.　For example, there are white corn, red corn, and even black corn.　And, people eat corn in many ways.　For example, people in various areas in the world eat bread made from corn.　Some people in Korea like to drink tea made from corn.　In South America, a drink made from corn is very popular.　The drink [②] black, and it is so sweet. [③] Thank you for listening.

（注） made from ～　～からできた　South America　南アメリカ

(1) 次のページのうち，本文中の [①] に入れるのに最も適しているものはどれですか。一つ選び，記号を○で囲みなさい。

ア　What　　イ　When　　ウ　Why

⑵　本文中のⒶitの表している内容に当たるものとして最も適しているひとつづきの英語４語を，本文中から抜き出して書きなさい。

⑶　次のうち，本文中の ② に入れるのに最も適しているものはどれですか。一つ選び，記号を○で囲みなさい。

ア　looks　　イ　sees　　ウ　watches

⑷　本文中の ③ が，「もし私が将来，世界中を旅行することができたら，そのような食べ物や飲み物を試してみるでしょう。」という内容になるように，次の〔　〕内の語を並べかえて解答欄の______に英語を書き入れ，英文を完成させなさい。

If〔 around　can　I　travel 〕the world in the future, I will try such food and drinks.

［Ⅱ］　スピーチの後に，あなた（You）と秀が次のような会話をするとします。あなたならば，どのような話をしますか。あとの条件１・２にしたがって，（①），（②）に入る内容を，それぞれ５語程度の英語で書きなさい。解答の際には記入例にならって書くこと。

You: I like popcorn, too.　（　　①　　）

Hide: That's good.　I can teach you how to make it.

You: Thank you.　（　　②　　）

Hide: Don't worry.　It is not so difficult.

<条件１>①に，ポップコーンを作りたいと伝える内容を書くこと。

<条件２>②に，前後のやり取りに合う内容を書くこと。

記入例

What	time	is	it	?
Well	,	it's	11	o'clock .

＜英語＞

〔B問題〕　時間　55分（リスニングテスト15分を含む）
満点　45点

1　高校生の裕真 (Yuma) は，滋賀県 (Shiga Prefecture) の針江《はりえ》地区 (Harie area) を訪れ，湧き水を使うためのシステムに興味をもつようになりました。あとの［Ⅰ］，［Ⅱ］に答えなさい。

［Ⅰ］　裕真は，次の文章の内容をもとに英語の授業でスピーチを行いました。文章の内容と合うように，下の英文中の［　］内のア～ウからそれぞれ最も適しているものを一つずつ選び，記号を○で囲みなさい。

みなさんは湧き水について知っていますか。それは地面から出てくる水です。湧き水は日本の多くの場所で使われています。滋賀県の針江地区はその中の一つです。昨年の夏，私はおばとその地域を訪れ，地元のガイドたちによって行われているツアーに参加しました。そのツアーの中で，私たちは湧き水で満たされたいくつかの水をためる場所を見ました。そのガイドは，「ここの人々は湧き水を生活のために使います。湧き水を使うためのシステムは『かばた』と呼ばれています。この水は飲めます。試してください。」と言いました。私がそれを試したとき，その水はとても冷たかったです。とても暑い日だったので，その水は私を涼しく感じさせました。

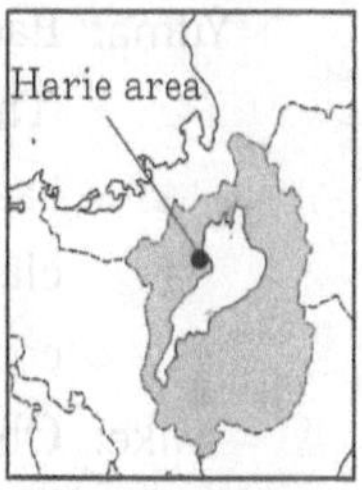

Shiga Prefecture

Do you know about spring water? It is the water ①［ア came　イ coming　ウ come］out from the ground. Spring water is used in many places in Japan. Harie area in Shiga Prefecture is ②［ア one　イ any　ウ many］of them. Last summer, I visited the area with my aunt and joined a tour held by ③［ア foreign　イ local　ウ official］guides. In the tour, we saw some basins which were full of spring water. The guide said, “People here use spring water for their lives. The system of using spring water is ④［ア call　イ calling　ウ called］‘*kabata*.’ You can drink this water. Please try it.” When I tried it, the water was very cold. It was a very hot day, so the water ⑤［ア did　イ made　ウ took］me feel cool.

（注）　spring water　湧き水　　basin　水をためる場所　　*kabata*　かばた

［Ⅱ］　次は，裕真とアメリカからの留学生のマイク (Mike) が，池田先生 (Ms. Ikeda) と交わした会話の一部です。会話文を読んで，あとの問いに答えなさい。

Mike: Hi, Yuma. Your speech was very interesting.

Yuma: Thank you, Mike. I was surprised that the water was very cold. According to our guide, the temperature of the spring water is almost the same temperature at any time of the year.

Mike: That’s interesting.

Ms. Ikeda: Hello, Yuma and Mike. What are you talking about?

Mike: Hello, Ms. Ikeda. We are talking about the speech Yuma made in our class. I am interested in his experience.

Ms. Ikeda: Oh, I enjoyed his speech, too. *Kabata* sounds interesting. Yuma, please tell us more about your experience in Harie area.

Yuma: Sure. I'll tell you the things I learned there. Look at this picture. They are some of the basins I saw.

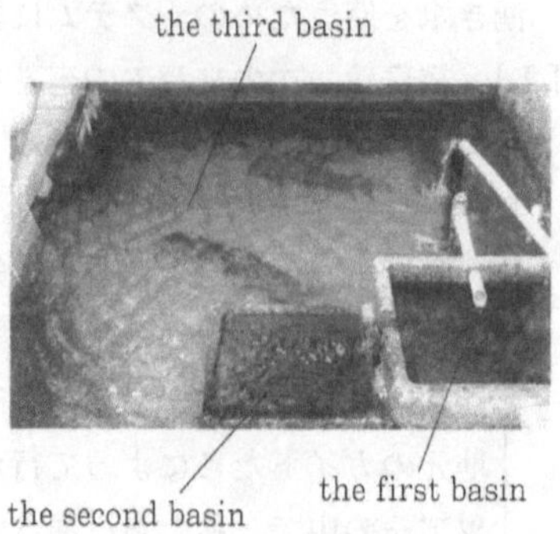

Mike: Wow. [①] are they used?

Yuma: Each basin is used in a different way. The spring water goes into the first basin. The water in this basin is very clean, so people use this water for cooking or drinking.

Mike: Oh, I see. There is another basin next to the first basin. How about this one?

Yuma: [ア] When the first basin becomes full of water, the water will overflow into this second basin. The water in this basin is still clean, so it is used for keeping things cold, for example, vegetables or fruit.

Mike: That's nice. By using the basin, people don't need electricity for keeping things cold. They just put things in the basin. It's very simple and good for the environment.

Yuma: [イ] I think so, too. And, when the second basin becomes full, the water will overflow into the third basin. The third basin is the largest basin of the three basins. People sometimes put their dishes in this basin after using them and leave them for a few hours.

Ms. Ikeda: Why do they do that?

Yuma: [ウ] Actually, in the third basin, some fish are swimming although there are no fish in the first and second basins. The fish eat small pieces of food on the dishes, so the fish help people wash the dishes. In addition, the fish also eat any food in the water, so [②].

Mike: Really? That sounds great! That means people use things in nature to keep the water clean.

Yuma: That's right.

Mike: Where does the water in the third basin finally go?

Yuma: [エ] The water in the basin goes to a river in the area and finally goes into the lake near the area. It comes back as rain or snow in the future.

Mike: I see. The water circulates.

Yuma: That's right.

Ms. Ikeda: Mike, we have learned many things about *kabata*, right? What do you think about it?

Mike: I think *kabata* is wonderful. It helps people's lives.

Ms. Ikeda: That's true. People in the area use it in a wonderful way. Yuma, you had an amazing experience.

Yuma: Yes, I really had a great experience. Through this experience, I understand that people are a part of nature.

Mike: I agree with you. We should pay attention to the water we use every day.

Ms. Ikeda: Thank you for telling us a nice story, Yuma.

（注） overflow　あふれる　　circulate　循環する

(1)　本文の内容から考えて，次のうち，本文中の ① に入れるのに最も適しているものはどれですか。一つ選び，記号を○で囲みなさい。

ア　What
イ　Where
ウ　Who
エ　How

(2)　本文中には次の英文が入ります。本文中のア～エから，入る場所として最も適しているものを一つ選び，ア～エの記号を○で囲みなさい。

To clean the dishes.

(3)　本文の内容から考えて，次のうち，本文中の ② に入れるのに最も適しているものはどれですか。一つ選び，記号を○で囲みなさい。

ア　the water can be kept clean
イ　the fish make the water in the basin full
ウ　the small pieces of food easily clean the water
エ　people in that area use electricity to make the water clean

(4)　次のうち，本文で述べられている内容と合うものはどれですか。一つ選び，記号を○で囲みなさい。

ア　The temperature of the spring water in summer and the temperature of the spring water in winter are very different.
イ　Yuma had a chance to see some basins which are used in Harie area.
ウ　People in Harie area put nothing in the largest basin because the water there is very clean.
エ　Mike told Yuma and Ms. Ikeda where the spring water used in Harie area finally went.

(5)　本文の内容と合うように，次の問いに対する答えをそれぞれ英語で書きなさい。ただし，①は3語，②は9語の英語で書くこと。

①　Are fish swimming in the first basin?
②　What does Yuma understand through his experience in Harie area?

2 大阪の高校生の真奈（Mana）が英語の授業でスピーチを行いました。次の［Ⅰ］，［Ⅱ］に答えなさい。

［Ⅰ］ 次は，真奈が行ったスピーチの原稿です。彼女が書いたこの原稿を読んで，あとの問いに答えなさい。

We can find dandelions everywhere in Japan. I thought all dandelions were the same kind. However, one day, my grandfather told me that there were various kinds of dandelions. According to him, some kinds of dandelions are native dandelions and they have been in Japan for a long time. Other kinds of dandelions were [①] from other countries more than one hundred years ago. He called them "non-native dandelions." A lot of dandelions we see now are non-native dandelions. He showed me some pictures of native dandelions and non-native dandelions. [②] I understood their differences. About fifty years ago, my grandfather was able to find a lot of native dandelions in the area around our school. At that time, the area had many fields and farms, and native dandelions were found there. Now, there are not many fields and farms because many houses and buildings were built there. He said, "We can't find native dandelions in this area now." I wanted to check the thing he said. The next day, I tried to find native dandelions in the area around our school. I was able to find many dandelions. I looked carefully at the dandelions found there. All of Ⓐthem were non-native dandelions. Then, I had a question. Why was it impossible for me to find native dandelions in the area around our school although there were many non-native dandelions? I wanted to know the reason, so I read some books about dandelions.

a native dandelion　　a non-native dandelion

From the books, I learned there were several reasons. The size of the space dandelions need is one reason. To produce seeds, a native dandelion needs to get pollen from another native dandelion. This means a native dandelion can't increase if there are not other native dandelions around it. So, it needs a wide space to grow with other native dandelions. [③] Although there are not many wide spaces in cities, non-native dandelions can still grow in cities. For native dandelions, [④]. We sometimes find a dandelion on the street if there is a small space which is not covered with asphalt. That is a non-native dandelion.

After learning about the differences between native dandelions and non-native dandelions, I wanted to know where I could find native dandelions. On the Internet, I looked for the place. I found [⑤] about dandelions. According to it, in Osaka, there are some places which have a lot of native dandelions! I was excited because I didn't think there were native dandelions in Osaka. I want to visit some of those places with my grandfather and see native dandelions with him. Thank you for listening.

（注） dandelion　タンポポ　native dandelion　在来種のタンポポ
non-native dandelion　在来種でないタンポポ　seed　種子　pollen　花粉
increase　繁殖する　asphalt　アスファルト

(1) 次のうち，本文中の [①] に入れるのに最も適しているものはどれですか。一つ選び，記号を○で囲みなさい。

ア bring　イ brought　ウ bringing　エ to bring

(2) 本文中の [②] が，「彼はそれらがどのように見えたかを説明しました。」という内容になるように，次の〔 〕内の語を並べかえて解答欄の______に英語を書き入れ，英文を完成させなさい。

He〔 they　explained　looked　how 〕.

(3) 本文中のⒶthem の表している内容に当たるものとして最も適しているひとつづきの英語４語を，本文中から抜き出して書きなさい。

(4) 本文中の [③] に，次の(i)～(iii)の英文を適切な順序に並べかえ，前後と意味がつながる内容となるようにして入れたい。あとのア～エのうち，英文の順序として最も適しているものはどれですか。一つ選び，記号を○で囲みなさい。

(i) So, it doesn't need a wide space to grow with them.
(ii) This means it doesn't need other dandelions around it to increase.
(iii) However, a non-native dandelion can produce seeds without another dandelion's pollen.

ア (i)→(iii)→(ii)　イ (ii)→(i)→(iii)　ウ (iii)→(i)→(ii)　エ (iii)→(ii)→(i)

(5) 本文の内容から考えて，次のうち，本文中の [④] に入れるのに最も適しているものはどれですか。一つ選び，記号を○で囲みなさい。

ア it is not necessary to grow in a wide space to increase
イ it is not difficult to grow in a small space to increase
ウ it is more difficult to grow in cities
エ it is easier to grow in cities

(6) 本文中の 'I found [⑤] about dandelions.' が，「私はタンポポについて書かれた一つのレポートを見つけました。」という内容になるように，解答欄の______に英語３語を書き入れ，英文を完成させなさい。

(7) あとのうち，本文で述べられている内容と合うものはどれですか。一つ選び，記号を○で囲みなさい。

ア Mana found both native dandelions and non-native dandelions in the area around her school.
イ Mana heard about the way of producing seeds of dandelions from her grandfather.
ウ Mana learned about the differences between native dandelions and non-native dandelions.

エ　Mana visited the place which had many native dandelions with her grandfather.

［Ⅱ］　スピーチの後に，あなた（You）と真奈が，次のような会話をするとします。あなたならば，どのような話をしますか。あとの条件１・２にしたがって，（①），（②）に入る内容をそれぞれ英語で書きなさい。解答の際には記入例にならって書くこと。文の数はいくつでもよい。

You: Mana, your speech was interesting. (　　　①　　　) Did you go to the library to get information about dandelions?

Mana: Yes. I usually go to the library. I also used the Internet to get information about dandelions. Do you go to a library to get information about something?

You: (　　　　　②　　　　　)

Mana: I see.

<条件１>①に，「あなたは私が知らなかったたくさんのことを私に教えてくれました。」と伝える文を，10語程度の英語で書くこと。

<条件２>②に，解答欄の［　］内の，Yes, I do. または No, I don't. のどちらかを○で囲み，そのあとに，その理由を20語程度の英語で書くこと。

記入例

When	is	your	birthday?
Well ,	it's	April	11 .

＜理科＞　時間　40分　満点　45点

1　次の［Ⅰ］，［Ⅱ］に答えなさい。

［Ⅰ］　火山や火成岩について，次の問いに答えなさい。

(1)　火山の噴火について述べた次の文中の［ⓐ］に入れるのに適している語を書きなさい。

地下にある岩石が高温になってとけたものを［ⓐ］という。噴火が起こると，［ⓐ］が地表に噴出し溶岩として流れ出したり，火山灰や火山ガスなどが放出されたりする。

(2)　火成岩は，火山岩と深成岩に分類される。

①　火成岩について述べた次の文中の□に入れるのに適している語を書きなさい。

一般に，火山岩のつくりがはん状組織と呼ばれるのに対し，深成岩のつくりは□状組織と呼ばれる。

②　火成岩をつくる鉱物は，有色鉱物（有色の鉱物）と無色鉱物（白色・無色の鉱物）に分けられる。表Ⅰは，ある深成岩に含まれる鉱物の割合〔%〕を示したものである。表Ⅰから，この深成岩に含まれる有色鉱物（有色の鉱物）の割合〔%〕はいくらか，求めなさい。

表Ⅰ

鉱物	チョウ石	セキエイ	クロウンモ	カクセン石	カンラン石	キ石	合計
割合〔%〕	64	24	9	3	0	0	100

［Ⅱ］　ある地域の沿岸部において，夏の日に陸上と海上の気温を1時間ごとに測定したところ，図Ⅰのようなグラフが得られた。次の問いに答えなさい。

図Ⅰ

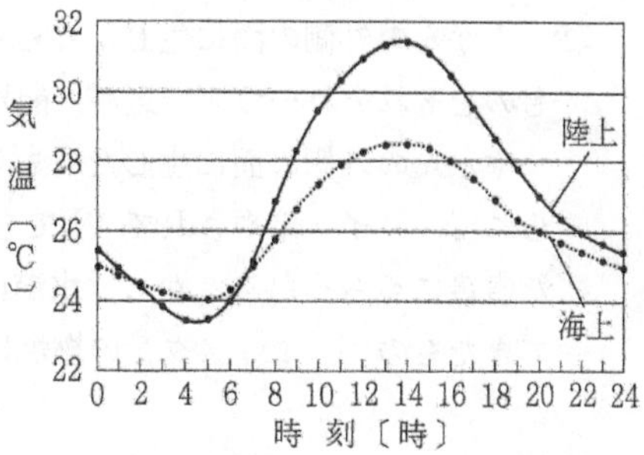

(3)　図Ⅰから考えられることについて述べた次の文中のⓑ［　］，ⓒ［　］から適切なものをそれぞれ一つずつ選び，記号を○で囲みなさい。

陸上は海上に比べて，1日の気温の変化がⓑ［　**ア**　小さかった　　**イ**　大きかった　］と考えられる。また，1日のうち，海上の気温が陸上の気温よりも高くなっていた時間は，ⓒ［　**ウ**　約　5時間　　**エ**　約　7時間　］であったと考えられる。

(4)　3時ごろにおけるこの地域の沿岸部の天気，風向，風力が，天気図では図Ⅱのような記号で示されていた。図Ⅱの記号が表す天気と風力をそれぞれ書きなさい。ただし，風力は整数で書くこと。

図Ⅱ

(5)　地表付近では，陸上と海上の間で気温の差が大きくなると，陸上と海上の間で気圧の差も大きくなる。それにともなって陸風や海風も強くなる。

①　海風が吹くしくみについて述べた次のページの文中の□に入れるのに適している内容を，「気圧」の語を用いて簡潔に書きなさい。

地表付近では，陸上の方が海上よりも気温が高くなると，陸上の方が海上よりも［　　　］。すると，海上から陸上に向かって空気が移動する。この空気の移動が海風となる。

② 次のア～エのうち，図Ⅰにおいて，海風が最も強く吹いていたと考えられる時間帯はいつか。最も適しているものを一つ選び，記号を○で囲みなさい。

ア　3時～5時　　**イ**　8時～10時　　**ウ**　13時～15時　　**エ**　18時～20時

2　次の［Ⅰ］，［Ⅱ］に答えなさい。

［Ⅰ］ 水の入ったやかんをガスコンロで加熱した。加熱のためにガスコンロを点火すると，その直後に，やかんの外側の乾いた面にくもりが生じた。加熱に用いたガスコンロは，メタンCH_4を主な成分とする都市ガスを燃焼させるものであった。次の問いに答えなさい。

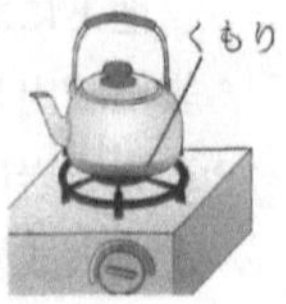

(1) メタンの燃焼を表した次の化学反応式中の□に入れるのに適している数を書きなさい。

CH_4 ＋ $2O_2$ → CO_2 ＋ □H_2O

(2) 燃焼について述べた次の文中のⓐ［　］，ⓑ［　］から適切なものをそれぞれ一つずつ選び，記号を○で囲みなさい。

物質が燃焼する化学変化はⓐ［ **ア** 発熱反応　**イ** 吸熱反応 ］である。メタンはⓑ［ **ウ** 無機物　**エ** 有機物 ］であるため，燃焼にともなって二酸化炭素と水が生じる。

(3) やかんの外側の面に生じたくもりは，水蒸気が水滴に変化したものである。

① 物質の姿や形が変化することのうち，特に温度によって物質の姿が固体，液体，気体の三つの間で変化することは何と呼ばれる変化か，書きなさい。

② やかんの外側の面に生じたくもりについて述べた次の文中のⓒ［　］，ⓓ［　］から適切なものをそれぞれ一つずつ選び，記号を○で囲みなさい。

やかんの外側の面に生じたくもりは，水蒸気がやかんの外側の面にふれてⓒ［ **ア** 温められて　**イ** 冷やされて ］できた水滴であると考えられる。また，ガスコンロを点火した直後にくもったことから，水滴に変化した水蒸気の大部分はⓓ［ **ウ** やかんの中から出てきたもの　**エ** メタンの燃焼によって生じたもの ］であったと考えられる。

［Ⅱ］ 炭酸水素ナトリウムを加熱すると気体が発生する。あとの問いに答えなさい。

(4) 図Ⅰに示す装置で，乾燥した炭酸水素ナトリウムを加熱すると，ガラス管の先から出た二酸化炭素により，石灰水が白く濁った。また，(あ)加熱した試験管の口付近の内側に無色透明の液体がついた。加熱を終了するとき，(い)ガラス管を石灰水から抜いてからガスバーナーの火を消した。

図Ⅰ

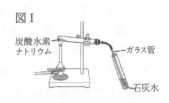

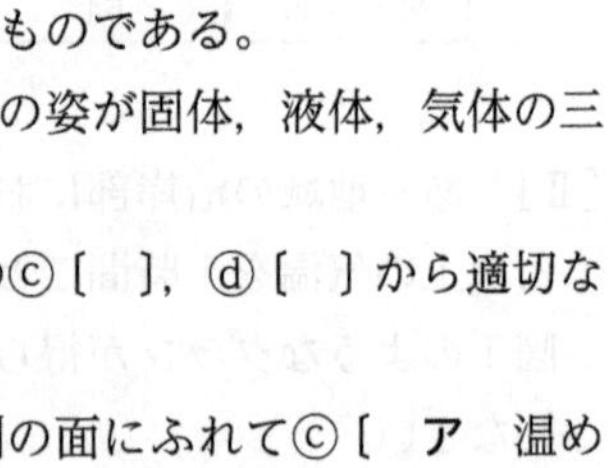

① 下線部(あ)について，無色透明の液体が水であることを確認する方法と結果について述べたあとの文中の［ⓔ］に入れるのに適しているものを，次のページの**ア**～**エ**から一つ選び，記号を○で囲みなさい。

（方法）加熱した試験管の口付近の内側についた液体に乾いた塩化コバルト紙をつける。

（結果）塩化コバルト紙につけた液体が水ならば，塩化コバルト紙の色は青色から［ⓔ］に変化する。

ア　赤色（桃色）　イ　黄色　ウ　緑色　エ　青紫色

② 下線部ⓘのようにする理由について述べた次の文中の［　　］に入れるのに適している内容を，「石灰水」の語を用いて簡潔に書きなさい。

ガラス管を石灰水から抜く前にガスバーナーの火を消すと，［　　　　］ことが考えられるから。

(5) 炭酸水素ナトリウムの性質を利用して，食品トレーなどに用いられる発泡ポリスチレンをつくることができる。炭酸水素ナトリウムとポリスチレンの混合物を加熱すると，ポリスチレンはやわらかくなり，炭酸水素ナトリウムから発生した気体が気泡となって膨らむ。これが冷えて固まると，気泡が無数の小さな穴として残り，発泡ポリスチレンとなる。

発泡ポリスチレン製の食品トレー

図Ⅱは，顕微鏡で60倍に拡大して観察した，発泡ポリスチレン製の食品トレーの断面をスケッチしたものである。このような発泡ポリスチレンの密度はポリスチレンの10分の１程度である。次の文中のⓕ［ ］，ⓖ［ ］から適切なものをそれぞれ一つずつ選び，記号を○で囲みなさい。

図Ⅱ

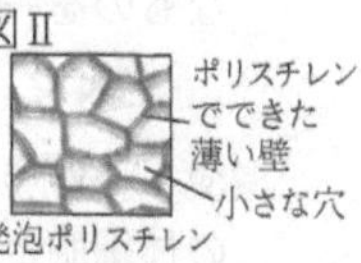

発泡ポリスチレン

ポリスチレンと発泡ポリスチレンを同じ体積で比べると，ポリスチレンの方が発泡ポリスチレンよりも質量はⓕ［ ア 小さい　イ 大きい ］。ポリスチレンと発泡ポリスチレンを同じ質量で比べると，ポリスチレンの方が発泡ポリスチレンよりも体積はⓖ［ ウ 小さい　エ 大きい ］。

3 現在，地球上には100万種類を超える生物が確認されている。これらの生物は，体のつくりなどの特徴によって分類される。あとの問いに答えなさい。

(1) 動物の分類について述べた次の文中の［ⓐ］に入れるのに適しているものを，あとのア～ウから一つ選び，記号を○で囲みなさい。

動物のうち，［ⓐ］をもつものはセキツイ動物であり，［ⓐ］をもたないものは無セキツイ動物である。

ア　筋肉　イ　背骨　ウ　外骨格

(2) 無セキツイ動物の種類について述べた次の文中のⓑ［ ］から適切なものを一つ選び，記号を○で囲みなさい。

無セキツイ動物には，昆虫類や甲殻類などの節足動物や，イカやⓑ［ ア アサリ　イ クモ　ウ ウニ　エ ミミズ ］のように外とう膜をもつ軟体動物など多くの種類がある。

(3) 表Ⅰは，セキツイ動物の五つのなかま（グループ）を地球上に初めて出現した順に左から並べ，それぞれの一般的な呼吸器官および体温調節の方法による分類をまとめたものである。

表Ⅰ

	魚類	［ⓒ］類	［ⓓ］類	ホニュウ類	［ⓔ］類
呼吸器官	えら	幼生（子）：えらと皮ふ 成体（おとな）：肺と皮ふ	肺	肺	肺
体温調節の方法による分類	変温動物	変温動物	変温動物	恒温動物	恒温動物

① 次のア～エのうち，表Ⅰ中の ⓒ ～ ⓔ に入れるのに適している語の組み合わせはどれか。一つ選び，記号を○で囲みなさい。

ア ⓒ 両生　ⓓ ハチュウ　ⓔ 鳥
イ ⓒ 両生　ⓓ 鳥　ⓔ ハチュウ
ウ ⓒ ハチュウ　ⓓ 両生　ⓔ 鳥
エ ⓒ ハチュウ　ⓓ 鳥　ⓔ 両生

② ホニュウ類が地球上に初めて出現したのは，中生代であることが分かっている。次の**ア**～**エ**のうち，中生代に生きていたことが分かっているものはどれか。一つ選び，記号を○で囲みなさい。

ア ビカリア　**イ** フズリナ　**ウ** サンヨウチュウ　**エ** 恐竜

③ セキツイ動物のほとんどは，有性生殖によって子をつくる。次の文中のⓕ〔　〕から適切なものを一つ選び，記号を○で囲みなさい。

一般に，有性生殖では，減数分裂によってできた生殖細胞が受精することで子がつくられる。このため，親の生殖細胞における染色体の数はⓕ〔 **ア** 親の体細胞の半分　**イ** 親の体細胞と同じ　**ウ** 親の体細胞の２倍 〕であり，子の体細胞における染色体の数は親の体細胞と同じになる。

④ 地球上にセキツイ動物が初めて出現してから現在までに約５億年がたっている。この間にセキツイ動物は進化して，体のつくりが変わっていった結果，表Ⅰに示した五つのなかまが出現してきたと考えられている。

(i) 進化について述べた次の文中の [　　] に入れるのに適している**物質名**を書きなさい。

遺伝子の本体である [　　] がさまざまな原因により変化し，親にはない形質が子孫に伝えられることがある。代を重ねる間にこのようなことが積み重なり，生物のからだの特徴が変化することは進化と呼ばれている。

(ii) セキツイ動物の，進化と生活場所の広がりについて述べた次の文中のⓖ〔　〕，ⓗ〔　〕から適切なものをそれぞれ一つずつ選び，記号を○で囲みなさい。

約１億５千万年前の地層から見つかったシソチョウと呼ばれる生物の化石には，ⓖ〔 **ア** ハチュウ　**イ** ホニュウ　**ウ** 両生 〕類と鳥類の両方の特徴がみられる。シソチョウのような生物の化石の存在などから，セキツイ動物の五つのなかまは進化の結果出現してきたものと考えられている。また，セキツイ動物は進化して，生活場所がⓗ〔 **エ** 水中から陸上　**オ** 陸上から水中 〕へ広がっていったものと考えられている。

4 あとの［Ⅰ］，［Ⅱ］に答えなさい。

［Ⅰ］ 図Ⅰと図Ⅱは，それぞれ水平な机の上に箱がのっているようすを表した模式図であり，机と箱は静止している。また，図Ⅰと図Ⅱ中の矢印は，物体にはたらく力を表している。次のページの問いに答えなさい。

図Ⅰ

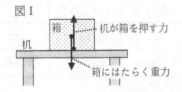

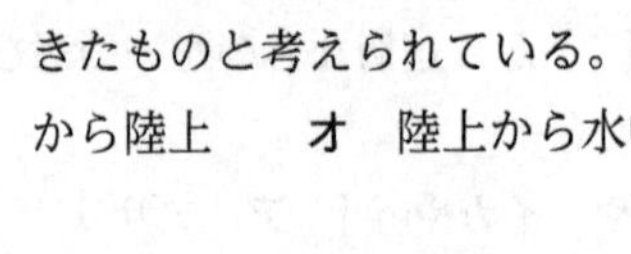

図Ⅱ

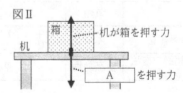

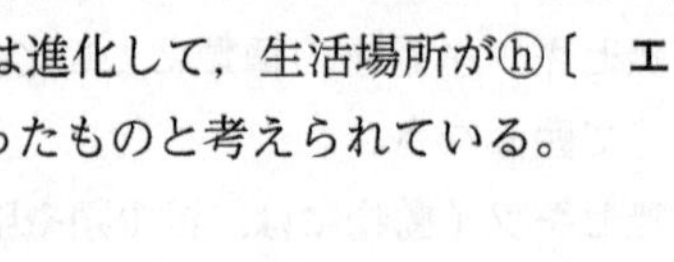

⑴　図Ⅰ中の矢印は，つり合っている２力を表している。

①　机が箱を押す力は，何と呼ばれる力か。次の**ア**～**ウ**のうち，最も適しているものを一つ選び，記号を○で囲みなさい。

ア　摩擦力　　**イ**　垂直抗力　　**ウ**　浮力

②　図Ⅰの箱の質量が500ｇであった場合，机が箱を押す力の大きさは何Nになるか，求めなさい。答えは**小数第１位まで書くこと**。ただし，質量1.0kgの物体にはたらく重力の大きさは9.8Nとする。

⑵　図Ⅱ中の矢印は，作用と反作用の２力を表している。

①　図Ⅱ中に示された作用と反作用の２力について述べた次の文中のⓐ〔　〕，ⓑ〔　〕から適切なものをそれぞれ一つずつ選び，記号を○で囲みなさい。

作用と反作用の２力は，向きが反対であり，大きさがⓐ〔　**ア**　異なる　　**イ**　等しい　〕。また，作用と反作用の２力は，それぞれⓑ〔　**ウ**　異なる物体　　**エ**　同じ物体　〕にはたらく。

②　図Ⅱ中の［A］に入れるのに適している内容を書きなさい。

［Ⅱ］　磁力と電流について，次の問いに答えなさい。

⑶　磁石のまわりの磁力について述べた次の文中の［　　］に入れるのに適している語を書きなさい。

磁力は，磁石から離れていてもはたらく。これは，磁石のまわりに磁力のはたらく空間があるためである。このような磁力のはたらく空間を［　　］という。

⑷　磁力のはたらく空間のようすを表す磁力線について述べた次の文中のⓒ〔　〕，ⓓ〔　〕から適切なものをそれぞれ一つずつ選び，記号を○で囲みなさい。

磁力線は，ⓒ〔　**ア**　N極から出てS極に入る向き　　**イ**　S極から出てN極に入る向き　〕に矢印をつけて表す。磁力が大きいところほど，磁力線の間隔はⓓ〔　**ウ**　せまい　　**エ**　広い　〕。

⑸　図Ⅲのような実験装置を組み立ててコイルに電流を流し，電流計で電流を測定しながら，コイルがどの向きに動くのかを調べた。

①　図Ⅲのように，回路に電熱線（抵抗器）を入れる理由について述べた次の文中のⓔ〔　〕，ⓕ〔　〕から適切なものをそれぞれ一つずつ選び，記号を○で囲みなさい。

図Ⅲ

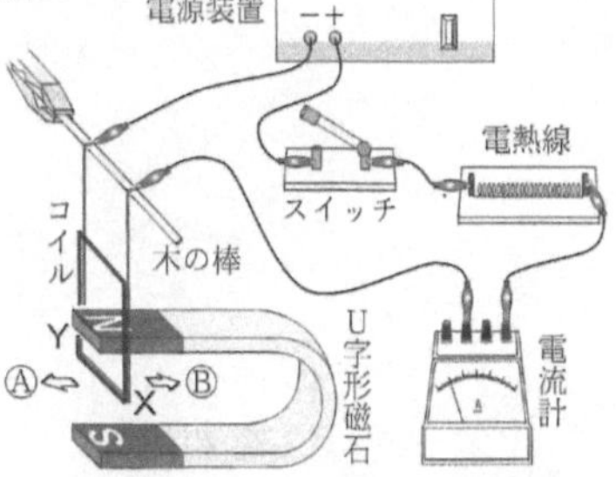

仮に，図Ⅲの状態から，電熱線を取り除いて回路をつくり，電流を流した場合，回路全体の電気抵抗は図Ⅲの状態で電流を流したときよりもⓔ〔　**ア**　小さく　　**イ**　大きく　〕なる。このとき，電源装置の電圧が変わらないものとして，回路に流れる電流をオームの法則を使って考えると，図Ⅲの状態で電流を流したときよりも，回路に流れる電流はⓕ〔　**ウ**　小さく　　**エ**　大きく　〕なり，電流計で測定できない可能性がある。そのため，回路には電熱線を入れる。

②　図Ⅲの状態で電流を流すと，コイルの下部にはX→Yの向きに200mAの電流が流れ，コイルが矢印Ⓐの向きに動いた。その後，図Ⅲの状態から次のア～エのとおりに条件を変えてそれぞれ実験を行った。次のア～エのうち，コイルが矢印Ⓑの向きに動くものはどれか。**二つ**選び，記号を○で囲みなさい。

ア　N極とS極の位置を逆にし，コイルの下部にX→Yの向きに200mAの電流を流す。

イ　N極とS極の位置を逆にし，コイルの下部にY→Xの向きに200mAの電流を流す。

ウ　N極とS極の位置は変えず，コイルの下部にX→Yの向きに400mAの電流を流す。

エ　N極とS極の位置は変えず，コイルの下部にY→Xの向きに200mAの電流を流す。

＜社会＞

時間　40分　　満点　45点

1　ユーラシア大陸はヨーロッパ州とアジア州に分けられる。ユーラシア大陸にかかわるあとの問いに答えなさい。

(1)　次の文は，大陸にかかわることがらについて述べたものである。文中のⓐ〔　〕，ⓑ〔　〕から適切なものをそれぞれ一つずつ選び，記号を○で囲みなさい。

> 地球の陸地はⓐ〔 **ア**　六つ　　**イ**　九つ 〕の大陸と多くの島々からなる。地球を赤道で南北に分けた場合，大陸のうち最も広いユーラシア大陸はⓑ〔 **ウ**　南半球　　**エ**　北半球 〕に位置する。

(2)　ヨーロッパでは宗教をはじめとした共通の文化がみられる。また，ヨーロッパの国々にはかつて植民地であった国々や周辺諸国から異なる文化をもつ人々が移り住み，多様な文化が共存している。

①　次の**ア**～**エ**のうち，ヨーロッパで広く信仰されている宗教で，カトリックやプロテスタント，正教会などの宗派がある宗教はどれか。一つ選び，記号を○で囲みなさい。

ア　ヒンドゥー教　　**イ**　キリスト教　　**ウ**　イスラム教　　**エ**　仏教

②　ヨーロッパの国々によって1993年にヨーロッパ連合が結成された。ヨーロッパ連合では2002年から加盟国の多くで共通通貨（単一通貨）が使用されるようになった。この共通通貨（単一通貨）は何と呼ばれているか。**カタカナ**で書きなさい。

③　かつてヨーロッパの国々の植民地であった国の多くは，今もヨーロッパの国々と強いつながりがあり，ヨーロッパへの移民が多い。次の文は，ヨーロッパへの移民が多い国について述べたものである。あとの**ア**～**カ**のうち，文中の［A］，［B］に当てはまる国名の組み合わせとして正しいものはどれか。一つ選び，記号を○で囲みなさい。

> ・2019年におけるイギリスへの移民の人数が最も多かった国は，［A］である。［A］は20世紀中ごろまでの200年近くイギリスの植民地であった影響で，人口の約１割に当たる１億人以上が英語を話すという統計がある。
> ・2019年における［B］への移民の人数が最も多かった国はアルジェリアであり，次いでモロッコである。その他，セネガルやギニアなどアフリカの国々からの移民が多く，アルジェリア，モロッコ，セネガル，ギニアはかつて［B］の植民地であった影響で［B］語が広く用いられている。

ア　A　インド　　　B　ドイツ
イ　A　インド　　　B　フランス
ウ　A　ブラジル　　B　ドイツ
エ　A　ブラジル　　B　フランス
オ　A　エチオピア　B　ドイツ
カ　A　エチオピア　B　フランス

(3) アジアにはさまざまな気候や自然環境がみられる。

① 図Ⅰ中のP～Sはそれぞれ，異なる気候の特徴をもつ都市を示しており，次のア～エのグラフはそれぞれ，砂漠気候の特徴をもつ都市P，熱帯雨林気候の特徴をもつ都市Q，温暖湿潤気候の特徴をもつ都市R，冷帯（亜寒帯）気候の特徴をもつ都市Sのいずれかの気温と降水量を表したものである。冷帯（亜寒帯）気候の特徴をもつ都市Sの気温と降水量を表したグラフを，次のア～エから一つ選び，記号を〇で囲みなさい。

図Ⅰ

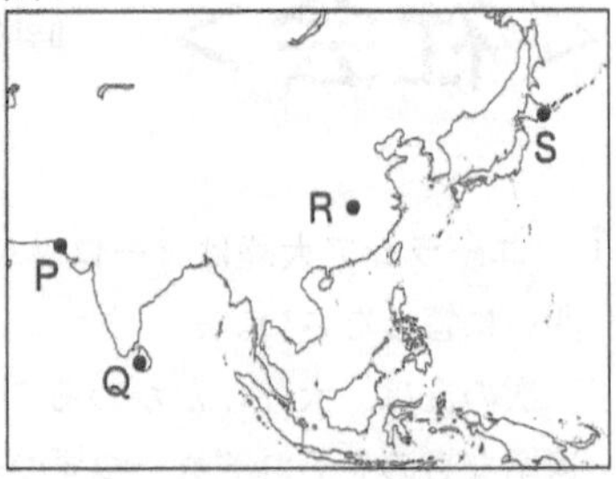

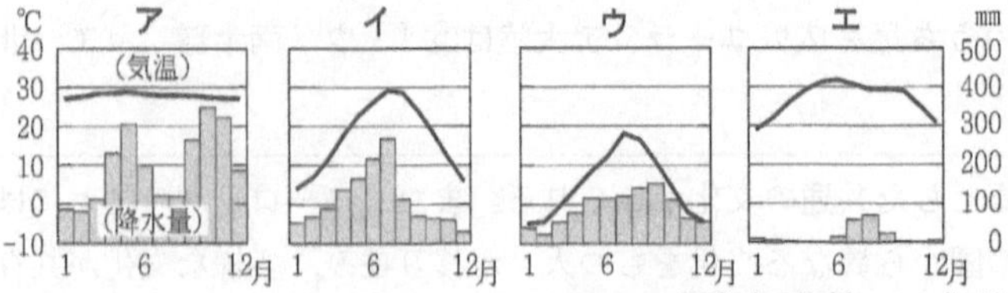

（気象庁の資料により作成）

② 次の文は，アジアの自然環境について述べたものである。文中の（　）に入れるのに適している内容を，「海洋」「大陸」の2語を用いて簡潔に書きなさい。

> アジアにはモンスーンと呼ばれる風が吹く地域がある。モンスーンは夏と冬とで風向きが変わり，夏はおもに（　　　　　）。冬は夏とほぼ逆の風向きになる。そのため，季節によって気温や降水量に違いが生じる。

2 わが国と諸外国の歴史や文化は相互にかかわっている。わが国の国際関係にかかわるあとの問いに答えなさい。

(1) 古代のわが国は，東アジアからさまざまな影響を受けながら国家を形成した。

① 中国の制度や文化を取り入れるため，たびたび使節が派遣された。次のア～エのうち，7世紀に遣隋使《けんずいし》として隋に派遣された人物はだれか。一つ選び，記号を〇で囲みなさい。

ア　大伴家持《おおとものやかもち》　　イ　小野妹子《おののいもこ》　　ウ　鑑真《がんじん》　　エ　空海《くうかい》

② 仏教は大陸からもたらされた。次のア～エのうち，仏教の力で国家を守るため，聖武《しょうむ》天皇によって東大寺が建てられた都はどれか。一つ選び，記号を〇で囲みなさい。

ア　長岡京　　イ　藤原京　　ウ　平安京　　エ　平城京

(2) 中世から近世のわが国は，東アジアにおける交流やヨーロッパ諸国との接触により，政治や文化において影響を受けた。

① 次のア～エのうち，明《みん》にわたって水墨画を学んだ禅僧で，帰国後，日本の水墨画を大成した人物はだれか。一つ選び，記号を〇で囲みなさい。

ア　雪舟《せっしゅう》　　イ　法然《ほうねん》　　ウ　千利休《せんのりきゅう》　　エ　狩野永徳《かのうえいとく》

② あとのア～エのうち，豊臣秀吉《とよとみひでよし》が行った対外政策はどれか。一つ選び，記号を〇で囲みなさい。

ア　大輪田泊《おおわだのとまり》（兵庫の港）を修築し，宋《そう》との貿易を行った。

イ　倭寇《わこう》を取り締まり，明に朝貢する形で勘合貿易を行った。

ウ　長崎がイエズス会に寄進されたことなどから，宣教師の追放を命じた。

エ　異国船打払令（外国船打払令）を出し，接近する外国船の撃退を命じた。

③　次の文は，江戸時代の文化にかかわることがらについて述べたものである。文中のⓐ〔　〕，ⓑ〔　〕から最も適しているものをそれぞれ一つずつ選び，記号を○で囲みなさい。

> 鎖国と呼ばれる江戸幕府の対外政策が行われる中，17世紀末ごろから，経済力をもった上方のⓐ〔　ア　武士　　イ　町人　〕たちを中心に栄えた文化は元禄《げんろく》文化と呼ばれ，絵画では浮世絵の祖といわれるⓑ〔　ウ　尾形光琳《おがたこうりん》　　エ　菱川師宣《ひしかわもろのぶ》　〕が『見返り美人図』を描いた。

(3)　近代のわが国は，近代国家のしくみを整え，欧米諸国やアジア諸国と密接なかかわりをもった。

①　19世紀後半，明治政府が欧米に派遣した岩倉《いわくら》使節団と呼ばれる使節団とともに５人の女子留学生がアメリカ合衆国にわたった。次のア～エのうち，岩倉使節団に同行した女子留学生で，後に，日本で女子英学塾を設立するなど，女子教育の発展に尽力した人物はだれか。一つ選び，記号を○で囲みなさい。

ア　平塚《ひらつか》らいてう　　イ　与謝野晶子《よさのあきこ》　　ウ　津田梅子《つだうめこ》　　エ　市川房枝《いちかわふさえ》

②　次の(i)～(iii)は19世紀後半にわが国で起こったできごとについて述べた文である。(i)～(iii)をできごとが起こった順に並べかえると，どのような順序になるか。あとのア～カから正しいものを一つ選び，記号を○で囲みなさい。

(i)　国会期成同盟が結成された。

(ii)　大日本帝国憲法が発布された。

(iii)　民撰《みんせん》議院設立建白書が提出された。

ア　(i)→(ii)→(iii)　　イ　(i)→(iii)→(ii)　　ウ　(ii)→(i)→(iii)

エ　(ii)→(iii)→(i)　　オ　(iii)→(i)→(ii)　　カ　(iii)→(ii)→(i)

③　20世紀前半，わが国の貿易は第一次世界大戦の影響によるアジア市場などへの輸出の増加によって発展し，1914（大正３）年に約６億円であった輸出総額は，1918（大正７）年には約20億円になった。表Ⅰは，当時の軽工業と重工業のおもな輸出品について，1914年から1918年までのそれぞれの輸出額を，1914年を基準（1.0）として示したものである。次の文は，1914年から1918年までにおけるわが国の貿易の発展について，表Ⅰをもとに述べたものである。文中の（　）に入れるのに適している内容を簡潔に書きなさい。

> 1914年から1918年までの期間において，表Ⅰ中の輸出品それぞれの輸出額は増加傾向にあり，軽工業と重工業はいずれも発展した。また，1914年から1918年までの期間について，表Ⅰ中の輸出品を軽工業と重工業に分けて値の推移を比べると，（　　　　　）ことが読み取れる。

表Ⅰ

	生糸	綿織物	鉄	船舶
1914年	1.0	1.0	1.0	1.0
1915年	0.9	1.1	1.2	1.4
1916年	1.7	1.7	3.5	23.5
1917年	2.2	3.7	34.1	133.1
1918年	2.3	6.8	78.6	109.2

（『日本長期統計総覧』により作成）

3　次の問いに答えなさい。

(1)　日本国憲法には，基本的人権の保障や，政治のしくみに関することが記されている。

①　日本国憲法は1946（昭和21）年11月に公布され，翌年の５月に施行された。次のア～エのうち，1940年代に起こったできごとについて述べた文として正しいものはどれか。一つ選び，記号を○で囲みなさい。

ア　国際連合が発足した。

イ　ベトナム戦争が起こった。

ウ　サンフランシスコ平和条約が締結された。

エ　インドネシアのバンドンでアジア・アフリカ会議が開かれた。

②　日本国憲法には三つの基本原則があり，そのうちの二つは「平和主義」と「基本的人権の尊重」である。もう一つの基本原則は何か，書きなさい。

③　次の文は，基本的人権にかかわることについて記されている日本国憲法の条文である。文中の［　　］の箇所に用いられている語を書きなさい。

「［　　　］及び良心の自由は，これを侵してはならない。」

④　日本国憲法において外交関係の処理や条約の締結などを行うと規定されている機関で，わが国の行政権を担当する機関は何か，書きなさい。

(2)　次の文は，わが国の経済に関することがらについて述べたものである。文中の ⓐ［　］から最も適しているものを一つ選び，記号を○で囲みなさい。また，文中の［ⓑ］に当てはまる語を漢字４字で書きなさい。

> ・企業など生産者によって生産された商品はさまざまな経路をへて消費者に届く。この過程はⓐ［ア　金融　　イ　景気　　ウ　貯蓄　　エ　流通］と呼ばれている。
>
> ・市場が，少数の企業などによって支配され，価格の自由な競争がなくなると，不当に高い価格で商品が販売され，消費者にとって不利益になることがある。このようなことを防ぐため，わが国では独占禁止法と呼ばれる法律にもとづき，［ⓑ］委員会と呼ばれる機関が設置されている。

4　人，もの，お金，情報の国境を越えた移動が活発化し，地球規模に広がっていくことをグローバル化という。グローバル化にかかわるあとの問いに答えなさい。

(1)　グローバル化により，貿易を通じた商品・サービスの取り引きなどが増大することで世界における経済的な結びつきが深まっている。

①　自由貿易協定によって貿易にともなう関税の削減や撤廃がすすんでいる。税は直接税と間接税とに分けられ，関税は間接税に含まれる。次のア～エのうち，間接税はどれか。一つ選び，記号を○で囲みなさい。

ア　法人税　　イ　相続税　　ウ　所得税　　エ　消費税

②　外国と貿易する場合，為替レートの変動による影響を受ける。次のページの文は，為替レートの変動について述べたものである。文中のⓐ［　］，ⓑ［　］から適切なものをそれぞれ一つずつ選び，記号を○で囲みなさい。ただし，「ドル」は「アメリカドル」を意味するものとする。

> 為替レートが変動し，「１ドル＝150円」から「１ドル＝100円」になった場合，円のドルに対する価値がⓐ［　**ア**　上がった　　**イ**　下がった　］ことになり，ⓑ［　**ウ**　円高　**エ**　円安　］になったといえる。

⑵　技術や輸送手段の進歩は，グローバル化を進展させた。

①　18世紀における産業革命以降，鉄道や蒸気船が普及し，貿易がさかんになった。次の文は，18世紀における産業革命にかかわることがらについて述べたものである。文中の［A］に当てはまる語を**漢字２字**で書きなさい。

> 産業革命がすすむ中，工場や機械など生産の元手をもつ［A］家が，労働者を賃金で雇い，利益の獲得をめざして生産活動を行う［A］主義と呼ばれる経済のしくみが成立した。

②　情報通信技術は1990年代以降急速に発展し，インターネットが普及した。

(a)　人工知能の進化にともない，膨大なデータを分析して災害を予測する研究などがすすめられている。人工知能の略称を**アルファベット**で書きなさい。

(b)　次の**ア**～**エ**のうち，1990年代の日本のようすについて述べた文として正しいものはどれか。一つ選び，記号を○で囲みなさい。

ア　原油価格が高騰し，石油危機と呼ばれる経済の混乱が起こった。

イ　地球環境問題への対策をすすめるため，環境基本法が制定された。

ウ　女子差別撤廃条約の採択を受けて，男女雇用機会均等法と呼ばれる法律が制定された。

エ　中国との国交の正常化をへて，経済・文化関係の発展をはかる日中平和友好条約が結ばれた。

⑶　グローバル化がすすむ中，地球規模の課題を解決するため，国際協力の必要性が増大している。

①　地球規模の課題の一つとして，グローバルエイジングと呼ばれる，世界的な高齢化やそれにともなう諸問題があげられている。次の文は，日本の高齢化と日本の国際協力にかかわることがらについて述べたものである。文中の［B］に当てはまる語を**漢字２字**で書きなさい。

> 日本は世界の中でも早くから，人口に占める高齢者の割合が増加する「高齢化」と，出生率の低下により若年者の人口が減少する「［B］化」とが同時に進行する「［B］高齢化」がすすんでいる。日本の「高齢化」に対する取り組みについて，急速な「高齢化」が今後すすむと予測されている国々と知見を共有するなど国際協力を行うことが期待されている。

②　地球規模の課題の一つとして，森林問題があげられており，国際的な取り組みがすすめられている。図Ⅰ（次のページ）は，アジア，ヨーロッパ，アフリカ，北アメリカ，南アメリカ，オセアニアの六つの地域について，1990（平成２）年～2000（平成12）年，2000年～2010（平成22）年，2010年～2020（令和２）年の10年ごとにおける，森林面積の１年当たりの増減量を示したものである。例えば，アジアは1990年～2000年において，森林面積が１年当たり20万ha増加しており，これは森林面積が１年当たり20万haの速さで増加したということである。次のページの**ア**～**エ**のうち，図Ⅰから読み取れる内容についてまとめたものとして正しいものはど

れか。二つ選び，記号を○で囲みなさい。

図Ⅰ　地域別森林面積の１年当たりの増減量

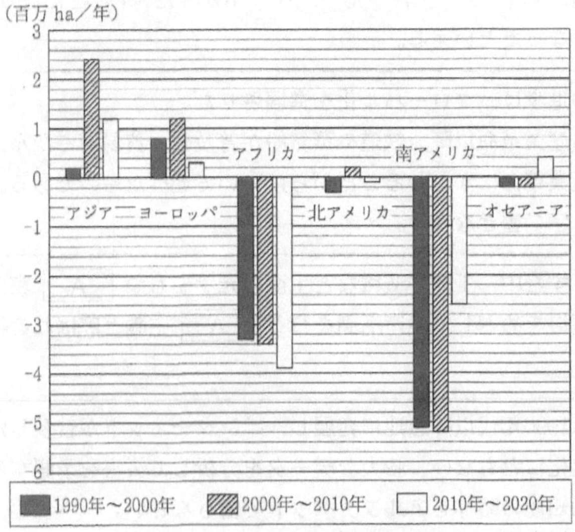

（ロシアはヨーロッパに含む）
（国際連合食糧農業機関の資料により作成）

ア　アフリカでは，1990年から2020年までを10年ごとにみると，森林面積が減少する速さは速くなっている。

イ　南アメリカでは，2010年～2020年における森林面積が減少する速さは，2000年～2010年と比べて３分の１以下になっている。

ウ　2010年～2020年における１年当たりの森林面積の増加量について，アジアの増加量は，ヨーロッパとオセアニアを合わせた増加量よりも多い。

エ　六つの地域を合わせた世界全体の森林面積について，1990年から2020年までを10年ごとにみると，世界全体の森林面積は減少を続けており，世界全体の森林面積が減少する速さは速くなっている。

られることからも明らかなように、実に明快な作品であるが、そのどこかにこだわると一転して難解な印象を与えはじめる。また、ふれられている話題についての知識や思索が深まってから読み直してみると、なにげなく書き流されたように見えていた文の行間にひそんでいた複雑で重いものが徐々に見えるようになる。

　そのことは、兼好が、さまざまなものを念頭に置きつつ、けっして多くない言葉数によって自説を展開していたことの現れであろう。とすると、われわれは、兼好がいわず語らずのうちに継受したもの、反発・批判していたものなどを知らなければ、ついに彼の真意になかなか近づけないにちがいない。残念ながら、直接に兼好にただすことのできないわれわれとしては、彼の教養・体験の質と量、発想や論理の型などから『徒然草』の内部をのぞくよりほかないわけである。

（三木紀人『徒然草』による）

1　①とりとめ　とあるが、次のうち、このことばの本文中での意味として最も適しているものはどれか。一つ選び、記号を○で囲みなさい。

ア　根拠　　イ　まとまり　　ウ　面白み　　エ　変化

2　②兼好は、この『枕草子』に触発され、それを意識しつつ本書を書きはじめた　とあるが、『徒然草』が書かれることとなった過程について、本文中で筆者が述べている内容を次のようにまとめた。［　　］に入る内容を、本文中のことばを使って**四十字以上、五十字以内**で書きなさい。

　筆を手にするとほとんど自動的に文章が生まれ、それによって心がある輪郭をとりはじめるというような、随筆が生まれるときの［　　　　　　］ことにより、『徒然草』が書かれることになった。

3　次のうち、本文中の［③］に入れるのに最も適していることばはどれか。一つ選び、記号を○で囲みなさい。

ア　ただし　　イ　あるいは　　ウ　つまり　　エ　なぜなら

4　次のうち、本文中で述べられていることがらと内容の合うものはどれか。最も適しているものを一つ選び、記号を○で囲みなさい。

ア　『徒然草』は、二百四十四の章段に分けて読むならわしになっており、各段は内容においても執筆時においてもすべてが連続していることから、各段の前後がおおむね連想の糸によって結ばれているように感じられる。

イ　多彩な内容に応じた文章の変化を味わうことが『徒然草』の与えてくれるえがたい楽しみであり、その変化を味わうためには、個々の段や一文・一語に立ち止まって、その表現世界に沈潜することが大切である。

ウ　『徒然草』は、明快な作品であるが、そのどこかにこだわると一転して難解な印象を受けたり、書かれている話題に関する知識や思索が深まってから読むと文の行間にひそむ複雑で重いものが見えたりするようになる。

エ　兼好が、さまざまなものを念頭に置きながらも、けっして多くない言葉数で自説を展開できたのはなぜかを知るためには、兼好がいわず語らずのうちに継受したもの、反発・批判していたものなどを知る必要がある。

イ　自分がかくれて餅を焼いていたことを児が他の人に言いふらしたこと。

ウ　自分が後で食べようととっておいた餅を児が食べてしまっていたこと。

エ　みんなで食べるはずの餅をかくれて食べているのを児に見られたこと。

2　②振る舞はん を現代かなづかいになおして、**すべてひらがな**で書きなさい。

3　本文中のⒶで示した和歌について説明した次の文の[a]、[b]、[c]に入れるのに最も適していることばを、それぞれ本文中から抜き出しなさい。

　この和歌は、[a]が詠んだものであり、二つに分けた[b]のうちの一つをかくす畳のへりを、半月をかくす[c]のようだとたとえて詠んだものである。

四　次の文章を読んで、あとの問いに答えなさい。

　『徒然草』は不思議な書物である。世捨て人兼好の作ということはだれでも知っているが、いつ、いかなる事情によって書かれたものかはっきりしない。他の評論的な作品の成立事情から類推して、貴人に献呈されたものかとする説もあるが、それにしては、よかれあしかれ自由で①とりとめがなさすぎる。やはり、序段に示されているように、これは「つれづれ」の境地から生まれたもので、「心にうつりゆくよしなしごとを、そこはかとなく書きつ」けた作品としておく方が無難であろう。

　そのような作品は、いうまでもなく、「随筆」と呼ばれる。しかし、この用語も概念も兼好の時代の日本人の知識にはない。随筆的な部分を持つ作品は少なくなかったが、随筆というよりほかに呼び方のない作品としては、かろうじて、例の『枕草子』があるだけであった。しかし、『枕草子』は、後世の知名度の高さからすると信じがたいことだが、あまりもてはやされることなく、一部少数の人々に珍重されるだけだったらしい。②兼好は、この『枕草子』に触発され、それを意識しつつ本書を書きはじめたのであろうが、彼自身も、「筆を執れば物書かれ」と書き、「心は必ず事に触れて来る」（ともに第一五七段）と書いた人である。筆を手にするとほとんど自動的に文章が生まれ、そのことによって心がある輪郭をとりはじめる。随筆というものが生まれるときの、こうした衝動と行為について、十分に自覚的であったことはたしかであろう。その自覚から兼好は随筆という形でしか現せない真実がこの世にあるのだということに気づいたとおぼしく、その結果『徒然草』が書かれることになったのであろう。

　この作品は、二百四十四の章段に分けて読むならわしになっている。各段は、内容的にも、執筆時においても非連続の部分もあるようだが、前後はおおむね連想の糸によって結ばれているらしい。読者は、はじめから読みすすむ場合、作者の心の動きにみちびかれて、各方面の物事をめぐって知的刺激を与えられるはずである。文章は、硬い説得調、のんびりした世間話風の語り口、詠嘆的な美文、ふとした時のひとりごとめいた寸言などさまざまで、多彩な内容に応じて、実に変化に富んでいる。その変化を味わうのが、『徒然草』が与えてくれるえがたい楽しみである。

　[③]、作品の流れに身をゆだねて、変化や多彩さばかりに心を奪われていては、貴重なものを見失ってしまうことになる。個々の段、時には一文・一語に立ち止まってその表現世界に沈潜することも必要であろう。『徒然草』は、初歩の古典教育の素材に好んで採り上げ

〈国語〉（B問題）

時間　四〇分　満点　四五点

【注意】　答えの字数が指定されている問題は、**句読点や「」などの符号も一字に数えなさい。**

一　次の問いに答えなさい。

1　次の(1)～(4)の文中の傍線を付けた漢字の読み方を書きなさい。また、(5)～(8)の文中の傍線を付けたカタカナを漢字になおし、解答欄の枠内に書きなさい。ただし、漢字は**楷書《かいしょ》で、大きくていねいに書くこと。**

(1)　朝は気分が爽やかだ。　(2)　名所を訪ねる。
(3)　街灯の光が輝いている。　(4)　峡谷に架かる橋。
(5)　不安を取りノゾく。　(6)　茶わんに飯をモる。
(7)　ソンザイ感のある役者。　(8)　ボウエキを自由化する。

2　次は、「種」という漢字を行書で書いたものである。楷書と比較したとき、◯で囲まれた①と②の部分に表れている行書の特徴の組み合わせとして最も適しているものを、次の**ア**～**エ**から一つ選び、記号を○で囲みなさい。

ア　①　点画の連続　②　筆順の変化
イ　①　点画の省略　②　点画の連続
ウ　①　筆順の変化　②　点画の省略
エ　①　点画の省略　②　筆順の変化

3　次の文中の傍線を付けたことばが「多くの人が共通の目的をもって一つの場所に集まって」という意味になるように、□にあてはまる漢字一字を、あとの**ア**～**エ**から一つ選び、記号を○で囲みなさい。

各校の代表選手が一□に会して、競技が行われた。

ア　同　**イ**　動　**ウ**　堂　**エ**　道

二　※問題に使用された作品の著作権者が二次使用の許可を出していないため、問題を掲載しておりません。

（出典：小林道憲『芸術学事始め』による）

三　次の文章を読んで、あとの問いに答えなさい。

児《ちご》にかくして坊主《ぼうず》餅を焼き、二つに分け、両の手に持ち食せん《食べよう》とするところへ、人の足音するを聞き、畳のへり《端》を上げ、①あわてて半分をかくすに、はや児見付けたり。坊主、赤面しながら、「今程の有様をおもしろく歌に詠《よ》みたらば、②振る舞はん《振る舞おう》」といふに、

山寺の畳のへりは雲なれやかたわれ月《半月》の入るをかくして――Ⓐ

（注）　畳＝ここでは、わらなどで編んだ薄い敷物のこと。

1　①あわてて　とあるが、坊主はどのようなことに対してあわてたのか。あとのうち、最も適しているものを一つ選び、記号を○で囲みなさい。

ア　児にかくれて餅を焼いて食べようとした特に人の足音が聞こえてきたこと。

「切れ」による効果であると考えました。
　みなさんも、このように俳句の「切れ」を意識して、様々な俳句にふれてみませんか。

(1) **【発表原稿の一部】**中の[a]に入れるのに最も適しているひとつづきのことばを、本文中から**五字**で抜き出しなさい。また、[b]に入る内容を、本文中のことばを使って**十字以上、十五字以内**で書きなさい。

(2) 次のうち、**【発表原稿の一部】**にみられるSさんの工夫を説明したものとして**適切でないもの**はどれか。一つ選び、記号を○で囲みなさい。

ア 発表の内容を明確にするために、本文で述べられていた内容と自分の考えを分けて述べている。

イ 発表の内容に興味を持ってもらうために、本文を読んで疑問に思ったことを聞き手に問いかけている。

ウ 発表の内容をわかりやすく伝えるために、本文で述べられていた内容と句を音読した自分の体験を結びつけながら説明している。

雲間から見下ろす地上の冬支度

飛行機に乗って冬支度の進む地上を見下ろしているところです。①着陸するとき、住宅地や商店街がすぐそこに見える羽田《はねだ》や伊丹《いたみ》のような飛行場を想像すればいい。

この句は入選にしたのですが、一つ指摘したことがあります。それは「地上の冬支度」の「の」です。この「の」がはたして必要かどうか。仮に「の」をとってしまうと、次のようになります。

雲間から見下ろす地上冬支度

「なんだ、もとの句と同じじゃないか」と思うかもしれませんが、②これが違う。どう違うかというと、もとの句は飛行機の窓から冬支度の進む地上の街を見下ろしているという、いわば、散文的な（つまり説明的な）内容です。

一方、直した句は飛行機から見下ろしているのはあくまで地上の街です。作者は密集した住宅の屋根を眺めながら、「どの家も冬支度で忙しいのだろうな」と想像する。つまり、もとの句では「冬支度」は地上の説明でしかありませんが、直した句では作者が想像するものに変わります。このほうが一句のリズムも整います。

なぜ、このような変化が生まれるのか。それは「の」をとることによって、ここに小さな切れが生まれ、この切れのもたらす「間」によって「雲間から見下ろす地上」という事実から「冬支度」という想像の世界への転換が起こるからです。「の」一字をとるだけのことですが、それによって「冬支度」という言葉の質と句の構造が変わる。それが句に静かさと深みをもたらすのです。

（長谷川櫂『一億人の「切れ」入門』による）

1　次のうち、①着陸と熟語の構成が同じものはどれか。一つ選び、記号を○で囲みなさい。

ア　降車　　イ　海底　　ウ　増加

2　②これが違うとあるが、もとの句と直した句との違いについて、本文中で筆者が述べている内容を次のようにまとめた。[a]、[b]、[c]に入れるのに最も適しているひとつづきのことばを、それぞれ本文中から抜き出しなさい。ただし、[a]は**六字**、[b]は**五字**、[c]は**九字**で抜き出すこと。

もとの句は、飛行機の窓から[a]地上の街を見下ろしているという散文的な内容であり、「冬支度」は[b]でしかないが、直した句では、飛行機の窓から見下ろしているのはあくまで地上の街であり、「冬支度」は[c]となる。

3　この文章を授業で読んだSさんは、「俳句の切れによる効果」について発表することになりました。次は、Sさんが書いた**【発表原稿の一部】**です。

【発表原稿の一部】

俳句の「切れ」とは、句のつながりや意味が切れる部分のことであり、句の調子を整えたり、感動や印象を深めたりする効果があります。本文では、もとの句から「の」をとることで生まれた[a]がもたらす「間」によって、直した句の中では、[b]が起こり、その結果、句に静かさと深みがもたらされるということが述べられていました。

実際に、私はこの句を音読した時、「雲間から見下ろす地上」と読んだあと、自然と一呼吸おいてから「冬支度」と読んでいました。この一呼吸が、「雲間から見下ろす地上」から「冬支度」へと、句の世界観が切りかわる瞬間を意識させたり、世界観の広がりを予感させたりすることに気づきました。私はこれが

蜜がないので、パラボラアンテナのような形に［　b　］ことによって虫を誘う。

三　次の【本文】と、その内容を鑑賞しているAさんとBさんとの【会話】を読んで、あとの問いに答えなさい。

【本文】

児《ちご》にかくして坊主《ばうず》餅を焼き、二つに分け、両の手に持ち食せん《食べよう》とするところへ、人の足音するを聞き、畳のへり《端》を上げ、あわてて半分をかくすに、はや児見付けたり。坊主、赤面しながら、「今程の有様をおもしろく歌に詠《よ》みたらば、①振る舞はん《振る舞おう》」といふに、

山寺の畳のへりは雲なれやかたわれ月《半月》の入るをかくして

（注）畳＝ここでは、わらなどで編んだ薄い敷物のこと。

【会話】

Aさん　餅を焼いていた坊主は、どのようなことに対してあわてたんだろう。

Bさん　［　②　］ことに対して、坊主はあわてたんだよ。そして、畳のへりを上げて餅の半分をかくしたんだ。あっという間に、児に見つけられてしまったけれどね。

Aさん　なるほど。それで坊主は恥ずかしがりながら、今の状況をおもしろく歌に詠むことができれば、餅を振る舞おうと児に言ったんだね。

Bさん　そういうことだよ。この時に児が詠んだ和歌では比喩表現が使われているよ。二つに分けた餅のうちの一つをかくす畳のへりが、半月をかくす［　③　］にたとえられているね。

Aさん　とっさに詠んだ和歌の中で、こんな比喩表現を使えるなんて、児はすごいよ。きっと餅を食べることができただろうね。

1　①振る舞はん　を現代かなづかいになおして、**すべてひらがなで**書きなさい。

2　次のうち、【会話】中の［②］に入れるのに最も適していることばはどれか。一つ選び、記号を○で囲みなさい。

ア　みんなで食べようと思って坊主が餅を焼いていたら、児がそれらを独り占めしようとした

イ　坊主がかくれて餅を焼こうとしているのを児に気づかれてしまい、他の人に言いふらされた

ウ　坊主が児にかくれて餅を焼いて、二つに分けて食べようとしている時に人の足音が聞こえてきた

3　【会話】中の［③］に入れるのに最も適していることばを、【本文】中から抜き出しなさい。

四　次は、大学で俳句を教えていた筆者が書いた文章である。これを読んで、あとの問いに答えなさい。

この前、ある学生がこんな句を出しました。

ら、黄色い花が見えてきました。光沢のある花びらが、パラボラアンテナのように広がって光を受けています。葉も見えず、花だけが、庭の地面から直接［②］。

福寿草でした。

どうして福寿草は、突然、花を咲かせた姿を見せるのか、いつも不思議に思っていました。

調べてみると、福寿草が、いきなり花を咲かせるには、ほんとうに涙ぐましいわけがあるのです。

野生の福寿草が咲くのは、早春の林の中。まだ木々には葉がなく、地面には光がふんだんに届きます。福寿草はほかの植物が活動を始める前に芽を出し、葉が出る前に大急ぎで花を咲かせます。というのは、ぐずぐずしていては、木々の葉っぱが芽吹いて林の中に光があまり当たらなくなってしまうから。光が不足すると、種をじゅうぶんに育てることが出来ません。葉や茎が出てくるのは半月も後になってからです。

けれども早春には、花粉を運ぶ虫はなかなか来てくれません。それに、福寿草には蜜がないのだそうです。そこで、花びらをパラボラアンテナのような形に広げて光を集め、花の中を暖かくして、寒さにふるえる虫を誘うのです。光沢のある花びらは光をよく反射して、花の中は、外に比べて、十度も高いと書いてある本もありました。［A］

福寿草は、暖かい午前中に花を咲かせ、虫が来るのを待って、ひと月近くも咲き続けます。［B］けれども、暖かい日だけではありません。［C］そんなときは、花を閉じて、じっと寒さに耐えているのです。

③福寿草の必死に生き抜く知恵を知るうちに、ただかわいい、きれいと見ていた花の世界が、違って見えてきました。

（大橋鎮子『すてきなあなたに』による）

（注）畦＝田と田との間に土を盛り上げて作った土手。
パラボラアンテナ＝衛星放送の受信などに使われる、おわんのような形のアンテナ。

1　次のうち、本文中の［①］、［②］に入れることばの組み合わせとして最も適しているものはどれか。一つ選び、記号を○で囲みなさい。

ア　①　見えています　②　咲かせているかのよう
イ　①　見えています　②　咲いているかのよう
ウ　①　見せています　②　咲かせているかのよう
エ　①　見せています　②　咲いているかのよう

2　本文中には次の一文が入る。入る場所として最も適しているものを本文中の［A］～［C］から一つ選び、記号を○で囲みなさい。

ときには雪が舞い、冬に逆戻りすることだってあります。

3　③福寿草の必死に生き抜く知恵　とあるが、福寿草の必死に生き抜く知恵について、本文中で筆者が述べている内容を次のようにまとめた。［a］に入れるのに最も適しているひとつづきのことばを、本文中から**十二字**で抜き出し、**初めの五字**を書きなさい。また、［b］に入る内容を、本文中のことばを使って**十五字以上、二十五字以内**で書きなさい。

○　光が不足すると、種をじゅうぶんに育てることが出来ないので、［a］よりも前に芽を出し、葉や茎を出すよりも先に花を咲かせる。

○　早春には花粉を運ぶ虫がなかなか来ないうえに、福寿草には

〈国語〉（A問題）

時間 四〇分　満点 四五点

【注意】答えの字数が指定されている問題は、句読点や「」などの符号も一字に数えなさい。

一　次の問いに答えなさい。

1　次の⑴～⑹の文中の傍線を付けた漢字の読み方を書きなさい。また、⑺～⑽の文中の傍線を付けたカタカナを漢字になおし、解答欄の枠内に書きなさい。ただし、漢字は楷書《かいしょ》で、大きくていねいに書くこと。

⑴ 約束を守る。　⑵ 電池を並列につなぐ。
⑶ 雑誌を購入する。　⑷ 友人と銭湯に行く。
⑸ シャワーを浴びる。　⑹ 計画を実行に移す。
⑺ ごみをヒロう。　⑻ 窓ガワの席に座る。
⑼ 動画の再生をテイシする。　⑽ 接戦の末にショウブがつく。

2　次は、Tさんが書写の授業で書いた【下書き】と【清書】です。Tさんが書いた【清書】は【下書き】と比べて、どのようなことに注意して書かれていますか。Tさんが注意したことを説明した内容として、適切でないものをあとのア～ウから一つ選び、記号を○で囲みなさい。

【下書き】

【清書】

ア　仮名は漢字よりも少し小さくなるようにした。
イ　行の中心をそろえ、書体を行書に統一した。
ウ　用紙の上下に余白を取り、字間を均等にそろえた。

3　次のうち、返り点にしたがって読むと「善に従ふこと流るるがごとし。」の読み方になる漢文はどれか。一つ選び、記号を○で囲みなさい。

ア　従フコト㆑善ニ如《ごと》シ㆑流ルルガ。
イ　従フコト善ニ㆑如シ㆑流ルルガ。
ウ　従フコト㆓善ニ如シ流ルルガ㆒。
エ　従フコト善ニ㆓如シ流ルルガ㆒。

二　次の文章を読んで、あとの問いに答えなさい。

寒さがゆるんだある日、ちょっと遠くまで散歩しました。お日さまの光があたたかく、気持ちのいい日でした。冬枯れの景色もまた素敵です。枯れた草は日の光を受けてほっこり暖かそうですし、春を待つ枝々の先はふくらみを［①］。

日当たりのいい畦《あぜ》には、オオイヌノフグリの小さな青い花が、金平《こんぺい》糖《とう》のように散らばっていました。この季節に花を咲かせているのは、この花くらいかな、と思っていたら、庭のあるお宅の生垣のあいだか

特別

2023年度

解答と解説

《2023年度の配点は解答用紙集に掲載してあります。》

<数学解答>(A問題)

1　1 (1) 8　(2) $\frac{13}{14}$　(3) 3　(4) $9x-11$　(5) $-7x^2$　(6) $5\sqrt{3}$

2　(1) イ　(2) 150g　(3) 9人　(4) ウ　(5) $x=6$　(6) ㋐ 5　㋑ 3
(7) $\frac{3}{10}$　(8) エ　(9) ウ

3　(1) (ア) 384　(イ) 624　(2) $y=80x+144$　(3) 13

4　(1) $180-a$度　(2) ⓐ AFD　ⓑ DAF　ⓒ ウ
(3) $6\sqrt{2}$ cm(求め方は解説参照)

<数学解説>

1 (数・式の計算，平方根)

(1) 四則をふくむ式の計算の順序は，乗法・除法→加法・減法となる。$18-5\times2=18-10=8$

(2) 2と7の最小公倍数の14に通分して，$\frac{1}{2}+\frac{3}{7}=\frac{1\times7}{2\times7}+\frac{3\times2}{7\times2}=\frac{7}{14}+\frac{6}{14}=\frac{7+6}{14}=\frac{13}{14}$

(3) $-22+5^2=-22+5\times5=-22+25=(-22)+(+25)=+(25-22)=3$

(4) 分配法則を使って，$3(x-3)=3\times x+3\times(-3)=3x-9$だから，$3(x-3)+6x-2=3x-9+6x-2=3x+6x-9-2=9x-11$

(5) $-7x\times x=-7\times x\times x=-7\times(x\times x)=-7\times x^2=-7x^2$

(6) 同じ数の平方根をふくんだ式は，同類項をまとめるのと同じようにして簡単にすることができる。$8\sqrt{3}-3\sqrt{3}=(8-3)\sqrt{3}=5\sqrt{3}$

2 (数の性質，方程式の応用，資料の散らばり・代表値，文字を使った式，一次方程式，因数分解，確率，関数$y=ax^2$，投影図と見取図)

(1) 8の約数は1, 2, 4, 8の4個，20の約数は1, 2, 4, 5, 10, 20の6個だから，8と20の公約数は1, 2, 4であり，最大公約数は4である。

(2) バターの重さが60gであるとき，混ぜる小麦粉の重さをxgとすると，バターと小麦粉を，重さの比が2：5になるように混ぜてクッキーを作るから，比例式$60:x=2:5$が成り立つ。比例式の内項の積と外項の積は等しいから，$x\times2=60\times5$　$x=\frac{60\times5}{2}=30\times5=150$　よって，混ぜる小麦粉の重さは150gである。

(3) 読んだ本の冊数が平均値の4.5冊より多い生徒は，5冊以上読んだ生徒だから，その人数は，問題の度数分布表より，$4+2+3=9$(人)である。

(4) 例えば，「1000mLの水を5人で同じ量に分けたときの一人当たりの水の量(mL)」は，1000(mL)÷5(人)$=\frac{1000}{5}=200$(mL)だから，同様に考えて，「1000mLの水をa人で同じ量に分けたときの一人当たりの水の量(mL)」は，1000(mL)÷a(人)$=\frac{1000}{a}$(mL)と表すことができる。

(5) $7x-9=2x+21$　左辺の項-9を右辺に，右辺の項$2x$を左辺に移項して$7x-2x=+21+9$　整

理して$5x=30$　両辺をxの係数の5で割って$5x\div5=30\div5$　$x=6$

(6)　たして$+2$，かけて-15になる2つの数は，$(+5)+(-3)=+2$，$(+5)\times(-3)=-15$より，$+5$と-3だから$x^2+2x-15=\{x+(+5)\}\{x+(-3)\}=(x+5)(x-3)$

(7)　10本のくじから1本をひくとき，すべてのくじのひき方は，1等，2等，2等，2等，はずれ，はずれ，はずれ，はずれ，はずれ，はずれの10通り。このうち，ひいたくじが2等であるのは～～を付けた3通りだから，求める確率は$\frac{3}{10}$

(8)　関数$y=x^2$について，$x=0$のとき$y=0^2=0$だから，点$(0,\ 2)$…ア　はm上にない。同様にして，$x=4$のとき$y=4^2=16$だから，点$(4,\ -3)$…イ　はm上にない。$x=3$のとき$y=3^2=9$だから，点$(3,\ 6)$…ウ　はm上にない。$x=-2$のとき$y=(-2)^2=4$だから，点$(-2,\ 4)$…エ　はm上にある。

(9)　立体Pの**投影図**は，真正面から見た図が長方形を組み合わせた形で，真上から見た図が三角形だから，立体Pはウの三角柱である。ちなみに，**見取図**アは四角柱(直方体)，見取図イは三角錐，見取図エは四角錐である。

3 (規則性，文字を使った式，方程式の応用)

(1)　「ミニハードルの個数」(xの値)が1増えるごとに，「線分OPの長さ」(yの値)は80ずつ増えるから，$x=3$のときのyの値は，$x=2$のときのyの値に対して$80\times(3-2)=80$増えて，$304+80=384$…(ア)　また，$x=6$のときのyの値は，$x=3$のときのyの値に対して$80\times(6-3)=240$増えて，$384+240=624$…(イ)

(2)　(1)と同様に考える。$x=1$のとき$y=224$であり，「ミニハードルの個数」がxのときのyの値は，$x=1$のときのyの値に対して$80\times(x-1)=80(x-1)$増えて，$y=224+80(x-1)=80x+144$…①である。

(3)　$y=1184$となるときのxの値は，①に$y=1184$を代入して，$1184=80x+144$　これを解いて，$x=13$

4 (角度，相似の証明，線分の長さ)

(1)　$\angle \mathrm{ADB}=\angle \mathrm{BDC}-\angle \mathrm{ADC}=180°-a°$

(2)　2つの三角形の相似は，「3組の辺の比がそれぞれ等しい」か，「2組の辺の比とその間の角がそれぞれ等しい」か，「2組の角がそれぞれ等しい」ときにいえる。本証明は，「2組の角がそれぞれ等しい」をいうことで証明する。1組目の等しい角は，**対頂角が等しい**ことから，∠BFE ∠AFD(ⓐ)…あ　2組目の等しい角は，仮定のEB//ADより，**平行線の錯角が等しい**ことから，∠EBF＝∠DAF(ⓑ)…い　あ，いより，2組の角(ウ)がそれぞれ等しいから　△EBF∽△DAF

(3)　(求め方)　(例)△ABCは∠ACB＝90°の直角二等辺三角形だから　$\mathrm{AB}=\sqrt{2}\,\mathrm{AC}=9\sqrt{2}\,(\mathrm{cm})$
△EBF∽△DAFだからBF：AF＝EB：DA＝1：2　よって　$\mathrm{AF}=\frac{2}{3}\mathrm{AB}=6\sqrt{2}\,(\mathrm{cm})$

＜数学解答＞(B問題)

1　(1)　14　(2)　-1　(3)　$3x+16y$　(4)　$3a^2$　(5)　$2x^2+8x-5$　(6)　$-4\sqrt{2}$

2　(1)　エ　(2)　12　(3)　$x=6$，$y=-2$　(4)　$x=-3$，$x=9$　(5)　0.15
(6)　$\frac{4}{9}$　(7)　$5\sqrt{5}$ cm　(8)　aの値　$\frac{5}{16}$(求め方は解説参照)

3　(1)　①　(ア)　464　(イ)　704　②　$y=80x+144$　③　13　(2)　76

4	(1) ① $2\pi a$cm　② 解説参照　(2) ① $\sqrt{14}$cm　② $\frac{5\sqrt{14}}{3}$cm^2

<数学解説>

1 (数・式の計算，式の展開，平方根)

(1) 四則をふくむ式の計算の順序は，乗法・除法→加法・減法となる。$8-18\div(-3)=8-(-6)=8+(+6)=8+6=14$

(2) $(-2)^2=(-2)\times(-2)=4$だから，$(-2)^2-5=4-5=(+4)+(-5)=-(5-4)=-1$

(3) 分配法則を使って，$5(x+3y)=5\times x+5\times 3y=5x+15y$だから，$5(x+3y)-(2x-y)=(5x+15y)-(2x-y)=5x+15y-2x+y=5x-2x+15y+y=3x+16y$

(4) $6ab\div 2b\times a=6ab\times\frac{1}{2b}\times a=\frac{6ab\times a}{2b}=3a^2$

(5) 乗法公式$(x+a)(x+b)=x^2+(a+b)x+ab$より，$(x+5)(x-1)=(x+5)\{x+(-1)\}=x^2+\{5+(-1)\}x+5\times(-1)=x^2+4x-5$，分配法則より，$x(x+4)=x\times x+x\times 4=x^2+4x$だから，$(x+5)(x-1)+x(x+4)=(x^2+4x-5)+(x^2+4x)=x^2+4x-5+x^2+4x=x^2+x^2+4x+4x-5=2x^2+8x-5$

(6) $\sqrt{8}=\sqrt{2^3}=\sqrt{2^2\times 2}=2\sqrt{2}$，$\sqrt{50}=\sqrt{2\times 5^2}=5\sqrt{2}$だから，$\sqrt{8}-\sqrt{2}-\sqrt{50}=2\sqrt{2}-\sqrt{2}-5\sqrt{2}=(2-1-5)\sqrt{2}=-4\sqrt{2}$

2 (文字を使った式，比例関数，連立方程式，二次方程式，資料の散らばり・代表値，確率，線分和の最短の長さ，関数とグラフ)

(1) 例えば，十の位の数が5，一の位の数が7である2けたの自然数57は，$57=5\times 10+7$と表されるから，十の位の数がa，一の位の数がbである2けたの自然数は，$a\times 10+b=10a+b$と表される。

(2) yはxに反比例するから，xとyの関係は$y=\frac{a}{x}$と表せる。$x=3$のとき$y=8$だから，$8=\frac{a}{3}$より，$a=8\times 3=24$　xとyの関係は$y=\frac{24}{x}$と表せる。よって，$x=2$のときのyの値は$y=\frac{24}{2}=12$

(3) 連立方程式$\begin{cases}x-2y=10\cdots①\\3x+y=16\cdots②\end{cases}$　①をxについて解いて，$x=2y+10\cdots③$　③を②に代入して，$3(2y+10)+y=16$　$6y+30+y=16$　$7y=-14$　$y=-2$　これを③に代入して，$x=2\times(-2)+10=6$　よって，連立方程式の解は$x=6$，$y=-2$

(4) $x^2-6x-27=0$　たして-6，かけて-27になる2つの数は，$(+3)+(-9)=-6$，$(+3)\times(-9)=-27$より，$+3$と-9だから　$x^2-6x-27=\{x+(+3)\}\{x+(-9)\}=(x+3)(x-9)=0$　$x=-3$，$x=9$

(5) 相対度数$=\frac{\text{各階級の度数}}{\text{度数の合計}}$より，度数の合計$=\frac{\text{各階級の度数}}{\text{相対度数}}$だから，14m以上17m未満の階級の記録より，度数の合計$=\frac{2}{0.10}=20$　よって，23m以上26m未満の階級の相対度数は，$\frac{20-(2+9+6)}{20}=\frac{3}{20}=0.15$である。

(6) 二つのさいころを同時に投げるとき，全ての目の出方は$6\times 6=36$(通り)。このうち，出る目の数の積が8以下であるのは，一方のさいころの出た目の数をa，他方のさいころの出た目の数をbとしたとき，$(a, b)=(1, 1)$，$(1, 2)$，$(1, 3)$，$(1, 4)$，$(1, 5)$，$(1, 6)$，$(2, 1)$，$(2, 2)$，$(2, 3)$，$(2, 4)$，$(3, 1)$，$(3, 2)$，$(4, 1)$，$(4, 2)$，$(5, 1)$，$(6, 1)$の16通り。よって，求める確率は$\frac{16}{36}=\frac{4}{9}$

(7) 次ページの図に，立体ABCD－EFGHの展開図の一部を示す。線分CIの長さと線分IEの長さとの和が最も小さくなるのは，展開図上で，点Iが線分CE上にあるとき。そのときの線分CIの長さと線分IEの長さとの和は，線分CEの長さに等しい。
△CDEに**三平方の定理**を用いると，$CE=\sqrt{CD^2+DE^2}=\sqrt{CD^2+(AD+AE)^2}=\sqrt{5^2+(6+4)^2}=\sqrt{125}=5\sqrt{5}$ (cm)

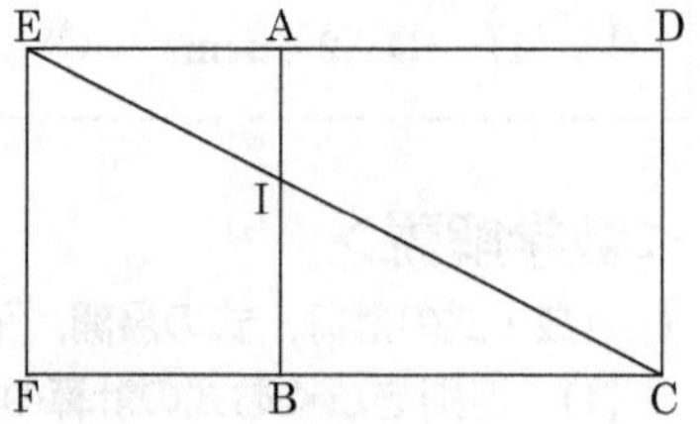

(8) （求め方）（例）nの式は$y=-\frac{3}{2}x+2$　Cはn上の点だから　C(-2, 5)　Aはℓ上の点であり，Cのy座標とAのy座標は等しいから，Aのx座標をsとすると$s+1=5$　これを解くと$s=4$　よってA(4, 5)　Aはm上の点だから$5=a\times4^2$　これを解くと　$a=\frac{5}{16}$

3 （規則性，文字を使った式，方程式の応用）

(1) ① 「ミニハードルの個数」(xの値)が1増えるごとに，「線分OPの長さ」(yの値)は80ずつ増えるから，$x=4$のときのyの値は，$x=2$のときのyの値に対して$80\times(4-2)=160$増えて，$304+160=464$…(ア)　また，$x=7$のときのyの値は，$x=4$のときのyの値に対して$80\times(7-4)=240$増えて，$464+240=704$…(イ)

② ①と同様に考える。$x=1$のとき$y=224$であり，「ミニハードルの個数」がxのときのyの値は，$x=1$のときのyの値に対して$80\times(x-1)=80(x-1)$増えて，$y=224+80(x-1)=80x+144$…㋐である。

③ $y=1184$となるときのxの値は，㋐に$y=1184$を代入して，$1184=80x+144$　これを解いて，$x=13$

(2) 「ミニハードルの個数」が1増えるごとに，「線分OPの長さ」が$a$cmずつ長くなるとき，(1)②と同様に考えて，yをxの式で表すと，$y=224+a(x-1)$…㋑　「ミニハードルの個数」を17個($x=17$)としたとき，「線分OPの長さ」が1440cm($y=1440$)となるようなaの値は，㋑より，$1440=224+a(17-1)$　$16a=1216$　$a=76$である。

4 （線分の長さ，相似の証明，面積）

(1) ① 線分DOは円Oの半径だから，DO$=a$cmのとき，円Oの周の長さは$2\pi\times DO=2\pi a$(cm)

② （証明）（例）△DABと△GFCにおいて，**半円の弧に対する円周角は90°だから**　$\angle DAB=90°$…㋐　四角形AEFCは長方形だから$\angle GFC=90°$…㋑　㋐，㋑より　$\angle DAB=\angle GFC$…㋒　**同じ弧に対する円周角は等しいから**$\angle ADB=\angle ACB$…㋓　AC//EFであり，**平行線の錯角は等しいから**$\angle FGC=\angle ACB$…㋔　㋓，㋔より$\angle ADB=\angle FGC$…㋕　㋒，㋕より，2組の角がそれぞれ等しいから△DAB∽△GFC

(2) ① △AEFに三平方の定理を用いると，$EF=\sqrt{AF^2-AE^2}=\sqrt{9^2-5^2}=2\sqrt{14}$(cm)　点Gは辺EFの中点だから，$GF=\frac{1}{2}EF=\frac{1}{2}\times2\sqrt{14}=\sqrt{14}$(cm)

② AC//GFより，**平行線と線分の比についての定理**を用いると，AB：BF＝AC：GF＝EF：GF＝2：1　$AB=AF\times\frac{AB}{AF}=AF\times\frac{AB}{AB+BF}=9\times\frac{2}{2+1}=6$(cm)　△DAB∽△GFCより，DA：GF＝AB：FC＝6：5　$DA=GF\times\frac{6}{5}=\sqrt{14}\times\frac{6}{5}=\frac{6\sqrt{14}}{5}$(cm)　△AEFと△AHEで，$\angle AEF=\angle AHE=90°$　共通な角より，$\angle EAF=\angle HAE$　2組の角がそれぞれ等しいから，△AEF∽△AHE　よって，AE：AH＝AF：AE＝9：5　$AH=AE\times\frac{5}{9}=5\times\frac{5}{9}=\frac{25}{9}$(cm)　以上より，$\triangle DAH=\frac{1}{2}\times DA\times AH=\frac{1}{2}\times\frac{6\sqrt{14}}{5}\times\frac{25}{9}=\frac{5\sqrt{14}}{3}$(cm²)

＜英語解答＞(A問題)

1　(1)　ア　(2)　イ　(3)　イ　(4)　ウ　(5)　ウ　(6)　イ　(7)　ア
(8)　ア　(9)　イ　(10)　ウ　(11)　ウ　(12)　イ

2　(1)　ア　(2)　ウ　(3)　イ　(4)　ア

3　①　イ　②　ア　③　イ

4　(1)　ウ　(2)　エ　(3)　ア　(4)　エ

5　[Ⅰ]　(1)　イ　(2)　a book about corn　(3)　ア　(4)　I can travel around
[Ⅱ]　(例)①　I want to make popcorn.　②　I think it is difficult.

英語リスニング

1　イ　2　エ　3　ウ　4　(1)　ア　(2)　ア　5　(1)　イ　(2)　エ　6　ウ

＜英語解説＞

1　(語句補充・選択：名詞，未来形，形容詞，前置詞，代名詞，文の構造，感嘆文，助動詞，受け身，現在完了，動名詞，分詞の形容詞的用法)

(1)　bike ＝自転車　desk ＝机　doll ＝人形

(2)　egg ＝卵　flower ＝花　hat ＝帽子

(3)　feel ＝感じる　study ＝勉強する　teach ＝教える

(4)　long ＝長い　new ＝新しい　old ＝古い

(5)　in ＝～の中に　on ＝～の上に　with ＝～と一緒に　**<be動詞＋～ing>＝～しているところだ**

(6)　our ＝私たちの　us ＝私たちに　ours ＝私たちのもの　**<show ＋人～＋物…>＝～に…を見せる**

(7)　驚きや喜びなどの強い感情を表す感嘆文。<How ＋形容詞(副詞)＋(主語＋動詞)！>＝なんて～なのでしょう！　What を使う場合は，<What ＋(a[an])＋形容詞…＋名詞～＋主語＋動詞！>＝なんて…な～なのでしょう！という形になる。

(8)　**<May I ＋動詞の原形～？>＝～してもいいですか？**　Can I ～よりも丁寧な言い方。

(9)　**<be 動詞＋過去分詞～>で「～される」の意味を表す(受け身)。**　built は build の過去分詞。

(10)　**<have (has)＋過去分詞>で「(今の時点までに)～したことがある」を表す(現在完了)。**疑問文にする時は have を文頭に出す。

(11)　ここでの Sharing **(動詞の原形＋ing)**は「共有すること」の意味を表す**動名詞。**

(12)　ここでの reading は前の名詞 The students を修飾する**現在分詞。**

2　(和文英訳・選択：比較，文の構造，関係代名詞)

(1)　**<A ＋ is ＋ as 形容詞… ＋ as B>＝AはBと同じくらい…だ。**

(2)　**<make A B>＝AをBにする，させる**

(3)　This is the present (that)she gave me yesterday.　目的格の**関係代名詞** that が省略されている。that 以下が the present を後ろから修飾している。

(4)　<name A B>＝AをBと名付ける

3 (会話文問題：資料を用いた問題，語句補充・選択)

(全訳) 洋子：ポール，見て！ 市が無料のバスツアーを行っているわ。次の①土曜日に参加しましょう。

ポール：それはいい考えだね。どこへ行くことができるのかな？

洋子 ：いろいろなところへ行くことができるわ，例えば，神社やお寺などよ。あなたは日本の美術に興味があるわよね？ ②美術館にも行くことができるわよ。

ポール：それはすごくいいね！

洋子 ：自分たちで昼食を持って行く必要があって，公園で一緒に食べるのよ。

ポール：楽しそう！ ああ，でも僕は毎週末ホストファミリーの夕食の支度を手伝っているんだ，だから5時までには家に帰らないといけないんだよ。

洋子 ：心配しないで。ツアーは③4時に終わるのよ。

ポール：それなら問題ないよ。ツアーに参加しよう！

洋子 ：分かったわ！

① Friday＝金曜日 Saturday＝土曜日 Sunday＝日曜日

② museum＝美術館 restaurant＝レストラン zoo＝動物園

③ one＝1 four＝4 nine＝9

4 (会話文問題：文の挿入)

(1) A：昨日どこへ行きましたか？／B：私は競技場へ行きました。

(2) A：見てください！ 木の下に猫が何匹かいます。／B：そこには何匹猫がいますか？／A：8匹の猫がいます。

(3) A：あなたはどの季節がいちばん好きですか？／B：私は冬がいちばん好きです。あなたはどうですか？／A：私は夏がいちばん好きです。私は海で泳ぐのが好きなのです。 How about ～?＝～はどうですか？

(4) A：テレビ(ビデオ)ゲームをしましょう。／B：ごめんなさい，今はできません。でも，あなたとテレビゲームができたらいいなあと思います。／A：それでは，次回やりましょう。／ B：もちろんです。

5 (読解問題・エッセイ：語句補充・選択，語句の解釈・指示語，語句の並べ換え，条件・自由英作文)

[Ⅰ] (全訳)

今日は，僕は僕の好きな食べ物についてお話します。僕はポップコーンが大好きです。ポップコーンはトウモロコシからできているということを知っていましたか？ ある日，僕が映画館でポップコーンを食べている時，こう思いました，「ポップコーンはどうやったら家で作ることができるのだろう？」 映画の後，僕はスーパーマーケットでポップコーンを作るためのトウモロコシを見つけ，それを買いました。次の日，僕は家でポップコーンを作りました。ポップコーンを作ってる①時，僕はポップコーンを作るためのトウモロコシは固いということに気づきました。僕はトウモロコシに興味をもつようになり，トウモロコシについての本を読みました。Ⓐそれによると，たくさんの種類のトウモロコシがあり，ポップコーンを作るためのトウモロコシと普段食べているトウモロコシは違う種類だということです。

また，僕はトウモロコシについてたくさんの他のことも学びました。さまざまな色があります。例えば，白いトウモロコシ，赤いトウモロコシ，そして黒いトウモロコシまであります。そして，人々は多くの方法でトウモロコシを食べます。例えば，世界のさまざまな地域の人々はトウモロコシから作られたパンを食べています。韓国の人たちのなかにはトウモロコシからできたお茶飲むことが好きな人たちがいます。南アメリカでは，トウモロコシから作られた飲み物はとても人気があります。その飲み物は黒い②見た目で，とても甘いのです。③もし僕が将来，世界中を旅行することができたら，そのような食べ物や飲み物を試してみるでしょう。聞いてくれてありがとうございました。

(1)　全訳参照。　What＝何　　When＝いつ　　Why＝なぜ

(2)　全訳参照。下線部Ⓐ直前の文に注目。「トウモロコシについての本」＝ a book about corn という表現がある。

(3)　全訳参照。ここでの look は「～に見える」の意。　see ＝～が(見ようとしなくても)見える　　watch ＝～を(注意して)見る

(4)　(If) I can travel around(the world in the future, I will try such food and drinks.)　**<can ＋動詞の原形～>＝～できる**　around ＝～のあちらこちらを　around the world ＝世界中を，世界中で

[Ⅱ]　(問題文・解答例訳)

あなた：私もポップコーンが好きです。①私はポップコーンを作りたいです。

秀　　：それはいいですね。僕はあなたにその作り方を教えることができますよ。

あなた：ありがとう。②作るのは難しいと思います。

秀　　：心配しないでください。そんなに難しくありませんよ。

①　空所①の後の秀の発言をヒントに作文をすればよい。**<want to ＋動詞の原形～>＝～したいと思う**　②　空所②の後の秀の発言に注目。「心配しないで」と言っているので，「あなた」が作るのは難しいのではないかということを心配したのだと推測できる。

＜英語解答＞(B問題)

1　[Ⅰ]　①　イ　　②　ア　　③　イ　　④　ウ　　⑤　イ　　[Ⅱ]　(1)　エ　　(2)　ウ　　(3)　ア　　(4)　イ　　(5)　(例)①　No, they aren't.　　②　He understands that people are a part of nature.

2　[Ⅰ]　(1)　イ　　(2)　explained how they looked　　(3)　the dandelions found there　　(4)　エ　　(5)　ウ　　(6)　(例)a report written　　(7)　ウ

[Ⅱ]　(例)①　You told me a lot of things I didn't know.　　②　(Yes, I do.) There are many books I don't have at home.　Each book helps me get new information.　Libraries are very useful.

英語リスニング

1　イ　　2　エ　　3　ウ　　4　(1)　ア　　(2)　ア　　5　(1)　イ　　(2)　エ　　6　ウ

＜英語解説＞

1　(読解問題・会話文問題・エッセイ：地図を用いた問題，語句補充，文の挿入，内容真偽，英問英答)

[Ⅰ]　問題文の日本語を参照。

① come の現在分詞coming で後ろから the water を修飾する文にすればよい。 come out from ～＝～から出てくる

② one of ～＝～のうちのひとつ

③ foreign ＝外国の　local ＝地元の　official ＝公式の，公の

④ **<be動詞＋過去分詞～>＝～される(受け身)**

⑤ **<make A B>＝AをBにする，させる**

［Ⅱ］（全訳）

マイク　：ハイ，ユウマ。君のスピーチはとても興味深かったよ。

裕真　：ありがとう，マイク。僕は水がとても冷たくて驚いたよ。僕たちのガイドの人によると，湧き水の温度は一年中いつでもほぼ同じだそうだよ。

マイク　：それはおもしろいね。

池田先生：こんにちは，裕真とマイク。何を話しているのですか？

マイク　：こんにちは，イケダ先生。僕たちは授業で裕真がしたスピーチについて話しています。僕は彼の経験に興味があります。

池田先生：まあ，私も彼のスピーチを楽しみました。*かばた*はおもしろそうですね。裕真，針江地区であなたが経験したことについて私たちにもっと教えてください。

裕真　：もちろんです。僕がそこで学んだことをお話ししましょう。この写真を見てください。これらは僕が見た水をためる場所です。

マイク　：わあ。①どうやって使われているの？

裕真　：それぞれの水をためる場所は異なる方法で使われています。湧き水は1番目の水をためる場所に流れ込みます。この水をためる場所はとてもきれいなので，人々はこの水を料理や飲用に使います。

マイク　：ああ，なるほど。1番目の水をためる場所の隣に水をためる他の場所があるんだね。これはどう使うのかな？

裕真　：ア　1番目の水をためる場所がいっぱいになると，水はこの2番目の水をためる場所にあふれるんだよ。この水をためる場所の水はまだ綺麗だから，例えば野菜や果物のような物を冷たく保存したりするために使われるんだ。

マイク　：それはいいね。水をためる場所を使うことによって，物を保冷するために電気を使う必要がない。水をためる場所にただ入れておけばいいんだ。とてもシンプルで環境に良いね。

裕真　：イ　僕もそう思うよ。そして，2番目の水をためる場所がいっぱいになると，水は3番目の水をためる場所の中にあふれるんだ。3番目の水をためる場所は3つの水をためる場所の中でいちばん大きいんだよ。人々は時々この水をためる場所に使った後の食器を入れて，2，3時間そのままにしておくんだ。

池田先生：どうしてそうするのですか？

裕真　：ウ　食器をきれいにするためです。実は，3番目の水をためる場所の中は，魚が泳いでいるのです，1番目と2番目の水をためる場所には魚はいないのですが。魚たちが食器に付いている小さな食べ物のかけらを食べるので，魚たちは人が食器を洗うのを手伝っているというわけです。それに加え，魚は水の中の食べ物も食べるので，②水はきれいに保たれることができるのです。

マイク　：本当に？　それはすごいね！　つまり自然のものを使って水をきれいに保っているということだね。

裕真　：その通り。
マイク　：3番目の水をためる場所の水は最終的にどこへ行くの？
裕真　：エ　その水をためる場所の水はその地域の川に流れていき，最後はその地域の近くの湖に流れ込むんだ。将来，雨や雪として戻ってくるのだよ。
マイク　：分かった。水が循環するんだね。
裕真　：そうなんだ。
池田先生：マイク，私たちはかばたについてたくさんのことを学びましたね。それについてどう思いますか？
マイク　：かばたはすばらしいと思います。人々の暮らしを助けています。
池田先生：確かにそうですね。その地域の人々はそれを素晴らしいやり方で使っています。裕真，あなたは驚くほどの経験をしましたね。
裕真　：はい，僕は本当に素晴らしい経験をしました。この経験を通して，人は自然の一部だということが分かりました。
マイク　：僕も君と同じ考えだよ。僕たちは毎日使っている水に注意を払うべきだよ。
池田先生：私たちに素敵な話をしてくれてありがとう，裕真。

(1)　全訳参照。What＝何を　Where＝どこに　Who＝誰が　How＝どのように

(2)　全訳参照。空所ウ前後の発言に注目。裕真はここで，直前の池田先生の質問に答えている。

(3)　全訳参照。空所②直後のマイクの発言に注目。「つまり自然のものを使って水をきれいに保っているということだね」と空所②の裕真の発言を説明しているのでアが適当。　**＜keep＋形容詞～＞＝(人・物・事が)ずっと～のままである**

(4)　全訳参照。　ア　夏の湧き水の温度と冬の湧き水の温度は大きく異なる。　イ　裕真は針江地区で使われているいくつかの水をためる場所を見る機会があった。(○)　池田先生の2番目の発言，及び裕真の2番目の発言参照。　ウ　針江地区の人々は一番大きな水をためる場所には何も入れない，なぜならそこの水はとてもきれいだからだ。　エ　マイクは裕真と池田先生に針江地区で使われている湧き水が最終的にどこへ行くのかを教えた。

(5)　①　1番目の水をためる場所には魚は泳いでいますか？／いいえ，泳いでいません。　裕真の6番目の発言参照。　②　裕真は針江地区での経験を通して何を理解しましたか？／彼は人々は自然の一部だということを理解しました。　裕真の最後の発言参照。

2 (長文読解問題・エッセイ：語句補充，語句の並べ換え，語句の解釈・指示語，文の並べ換え，文の挿入，和文英訳，内容真偽，自由・条件英作文)

[Ⅰ]　(全訳)

日本ではどこでもタンポポを見つけることができます。私はすべてのタンポポは同じ種類だと思っていました。しかし，ある日，私の祖父が私にさまざまな種類のタンポポがあるということを教えてくれました。彼によると，いくつかの種類のタンポポは在来種のタンポポで，長い間日本にあるそうです。他の種類のタンポポは100年以上前に他の国から①持ち込まれたのでした。彼はそれらを“在来種でないタンポポ”と呼んでいました。現在私たちが目にしている多くのタンポポは在来種でないタンポポです。彼は私に在来種のタンポポと在来種でないタンポポの写真を何枚か見せてくれました。②彼はそれらがどのように見えたかを説明しました。私はその違いを理解しました。約50年前，私の祖父は私たちの学校周辺の地域でたくさんの在来種のタンポポを見つけることができました。その当時，その地域にはたくさんの野原や農場があり，そこで在来種のタンポポは見られていました。今では，多くの野原や農場はありません，なぜなら多くの家や建物がそこに建て

られたからです。彼は言いました,「今ではこの地域で在来種のタンポポを見つけることはできないよ。」 私は彼が言ったことを確認したいと思いました。次の日，私は学校周辺の地域で在来種のタンポポを見つけようとしました。タンポポはたくさん見つけることができました。私はそこで見つけられたタンポポを注意深く見ました。Ⓐそれらのすべてが在来種でないタンポポでした。そこで，私はある疑問をもちました。多くの在来種でないタンポポがあったのにもかかわらず，なぜ学校周辺の地域で在来種のタンポポを見つけることができなかったのでしょう？ 私はその理由を知りたいと思い，タンポポについての本を何冊か読みました。

その本から，私はいくつかの理由があることを学びました。タンポポに必要な場所の大きさがひとつの理由です。種子を生み出すためには，在来種のタンポポは他の在来種のタンポポから花粉を得る必要があります。つまり，在来種のタンポポは周りに他の在来種のタンポポがいなければ増えることができないのです。だから，他の在来種のタンポポと共に成長する広い場所が必要です。③(iii)しかし，在来種でないタンポポは他のタンポポの花粉がなくても種子を生み出すことができます。(ii)つまり，増えるために周囲に他のタンポポがある必要はないのです。(i)だから，他のタンポポと共に成長するための広い場所は必要ありません。都市部にはたくさんの広い場所はありませんが，在来種でないタンポポは都市部でも育つことができるのです。在来種のタンポポに関しては，④都市部で育つことはより難しいのです。私たちは，アスファルトで覆われていない小さい場所があれば，道でタンポポを見つけることがあります。それは在来種でないタンポポです。

在来種のタンポポと在来種でないタンポポの違いについて学んでから，私は在来種のタンポポをどこで見つけることができるのかを知りたいと思いました。インターネットで，私はその場所を探しました。私はタンポポについて⑤書かれた一つのレポートを見つけました。それによると，大阪には，たくさんの在来種のタンポポがある場所がいくつかあるそうです！ 私はワクワクしました，なぜなら大阪には在来種のタンポポがあると思っていなかったからです。私はそれらの場所をいくつか祖父と共に訪れて，一緒に在来種のタンポポを見たいです。聞いてくれてありがとうございました。

(1) 全訳参照。**<be動詞＋過去分詞～>＝～される(受け身)** bring の過去分詞 brought が適当。

(2) (He) explained how they looked(.) **how 以下は文の目的語(間接疑問)。how ＋主語′＋動詞′の語順に注意。**

(3) 全訳参照。下線部Ⓐを含む文の直前の一文に注目。the dandelions found there ＝そこで見つけられたタンポポ

(4) 全訳参照。空所③直前で在来種のタンポポが仲間を増やしていく環境の条件を説明している。それに対して在来種でないタンポポの場合はどうなのかを空所③で説明している。

(5) 全訳参照。空所④直前で，在来種でないタンポポが都市部でも成長できると言っている。それと比較して「在来種のタンポポに関しては」どうなのかを説明している部分であるから，ウ「都市部で育つことはより難しい」が適当。

(6) write の過去分詞 written で「書かれた」と受け身の意味を表し，後ろから a report を修飾している。(分詞の形容詞的用法)

(7) ア 真奈は彼女の学校周辺で在来種のタンポポと在来種でないタンポポの両方を見つけた。イ 真奈は彼女の祖父からタンポポの種子を生み出す方法について聞いた。 ウ 真奈は在来種のタンポポと在来種でないタンポポの違いについて学んだ。(○) 空所②前後の内容，及び第2段落で真奈が本で学んだことについての部分を参照。 エ 真奈は彼女の祖父と共にたくさんの在来種のタンポポがある場所を訪れた。

(Ⅱ) (問題文・解答例訳)

あなた：真奈，あなたのスピーチはおもしろかったです。①あなたは私が知らなかったたくさんのことを私に教えてくれました。タンポポについての情報を得るために図書館へ行ったのですか？

真奈　：はい。私は普段図書館へ行きます。また，タンポポについての情報を得るためにインターネットも使いました。あなたは何かについての情報を得るために図書館へ行きますか？

あなた：②はい，行きます。家にはないたくさんの本があります。それぞれの本は私が新しい情報を得るのを助けます。図書館はとても役に立ちます。

真奈　：分かりました。

① You told me a lot of things (that) I didn't know(.)　模範解答では，関係代名詞 that が省略されている。　<tell ＋人＋事>＝(人)に(事)を教える

2023年度英語　リスニング・スクリプト

〔放送台本〕

1 Eri: Hi, Joe. The color of your T–shirt is nice.

Joe: Thank you, Eri. I like blue. Which color do you like?

〔英文の訳〕

1 絵里　：やあ，ジョー。あなたのTシャツの色は素敵ね。

ジョー：ありがとう，エリ。僕は青色が好きなんだ。君は何色が好き？

絵里　：イ　(私はオレンジ色が好きよ。)

〔放送台本〕

2 Mari: Hi, Rob. What are you painting?

Rob: Hi, Mari. This is a picture of the beach I visited with my friends.

Mari: Oh! These people are you and your friends, right?

Rob: Yes.

Mari: I like this picture!

〔英文の訳〕

2 真理：やあ，ロブ。何を描いているの？

ロブ：やあ，マリ。これは僕が友だちと一緒に行った海岸の絵だよ。

真理：まあ！　この人たちはあなたとあなたのお友だちなのね？

ロブ：そうだよ。

真理：私はこの絵が好きだわ！

答え：エ

〔放送台本〕

3 Emma: Hi, Keita. I want to go to the library today to borrow some books for my homework. Can you tell me the way?

Keita: OK, Emma. It's not so difficult. Now, we are at school. So, from the school gate, just go straight and you will see the supermarket in front of you. Then turn right. After that, go straight and turn left at the second corner. Then go straight and you'll see the library on your left. There is a man who speaks English in the library. He will help you find the books.

Emma: Thank you.

3　エマ：やあ，ケイタ。私は今日宿題のための本を何冊か借りに図書館へ行きたいの。行き方を教えてくれる？

啓太：いいよ，エマ。難しくないよ。今，学校にいるよね。そして，校門から，まっすぐ行くと前にスーパーマーケットが見えるんだ。そうしたら右に曲がって。その後，まっすぐ行って2番目の角で左に曲がるんだ。そしてまっすぐ行くと左側に図書館が見えるよ。図書館には英語を話す人がいるからね。彼が本を見つけるのを手伝ってくれるよ。

エマ：ありがとう。

答え：ウ

〔放送台本〕

4　Good afternoon. Thank you for choosing our flight company today. Before you get on a plane, let us tell you about three rules you need to follow. First, each of you can bring two bags into a plane. Second, your bags should not be heavier than 7 kg. Next, you can't bring hot drinks into a plane. If you have any questions, please talk to a clerk. Now the plane is ready. People with small children can go into the plane first. People who have a seat number from 15 to 30 can go into the plane next. After that, people who have a seat number from 1 to 14 will go into the plane. Please check your seat number on your ticket now. Have a nice flight! Thank you.

Question 1: How many bags can each person bring into a plane?

Question 2: Who can go into the plane first?

〔英文の訳〕

4　こんにちは。本日は当航空会社をお選びいただきありがとうございます。ご搭乗前に，皆さまに守っていただかなければならない3つのルールについてお話させてください。1つ目，機内にはおひとりにつき2つのカバンを持ち込むことができます。2つ目，カバンは7キログラム以下でお願いいたします。次に，機内にあたたかい飲み物を持ち込むことはできません。ご質問があれば，係の者にお声がけください。只今，飛行機の準備ができました。小さなお子様をお連れの方から最初に機内にお入りいただけます。座席番号15番から30番までのお客さまがお次に機内にお入りいただけます。その後，座席番号1番から14番までのお客さまがご搭乗ください。今，チケットの座席番号をお確かめください。良い空の旅を！　ありがとうございました。

質問1：1人いくつのカバンを機内に持ち込むことができますか？

答え　：ア　(2つ)

質問2：飛行機に最初に乗ることができるのは誰ですか？

答え　：ア　(小さい子どもと一緒の人)

〔放送台本〕

5 Akira: Kate! Hurry up! It's 10:25 now. We have only 5 minutes before the movie "Space Travel" starts! The theater is on the 4th floor of this building.

Kate: Oh, Akira. We can't get to the theater in 5 minutes. We also have to buy tickets. I don't want to miss the first part of the movie. Let's watch the next "Space Travel." What time will it start?

Akira: I'll check it with my cellphone. Well, it will start at 1:30.

Kate: We have to wait for 3 hours. That's too long.

Akira: You're right. There is a different movie from 11:15.

Kate: I see... But I really want to see "Space Travel." How about eating lunch first? After that, let's watch the movie from 1:30. There is a Chinese restaurant on the 3rd floor. It opens at 11:30.

Akira: That's a good idea. We still have a lot of time before the restaurant opens. Can we go to a bookstore? I want to buy a new flower magazine.

Kate: OK! Maybe I will buy something, too.

Question 1: What will Akira and Kate do next?

Question 2: What time will Akira and Kate watch the movie?

〔英文の訳〕

明　：ケイト！　急いで！　今10時25分だよ。“スペーストラベル”の映画が始まるまでに5分しかないよ！　劇場はこの建物の4階だよ。

ケイト：分かったわ，アキラ。5分以内に劇場に着くことはできないわね。チケットも買わないといけないもの。映画の最初の部分を見逃がしたくないわ。次の“スペーストラベル”を見ましょう。次の回は何時に始まるの？

明　：携帯で調べるよ。ええと，1時30分に始まるよ。

ケイト：3時間待たないといけないわね。長すぎるわ。

明　：そうだね。11時15分からの違う映画があるよ。

ケイト：うーん…。でも私は“スペーストラベル”がとても見たいの。先にお昼を食べるのはどうかしら？　その後，1時30分からの映画を見ましょう。3階に中華料理のレストランがあるのよ。11時30分に開店するわ。

明　：それはいい考えだね。それでもレストランの開店までに時間がたくさんあるよ。本屋さんに行かない？　新しい花の雑誌を買いたいんだ。

ケイト：分かったわ！　多分私も何か買うわ。

質問1：明とケイトは次に何をしますか？

答え　：イ　（彼らは本屋さんへ行きます。）

質問2：明とケイトは何時に映画を見ますか？

答え　：エ　（1時30分）

〔放送台本〕

6 Yuka: Hi, Sam! I need your advice.

Sam: What happened, Yuka?

Yuka: It's my brother's birthday this Sunday.

Sam: Oh, really? Did you buy something for him?

Yuka: No. I don't know what to buy for him. Do you have a good idea? You know my brother very well because you and my brother practice baseball together.

Sam: How about clothes?

Yuka: I gave him a shirt last year but he didn't like it. I don't know what kind of clothes he likes. When I see him, he is always wearing a baseball uniform. I really want him to like my present this year.

Sam: How about tickets to a baseball game? He always talks about his favorite player.

Yuka: He already has a plan to watch some games with my uncle.

Sam: I see. Well… I would be happy with any present if you gave it to me.

Yuka: Oh. That's not good advice. I still have no good idea!

Sam: Well… I can ask your brother for you now.

〔英文の訳〕

由香：やあ，サム！　あなたのアドバイスが必要なの。

サム：どうしたの，ユカ？

由香：私の兄(弟)の誕生日が今週の日曜日なのよ。

サム：ええ，本当？　彼のために何か買ったの？

由香：いいえ。彼に何を買えばいいか分からないの。何かいい案はある？　あなたは私の兄(弟)をとてもよく知っているでしょう，あなたと私の兄(弟)は一緒に野球を練習しているもの。

サム：洋服はどう？

由香：去年彼にTシャツをあげたのだけど，気に入ってもらえなかったのよ。彼がどんな服が好きなのか分からないの。彼を見ると，いつも野球チームのユニフォームを着ているのよ。今年は私のプレゼントを気に入って欲しいとすごく思うわ。

サム：野球の試合のチケットはどうかな？　彼はいつも好きな選手の話をしているよ。

由香：彼はもうおじさんと一緒に試合を見に行く計画があるのよ。

サム：なるほど。そうだなあ…　僕は君がくれるならどんなプレゼントでもうれしいけどなあ。

由香：まあ。それはいいアドバイスではないわ。私にはまだいい案がないのよ！

サム：うーん…　僕が今，君のために君のお兄さん(弟さん)に聞いてみるよ。

答え：ウ（由香は「それはいいアドバイスではないわ」と言った，なぜなら彼女は彼女の兄(弟)に何をあげればよいのかまだ分からなかったからだ。）

＜理科解答＞

1　[Ⅰ]　(1)　マグマ[岩しょう]　(2)　①　等粒状組織　②　12%　[Ⅱ]　(3)　ⓑ　イ　ⓒ　ウ　(4)　(天気)　晴れ　(風力)　2　(5)　①　気圧が低くなる　②　ウ

2　[Ⅰ]　(1)　2　(2)　ⓐ　ア　ⓑ　エ　(3)　①　状態変化[相変化，三態変化]　②　ⓒ　イ　ⓓ　エ　[Ⅱ]　(4)　①　ア　②　石灰水が逆流する　(5)　ⓕ　イ　ⓖ　ウ

3　(1)　イ　(2)　ア　(3)　①　ア　②　エ　③　ア　④　(i)　DNA[デオキシリボ核酸]　(ii)　ⓖ　ア　ⓗ　エ

4	[Ⅰ]　(1)　①　イ　②　4.9N　(2)　①　ⓐ　イ　ⓑ　ウ　②　箱が机を押す力 [Ⅱ]　(3)　磁界　(4)　ⓒ　ア　ⓓ　ウ　(5)　①　ⓔ　ア　ⓕ　エ　②　ア，エ

＜理科解説＞

1　(火山と火成岩，天気の変化―マグマ，火成岩，天気図の記号，海陸風)

[Ⅰ]　(1)　地下の岩石が地球内部の熱によってとけてできたものが**マグマ**で，地下深くにあるマグマが地表付近まで上昇すると，含まれていた水などが気体になり，噴火が始まる。このとき火山灰や火山ガスが地表や空中に噴出したり，マグマが地表に流れ出た溶岩などが噴き出したりする。これらを**火山噴出物**という。

(2)　①　マグマが冷え固まってできた岩石を**火成岩**という。このうち，マグマが地表付近まで運ばれ，地表や地表付近で短い時間で冷え固まってできた火成岩を**火山岩**という。火山岩は，比較的大きな鉱物(**斑晶**)のまわりをうめるように，形のわからないほど小さな鉱物の集まりや，ガラス質の部分(**石基**)がとり囲むような**斑状組織**をもつ。一方，マグマが地下の深いところで長い時間をかけて冷え固まった火成岩を**深成岩**という。深成岩には石基の部分がなく，大きな鉱物が組み合わさった**等粒状組織**をもつ。　②　チョウ石とセキエイは**無色鉱物**で，それ以外は**有色鉱物**にあたる。したがって，表Ⅰより，9＋3＝12(％)

[Ⅱ]　(3)　図Ⅰで，陸上のグラフより，1日の最低気温はおよそ23.5℃，最高気温は31.5℃と読み取ることができる。同様に，海上のグラフでは最低気温は24℃，最高気温が28.5℃である。それぞれの気温の差は，陸上は31.5－23.5＝8(℃)，海上は28.5－24＝4.5(℃)である。海上の気温が陸上の気温より高くなっているのは，2時～7時の間である。

(4)　天気を表す記号は，○快晴，⦶晴れ，◎曇り，●雨，⊗雪など。矢の向きで風向(16方位)を示し，矢ばねの数で風力を表す。

(5)　①　昼はあたたまりやすい陸上の空気が上昇するため，陸上の気圧が低くなり，あたたまりにくい海上の気圧の方が高くなるため，海から陸へ**海風**が吹く。一方，夜は冷えやすい陸上の気圧が高くなり，冷えにくい海上の空気は上昇して気圧が低くなるため，陸から海へ**陸風**が吹く。このような風を**海陸風**という。　②　海風が最も強く吹くのは，陸上の気温が海上の気温よりも高く，しかもその温度差が大きい時間帯と考えられる。

2　(状態変化，化学変化―化学反応式，燃焼，状態変化，分解)

[Ⅰ]　(1)　**化学変化**の前後で**原子**の組み合わせが変わるが，原子が新しくできたりなくなったりはしない。したがって，**化学反応式**では矢印の左右で原子の種類とそれぞれの数が一致する。メタンの**燃焼**を表す化学反応式では，矢印の左側で水素原子はメタン(CH_4)の4個だけなので，矢印の右側の水(H_2O)は2分子になる。メタン1分子が燃焼して酸素(O_2)2分子と反応し，二酸化炭素(CO_2)1分子と水2分子ができる。

(2)　熱を周囲に出す化学変化を**発熱反応**といい，この熱によって周囲の温度が上がる。一方，周囲から熱をうばうために，周囲の温度が下がる化学変化を**吸熱反応**という。燃焼して二酸化炭素と水ができる炭素を含む物質を**有機物**という。これに対して，食塩や金属など有機物以外の物質を**無機物**という。

(3)　①　物質は，加熱されたり冷やされたりすると，それにともなって固体⇔液体⇔気体と，その状態が変わる。これを物質の**状態変化**という。状態変化では，物質の状態や体積は変化するが，粒子の数そのものは変化しないので，質量は変わらない。また，物質が別の物質に変化したり，なくなったりすることはなく，温度を変化させることで，元の状態にもどすことができる。
② 水蒸気が冷やされると，気体→液体の状態変化が起こり，細かな水滴が生じてやかんの外側の面にくもりが生じたと考えられる。ガスコンロの点火直後に，メタンの燃焼によって生じた水(水蒸気)がやかんの外側の面にふれて水滴になった。

[Ⅱ] (4) ① 炭酸水素ナトリウム($NaHCO_3$)を加熱すると，二酸化炭素(CO_2)と水(H_2O)が生じて，後に炭酸ナトリウム(Na_2CO_3)が残る。$2NaHCO_3 \rightarrow Na_2CO_3 + CO_2 + H_2O$　このように，1種類の物質が2種類以上の物質に分かれる化学変化を**分解**といい，特に，加熱による分解を**熱分解**という。② 石灰水が逆流して，加熱していた試験管が急に冷やされると，試験管が割れるおそれがある。

(5) 物質の単位体積あたりの質量をその物質の**密度**といい，ふつう$1cm^3$あたりの質量で表す。同じ体積の物質どうしならば，密度の大きいほうが質量は大きく，同じ質量の物質どうしならば，密度の大きい方が体積は小さい。

3 (動物の分類─セキツイ動物，無セキツイ動物，示準化石，有性生殖，進化)

(1) 背骨(セキツイ骨)をもっているかどうかにより，動物はセキツイ動物と無セキツイ動物の2つのグループに分けることができる。**外骨格**は無セキツイ動物のなかまの節足動物のからだをおおう殻で，からだを支えたり保護したりするはたらきをしている。

(2) 節足動物には昆虫類(バッタやカブトムシなど)，甲殻類(カニ，エビ，ミジンコなど)，クモなどの種類があり，無セキツイ動物にはそのほかに軟体動物(イカ，アサリ，マイマイなど)やその他のグループ(ウニ，ミミズなど)の種類がある。

(3) ① 子がえらと皮ふで呼吸し，おとなは肺と皮ふで呼吸するセキツイ動物は両生類。肺で呼吸する**変温動物**がハチュウ類で，ホニュウ類以外の**恒温動物**は鳥類である。 ② ある時期にだけ栄え，広い範囲にすんでいた生物の化石からは，地層が堆積した**地質年代**を知ることができ，これを**示準化石**という。ビカリアは新生代，フズリナとサンヨウチュウは古生代の化石である。
③ **有性生殖**を行う生物では，生殖のための特別な細胞である2種類の**生殖細胞**がつくられる。これらは，動物では卵(らん)と精子，被子植物では卵細胞と精細胞とよばれる。生殖細胞がつくられるときには，**減数分裂**という特別な細胞分裂が行われ，生殖細胞の染色体の数は減数分裂前の半分になる。その結果，受精卵の染色体の数は，減数分裂前の細胞と同じになる。 ④ (i) 生物のからだの特徴が，長い年月をかけて代を重ねる間に変化することを**進化**という。細胞の核の中にある**染色体**には，生物の形質を決める遺伝子が存在している。**遺伝子**の本体はDNA(デオキシリボ核酸)という物質で，DNAに変化が起きて子に伝えられる場合には，親や祖先に現れなかった形質が子に現れることがある。 (ii) シソチョウは，鳥類とハチュウ類の両方の特徴をもつことから，鳥類はハチュウ類から進化してきたと推測される。表Ⅰにあるように，水中で生活する魚類から進化して，生活場所は水中から水辺，さらに陸上へと広がっていった。

4 (力のつり合い，電流と磁界─垂直抗力，作用・反作用，磁界，磁力線，電気抵抗)

[Ⅰ] (1) ① 力を表すには，力のはたらく点(**作用点**)を矢印の始点にして，力の向きを矢印の向きにし，矢印の長さを力の大きさに比例した長さにする。**重力**は物体全体にはたらいているが，物体の中心を作用点とする1本の力の矢印で表す。面が物体に押されたとき，その力に逆らって面が物体を垂直に押し返す力を**垂直抗力**という。物体が面と接しながら運動するとき，面から運動をさまたげる向きにはたらく力が**摩擦力**である。また，水中の物体にはたらく水圧によって，物体に上向きにはたらく力を**浮力**という。垂直抗力は面にはたらく力であるが，その面の1

点を作用点として1本の矢印で表す。　②　質量1.0kgの物体にはたらく重力の大きさは9.8Nなので，500gの箱にはたらく重力の大きさは，9.8÷2＝4.9(N)　これと同じ大きさの力で机が箱を押している。

(2)　①　ある物体が別の物体に力を加えると，同時に相手の物体から，大きさが同じでが逆向きの力を受ける。これを**作用・反作用の法則**という。作用と反作用は一直線上にあるが，それぞれ別の物体にはたらいていることになる。　②　机が箱を押す力が反作用で，箱が机を押す力が作用にあたる。

[Ⅱ]　(3)　**磁力**がはたらく空間を**磁界**という。磁界には方向性があり，磁界の中に磁針を置いたとき，磁針のN極が指す向きを，その場所での磁界の向きという。

(4)　磁界のようすを線で表したものを**磁力線**という。磁力線には磁界の向きも示し，N極から出てS極に入るように表す。また，磁力線の間隔がせまいところほど磁界は強い。磁力線は途中で折れ曲がったり，交わったりしない。

(5)　①　電流計は回路に**直列**につなぐが，回路全体の**電気抵抗**が小さいと大きな電流が流れることになり，電流計がこわれる可能性がある。　②　磁界の中でコイルに電流が流れると，コイルは力を受けて動く。このとき，電流の向きを逆向きにするか，または磁界の向きを逆向きにすると，コイルが受ける力の向きも逆向きになる。電流の大きさを変えると，コイルが受ける力の大きさが変わる。

<社会解答>

1　(1)　ⓐ　ア　ⓑ　エ　(2)　①　イ　②　ユーロ　③　イ　(3)　①　ウ
②　(例)海洋から大陸へ吹く

2　(1)　①　イ　②　エ　(2)　①　ア　②　ウ　③　ⓐ　イ　ⓑ　エ
(3)　①　ウ　②　オ　③　(例)軽工業の値よりも重工業の値が伸びた

3　(1)　①　ア　②　国民主権　③　思想　④　内閣　(2)　ⓐ　エ　ⓑ　公正取引

4　(1)　①　エ　②　ⓐ　ア　ⓑ　ウ　(2)　①　資本　②　(a)　AI　(b)　イ
(3)　①　少子　②　ア，ウ

<社会解説>

1　(地理的分野―世界―人々のくらし・宗教，地形・気候)

(1)　地球には，大きい順にユーラシア大陸，アフリカ大陸，北アメリカ大陸，南アメリカ大陸，南極大陸，オーストラリア大陸の6大陸が存在する。

(2)　①　ラテン系民族には**カトリック**，ゲルマン系民族には**プロテスタント**，スラブ系民族には**正教会**の信者が多い。　②　デンマーク，スウェーデンなど，EU加盟国の中にもユーロを導入していない国もある。　③　A　インドは，**インド大反乱**(1857年)以前からイギリス東インド会社の植民地となっている地域もあった。インドの人口は約14億人。　B　アフリカ東部は英語，西部はフランス語を公用語とする国や地域が多いことから，旧宗主国の分布を判断する。

(3)　①　冷帯(亜寒帯)気候は，冬の気温は0度を下回るという特徴をもつ。アが熱帯雨林気候，イが温暖湿潤気候，エが砂漠気候のグラフ。　②　モンスーンとは**季節風**のこと。日本の夏が，太平洋側から吹く南東季節風に強い影響を受けることから判断する。

2 **(歴史的分野—日本史—時代別—古墳時代から平安時代，鎌倉・室町時代，安土桃山・江戸時代，明治時代から現代，日本史—テーマ別—政治・法律，経済・社会・技術，文化・宗教・教育，外交)**

(1)　①　7世紀は飛鳥時代。小野妹子は**聖徳太子**によって遣隋使に任命された。　②　聖武天皇は奈良時代の人物。平城京は，**唐の都長安**をモデルにつくられた。

(2)　①　雪舟が水墨画を大成したのは室町時代。　②　豊臣秀吉は安土桃山時代の人物で，ウは**バテレン追放令**の内容。アが平安時代，イが室町時代，エが江戸時代の政策。　③　ⓐ　江戸時代は，経済力をつけた町人が文化の担い手となった。ⓑは文中の「浮世絵の祖」『見返り美人図』などから判断する。尾形光琳は『燕子花図屏風』などの**装飾画**を描いた。

(3)　①　問題文中の「岩倉使節団に同行した女子留学生」などから判断する。文中の女子英学塾は，現在の津田塾大学の前身。　②　ⅰが1880年，ⅱが1889年，ⅲが1874年のできごと。
③　表Ⅰ中の輸出品について，生糸と綿織物が軽工業，鉄と船舶が重工業に分類される。

3 **(歴史的分野—日本史—時代別—明治時代から現代，日本史—テーマ別—外交，世界史—政治・社会・経済史，公民的分野—憲法・基本的人権，国の政治の仕組み・裁判，経済一般)**

(1)　①　国際連合が発足したのは，太平洋戦争後の1945年10月。イ・ウ・エは1950年代のできごと。　②　国民主権は，日本国憲法前文と第1条に明記されている。　③　思想及び良心の自由は，日本国憲法第19条に明記されており，自由権のうち**精神の自由**に分類される。　④　問題文中の「行政権」などから判断する。三権のうち，**立法権**を担当するのが国会，**司法権**を担当するのが裁判所。

(2)　ⓑは文中の「**独占禁止法**」から判断する。

4 **(歴史的分野—日本史—時代別—明治時代から現代，日本史—テーマ別—政治・法律，外交，公民的分野—経済一般，財政・消費問題，公害・環境問題，国際社会との関わり)**

(1)　①　間接税とは，**税を負担する人と納める人が異なる税**のこと。ア・イ・ウは直接税に含まれる。　②「1ドル＝150円」と「1ドル＝100円」を比べたとき，「1ドル＝100円」の方が1円あたりの価値が高くなっている。

(2)　①　現在では，多くの国が資本主義経済を導入している。資本主義の対義語は**社会主義**。
②　(a)　AIはArtificialIntelligenceの略。　(b)　アが1973年，イが1993年，ウが1985年，エが1978年のできごと。

(3)　①　2022年度統計では，人口に占める15歳未満の人口の割合が約1割，65歳以上の人口の割合が約3割を占めており，少子高齢化が急速に進んでいることがわかる。　②　イ　南アメリカにおける1年当たりの森林面積が減少する速さについて，2010年～2020年が260万ha，2000～2010年が520万haなので，2分の1。　ウ　2010年～2020年における1年当たりの森林面積の増加量について，アジアの増加量が120万ha，ヨーロッパが30万ha，オセアニアが40万ha。

<国語解答>(A問題)

一　1　(1)　やくそく　(2)　へいれつ　(3)　ざっし　(4)　せんとう　(5)　あ(びる)
(6)　うつ(す)　(7)　拾(う)　(8)　側　(9)　停止　(10)　勝負　2　イ　3　ア

二　1　エ　2　C　3　a　ほかの植物　b　(例)花びらを広げて光を集め，花の中を暖か

くする
三　1　ふるまわん　　2　ウ　　3　雲
四　1　ア　　2　a　冬支度の進む　　b　地上の説明　　c　作者が想像するもの
　3　(1)　a　小さな切れ　　b　(例)事実から想像の世界への転換　　(2)　イ

＜国語解説＞

一　(漢字の読み書き，その他，漢文)

1　(1)「約束」とは，当事者の間で取り決めること，ある社会や組織で，守るように定めたきまり。　(2)「並列」とは，ここでは電池・抵抗器・蓄電器などの正電極どうし，あるいは負電極どうしを接続すること。　(3)「雑誌」とは，雑多な事柄を記載した書物，また複数の筆者が書き，定期的に刊行される出版物。　(4)「銭湯」とは，入浴料を取って一般の人を入浴させる浴場。　(5)「浴(びる)」とは，水・湯などを勢いよく体に受ける，細かいものや光などを全体に受けること。　(6)「移(す)」とは，ここでは物事を別の段階に進めること。　(7)「拾(う)」とは，落ちているものを取り上げて手にする，他人の落とした物を手に入れること。　(8)「窓側」とは，部屋や乗り物の中で，より窓に近い方。　(9)「停止」とは，動いていたものが途中で止まること。また，していたことを一時やめること。　(10)「勝負」とは，勝ち負けを決めようとして争うこと。

2　【下書き】では行の中心に文字がそろっておらず，また書体も行書と楷書が混ざっている。

3　「従」より前に「善」を読んでいることから，「従」の下にレ点を，「如」より前に「流」を読んでいることから，「如」の下にレ点をつける。

二　(随筆文―内容吟味，文脈把握，脱文・脱語補充，用法)

1　A　「見える」は，自分の視覚で見ること，また「見せる」は，相手から見えるところに差し出すという意味。枝々の先のふくらみを相手に「見せている」とするのが適当。　B　「咲かせる」は，水をあげるなど誰かが花が咲くように手入れをするという意味で，「咲いている」はそのまま単に花が咲くという意味。

2　「ときには～だってあります。」とあることから，何かと比べていることが読み取れる。また，「冬に逆戻り」するということは，寒くなることを表しているので，暖かい日だけではなく，寒い日もあるとする　C　に入れるのが適当。

3　a　「野生の福寿草」から始まる段落に，福寿草は木々の葉っぱが芽吹いた後では，十分な光が当たらなくなってしまうので，「ほかの植物が活動を始める」前に芽を出すことが述べられている。

b　「けれども」から始まる段落に，蜜がない福寿草は虫に花粉を運んでもらうために，「花びらをパラボラアンテナのような形に広げて光を集め，花の中を暖かくして，寒さにふるえる虫を誘う」とある。

三　(古文―内容吟味，脱文・脱語補充，仮名遣い)

〈口語訳〉　小坊主に隠れて僧侶が餅を焼き，二つに分けて，両手に持って食べようとする所へ，人の足音がするのを聞き，畳の端を上げて，慌てて半分を隠すのを，素早く小坊主が見つけた。僧侶は，赤面しながら，「今の有様を面白く歌に詠んだならば，振る舞おう」と言うと，

山寺の畳のへりは雲なのだろうか，半月が入るのを隠している。(と小坊主は詠んだ。)

1　語頭以外の「は・ひ・ふ・へ・ほ」は,「ワ・イ・ウ・エ・オ」となる。
2　僧侶は，小坊主に隠れて餅を焼き，二つに分けて食べようとしている時に，人の足音がするのを聞いたのである。
3　畳のへりを雲にたとえて，まるで半月(餅)を隠しているかのようであると詠んでいる。

四　**(随筆文—内容吟味，脱文・脱語補充，熟語)**

1「着陸」は,「陸に着く」という意味で，下の字が上の字の目的語・補語になる熟語。これと同じなのは,「車を降りる」という意味の「降車」。

2　a「この句は」から始まる段落に，最初の句について「飛行機の窓から冬支度の進む地上の街を見下ろしているという，いわば，散文的な(つまり説明的な)内容」と述べている。　b「一方,」から始まる段落に，最初の句にある「冬支度」は「地上の説明でしか」ないとしている。
c「一方,」から始まる段落に,「直した句は飛行機から見下ろしているのは地上の街です。作者は密集した住宅の屋根を眺めながら,『どの家も冬支度で忙しいのだろうな』と想像する。(中略)直した句では作者が想像するものに変わります」と「の」をとったことで，どのように俳句を読み取ることができるのかを説明している。

3　(1)　a「なぜ,」から始まる段落に,「の」をとることよって,「小さな切れが生まれ」たとある。　b「なぜ,」から始まる段落に,「の」をとることでできた「小さな切れ」は,「間」を生み，また「『雲間から見下ろす地上』という事実から『冬支度』という想像の世界への転換」という変化が生じたとする。　(2)「みなさんも」から始まる段落に,「様々な俳句にふれてみませんか」と誘いかけをしているが，疑問に思ったことを聞き手に問いかけているわけではないので，イが誤り。

＜国語解答＞(B問題)

一　1 (1)　爽(やか)　(2)　訪(ねる)　(3)　がいとう　(4)　きょうこく
(5)　除(く)　(6)　盛(る)　(7)　存在　(8)　貿易　2　イ　3　ウ

二　1　イ　2　ウ　3　a　(例)すでに形作られており，それ自身の性質をもっている
b　形作りを助　4　a　素材への働　b　素材の中か

三　1　ア　2　ふるまわん　3　a　児　b　餅　c　雲

四　1　イ　2　(例)衝動と行為についての自覚から，随筆という形でしか現せない真実がこの世にあると気づいた　3　ア　4　ウ

＜国語解説＞

一　**(漢字の読み書き，語句の意味，その他)**

1　(1)「爽(やか)」とは，ここでは気分が晴れ晴れとして快く，さっぱりとして気持ちがよいさま。　(2)「訪(ねる)」とは，人やある場所をたずねる，季節やある状況がやって来ること。
(3)「街灯」とは，街路を明るくするために取り付けた電灯。　(4)「峡谷」とは，幅が狭く，両側が切り立った崖からなる谷。　(5)「除(く)」とは，取ってなくす，その範囲に加えないようにすること。　(6)「盛(る)」とは，ここでは物を容器に入れて満たすという意味。
(7)「存在(感)」とは，人や物が確かな存在であると印象づける感じ。　(8)「貿易」とは,

国際間の商品の取引，また互いに財貨を交換して取引を行うこと。

2　①では5画目を省略して書いている。また，②では13画目と14画目を一画として書いている。

3　「一堂に会する」とは，同じ場所に集まること。

二　(論説文―内容吟味，脱文・脱語補充，熟語)

1　「作品」は，「作った品」という意味で，上下で修飾・被修飾の関係になる熟語。これと同じなのは，「異なった国」という意味の「異国」。

2　「陶芸は」から始まる段落に，「陶芸は，地水火風，天地人すべてが協働して創造されてくる芸術なのである。その意味では，陶芸の場合，人為では制御しきれない面，偶然に任せねばならない面がある」として，自然の創造力による所が大きい芸術であるとしている。

3　a　「通常」から始まる段落に，「素材は素材ですでに形作られており，(中略)それ自身の性質をもっている」と，素材の特性について論じている。　b　「通常」から始まる段落に，「素材は，芸術の形成作用に対して抵抗もするが，形作りを助けもしてくれる」と，素材の良性を説明している。

4　a　「制作の現場」から始まる段落に，「芸術家の素材への働きかけと素材からの応答が芸術家の経験となり，その経験から新しいものが生み出される」と，素材を形へと変貌させることと素材からの形になることへの抵抗をやり取りしながら，芸術家はそれを経験として糧にしていくのである。　b　「制作の現場」から始まる段落に，「素材の中から創造的形を引き出してくることが，芸術家の役割」と述べている。

三　(古文―内容吟味，脱文・脱語補充，仮名遣い)

〈口語訳〉　小坊主に隠れて僧侶が餅を焼き，二つに分けて，両手に持って食べようとする所へ，人の足音がするのを聞き，畳の端を上げて，慌てて半分を隠すのを，素早く小坊主が見つけた。僧侶は，赤面しながら，「今の有様を面白く歌に詠んだならば，振る舞おう」と言うと，

山寺の畳のへりは雲なのだろうか，半月が入るのを隠している。(と小坊主は詠んだ。)

1　僧侶は，小坊主に隠れて餅を焼き，二つに分けて食べようとしている時に，人の足音がするのを聞いたのである。

2　語頭以外の「は・ひ・ふ・へ・ほ」は，「ワ・イ・ウ・エ・オ」となる。

3　畳のへりを雲にたとえて，まるで半月(餅)を隠しているかのようであると，児(小坊主)は詠んでいる。

四　(説明文―大意・要旨，内容吟味，接続語の問題，脱文・脱語補充，語句の意味)

1　「とりとめもない」とは，会話や議論が特にこれといったまとまりもなく，進められるさまなどを意味する表現。

2　「そのような作品」から始まる段落に，「筆を手にするとほとんど自動的に文章が生まれ，そのことによって心がある輪郭をとりはじめる。随筆というものが生まれるときの，こうした衝動と行為について，十分に自覚的であったことはたしかであろう。その自覚から兼好は随筆という形でしか現せない真実がこの世にあるのだということに気づいたとおぼしく」と，吉田兼好が『徒然草』を執筆することになった過程について説明している。

3　空欄の前後を確認すると，多彩な内容，変化に富んでいる『徒然草』ではあるが，そればかりに心を奪われては，貴重なものを見失ってしまうと，前述の事柄に釘を差しているので，「ただし」が適当。

4 「③」から始まる段落に，『徒然草』に対する印象として，「実に明快な作品であるが，そのどこかにこだわると一転して難解な印象を与えはじめる。また，ふれられている話題についての知識や思索が深まってから読み直してみると，なにげなく書き流されたように見えていた文の行間にひそんでい複雑で重いものが徐々に見えるようになる」と，筆者の主観を述べている。

大阪府公立高等学校（一般）

2023年度

入　試　問　題

●くわしい解説……71ページ

＜数学＞　〔A問題〕 時間　50分　　満点　90点

1　次の計算をしなさい。

⑴　$5\times(-4)+7$

⑵　$3.4-(-2.5)$

⑶　2×4^2

⑷　$8x-3+2(x+1)$

⑸　$-18xy\div 3x$

⑹　$\sqrt{5}+\sqrt{45}$

2　次の問いに答えなさい。

⑴　$-\frac{7}{4}$は，次の数直線上の**ア**～**エ**で示されている範囲のうち，どの範囲に入っていますか。一つ選び，記号を○で囲みなさい。

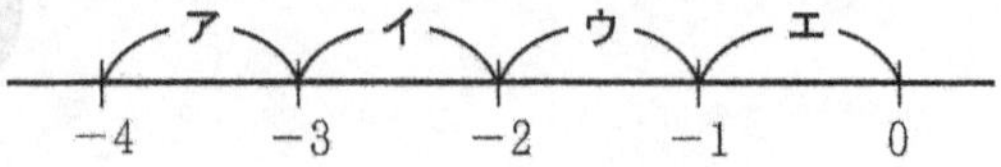

⑵　$a=-3$のとき，$4a+21$の値を求めなさい。

⑶　nを整数とするとき，次の**ア**～**エ**の式のうち，その値がつねに3の倍数になるものはどれですか。一つ選び，記号を○で囲みなさい。

ア　$\frac{1}{3}n$　　**イ**　$n+3$　　**ウ**　$2n+1$　　**エ**　$3n+6$

⑷「1個の重さがa gのビー玉2個と，1個の重さがb gのビー玉7個の重さの合計」をa，bを用いて表しなさい。

⑸　正五角形の内角の和を求めなさい。

⑹　右図は，ある中学校の卓球部の部員が行った反復横とびの記録を箱ひげ図に表したものである。卓球部の部員が行った反復横とびの記録の四分位範囲を求めなさい。

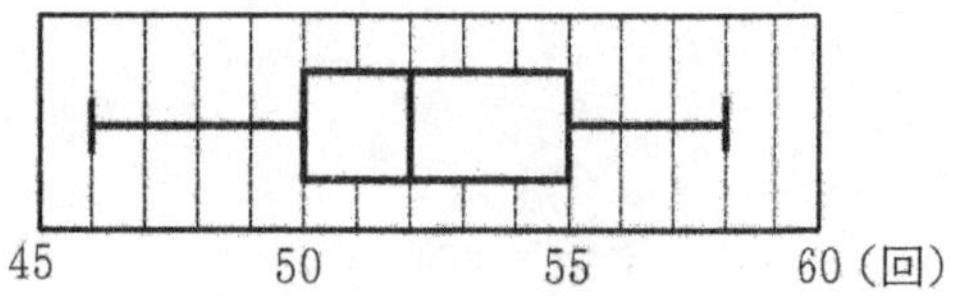

⑺　連立方程式 $\begin{cases} x-3y=10 \\ 5x+3y=14 \end{cases}$ を解きなさい。

⑻　二次方程式 $x^2-2x-35=0$ を解きなさい。

(9)　二つのさいころを同時に投げるとき，出る目の数の和が10より大きい確率はいくらですか。1から6までのどの目が出ることも同様に確からしいものとして答えなさい。

(10)　右図において，m は関数 $y=ax^2$（a は正の定数）のグラフを表す。A，Bは m 上の点であって，Aの x 座標は3であり，Bの x 座標は-2である。Aの y 座標は，Bの y 座標より2大きい。a の値を求めなさい。

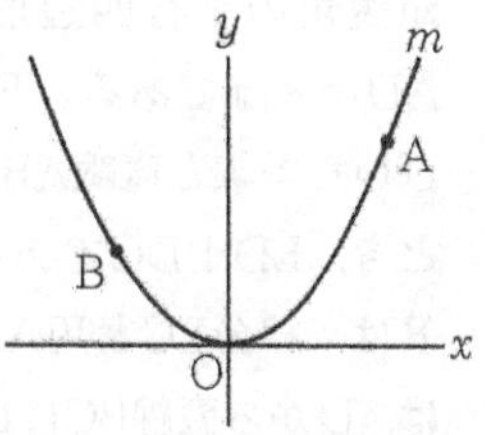

(11)　右図において，立体ABCD－EFGHは直方体である。次の**ア**～**エ**のうち，辺ABと垂直な面はどれですか。一つ選び，記号を○で囲みなさい。

ア　面ABCD　　**イ**　面BFGC　　**ウ**　面AEFB　　**エ**　面EFGH

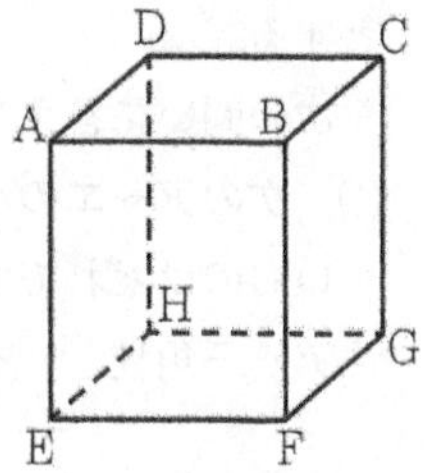

3　自宅で加湿器を利用しているDさんは，加湿器を使うと加湿器のタンクの水の量が一定の割合で減っていくことに興味をもち，「加湿器を使用した時間」と「タンクの水の量」との関係について考えることにした。

初めの「タンクの水の量」は840mLである。加湿器を使用したとき，「タンクの水の量」は毎分6mLの割合で減る。

あとの問いに答えなさい。

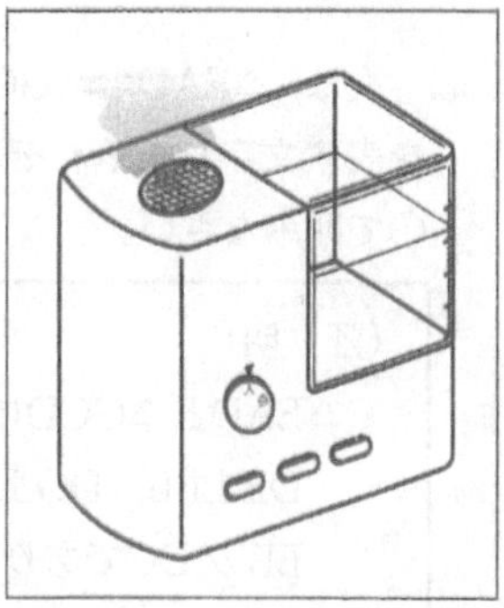

(1)　「加湿器を使用した時間」が x 分のときの「タンクの水の量」を y mLとする。また，$0 \leqq x \leqq 140$とし，$x=0$ のとき $y=840$であるとする。

①　次の表は，x と y との関係を示した表の一部である。表中の(ア)，(イ)に当てはまる数をそれぞれ書きなさい。

x	0	・・・	1	・・・	3	・・・	9	・・・
y	840	・・・	834	・・・	(ア)	・・・	(イ)	・・・

②　y を x の式で表しなさい。

(2)　Dさんは，タンクに水が840mL入った状態から加湿器を使い始め，しばらくしてタンクの水の量が450mLまで減っていることに気が付いた。Dさんは，加湿器を使用した時間について考えてみた。

「加湿器を使用した時間」を t 分とする。「タンクの水の量」が450mLであるときの t の値を求めなさい。

4　右図において，四角形ABCDは内角∠ABCが鋭角の平行四辺形であり，AB＝４㎝，AD＝８㎝である。Eは，Dから直線ABにひいた垂線と直線ABとの交点である。このとき，ED⊥DCである。EとCとを結ぶ。Fは，線分ECと辺ADとの交点である。Gは，Dから直線BCにひいた垂線と直線BCとの交点である。DG＝x㎝とし，$0 < x < 4$とする。

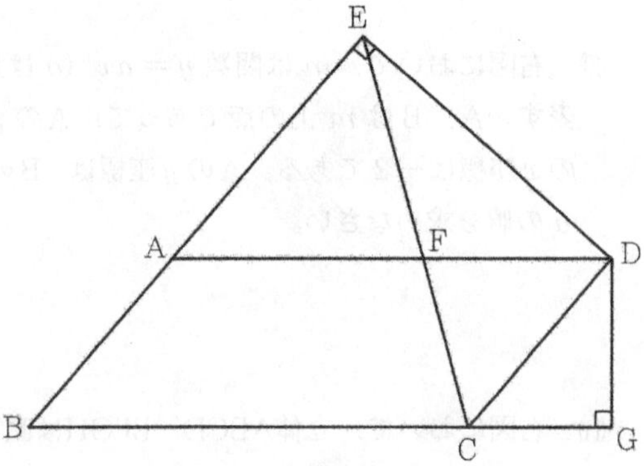

次の問いに答えなさい。

(1)　次のア～エのうち，△DCGを直線DGを軸として１回転させてできる立体の名称として正しいものはどれですか。一つ選び，記号を○で囲みなさい。

ア　三角柱　　**イ**　円柱　　**ウ**　三角すい　　**エ**　円すい

(2)　四角形ABCDの面積をxを用いて表しなさい。

(3)　次は，△EAD∽△GCDであることの証明である。［ⓐ］，［ⓑ］に入れるのに適している「**角を表す文字**」をそれぞれ書きなさい。また，ⓒ〔　〕から適しているものを一つ選び，記号を○で囲みなさい。

（証　明）
△EADと△GCDにおいて
DE⊥EB，DG⊥BGだから∠DEA＝∠［ⓐ］＝90°……………………(あ)
EB∥DCであり，平行線の錯角は等しいから
∠EAD＝∠ADC……………………(い)
AD∥BGであり，平行線の錯角は等しいから
∠［ⓑ］＝∠ADC……………………(う)
(い)，(う)より∠EAD＝∠［ⓑ］……………………(え)
(あ)，(え)より，
ⓒ〔**ア**　１組の辺とその両端の角　　**イ**　２組の辺の比とその間の角　　**ウ**　２組の角〕がそれぞれ等しいから
△EAD∽△GCD

(4)　$x = 3$であるときの線分ECの長さを求めなさい。答えを求める過程がわかるように，途中の式を含めた求め方も説明すること。

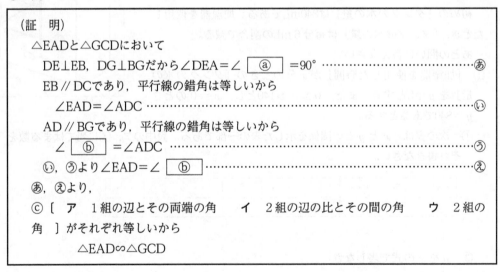

＜数学＞

〔Ｂ問題〕　時間　50分　満点　90点

1　次の計算をしなさい。

(1)　$2 \times (-3) - 4^2$

(2)　$5(2a + b) - 4(a + 3b)$

(3)　$2a \times 9ab \div 6a^2$

(4)　$(x + 1)^2 + x(x - 2)$

(5)　$(2\sqrt{5} + \sqrt{3})(2\sqrt{5} - \sqrt{3})$

2　あとの問いに答えなさい。

(1)　$a = -6$，$b = 5$のとき，$a^2 - 8b$の値を求めなさい。

(2)　二次方程式 $x^2 - 11x + 18 = 0$ を解きなさい。

(3)　nを自然数とするとき，$5 - \frac{78}{n}$の値が自然数となるような最も小さいnの値を求めなさい。

(4)　関数$y = \frac{10}{x}$ について，xの値が1から5まで増加するときの変化の割合を求めなさい。

(5)　二つの箱A，Bがある。箱Aには自然数の書いてある3枚のカード [1]，[2]，[3] が入っており，箱Bには奇数の書いてある5枚のカード [1]，[3]，[5]，[7]，[9] が入っている。A，Bそれぞれの箱から同時にカードを1枚ずつ取り出し，箱Aから取り出したカードに書いてある数をa，箱Bから取り出したカードに書いてある数をbとする。このとき，$\frac{b}{a}$の値が1より大きく4より小さい数になる確率はいくらですか。A，Bそれぞれの箱において，どのカードが取り出されることも同様に確からしいものとして答えなさい。

(6)　ある中学校の剣道部，卓球部，水泳部の部員が反復横とびの測定を行った。右図は，その記録を箱ひげ図に表したものである。次のア～オのうち，右図からわかることとして正しいものはどれですか。**すべて選び**，記号を○で囲みなさい。

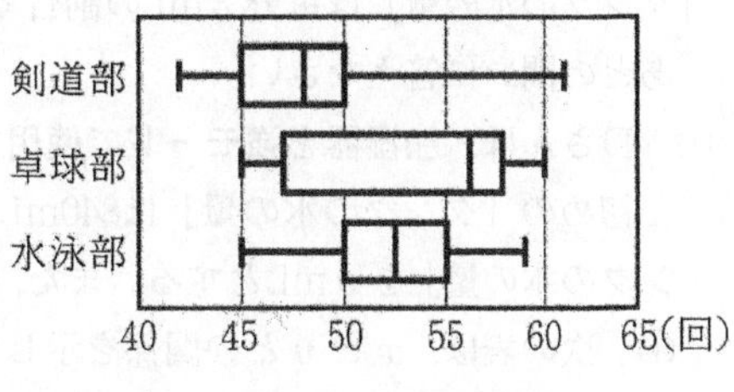

ア　三つの部の部員のうち，記録が60回以上の部員は1人だけである。
イ　剣道部の記録の四分位範囲と，水泳部の記録の四分位範囲は同じである。
ウ　三つの部のうち，記録の範囲が最も大きいのは卓球部である。
エ　第1四分位数が最も小さいのは，水泳部の記録である。
オ　卓球部では，半数以上の部員の記録が55回以上である。

(7) 右図の立体は，底面の半径が4cm，高さが a cmの円柱である。右図の円柱の表面積は $120\pi\,\text{cm}^2$ である。a の値を求めなさい。

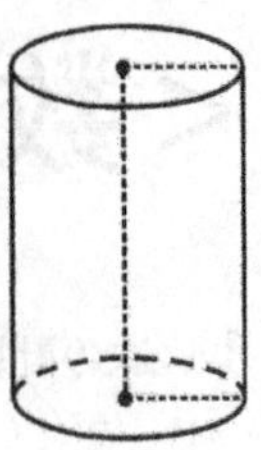

(8) 右図において，m は関数 $y=ax^2$（a は正の定数）のグラフを表し，ℓ は関数 $y=\frac{1}{3}x-1$ のグラフを表す。Aは，ℓ と x 軸との交点である。Bは，Aを通り y 軸に平行な直線と m との交点である。Cは，Bを通り x 軸に平行な直線と m との交点のうちBと異なる点である。Dは，Cを通り y 軸に平行な直線と ℓ との交点である。四角形ABCDの面積は $21\,\text{cm}^2$ である。a の値を求めなさい。答えを求める過程がわかるように，途中の式を含めた求め方も説明すること。ただし，原点Oから点（1，0）までの距離，原点Oから点（0，1）までの距離はそれぞれ1cmであるとする。

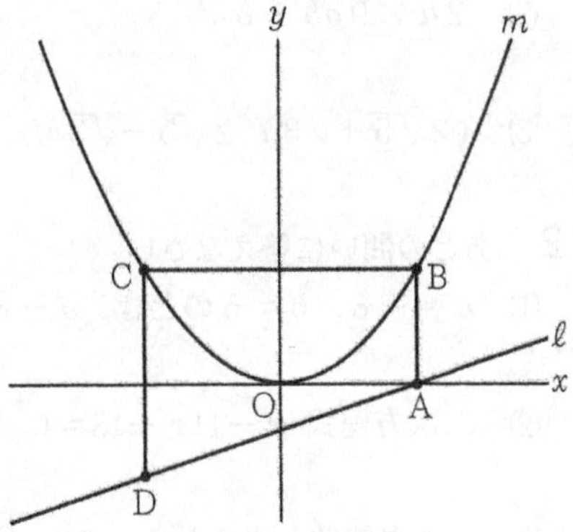

3 自宅で加湿器を利用しているDさんは，加湿器を使うと加湿器のタンクの水の量が一定の割合で減っていくことに興味をもち，「加湿器を使用した時間」と「タンクの水の量」との関係について考えることにした。Dさんの自宅の加湿器は，**強モード**，**弱モード**のどちらかのモードを選んで使うことができる。タンクには水が840mL入っており，**強モード**で使用する場合「タンクの水の量」は毎分6mLの割合で減り，**弱モード**で使用する場合「タンクの水の量」は毎分2mLの割合で減る。

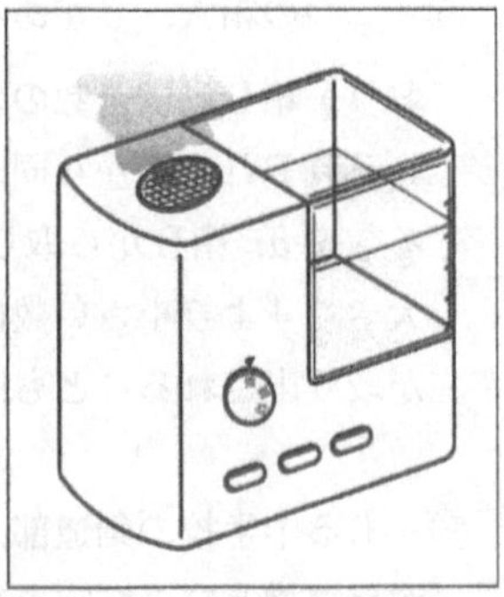

あとの問いに答えなさい。

(1) Dさんは，加湿器を**強モード**で使用する場合について考えた。

初めの「タンクの水の量」は840mLである。「加湿器を使用した時間」が x 分のときの「タンクの水の量」を y mLとする。また，$0 \leqq x \leqq 140$ とし，$x=0$ のとき $y=840$ であるとする。

① 次の表は，x と y との関係を示した表の一部である。表中の(ア)，(イ)に当てはまる数をそれぞれ書きなさい。

x	0	…	1	…	3	…	9	…
y	840	…	834	…	(ア)	…	(イ)	…

② y を x の式で表しなさい。

③　y =450となるときの x の値を求めなさい。

⑵　Dさんは，タンクに水が840mL入った状態から加湿器を使い始め，途中でモードを切りかえて使用した。

初めの「タンクの水の量」は840mLである。加湿器を最初は**強モード**で s 分間使用し，その後続けて**弱モード**に切りかえて t 分間使用したところ，タンクの水はちょうどなくなった。加湿器を**強モード**で使用した時間と**弱モード**で使用した時間の合計は192分であった。s，t の値をそれぞれ求めなさい。ただし，モードの切りかえにかかる時間はないものとする。

4　次の［Ⅰ］，［Ⅱ］に答えなさい。

［Ⅰ］　図Ⅰにおいて，四角形ABCDは長方形であり，AB＞ADである。△ABEはAB＝AEの二等辺三角形であり，Eは直線DCについてBと反対側にある。DとEとを結んでできる線分DEは，辺BEに垂直である。Fは，辺BEと辺DCとの交点である。Gは，直線AEと直線BCとの交点である。

次の問いに答えなさい。

⑴　△AED∽△GBEであることを証明しなさい。

⑵　AB＝4㎝，BG＝3㎝であるとき，

①　辺ADの長さを求めなさい。

②　線分FCの長さを求めなさい。

図Ⅰ

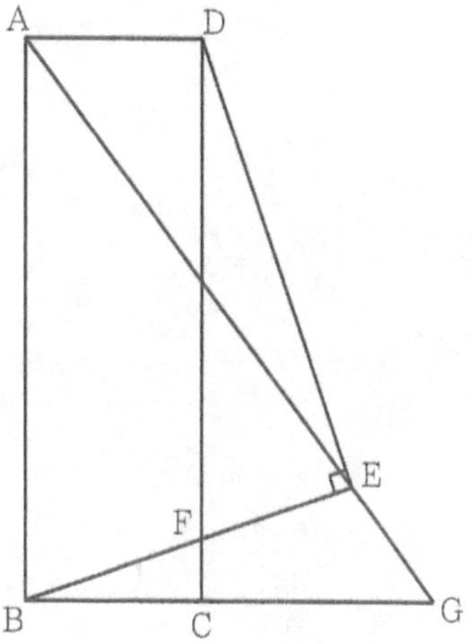

［Ⅱ］　図Ⅱにおいて，立体A－BCDは三角すいであり，直線ABは平面BCDと垂直である。△BCDは，1辺の長さが4㎝の正三角形である。AB＝6㎝である。Eは，辺AD上にあってA，Dと異なる点である。EとBとを結ぶ。Fは，Eを通り辺DBに平行な直線と辺ABとの交点である。Gは，Eを通り辺ABに平行な直線と辺DBとの交点である。Hは，Eを通り辺ACに平行な直線と辺CDとの交点である。HとBとを結ぶ。

あとの問いに答えなさい。

⑶　次の**ア**～**エ**のうち，線分EHとねじれの位置にある辺はどれですか。一つ選び，記号を○で囲みなさい。

ア　辺AB　　**イ**　辺AC

ウ　辺AD　　**エ**　辺CD

図Ⅱ

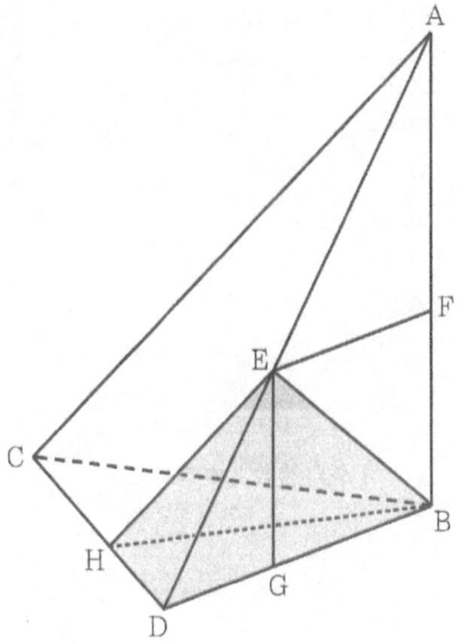

(4) EF＝EGであるとき，

① 線分EGの長さを求めなさい。

② 立体EHDBの体積を求めなさい。

＜数学＞ 〔C問題〕 時間　60分　満点　90点

1　次の問いに答えなさい。

(1)　$-a \times (2ab)^2 \div \left(-\dfrac{2}{3}ab^2\right)$ を計算しなさい。

(2)　$\dfrac{6+\sqrt{8}}{\sqrt{2}}+(2-\sqrt{2})^2$ を計算しなさい。

(3)　aを0でない定数とする。xの二次方程式 $ax^2+4x-7a-16=0$ の一つの解が$x=3$であるとき，aの値を求めなさい。また，この方程式のもう一つの解を求めなさい。

(4)　a，b，c，dを定数とし，$a>0$，$b<0$，$c<d$とする。関数$y=ax^2$と関数$y=bx+1$について，xの変域が$-3 \leqq x \leqq 1$のときのyの変域がともに$c \leqq y \leqq d$であるとき，a，bの値をそれぞれ求めなさい。

(5)　nを自然数とする。$n \leqq \sqrt{x} \leqq n+1$を満たす自然数$x$の個数が100であるときの$n$の値を求めなさい。

(6)　二つの箱A，Bがある。箱Aには1から4までの自然数が書いてある4枚のカード$\boxed{1}$，$\boxed{2}$，$\boxed{3}$，$\boxed{4}$が入っており，箱Bには4から8までの自然数が書いてある5枚のカード$\boxed{4}$，$\boxed{5}$，$\boxed{6}$，$\boxed{7}$，$\boxed{8}$が入っている。A，Bそれぞれの箱から同時にカードを1枚ずつ取り出し，箱Aから取り出したカードに書いてある数をa，箱Bから取り出したカードに書いてある数をbとして，次の**きまり**にしたがって得点を決めるとき，得点が偶数である確率はいくらですか。A，Bそれぞれの箱において，どのカードが取り出されることも同様に確からしいものとして答えなさい。

> **きまり**：aとbの最大公約数が1の場合は$a+b$の値を得点とし，aとbの最大公約数が1以外の場合は$\sqrt{2ab}$の値を得点とする。

(7)　aを一の位の数が0でない2けたの自然数とし，bをaの十の位の数と一の位の数とを入れかえてできる自然数とするとき，$\dfrac{b^2-a^2}{99}$の値が24であるaの値を**すべて**求めなさい。

(8)　次のページの図において，mは関数$y=\dfrac{1}{5}x^2$のグラフを表す。Aはm上の点であり，そのx座標は5である。Bはy軸上の点であり，そのy座標は-1である。ℓは，2点A，Bを通る直線である。Cはℓ上の点であり，そのx座標は負である。Cのx座標をtとし，$t<0$とする。Dは，Cを通りy軸に平行な直線とmとの交点である。Eは，Aを通りx軸に平行な直線と直線DCとの交点である。線分DCの長さが線分EAの長さより3㎝短いときのtの値

を求めなさい。答えを求める過程がわかるように，途中の式を含めた求め方も説明すること。ただし，原点Oから点（1，0）までの距離，原点Oから点（0，1）までの距離はそれぞれ1㎝であるとする。

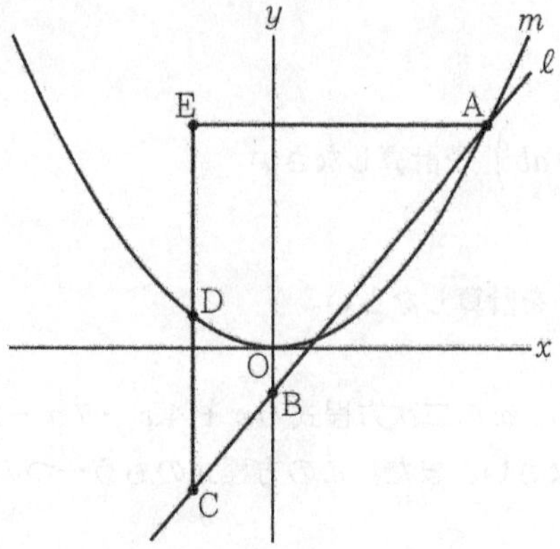

2　図Ⅰ，図Ⅱにおいて，四角形ABCDは内角∠ABCが鋭角のひし形であり，AB＝7㎝である。△DCEは鋭角三角形であり，Eは直線BC上にある。Fは辺DE上にあってD，Eと異なる点であり，BとFとを結んでできる線分BFは辺DEに垂直である。Gは，Cから辺ABにひいた垂線と辺ABとの交点である。Hは辺CE上の点であり，CH＝GBである。DとHとを結ぶ。

次の問いに答えなさい。

(1)　図Ⅰにおいて，

①　四角形ABCDの対角線ACの長さをa㎝，四角形ABCDの面積をS㎠とするとき，四角形ABCDの対角線BDの長さをa，Sを用いて表しなさい。

②　△DHE∽△BFEであることを証明しなさい。

図Ⅰ

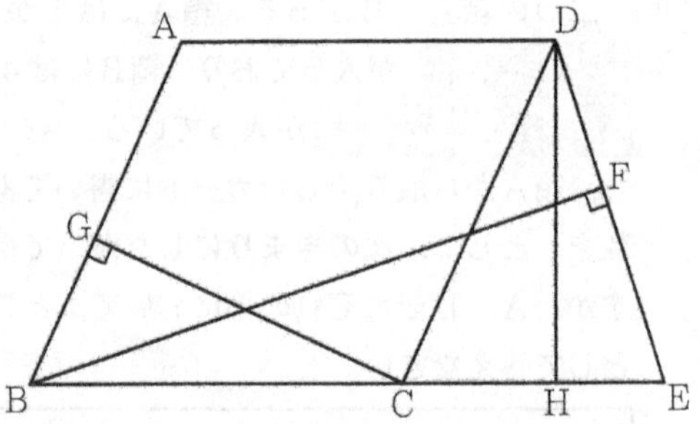

(2)　図Ⅱにおいて，GB＝2㎝，HE＝3㎝である。Iは，線分BFと辺DCとの交点である。Jは，直線BFと直線ADとの交点である。

①　線分FEの長さを求めなさい。

②　線分IJの長さを求めなさい。

図Ⅱ

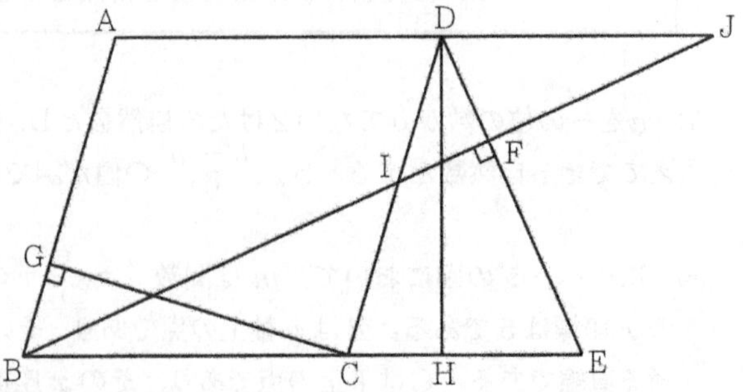

3　図Ⅰ，図Ⅱにおいて，立体ABCD－EFGHは六つの平面で囲まれてできた立体である。四角形ABCDは，１辺の長さが２㎝の正方形である。四角形EFGHは，EF＝６㎝，FG＝４㎝の長方形である。平面ABCDと平面EFGHは平行である。四角形AEFBはAB // EFの台形であり，AE＝BF＝４㎝である。四角形DHGC≡四角形AEFBである。四角形BFGCはBC // FGの台形である。四角形AEHD≡四角形BFGCである。

次の問いに答えなさい。

⑴　図Ⅰにおいて，四角形IJKLは長方形であり，Ｉ，Ｊ，Ｋ，Ｌはそれぞれ辺AE，BF，CG，DH上にある。このとき，AI＝BJ＝CK＝DLである。ＥとＪ，ＧとＪとをそれぞれ結ぶ。

図Ⅰ

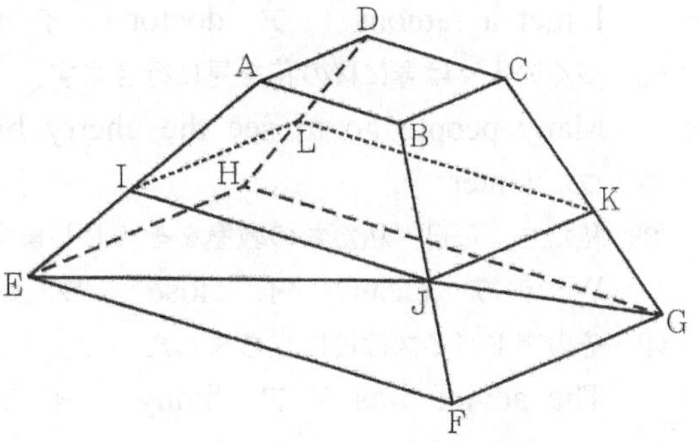

①　次のア～オのうち，辺BFとねじれの位置にある辺はどれですか。すべて選び，記号を○で囲みなさい。

ア　辺AB　　**イ**　辺EH

ウ　辺CG　　**エ**　辺GH

オ　辺DH

②　△JFGの面積は△JEFの面積の何倍ですか。

③　四角形IJKLの周の長さが15㎝であるときの辺JKの長さを求めなさい。

⑵　図Ⅱにおいて，ＭはＢから平面EFGHにひいた垂線と平面EFGHとの交点である。Ｎ，Ｏは，それぞれ辺EF，HGの中点である。このとき，４点Ｂ，Ｎ，Ｏ，Ｃは同じ平面上にあり，この４点を結んでできる四角形BNOCはBC // NOの台形である。

図Ⅱ

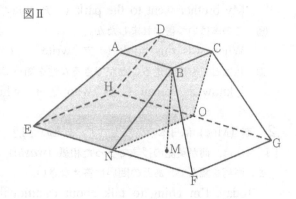

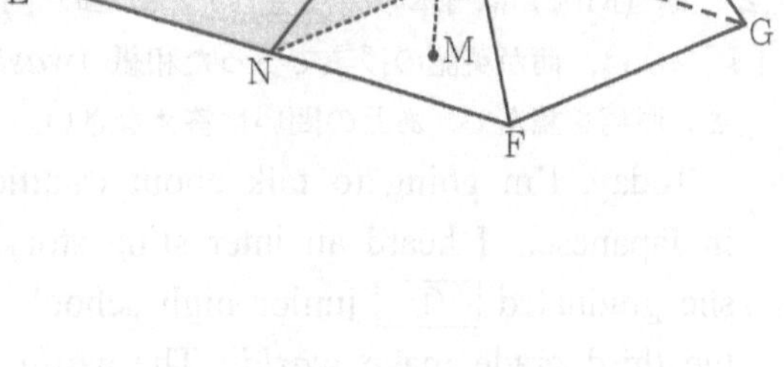

①　線分BMの長さを求めなさい。

②　立体ABCD－ENOHの体積を求めなさい。

＜英語＞ 〔A問題〕

時間　55分（リスニングテスト15分を含む）
満点　90点

1　次の⑴～⑽の日本語の文の内容と合うように，英文中の（　）内のア～ウからそれぞれ最も適しているものを一つずつ選び，記号を○で囲みなさい。

⑴　私は有名な音楽家に会いました。
I met a famous（ ア doctor　イ musician　ウ scientist ）.

⑵　多くの人々は春に桜の花を見に行きます。
Many people go to see the cherry blossoms in（ ア spring　イ autumn　ウ winter ）.

⑶　私たちは毎日，私たちの教室をそうじします。
We（ ア clean　イ close　ウ watch ）our classroom every day.

⑷　そのアドバイスは役に立ちました。
The advice was（ ア funny　イ useful　ウ wrong ）.

⑸　もっとゆっくり話してください。
Please speak more（ ア fluently　イ quickly　ウ slowly ）.

⑹　机の上のあれらのノートは彼女のものです。
Those notebooks on the table（ ア am　イ are　ウ is ）hers.

⑺　富士山は日本で最も高い山です。
Mt. Fuji is the（ ア high　イ higher　ウ highest ）mountain in Japan.

⑻　私の弟はサッカーをするために公園に行きました。
My brother went to the park（ ア play　イ playing　ウ to play ）soccer.

⑼　この本はいつ書かれましたか。
When was this book（ ア write　イ wrote　ウ written ）?

⑽　私はとても速く走ることができる女性を知っています。
I know a woman（ ア who　イ which　ウ where ）can run very fast.

2　萌（Moe）は日本の高校生です。あとの［Ⅰ］，［Ⅱ］に答えなさい。

［Ⅰ］　次は，萌が英語の授業で行った和紙（*washi*）に関するスピーチの原稿です。彼女が書いたこの原稿を読んで，あとの問いに答えなさい。

Today, I'm going to talk about traditional Japanese paper. It is called "*washi*" in Japanese. I heard an interesting story from my friend. She made *washi* before she graduated ① junior high school. In her junior high school, the students in the third grade make *washi*. The *washi* is used for their graduation certificate. I thought *washi* was used only for making traditional things, for example, *shoji* or lanterns. I think making *washi* for their own graduation certificate is a great experience for the students.

shoji（障子）（複数形も *shoji*）　　lantern（ちょうちん）

I became interested in *washi*, so I read some books about *washi*. I found many interesting things. I'll tell you one of Ⓐ<u>them</u>. *Washi* is used for making clothes. I was surprised to know this. The clothes made with *washi* have many good points. I'll give you three examples. First, they are light, so people [②] them can move easily. Second, air can go through *washi* easily, so the clothes can make people feel cool in summer. Finally, the clothes can easily return to nature because *washi* is made with trees and plants. This means they are good for the environment. I think clothes made with *washi* are wonderful. I want to wear such clothes someday. How about you? Do you want to try? Thank you for listening.

（注） graduation certificate　卒業証書

(1) 次のうち，本文中の [①] に入れるのに最も適しているものはどれですか。一つ選び，記号を○で囲みなさい。

ア from　イ off　ウ on　エ to

(2) 本文中のⒶ<u>them</u>の表している内容に当たるものとして最も適しているひとつづきの英語３語を，本文中から抜き出して書きなさい。

(3) 次のうち，本文中の [②] に入れるのに最も適しているものはどれですか。一つ選び，記号を○で囲みなさい。

ア wear　イ wears　ウ wearing　エ to wear

(4) 次のうち，本文で述べられている内容と合うものはどれですか。一つ選び，記号を○で囲みなさい。

ア 萌の友だちが通っていた中学校では，２年生の生徒が和紙作りをすることになっている。

イ 萌は，和紙に興味をもったので，和紙を使って実際にちょうちんを作ってみた。

ウ 萌は，和紙は空気を通さないので，和紙で作られた服を着ると涼しく感じるということを知った。

エ 萌は，和紙で作られた服をすばらしいと考えていて，いつか着たいと思っている。

［Ⅱ］ スピーチの後に，あなた（You）が萌と次のような会話をするとします。あなたならば，どのような話をしますか。あとの条件１～３にしたがって，(①) ～ (③) に入る内容を，それぞれ５語程度の英語で書きなさい。解答の際には記入例にならって書くこと。

You: Hi, Moe. I enjoyed your speech. I'm interested in making washi. (　①　)

Moe: No, but I want to try. Let's ask our art teacher how to do it.

You: (　②　)

Moe: After making *washi*, what will you make with the *washi*?

You: (　③　)

Moe: I see.

<条件１>①に，それを今までに作ったことがあるかをたずねる文を書くこと。

<条件２>②に，それは良い考えだと伝える文を書くこと。

＜条件３＞③に，前後のやり取りに合う内容を書くこと。

記入例

What	time	is	it	?
Well	, it's	11	o'clock	.

3　次は，高校生の広志 (Hiroshi)，インドネシア (Indonesia) からの留学生のサリ (Sari)，江藤先生 (Mr. Eto) の３人が学校で交わした会話の一部です。会話文を読んで，あとの問いに答えなさい。

Hiroshi: Hi, Sari.　I have a question for you.

Sari: Hi, Hiroshi.　What is your question?

Hiroshi: Yesterday, when I was using the Internet to find information about *natto*, I found some interesting information.　According to it, *natto* is one kind of fermented soybean food and there are many other kinds of fermented soybean food in the world.　[①] people in Indonesia eat fermented soybean food?

natto（納豆）
（複数形も *natto*）

Sari: Yes.　In Indonesia, we eat food called "*tempeh*."

Hiroshi: *Tempeh*?　[②] heard the word.　Is it similar to *natto*?

Sari: Well, I don't think so.

Mr. Eto: Hi, Hiroshi and Sari.　What are you talking about?

Sari: Hello, Mr. Eto.　Hiroshi wanted to know about fermented soybean food and he asked me about it.

tempeh（テンペ）
（インドネシアの発酵大豆食品，複数形も *tempeh*）

Mr. Eto: Oh, in Indonesia, are there any kinds of fermented soybean food?

Hiroshi: Yes.　Sari says people in her country eat food called *tempeh*.

Mr. Eto: I didn't know that.　Sari, please tell us more about the food.

Sari: Sure.　Both *tempeh* and *natto* are fermented soybean food.　But, they have some differences.　I'll show you a picture.

Hiroshi: Wow!　The food in this picture looks like cake.

Mr. Eto: Is this *tempeh*?　*Tempeh* and *natto* look very different.

Sari: That's right. The ways of eating *tempeh* and *natto* are also different. Many people in Japan usually eat *natto* with rice, right?

Mr. Eto: Yes.　[③]

Sari: We usually fry *tempeh*.　And,we cook *tempeh* in various ways.　For example, my brother cooks curry with *tempeh*.

Hiroshi: Oh, curry with *tempeh*!　Is it delicious?

Sari: Yes! [④] I think some people in Indonesia always have *tempeh* to cook at home and Ⓐthey eat it almost every day.

Mr. Eto: *Tempeh* is popular food in Indonesia, right?

Sari: Yes!

Hiroshi: I want to eat *tempeh*.

Sari: Oh, I saw *tempeh* sold in Japan.

Hiroshi: Really? Where did you find *tempeh*?

Sari: [⑤] Maybe now it's getting popular in Japan.

Hiroshi: I want to buy *tempeh* and eat it. Then, I can compare *tempeh* and *natto*.

Sari: Let's go there to buy *tempeh* this weekend.

Hiroshi: Thank you, Sari. You told us interesting things about *tempeh*. I became more interested in various kinds of fermented soybean food in the world. And, now I want to know more things about *natto*, too. It is interesting to learn about food both in my country and in other countries.

Sari: ⒷI agree. Now, I want to know more things about tempeh. Talking about the differences between *tempeh* and *natto* was fun.

Mr. Eto: We can sometimes learn about our own country by knowing about other countries. Thank you for telling us about *tempeh*, Sari.

（注） fermented soybean food　発酵大豆食品　　fry （フライパンなどで）炒《いた》める

⑴　次のうち，本文中の [①] に入れるのに最も適しているものはどれですか。一つ選び，記号を○で囲みなさい。

ア　Are　　イ　Do　　ウ　Does　　エ　Is

⑵　本文中の '[②] heard the word.' が，「私はその言葉を一度も聞いたことがありません。」という内容になるように，解答欄の＿＿＿に**英語３語**を書き入れ，英文を完成させなさい。

⑶　本文の内容から考えて，次のうち，本文中の [③] に入れるのに最も適しているものはどれですか。一つ選び，記号を○で囲みなさい。

ア　How do you eat *tempeh*?　　イ　What does *tempeh* mean?

ウ　When do you buy *tempeh*?　　エ　Where do you eat *tempeh*?

⑷　本文中の [④] が，「私は彼が作るカレーが好きです。」という内容になるように，次の〔　〕内の語を並べかえて解答欄の＿＿＿に英語を書き入れ，英文を完成させなさい。

I like〔 makes　he　curry　the 〕.

⑸　本文中のⒶthey の表している内容に当たるものとして最も適しているひとつづきの**英語４語**を，本文中から抜き出して書きなさい。

⑹　本文の内容から考えて，次のうち，本文中の [⑤] に入れるのに最も適しているものはどれですか。一つ選び，記号を○で囲みなさい。

ア　I thought that it was eaten in other countries.

イ　I read a book about it in the school library.

ウ　I found it in the supermarket near our school.

エ　I found that *tempeh* and *natto* were different when I ate them.

⑺ 次のうち，本文中のⒷI agree. が表している内容として最も適しているものはどれですか。一つ選び，記号を○で囲みなさい。

ア Sari thinks *tempeh* is getting popular in Japan.

イ Sari thinks *tempeh* is popular food in Indonesia.

ウ Sari thinks she and Hiroshi can eat *tempeh*, and compare *tempeh* and *natto* together.

エ Sari thinks learning about food both in her country and in other countries is interesting.

⑻ 本文の内容と合うように，次の問いに対する答えをそれぞれ英語で書きなさい。ただし，①は3語，②は4語の英語で書くこと。

① Did Sari show Hiroshi and Mr. Eto a picture of *tempeh*?

② What did Hiroshi use to find information about *natto* yesterday?

＜英語＞

〔B問題〕　時間　55分（リスニングテスト15分を含む）
満点　90点

1　次は，高校生の広志（Hiroshi），アメリカから来たグリーン先生（Mr. Green），インドネシアからの留学生のサリ（Sari）の３人が学校で交わした会話の一部です。会話文を読んで，あとの問いに答えなさい。

Hiroshi: Hi, Mr. Green. I have a question for you.

Mr. Green: Hi,Hiroshi. What is your question?

Hiroshi: Yesterday, I [①] for information on the Internet about fermented soybean food, for example, *natto*. Then, I found some interesting information. According to Ⓐit, *natto* is one kind of fermented soybean food and there are many other kinds of fermented soybean food in the world. Are there any kinds of fermented soybean food in America?

natto（納豆）
（複数形も *natto*）

Mr. Green: Well, *natto* is often sold in supermarkets in America, but I'm not sure that other kinds of fermented soybean food are sold there. However, I know that there are other kinds of fermented soybean food in Asia.

Hiroshi: Really? Why do you know that?

Mr. Green: Actually, when I visited Thailand three years ago, I ate fermented soybean food made in Thailand. I studied cultures of Asia at university, and learned that some areas and countries in Asia have similar food. They have a similar climate,and similar trees and plants, so people there can make similar food.

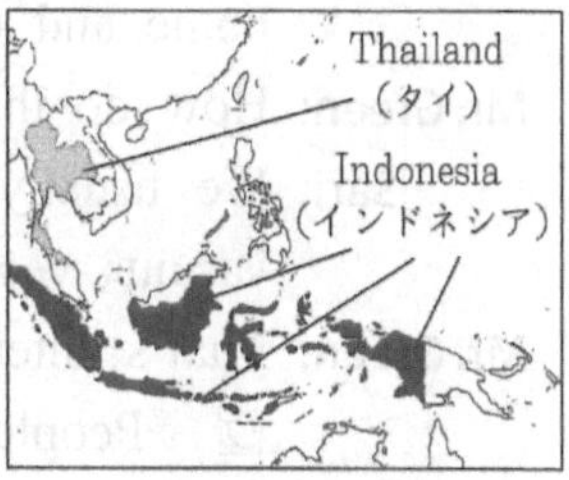

Hiroshi: That sounds interesting. You mean [②], right?

Mr. Green: That's right!

Hiroshi: Thank you, Mr. Green. I will try to find information about fermented soybean food in Asia.

Mr. Green: I hope you'll find something about it. Oh, Sari is there. She is from Indonesia. Maybe she knows something. [③]

Hiroshi: Oh, yes! I'll do so. Hi, Sari.

Sari: Hi, Hiroshi. Hi, Mr. Green.

Hiroshi: Sari, you're from Indonesia, right? I was talking with Mr. Green about fermented soybean food in the world. In Indonesia, are there any kinds of fermented soybean food?

Sari: Yes. We have food called "*tempeh*."

Hiroshi: *Tempeh*? Does it look like *natto*?

Sari: Well, *tempeh* and *natto* look very different. [④] of *tempeh* now, I could show it to you.

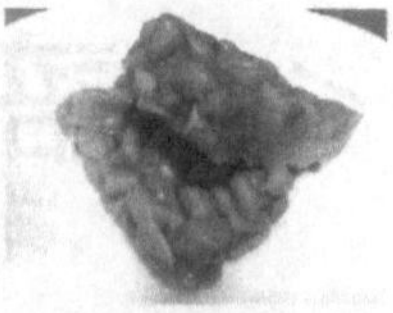
tempeh（テンペ）（インドネシアの発酵大豆食品，複数形も*tempeh*）

Hiroshi: Oh, I've just found a picture on my tablet. Look at this. The food in this picture looks like cake.

Mr. Green: Is this *tempeh*?

Sari: Yes, this is *tempeh*. *Tempeh* and *natto* look different, right? *Tempeh* isn't sticky. When I ate *natto* for the first time, I was surprised that *natto* was sticky!

Hiroshi: I'm surprised to know that *tempeh* isn't sticky.

Mr. Green: I can understand how you felt, Sari. I told Hiroshi that I ate fermented soybean food made in Thailand. [ア] So, when I first ate *natto*, I was surprised like Sari because eating sticky food was a new experience for me.

Hiroshi: I see. It's interesting to know how other people feel when they eat *natto*.

Mr. Green: That's true. [イ]

Hiroshi: Is *tempeh* popular food in Indonesia?

Sari: Yes! I think some people in Indonesia always have *tempeh* to cook at home and they eat it almost every day.

Mr. Green: How do they cook *tempeh*?

Sari: We usually fry *tempeh*. For example, my family fries *tempeh* with various vegetables.

Mr. Green: That's interesting. In Japan, *natto* is usually eaten with rice, right? [ウ] People eat various kinds of fermented soybean food in various ways. [エ]

Hiroshi: I can't imagine the taste of *tempeh*. But, I want to try it someday.

Sari: Now, *tempeh* is getting popular in Japan. [⑤]

Hiroshi: Really? I didn't think I could buy *tempeh* in this neighborhood. I want to eat *tempeh*, and compare *tempeh* and *natto*.

Sari: Let's go there this weekend.

Hiroshi: Yes! Thank you, Sari. Learning about various kinds of food in other countries was interesting. And, it made me become more interested in *natto*. I think learning about food in other countries leads me to learning about food in my country.

Sari: I agree with you. [⑥]

Mr. Green: Thank you for telling us about *tempeh*, Sari, and thank you for sharing an interesting topic, Hiroshi.

（注）fermented soybean food　発酵大豆食品　climate　気候　tablet　タブレット
sticky　ねばねばした　fry　（フライパンなどで）炒《いた》める

⑴　本文の内容から考えて，次のうち，本文中の ① に入れるのに最も適しているものはどれですか。一つ選び，記号を○で囲みなさい。

ア　got　イ　looked　ウ　took　エ　used

⑵　本文中のⒶ<u>it</u>の表している内容に当たるものとして最も適しているひとつづきの**英語3語**を，本文中から抜き出して書きなさい。

⑶　本文の内容から考えて，次のうち，本文中の ② に入れるのに最も適しているものはどれですか。一つ選び，記号を○で囲みなさい。

ア　only people living in Japan and Thailand can make fermented soybean food
イ　people living in various areas tell each other how to make popular food through the Internet
ウ　people living anywhere in the world can make similar food because the climate isn't important for making food
エ　even people living in different areas and countries in Asia can make similar food because the climates, trees and plants of those places are similar

⑷　本文の内容から考えて，次のうち，本文中の ③ に入れるのに最も適しているものはどれですか。一つ選び，記号を○で囲みなさい。

ア　How is she today?　イ　How about asking her?
ウ　What are you going to do?　エ　Let's ask her about American food.

⑸　本文中の ' ④ of *tempeh* now, I could show it to you.' が，「もし今私が1枚のテンペの写真を持っていたら，それをあなたに見せてあげることができるでしょうに。」という内容になるように，解答欄の＿＿＿に**英語5語**を書き入れ，英文を完成させなさい。

⑹　本文中には次の英文が入ります。本文中のア～エから，入る場所として最も適しているものを一つ選び，ア～エの記号を○で囲みなさい。

And, it wasn't sticky, either.

⑺　本文の内容から考えて，次のうち，本文中の ⑤ に入れるのに最も適しているものはどれですか。一つ選び，記号を○で囲みなさい。

ア　I found that *tempeh* was interesting food.
イ　I found a book about *tempeh* in the school library.
ウ　I found *tempeh* in the supermarket near our school.
エ　I found that *tempeh* and *natto* were different when I was in Indonesia.

⑻　本文中の ⑥ が，「私はあなたにテンペについて話ができてうれしいです。」という内容になるように，次の〔　〕内の語を並べかえて解答欄の＿＿＿に英語を書き入れ，英文を完成させなさい。

I〔 am　could　glad　I　that 〕tell you about *tempeh*.

⑼　次のページのうち，本文で述べられている内容と合うものはどれですか。**二つ**選び，記号を○で囲みなさい。

ア Hiroshi asked Mr. Green where people in America went to buy fermented soybean food.

イ Mr. Green knows that there are some kinds of fermented soybean food in Asia.

ウ Sari knows that *tempeh* and *natto* look different, but she has never eaten *natto* before.

エ Sari thinks *tempeh* is popular only among people in Indonesia.

オ Hiroshi thinks learning about food in other countries leads him to learning about food in his country.

2 高校生の美香 (Mika) が英語の授業でスピーチを行いました。あとの［Ⅰ］,［Ⅱ］に答えなさい。

［Ⅰ］ 次は，美香が行ったスピーチの原稿です。彼女が書いたこの原稿を読んで，あとの問いに答えなさい。

Please imagine that you have a favorite cup. You use it every day. But, one day, you [①] the cup and it breaks. You'll be sad, right? Then, what will you do with the broken cup? Maybe you will throw it away, or you may connect the pieces of the broken cup with glue. But, there is a traditional way of repairing. The way is called "*kintsugi*." Today, I'll tell you about *kintsugi*.

joins decorated with powdered gold

When my favorite cup broke last year,my brother told me about *kintsugi*. I heard the word "*kintsugi*" for the first time then. [②] He used traditional glue called *urushi* to connect the pieces and after that, he put some powdered gold on the joins. I was surprised to see this because he didn't hide the joins. I asked him why he put some powdered gold on the joins. He said, "To decorate the joins." It took a long time to finish repairing the cup, hut, when I looked at the joins decorated with powdered gold, they looked beautiful. I thought *kintsugi* was interesting and I wanted to know more things about *kintsugi*, so I read some books about it.

When people repair things with *kintsugi*, *urushi* and powdered gold are usually used. *Urushi* is taken from *urushi* trees. People in Japan [③] *urushi* for more than 3,000 years to connect things together. In the 16th century, the tea ceremony became popular among some people, and special cups for the tea ceremony were used. [④] After repairing their broken cup, people thought that they could make it beautiful by adding powdered gold to the joins. At that time, decorating things with powdered gold was already known in the art world, so people started to decorate the joins with powdered gold. In this way, *kintsugi* was known to many people.

When things break,I usually repair them to use them for a long time. But, actually, I wanted to hide broken parts, so the idea of decorating the joins with powdered gold was strange to me at first. However, through learning about *kintsugi*, I could imagine that the joins made the repaired thing special. I talked with my brother about my thought. Then,he told me about his experience. Before learning about *kintsugi*, he [⑤] which part was repaired. The repaired part showed that the thing was once a broken thing. But, *kintsugi* changed his way of thinking, and now he feels the repaired part is beautiful. After listening to his experience, I looked carefully at my repaired cup again. The cup had many joins. The joins made me feel that the cup was more special than the one I used before repairing. I also felt that the cup was a special thing to me because it was [⑥] for anyone else to get one with the same joins. I was happy to use the cup again.

When I first heard the word "*kintsugi*," I thought it was just a way of repairing. But now *kintsugi* is more than Ⓐthat to me. When something like a favorite cup breaks, maybe some people don't know what to do or other people may throw it away because they can't use it. However, if people repair it with *kintsugi*, [⑦]. I think that's wonderful.

（注） throw ～ away　～を捨てる　glue　接着剤　*kintsugi*　金継ぎ　*urushi*　漆
powdered gold　金粉　join　継ぎめ　hide　隠す　decorate　装飾する
tea ceremony　茶道

(1) 本文の内容から考えて，次のうち，本文中の [①] に入れるのに最も適しているものはどれですか。一つ選び，記号を○で囲みなさい。

ア disappear　イ drink　ウ drop　エ fall

(2) 本文中の [②] が，「彼は私が私の壊れたカップを金継ぎの方法で直すのを手伝ってくれました。」という内容になるように，次の〔　〕内の語を並べかえて解答欄の＿＿＿に英語を書き入れ，英文を完成させなさい。

He〔 broken　helped　me　my　repair 〕cup with the way of *kintsugi*.

(3) 次のうち，本文中の [③] に入れるのに最も適しているものはどれですか。一つ選び，記号を○で囲みなさい。

ア are using　イ are used　ウ were used　エ have used

(4) 本文中の [④] に，次の(ⅰ)～(ⅲ)の英文を適切な順序に並べかえ，前後と意味がつながる内容となるようにして入れたい。あとのア～エのうち，英文の順序として最も適しているものはどれですか。一つ選び，記号を○で囲みなさい。

(ⅰ) However, a cup sometimes broke, and people thought that they could continue to use the broken cup by repairing it.

(ⅱ) At that time, these cups were expensive and getting new ones was not easy, so people used them very carefully.

(ⅲ) Then, they connected the pieces of the cup together with *urushi* to keep using the cup.

ア (ⅱ)→(ⅰ)→(ⅲ)　イ (ⅱ)→(ⅲ)→(ⅰ)　ウ (ⅲ)→(ⅰ)→(ⅱ)　エ (ⅲ)→(ⅱ)→(ⅰ)

(5)　本文中の ‘Before learning about *kintsugi*, he [⑤] which part was repaired.’ が，「金継ぎについて学ぶ前，彼はどの部分が直されたのかを誰にも見つけてほしくありませんでした。」という内容になるように，解答欄の＿＿＿に英語５語を書き入れ，英文を完成させなさい。

(6)　本文の内容から考えて，次のうち，本文中の [⑥] に入れるのに最も適しているものはどれですか。一つ選び，記号を○で囲みなさい。

ア　easy　　イ　impossible　　ウ　simple　　エ　useful

(7)　本文中のⒶthat の表している内容に当たるものとして最も適しているひとつづきの英語４語を，本文中から抜き出して書きなさい。

(8)　本文の内容から考えて，次のうち，本文中の [⑦] に入れるのに最も適しているものはどれですか。一つ選び，記号を○で囲みなさい。

ア　they can't use it again because connecting the pieces is difficult
イ　no one can use it again because it has many joins
ウ　it can be used again and it becomes the only one in the world
エ　they think it becomes easy for them to throw it away

(9)　本文の内容と合うように，次の問いに対する答えをそれぞれ英語で書きなさい。ただし，①は３語，②は７語の英語で書くこと。

①　Did Mika know the word “*kintsugi*” before her brother told her about it?
②　Why was the idea of decorating the joins with powdered gold strange to Mika at first?

［Ⅱ］　スピーチの後に，あなた（You）と美香が，次のような会話をするとします。あなたならば，どのような話をしますか。あとの条件１・２にしたがって，（①），（②）に入る内容をそれぞれ英語で書きなさい。解答の際には記入例にならって書くこと。文の数はいくつでもよい。

You:　Hi, Mika.　Thank you for telling us an interesting story.　I became interested in *kintsugi*.　（　　①　　）

Mika:　It took about two months.　It was a wonderful experience.　I think *kintsugi* is a way of using things for a long time.　Do you think using things for a long time is a good idea?

You:　（　　②　　）

Mika:　I see.

<条件１>①に，その壊れたカップを直すのにどれくらい時間がかかったかをたずねる文を，10語程度の英語で書くこと。
<条件２>②に，解答欄の［　］内の，Yes, I do. または No, I don't. のどちらかを○で囲み，そのあとに，その理由を20語程度の英語で書くこと。

記入例

When　is　your　birthday?
Well　,　it's　April　11　.

＜英語＞

〔C問題〕 時間　55分（リスニングテスト25分を含む）
満点　90点

1 Choose the phrase that best completes each sentence below.

(1) I'm (　　) are kind to you.
ア glad to all that your neighbors hear
イ glad that hear to your neighbors all
ウ glad to hear that all your neighbors
エ your neighbors that glad to hear all

(2) The book (　　) a difficult math question.
ア answer me helped my father gave me
イ gave me answer me helped my father
ウ helped my father gave me answer me
エ my father gave me helped me answer

(3) I could play basketball (　　) to practice.
ア as well as my brother if I had more time
イ well if I had more time as my brother as
ウ if time more I had as well as my brother
エ if I had time my brother as more well as

(4) The soccer player (　　) Japan.
ア came to many people who is loved by
イ loved by many people who is came to
ウ is loved to many people who came by
エ who is loved by many people came to

(5) (　　) wonderful.
ア The idea sounds in our group shared
イ Our group sounds the idea shared in
ウ The idea shared in our group sounds
エ Our group shared the idea sounds in

(6) I want to know (　　) by plane.
ア London takes many hours how to go to it
イ how many hours it takes to go to London
ウ how to go to London it takes many hours
エ how many it takes hours to go to London

2 Read the passage and choose the answer which best completes each blank ① and ②, and choose the answer which best completes sentence (3).

In 2021, Osaka Prefecture did research to know what people thought about using a smartphone while walking. The members of the research group asked some questions to 1,000 people over 17 years old. To answer each question, the respondents chose their answers from the choices prepared by the research group. "Do you use a smartphone while walking?" was the first question. 332 of the 1,000 respondents chose "Yes," and the other respondents chose "No." The respondents who chose "Yes" were also asked other questions. "Why do you use a smartphone while walking?" was one of the questions. The table shows what respondents in each age group chose as their answers to this question. Each respondent chose only one answer.

We can learn some things from the table. First, in each age group, the percentage of the respondents who chose "To send or read messages" was the highest. More than half of the respondents who were [①] chose that answer. Then, if we compare the percentages of the respondents who chose [②] the percentage of the respondents who were 60-84 years old was the highest.

According to the research, more than 80% of the respondents who chose "Yes" to the first question also chose "Yes" to the question "Do you think using a smartphone while walking is dangerous?". Let's stop using a smartphone while walking.

【Table】

Question: "Why do you use a smartphone while walking?"

answers ＼ ages	18-84 years old	18-29 years old	30-39 years old	40-49 years old	50-59 years old	60-84 years old
To send or read messages.	46.1 %	50.6 %	40.8 %	48.6 %	43.9 %	45.0 %
To see a map or a timetable.	14.8 %	21.2 %	11.8 %	11.4 %	19.5 %	10.0 %
To get information.	9.6 %	4.7 %	11.8 %	12.9 %	9.8 %	10.0 %
To play a game.	7.5 %	2.4 %	7.9 %	8.6 %	7.3 %	13.3 %
To play, stop or choose music.	6.9 %	5.9 %	11.8 %	5.7 %	4.9 %	5.0 %
To watch videos or movies.	1.8 %	1.2 %	2.6 %	2.9 %	0.0 %	1.7 %
Without thinking anything.	10.8 %	12.9 %	13.2 %	8.6 %	9.8 %	8.3 %
For other reasons.	2.4 %	1.2 %	0.0 %	1.4 %	4.9 %	6.7 %

（大阪府「大阪府政策マーケティング・リサーチ「おおさかＱネット」（令和３年度）」により作成）

（注） Osaka Prefecture　大阪府　　smartphone　スマートフォン　　while ～ ing　～している間に
over 17 years old　17歳より年上の，18歳以上の　　respondent　回答者　　table　表
percentage　割合　　timetable　時刻表　　video　動画

(1) ①　ア　18-29 years old　　イ　30-39 years old
ウ　40-49 years old　　エ　50-59 years old

(2) ②　ア　"To get information,"　　イ　"To play a game,"
ウ　"To play, stop or choose music,"　　エ　"To watch videos or movies,"

(3) According to the research,

ア　Osaka Prefecture did research to know the percentage of people who have their own smartphone.

イ　more than half of all the respondents chose "No" to the question "Do you use a smartphone while walking?".

ウ　less than 10% of the respondents in each age group chose "Without thinking anything" to the question "Why do you use a smartphone while walking?".

エ　more than 80% of the respondents who chose "Yes" to the first question didn't choose "Yes" to the question "Do you think using a smartphone while walking is dangerous?".

3　Read the passage and choose the answer which best completes each sentence (1)～(5).

Smart agriculture is a new way of agriculture. It uses machines, AI, and other technology.

Smart agriculture can [①] farmers in many ways. One example is a machine working on a large farm. The machine doesn't need a farmer to drive it. It can work even in bad weather. Such a machine can help farmers do their work and make their working time shorter. Another example is using various kinds of data. Various kinds of data like weather information are used for smart agriculture. Through the Internet, such data can easily be shared by many farmers without talking to each other. In addition, if farmers can use the data analyzed by AI, they can easily judge various things. For example,they can judge how much water they should give to their farms. They can also judge when to pick vegetables. In the past, farmers judged these things only by using their special skills. To learn such special skills, farmers need a lot of time and experience. This means it is difficult for farmers who have just started agriculture to judge many things. However, by using the data analyzed by AI, farmers who have just started agriculture can easily judge what work they should do or judge when they should do it.

Smart agriculture is also good for the environment. For example, the natural environment of the farm can be kept in good condition by using a drone which has a camera. The drone can easily find which area of the farm really needs chemical fertilizer, fly there, and give chemical fertilizer only to the area, so less chemical fertilizer can be used. In addition, if too much food is produced, some of the food is left and just thrown away. But, by using various data which shows how much food will be needed in the future, it becomes possible to plan how much food farmers should make on their farms, and food waste will be [②].

Actually, in Japan, the number of farmers has been getting smaller and many farmers are old. This has been a serious problem for agriculture in Japan. Now, more people are paying attention to the environment. Although people can't solve all the problems in Japan with smart agriculture, it can be one of the choices for both people and the environment.

（注） smart agriculture スマート農業 agriculture 農業 AI 人工知能 data データ
analyze 分析する drone ドローン chemical fertilizer 化学肥料
throw away ～ ～を捨てる

(1) The word which should be put in [①] is
ア fill. イ invent. ウ receive. エ support.

(2) The word which should be put in [②] is
ア bought. イ raised. ウ reduced. エ worn.

(3) The data analyzed by AI
ア shows how long it takes to learn special skills which people in the past used.
イ helps farmers give much water to their farms although it is not necessary to do so.
ウ can only be shared by farmers through the Internet when they gather at a meeting.
エ tells farmers who have just started agriculture what work to do or when to do it on their farms.

(4) According to the passage, smart agriculture helps farmers
ア make their working time less.
イ produce food which will be thrown away.
ウ make the condition of their farms worse.
エ use more chemical fertilizer.

(5) According to the passage,
ア farmers can't learn special skills if they don't use technology used in smart agriculture.
イ the number of people who work in agriculture has been getting bigger in Japan.
ウ people in Japan can solve all the problems they have with smart agriculture.
エ technology like AI or drones can be helpful for people and the environment.

4 Read the passage and choose the answer which best completes each sentence (1)～(5).

There is a Japanese traditional way of repairing broken things like a cup. The way is called "*kintsugi*." When people repair something with *kintsugi*, two things are usually used. One of them is *urushi*. *Urushi* is taken from *urushi* trees and used for connecting pieces. The other one is powdered gold. Powdered gold is used for decorating the joins.

People in Japan have used *urushi* to connect things together for more than 3,000 years. In the 16th century, the tea ceremony became popular among some people, and cups for the tea ceremony were used. [A] At that time, these cups were expensive. [B] People used the cups very carefully because getting new ones was not easy. [C] However, a cup sometimes broke. [D] Then, they connected the pieces of the cup with *urushi* to keep using it. And, they thought that [①] powdered gold to the joins would make the cup beautiful. At that time, decorating things with powdered gold was already known in the art world. Then, people started to decorate the joins with powdered gold when they repaired things. In this way, *kintsugi* was known to many people.

joins decorated with powdered gold

When people repair a broken thing like a cup, some people want to hide joins because the joins show that the repaired one was once a broken thing. For those people, the idea of decorating joins with powdered gold may sound strange. However, *kintsugi* gives people Ⓐa new idea. If people repair a broken cup with the way of *kintsugi*, many joins are seen clearly. But, the joins show that it is impossible for anyone else to get a cup with the same joins and the cup is the only one in the world. The cup repaired with *kintsugi* can make people feel that the repaired cup is more special than the one they used before it broke.

Kintsugi is more than just a way of repairing things. People who try to repair things with *kintsugi* don't hide the joins. They believe that the joins make the things special.

（注） *kintsugi* 金継ぎ　*urushi* 漆　powdered gold 金粉　decorate 装飾する
join 継ぎめ　tea ceremony 茶道　hide 隠す

(1) When people want to repair a broken cup with *kintsugi*, they usually use

ア only one piece of the broken thing.

イ *urushi* and powdered gold.

ウ a traditional way of breaking things.

エ powdered gold taken from *urushi* trees.

(2) The sentence "People thought that they could continue to use the broken cup

by repairing it." should be put in

ア [A]. イ [B]. ウ [C]. エ [D].

(3) The word which should be put in [①] is

ア adding. イ losing. ウ stopping. エ turning.

(4) The words Ⓐ<u>a new idea</u> mean that

ア no one can find any joins on the repaired thing.

イ the thing repaired with *kintsugi* is something that has never broken.

ウ decorating the joins with powdered gold is strange.

エ the joins show that the repaired thing is the only one in the world.

(5) According to the passage,

ア the tea ceremony became popular because it was easy for people who enjoyed the tea ceremony to get cups for the tea ceremony.

イ the idea of decorating joins with powdered gold sounds strange to some people who want other people to notice which part was repaired.

ウ *kintsugi* is a way of both repairing things like a broken cup and making the repaired things special.

エ the joins decorated with powdered gold don't make the thing repaired with *kintsugi* special because no one can find where the joins are.

5 Read the passage and choose the answer which best completes each sentence (1), (2), (4), (5) and (6), and choose the answer to the question (3).

Have you heard the word "nudge"? It is an English word which means "to push someone softly to get the person's attention." People usually nudge someone when they want to make someone do something without talking to the person. However, the word has a wider meaning in the theory called "nudge theory." According to the theory, people tend to choose to do something that is easy. They sometimes don't do something they should do because doing it is a little difficult for them. But, if there is a special situation which makes doing it easy, the special situation has an influence on their actions, and they will do it. In the theory, "nudging" means [①]

Here is an example of "nudging" which has an influence on many people's actions. In 2020, the Japanese government did research to find how the government could help people reduce the number of plastic bags they use when they shop. In the research, the government made a special situation for the convenience stores which joined the research. In convenience store A, if shoppers don't need a free plastic bag, they show a 'Refusal Card' to a clerk. If they don't show the card, they get a free plastic bag when they pay for their shopping. In convenience store B, if shoppers want to get a free plastic bag, they show a 'Request Card' to a clerk. If they don't show the card, they don't get a free plastic bag. Each convenience store has only one type of card: ‘Refusal Card’ or ‘Request Card.’ Here are the results of the research. In convenience store A, the number of shoppers who didn’t get free plastic bags didn’t change very much from the number before. However, in convenience store B, the number became clearly bigger than the number before. Before the research, to get a free plastic bag, shoppers did nothing. However, during the research, doing nothing became a part of a special situation. In convenience store A, doing nothing meant shoppers wanted to get a free plastic bag. In convenience store B, doing nothing meant shoppers didn’t want to get a free plastic bag. The special situation of convenience store B helped more people reduce the number of plastic bags they use when they shop.

By “nudging,” you can also help yourself do something you should do. Please imagine that you want to get up at five and study for one hour before going to school. In the morning, your alarm clock rings at five. If the alarm clock is [②] to the bed, you can easily stop it without getting out of the bed. After that, you may sleep again. However, if you make the situation a little different, you can get up at five and study. For example, you put the alarm clock far from the bed and put your textbooks next to the alarm clock before going to bed. The next morning, when the alarm clock rings, you can’t stop it if you stay in the bed. [③] In this case, to make a special situation means to put the alarm clock far from the bed and the textbooks next to the alarm clock. The special situation can help you get out of the bed and start to study.

Sometimes, “nudging” is to make a small [④] in the situation, but it can sometimes have a great influence on people’s actions. Now, many people in the world are interested in “nudging.” They think “nudging” is one way of solving various problems, and they are trying to learn how they can use “nudging” to solve them.

（注） nudge （注意をひくために）そっと突く　softly　そっと　theory　理論
nudge theory　ナッジ理論　tend to ～　～する傾向がある　shopper　買い物客
Refusal Card　辞退カード　Request Card　要求カード　result　結果
alarm clock　めざまし時計　ring　鳴る

(1) The phrase which should be put in [①] is

ア “to make a situation which makes something more difficult.”

イ “to make a special situation which helps someone do something the person should do.”

ウ “to let someone do something without having any influence on the person’s action.”

エ “to ask someone what the person should do and tell the person how to do it.”

(2) The word which should be put in ② is

ア close. イ different. ウ open. エ similar.

(3) The following passages (i)~(iii) should be put in ③ in the order that makes the most sense.

(i) After stopping it, you find your textbooks next to the alarm clock and remember that you have to study.

(ii) Then, you don't go back to the bed, and you start to study.

(iii) To stop the alarm clock, you have to get out of the bed, and go to it.

Which is the best order?

ア (ii)→(iii)→(i) イ (ii)→(i)→(iii) ウ (iii)→(i)→(ii) エ (iii)→(ii)→(i)

(4) The word which should be put in ④ is

ア difference. イ mistake. ウ technology. エ wish.

(5) According to the passage, in convenience store B,

ア clerks in the convenience store told shoppers to shop without getting free plastic bags.

イ shoppers showed a 'Refusal Card' to a clerk if they didn't need a free plastic bag.

ウ shoppers showed a 'Request Card' to a clerk when they wanted to buy a plastic bag.

エ the number of shoppers who didn't get free plastic bags became bigger than the number before.

(6) According to the passage,

ア people talk to someone when they push the person softly.

イ the nudge theory says that people always do something they should do.

ウ many people in the world think "nudging" can be used to solve various problems.

エ the Japanese government did the research to help people get free plastic bags when they shop.

6 Read the following sentences and write your answer in English.

Some people say that reading books is important in our lives, and it helps us in many ways. How does it help us in our lives? Write your idea and after that, write some examples or your experiences to support your idea.

＜理科＞　時間　40分　満点　90点

1　みそ汁などの料理に用いられる調味料の一つであるみそは，大豆を原料とした加工食品である。このことを家庭科の授業で学習し興味をもったＪさんは，みそづくりについて調べ，Ｕ先生と一緒に実験し，考察した。あとの問いに答えなさい。

> **【Ｊさんがみそづくりについて調べたこと】**
> **＜みそ（米みそ）の主な原料＞**
> 大豆（(あ)ダイズの種子），米，(い)コウジカビ，酵母菌など
> **＜みそ（米みそ）の製法＞**
> まず，原料の大豆を鍋で蒸してから細かくつぶす。次に，つぶした大豆に「米麹《こめこうじ》」（コウジカビを米に付着させたもの）や，酵母菌などの微生物を加えて，一定温度で一定期間置く。すると，特有の香りが立ち始め，みそができていく。

(1)　下線部(あ)について，図Ⅰはダイズの葉のようすを模式的に表したものである。ダイズについて述べた次の文中のⓐ〔　〕，ⓑ〔　〕から適切なものをそれぞれ一つずつ選び，記号を○で囲みなさい。

図Ⅰ
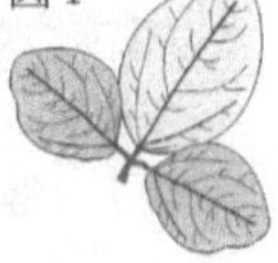

図Ⅰに示すように，ダイズの葉は，葉脈がⓐ〔 **ア**　網目状　**イ**　平行 〕になっている。このような葉のつくりをもつダイズはⓑ〔 **ウ**　単子葉類　**エ**　双子葉類 〕に分類される。

(2)　下線部(い)について，コウジカビはカビの一種である。

①　カビについて述べた次の文中のⓒ〔　〕，ⓓ〔　〕から適切なものをそれぞれ一つずつ選び，記号を○で囲みなさい。

カビはⓒ〔 **ア**　乳酸菌や大腸菌　**イ**　シイタケやヒラタケ 〕と同様にⓓ〔 **ウ**　菌類　**エ**　細菌類 〕に分類される生物である。

②　Ｊさんは，顕微鏡の倍率を400倍にしてコウジカビを観察し，図Ⅱに示すような装置を用いて画像に記録した。次に，記録したコウジカビの細胞の大きさをミジンコの大きさと比較するために，顕微鏡の倍率を100倍にしてミジンコを観察し，画像に記録した。記録した画像では，コウジカビの細胞が５個連なったものの長さとミジンコ全体の長さがそれぞれ顕微鏡の視野の直径と一致していた。図ⅢはそのようすをＪさんがスケッチしたものである。図Ⅲ中に示したコウジカビの細胞の実際の長さＫ〔mm〕とミジンコの実際の長さＬ〔mm〕の比はいくらと考えられるか，求めなさい。答えは最も簡単な**整数の比**で書くこと。ただし，図Ⅲ中におけるコウジカビの細胞５個の大きさはすべて等しく，顕微鏡の倍率が変わっても顕微鏡の視野の直径は一定であるものとする。

図Ⅱ
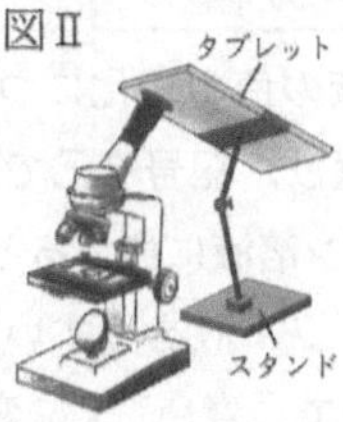

図Ⅲ
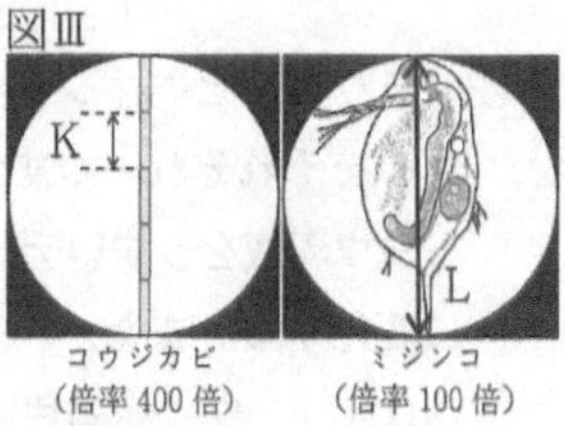

【Ｊさんと U 先生の会話１】

Ｊさん：みその香りは，どのようにしてつくられるのでしょうか。

U先生：みその香りのもとの一つにエタノールがあります。みそづくりの過程では，コウジカビや酵母菌などの微生物が㋒デンプンや麦芽糖（ブドウ糖が２個つながった物質）にはたらくことで，エタノールがつくられています。どのようなしくみになっているのか，**実験**を通じて調べてみましょう。

(3) 下線部㋒について，ヒトの消化管では，消化液によってデンプンや他のさまざまな養分が分解されている。次の**ア**～**エ**のうち，デンプン，タンパク質，脂肪のすべてを分解するはたらきをもつ消化液はどれか。一つ選び，記号を○で囲みなさい。

ア だ液　**イ** 胃液　**ウ** 胆汁　**エ** すい液

【実験】 図Ⅳのようにビーカーを六つ用意し，A，B，C，D，E，Fとした。A，B，Cにはうすいデンプン溶液を100mLずつ入れ，D，E，Fにはうすい麦芽糖水溶液を100mLずつ入れた。次に，AとDには少量の水を，BとEにはコウジカビを含む液を，CとFには酵母菌を含む液を加えた。A～Fを35℃に保って１日置いた後，それぞれについて，溶液２mLを取って１mLずつ２本の試験管に分け，１本めにはヨウ素液を加えた。２本めにはベネジクト液を加えて加熱した。また，ビーカーに残ったそれぞれの溶液を蒸留し，エタノールの有無を調べた。表Ⅰは得られた結果をまとめたものである。

図Ⅳ

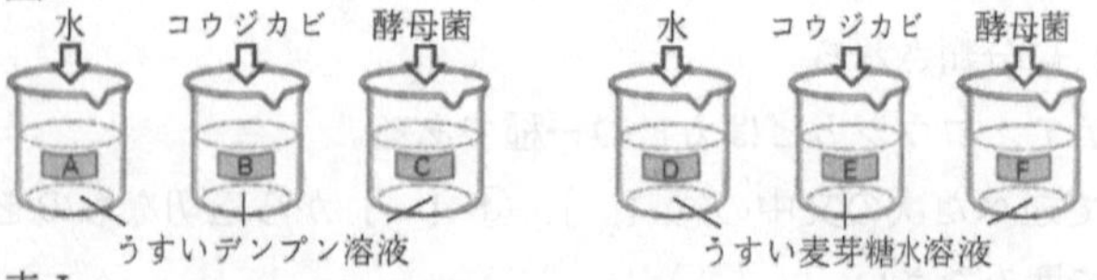

表Ⅰ

	A	B	C	D	E	F
ヨウ素液の色の変化	あり	なし	あり	なし	なし	なし
ベネジクト液の色の変化	なし	あり	なし	あり	あり	なし
エタノールの有無	なし	なし	なし	なし	なし	あり

(4) ヨウ素液とベネジクト液の色の変化について述べた次の文中のⓔ〔　〕，ⓕ〔　〕から適切なものをそれぞれ一つずつ選び，記号を○で囲みなさい。

ヨウ素液をうすいデンプン溶液に加えると，ヨウ素液の色はⓔ〔 **ア** 黄色　**イ** 青紫色 〕に変化する。また，ベネジクト液をうすい麦芽糖水溶液に加えて加熱すると，ベネジクト液の色はⓕ〔 **ウ** 赤褐色　**エ** 青色 〕に変化する。

【Ｊさんと U 先生の会話２】

Ｊさん：今回の**実験**では結果がたくさん得られました。複数の結果を組み合わせて考えれば，コウジカビや酵母菌のどのようなはたらきによってエタノールがつくられているのかが分かりそうです。

U先生：この**実験**の考察においては，表Ⅰに示す㋓AやDの結果をふまえることが重要で

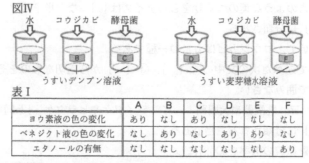

す。どのように考えればデンプンを分解した微生物は1種類だったことが分かりますか。

Jさん：表Iに示すAとBの結果の比較と［Ⓧ］の結果の比較をあわせれば分かります。

U先生：その通りです。さらに**実験**において，コウジカビや酵母菌がそれぞれに異なるはたらきをしていると考えると，みそづくりの過程においてエタノールがつくられるしくみも分かりますね。

Jさん：はい，みそづくりの過程では，［Ⓨ］ことでエタノールがつくられると考えられます。

U先生：その通りです。微生物がうまくはたらいて，みその香りがつくられるのですね。

(5)　**実験**では，AとDには微生物を加えていないが，AとDは実験結果を考察する上で重要な役割をもつ。

①　下線部㋐について，次の文中の［　］に入れるのに適している語を**漢字2字**で書きなさい。

実験で調べたいことを明らかにするためには，条件を変えた実験をいくつか行ってこれらを比較する。このように結果を比較する実験のうち，特に，調べたいことについての条件だけを変え，それ以外の条件を同じにして行う実験は［　］実験と呼ばれている。

②　次の**ア**～**カ**のうち，上の文中の［Ⓧ］に入れる内容として適しているものを一つ選び，記号を○で囲みなさい。

ア　AとC　**イ**　AとD　**ウ**　AとE　**エ**　AとF　**オ**　DとE　**カ**　DとF

(6)　次の**ア**～**エ**のうち，上の文中の［Ⓨ］に入れる内容として最も適していると考えられるものを一つ選び，記号を○で囲みなさい。

ア　コウジカビが麦芽糖にはたらくことでできたデンプンに，酵母菌がはたらく

イ　コウジカビがデンプンにはたらくことでできた麦芽糖に，酵母菌がはたらく

ウ　酵母菌が麦芽糖にはたらくことでできたデンプンに，コウジカビがはたらく

エ　酵母菌がデンプンにはたらくことでできた麦芽糖に，コウジカビがはたらく

2　ルーペやカメラに用いられている凸レンズの役割に興味をもったRさんは，光の進み方と凸レンズのはたらきについて調べ，実験を行った。また，調べたことや実験の内容をもとに，ルーペやカメラに用いられている凸レンズの役割についてまとめた。あとの問いに答えなさい。

(1)　図Iは，光がガラスから空気へ進むときのようすを模式的に表したものである。

図I

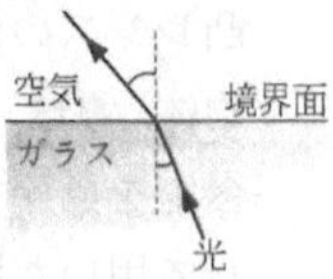

①　次の**ア**～**ウ**のうち，図Iにおける光の入射角と屈折角の大きさの関係を正しく表している式はどれか。一つ選び，記号を○で囲みなさい。

ア　入射角＞屈折角　**イ**　入射角＝屈折角　**ウ**　入射角＜屈折角

②　図Iにおいて，入射角をしだいに大きくすると，やがて光はすべてガラスと空気の境界面

で反射するようになる。このような反射は何と呼ばれる反射か，書きなさい。

【Rさんが光の進み方と凸レンズのはたらきについて調べたこと】

・自ら光を出すものは光源と呼ばれ，光源はさまざまな方向に光を出す。光源からの光を物体が乱反射することによって，物体からもさまざまな方向に光が出る。

・物体が凸レンズの焦点の外側にあるとき，物体のある１点からさまざまな方向に出た光のうち，凸レンズを通る光は１点に集まり，実像ができる。

・物体からの光が多く集まるほど，実像は明るくなる。

・図Ⅱは，物体の先端からさまざまな方向に出た光のうち，凸レンズを通る３本の光の道すじを作図したものである。

図Ⅱ

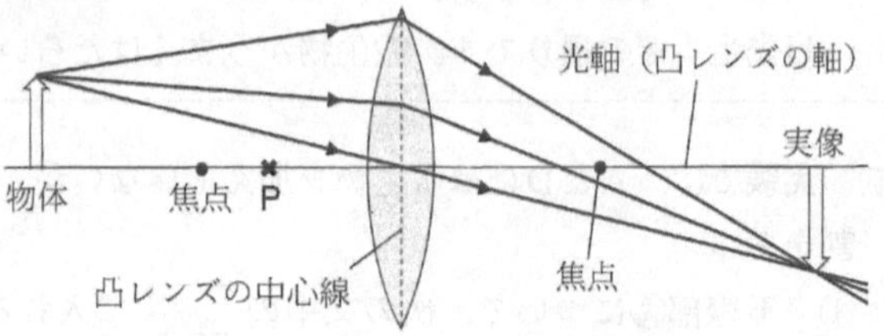

⑵　物体から出た光の道すじについて述べた次の文中の［　　］に入れるのに適している内容を簡潔に書きなさい。

物体からさまざまな方向に出た光のうち，光軸（凸レンズの軸）に［　　　　　］は，凸レンズを通った後に焦点を通る。

⑶　次のア～エのうち，図Ⅱの物体の先端から出てP点を通った後に凸レンズを通る光の道すじを作図したものとして最も適しているものを一つ選び，記号を○で囲みなさい。

ア

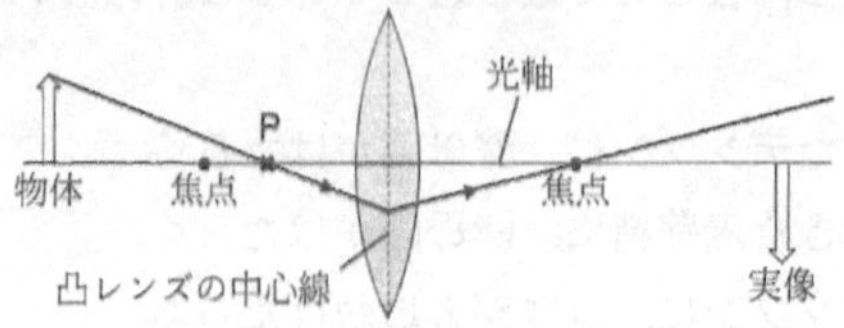

イ

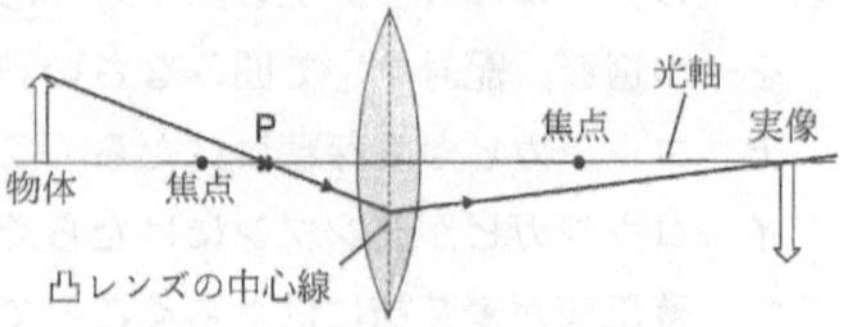

ウ

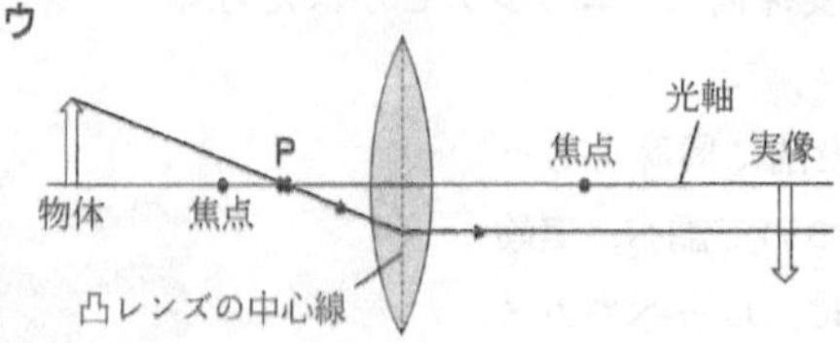

エ

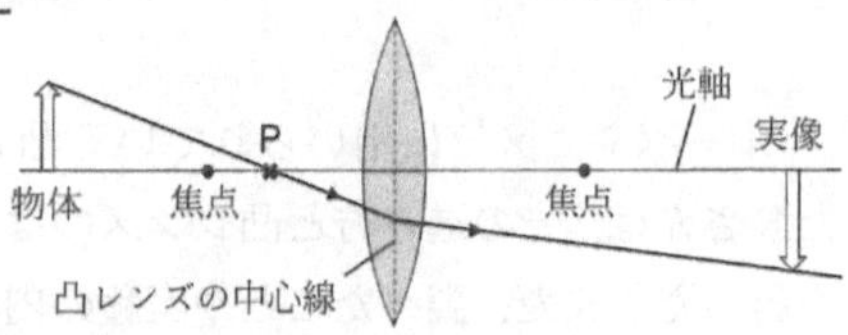

【実験】 Rさんは，図Ⅲのように凸レンズを用いて実験装置を組み立てた。凸レンズの位置は固定されており，物体，電球，スクリーンの位置は光学台上を動かすことができる。物体として用いた厚紙は，凸レンズ側から観察すると次のページの図Ⅳのよう

図Ⅲ

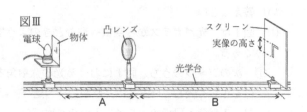

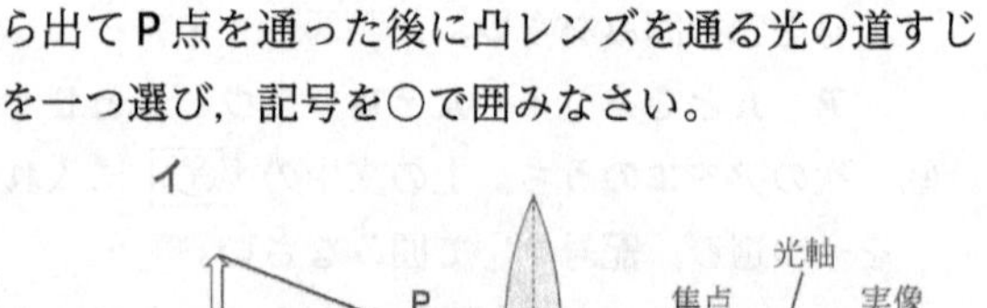

に高さ2.0㎝のＬ字形にすきまが空いており，このすきまから出た光がつくる物体の像を調べるため，次の操作を行った。

図Ⅳ

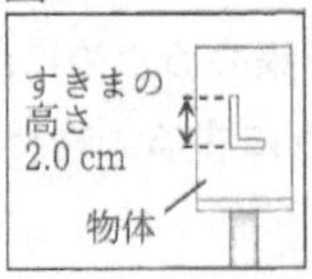

表Ⅰ

Ａ〔cm〕	5.0	15.0	20.0	30.0
Ｂ〔cm〕	−	30.0	20.0	15.0
実像の高さ〔cm〕	−	4.0	2.0	1.0
倍率〔倍〕	−	2.0	1.0	0.50

・凸レンズの中心線から物体までの距離をＡ㎝とし，Ａ＝5.0，15.0，20.0，30.0のとき，それぞれスクリーンを動かして，スクリーンに実像ができるかを調べた。

・凸レンズの中心線からスクリーンまでの距離をＢ㎝とし，スクリーンに実像ができた場合は，Ｂと図Ⅲ中に示した実像の高さを測った。また，実像の高さを物体のすきまの高さ（2.0㎝）で割った値を倍率とした。

表Ⅰは，これらの結果をまとめたものであり，スクリーンに実像ができない場合は，Ｂ，実像の高さ，倍率は「−」と示されている。

(4)　表Ⅰから，凸レンズの焦点距離は何㎝になると考えられるか，求めなさい。答えは小数第１位まで書くこと。

(5)　次の文中の［　　］に入れるのに適している語を書きなさい。

Ａ＝5.0のとき，スクリーン側から凸レンズを通して物体を観察すると，物体よりも大きな像が見られた。この像は，光が集まってできたものではなく，実像に対して［　　］像と呼ばれている。

(6)　Ｒさんは表Ⅰから，Ａ＝15.0，20.0，30.0のとき，倍率の値がＡ，Ｂを用いた文字式でも表せることに気付いた。このことについて述べた次の文中のⓐ［　］から適切なものを一つ選び，記号を○で囲みなさい。また，［ⓑ］に入れるのに適している数を小数第１位まで書きなさい。

Ａ＝15.0，20.0，30.0のとき，倍率の値は，いずれも　ⓐ［　ア　Ａ÷Ｂ　　イ　２Ａ÷Ｂ　　ウ　Ｂ÷Ａ　　エ　Ｂ÷２Ａ　］の値に等しいことが分かる。スクリーンに実像ができるとき，この関係がつねに成り立つものとすると，Ａ＝35.0，Ｂ＝14.0であれば，スクリーンにできる実像の高さは［ⓑ］㎝になると考えられる。

(7)　Ａ＝20.0のとき，図Ⅴのように光を通さない黒い紙で凸レンズの一部を覆った。このときにスクリーンにできた実像は，光を通さない黒い紙で凸レンズの一部を覆う前にスクリーンにできた実像と比較して，どのような違いがあったと考えられるか。次のア〜エのうち，適しているものを一つ選び，記号を○で囲みなさい。

図Ⅴ

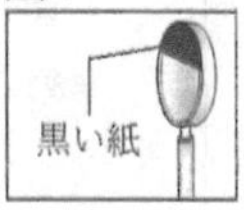

ア　像全体が暗くなったが，像は欠けなかった。
イ　像の一部のみ暗くなったが，像は欠けなかった。
ウ　像全体が暗くなり，像の一部が欠けた。
エ　像全体の明るさは変わらず，像の一部が欠けた。

【Ｒさんがルーペやカメラに用いられている凸レンズの役割についてまとめたこと】

・ルーペには，物体を拡大して観察するために凸レンズが用いられており，物体は凸レンズの焦点の［ⓒ］にくるようにする。凸レンズを通して見られる像は，物体と上下が同じ向きになる。

・カメラには，物体からの光を集めるために凸レンズが用いられており，物体は凸レンズの焦点の ⓓ にくるようにする。物体からの光を集めてできる像は，物体と上下が ⓔ になる。

(8)　次のア～エのうち，上の文中の ⓒ ～ ⓔ に入れるのに適している内容の組み合わせはどれか。一つ選び，記号を○で囲みなさい。ただし，ルーペやカメラに用いられているレンズは，それぞれ１枚の凸レンズでできているものとする。

ア　ⓒ　内側　ⓓ　外側　ⓔ　同じ向き　　イ　ⓒ　内側　ⓓ　外側　ⓔ　逆向き

ウ　ⓒ　外側　ⓓ　内側　ⓔ　同じ向き　　エ　ⓒ　外側　ⓓ　内側　ⓔ　逆向き

3　大阪に住むGさんは，季節によって気温が変化することに興味をもち，日本における太陽の南中高度や昼間の長さの違いなどについて調べた。また，Gさんはよく晴れた日に，自宅近くの公園で，太陽光が当たる角度と太陽光から受け取るエネルギーについて実験し，考察した。あとの問いに答えなさい。

【Gさんが地球の公転と太陽の南中高度について調べたこと】

図Ⅰ

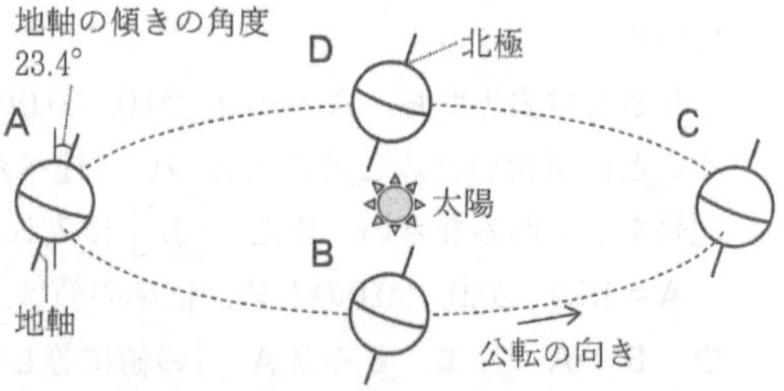

・地球の公転と，春分の日，夏至の日，秋分の日，冬至の日の地球の位置を模式的に表すと，図Ⅰのようになる。

・図Ⅰ中のA，B，C，Dのうち，春分の日の地球の位置は ⓐ である。

・地球は，現在，地軸を公転面に垂直な方向から23.4°傾けたまま公転している。

・地軸の傾きのため，太陽の南中高度は季節によって異なる。

・春分の日，夏至の日，秋分の日，冬至の日のおおよその太陽の南中高度は，次の式で求めることができる。

春分の日，秋分の日の太陽の南中高度　＝　90°－緯度

夏至の日の太陽の南中高度　＝　90°－緯度＋地軸の傾きの角度

冬至の日の太陽の南中高度　＝　90°－緯度－地軸の傾きの角度

・上の式を用いると，北緯34.5°の地点にある自宅近くの公園では，冬至の日の太陽の南中高度はⓑ〔　ア　約11.1°　　イ　約32.1°　　ウ　約66.6°　　エ　約78.9°　〕と考えられる。

(1)　図Ⅰ中のA～Dのうち，上の文中の ⓐ に入れるのに適しているものはどれか。一つ選び，記号を○で囲みなさい。

(2)　地球の公転により，観測できる星座は季節によって異なる。１日を周期とした天体の見かけの動きが日周運動と呼ばれるのに対し，１年を周期とした天体の見かけの動きは何と呼ばれる運動か，書きなさい。

⑶　前のページの文中のⓑ［　］から最も適切なものを一つ選び，記号を○で囲みなさい。

【Gさんが太陽の高度と昼間の長さについて調べたこと】

・春分の日，夏至の日，冬至の日の１日の太陽の高度の変化を表すと，図Ⅱのグラフのようになる。秋分の日は，春分の日と同じようなグラフになる。

・図Ⅱのように，(あ)<u>太陽の南中高度によって昼間の長さ（日の出から日の入りまでの時間）が変化する。</u>

・太陽の南中高度や昼間の長さの変化は，気温に影響を与えている。

図Ⅱ

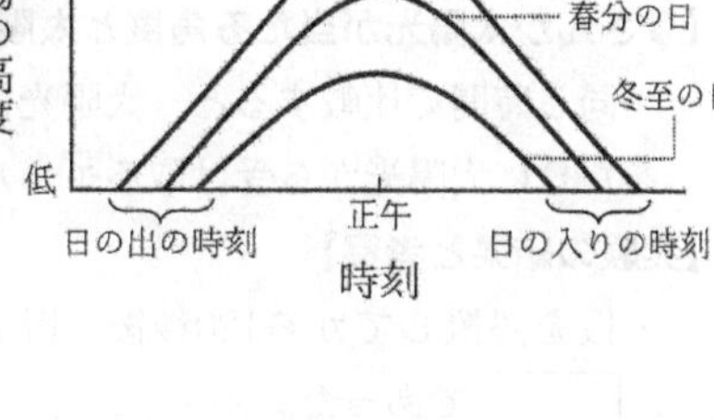

⑷　下線部(あ)について，仮に地軸の傾きの角度が1°小さくなって22.4°になった場合，夏至の日と冬至の日の昼間の長さは，現在と比較してどのように変わると考えられるか。次のア～エから最も適しているものを一つ選び，記号を○で囲みなさい。ただし，地軸の傾きの角度のほかは，現在と変わらないものとする。

ア　夏至の日も冬至の日も，昼間の長さが短くなる。

イ　夏至の日も冬至の日も，昼間の長さが長くなる。

ウ　夏至の日は昼間の長さが長くなり，冬至の日は昼間の長さが短くなる。

エ　夏至の日は昼間の長さが短くなり，冬至の日は昼間の長さが長くなる。

【実験】Gさんは，材質と厚さが同じで，片面のみが黒く，その黒い面の面積が$150\,\mathrm{cm}^2$である板を４枚用意し，**a**，**b**，**c**，**d**とした。Gさんは自宅近くの公園で，図Ⅲのように，太陽光が当たる水平な机の上で，**a**～**d**を水平面からの角度を変えて南向きに設置した。板を設置したときに，黒い面の表面温度を測定したところ，どの板も表面温度が等しかった。板を設置してから120秒後，**a**～**d**の黒い面の表面温度を測定した。(い)<u>当初，Gさんは，実験を春分の日の正午ごろに行う予定であったが，その日は雲が広がっていたため，翌日のよく晴れた正午ごろに行った。</u>

図Ⅲ

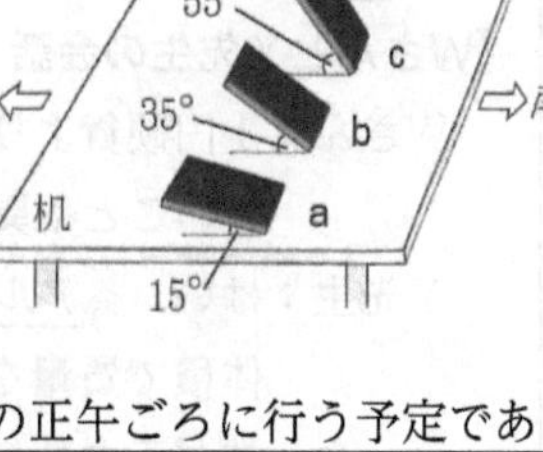

⑸　下線部(い)について，図Ⅳは，Gさんが当初実験を行う予定であった春分の日の正午ごろの天気図である。

①　この日は，低気圧にともなう前線の影響で，広い範囲で雲が広がった。図Ⅳ中の**F**で示された南西方向にのびる前線は，何と呼ばれる前線か，書きなさい。

②　次のページの**ア**～**エ**のうち，この日の翌日に，大阪をはじめとした近畿地方の広い範囲でよく晴れた理由として考えられるものはどれか。最も適しているもの

図Ⅳ

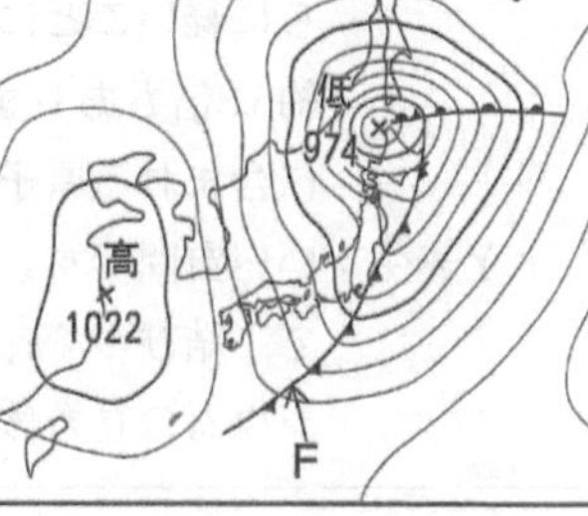

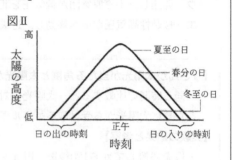

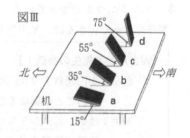

を一つ選び，記号を○で囲みなさい。

ア　近畿地方が，低気圧にともなう２本の前線に挟まれたため。

イ　低気圧が近畿地方で停滞し，低気圧の勢力がおとろえたため。

ウ　発達した小笠原《おがさわら》気団が低気圧を北へ押し上げて，近畿地方を覆ったため。

エ　移動性高気圧が東へ移動し，近畿地方を覆ったため。

【Gさんが太陽光が当たる角度と太陽光から受け取るエネルギーについて調べたこと】

同じ時間で比較すると，太陽光に対して垂直に近い角度で設置された板ほど，単位面積あたりに太陽光から受け取るエネルギーは大きい。

【実験の結果と考察】

・板を設置してから120秒後，板ａ～ｄのうち，黒い面の表面温度が最も高かった板は［　　］であった。

・板を設置してからの120秒間で，単位面積あたりに太陽光から受け取ったエネルギーが大きい板の方が，黒い面の表面温度はより上昇することが分かった。

(6)　図Ⅲ中のａ～ｄのうち，上の文中の［　　］に入ると考えられるものとして最も適しているものはどれか。一つ選び，記号を○で囲みなさい。

(7)　**実験**において，板を設置してからの120秒間で，ａの黒い面が太陽光から受け取ったエネルギーが，単位面積（$1\ \text{cm}^2$）あたり11 Jであったとすると，ａの黒い面の全体（150cm^2）が１秒間あたりに太陽光から受け取ったエネルギーは何Ｊか，求めなさい。答えは，小数第１位を四捨五入して**整数**で書くこと。

4　アルミニウムでできている１円硬貨よりも，主に銅でできている10円硬貨の方が重いことに興味をもったＷさんは，Ｙ先生と一緒に実験し，考察した。あとの問いに答えなさい。

【ＷさんとＹ先生の会話１】

Ｗさん：１円硬貨より10円硬貨の方が重いのは，10円硬貨の体積が１円硬貨の体積より大きいことや異なる物質でできていることが関係しているのでしょうか。

Ｙ先生：はい。(あ)アルミニウムと銅では密度が違います。同じ体積で質量を比べてみましょう。$1\ \text{cm}^3$の金属の立方体が三つあります。アルミニウムの立方体は2.7ｇ，銅の立方体は9.0ｇ，マグネシウムの立方体は1.7ｇです。

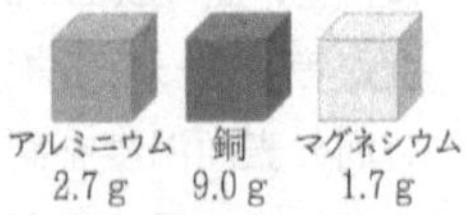

Ｗさん：同じ体積でも，銅に比べてアルミニウムの方が軽いのですね。マグネシウムはさらに軽いことに驚きました。銅の立方体の質量はマグネシウムの立方体の質量の約5.3倍もありますが，銅の立方体に含まれる原子の数はマグネシウムの立方体に含まれる原子の数の約5.3倍になっているといえるのでしょうか。

Ｙ先生：いい質問です。実験して調べてみましょう。マグネシウムと銅をそれぞれ加熱して，結びつく(い)酸素の質量を比べれば，銅の立方体に含まれる原子の数がマグネシウムの立方体に含まれる原子の数の約5.3倍かどうか分かります。

(1)　下線部(あ)について述べた次の文中のⓐ〔　〕，ⓑ〔　〕から適切なものをそれぞれ一つずつ選び，記号を○で囲みなさい。

アルミニウムは電気を　ⓐ〔　**ア**　よく通し　　**イ**　通さず　〕，磁石にⓑ〔　**ウ**　引き付けられる　　**エ**　引き付けられない　〕金属である。

(2)　下線部(い)について，酸素を発生させるためには，さまざまな方法が用いられる。

①　次の**ア**～**エ**に示した操作のうち，酸素が発生するものはどれか。一つ選び，記号を○で囲みなさい。

ア　亜鉛にうすい塩酸を加える。

イ　二酸化マンガンにオキシドール（うすい過酸化水素水）を加える。

ウ　石灰石にうすい塩酸を加える。

エ　水酸化バリウム水溶液にうすい硫酸を加える。

②　発生させた酸素の集め方について述べた次の文中の［　　］に入れるのに適している語を書きなさい。

酸素は水にとけにくいので［　　］置換法で集めることができる。

【実験１】 1.30 g のマグネシウムの粉末を，ステンレス皿に薄く広げ，粉末が飛び散らないように注意しながら図Ⅰのように加熱すると，マグネシウムの粉末は燃焼した。十分に冷却した後に粉末の質量を測定し，その後，粉末をかき混ぜ，加熱，冷却，質量の測定を繰り返し行った。表Ⅰは，加熱回数と加熱後の粉末の質量をまとめたものである。

図Ⅰ

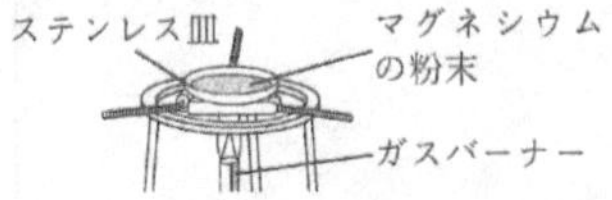

表Ⅰ

加熱回数〔回〕	0	1	2	3	4	5	6
加熱後の粉末の質量〔g〕	1.30	1.70	1.98	2.11	2.16	2.16	2.16

(3)　実験１について述べた次の文中のⓒ〔　〕から適切なものを一つ選び，記号を○で囲みなさい。

表Ⅰから，1.30 g のマグネシウムの粉末は４回めの加熱が終わったときには完全に反応しており，空気中の酸素がⓒ〔　**ア**　2.16　　**イ**　1.08　　**ウ**　0.86　　**エ**　0.43　〕g 結びついたと考えられる。

【Wさんが立てた，次に行う実験の見通し】

一定量のマグネシウムに結びつく酸素の質量には限界があることが分かった。次に，加熱前のマグネシウムの質量と，結びつく酸素の質量の間に規則性があるかを確かめたいので，異なる分量のマグネシウムの粉末を用意し，それぞれを加熱する実験を行う。

【実験２】 0.30 g から0.80 g まで0.10 g ごとに量り取ったマグネシウムの粉末を，それぞれ別のステンレス皿に薄く広げ，**実験１**のように加熱した。この操作により，それぞれのマグネシウムの粉末は酸素と完全に反応した。図Ⅱ（次のページ）は，加熱前のマグネシウムの質量と，結びつく酸素の質量の関係を表したものである。

(4) マグネシウム0.9 gに結びつく酸素の質量は，図Ⅱから読み取ると何 gと考えられるか。答えは**小数第1位まで**書くこと。

図Ⅱ

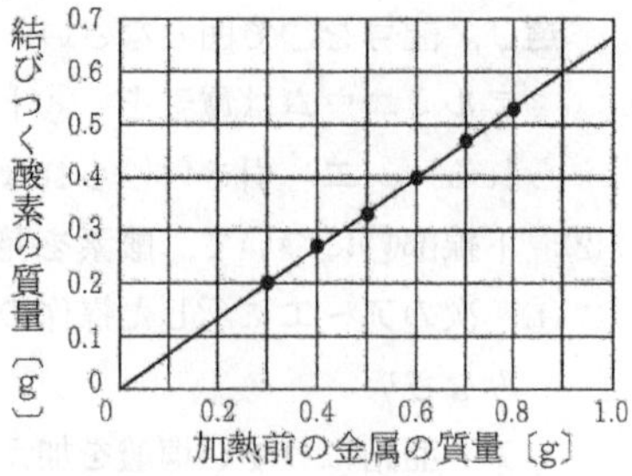

【Wさんと Y先生の会話 2】

Wさん：マグネシウムの質量と，結びつく酸素の質量は比例することが分かりました。これは，マグネシウム原子と結びつく酸素原子の数が決まっているということですか。

Y先生：はい。(う)空気中でマグネシウムを加熱すると，酸化マグネシウムMgOとなります。酸化マグネシウムMgOに含まれる，マグネシウム原子の数と酸素原子の数は等しいと考えられます。

Wさん：ということは，加熱前のマグネシウムに含まれるマグネシウム原子の数は，加熱により結びつく酸素原子の数と等しくなるのですね。

Y先生：その通りです。では，次に銅について**実験2**と同様の操作を行いましょう。銅は酸化されて，酸化銅CuOになります。酸化銅CuOでも銅原子の数と酸素原子の数は等しいと考えられます。

Wさん：銅は穏やかに反応しました。得られた結果を図Ⅱにかき加えて図Ⅲを作りました。図Ⅲから，銅の質量と，結びつく酸素の質量は比例することも分かりました。

Y先生：では，図Ⅲから，それぞれの金属の質量と，結びつく酸素の質量の関係が分かるので，先ほどの1 cm^3の金属の立方体に結びつく酸素の質量を考えてみましょう。

図Ⅲ

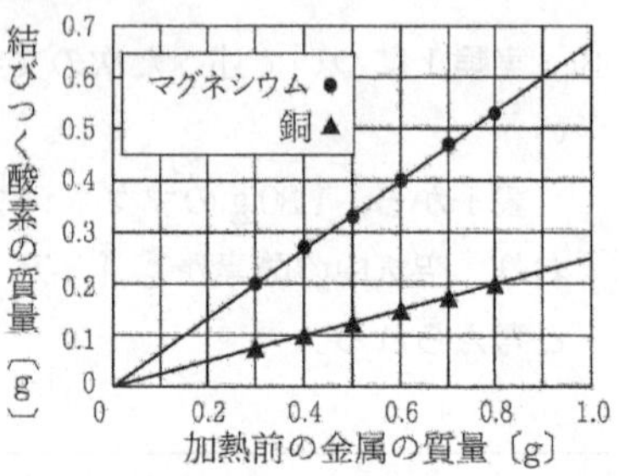

Wさん：図Ⅲから分かる比例の関係から考えると，銅やマグネシウムの立方体の質量と，それぞれに結びつく酸素の質量は，表Ⅱのようにまとめられます。(え)結びつく酸素の質量は，結びつく酸素原子の数に比例するので，銅の立方体に含まれる原子の数は，マグネシウムの立方体に含まれる原子の数の約 ⓓ 倍になると考えられます。

表Ⅱ

	1 cm^3の立方体の質量〔g〕	結びつく酸素の質量〔g〕
マグネシウム	1.7	1.1
銅	9.0	2.3

Y先生：その通りです。原子は種類により質量や大きさが異なるため，約5.3倍にはならないですね。

⑸　下線部㋒について，次の式がマグネシウムの燃焼を表す化学反応式になるように［Ⓧ］に入れるのに適しているものをあとの**ア**～**オ**から一つ選び，記号を○で囲みなさい。

［　Ⓧ　］ → $2MgO$

ア　$Mg+O$　　**イ**　$Mg+O_2$　　**ウ**　$2Mg+O$　　**エ**　$2Mg+O_2$　　**オ**　$2Mg+2O_2$

⑹　下線部㋓について，次の文中の［Ⓨ］に入れるのに適している数を求めなさい。答えは**小数第１位まで書くこと。**

結びつく酸素の質量に着目すると，図Ⅲから，0.3 g のマグネシウムに含まれるマグネシウム原子の数と［　Ⓨ　］g の銅に含まれる銅原子の数は等しいと考えられる。

⑺　上の文中の［ⓓ］に入れるのに適している数を，表Ⅱ中の値を用いて求めなさい。答えは小数第２位を四捨五入して**小数第１位まで書くこと。**

＜社会＞　時間　40分　満点　90点

1　Fさんのクラスは，班に分かれてわが国の貿易にかかわることがらについて調べた。あとの問いに答えなさい。

(1)　Fさんの班は，わが国の輸入品や輸出品に興味をもち，調べた。

①　主要な輸入品である石油（原油）や天然ガスは，わが国の重要なエネルギー資源である。

(a)　図Iは，2019（令和元）年のわが国における，石油（原油）の輸入額の多い上位3か国を示したものである。次の**ア～エ**のうち，A，Bに当たる国名の組み合わせとして最も適しているものはどれか。一つ選び，記号を○で囲みなさい。

図I

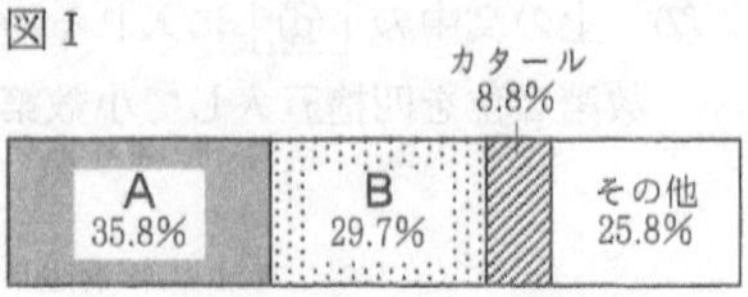

（『日本国勢図会』2020/21年版により作成）

ア　A　サウジアラビア　　B　カナダ
イ　A　サウジアラビア　　B　アラブ首長国連邦
ウ　A　アメリカ合衆国　　B　カナダ
エ　A　アメリカ合衆国　　B　アラブ首長国連邦

(b)　国際市場における石油（原油）価格の安定などのため，1960年に設立された石油輸出国機構の略称を**アルファベット4字**で書きなさい。

(c)　わが国における，天然ガスの最大の輸入相手国はオーストラリアである。次の文は，オーストラリアの鉱産資源について述べたものである。文中のⓐ〔　〕，ⓑ〔　〕から最も適しているものをそれぞれ一つずつ選び，記号を○で囲みなさい。

> オーストラリアは鉱産資源にめぐまれており，オーストラリアの東部ではおもにⓐ〔 **ア**　石炭　　**イ**　ダイヤモンド 〕が，北西部ではおもにⓑ〔 **ウ**　鉄鉱石　**エ**　ボーキサイト 〕が採掘されている。

②　わが国は肉類や魚介類，穀物類などの食料品を多く輸入している。次の文は，食料品の輸入にかかわることがらについて述べたものである。文中の［ A ］に当てはまる語を**漢字3字**で書きなさい。

> 国内で消費する食料全体のうち，国内生産によってまかなえる量を示す割合は「食料［ A ］」と呼ばれている。わが国の「食料［ A ］」は2010（平成22）年以降40％を下回り，品目別でみると，米は100％に近い一方で小麦は10％台となっている。

③　わが国は原材料を輸入し，製品に加工して輸出する加工貿易を行ってきた。京葉工業地域は，輸入した石油（原油）などを原料として化学製品を製造する石油化学工業がさかんである。次のページの**ア～エ**の地図のうち，京葉工業地域が含まれる地図はどれか。一つ選び，記号を○で囲みなさい。

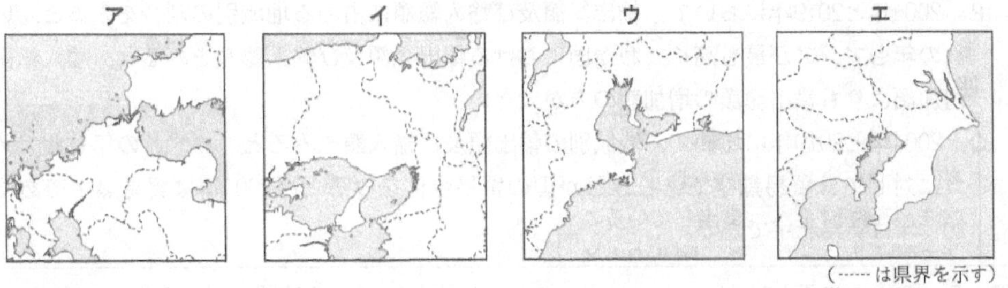

（------ は県界を示す）

④　わが国では伝統的工芸品や農林水産物の輸出を促進する取り組みが行われている。

(a)　伝統的技術により製造される工芸品のうち，法律にもとづき国の指定を受けたものは伝統的工芸品と呼ばれる。次のア～エのうち，岩手県の伝統的工芸品はどれか。一つ選び，記号を○で囲みなさい。

ア　天童《てんどう》将棋駒　　イ　南部《なんぶ》鉄器　　ウ　津軽《つがる》塗　　エ　会津《あいづ》塗

(b)　農林水産物の輸出額のうち，果物ではりんごが最も多い。りんごの生産がさかんな青森県は，その大部分が日本海側の気候の特徴をもつ。下のア～エのグラフはそれぞれ，日本海側の気候の特徴をもつ青森市，内陸（中央高地）の気候の特徴をもつ松本《まつもと》市，太平洋側の気候の特徴をもつ高知市，南西諸島の気候の特徴をもつ那覇《なは》市のいずれかの気温と降水量を表したものである。日本海側の気候の特徴をもつ青森市に当たるものをア～エから一つ選び，記号を○で囲みなさい。

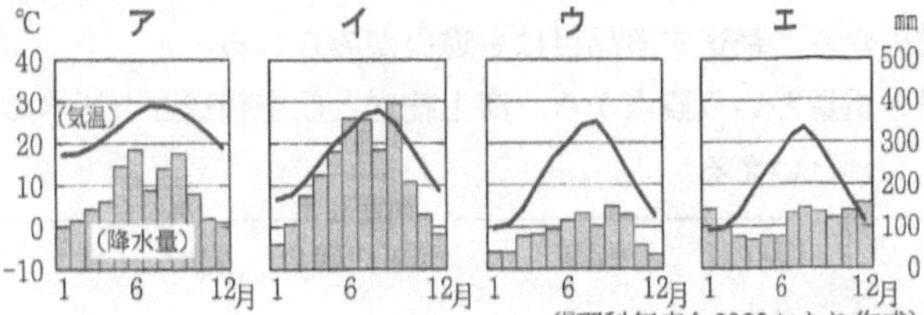

（『理科年表』2022 により作成）

(2)　Gさんの班は，わが国の輸出入額に興味をもち，調べた。図Ⅱ，図Ⅲは，2004（平成16）年と2019（令和元）年における，わが国の輸出総額及び輸入総額に占める地域別の割合を，アジア，北アメリカ，その他の地域に分けてそれぞれ示したものである。次のページのP，Qの文は，Gさんの班が図Ⅱ，図Ⅲから読み取った内容についてまとめたものである。P，Qの内容について正誤を判定し，あとのア～エから適しているものを一つ選び，記号を○で囲みなさい。

図Ⅱ　2004 年における地域別輸出入額の割合

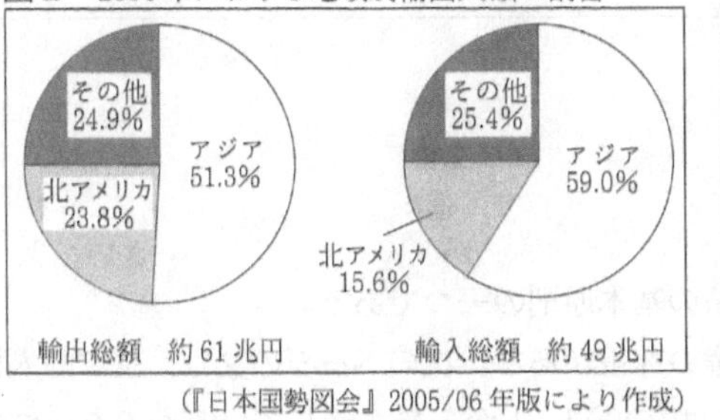

（『日本国勢図会』2005/06 年版により作成）

図Ⅲ　2019 年における地域別輸出入額の割合

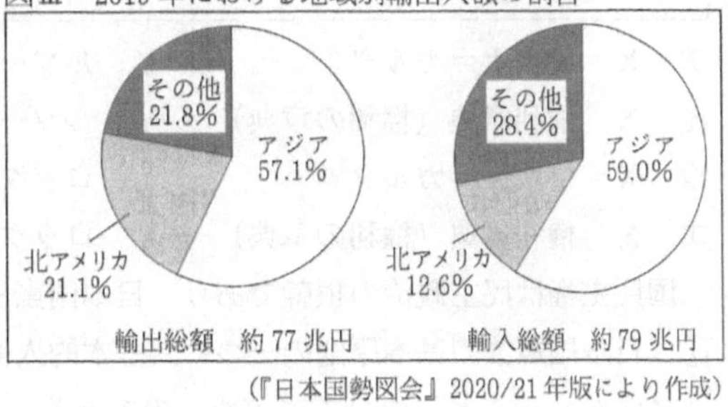

（『日本国勢図会』2020/21 年版により作成）

P　2004年と2019年において，輸出総額及び輸入総額に占める地域別の割合をみると，いずれの年もアジアが最も高く，わが国における輸出総額及び輸入総額をみると，輸入総額の増加額よりも輸出総額の増加額の方が大きい。

Q　2004年と2019年において，地域別の輸出額及び輸入額をみると，いずれの年も北アメリカに対しては貿易黒字であり，わが国の貿易全体をみると，2004年は貿易黒字であるが2019年は貿易赤字である。

ア　P，Qともに正しい。　　イ　Pは正しいが，Qは誤っている。
ウ　Pは誤っているが，Qは正しい。　　エ　P，Qともに誤っている。

(3)　Hさんの班は，貿易港と呼ばれるわが国の港や空港に興味をもち，調べた。表Ⅰは，2019年の貿易港別の貿易額の多い上位２港における，輸出額の多い上位５品目を示したものである。次の文は，表Ⅰをもとに，海上輸送と航空輸送の特徴についてHさんの班がまとめたものの一部である。文中の（　）に入れるのに適している内容を簡潔に書きなさい。

表Ⅰ　貿易港別の輸出品目及び輸出額（百億円）

A港		B空港	
自動車	324	半導体等製造装置	85
自動車部品	205	科学光学機器	65
内燃機関	53	金（非貨幣用）	60
金属加工機械	47	電気回路用品	41
電気計測機器	41	集積回路	38
総額	1,231	総額	1,053

（『日本国勢図会』2020/21年版により作成）

・内燃機関は自動車・船・航空機などのエンジン
・科学光学機器はメガネ，レンズ，カメラなど
・金（非貨幣用）は電気通信機器，宝飾品などに用いられる

・港と空港とでは輸送手段の違いから，輸送する品目にも違いがみられる。
・表Ⅰをもとに，輸送する品目の重量という観点から，海上輸送と航空輸送とを比べると，おもに，航空輸送は（　　　　）といえる。

2　民主政治にかかわるあとの問いに答えなさい。

(1)　次の文は，人権思想に関する歴史について述べたものである。あとのア～エのうち，文中の X ， Y に当てはまる語の組み合わせとして正しいものはどれか。一つ選び，記号を○で囲みなさい。

イギリスでは，1215年に制定された X や1628年の権利請願（権利の請願）などにおいて，人身の自由の保障，代表機関や議会の尊重が主張されてきた。18世紀，フランスの思想家 Y は，『社会契約論』を著して，人民主権を主張した。

ア　X　マグナ＝カルタ　　Y　ルソー
イ　X　権利章典（権利の章典）　　Y　ルソー
ウ　X　マグナ＝カルタ　　Y　ロック
エ　X　権利章典（権利の章典）　　Y　ロック

(2)　国民主権は民主政治の根幹であり，日本国憲法の基本原則の一つである。

①　日本国憲法の基本原則の一つに，基本的人権の尊重がある。次のページの文は，基本的人権にかかわることについて述べたものである。文中のⓐ［　］から最も適しているものを一つ選

び，記号を○で囲みなさい。また，文中の ⓑ に当てはまる語句を書きなさい。

> 人権は生まれながらにもつ権利であり，憲法で保障されている。しかし，憲法で保障されていても法律による人権の制限が認められる場合がある。例えば，職業選択の自由はⓐ〔 **ア** 経済活動の自由　**イ** 精神の自由（精神活動の自由）　**ウ** 身体の自由（生命・身体の自由） 〕の一つであり，日本国憲法で保障されているが，免許や資格を必要とするなど規制を受ける場合がある。日本国憲法では，こうした人権が制限される原理を，社会全体の利益を意味する「 ⓑ 」という言葉で表現している。

② 選挙をはじめとするさまざまな政治参加の方法を通して国民主権が実現される。

(a) わが国において，1950（昭和25）年に制定された法律で，選挙を公正に行うために，選挙区や議員定数，選挙の方法などを定めた法律は何と呼ばれているか。**漢字5字**で書きなさい。

(b) 次の**ア**～**エ**のうち，2022（令和4）年現在のわが国の選挙制度にかかわることがらについて述べた文として**誤っているもの**はどれか。一つ選び，記号を○で囲みなさい。

ア 選挙権を有する者の年齢は，18歳（満18歳）以上である。

イ 選挙運動の方法には，インターネットの利用が認められているものがある。

ウ 地方公共団体では，住民による選挙で地方議会の議員が選出され，地方議会の議員による議決で首長が指名される。

エ 参議院議員の選挙は都道府県を単位とした選挙区選挙と，比例代表選挙に分けて行われ，衆議院議員の総選挙は小選挙区比例代表並立制で行われる。

(c) 次の**ア**～**エ**のうち，国会において行うことができるものはどれか。一つ選び，記号を○で囲みなさい。

ア 政令の制定　**イ** 条約の承認　**ウ** 裁判官の任命　**エ** 予算案の作成

(d) 図Ⅰは，2019（令和元）年7月における，第25回参議院議員選挙の年代別の投票率を示したものである。表Ⅰは，20歳代と60歳代における，2019年7月1日現在の人口と第25回参議院議員選挙の投票率を示したものである。あとの**P**，**Q**の文は，図Ⅰ，表Ⅰから読み取れる内容についてまとめたものである。**P**，**Q**の内容について正誤を判定し，次のページの**ア**～**エ**から適しているものを一つ選び，記号を○で囲みなさい。

図Ⅰ　年代別の投票率（%）

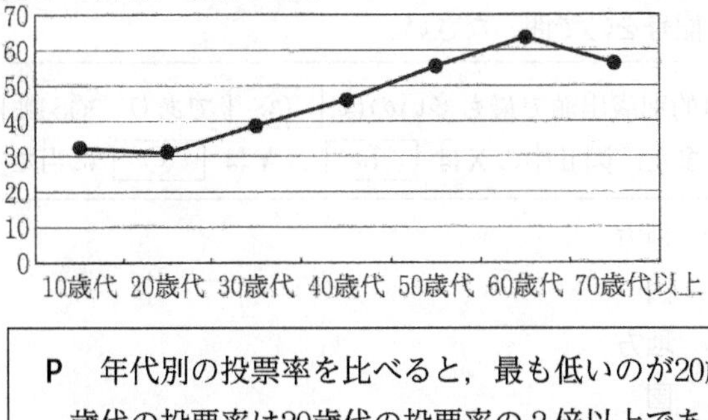

表Ⅰ　人口と投票率

	人口（万人）	投票率（%）
20歳代	1,184	30.96
60歳代	1,629	63.58

（図Ⅰ，表Ⅰともに総務省の資料により作成）

> **P**　年代別の投票率を比べると，最も低いのが20歳代で最も高いのが60歳代であり，60歳代の投票率は20歳代の投票率の2倍以上である。
>
> **Q**　20歳代と60歳代との人口の差よりも，20歳代と60歳代との投票数の差の方が大きい。

ア　P，Qともに正しい。　　　イ　Pは正しいが，Qは誤っている。

ウ　Pは誤っているが，Qは正しい。　エ　P，Qともに誤っている。

③　国民主権のもと，国民の意思を司法のあり方に反映させるために，裁判員制度が導入されている。次のア～エのうち，わが国の裁判員制度について述べた文として**誤っているもの**はどれか。一つ選び，記号を○で囲みなさい。

ア　裁判員裁判は，第一審の裁判で行われる。

イ　裁判員裁判は，重大な犯罪についての刑事裁判を扱う。

ウ　裁判員裁判は，被告人が有罪か無罪かのみを判断する。

エ　裁判員裁判は，原則６人の裁判員と３人の裁判官で審理が行われる。

(3)　現代の民主政治では，政党は国民と政治を結ぶ役割を果たしている。次の文は，政党にかかわることがらについて述べたものである。文中の［ⓐ］，［ⓑ］に当てはまる語をそれぞれ**漢字１字**で書きなさい。

> わが国における政党のうち，内閣を組織して政権を担当する政党が［ⓐ］党と呼ばれるのに対し，政権を担当しない政党は［ⓑ］党と呼ばれる。

(4)　地方自治は住民自らの意思と責任のもとで行われるものであり，民主政治の基盤をなすものである。

①　次の文は，地方自治について述べたものである。文中の［A］に当てはまる語を書きなさい。

> わが国の地方自治では，［A］民主制の要素を取り入れた［A］請求権が住民に認められている。例えば，条例の制定や改廃は，地方公共団体の住民がその地方公共団体の有権者の50分の１以上の署名を集めることにより請求することができる。

②　わが国の2020（令和２）年度における，国と地方の財政支出の合計額（以下「歳出額」という。）は約222.5兆円であった。図Ⅱ（次のページ）は，2020年度における，歳出額に占める目的別歳出額の割合及び，目的別歳出額に占める国と地方の割合を示したものである。図Ⅱ中のX，Yは国と地方のどちらかに当たる。次の文は，図Ⅱをもとに，2020年度の歳出額について述べたものである。文中の［ⓐ］～［ⓒ］に当てはまる語の組み合わせとして正しいものはどれか。あとのア～エから一つ選び，記号を○で囲みなさい。

> 約222.5兆円の歳出額のうち，目的別歳出額で最も多いのは，［ⓐ］であり，約54兆円を支出していることが読み取れる。また，図Ⅱ中のXは［ⓑ］，Yは［ⓒ］に当たる。

ア　ⓐ　公債費　ⓑ　国　ⓒ　地方

イ　ⓐ　公債費　ⓑ　地方　ⓒ　国

ウ　ⓐ　民生費　ⓑ　国　ⓒ　地方

エ　ⓐ　民生費　ⓑ　地方　ⓒ　国

図Ⅱ

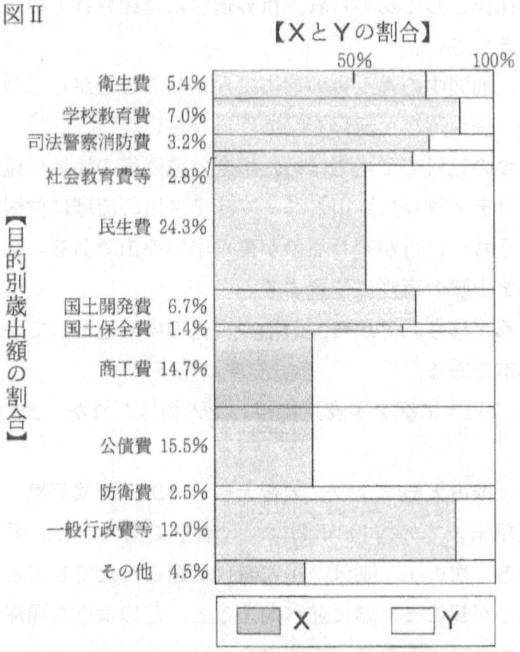

- 社会教育費等は公民館，図書館，博物館など
- 民生費は児童福祉，高齢者福祉，年金関係など
- 国土開発費は都市計画，道路，橋《きょう》梁《りょう》，公営住宅など
- 国土保全費は河川海岸
- 一般行政費等は戸籍，住民基本台帳など

（総務省の資料により作成）

3　世界や日本の都市にかかわるあとの問いに答えなさい。

⑴　都市のうち，国の中央政府のある都市は首都と呼ばれる。下の地図中のＡ～Ｅは，それぞれ首都の位置を示している。

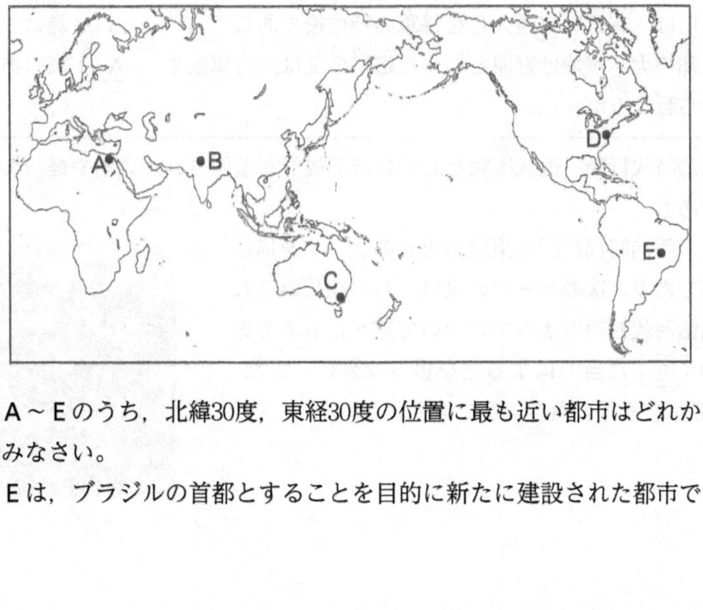

①　地図中のＡ～Ｅのうち，北緯30度，東経30度の位置に最も近い都市はどれか。一つ選び，記号を○で囲みなさい。

②　地図中のＥは，ブラジルの首都とすることを目的に新たに建設された都市であり，都市自体

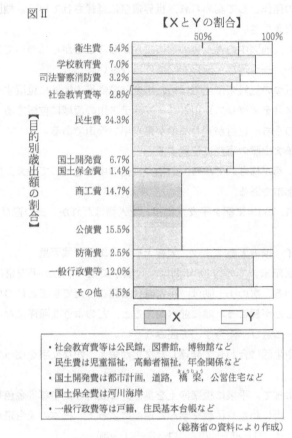

が近代建築と美術の傑作として認められ，世界遺産に登録されている。地図中のEに当たるブラジルの首都名を書きなさい。

③ 次のア～エのうち，地図中のA～Dの都市にかかわることがらについて述べた文として**誤っているもの**はどれか。一つ選び，記号を○で囲みなさい。

ア Aは，世界を五つの気候帯に当てはめた場合，乾燥帯の地域に位置する。

イ Bは，チグリス（ティグリス）川とユーフラテス川の流域に位置する。

ウ Cは，A～Eのうち，日付が変わるのが最も早い都市である。

エ Dは，アパラチア山脈の東側に位置する。

⑵ 京都は，８世紀末に都が移されてから，政治や文化の中心地として栄え，歴史上重要な文化的資産が集積している都市である。

① 次のア～エのうち，794年に都を平安京に移した人物はだれか。一つ選び，記号を○で囲みなさい。

ア 桓武《かんむ》天皇　**イ** 推古《すいこ》天皇　**ウ** 天智《てんじ》天皇　**エ** 天武《てんむ》天皇

② ８世紀末から12世紀末までの約400年間は，政治や文化の中心が平安京にあったことから平安時代と呼ばれている。次の(i)～(iii)は，平安時代に起こったできごとについて述べたものである。(i)～(iii)をできごとが起こった順に並べかえると，どのような順序になるか。あとの**ア**～**カ**から正しいものを一つ選び，記号を○で囲みなさい。

(i) わが国の風土や生活に合わせて発達した文化が栄え，かな文字を使って源氏物語が書かれた。

(ii) 奥州藤原《おうしゅうふじわら》氏によって，平泉《ひらいずみ》に極楽浄土を具体的に表現した中尊寺金色堂が建てられた。

(iii) 遣唐使《けんとうし》とともに唐にわたり仏教を学んだ最澄《さいちょう》によって，日本の天台宗が開かれた。

ア (i)→(ii)→(iii)　**イ** (i)→(iii)→(ii)　**ウ** (ii)→(i)→(iii)

エ (ii)→(iii)→(i)　**オ** (iii)→(i)→(ii)　**カ** (iii)→(ii)→(i)

③ 14世紀後半，室町幕府の３代将軍の足利義満《あしかがよしみつ》は京都の室町に邸宅を建て，政治を行った。次の文は，室町幕府にかかわることがらについて述べたものである。文中の [A] に当てはまる語を**漢字２字**で書きなさい。

> 室町幕府は，有力な守護大名を将軍の補佐役である [A] という職につけた。15世紀半ばに京都の大半が焼け野原となった応仁《おうにん》の乱は，将軍家や [A] 家のあとつぎをめぐる対立から起こった。

⑶ 東京は，明治時代以降，近代国家としての首都機能が整備され，政治や経済の中心地として発展した都市である。

① 右の絵は，明治時代初期の東京のまちのようすを描いた絵の一部である。次のページの文は，右の絵にみられるような明治時代初期のようすについて述べたものである。文中の [ⓐ] に当てはまる語を書きなさい。また，[ⓑ] に当てはまる語を**漢字４字**で書きなさい。

> 1868（明治元）年に出された詔勅により，［ ⓐ ］は東京に改称された。欧米の思想や制度とともに，人々の日常生活の中に欧米の文物が取り入れられ，前のページの絵にみられるように生活様式の洋風化がすすんだ。明治時代初期から始まったこうした風潮は［ ⓑ ］と呼ばれ，その後，明治政府は条約改正に向けて欧化主義と呼ばれる政策をおしすすめた。

② 現在，東京の都心には，国の重要な機関が集中している。次の**ア**～**エ**のうち，重要な機関の一つである最高裁判所にかかわることがらについて述べた文として**誤っているもの**はどれか。一つ選び，記号を○で囲みなさい。

ア　最高裁判所の長官は，内閣が指名する。

イ　最高裁判所の裁判官は，国民の審査を受ける。

ウ　最高裁判所は，司法権の属する唯一の裁判所である。

エ　最高裁判所は，違憲審査についての最終的な決定権をもつ。

③ 東京には，わが国の中央銀行である日本銀行の本店がある。次の文は，日本銀行が行う金融政策の一つである公開市場操作のしくみについて述べたものである。文中の（ⓐ）に入れるのに適している内容を，「国債」の語を用いて簡潔に書きなさい。また，文中の（ⓑ）に入れるのに適している内容を，「資金量」の語を用いて簡潔に書きなさい。

> 日本銀行は公開市場操作と呼ばれる手段を用いて，市場に出回る通貨量を調整し，景気の安定を図ることがある。例えば，景気が過熱してインフレーションのおそれがあるとき，日本銀行は（　　ⓐ　　）。すると，（　　ⓑ　　）ため，企業に対する貸し出しの際の金利を上げる。その結果，企業は資金を借りにくくなり，企業の設備投資や生産が縮小されて，景気が抑制される。

④ 図Ⅰ，図Ⅱは，1985（昭和60）年から2015（平成27）年までの5年ごとにおける，東京23区のうちの**W**区，**X**区，**Y**区，**Z**区について，昼夜間人口比率（夜間人口を100としたときの昼間人口の値）の推移と夜間人口の推移をそれぞれ示したものである。あとの**ア**～**エ**のうち，図Ⅰ，図Ⅱから読み取れる内容についてまとめたものとして正しいものはどれか。**すべて選び**，記号を○で囲みなさい。

図Ⅰ　昼夜間人口比率の推移

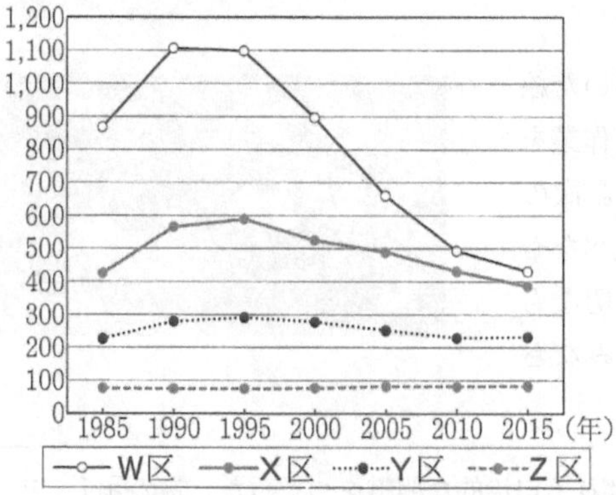

図Ⅱ　夜間人口の推移

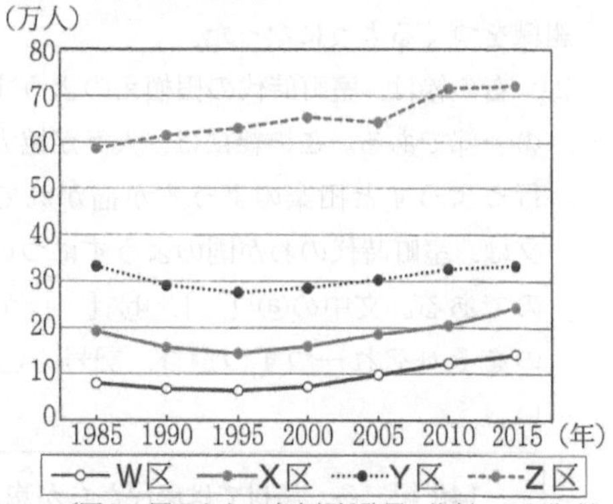

（図Ⅰ，図Ⅱともに東京都総務局の資料により作成）

ア　夜間人口が40万人以下である区はすべて，1985年から1995（平成7）年までは夜間人口が増加し，2000（平成12）年から2015年までは夜間人口が減少している。

イ　すべての年において，昼夜間人口比率が最も高いのはW区であり，夜間人口が最も少ないのもW区である。

ウ　すべての年において，四つの区すべてで夜間人口より昼間人口の方が多い。

エ　四つの区において，2015年における昼間人口が最も多いのはX区である。

4　人々のくらしや社会の変化にかかわるあとの問いに答えなさい。

⑴　縄文時代末ごろから弥生時代にかけて，大陸からわが国に稲作が伝わり，人々の生活は変化していった。

①　次の文は，稲作とともに伝えられた金属器について述べたものである。文中の［A］に当てはまる語を**漢字１字**で書きなさい。

> 稲作とともに，金属器である青銅器や［A］器も伝えられた。金属器のうち銅鐸《どうたく》や銅剣などの青銅器はおもに稲作に関する祭りなどに利用され，［A］器はおもに農具の刃先や武器，工具などに使用された。

②　次の文は，中国の歴史書に記された日本のようすについて述べたものである。文中のⓐ〔　〕，ⓑ〔　〕から適切なものをそれぞれ一つずつ選び，記号を○で囲みなさい。

> ・弥生時代のころの日本のようすが中国の歴史書に記されている。中国の歴史書によると，当時の日本はⓐ〔　**ア**　魏《ぎ》　　**イ**　倭《わ》　〕と呼ばれていた。
> ・『漢《かん》書』と呼ばれる歴史書によると，紀元前１世紀ごろ，100あまりの小国に分かれていた。『後漢書』と呼ばれる歴史書によると，１世紀中ごろ，小国の一つであった奴《な》の国王が漢に使いを送り，皇帝から印を与えられた。1784年に現在のⓑ〔　**ウ**　佐賀県　　**エ**　福岡県　〕の志賀島《しかのしま》で発見された金印は，『後漢書』に記された印の実物とされており，現在は国宝となっている。

⑵　奈良時代に，人々は律令《りつりょう》にもとづき税を納めていた。口分田を与えられた人々が，その面積に応じて収穫の約３％に当たる稲を納めた税は何と呼ばれているか。**漢字１字**で書きなさい。

⑶　鎌倉時代から室町時代にかけて，農業の生産力の向上などを背景に，有力な農民らは自治的な組織をつくるようになった。

①　右の絵は，室町時代の田植えのようすを描いた絵の一部である。この絵には，人々が協力して作業を行うようすと田楽のようすが描かれている。次の文は，室町時代のわが国のようすについて述べたものである。文中のⓐ〔　〕，ⓑ〔　〕から適切なものをそれぞれ一つずつ選び，記号を○で囲みなさい。

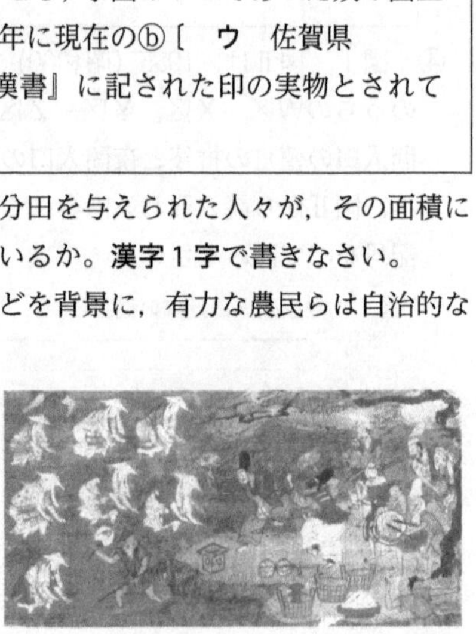

> ・14世紀ごろ，農村では農民たちが惣《そう》と呼ばれる自治的な組織をつくった。惣のⓐ〔　**ア**　寄《より》合《あい》　　**イ**　株仲間　〕では村のおきてが定められ，参加しない場合は罰が与えられるこ

ともあった。
・田楽や猿楽などの芸能から能（能楽）が生まれた。室町時代に能を大成した人物は，ⓑ〔 **ウ**　阿国《おくに》（出雲阿国《いずものおくに》）　**エ**　世阿弥《ぜあみ》 〕である。

② 自治の広まりを背景に，15世紀以降，農民らが共通の目的のために土一揆《いっき》を起こした。

(a) 次の文は，土一揆にかかわることがらについて述べたものである。文中の [B] に当てはまる語を**漢字2字**で書きなさい。

> 室町幕府に対して [B] 令を出すことを求める土一揆は，1428年に近畿地方で起こったものをはじめとして，各地で起こるようになった。[B] 令は，土地の返却や借金の帳消しなどを認めるものであり，1297年には鎌倉幕府によって御家人の困窮を防ぐために出された。

(b) 次の**ア**～**エ**のうち，15世紀の世界のようすについて述べた文として正しいものはどれか。一つ選び，記号を○で囲みなさい。

ア　コロンブスの船隊が，アメリカ大陸付近の西インド諸島に到達した。
イ　チンギス＝ハンが遊牧民の諸部族を統一し，モンゴル帝国を築いた。
ウ　李成桂《りせいけい》が高麗《こうらい》をたおし，漢城《かんじょう》を都に定めた朝鮮（朝鮮国）を建てた。
エ　ルターが免罪符（贖宥状《しょくゆうじょう》）の販売に対する批判などを発表し，宗教改革が始まった。

(4) 18世紀後半のイギリスにおける産業革命をきっかけに始まった工業化は，19世紀になると他のヨーロッパ諸国に広がり，やがてアメリカ合衆国まで拡大し，社会や人々の生活が大きく変わった。

① 工業化がすすむにつれて，資本主義と呼ばれる新しい経済のしくみが成立する一方，労働問題や社会問題が発生した。次の**ア**～**エ**のうち，19世紀に，資本主義の問題を追究し，平等な社会を実現するために土地や工場などの生産手段を私的に所有せず，社会で共有する考えを唱えた人物はだれか。一つ選び，記号を○で囲みなさい。

ア　モンテスキュー　　**イ**　クロムウェル　　**ウ**　マルクス　　**エ**　ザビエル

② 19世紀半ば，アメリカ合衆国では工業化がすすむ中，南部の州と北部の州が対立するようになった。次の文は，南部と北部の対立について述べたものである。文中の [ⓐ] に当てはまる人名を書きなさい。また，文中のⓑ〔　〕から適切なものを一つ選び，記号を○で囲みなさい。

> アメリカ合衆国では，奴隷制度や貿易に関する政策をめぐって南部と北部で対立が激しくなり，1861年に南北戦争が始まった。南北戦争中にアメリカ合衆国の第16代大統領であった [ⓐ] に，1863年に奴隷解放を宣言し，[ⓐ] の指導の下，ⓑ〔 **ア**　南部　**イ**　北部 〕側が勝利した。

(5) 20世紀後半のわが国の経済成長は，人々の生活や地域社会に変化をもたらし，人口の動向に影響を与えた。表Ⅰ（次のページ）は，1965（昭和40）年から1994（平成6）年までにおける，地方圏から三大都市圏への転入者数と三大都市圏から地方圏への転出者数の推移を表したものである。図Ⅰ（次のページ）は，1965年から1994年までにおける，三大都市圏と地方圏の有効求人倍率の推移を表したものである。有効求人倍率とは，企業からの求人数を求職者数で割った値のことであり，求職者一人当たりに何件の求人があるかを表す。あとの文は，表Ⅰ，図Ⅰをもとに，おおむね高度経済成長期に当たる1965年から1974 （昭和49）年における，わが国の人口の動向についてまとめたものである。文中の（　）に入れるのに適している内容を，労働力の状況にふれて，「不足」の語を用いて簡潔に書きなさい。

表Ⅰ　三大都市圏への転入者数と三大都市圏からの転出者数の推移

	三大都市圏への転入者数（千人）	三大都市圏からの転出者数（千人）
1965～1969年	5,560	3,390
1970～1974年	5,309	4,135
1975～1979年	3,883	3,823
1980～1984年	3,585	3,263
1985～1989年	3,564	2,894
1990～1994年	3,192	3,052

（総務省の資料により作成）

図Ⅰ　三大都市圏と地方圏の有効求人倍率の推移

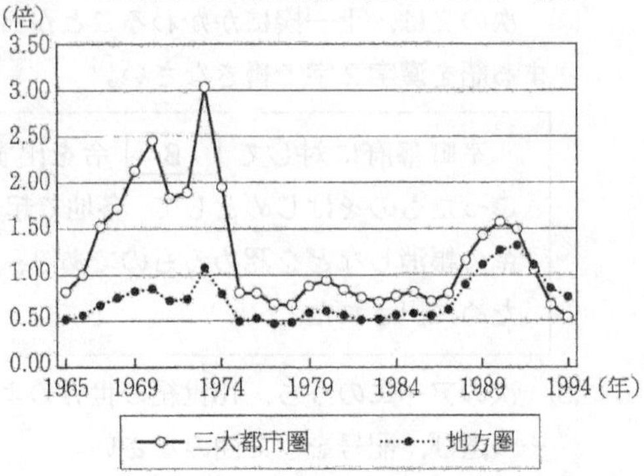

（国土交通省の資料により作成）

（表Ⅰ，図Ⅰともに地方圏は三大都市圏に含まれる都府県以外のすべての道県を示す）

【表Ⅰ，図Ⅰから読み取れること】

・表Ⅰより，高度経済成長期は他の時期よりも，「三大都市圏への転入者数」が「三大都市圏からの転出者数」を大きく上回っていることが読み取れる。

・図Ⅰより，高度経済成長期は他の時期よりも，三大都市圏と地方圏とで就業機会に大きな差があることが読み取れる。

【わが国の人口の動向についてのまとめ】

表Ⅰ，図Ⅰから読み取れることをもとに，高度経済成長期における三大都市圏と地方圏の間での人口の動向について，三大都市圏と地方圏それぞれの労働力の状況から考えると，労働力に余剰が生じていた（　　　　）といえる。

【資料】

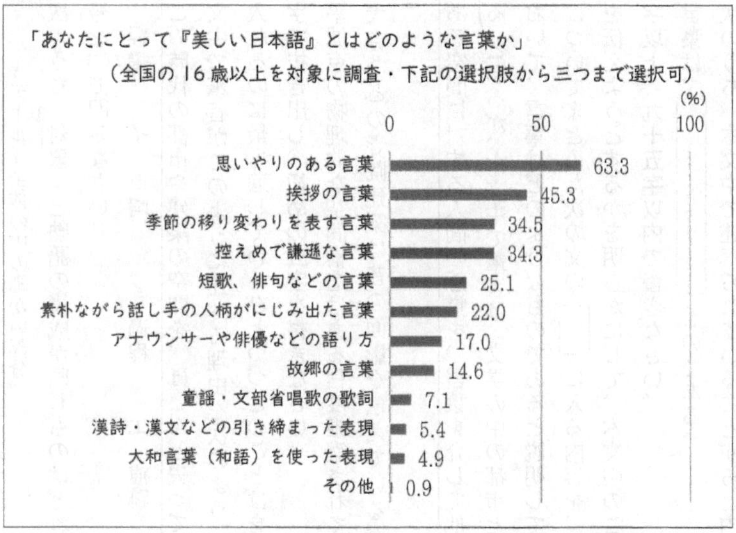
「あなたにとって『美しい日本語』とはどのような言葉か」
（全国の 16 歳以上を対象に調査・下記の選択肢から三つまで選択可）
(%)
0
50
100
思いやりのある言葉 63.3
挨拶の言葉 45.3
季節の移り変わりを表す言葉 34.5
控えめで謙遜な言葉 34.3
短歌、俳句などの言葉 25.1
素朴ながら話し手の人柄がにじみ出た言葉 22.0
アナウンサーや俳優などの語り方 17.0
故郷の言葉 14.6
童謡・文部省唱歌の歌詞 7.1
漢詩・漢文などの引き締まった表現 5.4
大和言葉（和語）を使った表現 4.9
その他 0.9

（「国語に関する世論調査」（文化庁）により作成）

もちろんそれは虚構の空間であるが、虚構は虚構なりに、ある文化の中で一つの世界を構築し歴史の流れを形成する。いやむしろその命脈は物理的な都市や建築の命脈よりも永く強いものであるかもしれない。現実は虚構を生み、虚構は現実に反映され、相互に絡《から》まりあいながら、人間の真実としての都市と建築の文化史を織りなしていくのである。

（若山滋『風土から文学への空間』による）

（注）大上段に＝ここでは、考え方の視点などを高所に置いて、ということ。
　　ディテール＝全体の中の細かい部分。

1　次のうち、①対象　と熟語の構成が同じものはどれか。一つ選び、記号を○で囲みなさい。

ア　経緯　**イ**　造幣　**ウ**　過程　**エ**　痕跡

2　②この時代の都市や建築の空間を、ほとんど失っている　とあるが、本文中で筆者がこのように述べる理由を次のようにまとめた。［　］に入れるのに最も適しているひとつづきのことばを、本文中から**十二字**で抜き出し、**初めの五字**を書きなさい。

平城京の物理的な空間構造はある程度推察されており、法隆寺や東大寺などの寺院建築は昔の面影を伝えているが、［　］から。

3　③ある空間に対する人間の感覚を、言葉を介して他者に伝えようとする　とあるが、本文中で筆者は、文学の中の都市と建築の空間表現において、言葉はどのようなものであると説明しているか。その内容についてまとめた次の文の［　］に入る内容を、言葉が具体的に何を伝えようとするかを明らかにして、本文中のことばを使って**八十字以上、九十五字以内**で書きなさい。

言葉は、［　］ものである。

4　次のうち、本文中で述べられていることがらと内容の合うものはどれか。最も適しているものを一つ選び、記号を○で囲みなさい。

ア　文学の中の都市と建築の空間についての研究で用いるデータは、文学に現れる空間表現を工学的に抽出したものであり、その価値は、『万葉集』のような名文から抽出したものであれば高くなる。

イ　文学の中の都市と建築の空間についての研究は、文学に現れる都市と建築にかかわる空間表現を建築論的、文学論的、文化論的に分類した上でコンピューターに入力し、考察を進めていくという方法をとる。

ウ　文学の中から姿を現す空間は、その時代を生きた人間の心象空間であるという意味では人間と空間の関係の真実が表れていると言えるが、虚構の空間であるため、物理的な都市や建築の命脈には及ばない。

エ　文学の中から姿を現す空間は虚構の空間であるが、ある文化の中で一つの世界を構築し歴史の流れを形成するものであり、現実と相互に絡まりあいながら、人間の真実としての都市と建築の文化史を織りなしていく。

五　次のページの**【資料】**は、「あなたにとって『美しい日本語』とはどのような言葉か」という質問に対する回答結果を示したものです。**【資料】**からわかることにもふれながら、「美しさを感じる言葉」とはどのようなものかということについてのあなたの考えを、別の原稿用紙に**三百字以内**で書きなさい。

いに書くこと。

(1) 高い目標を掲げる。　(2) 含蓄のある文章。
(3) 珠玉の短編。　(4) 専門リョウイキを広げる。
(5) タントウ直入に質問する。　(6) チームのカナメとなる選手。

2 次のうち、返り点にしたがって読むと「見る所期する所は、遠く且《ま》た大ならざるべからず。」の読み方になる漢文はどれか。一つ選び、記号を○で囲みなさい。

ア 所㆓見ル所ハ期スル㆒、不《ず》㆑可《べ》カラ㆓不《ざ》ル遠ク㆒且タ大ナラ。
イ 所㆑見ル所㆑ハ期スル、不㆑可㆑カラ不㆓ル遠ク且タ大ナラ㆒。
ウ 所㆓見ル所ハ期スル㆒、不㆑可㆑カラ不㆑ル遠ク且タ大ナラ。
エ 所㆑見ル所㆑ハ期スル、不㆑可㆓カラ不ル遠ク且タ大ナラ㆒。

四 次の文章を読んで、あとの問いに答えなさい。

虚構であるはずの物語にこそ、人間の真実は表れるもの、という紫式部の言葉を借りれば、人間がつくった都市や建築についても、本来虚構であるはずの「文学」においてこそ、人間と空間の関係の真実が表れるというべきかもしれない。

大学に勤めてから私は、文学の中の都市と建築の空間を研究対象①とすることを決心し、それを日本の古典文学から、しかも大上段に『万葉集』からかぶりついた。

まず文学を「言葉の海」として、つまりテキストとして扱い、工学的にデータを抽出し、それをもとにして、建築論的、文学論的、文化論的考察に発展させていくという方法をとる。工学的な立場では、どのような名文もデータとしての価値は均一で、『万葉集』なら、その四五一六首に現れる都市と建築にかかわる空間表現をすべて、コンピューターに入力することから出発する。

考えてみればわれわれは、②この時代の都市や建築の空間を、ほとんど失っている。もちろん平城京の物理的な空間構造もある程度は推察されており、法隆寺や東大寺という寺院建築も昔の面影を伝えているが、それは学術的な資料であり、あるいは何度も修理されながらようやく伝えられた、つまり遺構であって、惜日の姿そのものではない。学術的な「事実」ではあっても、生きた人間にとっての「真実」ではない。

実は、文学の中に現れる空間は、今日の歴史学における常識とは、かなり様子の異なるものであった。

文学に現れる古代人の心の中の都市空間と、その時代を扱う科学としての歴史学によって推測される物理的都市空間には、明らかに「ズレ」がある。そしてその「ズレ」こそが、その時代の空間と人間の関係の真実を物語る鍵であるように思えたのだ。

文学の中から姿を現す空間は心象空間というべきもので、③ある空間に対する人間の感覚を、言葉を介して他者に伝えようとするものであるが、言葉というおそるべき抽象は、その空間の具体的なディテールと物理的な構造をほとんど切り捨ててしまう。都市や建築の歴史研究において、実際の遺構が重視され、あるいは絵巻物などヴィジュアルな資料が有効なのはそのためである。

しかしまた逆に、言葉という抽象は、その前後に連なる膨大な抽象の連続によって、その空間のもつ「意味」のディテールと構造を大量に伝えようとする宿命をもっている。それは空間と人間の精神的関係のディテールであり、都市や建築とその時代の文化総体との関係の構造である。

たる情に聞こゆる《思える》也。されば新月とは、今夜の月のさやけさ《明るく澄んだ様子》たぐひなければ、昨日まで見し月にはあらで《なくて》、今夜新たに出で来たる月なりと思ふ情を、おもはせたる詞《ことば》なるべし。さるは清しともさやけしともいひては、猶《なほ》尋常の事になりて、今夜の月のさやけさはいはむ言《言い表すことば》のなければ、新月といはれたる。実に妙といふべし。

（注）三五夜＝陰暦の十五日の夜。特に、八月十五日の中秋の名月の夜。
新月＝ここでは、十五夜の月のこと。
儒生＝儒学を学んでいる人。
篤好＝五十嵐《いがらし》篤好。江戸時代の国学者。
二千里外＝非常に遠くはなれていること。
故人＝古くからの友人。

1 ①一儒生に問ひしかば とあるが、次のうち、ある儒生に対して問うたことの内容として、本文中で述べられているものはどれか。最も適しているものを一つ選び、記号を○で囲みなさい。

ア 三五夜に出ている月を新月というのはなぜかということ。

イ 三五夜に出ている新月はどのような様子であったかということ。

ウ 三五夜中新月色という詩句の新月はどのような月かということ。

エ 三五夜中新月色という詩句の新月はどこから出る月かということ。

2 ②此の次句二千里外故人心 とあるが、本文中で筆者は、この句にはどのような気持ちが表れていると述べているか。次のうち、最も適しているものを一つ選び、記号を○で囲みなさい。

ア 月が大空に照り渡り、少しの雲もなく澄み渡った夜の様子に感じ入り、遠方にいる友人にもこの月を見せてあげたかったと思う気持ち。

イ 月が大空に照り渡り、少しの雲もなく澄み渡った夜の様子に感じ入り、遠方にいる友人もこの月を見ているのであろうと思い出された気持ち。

ウ 月が大空に照り渡り、少しの雲もなく澄み渡った夜の様子に感じ入りながらも、遠方にいる友人とかつて一緒に見た月には及ばないと思う気持ち。

エ 月が大空に照り渡り、少しの雲もなく澄み渡った夜の様子に感じ入りながら、遠方にいる友人とかつて一緒に月を見たことが思い出された気持ち。

3 本文中で述べられている、「新月」ということばについての筆者の考えを次のようにまとめた。［a］に入れるのに最も適しているひとつづきのことばを、本文中から**四字**で抜き出しなさい。また、［b］に入る内容を本文中から読み取って、現代のことばで**二十字以上、三十字以内**で書きなさい。

今夜の月の様子は、「明るく澄んだ」などと表現すると、［a］になり、その月の様子を言い表しきれないことから、「新月」と表現したことが非常に優れており、今夜の月の様子が他に並ぶものがないほどすばらしく、［b］と思う気持ちが感じられる。

三 あとの問いに答えなさい。

1 次のページ⑴～⑶の文中の傍線を付けた漢字の読み方を書きなさい。また、⑷～⑹の文中の傍線を付けたカタカナを漢字になおし、解答欄の枠内に書きなさい。ただし、漢字は**楷書**《かいしょ》で、**大きくていね**

くされている。

芭蕉は「木ざはしや」を「桐の木」に改めた。芭蕉の句はもともと「木ざはし」と「うづら」の季重なりだったから、季語の「木ざはし」を無季の「桐の木」に替えてもさしつかえない。句の重心を季語の「うづら」に移すために、「木ざはし」を強調していた「や」を「に」に改める。「坪の内」を「桐の木」にふさわしい「塀の内」に変える。わずかな変改のようでも、句の焦点がくっきりと際《きわ》立ち、品位が上がる。言葉を変えることによって気持ちを高め、句を高める。そこには芭蕉独特の、俳句をずり上げていくような推敲《すいこう》の様態が見られる。珍夕の「木ざはし」という類句にも相当するものの出現によって、芭蕉の句は言葉の入れ替えを余儀なくされた。それが句の推敲をうながし、より良い句の出現をもたらす。（山下一海『山下一海著作集』による）

（注）曲水＝江戸時代の俳人。　珍夕（珍碩・洒堂）＝江戸時代の俳人。
之道＝江戸時代の俳人。　正秀＝江戸時代の俳人。
等類＝ここでは、連歌などにおいて、先行の作品と似た趣向・表現のものをつくることやそのような作品のこと。

1　①珍夕にとられ候　とあるが、芭蕉がこのように表現したことについて、本文中で筆者が述べている内容を次のようにまとめた。[a]に入る内容を、本文中のことばを使って**四十五字以上、五十五字以内**で書きなさい。また、[b]に入れるのに最も適しているひとつづきのことばを、本文中から**九字**で抜き出し、**初めの五字**を書きなさい。

芭蕉は、[a]ということを、珍夕に対する心遣いから「珍夕にとられ候」という[b]で表現した。

2　次のうち、本文中の[②]に入れるのに最も適していることばはどれか。一つ選び、記号を○で囲みなさい。

ア　新たなる季語を探求する姿勢
イ　珍しい季語を用いることへの執着
ウ　類句・類想に関する厳しい自省の相貌
エ　類句・類想を逆手にとった秀句の完成

3　本文中のⒶで示した句からⒷで示した句へと作品の再生をはかったことについて、本文中で筆者が述べている内容を次のようにまとめた。[a]、[b]に入れるのに最も適しているひとつづきのことばを、それぞれ本文中から抜き出しなさい。ただし、[a]は**十八字**、[b]は**六字**で抜き出し、それぞれ**初めの五字**を書きなさい。

Ⓐの句からⒷの句への作品の再生においては、[b]のようでも、句の焦点が際立ち、品位が上がっている。[a]が見られ、

二

次は、白居易《はくきょい》という唐《とう》の詩人の「三五夜中新月色《さんごやちゅうしんげつのいろ》　二千里外故《にせんりぐわいこ》人心《じんのこころ》」という詩句についての筆者（篤好《あつよし》）の考えが述べられた文章である。これを読んで、あとの問いに答えなさい。

三五夜中新月色といふ詩句の新月とは、いかなる月の事ぞと、①一儒生に問ひしかば、山端より今さし出《い》でたる月をいふ也《なり》といへり。さもある事かは知らねど、篤好がおもふ所はこと也。②此《こ》の次句二千里外故人心といへるは、今山端より出でたるを見ての情とは聞こえず《思えない》。月大空に照りわたりて、一天に塵《ちり》ばかりの雲もなく、澄み渡りたる深夜のさま、身にしみて二千里外の人も、此の月を見るらむと思ひ出でられ

＜国語＞（C問題） 時間 五〇分 満点 九〇点

【注意】答えの字数が指定されている問題は、**句読点や「 」などの符号も一字に数えなさい。**

一 次の文章を読んで、あとの問いに答えなさい。

元禄《げんろく》三年九月六日付の門弟曲水《きょくすい》宛の芭蕉書簡に「うづら鳴くなる坪の内と云《い》ふ五文字、木ざはしやと①可有《あるべき》を珍夕《ちんせき》にとられ候《さうらふ》」と記されている。これは、

　木ざはしやうづら鳴くなる坪の内――Ⓐ

という句を作ったが、初五文字の「木ざはしや」を珍夕にとられたというのだ。「木ざはし」の読みはキザワシ。木醂・木淡などの字が当てられ、木練《こねり》、木ざらしともいい、木になったまま甘くなる柿をいう。昔、とくに寒い地方では柿といえば渋柿がほとんどだったらしく、木の上で甘くなる柿を珍重してこう呼んだ。この「木ざはしや」を珍夕にとられたというのは、之道《しどう》編『江鮭子《あめご》』（元禄3刊）に見られる門弟珍夕（珍碩《ちんせき》・洒堂《しゃどう》）の次の句のことらしい。

　稗柿《きざはし》や鞠《まり》のかかりの見ゆる家　　珍夕

「木ざはし」は『江鮭子』においても、ふりがながほどこしてあるので、当時としてもやや珍しい言葉だったことがわかる。といっても、古くからの季寄せや歳時記の類にも見られる季語だから、芭蕉と珍夕の間でやりとりするといったものではないし、珍夕が専有できるものでもない。

曲水宛の芭蕉書簡は、冒頭に正秀《まさひで》・珍夕の両吟連句を絶賛し、とくに珍夕の上達を喜ぶことから書きはじめられている。「珍夕にとられ候」も珍夕に対する愛情のこもった軽口なのだ。芭蕉としては、珍しい季語「木ざはし」を使っていい句ができたと思っていた。しかし珍夕の句の中にその季語を見つけたので、珍夕にゆずる気持ちで、自分の句からそれを削って、そのことをおもしろく「珍夕にとられ候」といった。自分の句に「木ざはし」があれば、珍夕の「木ざはし」が目立たない。へたをすると珍夕は、師匠の真似をしたといわれる。芭蕉は珍夕の「木ざはし」が引き立つように自分の「木ざはし」を削除した。弟子思いの話なのどか、芭蕉が冗談めかしていったのは、珍夕への親しみであろうし、珍夕の気持ちに余計な負担をかけないようにとの、思いやりでもあるだろう。芭蕉の洒脱《しゃだつ》な心遣いだ。

芭蕉は「木ざはし」の代わりを考えて、「木ざはしや」を「桐《きり》の木」に改め、下五の「坪の内」を「塀の内」にして、『猿蓑《さるみの》』（元禄4刊）に見られる次の句になった。

　桐の木にうづら鳴くなる塀の内――Ⓑ　　芭蕉

これはもともとは師弟間の、ちょっといい話、といったものだが、別の角度から考えてみると、芭蕉の等類論に通じるところがある。芭蕉は珍しい季語「木ざはし」を生かして、いい句ができたと思っていた。ところが、珍夕の句に「木ざはし」を発見した。自分と同じ季語を選んだ門弟の成長ぶりを嬉《うれ》しく思うと同時に、いささか得意な珍しい季語を使われてしまったことが残念だった。せっかく輝いて見えた季語も、やや色褪《あ》せて感じられた。もう捨ててもいい。

そこのところをやや拡大して考えれば、自分の類句を作られてしまったので、自分の句を捨ててしまうことに似ている。芭蕉は、人に使われたことで「木ざはし」の鮮度を見限り、それを捨てて他の言葉で作品の再生をはかった。ちょっといい話の下に、［　②　］と、それを機会として新しい創造に踏み出したたかな作句根性がか

【資料】

「国語は乱れていると思うか」
（全国の16歳以上を対象に調査）

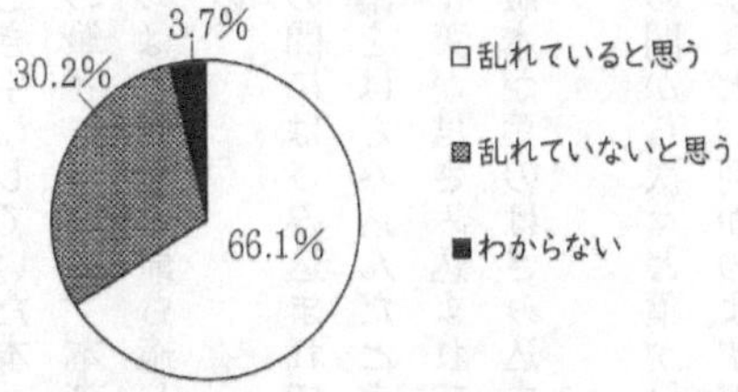

「乱れていると思う」と考えた理由

○　敬語を正しく使えていない人が多いから。
○　若者言葉や新語、流行語が多用されているから。
○　語句や慣用句、ことわざを正しく使えていない人が多いから。

「乱れていないと思う」と考えた理由

○　言葉は時代によって変わるものだから。
○　多少の乱れがあっても根本的には変わっていないから。
○　いろいろな言葉や表現がある方が自然だから。

（「国語に関する世論調査」（文化庁）により作成）

丁＝書籍の紙数を数える語。
後学＝学問・技芸などで、先人のたどった道をあとから進むこと。またそのような人。
ゆるがせにしない＝おろそかにしない。
よすが＝機会。
荷風＝永井《ながい》荷風。明治期から昭和期の随筆家・小説家。
紙魚＝和紙・書籍などを食いあらす、体長一センチメートル程の平たく細長い虫。

1　次のうち、本文中の ① に入れるのに最も適していることばはどれか。一つ選び、記号を○で囲みなさい。

ア　まさか
イ　どうして
ウ　まるで
エ　たとえ

2　②そのとき手にしていた本 とあるが、次のうち、この本を読んでいるときの筆者について、本文中で述べられていることがらと内容の合うものはどれか。最も適しているものを一つ選び、記号を○で囲みなさい。

ア　本の間にはさみ込まれている色褪せた一葉を見つけて、自分がその葉をはさみ込んだときのかすかな記憶がふと思い出された。
イ　本に葉がはさみ込まれていることは珍しいことではないが、古い木版本が葉のはさみ込まれた状態で残っていたことに驚きを感じた。
ウ　本の間から次々と葉が見つかり、名勝の地を訪れたおりや落葉の時季など、何かのよすがとしてはさまれたものではないと思えてきた。
エ　行間や上部の欄外に書き入れをしながら読んでいくうちに、学問の道筋と心構えや古人の精神を理解することができ、粛然とした気持ちになった。

3　③にわかに惜しむような気持ちになった とあるが、筆者がこのような気持ちになった理由として、本文中で述べられている内容を次のようにまとめた。 a に入る内容を、本文中のことばを使って**二十字以上、三十字以内**で書きなさい。また、 b 、 c に入れるのに最も適しているひとつづきのことばを、それぞれ本文中から抜き出しなさい。ただし、 b は**九字**、 c は**六字**で抜き出すこと。

「枯葉の記」の一節にいたったとき、かつて筆者が手にしていた『童子問』の間に　a　ということが分かり、　b　と思えて風に飛ばしてしまった枯葉は、はるか昔の人物が今よりもずっと貴重であった本をいとおしんだ　c　であったと思ったから。

五

次のページの**【資料】**は、日常の言葉遣いや話し方、あるいは文章の書き方などといった国語に関する意識や理解の調査における「国語は乱れていると思うか」という質問に対する回答結果をまとめたものです。**【資料】**の内容にもふれながら、「国語は乱れていると思うか」という質問に対するあなたの考えを別の原稿用紙に書きなさい。ただし、あとの**条件1・2**にしたがって書くこと。

条件1　「国語は乱れていると思うか」という質問に対するあなたの考えを示したうえで、なぜそのように考えたのかを説明すること。
条件2　**二百六十字以内**で書くこと。

ませたような銀杏の葉や、窯変《ようへん》の色を思わせる紅葉の葉を手にして、読みさしの本のあいだにはさんだりするのは、よくあることだろう。後日、たまたまひらいた本のおいだに、色褪《あ》せた一葉を見つけて、かすかになった記憶をしばしたどったりすることもまた……。

②そのとき手にしていた本は、しかし、風雅をこととするような本ではなかった。伊藤仁斎《いとうじんさい》の『童子問《どうじもん》』。学問の道筋と心構えを懇切をきわめて講じた、三巻からなる木版本だった。木版本の場合、本に記載された日時が、実際の刊行時期と異なることがあるそうだから、その本も実はそれほど古いものではないのかもしれないが、奥付けにあたる最後の一丁には、宝永《ほうえい》四年（一七〇七年）とあった。

行間や上部の欄外に、朱をまじえた丁寧な細字で、おそらくは子弟のためと思われる書き入れがなされてあり、はるか後世のおぼつかない後学には、それがことのほかありがたかった。その書き入れにはまた、もうひとつ別の効用もあった。読んでいると、何事もゆるがせにしない古人の精神が乗り移りでもしたものか、こちらもいくらか粛然とした気持ちになるのだ。

はじめ、木の葉のはさまれているのを目にしても、さして気にはならなかった。二つ折りにして綴《と》じられた紙のすきまに、葉はひそませるようにしてはさみ込んである。しばらくするうちに、どうもそれが尋常ではないような気がしてきた。二、三丁めくると、必ずひそませてある葉が、薄い和紙を透かして見てとれる。とても何かのよすがに、などというものではない。いったい誰が何のためにと考えているうちに、次々と見つかるその黒ずんだ葉が、何かいとわしいものに思えてきて、見つけ次第、窓から投げ棄《す》てていった。木の葉は実に久方ぶりに、戸外を吹きすぎる風に舞ったことになる。

それにしても、なぜこんなふうに、葉を執拗《しつよう》にはさみ込んだりしたのだろうという疑問は、しばらく胸にわだかまっていたが、風に飛び去った木の葉のように、それもいつしか忘れてしまった。もう何年も前のことだ。

ところが最近、たまたま荷風《かふう》の随筆『冬の蠅《はえ》』所収の「枯葉《かれは》の記」を読んでいて、次のような一節にいたったとき、図らずもその疑問は氷解したのだった。

「古本を買ったり、虫干《むしぼし》をしたりする時、本の間に銀杏や朝顔の葉のはさんだままに枯れてゐるのを見ることがある。いかなる人がいかなる時、蔵書を愛するの余りになしたことか。その人は世を去り、その書は転々として知らぬ人の手より、また更に知らぬ世の、知らぬ人の手に渡って行く。紙魚《しみ》を防ぐ銀杏の葉、朝顔の葉は、枯れ干されて、紙魚と共に紙よりも軽く、窓の風に翻《ひるがへ》つて、行くところを知らない。」

そうか、あれは紙魚を防ぐためのものだったのか。ひとたび分かってみれば、そんな自明とも思われることになぜ気づかなかったのか、我ながら不思議なほどだった。まことに、ものを知らない人間には知る喜びがある。あの枯葉は、はるか昔、今よりもずっと貴重であった本をいとおしんだ心遣いの、かすかな痕跡であったのだ。丹念に木の葉を本のあいだにさしはさんでいた、さも克明そうな人物にたいして、親しみに似た感情を覚えはじめた。あのとき風に飛ばしてしまった枯葉をさえ、③にわかに惜しむような気持ちになった。

（鶴ヶ谷真一『書を読んで羊を失う』による）

（注）象牙＝ここでは、薄いクリーム色のこと。
窯変＝窯で陶磁器を焼いた時に起こる、予期しない色などの変化。
風雅＝風流で優美なこと。
伊藤仁斎＝江戸時代の儒学者。

ことばで十字以上、十五字以内で書きなさい。

最初からすべての意味を理解しようとするのではなく、まずは大方を見て、[a]をあれこれと読んではまた前に読んでいた書へ戻りながら、何度も読むうちに、少しずつ、はじめに[b]ようになっていく

2 ②立ちかへりつつを現代かなづかいになおして、**すべてひらがな**で書きなさい。

3 ③自分の料簡の出で来るものなればとあるが、次のうち、自分の料簡ができてからの書の読み方について、本文中で述べられていることがらと内容の合うものはどれか。最も適しているものを一つ選び、記号を○で囲みなさい。

ア 古い書から新しい書まで広く読むだけでなく、それらの内容の本質をしっかりと理解しながら読むことに精一杯力を注ぐのがよい。

イ 自分の心のままに精一杯古い書から新しい書まで広く読むことも、要点をしぼってそれほど広くにわたらず読むこともあってよい。

ウ 古い書から新しい書まで広く読むよりも、自分が心から知りたいと思うことに要点をしぼり、それについて書かれたものを読むのがよい。

エ 自分の知りたいことだけを効率よく知ろうとするのではなく、より多くのことを知るために、古い書から新しい書まで広く読むのがよい。

三 次の問いに答えなさい。

1 次の(1)～(4)の文中の傍線を付けた漢字の読み方を書きなさい。また、(5)～(8)の文中の傍線を付けたカタカナを漢字になおし、解答欄の枠内に書きなさい。ただし、漢字は楷書《かいしょ》で、**大きくていねいに書くこと**。

(1) 栄誉をたたえる。　(2) 話が佳境に入る。

(3) 大会への参加者を募る。　(4) 本を携えて旅に出る。

(5) 教室を美しくタモつ。　(6) 屋根をササえる柱。

(7) キュウキュウ箱を常備する。　(8) 専門リョウイキを広げる。

2 次のうち、返り点にしたがって読むと「其《そ》の一を識《し》つて、其の二を知らず。」の読み方になる漢文はどれか。一つ選び、記号を○で囲みなさい。

ア 識ツテ㆓其ノ一ヲ㆒、不《ず》㆑知ラ㆓其ノ二ヲ㆒。

イ 識ツテ㆑其ノ一ヲ、不㆑知ラ㆑其ノ二ヲ。

ウ 識ツテ㆓其ノ一ヲ㆒、不㆑知ラ㆑其ノ二ヲ。

エ 識ツテ㆑其ノ一ヲ、不㆑知ラ㆓其ノ二ヲ㆒。

四 次の文章を読んで、あとの問いに答えなさい。

古い和本をひるがえしていると、ときおり本のあいだに木の葉のはさまれているのを見つけることがある。どれほど古いものなのか、手にした葉は乾ききって、もう元の色をとどめてはいないが、その輪郭を見れば、これは銀杏《いちょう》の葉、これは朝顔の葉だというように見分けはつく。

本に木の葉をさしはさんだりするのは、べつに珍しいことではない。名勝の地を訪れたおり、庭園に落ちているきれいな一葉をひろって、ささやかな記念としたり、落葉の時季に、[①]象牙に黄をにじ

このように、考古学、歴史学、文化人類学、宇宙学などのように、現在目の前に存在しえない対象を研究する学問分野では、必ず、研究者の想像力が活用されています。未来も、目の前に存在しません。したがって、まったく新しく起こるであろう部分を明らかにするためには、想像力が必要になってくるのです。

こうして、未来学では、[②]、総合的に未来の知識を創造します。

（小野良太『未来を変えるちょっとしたヒント』による）

1　本文中のA～Dの――を付けた語のうち、一つだけ他と品詞の異なるものがある。その記号を○で囲みなさい。

2　①それが、その分野の知識になります　とあるが、多くの学問分野における知識の生み出し方について、本文中で筆者が述べている内容を次のようにまとめた。[a]に入れるのに最も適しているひとつづきのことばを、本文中から**二十五字**で抜き出し、**初めの五字**を書きなさい。また、[b]に入る内容を、本文中のことばを使って**二十字以上、三十字以内**で書きなさい。

[a]のものごとを研究対象として、[b]ことによってわかった事実や現実に関する新しいことが知識となる。

3　本文中には次の一文が入る。入る場所として最も適しているものを本文中の[ア]～[エ]から一つ選び、記号を○で囲みなさい。

しかし、研究において想像力を用いることは、すでに他の多くの学問分野で行われていることです。

4　次のうち、本文中の[②]に入れるのに最も適していることばはどれか。一つ選び、記号を○で囲みなさい。

ア　過去や現在の類推で考えられる部分とまったく未知の部分に共通して適用できる知識を演繹的に応用しながら

イ　過去や現在の類推で考えられる部分には既存の知識を演繹的に応用し、まったく未知の部分には想像力を働かせて

ウ　過去や現在の類推で考えられる部分とまったく未知の部分との相違点を、想像力を駆使して明らかにすることで

エ　過去や現在の類推で考えられる部分には既存の知識を活用し、まったく未知の部分にはそれを演繹的に応用することで

二　次の文章を読んで、あとの問いに答えなさい。

いづれの書《ふみ》《書物》をよむとても、①初心のほどは、かたはしより文義を解《げ》せん《理解しよう》とはすべからず、まづ大抵にさらさらと見て、他の書にうつり、これやかれやと読みては、又さきよみたる書へ②立ちかへりつつ、幾遍もよむうちには、始めに聞こえざりし《わからなかった》事も、そろそろと聞こゆる《わかる》やうになりゆくもの也《なり》。さて件《くだん》の書どもを、数遍よむ間には、其《そ》の外のよむべき書どものことも、学びやうの法なども、段々に③自分の料簡《れうけん》《考え》も出《い》で来るものなれば、其の末の事は、一々さとし教ふるに及ばず、心にまかせて、力の及ばむかぎり、古きをも後の書をも、広くも見るべく、又簡約《つづまやか》にして、さのみ広くはわたらずしても有りぬべし。

1　①初心のほど　とあるが、初心のころの書の読み方について、本文中で述べられている内容を次のようにまとめた。[a]に入れるのに最も適しているひとつづきのことばを、本文中から**三字**で抜き出しなさい。また、[b]に入る内容を本文中から読み取って、現代の

＜国語＞（B問題）　時間　五〇分　満点　九〇点

【注意】答えの字数が指定されている問題は、句読点や「」などの符号も一字に数えなさい。

一　次の文章を読んで、あとの問いに答えなさい。

A過去や現在を分析して得られた知識は、未来の出来事を予測するときにある程度の指針には成り得ますが、未来の出来事がその通りにB起こることはまずありません。

まだ何も起こっていない未来は、過去の指針がC示す以上に広範囲です。したがって、未来をD考察するには、過去や現在の知識だけではなく、未来の状況や状態に関するより広範な「未来の知識」が必要になってくるのです。

知識は研究によって生み出されます。ところが、一言で知識と言っても、多くの学問分野と未来学とでは、その生み出し方に根本的な違いがあります。他の学問分野では、研究対象は、過去に存在していたか、現在存在しているかのどちらかです。そこで、その研究対象を観察したり、それに対して何らかの実験を行ったりすることが可能であり、数値によるか言葉によるかの違いはありますが、その対象に関するデータを集めることができます。そして、これらのデータを分析することにより、事実や現実に関して新しいことがわかり、①それが、その分野の知識になります。

これに対して、未来学の研究対象は未来の出来事や未来の人々です。どれも、まだ存在していません。存在していなければ、データを得ることもできません。そのような状況で、未来についてわかることを「未来の知識」として示すために、未来学は「演繹《えんえき》的思考方法」と「想像力」を用います。

まず、未来の社会やその状況は、過去や現在との「類似の部分」とまったく「新しい部分」とから構成される、と考えます。

そして類似部分については、多くの学問分野に存在する知識を演繹的に活用して明らかにしようとします。たとえば、未来の経済状況を考える際には、経済を推進させる要因や停滞させる要因が経済学の知識としてわかっているので、それらが未来ではどのように働いていくかを考察します。また、未来の交通システムを考える場合には、過去の運輸技術はどのような背景の下に現れてきたか、それらの技術はどのような発展をたどってきたか、そして、交通システム、人、産業はどのような関係を築いてきたかといった交通システム分野での知識の中で、未来にも適用できると考えられるものを参考にします。［ア］

一方、未来のまったく新しい部分を考察するには、人間が持っている、未知の事柄を思い描く力である想像力を使います。［イ］客観的なデータに基づいて知識を生み出すという、広く受け入れられている科学的手法から判断すると、知識を主観的な想像力から生み出すことなど、一見、認められないことのように思われるかもしれません。

［ウ］

たとえば、考古学では、大昔の人類がどのような暮らしをしていたのかを明らかにするために、人類の残した様々な痕跡を発掘し、それらを分析します。［エ］この点では、過去の事実を見つけそれを分析するので、客観的であると言えますが、分析結果を、知識として本や映像などのメディアに表現する時には、必ず人間の想像力を駆使します。過去は決して再現できないので、過去の様子の再現は、データを基にして想像力で補います。

五　あなたの考える、読書の魅力はどのようなことですか。次の条件1・2にしたがって、あなたの考えを別の原稿用紙に書きなさい。

条件1　具体例や自分の体験を挙げながら説明すること。

条件2　百八十字以内で書くこと。

エ　あとの漢字が前の漢字の目的や対象を示している。

2　本文中には次の一文が入る。入る場所として最も適しているものを本文中の［ア］～［エ］から一つ選び、記号を○で囲みなさい。

> けれど、そうした砂の世界に何日か身を置いてみると、やがて砂は私になにごとかをささやきはじめた。

3　②私は、砂漠に自分自身の姿を見に行くのである　とあるが、Aさんたちは授業において、「筆者がこのように述べるのは、砂漠をどのようなところと考えているからか」ということについて、本文の内容をもとに話し合うことになりました。次は、Aさんたちの**【話し合いの一部】**です。

【話し合いの一部】

Aさん　筆者は、砂漠をどのようなところだと考えているんだろう。まずは本文をもとに、筆者が砂漠でどんなことを考えていたかをふりかえってみよう。

Bさん　筆者ははじめ、砂漠に身を置くと、［a］が当たり前のようになり、なぜ日本の生活にはあんなにもたくさんのものがあるのかということに疑問を感じていたよね。そして、それらのものは、ぜんぶ余計なものなのではないかとまで考えていたよ。

Cさん　そうそう。でも、一方では、そういった生きてゆくうえで必要なものを上まわる余分のものこそが文化ではないかとも述べていたよね。

Bさん　確かにそうだね。ただ、余分なものこそ文化であるにちがいないが、そのすべてが文化であるわけでもないと考えなおしていたよ。そして、もういちど余分なもののなかで、［b］必要があるのではないかと考えていたよね。

Aさん　筆者は砂漠とくらべることで、現代の文明社会に生きる人びとの生活を省みて、考えを深めていたということだね。だから筆者は、砂漠のことを、反省を私にもたらす世界であると述べていて、［c］とたとえているんだね。

Cさん　なるほど。そういう意味で、筆者にとって砂漠は、自分自身の姿を見に行くところだったんだね。

（以下、話し合いは続く）

(1)　**【話し合いの一部】**中の［a］、［c］に入れるのに最も適しているひとつづきのことばを、それぞれ本文中から抜き出しなさい。ただし、［a］は**九字**、［c］は**六字**で抜き出すこと。また、［b］に入る内容を、本文中のことばを使って**二十字以上、二十五字以内**で書きなさい。

(2)　次のうち、**【話し合いの一部】**中の＝＝で示した発言を説明したものとして最も適しているものはどれか。一つ選び、記号を○で囲みなさい。

ア　それまでに出た発言のなかで疑問に思ったことを質問している。

イ　それまでに出た発言の誤っている部分を指摘して訂正している。

ウ　それまでに出た発言とは反対の立場から意見を述べている。

エ　それまでに出た発言の内容を整理しながらまとめている。

し、おそらく、砂漠というものが、私にとってはまったくの反世界だからだろうと思う。

　たしかに砂漠は私たちの住む日本の風土の反対の極と言ってもいいであろう。和辻哲郎《わつじてつろう》はあの有名な『風土』という書物のなかで、世界の風土をモンスーン型、牧場型、砂漠型の三つに分け、砂漠型を私たちの住むモンスーン型風土の①対極に置いた。そしてモンスーン型の日本人がインド洋を抜けてアラビア半島にたどりついたときの衝撃を記している。［ア］その衝撃とは、「人間《じんかん》いたるところに青山《せいざん》あり」などと考えているモンスーン型日本人が、どこをどう見まわしても青山など見あたらぬ乾き切った風土に直面したおどろきだと言う。

　たしかに砂漠は、青山的な私にとって衝撃そのものだった。［イ］そこにあるのはただ砂と空だけなのだから。［ウ］そして、不思議なことに、こんどは自分が住んでいるモンスーン型の日本の風土や、そこにくりひろげられている生活が〝反世界〟のように思えてくるのである。［エ］

　砂漠には何もない。何もないということがとうぜんのようになってくると、逆に、なぜ日本の生活にはあんなにもたくさんのものがあるのか、奇妙に思えてくる。あんなに多くのものに取り巻かれなければ暮らしてゆけないのだろうか、と。もしかしたら、それらのものは、ぜんぶ余計なものではないのか。余計なものに取り巻かれて暮らしているから、余計な心配ばかりがふえ、かんじんの生きる意味が見失われてしまうのではないか……。

　しかし、待てよ、と私は考える。生きてゆくのに必要なものだけしかないということは、文化がないということではないか。生きてゆくうえに必要なもの、それを上まわる余分のものこそが、じつは文化ではないのか。文化とは、言ってみれば、余計なものの集積なのではないか。だとすれば、砂漠を肯定することは、文化を否定することになりはしまいか……。

　それにしても――と私はさらに考えなおす。私たちはあまりにも余分なものを抱えこみすぎているのではなかろうか。余分なものこそ文化にはちがいないが、さりとて、余分なもののすべてが文化であるわけもなかろう。余分なもののなかで、どれが意味があり、何が無価値であるか、それをもういちど考えなおす必要がありはしまいか……。

　砂漠とは、こうした反省を私にもたらす世界である。砂漠は現代の文明社会に生きる人びとにとって、一種の鏡の国と言ってもいいような気がする。私は砂漠に身を置くたびに、ある探検家がしみじみと洩《も》らしたつぎのことばをかみしめる。

「砂漠とは、そこへ入りこむさきには心配で、そこから出て行くときにはなんの名残もない、そういう地域である。砂漠には何もない。ただ、その人自身の反省だけがあるのだ」

　私は、②砂漠に自分自身の姿を見に行くのである。

（森本哲郎『すばらしき旅』による）

（注）和辻哲郎＝大正期から昭和期の思想家。
人間いたるところに青山あり＝故郷ばかりが一生を終える場所ではなく、人間の活動のできる所はどこにでもあるということ。

1　①対極　とあるが、あとのうち、「対極」という熟語の構成について説明したものとして最も適しているものはどれか。一つ選び、記号を○で囲みなさい。

ア　前の漢字があとの漢字を修飾している。
イ　似た意味をもつ漢字を組み合わせている。
ウ　反対の意味をもつ漢字を組み合わせている。

構造の工夫	構造の工夫による効果
○ 蓋の木目とクロスする方向に桟が付けられている。 ○ 蓋に掘った長い溝に桟の縁が滑り込むようにして嵌め込まれており、そのうえ、蓋の溝と桟の縁は［ a ］で組み合わせる「蟻」と呼ばれる構造になっている。	○ 桟は持ち上げても外れないが、蓋に対してスライドはできるので、蓋が膨張しても桟から［ b ］ため、鍋蓋が壊れてしまうことはなく、桟は反り止めとしての役割を最大限に発揮する。 ○ 反り止めとして不可欠な桟が［ c ］も果たす。

三 次の文章を読んで、あとの問いに答えなさい。

宗祇《そうぎ》法師、霜月の比《ころ》、雪ふりに馬にのり、あづまへ下られける。越川《ゑちがは》を①とほられければ、馬子いふやう、そうぎさま、此《こ》のゆきに一句いたしましたといふ。②何としたぞととはれければ、雪ふればかはらの石も頭巾きるといふ。宗祇、下の句を付けやうとて、日がてりや《照ると》ぬぐといはれた。

（注）宗祇法師＝室町時代の連歌師。
馬子＝馬に人や荷物を乗せて運ぶ人。
越川＝川の名。

1 ①とほられければ を現代かなづかいになおして、**すべてひらがな**で書きなさい。

2 ②何としたぞ とあるが、次のうち、このことばの本文中での意味として最も適しているものはどれか。一つ選び、記号を○で囲みなさい。

ア なぜ句を作ったのか。
イ どのような句を作ったのか。
ウ どのように句を作ればよいか。

3 次は、Tさんがこの文章を読んだ後に書いた**【鑑賞文の一部】**です。**【鑑賞文の一部】**中の［ a ］、［ b ］に入れるのに最も適しているひとつづきのことばを、それぞれ本文中から抜き出しなさい。ただし、［ a ］は**二字**、［ b ］は**七字**で抜き出すこと。

【鑑賞文の一部】

この文章では、馬子が、かわらの石に雪が積もっている様子をかわらの石が頭巾を［ a ］というたとえを用いて句を詠《よ》み、その句に対して、宗祇法師が下の句を付けた場面が描かれています。宗祇法師は、馬子が詠んだ句のたとえをふまえて、日が照ってかわらの石に積もった雪がとけていく様子を「［ b ］」と詠んだと考えられます。このように、比喩を用いて句を詠んだところや、馬子が作った句をふまえて、宗祇法師がとっさに句を付けたところに私はおもしろさを感じました。

四 次の文章を読んで、あとの問いに答えなさい。

私は何度か砂漠へ出かけた。旅ということばをきくと、どういうわけか私の胸中には空と砂とがひとつに溶け合った果てしない砂漠の光景が浮かぶのである。そのような光景が浮かぶと、つぎの瞬間、私はどうしてもそこへ我が身を置いてみたくなる。こうして私はまるで砂にたぐり寄せられるように砂漠へ旅立った。

なぜ砂漠にそんなに惹《ひ》かれるのか。自分にもよくわからない。しか

が付いているだけで蓋の反りが止まるのです。ただし、反りを止める方向に付けてあることが重要です。板は繊維が走っている方向には反らず、繊維に直交する方向に反ります。だから、桟は蓋の木目とクロスする方向に付けなければなりません。

ところで、ここで問題なのは蓋と桟がどのようにくっ付いているかです。良く見てみると、蓋に長い溝が掘ってあり、それに桟の縁が滑り込むようにして嵌《は》め込んであります。しかも、溝の断面の形は、蓋の表面から奥へ行くほど広がっています。その溝に嵌め込んである桟の縁は、同じように末広がりの形に加工してあります。このように末広がりの形で組み合わせる構造を、木工用語で「蟻《あり》」と呼びます。末広がりの三角の形が、蟻の頭に似ているから、そのような名前が付いたのだと言われています。

この「蟻」の構造であれば、蓋と桟は密着して外れません。末広がりだから、引っ張っても剥がれないのです。しかし、ここが重要なところなのですが、蓋に対して桟がスライドすることはできます。桟を持ち上げても外れませんが、桟の長さ方向には滑らせることができるというわけです。

木の板は、普通の大気中に置いても、温度湿度の変化に応じて膨張、収縮をします。特に、繊維に直交する方向には、大きく動きます。それが鍋蓋となれば、湯気に当たるので大きく膨張します。一方、桟は繊維方向に長い部材なので、長さは変化しません。その両者が釘《くぎ》などでガッチリと固定されていたら、膨張しようとする蓋が桟で拘束されるので、大きな力が働いて壊れてしまいます。スライドできる構造だから、蓋が膨張しても桟から余計な力を受けないのです。

蓋に桟をスライドさせて嵌め込むことで、しかも「蟻」の形の溝に嵌め込むことにより、桟は反り止めとしての役割を最大限に発揮できるのです。そして反り止めとして不可欠な部材である桟が、蓋を持ち上げるときの取っ手としての役割も果たしています。③実に合理的で、良く工夫された構造だと思います。（大竹收『木工ひとつばなし』による）

1　①端的に とあるが、次のうち、このことばの本文中での意味として最も適しているものはどれか。一つ選び、記号を○で囲みなさい。

ア　一時的に
イ　明白に
ウ　詳細に

2　②そんな現象 とあるが、本文において、これはどのような現象のことか。その内容についてまとめた次の文の [a] に入れるのに最も適しているひとつづきのことばを、本文中から**九字**で抜き出しなさい。また、[b] に入る内容を、本文中のことばを使って**十字以上、二十字以内**で書きなさい。

鍋蓋に [a] を使うと、湯気の当たる蓋の裏側だけが [b] 現象。

3　③実に合理的で、良く工夫された構造 とあるが、木でできた鍋蓋の構造の工夫とその効果について、本文中で筆者が述べている内容を次のようにまとめた。[a]、[b]、[c] に入れるのに最も適しているひとつづきのことばを、それぞれ本文中から抜き出しなさい。ただし、[a] は**六字**、[b] は**九字**、[c] は**九字**で抜き出すこと。

＜国語＞（A問題）

時間 五〇分　満点 九〇点

【注意】 答えの字数が指定されている問題は、句読点や「」などの符号も一字に数えなさい。

一　次の問いに答えなさい。

1　次の(1)〜(4)の文中の傍線を付けた漢字の読み方を書きなさい。また、(5)〜(8)の文中の傍線を付けたカタカナを漢字になおし、解答欄の枠内に書きなさい。ただし、漢字は楷書《かいしょ》で、大きくていねいに書くこと。

(1) 宿舎に到着する。
(2) 勝利の栄冠に輝く。
(3) 試合で全力を尽くす。
(4) 友人に本を勧める。
(5) 毎朝七時にオきる。
(6) 教室を美しくタモつ。
(7) ウチュウ飛行士が帰還する。
(8) キュウキュウ箱を常備する。

2　次の文中のA〜Cの――を付けた「の」のうち、一つだけ他とはたらきの異なるものがある。その記号を○で囲みなさい。

今週の(A)土曜日に、駅前の(B)ホールで、私の(C)好きな歌手がコンサートを行う予定だ。

二　次の文章を読んで、あとの問いに答えなさい。

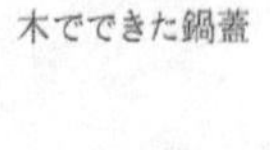

木でできた鍋蓋

現在ではあまり見かけなくなりましたが、昔は木でできた鍋蓋《なべぶた》をよく目にしました。丸い木の円盤の上に、1本の桟《さん》がくっ付いているものです。ご飯を炊く釜の蓋は、不必要とも思われるくらい分厚くて、付いている桟は2本でした。

この鍋蓋、一見簡単な構造のものですが、なかなか良く工夫された優れものだと、私は思います。木を使う技が、実に①端的に表れた道具だと思うのです。

鍋は、中で汁などを煮るものですから、その蓋は高温の湯気に曝《さら》されます。そこに、単なる1枚の木の板を使ったなら、どうなるでしょうか。蓋の裏側は湯気に当たって湿り、そして温度が上がります。湿ったうえに温度が上がるのですから、板は激しく膨張します。蓋の表側は外気に接していますから、膨張することはありません。片側だけ膨張した板は、行き場の無い力をぶつけるようにして反り返ります。

②そんな現象を、実際に見たことがあります。あるお宅で鍋パーティーがあり、呼ばれて行きました。大鍋を焚《た》き火にかけて煮るのですが、その鍋の蓋は壊れて桟が無くなっていました。つまりただの円盤だったのです。それを鍋に載せて使ったのですが、加熱が進むにつれて蓋が反って丸まってしまい、ポテトチップのような形になりました。そうなると、反って持ち上がった縁から湯気が漏れてしまい、蓋としての役割も果たせなくなりました。居合わせた人たちは、極端に変形したその蓋を見て、大笑いをしました。

蓋に付いている桟は、反り止めの役目を果たしているのです。ただの1本の棒、あるいは1枚の細長い板と呼ぶようなものですが、それ

一般

2023年度

解　答　と　解　説

《2023年度の配点は解答用紙集に掲載してあります。》

＜数学解答＞（A問題）

1　(1)　-13　(2)　5.9　(3)　32　(4)　$10x-1$　(5)　$-6y$　(6)　$4\sqrt{5}$

2　(1)　ウ　(2)　9　(3)　エ　(4)　$2a+7b$g　(5)　540度　(6)　5回

(7)　$x=4,\ y=-2$　(8)　$x=-5,\ x=7$　(9)　$\frac{1}{12}$　(10)　$\frac{2}{5}$　(11)　イ

3　(1)　①　(ア)　822　(イ)　786　②　$y=-6x+840$　(2)　65

4　(1)　エ　(2)　$8x$cm^2　(3)　ⓐ　DGC　ⓑ　GCD　ⓒ　ウ

(4)　$2\sqrt{13}$cm（求め方は解説参照）

＜数学解説＞

1　（数・式の計算，平方根）

(1)　四則をふくむ式の計算の順序は，乗法・除法→加法・減法となる。$5\times(-4)+7=(-20)+7=(-20)+(+7)=-(20-7)=-13$

(2)　正の数・負の数をひくには，符号を変えた数をたせばよい。$3.4-(-2.5)=3.4+(+2.5)=3.4+2.5=5.9$

(3)　$2\times4^2=2\times4\times4=8\times4=32$

(4)　分配法則を使って，$2(x+1)=2\times x+2\times1=2x+2$だから，$8x-3+2(x+1)=8x-3+(2x+2)=8x-3+2x+2=8x+2x-3+2=10x-1$

(5)　$\mathrm{A}\div\mathrm{B}=\frac{\mathrm{A}}{\mathrm{B}}$だから，$-18xy\div3x=\frac{-18xy}{3x}=-6y$

(6)　$\sqrt{45}=\sqrt{3^2\times5}=3\sqrt{5}$ だから，$\sqrt{5}+\sqrt{45}=\sqrt{5}+3\sqrt{5}=(1+3)\sqrt{5}=4\sqrt{5}$

2　（数直線，式の値，数の性質，文字を使った式，角度，資料の散らばり・代表値，連立方程式，二次方程式，確率，関数$y=ax^2$，空間内の直線と平面の位置関係）

(1)　$-\frac{7}{4}=-1\frac{3}{4}$だから，$-2<-1\frac{3}{4}<-1$　つまり，$-2<-\frac{7}{4}<-1$　これより，$-\frac{7}{4}$はウの範囲にある。

(2)　$a=-3$のとき，$4a+21=4\times(-3)+21=-12+21=9$

(3)　ア　$n=1$のとき，$\frac{1}{3}n=\frac{1}{3}\times1=\frac{1}{3}$で，$\frac{1}{3}n$は3の倍数にならない。　イ　$n=1$のとき，$n+3=1+3=4$で，$n+3$は3の倍数にならない。　ウ　$n=0$のとき，$2n+1=2\times0+1=1$で，$2n+1$は3の倍数にならない。　エ　$3n+6=3(n+2)$　これより，$n+2$は整数だから，$3(n+2)$は3の倍数である。つまり，$3n+6$はつねに3の倍数になる。

(4)　1個の重さがagのビー玉2個の重さはa(g)$\times$2(個)$=2a$(g)…①　1個の重さがbgのビー玉7個の重さはb(g)$\times$7(個)$=7b$(g)…②　これより，①と②の重さの合計は$2a+7b$(g)と表される。

(5)　n角形の内角の和は$180^\circ\times(n-2)$だから，正五角形の内角の和は$180^\circ\times(5-2)=540^\circ$

(6)　箱ひげ図の箱で示された区間に，全てのデータのうち，真ん中に集まる約半数のデータが含

まれる。この箱の横の長さを**四分位範囲**といい，**第3四分位数**から**第1四分位数**を引いた値で求められる。よって，反復横とびの記録の四分位範囲は55－50＝5(回)

(7)　$\begin{cases} x-3y=10\cdots① \\ 5x+3y=14\cdots② \end{cases}$　とする。①＋②より，$(x-3y)+(5x+3y)=10+14$　$6x=24$　$x=4$　これを②に代入して，$5\times4+3y=14$　$20+3y=14$　$3y=14-20=-6$　$y=-2$　よって，連立方程式の解は$x=4$，$y=-2$

(8)　$x^2-2x-35=0$　たして－2，かけて－35になる2つの数は，$(+5)+(-7)=-2$，$(+5)\times(-7)=-35$より，＋5と－7だから$x^2-2x-35=\{x+(+5)\}\{x+(-7)\}=(x+5)(x-7)=0$　$x=-5$，$x=7$

(9)　二つのさいころを同時に投げるとき，全ての目の出方は6×6＝36(通り)。このうち，出る目の数の和が10より大きい数，即ち，11か12のいずれかになるのは，一方のさいころの出た目の数をa，他方のさいころの出た目の数をbとしたとき，$(a,\ b)=(5,\ 6)$，$(6,\ 5)$，$(6,\ 6)$の3通り。よって，求める確率は$\frac{3}{36}=\frac{1}{12}$

(10)　点A，Bは$y=ax^2$上にあるから，そのy座標はそれぞれ$y=a\times3^2=9a$，$y=a\times(-2)^2=4a$　Aのy座標は，Bのy座標より2大きいから，$9a-4a=2$　$a=\frac{2}{5}$

(11)　空間内の直線と平面の位置関係には，「直線は平面上にある」，「交わる」，「平行である」の3つの場合がある。問題の直方体ABCD－EFGHに関して，辺ABは面ABCD上と面AEFB上にあり，面DHGCと面EFGHに平行であり，面AEHDと面BFGCに垂直に交わる。

3　(関数とグラフ，文字を使った式，方程式の応用)

(1)　①　(ア)　840(mL)－6(mL/分)×3(分)＝840(mL)－18(mL)＝822(mL)
(イ)　840(mL)－6(mL/分)×9(分)＝840(mL)－54(mL)＝786(mL)
②　①と同様に考えると，y＝840(mL)－6(mL/分)×x(分)＝$-6x+840\cdots$(i)

(2)　「加湿器を使用した時間」をt分として，「タンクの水の量」が450mLであるときのtの値は，(i)より，$450=-6t+840$　これを解いて，$t=65$

4　(平面図形，回転体，面積，相似の証明，線分の長さ)

(1)　△DCGを直線DGを軸として1回転させてできる立体は，底面の円の半径が辺CG，高さが辺DGの円すいである。

(2)　四角形ABCDは平行四辺形だから，(四角形ABCDの面積)＝底辺×高さ＝BC×DG＝AD×DG＝8×x＝$8x$(cm^2)

(3)　2つの三角形の相似は，「3組の辺の比がそれぞれ等しい」か，「2組の辺の比とその間の角がそれぞれ等しい」か，「2組の角がそれぞれ等しい」ときにいえる。本証明は，「2組の角がそれぞれ等しい」をいうことで証明する。1組目の等しい角は，仮定より，DE⊥EB，DG⊥BGだから，∠DEA＝∠DGC＝90°…㋐　2組目の等しい角は，EB//DCであり，**平行線の錯角は等しい**から，∠EAD＝∠ADC…㋑　AD//BGであり，平行線の錯角は等しいから，∠GCD＝∠ADC…㋒　㋑，㋒より，∠EAD＝∠GCD…㋓　以上，㋐，㋓より，2組の角がそれぞれ等しいから，△EAD∽△GCDがいえる。

(4)　(求め方)　(例)四角形ABCDは平行四辺形だから　DC＝4(cm)　△EAD∽△GCDだから　DE：DG＝DA：DC＝2：1　よってDE＝2DG＝6(cm)　∠EDC＝90°だから$EC^2=ED^2+DC^2$　EC＝$y$cmとすると，$y^2=6^2+4^2$　これを解くと，$y>0$より　$y=2\sqrt{13}$

＜数学解答＞(B問題)

1　(1)　-22　(2)　$6a-7b$　(3)　$3b$　(4)　$2x^2+1$　(5)　17

2　(1)　-4　(2)　$x=2$, $x=9$　(3)　26　(4)　-2　(5)　$\frac{7}{15}$　(6)　イ，オ

(7)　11　(8)　aの値　$\frac{5}{18}$(求め方は解説参照)

3　(1)　①　(ア)　822　(イ)　786　②　$y=-6x+840$　③　65

(2)　sの値　114　tの値　78

4　[Ⅰ]　(1)　解説参照　(2)　①　$\frac{4}{3}$cm　②　$\frac{4}{9}$cm　[Ⅱ]　(3)　ア

(4)　①　$\frac{12}{5}$cm　②　$\frac{32\sqrt{3}}{25}$cm^3

＜数学解説＞

1　(数・式の計算，式の展開，平方根)

(1)　四則をふくむ式の計算の順序は，指数→かっこの中→乗法・除法→加法・減法となる。$2\times(-3)-4^2=2\times(-3)-4\times4=-6-16=-22$

(2)　分配法則を使って，$5(2a+b)=5\times2a+5\times b=10a+5b$，$4(a+3b)=4\times a+4\times3b=4a+12b$だから，$5(2a+b)-4(a+3b)=(10a+5b)-(4a+12b)=10a+5b-4a-12b=10a-4a+5b-12b=6a-7b$

(3)　$2a\times9ab\div6a^2=2a\times9ab\times\frac{1}{6a^2}=\frac{2a\times9ab}{6a^2}=3b$

(4)　乗法公式$(a-b)^2=a^2-2ab+b^2$と分配法則を用いて，$(x+1)^2+x(x-2)=x^2+2\times x\times1+1^2+x\times x+x\times(-2)=x^2+2x+1+x^2-2x=x^2+x^2+2x-2x+1=2x^2+1$

(5)　乗法公式$(a+b)(a-b)=a^2-b^2$より，$(2\sqrt{5}+\sqrt{3})(2\sqrt{5}-\sqrt{3})=(2\sqrt{5})^2-(\sqrt{3})^2=20-3=17$

2　(式の値，二次方程式，数の性質，比例関数，確率，資料の散らばり・代表値，表面積，図形と関数・グラフ)

(1)　$a=-6$，$b=5$のとき，$a^2-8b=(-6)^2-8\times5=36-40=-4$

(2)　$x^2-11x+18=0$　たして-11，かけて$+18$になる2つの数は，$(-2)+(-9)=-11$，$(-2)\times(-9)=+18$より，-2と-9だから$x^2-11x+18=\{x+(-2)\}\{x+(-9)\}=(x-2)(x-9)=0$　$x=2$　$x=9$

(3)　$5-\frac{78}{n}$の値が自然数となるのは，$\frac{78}{n}$の値が5より小さい自然数になるときである。$\frac{78}{n}$の値が自然数になるのは，nの値が78の約数となるときで，$78=2\times3\times13$より，$n=1$，2，3，6，13，26，39，78のいずれかである。このうち，$n=1$，2，3，6，13のとき，$5-\frac{78}{n}$の値は負の整数になり，問題の条件に合わない。以上より，$5-\frac{78}{n}$の値が自然数となるような最も小さいnの値は26である。

(4)　$y=\frac{10}{x}$について，$x=1$のとき$y=\frac{10}{1}=10$，$x=5$のとき$y=\frac{10}{5}=2$。よって，xの値が1から5まで増加するときの変化の割合は，$\frac{y\text{の増加量}}{x\text{の増加量}}=\frac{2-10}{5-1}=-2$

(5)　A，Bそれぞれの箱から同時にカードを1枚ずつ取り出すとき，すべての取り出し方は$3\times5=15$(通り)。このうち，$\frac{b}{a}$の値が1より大きく4より小さい数になるのは，$(a,\ b)=(1,\ 3)$，$(2,\ 3)$，

(2, 5), (2, 7), (3, 5), (3, 7), (3, 9)の7通り。よって，求める確率は$\frac{7}{15}$

(6)　ア　例えば，剣道部の記録の**最大値**は60回より大きいから，記録が60回以上の部員は何人かいる可能性がある。正しくない。　イ　**箱ひげ図**の箱で示された区間に，全てのデータのうち，真ん中に集まる約半数のデータが含まれる。この箱の横の長さを**四分位範囲**といい，**第3四分位数**から**第1四分位数**を引いた値で求められる。剣道部の記録の四分位範囲50－45＝5(回)と，水泳部の記録の四分位範囲55－50＝5回は同じである。正しい。　ウ　箱ひげ図において，記録の**範囲**はひげの端から端までの長さで表される。ひげの端から端までの長さが最も長いのは剣道部だから，三つの部のうち，記録の範囲が最も大きいのは剣道部である。正しくない。　エ　箱ひげ図において，第1四分位数は箱の左端にあたるから，第1四分位数が最も小さいのは，剣道部の記録である。正しくない。　オ　箱ひげ図において，**第2四分位数(中央値)**は箱の中の仕切りの線で表される。卓球部の記録の第2四分位数(中央値)は55回より大きいから，半数以上の部員の記録が55回以上である。正しい。

(7)　(円柱の表面積)＝(底面積)×2＋(側面積)＝(底面積)×2＋(底面の円の周の長さ×円柱の高さ)＝$(\pi\times4^2)\times2+(2\pi\times4\times a)=32\pi+8\pi a$(cm^2)　これが$120\pi$ cm^{2}であるとき，$32\pi+8\pi a=120\pi$　$a=11$である。

(8)　(求め方)　(例)Aはℓとx軸との交点だから，Aのx座標をsとすると$\frac{1}{3}s-1=0$　これを解くと$s=3$だからA(3, 0)　Bはm上の点だからB(3, $9a$)　よってBA＝$9a$(cm)　C(－3, $9a$)　だからBC＝6(cm)　Dはℓ上の点だからD(－3, －2)　よってCD＝$9a+2$(cm)　四角形ABCDの面積は21cm^{2}だから$\frac{1}{2}\times(18a+2)\times6=21$　これを解くと$a=\frac{5}{18}$

3 (関数とグラフ，文字を使った式，方程式の応用)

(1)　①　(ア)　840(mL)－6(mL/分)×3(分)＝840(mL)－18(mL)＝822(mL)

(イ)　840(mL)－6(mL/分)×9(分)＝840(mL)－54(mL)＝786(mL)

②　①と同様に考えると，y＝840(mL)－6(mL/分)×x(分)＝$-6x+840$…(i)

③　(i)に$y=450$を代入して，$450=-6x+840$　$6x=840-450=390$　$x=65$

(2)　「加湿器を使用した時間」をt分として，「タンクの水の量」が450mLであるときのtの値は，(i)より，$450=-6t+840$　これを解いて，$t=65$

(3)　加湿器を強モードで使用した時間と弱モードで使用した時間の合計が192分であったから，$s+t=192$…(ii)　初めの「タンクの水の量」は840mLで，加湿器を最初は強モードでs分間使用し，その後続けて弱モードに切りかえてt分間使用したところ，タンクの水はちょうどなくなったから，$6s+2t=840$　両辺を2で割って，$3s+t=420$…(iii)　(ii), (iii)の連立方程式を解いて，$s=114$, $t=78$

4 (相似の証明，線分の長さ，空間内の2直線の位置関係，線分の長さ，体積)

[Ⅰ]　(1)　(証明)　(例)△AEDと△GBEにおいてAD//BGであり，**平行線の錯角は等しい**から∠DAE＝∠EGB…㋐　∠AED＝∠DEB－∠AEB＝90°－∠AEB…㋑　∠GBE＝∠ABC－∠ABE＝90°－∠ABE…㋒　△ABEはAB＝AEの二等辺三角形だから∠AEB＝∠ABE…㋓　㋑, ㋒, ㋓より∠AED＝∠GBE…㋔　㋐, ㋔より，2組の角がそれぞれ等しいから△AED∽△GBE

(2)　①　△ABGに**三平方の定理**を用いると，AG＝$\sqrt{\text{AB}^2+\text{BG}^2}=\sqrt{4^2+3^2}=5$(cm)　GE＝AG－AE＝AG－AB＝5－4＝1(cm)　△AED∽△GBEより，AD：GE＝AE：GB＝AB：GB＝4：3　AD＝GE×$\frac{4}{3}$＝1×$\frac{4}{3}$＝$\frac{4}{3}$(cm)

② 辺CDと直線AEの交点をHとする。HF//ABより，△ABE∽△HFEだから，△HFEもHF＝HEの二等辺三角形　CG＝BG−BC＝BG−AD＝$3-\frac{4}{3}=\frac{5}{3}$(cm)　AD//CGより，**平行線と線分の比についての定理**を用いて，DH：HC＝AH：HG＝AD：CG＝$\frac{4}{3}:\frac{5}{3}=4:5$　HC＝CD×$\frac{HC}{CD}$＝CD×$\frac{HC}{DH+HC}=4\times\frac{5}{4+5}=\frac{20}{9}$(cm)　AH＝AG×$\frac{AH}{AG}$＝AG×$\frac{AH}{AH+HG}=5\times\frac{4}{4+5}=\frac{20}{9}$(cm)　HF＝HE＝AE−AH＝$4-\frac{20}{9}=\frac{16}{9}$(cm)　FC＝HC−HF＝$\frac{20}{9}-\frac{16}{9}=\frac{4}{9}$(cm)

［Ⅱ］(3)　**空間内で，平行でなく，交わらない2つの直線はねじれの位置にあるという。**辺ABは線分EHと平行でなく，交わらないから，ねじれの位置にある。辺ACは，仮定より，線分EHと平行である。辺ADと辺CDは，線分EHと交わる。

(4) ①　EG＝x(cm)とすると，EF＝GB＝x(cm)である。EG//ABより，平行線と線分の比についての定理を用いて，EG：AB＝DG：DB　$x:6=(4-x):4$　$4x=6(4-x)$　これを解いて，x＝EG＝$\frac{12}{5}$(cm)

②　EG//ABより，線分EGは平面BCDと垂直である。正三角形BCDの頂点Bから底辺CDに垂線BPを引くと，**△BCPは30°，60°，90°の直角三角形で，3辺の比は2：1：$\sqrt{3}$**だから，BP＝$\frac{\sqrt{3}}{2}$BC＝$\frac{\sqrt{3}}{2}\times4=2\sqrt{3}$(cm)　△BCD＝$\frac{1}{2}$×CD×BP＝$\frac{1}{2}\times4\times2\sqrt{3}=4\sqrt{3}$(cm²)　EH//AC，EG//ABより，平行線と線分の比についての定理を用いると，DH：DC＝DE：DA＝EG：AB＝$\frac{12}{5}:6=2:5$　△BHDと△BCDで，**高さが等しい三角形の面積比は，底辺の長さの比に等しい**から，△BHD＝△BCD×$\frac{DH}{DC}=4\sqrt{3}\times\frac{2}{5}=\frac{8\sqrt{3}}{5}$(cm²)　以上より，立体EHDBの体積は，$\frac{1}{3}$×△BHD×EG＝$\frac{1}{3}\times\frac{8\sqrt{3}}{5}\times\frac{12}{5}=\frac{32\sqrt{3}}{25}$(cm³)

＜数学解答＞(C問題)

1　(1)　$6a^2$　(2)　$8-\sqrt{2}$　(3)　aの値　2，もう一つの解　$x=-5$
(4)　aの値　$\frac{4}{9}$，bの値　−1　(5)　49　(6)　$\frac{7}{20}$　(7)　15，57
(8)　tの値　$\frac{1-\sqrt{21}}{2}$(求め方は解説参照)

2　(1)　①　$\frac{2S}{a}$cm　②　解説参照　(2)　①　$2\sqrt{6}$ cm　②　$\frac{18\sqrt{30}}{13}$cm

3　(1)　①　イ，エ，オ　②　$\frac{\sqrt{5}}{3}$倍　③　$\frac{19}{6}$cm　(2)　①　$\sqrt{11}$cm　②　$\frac{23\sqrt{11}}{3}$cm³

＜数学解説＞

1　(数・式の計算，平方根，二次方程式の応用，関数$y=ax^2$と一次関数，数の性質，確率，図形と関数・グラフ)

(1)　$-a\times(2ab)^2\div\left(-\frac{2}{3}ab^2\right)=-a\times4a^2b^2\div\left(-\frac{2ab^2}{3}\right)=a\times4a^2b^2\times\frac{3}{2ab^2}=\frac{a\times4a^2b^2\times3}{2ab^2}=6a^2$

(2)　$\frac{6+\sqrt{8}}{\sqrt{2}}=\frac{(6+\sqrt{8})\times\sqrt{2}}{\sqrt{2}\times\sqrt{2}}=\frac{6\sqrt{2}+\sqrt{16}}{2}=\frac{6\sqrt{2}+4}{2}=3\sqrt{2}+2$，また，**乗法公式$(a-b)^2=a^2-2ab+b^2$**より，$(2-\sqrt{2})^2=2^2-2\times2\times\sqrt{2}+(\sqrt{2})^2=4-4\sqrt{2}+2=6-4\sqrt{2}$だから，$\frac{6+\sqrt{8}}{\sqrt{2}}+(2-\sqrt{2})^2=(3\sqrt{2}+2)+(6-4\sqrt{2})=3\sqrt{2}+2+6-4\sqrt{2}=8-\sqrt{2}$

(3)　xの二次方程式$ax^2+4x-7a-16=0$…①　の一つの解が$x=3$だから，①に$x=3$を代入して，$a\times3^2+4\times3-7a-16=0$　$9a+12-7a-16=0$　$a=2$　これを①に代入して，$2x^2+4x-7\times2-16=0$　$x^2+2x-15=0$　$(x-3)(x+5)=0$　$x=3$，$x=-5$　よって，もう一つの解は$x=-5$である。

(4)　関数$y=ax^2$のyの**変域**に関して，$a>0$であり，xの変域に0を含むから，$x=0$で**最小値**$y=a\times0^2=0$，xの変域の両端の値のうち**絶対値**の大きい方の$x=-3$で**最大値**$y=a\times(-3)^2=9a$になる。これより，$\begin{cases}c=0\\d=9a\end{cases}$…①　また，関数$y=bx+1$に関して，$b<0$より，$x$が増加すると$y$は減少する右下がりの直線になるから，$y$の変域は，$x=-3$で最大値$y=b\times(-3)+1=-3b+1$，$x=1$で最小値$y=b\times1+1=b+1$になる。これより，$\begin{cases}c=b+1\\d=-3b+1\end{cases}$…②　①の$c$，$d$をそれぞれ②に代入して整理すると，$a$，$b$の連立方程式$\begin{cases}b+1=0\\9a+3b=1\end{cases}$を得る。これを解いて，$a=\frac{4}{9}$，$b=-1$

(5)　自然数xが$n\leqq\sqrt{x}\leqq n+1$…①　を満たすとき，①の辺々を2乗すると，自然数xは$n^2\leqq x\leqq(n+1)^2$…②　を満たす。②を満たす自然数xの個数が100であるとき，自然数nは$(n+1)^2-n^2+1=100$を満たす。これを解いて，$n=49$

(6)　右表に，それぞれの$(a,\ b)$の組に対する得点を示す。A，Bそれぞれの箱から同時にカードを1枚ずつ取り出すとき，すべての取り出し方は$4\times5=20$(通り)。このうち，aとbの**最大公約数**が1となるのは，aとbをそれぞれ**素因数分解**したとき，共通の**素因数**をもたない場合で，得点に二重下線を付けた13通り。また，得点が偶数であるのは，得点を○で囲んだ7通りだから，求める確率は$\frac{7}{20}$

a ＼ b	4	5	6	7	8
1	5	⑥	7	⑧	9
2	④	7	$2\sqrt{6}$	9	$4\sqrt{2}$
3	7	⑧	⑥	⑩	11
1	$4\sqrt{2}$	9	$4\sqrt{3}$	11	⑧

(7)　aの十の位の数をx，一の位の数をyとすると，$a=10x+y$，$b=10y+x$と表される。これらを$\frac{b^2-a^2}{99}$に代入すると，$\frac{b^2-a^2}{99}=\frac{(b+a)(b-a)}{99}=\frac{\{(10y+x)+(10x+y)\}\{(10y+x)-(10x+y)\}}{99}=\frac{(11y+11x)(9y-9x)}{99}=(y+x)(y-x)$　この値が24であるとき，$(y+x)(y-x)=24$が成り立つ。ここで，$(y+x)>(y-x)$であることと，$(y+x)$が偶数のとき$(y-x)$も偶数であり，$(y+x)$が奇数のとき$(y-x)$も奇数であることに注意すると，$\begin{cases}y+x=6\\y-x=4\end{cases}$…①，$\begin{cases}y+x=12\\y-x=2\end{cases}$…②　の2つの場合が考えられる。①を解いて$(x,\ y)=(1,\ 5)$　②を解いて$(x,\ y)=(5,\ 7)$　以上より，aの値は15と57である。

(8)　(求め方)　(例)Aはm上の点だから　A(5，5)　2点A，Bを通る直線の傾きは$\frac{6}{5}$だから，ℓの式は$y=\frac{6}{5}x-1$　Cはℓ上の点だから　$\mathrm{C}\left(t,\ \frac{6}{5}t-1\right)$　Dはm上の点だから　$\mathrm{D}\left(t,\ \frac{1}{5}t^2\right)$　よって　$\mathrm{DC}=\frac{1}{5}t^2-\frac{6}{5}t+1$(cm)　$\mathrm{E}(t,\ 5)$だから　$\mathrm{EA}=5-t$(cm)　線分DCの長さは線分EAの長さより3cm短いから$\frac{1}{5}t^2-\frac{6}{5}t+1=5-t-3$　これを解くと，$t<0$より　$t=\frac{1-\sqrt{21}}{2}$

2 (平面図形，面積，線分の長さ，相似の証明)

(1)　①　(ひし形の面積)＝(一方の対角線)×(もう一方の対角線)÷2より，$\mathrm{S}=a\times\mathrm{BD}\div2=\frac{a}{2}\mathrm{BD}$　これをBDについて解いて，$\mathrm{BD}=\frac{2S}{a}$(cm)

② (証明) (例)△DHEと△BFEにおいて∠DEH＝∠BEF(共通)…㋐ また，△DCHと△CBGにおいて，仮定よりCH＝BG…㋑ 四角形ABCDはひし形だからDC＝CB…㋒ AB//DCであり，**平行線の同位角は等しい**から∠DCH＝∠CBG…㋓ ㋑，㋒，㋓より，2組の辺とその間の角がそれぞれ等しいから△DCH≡△CBG よって∠DHC＝∠CGB＝90°だから∠DHE＝90°…㋔ BF⊥DEだから∠BFE＝90°…㋕ ㋔，㋕より∠DHE＝∠BFE…㋖ ㋐，㋖より，2組の角がそれぞれ等しいから，△DHE∽△BFE

(2) ① △CBGに**三平方の定理**を用いると，$CG=\sqrt{BC^2-GB^2}=\sqrt{7^2-2^2}=3\sqrt{5}$ (cm) よって，△DCH≡△CBGより，$DH=CG=3\sqrt{5}$ (cm) △DHEに三平方の定理を用いると，$DE=\sqrt{DH^2+HE^2}=\sqrt{(3\sqrt{5})^2+3^2}=3\sqrt{6}$ (cm) BE＝BC＋CH＋HE＝BC＋GB＋HE＝7＋2＋3＝12(cm) △DHE∽△BFEより，HE：FE＝DE：BE＝$3\sqrt{6}$：12 $FE=HE\times\frac{12}{3\sqrt{6}}=3\times\frac{12}{3\sqrt{6}}=\frac{12}{\sqrt{6}}=2\sqrt{6}$ (cm)

② 線分BFと線分DHとの交点をKとする。△BFEと△BHKにおいて∠BFE＝∠BHK＝90° 共通な角より∠EBF＝∠KBH 2組の角がそれぞれ等しいから△BFE∽△BHK これと，△DHE∽△BFEより，△DHE∽△BHK よって，HE：HK＝DE：BK＝DH：BH＝$3\sqrt{5}$：9 $HK=HE\times\frac{9}{3\sqrt{5}}=3\times\frac{9}{3\sqrt{5}}=\frac{9\sqrt{5}}{5}$(cm) $BK=DE\times\frac{9}{3\sqrt{5}}=3\sqrt{6}\times\frac{9}{3\sqrt{5}}=\frac{9\sqrt{30}}{5}$(cm) DJ//BHより，**平行線と線分の比についての定理**を用いると，JD：BH＝JK：BK＝DK：HK＝(DH－HK)：HK＝$\left(3\sqrt{5}-\frac{9\sqrt{5}}{5}\right):\frac{9\sqrt{5}}{5}=2:3$ $JD=BH\times\frac{2}{3}=9\times\frac{2}{3}=6$(cm) $JK=BK\times\frac{2}{3}=\frac{9\sqrt{30}}{5}\times\frac{2}{3}=\frac{6\sqrt{30}}{5}$(cm) 同様にして，IJ：IB＝JD：BC＝6：7 $IJ=BJ\times\frac{IJ}{BJ}=(JK+BK)\times\frac{IJ}{IJ+IB}=\left(\frac{6\sqrt{30}}{5}+\frac{9\sqrt{30}}{5}\right)\times\frac{6}{6+7}=\frac{18\sqrt{30}}{13}$(cm)

3 (空間図形，空間内の2直線の位置関係，面積比，線分の長さ，体積)

(1) ① **空間内で，平行でなく，交わらない2つの直線はねじれの位置にあるという。**また，ねじれの位置にある2つの直線は，同じ平面上にない。 ア 辺BFと辺ABは交わるから，ねじれの位置にはない。 イ 辺BFと辺EHは，平行でなく，交わらないから，ねじれの位置にある。 ウ 辺BFの延長と辺CGの延長は交わるから，ねじれの位置にはない。 エ 辺BFと辺GHは，平行でなく，交わらないから，ねじれの位置にある。 オ 辺BFと辺DHは，同じ平面上にないから，ねじれの位置にある。

② 点Bから辺EF，FGへそれぞれ垂線BP，BQを引く。台形AEFBと台形BFGCは線対称な台形であることから，$FP=\frac{EF-AB}{2}=\frac{6-2}{2}=2$(cm) $FQ=\frac{FG-BC}{2}=\frac{4-2}{2}=1$(cm) △BFPと△BFQにそれぞれ三平方の定理を用いると，$BP=\sqrt{BF^2-FP^2}=\sqrt{4^2-2^2}=2\sqrt{3}$ (cm) $BQ=\sqrt{BF^2-FQ^2}=\sqrt{4^2-1^2}=\sqrt{15}$(cm) よって，$\triangle BEF=\frac{1}{2}\times EF\times BP=\frac{1}{2}\times 6\times 2\sqrt{3}=6\sqrt{3}$ (cm^2) $\triangle BGF=\frac{1}{2}\times FG\times BQ=\frac{1}{2}\times 4\times\sqrt{15}=2\sqrt{15}$($cm^2$) △JEFと△BEFで，**高さが等しい三角形の面積比は，底辺の長さの比に等しい**から，△JEF：△BEF＝JF：BF $\triangle JEF=\triangle BEF\times\frac{JF}{BF}$ 同様にして，△JFG：△BGF＝JF：BF $\triangle JFG=\triangle BGF\times\frac{JF}{BF}$ 以上より，△JFG：△JEF＝$\left(\triangle BGF\times\frac{JF}{BF}\right):\left(\triangle BEF\times\frac{JF}{BF}\right)=\triangle BGF:\triangle BEF=2\sqrt{15}:6\sqrt{3}$ △JFGは△JEFの$\frac{2\sqrt{15}}{6\sqrt{3}}=\frac{\sqrt{5}}{3}$(倍)である。

③ AE＝BF＝CG＝DH，AI＝BJ＝CK＝DLより，AI：AE＝BJ：BF＝CK：CG＝DL：DHだ

から，IJ//EF，JK//FG，KL//GH，LI//HEである。線分IJと線分BEとの交点をR，線分JKと線分BGとの交点をSとする。AI：AE＝BJ：BF＝CK：CG＝m：nとすると，平行線と線分の比についての定理より，$\mathrm{IR}=\mathrm{AB}\times\frac{n-m}{n}=\frac{2(n-m)}{n}$(cm)　$\mathrm{RJ}=\mathrm{EF}\times\frac{m}{n}=\frac{6m}{n}$(cm)　$\mathrm{JS}=\mathrm{FG}\times\frac{m}{n}=\frac{4m}{n}$(cm)　$\mathrm{SK}=\mathrm{BC}\times\frac{n-m}{n}=\frac{2(n-m)}{n}$(cm)　$\mathrm{IJ}=\mathrm{IR}+\mathrm{RJ}=\frac{2(n-m)}{n}+\frac{6m}{n}=\frac{4m+2n}{n}$(cm)…㋐　$\mathrm{JK}=\mathrm{JS}+\mathrm{SK}=\frac{4m}{n}+\frac{2(n-m)}{n}=\frac{2m+2n}{n}$(cm)…㋑　長方形IJKLの周の長さが15 cmだから，$\mathrm{IJ}+\mathrm{JK}=\frac{15}{2}$(cm)…㋒　㋐，㋑，㋒より，$\frac{4m+2n}{n}+\frac{2m+2n}{n}=\frac{15}{2}$　$\frac{m}{n}=\frac{7}{12}$　これを㋑に代入して，$\mathrm{JK}=\frac{2m+2n}{n}=2\times\frac{m}{n}+2=2\times\frac{7}{12}+2=\frac{19}{6}$(cm)

(2)　①　辺ADを通り，平面EFGHに垂直な平面と，辺EF，HGとの交点をそれぞれP，Qとする。辺BCを通り，平面EFGHに垂直な平面と，辺EF，HGとの交点をそれぞれR，Sとする。辺ABを通り，平面EFGHに垂直な平面と，辺EH，FGとの交点をそれぞれT，Uとする。辺DCを通り，平面EFGHに垂直な平面と，辺EH，FGとの交点をそれぞれV，Wとする。

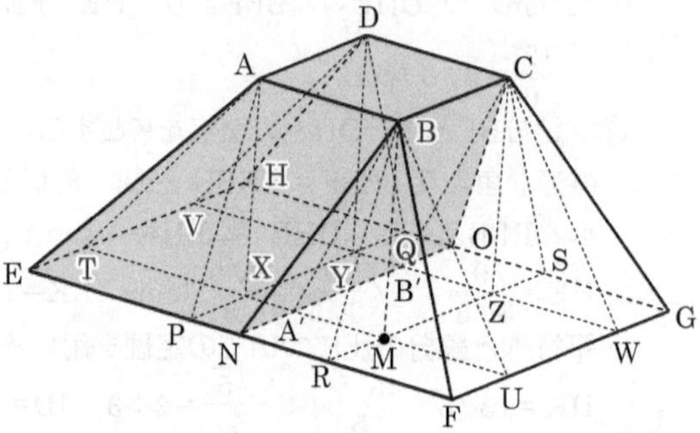

(1)②の結果より，RM＝FU＝1(cm)　$\mathrm{BR}=2\sqrt{3}$(cm)　△BRMに三平方の定理を用いると，$\mathrm{BM}=\sqrt{\mathrm{BR}^2-\mathrm{RM}^2}=\sqrt{(2\sqrt{3})^2-1^2}=\sqrt{11}$(cm)

②　線分PQと，線分TU，VWとの交点をそれぞれX，Yとする。線分NOと，線分TU，VWとの交点をそれぞれA′，B′とする。線分RSと，線分VWとの交点をZとする。立体ABCD－EFGHの対称性を考慮すると，立体ABCD－ENOHの体積は，(四角錐A－EPXTの体積)×2＋(三角柱ATX－DVYの体積)＋(三角柱APX－BRMの体積)＋(直方体ABCD－XMZYの体積)－(四角錐B－NRMA′の体積)×2－(三角柱BA′M－CB′Zの体積)$=\frac{1}{3}\times\mathrm{ET}\times\mathrm{EP}\times\mathrm{AX}\times2+\frac{1}{2}\times\mathrm{TX}\times\mathrm{AX}\times\mathrm{AD}+\frac{1}{2}\times\mathrm{PX}\times\mathrm{AX}\times\mathrm{AB}\times2+\mathrm{AB}\times\mathrm{BC}\times\mathrm{BM}-\frac{1}{3}\times\mathrm{NA'}\times\mathrm{NR}\times\mathrm{BM}\times2-\frac{1}{2}\times\mathrm{A'M}\times\mathrm{BM}\times\mathrm{BC}$ $=\frac{1}{3}\times1\times2\times\sqrt{11}\times2+\frac{1}{2}\times2\times\sqrt{11}\times2+\frac{1}{2}\times1\times\sqrt{11}\times2\times2+2\times2\times\sqrt{11}-\frac{1}{3}\times1\times1\times\sqrt{11}\times2-\frac{1}{2}\times1\times\sqrt{11}\times2=\frac{23\sqrt{11}}{3}$(cm³)

＜英語解答＞(A問題)

1　(1)　イ　(2)　ア　(3)　ア　(4)　イ　(5)　ウ　(6)　イ　(7)　ウ　(8)　ウ　(9)　ウ　(10)　ア

2　［Ⅰ］　(1)　ア　(2)　many interesting things　(3)　ウ　(4)　エ
［Ⅱ］　(例)①　Have you ever made it?　②　That is a good idea.　③　I will make a card.

3　(1)　イ　(2)　I have never　(3)　ア　(4)　the curry he makes　(5)　some people in Indonesia　(6)　ウ　(7)　エ
(8)　(例)①　Yes, she did.　②　He used the Internet.

英語リスニング
1 イ　2 エ　3 イ　4 ウ　5 (1) エ　(2) エ　6 (1) ア　(2) ア

<英語解説>

1 (語句補充・選択問題：名詞，形容詞，副詞，比較，不定詞，受け身，関係代名詞)

(1) doctor＝医者　musician＝音楽家　scientist＝科学者
(2) spring＝春　autumn＝秋　winter＝冬
(3) clean＝そうじをする　close＝閉める　watch＝見る
(4) funny＝おかしい，おもしろい　useful＝役に立つ　wrong＝間違っている，悪い
(5) fluently＝すらすらと，流ちょうに　quickly＝速く，急いで　slowly＝ゆっくりと
(6) 主語の Those notebooks は複数なのでbe動詞は are が適当。
(7) **<A is the+形容詞の最上級〜+in …>で「Aは…の中で最も〜だ」** high の最上級 highest が適当。
(8) **<to +動詞の原形〜>でここでは「〜するために」の意味を表す。(不定詞の副詞的用法)**
(9) **<be 動詞+過去分詞〜>で「〜される」の意味を表す。(受け身)** write の過去分詞 written が適当。
(10) **関係代名詞**を用いた文。先行詞が a woman (人)なので 関係代名詞は who が適当。who 以下が a woman を後ろから修飾している。

2 (読解問題・エッセイ：語句補充・選択，語句の解釈・指示語，内容真偽，自由・条件英作文)

[Ⅰ] (全訳)

今日は，伝統的な日本の紙についてお話します。それは日本語で「ワシ(*和紙*)」と呼ばれています。私は友だちから興味深い話を聞きました。彼女は中学校①を卒業する前に*和紙*を作ったのです。彼女の中学校では，3年生の生徒たちが*和紙*を作ります。その*和紙*は彼らの卒業証書のために使われるのです。私は，*和紙*は伝統的なもの，例えば*障子*やちょうちんなどを作るためだけに使われると思っていました。自分たちの卒業証書のための*和紙*を作ることは生徒たちにとって素晴らしい経験だと思います。

私は*和紙*に興味をもったので，*和紙*についての本を何冊か読みました。多くの興味深いことが分かりました。Ⓐそれらのうちの1つを皆さんにお話しします。*和紙*は衣服を作るために使われています。私はこれを知って驚きました。*和紙*で作られた衣服にはたくさんの良い点があります。3つの例を挙げます。1つ目，それらは軽いので，それを②着ている人たちは動きやすいのです。2つ目，*和紙*は空気を通すので，夏に涼しく感じることができます。最後の点は，その衣服は簡単に自然にかえることができることです，なぜなら*和紙*は木と植物で作られているからです。つまり，それらは環境に良いということです。私は*和紙*で作られた衣服はすばらしいと思います。いつかそんな洋服を着てみたいです。皆さんはどうですか？　試してみたいと思いますか？　聞いてくれてありがとうございました。

(1) 全訳参照。**graduate from 〜＝〜を卒業する**
(2) 全訳参照。下線部Ⓐを含む文の直前の一文に注目。them は many interesting things を指す。
(3) 全訳参照。wear の現在分詞 wearing が適当。「着ている」の意味を表し，直前の people を修飾している。**(分詞の形容詞的用法)**

(4)　全訳参照。第2段落最後から4文目，5文目に注目。

[Ⅱ]（問題文・解答例訳）

あなた：こんにちは，萌。あなたのスピーチは楽しかったです。私は*和紙*を作ることに興味があります。①あなたはそれを作ったことがありますか？

萌　　：ありません,でもやってみたいと思います。美術の先生にどうやってそれをするのか聞いてみましょう。

あなた：②それはいい考えですね。

萌　　：*和紙*を作ったら，その*和紙*で何を作るつもりですか？

あなた：③私はカードを作ります。

萌　　：分かりました。

①　**<have + ever +過去分詞～>＝今までに～したことがある。（現在完了）**　空所①直後の萌の発言に合う英文の質問を作文すればよい。

3　（会話文問題：空所補充・選択，文の挿入，語句の並べ換え，語句の解釈・指示語，和文英訳，英問英答）

（全訳）広志：ハイ，サリ。君に質問がある。

サリ　　：ハイ，ヒロシ。質問は何かしら？

広志　　：昨日，*納豆*についての情報を見つけるためにインターネットを使っていたら，いくつか興味深い情報を見つけたんだ。それによると，*納豆*は発酵大豆食品の一種で，世界には他にもたくさんの種類の発酵大豆食品があるそうだよ。インドネシアの人たちは発酵大豆食品を食べる①の？

サリ　　：うん。インドネシアでは，テンペと呼ばれる食べ物を食べるの。

広志　　：*テンペ*？　僕は②その言葉を一度も聞いたことがないよ。それは*納豆*に似ているの？

サリ　　：うーん，そうは思わないわ。

江藤先生：こんにちは，広志とサリ。何を話しているのですか？

サリ　　：こんにちは，江藤先生。広志が発酵大豆食品について知りたいと思って，私にそれについて聞いたのです。

江藤先生：おお，インドネシアに，何らかの発酵大豆食品があるのですか？

広志　　：はい。サリが言うには，彼女の国の人たちはテンペと呼ばれる食べ物を食べるそうです。

江藤先生：それは知りませんでした。サリ，その食べ物についてもっと私たちに教えてください。

サリ　　：もちろんです。*テンペ*と*納豆*，両方とも発酵大豆食品です。でも，いくつか違いがあります。写真を見せますね。

広志　　：わあ！　この写真の食べ物はケーキに似ているね。

江藤先生：これが*テンペ*ですか？　*テンペ*と*納豆*は見た目がすごく違いますね。

サリ　　：そうなんです。*テンペ*と*納豆*の食べ方も違います。日本では多くの人たちがたいてい ご飯と一緒に*納豆*を食べますよね？

江藤先生：そうですね。③あなたたちは*テンペ*をどうやって食べるのですか？

サリ　　：私たちは普段テンペを揚げます。それから，いろいろな方法でテンペを料理するのです。私の兄はテンペでカレーを作ります。

広志　　：おお，テンペでカレーを？　美味しいですか？

サリ　　：はい！　④私は彼が作るカレーが好きです。インドネシアの人たちは料理をするために家にいつもテンペを置いて，Ⓐ彼らはほとんど毎日それを食べると思います。

江藤先生：テンペはインドネシアではよく知られた食べ物なのですね？
サリ　　：そうなのです！
広志　　：僕はテンペを食べてみたいな。
サリ　　：あら，日本で売られているテンペを見たわよ。
広志　　：本当？　どこでテンペを見たの？
サリ　　：⑤私はそれを学校の近くのスーパーマーケットで見たわ。多分今，日本でよく知られるようになってきているのよ。
広志　　：テンペを買って食べてみたいよ。そうすれば，テンペと*納豆*を比べることができる。
サリ　　：今週末，テンペを買いにそこへ行きましょう。
広志　　：ありがとう，サリ。君はテンペについておもしろいことを教えてくれたよ。僕はいろいろな種類の世界の発酵大豆食品にますます興味をもったよ。そして、今度は*納豆*についてももっと多くのことを知りたいな。自分の国と他の国の両方の食べ物について学ぶことはおもしろいね。
サリ　　：Ⓑ私もそう思うわ。これから，私はテンペについてもっとたくさんのことを知りたいと思うわ。テンペと*納豆*の違いについて話すのは楽しいわね。
江藤先生：他の国々について知ることによって，自分たちの国について学ぶことができる時がありますね。私たちにテンペについて教えてくれてありがとう，サリ。

(1)　全訳参照。「インドネシアの人たちは発酵大豆食品を食べるの？」という文にすればよい。主語がpeople(三人称・複数)，一般動詞の現在の疑問文なのでイのDoが適当。
(2)　全訳参照。「(今まで)一度も～したことがない」を表すために**<have + never +過去分詞～>(現在完了)**の形にすればよい。
(3)　全訳参照。空所③の直後のサリの発言に注目。テンペの食べ方を答えているので，どのように食べるのかを聞いている表現であるアが適当。
(4)　(I like) the curry he makes(.)　**関係代名詞**を用いた表現にすればよい。I like the curry that he makes.　関係代名詞 that が省略されており，he makes が the curry を後ろから修飾している。
(5)　全訳参照。ここでの they は同じ文中の some people in Indonesia を指す。
(6)　全訳参照。空所⑤直前で広志が「どこでテンペを見たの？」と聞いているので，それに対する答えとしてウが適当。
(7)　全訳参照。下線部Ⓑの直前の広志の発言内容参照。「自分の国と他の国の両方の食べ物について学ぶことはおもしろいね。」と言う広志の意見に対して同意をしている。
(8)　全訳参照。　①　サリは広志と江藤先生にテンペの写真を見せましたか？／はい，見せました。　サリの5番目の発言に注目。　②　昨日，広志は*納豆*についての情報を得るために何を使いましたか？／彼はインターネットを使いました。　広志の2番目の発言に注目。

＜英語解答＞(B問題)

1　(1)　イ　(2)　some interesting information　(3)　エ　(4)　イ
(5)　(例)If I had a picture　(6)　ア　(7)　ウ　(8)　am glad that I could
(9)　イ，オ

2　[Ⅰ]　(1)　ウ　(2)　helped me repair my broken　(3)　エ　(4)　ア

(5) (例)didn't want anyone to find　(6) イ　(7) a way of repairing
(8) ウ　(9) (例)① No, she didn't.　② Because she wanted to hide broken parts.　[Ⅱ] (例)① How long did it take to repair the broken cup?
② Yes, I do. We throw away many things that can still be used. If we keep using these things, we can reduce waste.

英語リスニング

1 イ　2 エ　3 イ　4 ウ　5 (1) エ　(2) エ　6 (1) ア　(2) ア

＜英語解説＞

1 (会話文問題：語句補充・選択，語句の解釈・指示語，語句の並べ換え，和文英訳，文の挿入，内容真偽)

(全訳)　広志：こんにちは，グリーン先生。質問があるのですが。

グリーン先生：こんにちは，ヒロシ。質問は何ですか？

広志：昨日，僕はインターネットで*納豆*などの発酵大豆食品についての情報①を探しました。すると，いくつか興味深い情報を見つけました。Ⓐそれによると，*納豆*は発酵大豆食品のうちの一種で，世界には他にも発酵大豆食品があるそうです。アメリカには何か発酵大豆食品がありますか？

グリーン先生：そうですね，*納豆*はアメリカのスーパーマーケットでよく売られていますが，そこで他の種類の発酵大豆食品が売られているかは分かりません。でも，アジアには他の種類の発酵大豆食品があることは知っています。

広志：本当ですか？　どうしてそれを知っているのですか？

グリーン先生：実は，私は3年前タイを訪れた時に，タイで作られた発酵大豆食品を食べました。私は大学でアジアの文化について勉強して，アジアのいくつかの地域と国には類似した食べ物があることを学びました。それら(の地域や国)は気候が類似していて，そして似たような木々と植物があるのです，だからそこの人々は似たような食べ物を作ることができるのです。

広志：それはおもしろそうですね。つまり，②アジアの異なる地域や国に住んでいる人たちでも似たような食べ物を作ることができるのは，それらの場所の気候，木々や植物が似ているからだということですね。

グリーン先生：その通りです！

広志：ありがとうございました，グリーン先生。アジアの発酵大豆食品についての情報を探してみます。

グリーン先生：それについて何か見つけられるといいですね。ああ，サリがいますよ。彼女はインドネシア出身です。多分彼女なら何か知っているでしょう。③彼女に聞いてみるのはどうですか？

広志：はい！　そうします。ハイ、サリ。

サリ：ハイ，ヒロシ。ハイ，グリーン先生。

広志：サリ，君はインドネシア出身だよね？　僕はグリーン先生と世界の発酵大豆食品について話をしていた。インドネシアには，何か発酵大豆食品はある？

サリ：あるわよ。テンペと呼ばれる食べ物があるわ。

広志：テンペ？　それは*納豆*みたいなもの？

サリ　　　　：うーん，テンペと*納豆*は見た目がとても違うわ。今テンペの④写真を持っていたら，見せてあげられるのに。

広志　　　　：ああ，僕のタブレットでちょうど写真を見つけたよ。これを見て。この写真の食べ物はケーキに似ているね。

グリーン先生：これがテンペですか？

サリ　　　　：はい，これがテンペです。テンペと*納豆*は見た目が違うでしょう？　テンペはねばねばしていません。私は初めて*納豆*を食べた時，*納豆*がねばねばしていてびっくりしました！

広志　　　　：僕はテンペがねばねばしていないと知って驚いているよ。

グリーン先生：君の気持ちは分かりますよ，サリ。私はヒロシにタイで作られた発酵大豆食品を食べたことを話しました。[ア] (6)そして，それもねばねばしていませんでした。だから，初めて*納豆*を食べた時，サリのように驚きました，ねばねばした食べ物を食べるのは私にとって新しい経験でしたからね。

広志　　　　：なるほど。*納豆*を食べた時に他の人たちがどのように感じるかを知るのはおもしろいです。

グリーン先生：確かにそうですね。[イ]

広志　　　　：インドネシアではテンペはよく知られた食べ物なの？

サラ　　　　：そうよ！　インドネシアの人たちの中には，料理をするために家にいつもテンペがあってほとんど毎日食べるという人もいると思うわ。

グリーン先生：テンペをどうやって料理するのですか？

サリ　　　　：私たちは普通テンペを揚げます。例えば，私の家族はさまざまな野菜と一緒にテンペを揚げますよ。

グリーン先生：それはおもしろいですね。日本では，*納豆*は普通ご飯と一緒に食べますよね？ [ウ] 人はいろいろな種類の発酵大豆食品をいろいろな方法で食べるのですね。[エ]

広志　　　　：僕はテンペの味が想像できないな。でも，いつか食べてみたいです。

サリ　　　　：今では，テンペは日本で人気が出てきているわよ。⑤私たちの学校の近くのスーパーマーケットで見つけたわ。

広志　　　　：本当？　この近所でテンペが買えるとは思わなかったな。テンペを食べて，テンペと*納豆*を比べてみたいよ。

サリ　　　　：今週末にそこへ行きましょう。

広志　　　　：うん！　ありがとう，サリ。他の国々のさまざまな種類の食べ物について学ぶことはおもしろいね。それに，そのことが僕に*納豆*についてますます興味をもたせてくれたよ。他の国々の食べ物について学ぶことは，自分の国の食べ物について学ぶことにつながると思う。

サリ　　　　：私もそう思うわ。⑥あなたにテンペの話ができて嬉しいわ。

グリーン先生：テンペの話を私たちにしてくれてありがとう，サリ，そしてこの興味深い話題を共有してくれてありがとう，ヒロシ。

(1)　全訳参照。look for ～＝～を探す

(2)　全訳参照。下線部Ⓐを含む文の直前の一文に注目。it は some interesting information を指す。

(3)　全訳参照。空所②直前のグリーン先生の発言に注目。先生の発言について空所②で広志が「つまり～ということですね？」と確認をしている。

(4) 全訳参照。 **How about ～ing?** =～するのはどうですか？

(5) 全訳参照。 If I had a picture (of *tempeh* now, I could show it to you.) **<If＋主語'＋過去形～，主語＋助動詞の過去形＋動詞の原形…>で「もし(今)～なら，…だろうに」(仮定法過去)** 現在の事実と異なることを仮定して，その結果を想像する表現。

(6) 全訳参照。サリが「インドネシアのテンペはねばねばしていないので，*納豆*を初めて食べた時にねばねばしていて驚いた」と言ったことに対して共感しているグリーン先生の発言。「タイで食べた発酵大豆食品もねばねばしていなかった。(だから*納豆*を初めて食べた時，サリのように驚いた)」と言っている。

(7) 全訳参照。空所⑤前後の文脈に注目。空所⑤直後の広志の発言で「この近所でテンペが買えるとは思わなかった」と言っているので，サリの発言はウが適当。

(8) (I) am glad that I could (tell you about *tempeh*.) be glad that ～＝～ということを嬉しく思う

(9) 全訳参照。 ア 広志はグリーン先生に，アメリカの人々はどこに発酵大豆食品を買いに行くのかをたずねた。 イ グリーン先生は，アジアにはいくつかの種類の発酵大豆食品があるということを知っている。(○) グリーン先生の2番目の発言に注目。 ウ サリは，テンペと*納豆*は見た目が違うことを知っているが，*納豆*を食べたことがない。 エ サリは，テンペはインドネシアの人たちの間でだけ人気があると思っている。 オ 広志は，他の国々の食べ物について学ぶことは自分の国の食べ物について学ぶことにつながると思っている。(○) 広志の最後の発言に注目。

2 (長文読解問題・エッセイ：語句補充・選択，語句の並べ換え，文の挿入，文整序，語句の解釈・指示語，和文英訳，英問英答，自由・条件英作文)

[Ⅰ] (全訳)

お気に入りのカップを持っていると想像してください。あなたはそれを毎日使っています。しかし，ある日，そのカップを①落としてしまい，カップが割れます。悲しくなりますね？ その時，その割れたカップをどうするでしょう？ おそらくそれを捨ててしまうでしょう，あるいは，接着剤で壊れたカップのかけらを繋げるかもしれません。でも，伝統的な修理の方法があるのです。その方法は“*金継ぎ*”と呼ばれています。今日は，私は皆さんに*金継ぎ*についてお話します。

去年，私のお気に入りのカップが壊れてしまった時，私の兄が私に*金継ぎ*について教えてくれました。私はその時初めて“*金継ぎ*”という言葉を聞きました。②彼は私の壊れたカップを*金継ぎ*の方法で直すのを手伝ってくれました。彼は破片を繋げるために*漆*と呼ばれる伝統的な接着剤を使い，その後，継ぎ目に金粉をのせました。私はこれを見て驚きました，なぜなら彼が継ぎ目を隠さなかったからです。私は彼に，なぜ継ぎ目に金粉をのせたのか聞きました。彼は言いました，「継ぎ目を装飾するためだよ。」 カップを直し終えるのには長い時間がかかりましたが，金粉で飾られた継ぎ目を見たら，美しく見えました。私は，*金継ぎ*はおもしろいと思い，*金継ぎ*についてもっとたくさんのことを知りたいと思いました，そこで私はそれについての本を何冊か読みました。

*金継ぎ*で物を直す時には，たいてい*漆*と金粉が使われます。*漆*は*漆*の木から採られます。日本の人々は物をくっつけるために3000年以上の間*漆*を③使ってきました。16世紀，茶道が人々の間でよく知られるようになり，茶道の特別な器が使われました。④(ii)その当時，それらの器は高価で新しいものを手に入れるのは容易ではありませんでした，そのため人々はそれらをとても注意深く使っていました。(i)しかし，器は壊れてしまうこともありました，そして人々はそれを直すことによって壊れた器を使い続けることができると考えました。(iii)そして，器を使い続けるために*漆*で器の破

片を繋げたのです。壊れた器を直した後，人々は継ぎ目に金粉をつけ加えることで器を美しくすることができると思いました。その当時，金粉で装飾された物はすでに美術の世界で知られていたので，人々は金粉で継ぎ目を装飾し始めたのです。このようにして，*金継ぎ*は多くの人々に知られました。

物が壊れたら，私は普段それらを長く使うために修理をします。しかし，実は，壊れた部分を隠したいと思っていたので，金粉で継ぎ目を装飾するアイディアは最初私にとって馴染みのないものでした。しかし，*金継ぎ*について学ぶことを通して，私は継ぎ目が修理された物を特別なものにするのだと思えるようになりました。私は兄に私の考えを話しました。すると，兄は私に彼の経験を話してくれました。*金継ぎ*について学ぶ前，彼はどの部分が直されたのかを⑤誰にも見つけてほしくありませんでした。直された部分は,それは一度壊れた物だということを表していました。しかし，*金継ぎ*は彼の考え方を変えました，今では彼は直された部分は美しいと感じています。彼の経験を聞いた後で，私はもう一度修理されたカップを注意深く見ました。カップにはたくさんの継ぎ目がありました。その継ぎ目によって，私はそのカップが直す前に私が使っていたものよりも特別なものになったように感じました。また，そのカップは私にとって特別なものに感じました，なぜなら他の誰も同じ継ぎ目のある物を手に入れることが⑥できない(不可能だ)からです。私はそのカップをもう一度使うことができて嬉しかったです。

私は初めて“*金継ぎ*”という言葉を聞いた時，それは単に修理の方法だと思いました。しかし，今では*金継ぎ*は私にとってⒶそれ以上のものです。お気に入りのカップのようなものが壊れたら，どうしたらよいか分からない人もいるでしょう，それはもう使えないからと捨ててしまう人もいるかもしれません。しかし，それを*金継ぎ*で直したら，⑦それは再び使われることができ，それは世界でたった一つのものになるのです。私は，それはすばらしいことだと思います。

(1)　全訳参照。disappear ＝消える，見えなくなる　drink ＝飲む　drop ＝落とす，落ちる　fall ＝落ちる

(2)　(He) helped me repair my broken (cup with the way of *kintsugi*.)　**<help ＋人＋動詞の原形～>**で「(人)が～するのを手伝う」。

(3)　全訳参照。**<have ＋過去分詞～>**(現在完了)で「(過去から今まで)～している，してきた」という表現にすればよい。

(4)　全訳参照。空所④の前後の文脈に注目。16世紀に茶道がよく知られるようになった時のことを話している。直前の一文で「茶道のための特別な器が使われていた」とあるので，自然な文脈になる次の文は(ii)。空所④直後の文で「壊れた器を修理した後」とあるので，その前には器を修理することを話していると推測できる。選択肢の文頭の一語に注目するとヒントになる。

(5)　(Before learning about *kintsugi*, he) didn't want anyone to find　**<want ＋人＋ to ～>＝(人)に～してほしい**

(6)　全訳参照。easy ＝簡単な　impossible ＝不可能な　simple ＝単純な　useful ＝役に立つ

(7)　全訳参照。下線部Ⓐを含む文の直前の一文に注目。「単に修理の方法だと思いました」とある。ここでの that は a way of repairing を指す。

(8)　全訳参照。第4段落最後から3・4文目で，*金継ぎ*で壊れたカップを直したら，他の誰も持っていないものであり，自分にとって以前よりも特別なものになったと言っている。

(9)　全訳参照。　①　美香は，彼女の兄が彼女に*金継ぎ*について教える前に，「*金継ぎ*」という言葉を知っていましたか？／いいえ，知りませんでした。　第2段落1文目2文目に注目。　②　なぜ当初は美香にとって金粉で継ぎ目を装飾するという考えは馴染みのないものだったのですか？／

なぜなら彼女は壊れた部分を隠したかったからです。　第4段落2文目に注目。

［Ⅱ］（問題文・解答例訳）

あなた：こんにちは，美香。私たちに興味深い話を教えてくれてありがとう。私は*金継ぎ*に興味をもつようになりました。①壊れたカップを直すのにはどのくらい時間がかかりましたか？

美香　：およそ2か月かかりました。それは素晴らしい経験でした。私は*金継ぎ*は物を長い間使う方法だと思います。あなたは，長い間物を使うことは良い考えだと思いますか？

あなた：②はい，思います。私たちはまだ使えるものをたくさん捨てています。私たちがこれらの物を使い続ければ，ごみを減らすことができます。

美香　：分かりました。

<英語解答>(C問題)

1　(1) ウ　(2) エ　(3) ア　(4) エ　(5) ウ　(6) イ

2　(1) ア　(2) イ　(3) イ

3　(1) エ　(2) ウ　(3) エ　(4) ア　(5) エ

4　(1) イ　(2) エ　(3) ア　(4) エ　(5) ウ

5　(1) イ　(2) ア　(3) ウ　(4) ア　(5) エ　(6) ウ

6　(例)I think it helps us learn many things that we didn't know before. For example, by reading a book about people's lives in the old days, I can understand how they lived at that time. To know the difference between the things they had and the things we have now is interesting. In addition, by reading a book written by a sport player, I can learn what effort the player has made. It makes me become more interested in the sport. In this way, reading books helps us know new things.

英語リスニング

【Part A】 1 ウ　2 イ　3 ウ　4 エ　5 ウ

【Part B】 6 (1) イ　(2) ア

【Part C】 (例)The event on the Internet doesn't take much time. Students who join the event don't need to spend much time in a plane. They don't need to prepare for traveling.

They can learn about each other's countries. They can easily imagine people's lives and their cultures with some photos. They can learn more things by asking questions.

The students in this school can improve their English skills because, during the game, they have to speak English without preparing what they say. And, they have to communicate without using a dictionary.

<英語解説>

1 （語句補充・選択：接続詞，関係代名詞，比較，仮定法，分詞の形容詞的用法，間接疑問文等）

(1)　私はあなたの近所の人たちが皆あなたに親切にしてくれると聞いて嬉しいです。**<be glad**

to 動詞の原形～>で「～して嬉しい」

(2)　父が私にくれた本は，難しい数学の問題を解くのに役に立った。　The book (that)my father gave me ＝父が私にくれた本　関係代名詞 that が省略されている。　**<help ＋人＋動詞の原形～>で「(人)が～するのを手伝う，助ける」**

(3)　私にもっと練習する時間があったら，兄と同じくらい上手にバスケットボールができるのに。　**<主語＋助動詞の過去形＋動詞の原形…，if ＋主語＋過去形～>で「(今)もし～だったら，…であろう」を表す。(仮定法過去)現在の事実と異なることを仮定して，その結果を想像する時の表現。　<A ＋動詞…＋as副詞～ as B>＝AはBと同じくらい～に…する**

(4)　多くの人々に愛されているサッカー選手が日本に来た。　ここでの who **は関係代名詞。**先行詞 The soccer player を who is loved by many people が後ろから修飾している。**< be 動詞＋過去分詞～>で「～される」の意味を表す。(受け身)**

(5)　私たちのグループで共有された考えはすばらしいと思う。　shared in our group が the idea を後ろから修飾している。**(分詞の形容詞的用法) shared は share の過去分詞で「共有された」と受け身の意味を表す。**

(6)　私は飛行機でロンドンに行くのに何時間かかるのかを知りたい。　how 以下は know の目的語を表す部分なので，**疑問詞の後は主語′＋動詞′の語順になる。(間接疑問文)**

2 (読解問題・説明文：表などを用いた問題，語句補充，内容真偽)

(全訳)　2021年に，大阪府は人々が歩きながらスマートフォンを使うことについてどのように思っているかを知るための調査を行った。調査グループのメンバーは17歳を超える(18歳以上の)人，1000人にいくつかの質問をした。それぞれの質問に答えるために，回答者は調査グループによって用意された選択肢の中から自分の回答を選んだ。「歩いている間にスマートフォンを使いますか？」が最初の質問だった。1000人の回答者のうち332人が「はい」を選び，その他の回答者は「いいえ」を選択した。「はい」を選んだ回答者は他の質問も問われた。「なぜ歩いている間にスマートフォンを使うのですか？」が質問のうちの一つだった。表はそれぞれの年代の回答者がこの質問の答えとして何を選んだかを示している。それぞれの回答者は1つだけ解答を選択した。

表からいくつかのことが分かる。1つ目，各年代で，「メッセージを送信したり読んだりするため」という答えを選んだ回答者の割合が最も高かった。①18歳から29歳の回答者の半数以上がこの答えを選んだ。そして，②「ゲームをするため」を選んだ回答者の割合を比べてみると，60歳から84歳の回答者の割合が最も高かった。

調査によると，最初の質問に「はい」と答えた回答者の80％以上が，「歩いている間にスマートフォンを使うことは危険だと思いますか？」という質問に対しても「はい」を選んだ。歩いている間にスマートフォンを使うのはやめましょう。

【表】　質問：「なぜ歩いている間にスマートフォンを使うのですか？」

年齢 / 回答	18－84歳	18－29歳	30－39歳	40－49歳	50－59歳	60－84歳
メッセージを送信したり読んだりするため	46.1%	50.6%	40.8%	48.6%	43.9%	45.0%
地図や時刻表を見るため	14.8%	21.2%	11.8%	11.4%	19.5%	10.0%
情報を得るため	9.6%	4.7%	11.8%	12.9%	9.8%	10.0%
ゲームをするため	7.5%	2.4%	7.9%	8.6%	7.3%	13.3%
音楽をかけたり止めたり選んだりするため	6.9%	5.9%	11.8%	5.7%	4.9%	5.0%

動画や映画を見るため	1.8%	1.2%	2.6%	2.9%	0.0%	1.7%
何も考えず	10.8%	12.9%	13.2%	8.6%	9.8%	8.3%
その他の理由	2.4%	1.2%	0.0%	1.4%	4.9%	6.7%

(1)　全訳，及び表参照。「メッセージを送信したり読んだりするため」を半数以上の回答者が選んでいるのは「18－29歳」。

(2)　全訳及び表参照。60－84歳の回答者の割合が他の年代に比べて最も高かった理由は「ゲームをするため」。

(3)　全訳参照。　ア　大阪府は自分のスマートフォンを持っている人の割合を知るために調査を行った。　イ　「歩いている間にスマートフォンを使いますか？」という質問に対して，半数以上の回答者が「いいえ」を選んだ。(〇)　第1段落5文目参照。この質問に「はい」と答えたのは1000人中332人なので「いいえ」を選んだのは半数以上。　ウ　「なぜ歩いている間にスマートフォンを使うのですか？」という質問に対して「何も考えず」を選んだ回答者は各年代で10%より低い。　エ　最初の質問に「はい」と答えた回答者の80%以上が「歩いている間にスマートフォンを使うことは危険だと思いますか？」という質問に対して「はい」を選ばなかった。

3 （読解問題・説明文：語句補充，語句の解釈・指示語，内容真偽）

（全訳）　スマート農業は農業の新しい方法です。それは機械，AIなどの技術を使います。

スマート農業は多くの方法で農場経営者を①支援することができます。ひとつの例は，広大な農場で働く機械です。その機械は農場労働者が動かす必要はありません。悪天候の中でも動くことができるのです。そのような機械は農場労働者が仕事をするのを助け，彼らの労働時間を短縮します。もう1つの例はさまざまな種類のデータを使うことです。天気情報などのさまざまな種類のデータはスマート農業のために使われています。インターネットを通して，そのようなデータは多くの農場経営者がお互いに話さなくても容易に共有されることが可能です。さらに，農場経営者がAIによって分析されたデータを使うことができれば，さまざまなことを容易に判断することができます。例えば，農場にどれくらいの水を与えればよいのかを判断できます。また，いつ野菜を収穫すればよいのかということも判断できるのです。昔は，農場経営者はそれらのことを彼らの特別な技術を使ってのみ判断していました。そのような特別な技術を身につけるためには，農場経営者たちには多くの時間と経験が必要です。つまり，農業を始めたばかりの農場経営者がたくさんのことを判断するのは難しいということです。しかし，AIによって分析されたデータを使うことによって，農業を始めたばかりの農場経営者は何をしなければならなくて，それをいつやるべきなのかを容易に判断することができます。

スマート農業は環境にも良いのです。例えば，農場の自然環境はカメラを搭載したドローンを使うことによって良い状態で保たれることが可能です。ドローンは農場のどの場所が化学肥料を必要としているかを簡単に見つけ，そこへ飛んでいき，その場所にだけ化学肥料を与えることができるので，使用する化学肥料をより少なくすることができます。さらに，過剰に食糧を生産したら，その食糧のいくらかは放置され，捨てられるだけです。しかし，将来どのくらいの量の食糧が必要なのかを示すさまざまなデータを使用することによって，農場経営者が自分の農場でどのくらい食糧を生産すればよいのかを計画することが可能になるのです，そうすれば食糧廃棄物は②減少するでしょう。

実際に，日本では，農場経営者の数が減少しており，多くの農場経営者は高齢です。これは日本における農業にとって深刻な問題になっています。現在，環境に関心をもつ人が増えています。スマート農業によって日本のすべての問題を解決することはできませんが，人と環境の両者のための選択肢の一つにはなり得るのです。

(1) 全訳参照。 fill ＝いっぱいにする invent ＝発明する，考案する receive ＝受け取る support ＝支援する，支える

(2) 全訳参照。 bought ＝ buy (買う)の過去分詞 raise ＝上げる，増やす reduce ＝減少させる worn ＝ wear (身につけている)の過去分詞，使い古された(形容詞)

(3) 全訳参照。 (AIによって分析されたデータは)農業を始めたばかりの農場経営者に，農場で何をすればよいか，またいつやればよいのかを教える。 第2段落最後の一文に注目。

(4) 全訳参照。 (文章によると，スマート農業は農場経営者が)労働時間を短縮する(のを助ける)。 第2段落5文目に注目。

(5) 全訳参照。 ア 農場経営者は，スマート農業で使われている技術を使わなければ特別な技術を身につけることはできない。 イ 農業に従事する人の数は日本では増加している。
ウ 日本の人々はスマート農業によって抱えているすべての問題を解決することができる。
エ AIやドローンのような技術は人と環境にとって助けとなり得る。(○) 第2段落1文目，第3段落1文目に注目。

4 (読解問題・説明文：語句補充，文の挿入，内容真偽)

(全訳) カップのような壊れた物を修理する日本の伝統的な方法があります。その方法は“*金継ぎ*”と呼ばれています。*金継ぎ*で何かを直す時には，通常2つのものが使われます。そのうちの一つは*漆*です。*漆*は*漆*の木から採れ，かけらを繋げるために使われます。もう一つは金粉です。金粉は継ぎ目を装飾するために使われます。

日本の人々は3000年以上もの間，物を繋げるために*漆*を使用してきました。16世紀に，茶道が一部の人々の間でよく知られるようになった時，茶道の器が使われました。 [A] その当時，それらの器は高価なものでした。 [B] 人々は器をとても注意深く使いました，なぜなら新しいものを手に入れるのは容易ではなかったからです。 [C] しかし，器が壊れてしまうこともありました。 [D] 人々は，それを修理することによって壊れた器を使い続けることができると考えました。そこで，器を使い続けるために*漆*で器の破片を繋げました。さらに，継ぎ目に金粉を①付け足すことで器が美しくなると考えたのです。その当時，金粉で物を装飾することはすでに美術の世界で知られていました。そして，人々は物を修理する時には継ぎ目を金粉で装飾し始めたのです。このように，*金継ぎ*は多くの人々に知られました。

カップのような壊れた物を直す時，継ぎ目を隠したいと思う人もいます，なぜなら継ぎ目があることで修理した物が一度壊れた物だと分かってしまうからです。そのような人たちにとって，金粉で継ぎ目を装飾するアイディアは奇妙に思うかもしれません。しかし，*金継ぎ*は人々にⒶ新しい考えを与えました。*金継ぎ*の方法で，壊れたカップを直したら，たくさんの継ぎ目がはっきりと見えます。しかし，その継ぎ目は，誰かが同じ継ぎ目のあるカップを手に入れるのは不可能であること，そしてそのカップは世界でたった一つの物だということを表しているのです。*金継ぎ*で修理されたカップによって，人はそのカップは壊れる前に使っていたものよりも特別なものだと感じるのです。

*金継ぎ*は修理のひとつの方法以上のものです。*金継ぎ*で物を修理しようとする人は継ぎ目を隠しません。彼らはその継ぎ目がその物を特別にすると思っているのです。

(1) 全訳参照。(人々が*金継ぎ*で，壊れた物を直したい時，たいてい)*漆*と金粉(を使う。) 第1段落3文目以降の内容参照。

(2) 全訳参照。

(3) 全訳参照。 add ＝加える lose ＝失う stop ＝止まる，やめる turn ＝回す

(4)　全訳参照。　ア　壊れた物のどんな継ぎ目も見つけられる人はいない。　イ　*金継ぎ*で修理された物は今まで壊れたことがない物だ。　ウ　金粉で継ぎ目を装飾することは奇妙だ。　エ　継ぎ目は，修理された物が世界でたった一つの物だということを示している。(○)　第3段落最後の一文参照。

(5)　全訳参照。　ア　茶道がよく知られるようになったのは，茶道を楽しむ人たちが茶道のための器を手に入れやすかったからだ。　イ　金粉で継ぎ目を装飾するアイディアは，他の人にどの部分を修理したのか気づいてほしい人たちにとっては奇妙に思える。　ウ　*金継ぎ*は壊れたカップのような物を修理する方法であり，修理した物を特別な物にする方法でもある。(○)　第4段落の内容参照。　エ　金粉で装飾された継ぎ目は*金継ぎ*で修理された物を特別な物にはしない，なぜなら誰もどこに継ぎ目があるか分からないからだ。

5　(読解問題・論説文：語句補充・選択，文挿入・文の並べ換え内容真偽)

(全訳)　“ナッジ”という言葉を聞いたことがありますか？　それは「人の注意を引くためにそっと押す」ということを意味する英語の言葉です。人は普通，人に話しかけずに誰かに何かをさせたい時に人をそっと(肘で)押します。しかし，この言葉は「ナッジ理論」と呼ばれる理論においてはもっと広い意味をもっています。その理論によると，人は簡単なことをすることを選ぶ傾向にあります。そのような人はやるべきことをやらない時があります，なぜならそれをすることは彼らにとっては少し難しいからです。しかし，それを容易にする特別な状況があれば，その特別な状況は人の行動に影響を及ぼし，人はそれをするでしょう。この理論において，“ナッジング”とは「①人がやるべきことをできるような特別な状況を作ること」を意味します。

多くの人々の行動に影響を与える“ナッジング”の例を挙げます。2020年に，日本政府は，人が買い物をする時に使用するビニール袋の数を削減するためにはどのようにすればよいかを知るための調査を行いました。調査において，政府は調査に参加したコンビニエンスストアに対して特別な状況を設定しました。コンビニエンスストアAでは，買い物客が無料のビニール袋が必要でない時に，店員に“辞退カード”を見せます。そのカードを見せなければ，買い物の支払いをする時にビニール袋がもらえます。コンビニエンスストアBでは，買い物客は無料のビニール袋が欲しい時に，店員に“要求カード”を見せるのです。カードを見せなければ，無料のビニール袋はもらえません。それぞれのコンビニエンスストアは1種類のみのカードを置きます。：“辞退カード”か“要求カード”です。これが調査の結果です。コンビニエンスストアAでは，無料のビニール袋をもらわなかった買い物客の数は以前の数と大きくは変わりませんでした。しかし，コンビニエンスストアBでは，その数は以前より明らかに増えたのでした。調査の前は，無料のビニール袋をもらうために，買い物客は何もしませんでした。しかし，調査の間，何もしないことは特別な状況の一部になりました。コンビニエンスストアAでは，何もしないことは買い物客が無料のビニール袋をもらいたいということを意味しました。コンビニエンスストアBでは，何もしないことは買い物客が無料のビニール袋を欲しくないということを意味しました。コンビニエンスストアBの特別な状況は，より多くの人たちが買い物をする時に使うビニール袋の数を減らすことを促進しました。

“ナッジング”によって，皆さんもやるべきことをやる力にすることができます。5時に起きて，学校へ行く前に1時間勉強したいと思っていると想像してください。朝，めざまし時計が5時に鳴ります。めざまし時計がベッドの②近くにあれば，ベッドから出ないで簡単に止めることができます。その後，あなたはもう一度眠ってしまうかもしれません。でも，状況を少し違うものにすれば，5時に起きて勉強できるのです。例えば，寝る前にめざまし時計をベッドから離れたところに置き，教科書をめざまし時計の隣に置きます。次の朝，めざまし時計が鳴った時に，ベッドの中にいてはそれを止めることはできません。③(iii)めざまし時計を止めるためには，ベッドから出てそこまでいかなければいけないのです。(i)それ(めざまし時計)を止めたら，めざまし時計の隣に教科書があるのを見つけ，勉強しなければいけないことを思い出します。(ii)そして，ベッドには戻らず，勉強を始めます。この場合，特別な状況を作ることとは，ベッドから離れたところにめざまし時計を，そしてめざまし時計の隣に教科書を置くことを意味します。その特別な状況はあなたがベッドから出て勉強を始めることを手助けするのです。

時には，“ナッジング”はその状況において小さな④違いをうみます，しかしそれは人の行動に大きな影響を及ぼすことがあるのです。現在，世界の多くの人々が“ナッジング”に興味をもっています。彼らは“ナッジング”はさまざまな問題を解決する方法の一つだと考えています，そして問題を解決するためにどのように“ナッジング”を使うことが可能かということを知ろうとしているのです。

(1)　全訳参照。第1段落最後から2文目に注目。

(2)　全訳参照。close ＝近い　different ＝違う　open ＝開いている　similar ＝似ている

(3)　全訳参照。空所③の前後の文脈に注目。空所③直前の「めざまし時計が鳴った時に，ベッドの中にいてはそれを止めることはできない」の後の自然な行動を考え，選択肢を適切な順番に並べかえよう。

(4)　全訳参照。difference ＝違い　mistake ＝誤り，失敗　technology ＝技術　wish ＝願い

(5)　全訳参照。第2段落最後から6文目に注目。調査の結果，「コンビニエンスストアBでは，無料のビニール袋をもらわなかった人の数が以前の数よりも増えた。」

(6)　全訳参照。　ア　人は誰かに話しかける時，その人をそっと押す。　イ　ナッジ理論は，人は常にやるべきことをやると言っている。　ウ　世界の多くの人々が，“ナッジング”はさまざまな問題を解決することができると考えている。(○)　第4段落最後の一文に注目。　エ　日本政府は，買い物をする時に人が無料のビニール袋をもらうことを助けるための調査を行った。

6 (自由・条件英作文)

(問題文訳)　本を読むことは私たちの人生において重要であり，読書は多くの点で私たちを助けてくれると言う人たちがいます。それ(読書)は人生においてどのように私たちの力になっていますか？　あなたの考えを書き，その後，あなたの考えを支えるいくつかの例，あるいはあなたの経験を書きなさい。

(解答例訳)　私は，それ(読書)は私たちが以前は知らなかった多くのことを学ぶ助けになると思います。例えば，昔の人々の暮らしについての本を読むことによって，その当時人々がどのように暮らしていたかを理解することができます。彼らが持っていたものと私たちが現在持っているものとの違いを知ることは興味深いことです。さらに，スポーツ選手によって書かれた本を読むことによって，その選手がどんな努力をしたのかを知ることができます。そのことで私はそのスポーツにより興味をもつようになります。このように，本を読むことは私たちが新しいことを知る力になります。

2023年度英語　リスニング・スクリプト(A・B問題)

〔放送台本〕

1 Tom: Rika, this book was very difficult. I needed to read it many times to understand it.

Rika: How many times did you read it, Tom?

〔英文の訳〕

トム：リカ，この本はとても難しかったよ。僕は理解するのに何度も読む必要があったよ。

里香：それを何回読んだの，トム？

答え：イ　4回だよ。

〔放送台本〕

2 Good morning. It is cloudy now. It will start to rain from about 3:00 in the afternoon. However, it will stop raining at about 8:00 in the evening. It will be sunny all day tomorrow.

〔英文の訳〕

おはようございます。現在は曇りです。午後3時くらいから雨が降り始めるでしょう。でも，夜の8時くらいには雨が止みます。明日は一日中晴れるでしょう。

〔放送台本〕

3 Jenny: Takashi, I need your help. Please tell me what we need to bring to school tomorrow. I missed the things our teacher said. Of course, we need textbooks. But, what else do we need?

Takashi: Well, Jenny, we need a dictionary for the English class. Oh, we also need the gym shoes which we usually wear in P.E. classes.

Jenny: The gym shoes? But we don't have a P.E. class tomorrow, right?

Takashi: We need them because we'll have a meeting in the gym.

Jenny: OK. Do we need color pencils? I think the art teacher told us to bring them in the class last week.

Takashi: Oh, we don't need them tomorrow. We need them for the class next week.

Jenny: OK. Thank you.

〔英文の訳〕

ジェニー：タカシ，あなたの助けが必要なの。明日学校に持って来る必要があるものを教えて。先生が言ったことを聞き逃してしまったの。もちろん，教科書は必要ね。でも，他には何がいるのかしら?

高志　：ええと，ジェニー，英語の授業のために辞書がいるよ。ああ，体育の授業でいつも履いている体育館シューズも必要だ。

ジェニー：体育館シューズ？　でも私たちは明日体育の授業はないわよね？

高志　：体育館で集会があるから必要なんだよ。

ジェニー：分かったわ。色鉛筆はいるかしら？　美術の先生が先週の授業で持って来るように言っていたと思うの。

高志　：ああ，明日はいらないよ。来週の授業で必要だよ。

ジェニー：分かったわ。ありがとう。

〔放送台本〕

4 Hana: Hi, Simon. How are you?

Simon: I'm good, Hana. Oh, a festival will be held in this town. How about going with me?

Hana: Sounds nice. When will it be held?

Simon: It will be held this weekend and next weekend. Today is Friday, December the 16th. How about going tomorrow?

Hana: Well… I have a piano lesson every Saturday. How about this Sunday?

Simon: Oh, I'll meet some friends on the 18th. But the 25th is OK.

Hana: Well… I will visit my grandparents with my family on the 25th. Oh, now I remember the 17th is the last piano lesson of this year. So, I can go on Saturday next week.

Simon: Sounds good! Let's go on that day.

〔英文の訳〕

華　　　：やあ，サイモン。元気？

サイモン：元気だよ，ハナ。ああ，この町でお祭りが開かれるね。僕と一緒に行かない？

華　　　：いいわね。いつ開かれるの？

サイモン：今週末と来週末だよ。今日は12月16日金曜日だね。明日行くのはどう？

華　　　：そうねえ…，毎週土曜日はピアノのレッスンがあるの。この日曜日はどう？

サイモン：ああ，18日は友だちと会うんだ。でも25日なら大丈夫だよ。

華　　　：うーん…，25日は家族とおじいちゃんの家に行くのよ。ああ，今思い出した，17日が今年最後のピアノのレッスンだわ。だから，来週の土曜日に行けるわ。

サイモン：良かった！　その日に行こう。

〔放送台本〕

5 We are happy to meet you 12 students from Australia. I'm Eri, a member of the English club. I will explain what you can enjoy in our high school during your stay. First, you can enjoy club activities. In this school, there are 20 clubs, for example, soccer club and music club. You can choose three clubs. You can join the activities with the club members after school. Second, you can enjoy eating lunch at the school cafeteria. The most popular menu is special curry. It's very delicious! The special curry is sold only on Friday. You should try it. Finally, I'll tell you about the school festival. Each class will show a drama or dance on the stage in the gym. At the end of the festival, all the students will sing a song together. The festival will be held on the last day of your stay, so let's practice the song and sing it together. I hope you will have a lot of fun during these ten days at our school.

Question 1 : How many clubs does this high school have?

Question 2 : What is the thing Eri said about her school?

〔英文の訳〕

あなた方，オーストラリアからの12人の生徒さんたちに会えて嬉しく思います。私はエリです，英語部の部員です。皆さんの滞在中，私たちの高校で楽しめることを説明します。1つ目，クラブ活動を楽しむことができます。この学校には，20個のクラブがあります，例えば，サッカー部，そして音楽部などです。3つのクラブを選ぶことができます。放課後に部員たちと活動に参加することができます。2つ目，学食で昼食を食べるのを楽しむことができます。一番人気のあるメニューはスペシャルカレーです。とてもおいしいですよ！　スペシャルカレーは金曜日だけ販売されます。食べてみるといいですよ。最後に，学園祭についてお話します。各クラスが演劇やダンスを体育館のステージで発表します。学園祭の最後には，全校生徒が一緒に歌を歌います。学園祭は皆さんの滞在の最終日に行われますので，歌を練習して一緒に歌いましょう。私たちの学校での10日間の滞在を大いに楽しんでほしいと思います。

質問1：この高校にはいくつのクラブがありますか？
答え　：エ　20個のクラブ
質問2：学校についてエリが言ったことは何ですか？
答え　：エ　学園祭の最後に全校生徒が歌を歌う。

〔放送台本〕

6 Yumi:　Nice to meet you, Mr. White.

Mr. White:　Welcome to my house, Yumi. Today is the first day of your stay in America. Please relax. If you have any problems, please let me know.

Yumi:　Thank you very much. Actually, I worry about going to school alone tomorrow.

Mr. White:　Oh, don't worry. You can go to school with my daughter. She is at school now, so when she comes back, you can ask her about school.

Yumi:　Oh, good. I want to see her soon.

Mr. White:　Are you tired after the long flight?

Yumi:　No. I slept well in the plane.

Mr. White:　That's good. Then, I'll show you inside our house first. Please follow me.

Yumi:　OK.

Mr. White:　First, let's go to your room. Here is your room. It is next to my daughter's room. In front of your room, here is the bath room.

Yumi:　OK.

Mr. White:　Next, here is the kitchen. We always have dinner at 7:00. Is there any food which you can't eat?

Yumi:　No, there isn't. Thank you for asking. Let me help you prepare dinner.

Mr. White:　Oh, thank you. I come back from work at about 5:30, and we start to prepare dinner from 6:00. If it's sunny, we sometimes eat dinner in our garden.

Yumi:　Wow, that sounds fun!

Mr. White:　Yes! It is fun. You can invite your friends for dinner. In that case, please call me two hours before dinner.

Yumi:　Sure. I'm excited.

Mr. White: Now, it's time for tea. Let's relax.
Yumi: Thank you.
Question 1: Where is Mr. White's daughter now?
Question 2: If Yumi invites her friends for dinner, what time does she have to call Mr. White?

〔英文の訳〕

由美　：お会いできて嬉しいです，ホワイトさん。
ホワイト：わが家へようこそ，ユミ。今日はアメリカでの滞在初日だね。くつろいでくださいね。何か困ったことがあったら，知らせてください。
由美　：どうもありがとうございます。実は，明日一人で学校に行くのが心配なのです。
ホワイト：おお，心配ないよ。私の娘と一緒に行けるよ。彼女は今学校にいるから，帰ってきたら，学校のことについて聞くことができるよ。
由美　：ああ，よかった。早く彼女に会いたいです。
ホワイト：長いフライトの後で疲れているかな？
由美　：いいえ。飛行機の中でよく眠りました。
ホワイト：それは良かった。それじゃあ，最初に家の中を案内しよう。私についてきて。
由美　：はい。
ホワイト：まず，君の部屋に行こう。ここが君の部屋だよ。私の娘の部屋の隣だよ。君の部屋の前，バスルームはここだよ。
由美　：分かりました。
ホワイト：次は，ここは台所だよ。私たちはいつも7時に夕食をとる。何か食べられない食べ物はあるかな？
由美　：ありません。聞いてくださってありがとうございます。夕食の支度をお手伝いさせてください。
ホワイト：おお，ありがとう。私は5時30分くらいに仕事から帰ってくる，そして6時から夕食の支度を始めるよ。晴れていれば，庭で夕食を食べることもあるよ。
由美　：まあ，楽しそうですね！
ホワイト：ああ！　楽しいよ。夕食に君の友だちを招待してもいいですよ。その場合は，夕食の2時間前に私に電話してくださいね。
由美　：もちろんです。ワクワクします。
ホワイト：さあ，お茶の時間だ。ゆっくりしよう。
由美　：ありがとうございます。
質問1：ホワイトさんの娘は今どこにいますか？
答え　：ア　学校にいる。
質問2：由美が友だちを夕食に招待する時は，何時にホワイトさんに電話をしなければいけませんか？
答え　：ア　5時に。

2023年度英語　リスニング・スクリプト（C問題）

〔放送台本〕

Please look at Part A. In this part of the listening test, you will hear five conversations between Kana and Tom. You will hear each conversation twice. After listening to each conversation twice, you will hear a question. Each question will be read only once and you must choose one answer. Now begin.

〔英文の訳〕

パートAを見てください。このリスニングテストでは，カナとトムの間の5つの会話を聞きます。英文はそれぞれ2回読まれます。それぞれの会話を2回聞いた後，質問を聞きます。それぞれの質問は1回しか読まれず，答えを1つ選ばなければなりません。それでは始めます。

〔放送台本〕

1 Kana: Tom, look at this. I painted this picture in the art class.

Tom: Wow, the picture is really good! It looks like a photo! I can't believe you painted this, Kana.

Question: What does Tom mean?

〔英文の訳〕

カナ：トム，これを見て。美術の授業でこの絵を描いたの。

トム：わあ，この絵はとても上手だね！　写真みたいだよ。君がこれを描いたなんて信じられないよ，カナ。

問題：トムが言っているのはどのような意味か？

答え：ウ　(トムは，カナがとても上手な絵を描いたので驚いた。)

〔放送台本〕

2 Kana: Hi, Tom. What happened?

Tom: Why do you ask that, Kana?

Kana: Because you look happy. I guess something good happened to you.

Tom: Well, actually, you're right. Yesterday, I got a ticket from my uncle for my favorite singer's concert.

Kana: That makes sense.

Question: Which is true about this conversation?

〔英文の訳〕

カナ：やあ，トム。どうしたの？

トム：どうしてそんなことを聞くの，カナ？

カナ：だってあなたはとても嬉しそうよ。何かいいことがあったのかなと思って。

トム：うん，実は，君の言う通り。昨日，おじさんから僕の大好きな歌手のコンサートチケットをもらったんだよ。

カナ：そういうことね。

問題：この会話についてどれが正しいか？

答え：イ　(昨日トムにいいことがあった。)

〔放送台本〕

3 Kana: Tom, have you decided what to eat? If you need my help, I'll explain in English what is written on the menu.

Tom: Oh, I'm OK, Kana. These pictures on the menu help me choose what to eat. They look delicious!

Kana: If this menu were written in both Japanese and English, it would be easier for you to understand it.

Question: Which is true about this conversation?

〔英文の訳〕

カナ：トム，何を食べるか決めた？　お手伝いが必要なら，メニューに書かれていることを英語で説明するわ。

トム：ああ，大丈夫だよ，カナ。メニューにある写真のおかげで何を食べればいいか選べるよ。おいしそうだね！

カナ：このメニューが日本語と英語の両方で書かれていたら，あなたにとってもっと分かりやすかったでしょうね。

問題：この会話についてどれが正しいか？

答え：ウ　(トムはメニューにある写真が役に立つと思った。)

〔放送台本〕

4 Tom: Hi, Kana. Some members of the music club will hold a concert on the stage in the park near our school.

Kana: It sounds fun, Tom. When will it be held?

Tom: It will be held this Saturday, December the 24th and this Sunday, December the 25th. I'll be free on Saturday. How about going with me on Saturday?

Kana: Well... I have a piano lesson every Saturday. How about the 25th?

Tom: I'll go to the theater with my host family on the 25th.

Kana: I see. Oh, now I remember Saturday the 17th was the last piano lesson of this year, so I'll be free on this Saturday.

Tom: Oh, great!

Question: Which is true about this conversation?

〔英文の訳〕

トム：やあ，カナ。音楽部の部員の中に学校の近くの公園のステージでコンサートを行うメンバーがいる。

カナ：それは楽しそうね，トム。いつそれは開かれるの？

トム：今週の土曜日の12月24日と今週の日曜日の12月25日だよ。僕は土曜日が空いているよ。僕と一緒に土曜日に行くのはどうかな？

カナ：うーん，毎週土曜日にピアノのレッスンがあるの。25日はどう？

トム：25日はホストファミリーと劇場に行くよ。

カナ：分かったわ。ああ，今思い出したわ，17日の土曜日が今年最後のピアノのレッスンだったわ，だから今週の土曜日は空いているわ。

トム：おお，よかった！

問題：この会話に関して正しいものはどれか？

答え：エ　(カナとトムはふたりとも24日は空いている。)

〔放送台本〕

5 Tom: Hi, Kana. What are you doing?

Kana: I'm making a report about the interview I did at school in April.

Tom: Interview? Sounds interesting!

Kana: Yes, it is. I asked several questions to 100 students in the first grade. And, they chose one answer from three choices.

Tom: What did you ask them?

Kana: First, I asked them, "What is the thing you want to try harder?". The choices are "Studying," "Making friends" and "Club activities." Can you guess which was chosen by the most students?

Tom: Well... I guess the most students chose "Making friends."

Kana: Well, 38 students chose that. But more students chose "Studying."

Tom: I see. What was another question?

Kana: I asked, "What is the thing you enjoy the most at school?". And, the choices are "Studying," "Talking with friends" and "Club activities."

Tom: I guess the most students chose "Club activities."

Kana: That answer was chosen by the first grade students who joined a club activity. But many first grade students haven't joined a club activity yet. So, more students chose "Talking with friends."

Tom: I understand.

Question: Which is true about this conversation?

〔英文の訳〕

トム：やあ，カナ。何をしているの？

カナ：私が4月に学校でやったインタビューについてレポートを書いているのよ。

トム：インタビュー？　おもしろそうだね！

カナ：ええ。私は1年生の生徒100人にいくつかの質問をしたの。彼らは3つの選択肢の中から1つを選んだのよ。

トム：何を質問したの？

カナ：はじめに，「もっと努力したいと思っていることは何ですか？」という質問をしたの。選択肢は「勉強」「友だちづくり」そして「部活動」よ。いちばん多くの生徒が選んだのはどれだか分かる？

トム：うーん，最も多くの生徒が選んだのは「友だちづくり」だと思うな。

カナ：ええと，38人の生徒がそれを選んだわ。でももっと多くの生徒が「勉強」を選んだの。

トム：なるほど。他の質問は何？

カナ：私は，「学校でいちばん楽しいことは何ですか？」と質問したわ。そして選択肢は「勉強」「友だちと話すこと」そして「部活動」よ。

トム：最も多くの生徒が選んだのは「部活動」だと思うな。

カナ：その回答は部活動に参加している1年生には選ばれたの。でも多くの1年生がまだ部活動に入っていないのよ。だから，「友だちと話すこと」を選んだ生徒の方が多かったわ。

トム：分かるよ。

問題：この会話に関して正しいものはどれか？

答え：ウ　(インタビューでは,38人の生徒が「もっと努力したいと思っていることは何ですか？」

という質問に対する回答として「友だちづくり」を選んだ。)

〔放送台本〕

Please look at Part B. In this part of the listening test, you will hear a part of a lesson. It will be spoken twice. After listening to it twice, you will hear two questions. Each question will be read only once and you must choose one answer. Now begin.

〔英文の訳〕

パートBを見てください。このリスニングテストでは，授業の一部を聞きます。英文は2回読まれます。2回英文を聞いた後，2つの質問が読まれます。それぞれの質問は1回しか読まれません，答えを1つ選ばなくてはなりません。それでは始めます。

〔放送台本〕

6 Let's begin today's English lesson. In this school, every year, the students in the second grade make a drama in English and show it in class. Now, you are sitting in a group of five or six people. You will make a drama with your group members. And, one group from each class will show their drama in the school festival held in November. Now, I will explain what you should do in the lessons. In today's lesson, you will make a story. I will tell you two important things. First, you need to make your own story. This means you can't use a story from books or movies. Next, your story must be shorter than ten minutes. In the next lesson, you will start to practice your drama. You need to practice the drama in three lessons next week. You need to speak clearly and fluently in your drama. Each of you needs to remember your own part. In the first lesson next month, you will watch the dramas in class. Each of you has one point, and when you watch the other groups, you will give the point to one group that you like. And, the group which gets the most points will show their drama in the school festival.

Question 1: Which is true about the things the teacher said?

Question 2: Which is not true about the things the students need to do for their drama?

〔英文の訳〕

今日の英語の授業を始めましょう。この学校では，毎年，2年生の生徒が英語で劇を作り，クラスで上演します。今，皆さんは5人か6人のグループで座っていますね。そのグループのメンバーで劇を作ります。そして，各クラスから1グループが11月に行われる学園祭で劇を上演します。これから，皆さんに授業でやってもらうことを説明します。今日の授業では，お話を作ります。2つ大切なことを伝えます。1つ目，皆さんの独自のお話を作らなければいけません。つまり，本や映画からのお話を使うことはできないということです。次に，お話は10分よりも短くなくてはいけません。次の授業では，劇の練習を始めます。来週の3回の授業で劇の練習をしなければいけません。劇をする際は，はっきりとすらすらと話す必要があります。それぞれ自分の役を覚えなければいけません。来月の最初の授業で，クラスで劇を鑑賞します。皆さんはそれぞれ1ポイントをもちます，他のグループの劇を見たら，気に入った1つのグループにポイントを入れます。そして，最も多くポイントを獲得したグループが学園祭で劇を上演します。

質問1：先生が言ったことについて正しいものはどれか？

答え：イ　学園祭は11月に行われる。

質問2：生徒たちが劇を作るにあたりしなければいけないことについて正しくないものはどれか？

答え：ア　生徒たちは10分より長い話を作らなければならない。

〔放送台本〕

Please look at the test paper of Part C. First, please read the information about an event with Korean and Australian students. You have half a minute. Now, begin to read.

Stop reading. Now you are going to hear the conversation between Tom and Kana. They are talking about an event on the Internet with Korean and Australian students. You will hear their conversation and the question about it twice. When you are listening, you can take notes on the test paper about the things they say about the event on the Internet with Korean and Australian students. Now, listen to the conversation.

〔英文の訳〕

パートCの問題用紙を見てください。はじめに，韓国とオーストラリアの生徒たちと共にやるイベントについての情報を読んでください。時間は30秒です。では読み始めなさい。

読むのをやめてください。これからトムとカナの会話を聞きます。彼らは韓国とオーストラリアの生徒たちと行うインターネット上のイベントについて話しています。会話とそれについての質問が2回流れます。聞いている時に，彼らが韓国とオーストラリアの生徒たちと共にやるインターネット上のイベントについて話していることを問題用紙にメモをとってもかまいません。それでは，会話を聞いてください。

〔放送台本〕

Tom: Hi, Kana. Did you read the information our teacher gave us? It is about the event on the Internet with Korean and Australian students. It sounds exciting. How about joining with me?

Kana: I can't decide, Tom. I want to improve my English skills, but I'm busy.

Tom: Well, I think preparing a speech will take some time. But, the event on the Internet doesn't take much time. You always say you want to go abroad. To visit Korea and Australia, it will take more time.

Kana: I see... You are right. That is a good point of this event. It takes only two hours. Students who join this event don't need to spend much time in a plane. And they don't need to prepare for traveling. But, I think we can learn more things if we visit the countries.

Tom: Well, that's true. But, also in the event, the students can learn about each other's countries. That is another good point of the event. They can easily imagine people's lives and their cultures because the students who make speeches will show some photos. And, they can learn more things by asking questions.

Kana: I see. I want to hear the speeches and ask various questions. But, I still can't decide about joining the event. Playing games in English sounds difficult.

Tom: It may be difficult, but the students in this school can improve their English skills when they play games. I think that is also a good point of this event.

Kana: I can understand the students can improve their English skills because, during the game, they have to speak English without preparing what they say.

Tom: You're right. And, they have to communicate without using a dictionary.

Kana: I'm afraid of making mistakes when I speak English.

Tom: Don't worry. We can help each other. The event will be a great experience for you!

Kana: OK! I will join the event, too!

Question: According to Tom and Kana, what are the good points about the event on the Internet? Write them in English.

〔英文の訳〕

トム：やあ，カナ。先生が僕たちにくれた情報を読んだ？　それは韓国とオーストラリアの生徒たちと一緒にやるインターネット上のイベントについてだよ。ワクワクするよ。一緒に参加するのはどうかな？

カナ：私は決めかねているのよ(迷っているのよ)，トム。英語の技術は上達させたいのだけど，忙しいの。

トム：えっと，スピーチの準備にはいくらか時間がかかると思うよ。でも，インターネットでのイベントはそんなに時間がかからないよ。君はいつも外国へ行きたいと言っているでしょう。韓国とオーストラリアに行くのは，もっと時間がかかるよ。

カナ：そうねえ…。あなたの言う通りだわ。それがこのイベントの良いところね。2時間しかかからないもの。イベントに参加する生徒たちは飛行機の中で長時間過ごす必要はないのよね。旅行の準備をする必要もないわ。でも，その国に行けばたくさんのことを学べると思うわ。

トム：うん，確かにそうだね。でも，そのイベントでも，生徒たちはお互いの国について学ぶことができるよ。それはこのイベントのもう一つのいいところだよ。人々の暮らしや文化を想像しやすい，スピーチをする生徒たちは何枚か写真を見せてくれるからね。そして，質問をすることでより多くのことを学ぶことができるんだ。

カナ：なるほどね。私はスピーチを聞いていろいろな質問をしたいわ。でも，それでもイベントに参加する決心がまだつかないわ。英語でゲームをするのは難しそうだもの。

トム：それは難しいかもしれないけど，この学校の生徒たちはゲームをして英語の技術を上達させることができるよ。それもこのイベントのいいところだと思う。

カナ：生徒たちが英語の技術を上達させることができるのは分かるわ，だってゲームの間，言うことを準備しないで英語を話さなければいけないものね。

トム：その通り。そして，辞書を使わずにコミュニケーションをとらなければいけない。

カナ：英語を話すときに間違えるんじゃないかと不安だわ。

トム：心配しないで。お互いに助け合えるよ。イベントは君にとって素晴らしい経験になるよ！

カナ：分かったわ！　私もそのイベントに参加するわ！

問題：トムとカナによると，インターネット上のイベントに関して良い点は何ですか？　英語で書きなさい。

＜理科解答＞

1　(1)　ⓐ　ア　ⓑ　エ　(2)　①　ⓒ　イ　ⓓ　ウ　②　K：L＝1：20　(3)　エ
(4)　ⓔ　イ　ⓕ　ウ　(5)　①　対照実験　②　ア　(6)　イ

2　(1)　①　ウ　②　全反射　(2)　平行な光　(3)　エ　(4)　10.0cm　(5)　虚像
(6)　ⓐ　ウ　ⓑ　0.8cm　(7)　ア　(8)　イ

3　(1)　D　(2)　年周運動　(3)　イ　(4)　エ　(5)　①　寒冷前線　②　エ
(6)　b　(7)　14J

4　(1)　ⓐ　ア　ⓑ　エ　(2)　①　イ　②　水上置換法　(3)　ウ　(4)　0.6g
(5)　エ　(6)　0.8g　(7)　2.1倍

＜理科解説＞

1　**(微生物のはたらき―植物の分類，菌類，顕微鏡，消化，デンプンの分解)**

(1)　**被子植物**のうち，**双子葉類**の子葉は2枚で，葉脈は網目状に通り，根は太い主根とそこからのびる側根からなる。一方，**単子葉類**の子葉は1枚で，葉脈は平行に通り，根はひげ根である。

(2)　①　カビやキノコなどは菌類で，そのからだは菌糸とよばれる糸状の細胞からできており，**胞子**でふえるものが多い。乳酸菌や大腸菌などの細菌類は，非常に小さな単細胞の生物である。みそは，菌類や細菌類が**有機物**を分解するはたらきを利用してつくられている。　②　顕微鏡の倍率から考えて，5K：L＝1：4，したがって，K：L＝1：20となる。

(3)　だ液中の**消化酵素**であるアミラーゼは，デンプンを麦芽糖などに分解する。胃液中のペプシンはタンパク質を分解する。すい液中にはアミラーゼも含まれ，タンパク質を分解するトリプシンと脂肪を分解するリパーゼも含まれる。胆汁には消化酵素は含まれていないが，脂肪の分解を助けるはたらきがある。

(4)　ヨウ素反応(青紫色に変色)はデンプンがあるときだけに見られ，ベネジクト反応(加熱すると赤褐色の沈殿ができる)は糖があるときだけに見られる。

(5)　①　BとEの結果がコウジカビによるものであることと，CとFの結果が酵母菌によるものであることを明らかにするために，AとDの**対照実験**を行う。　②　AとBを比較することで，コウジカビによってデンプンが分解されて糖ができたことがわかり，AとCと比較することで，酵母菌はデンプンを変化させていないことがわかる。

(6)　Fの結果から，酵母菌によって麦芽糖からエタノールができたことがわかる。

2　**(光―入射角と屈折角，全反射，凸レンズ，焦点距離，虚像，実像)**

(1)　①　境界面に垂直な線と入射した光がつくる角を**入射角**，境界面にななめに入射した光が屈折して進むときに，境界面と垂直な線とつくる角を**屈折角**という。光が空気中からガラスに入射したとき，屈折角は入射角より小さくなる。逆に，光がガラスから空気中に入射したとき，屈折角は入射角より大きくなる。　②　光が，ガラスなどの物体や水中から空気中へ進むとき，入射角を大きくしていくと屈折した光が境界面に近づいていき，入射角がある大きさ以上になると，境界面を通りぬける光はなくなって，すべての光が反射する。これを**全反射**という。

(2)　凸レンズの中心を通って，凸レンズの面に垂直な軸を光軸という。光軸に平行に進む光は，凸レンズに入るときと出るときに屈折して**焦点**に集まる。凸レンズの両側にあるそれぞれの焦点と凸レンズの中心までの距離を**焦点距離**という。

(3)　光源が焦点より外側にあるとき，光源の1点から出た光は凸レンズを通って1点に集まり，**実像**ができる。したがって，物体の先端から出た光がP点を通って直進し，凸レンズで屈折して実像の先端を通るように進む。

(4)　焦点距離の2倍の位置にある光源から出た光は，凸レンズを通って，焦点距離の2倍の位置に物体と同じ大きさの実像を結ぶ。表Ⅰで，倍率が1.0倍のときのAとBの距離は焦点距離の2倍である。したがって焦点距離は，20.0(cm)÷2＝10.0(cm)

(5)　焦点よりも内側にある物体から出た光は，凸レンズを通って屈折しても1点に集まることはないので，スクリーン上に実像はできない。スクリーン側から凸レンズをのぞくと，物体と上下左右が同じ向きで，物体よりも大きい**虚像**を見ることができる。ルーペはこの原理を利用している。

(6)　A÷Bとすると倍率の値は0.50，1.0，2.0となり，2A÷Bでは1.0，2.0，4.0，となる。B÷2Aでは1.0，0.5，0.25である。14.0÷35.0＝0.4(倍)ならば，実像の高さは2.0×0.4＝0.8(cm)である。

(7)　物体からは，さまざまな方向に光が出て進む。したがって，凸レンズの一部を覆っても，物体から出るあらゆる向きの光は凸レンズを通る。しかし，黒い紙で覆われた部分は光が通らないので，像全体が暗くなるが，像が欠けることはない。

(8)　ルーペは近くの物体を拡大して観察するために使用するもので，凸レンズを通して物体と上下が同じ向きの虚像を見ることになる。カメラには離れた物体からの光を集めるために凸レンズが用いられているので，物体と上下が逆向きの実像を見ることになる。実際には，それをさらに上下を逆にして，物体と上下が同じ向きに見えるようにしてある。

3　(天体の動き―地球の公転，年周運動，南中高度，地軸，前線，太陽光のエネルギー)

(1)　**地軸**の傾きから，北半球の日照時間が長いAは夏至，短いCは冬至。地球の**公転**の向きから考えて，Bは秋分でDは春分であることがわかる。春分，秋分のときは，昼と夜の長さがほぼ等しい。

(2)　太陽の1日の動きを観察すると，東から西へ動いているように見えるが，これは地球が西から東へ**自転**しているために起こる見かけの動きで，**日周運動**という。これに対して，同じ時刻に見える星座の位置が日々東から西へ動き，1年後にはまた同じ位置に見えるのは，地球の公転によって生じる見かけの動きで，**年周運動**という。1年で360°移動するので，1日で約1°移動する。

(3)　冬至の日の太陽の**南中高度**を求める式にあてはめると，90°−34.5°−23.4°＝32.1

(4)　地軸の傾きの角度が1°小さくなると，夏至の南中高度は1°低くなり，冬至の南中高度は1°高くなるので，図Ⅱにあてはめて考えると，夏至は昼間の長さが短くなり，冬至は長くなる。

(5)　①　中緯度帯で発生し，**前線**をともなう低気圧を温帯低気圧とよぶ。日本列島付近では，温帯低気圧の南東側に**温暖前線**，南西側に**寒冷前線**ができることが多い。　②　中緯度地域の上空では，**偏西風**とよばれる西から東へふく風が地球を1周している。この大気の循環の影響により，日本列島付近の天気は西から東へ変わることが多い。図Ⅳの日の翌日には，近畿地方の広い範囲が移動性高気圧に覆われ，よく晴れたと考えられる。

(6)　実験を行った日の正午ごろの太陽の高度を求めると，90°−34.5°＝55.5°になる。太陽の光が当たる角度が垂直に近いほど，同じ面積に多くの光が当たり，黒い面の表面温度が高くなる。したがって，90°−55.5°＝34.5°でおよそ35°があてはまる。

(7)　120秒間で1cm^2あたり11Jなので，11×150÷120＝13.75(J)

4 **(金属の性質―気体の発生，燃焼，酸化，化学変化と物質の質量，化学反応式)**

(1) 金属にはみがくと光る(金属光沢がある)，電気をよく通す，熱をよく伝える，引っ張ると伸びる(延性)，たたくとうすく広がる(展性)などの共通の性質があるが，鉄などのように磁石につくことは，金属に共通した性質ではない。

(2) ① アは水素，ウは二酸化炭素の発生方法である。エでは水酸化バリウム水溶液とうすい硫酸の**中和**が起こり，硫酸バリウムの白い沈殿が生じる。 ② 気体の集め方は，まず，水へのとけやすさで区別する。水素や酸素などのように水にとけにくい気体は，容器に満たした水と置き換えて集める**水上置換法**が適している，水にとけやすい気体は，アンモニアのように空気より密度が小さい(空気より軽い)気体は**上方置換法**で，空気より密度が大きい(空気より重い)気体は**下方置換法**で集める。

(3) 表Ⅰで，4回目の加熱から加熱後の質量が増加していないことから，1.30gのマグネシウムすべてが酸素と**化合**して酸化マグネシウムに変化したと考えられる。このとき結びついた空気中の酸素の質量は，2.16－1.30＝0.86(g)

(4) 図Ⅱのグラフは原点を通る直線になっているので，マグネシウムと酸素は一定の質量比で化合していることがわかる。(マグネシウムの質量)：(酸素の質量)＝0.3：0.2＝0.6：0.4＝3：2 したがって，マグネシウム0.9gと結びつく酸素は，$0.9\times\frac{2}{3}=0.6$(g)

(5) 化学変化の前後で**原子**の組み合わせが変わるが，原子が新しくできたりなくなったりはしない。したがって，**化学反応式**では，矢印の左右で原子の種類とそれぞれの数が一致する。空気中の酸素は，原子が2個結びついた**分子**(O_2)として存在する。また，マグネシウムは多数の原子が集まってできており，分子として存在しているわけではない。

(6) マグネシウムと銅は，いずれも原子の数が1：1で酸素と結びつく。図Ⅲのマグネシウムのグラフより，0.3gのマグネシウムと結びついた酸素は0.2g。銅のグラフより，0.2gの酸素と結びついた銅の質量は0.8gである。したがって，0.3gのマグネシウムに含まれるマグネシウム原子の数と0.8gの銅に含まれる銅原子の数が等しい。

(7) 求める数値は，結びつく酸素の質量が何倍かで表すことができるので，2.3÷1.1≒2.1(倍)

＜社会解答＞

1 (1) ① (a) イ (b) OPEC (c) ⓐ ア ⓑ ウ ② 自給率 ③ エ
④ (a) イ (b) エ (2) ウ (3) (例)軽いものの輸送に用いられる

2 (1) ア (2) ① ⓐ ア ⓑ 公共の福祉 ② (a) 公職選挙法 (b) ウ
(c) イ (d) ア ③ ウ (3) ⓐ 与 ⓑ 野 (4) ① 直接 ② エ

3 (1) ① A ② ブラジリア ③ イ (2) ① ア ② オ ③ 管領
(3) ① ⓐ 江戸 ⓑ 文明開化 ② ウ ③ ⓐ (例)一般の銀行に国債を売る
ⓑ (例)一般の銀行は資金量が減る ④ イ・エ

4 (1) ① 鉄 ② ⓐ イ ⓑ エ (2) 租 (3) ① ⓐ ア ⓑ エ
② (a) 徳政 (b) ア (4) ① ウ ② ⓐ リンカン[リンカーン] ⓑ イ
(5) (例)地方圏から労働力が不足していた三大都市圏へ人が移動した

<社会解説>

1 **(地理的分野—日本—日本の国土・地形・気候，工業，交通・通信，貿易，世界—産業)**

(1) ①　(a)　わが国の石油の主な輸入先は**西アジア**諸国。　(b)　OPECは加盟国の半数を西アジア諸国が占める。　(c)　オーストラリアの北西部で鉄鉱石，北部でボーキサイト，東部で石炭の採掘がさかん。　②　他の先進国と比べると，わが国の食料自給率は特に低い。　③　京葉工業地域は**千葉県**に位置する。　④　(a)　アが山形県，ウが青森県，エが福島県の伝統的工芸品。　(b)　日本海側の気候は，北西季節風の影響で冬の降水量が多くなる特徴をもつ。

(2)　P　輸入総額の増加額が約79(兆円)－約49(兆円)＝約30(兆円)，輸出総額の増加額が約77(兆円)－約61(兆円)＝約16(兆円)であることから，輸入総額の増加額よりも輸出総額の増加額の方が小さい。　Q　輸出額が輸入額を上回っている状態を**貿易黒字**，輸入額が輸出額を上回っている状態を**貿易赤字**という。北アメリカに対する貿易収支について，2004年の輸出額が約61(兆円)×23.8(%)＝約14.5(兆円)，輸入額が約49(兆円)×15.6(%)＝約7.6(兆円)，2019年の輸出額が約77(兆円)×21.1(%)＝約16.2(兆円)，輸入額が約79(兆円)×12.6(%)＝約9.6(兆円)なので，いずれの年も貿易黒字である。

(3)　表Ⅰから，海上輸送(A港)では自動車などの重量のあるもの，航空輸送(B空港)では半導体などの軽量なものの輸送が主流であることが読み取れる。

2 **(公民的分野—憲法・基本的人権，国の政治の仕組み・裁判，民主主義，地方自治)**

(1)　文中の「1215年」「フランス」「社会契約論」などから判断する。　X　**権利章典**は1688年の名誉革命の翌年に発表された。　Y　**ロック**はイギリスの思想家で『市民政府二論(統治二論)』を著した。

(2)　①　職業選択の自由は，財産権や居住・移転の自由などとともに経済活動の自由に分類される。　②　(a)　近年では，「**一票の格差**」問題の是正に向けて公職選挙法の改正が相次いでいる。　(b)　地方公共団体の首長は，住民の直接選挙で選出する。　(c)　ア・エは内閣の仕事。ウについて，最高裁判所長官の任命は**天皇**，その他の裁判官の任命は**内閣**が行う。　(d)　Q：投票数について，20歳代が1184(万人)×30.96(%)＝約366.6(万人)，60歳代が1629(万人)×63.58(%)＝約1035.7(万人)となり，その差は約669.1万人。人口の差は1629(万人)－1184(万人)＝445(万人)。　③　裁判員は，裁判官とともに量刑判断も行う。

(3)　2012年末以降，自由民主党(自民党)と公明党を与党とする連立内閣が結成されている(2023年現在)。

(4)　①　住民は，条例の制定・改廃の他に，監査，議会の解散，首長・議員の解職を直接請求できる。　②　ⓑ・ⓒについて，自衛隊などにかかる費用である**防衛費**については地方公共団体が負担していないことなどから判断する。

3 **(地理的分野—日本—人口・都市，世界—地形・気候，歴史的分野—日本史—時代別—古墳時代から平安時代，鎌倉・室町時代，明治時代から現代，日本史—テーマ別—政治・法律，文化・宗教・教育，公民的分野—経済一般)**

(1)　①　緯度0度線である**赤道**がアフリカ大陸中央部のビクトリア湖やギニア湾付近やシンガポール，南アメリカ大陸のアマゾン川河口付近を通り，経度0度線である**本初子午線**がイギリスのロンドンを通ることなどから判断する。　②　ブラジル人口最大の都市は**サンパウロ**。　③　チグリス川とユーフラテス川は西アジアの**ペルシア湾**に注ぐ。

(2)　①　桓武天皇は平安京に先立って，784年に都を長岡京に移した。　②　i　国風文化が栄えた平安時代中期。　ii　地方の武士が台頭する平安時代後期。　iii　遣唐使が廃止される894年以前の平安時代初期。　③　文中の「室町幕府」「将軍の補佐役」などから判断する。

(3)　①　文中の「東京に改称」「生活様式の洋風化」などから判断する。　②　司法権に属する裁判所は，最高裁判所と**下級裁判所(高等裁判所，地方裁判所，家庭裁判所，簡易裁判所)**。
③　景気が過熱しているときは，通貨量を減らす政策をとることで景気を調整する。　④　ア　文中の増加と減少が逆。　ウ　すべての年において昼夜間人口比率が100を下回っているZ区は，夜間人口より昼間人口の方が少ない。　エ　昼間人口は，(夜間人口)×(昼夜間人口比率)÷100で求められる。2015年における昼間人口の概算は，W区が15(万人)×430÷100＝64.5(万人)，X区が25(万人)×400÷100＝100(万人)，Y区が34(万人)×230÷100＝78.2(万人)，Z区が72(万人)×100÷100＝72(万人)となる。

4　**(歴史的分野—日本史—時代別—旧石器時代から弥生時代，古墳時代から平安時代，鎌倉・室町時代，日本史—テーマ別—経済・社会・技術，文化・宗教・教育，世界史—政治・社会・経済史)**

(1)　①　文中の「農具の刃先や武器，工具」などから判断する。　②　魏は中国の王朝。

(2)　文中の「稲」などから判断する。労役の代わりに麻布を収める**庸**，特産物を納める**調**と区別する。

(3)　①　**株仲間**は，江戸時代の商工業者の同業者組合。**出雲阿国**は，安土桃山時代にかぶき踊りを始めた。　②　(a)　文中の土一揆は，近江(滋賀県)の馬借が中心となって幕府に徳政を要求した**正長の土一揆**を指す。　(b)　15世紀とは，1401～1500年を指す。アが1492年，イが1206年，ウが1392年，エが1517年。

(4)　①　問題文中の「平等な社会を実現するために土地や工場などの生産手段を私的に所有せず，社会で共有する考え」とは**社会主義**のこと。**マルクス**はエンゲルスとともに『共産党宣言』を著した。　②　**南北戦争**は，工業が発達し，保護貿易と奴隷制反対の立場をとる北部と，綿花栽培が発達し，自由貿易と奴隷制賛成の立場をとる南部による対立によっておこった。**リンカン**は北部出身。

(5)　1965年から1974年の三大都市圏について，表Ⅰから，転入者数が転出者数を上回っていること，図Ⅰから，有効求人倍率が非常に高いことが読み取れる。人口が流入して増加しているにも関わらず三大都市圏での求人が多い理由として，労働者が不足していることが考えられる。よって，労働力に余剰が生じていたのは，有効求人倍率が低い地方圏であると判断する。

<国語解答>(A問題)

一　1　(1)　しゅくしゃ　(2)　えいかん　(3)　つ(くす)　(4)　すす(める)
(5)　起(きる)　(6)　保(つ)　(7)　宇宙　(8)　救急　2　C

二　1　イ　2　a　単なる1枚の木の板　b　(例)膨張することによって板が反り返る
3　a　末広がりの形　b　余計な力を受けない　c　取っ手としての役割

三　1　とおられければ　2　イ　3　a　きる　b　日がてりやぬぐ

四　1　ア　2　ウ　3　(1)　a　何もないということ　b　(例)どれが意味があり，何が無価値であるかを考えなおす　c　一種の鏡の国　(2)　エ

五　(例)私にとって本の魅力とは，知識を高め，深めたりすることにあると考えます。自分とは違う経験をしてきた人の話や，思いもよらない考え方が，本には書かれています。例えば，

周りの人とより上手に付き合うにはどうすれば良いか，また自分に合った関心事を見つけることも本から学ぶことができます。一人ではわからなかったり，他の人に相談しにくいことでも，解決の手がかりになることがあります。

＜国語解説＞

一　(漢字の読み書き，用法)

1　(1)「宿舎」とは，旅先などで宿泊するところ。　(2)「栄冠」とは，勝利のしるしとして与えられる名誉の冠。　(3)「尽くす」とは，ここではそのことのために全部を使ってしまうこと。　(4)「勧める」とは，人がそのことを行うように誘いかけること。　(5)「起きる」とは，ここでは眠りから覚めること。他に横になって体を起こす，目をさましている，何事かが発生すること。　(6)「保つ」とは，ある状態を変えないで続ける，損なわれたり乱れたりしないように，ある状態を守り続ける，その状態が変わらないで長く続くこと。(7)「宇宙飛行士」とは，宇宙船を操縦したり，宇宙空間でさまざまな実験・作業を行ったりする人。　(8)「救急箱」とは，軽い怪我や病気の応急手当て用の薬や包帯などを入れた箱。

2　Cの「の」は主格であり，A・Bの「の」は連体修飾語である。

二　(論説文—内容吟味，指示語の問題，脱文・脱語補充，語句の意味)

1「端的に」とは，はっきりとしているさま，まのあたりに起こるさま，手っ取り早く要点だけをとらえるさま。

2　a「鍋は」から始まる段落に，「単なる1枚の木の板」を鍋蓋代わりにした場合，どのようなことが起きるのかを説明している。　b「鍋は」から始まる段落に，「単なる1枚の木の板」を鍋蓋にしたら，蓋の裏側は湿った上に温度が上がるため膨張し，また板が反り返るとする。

3　a「ところで」から始まる段落に，蓋の溝に桟の縁が嵌め込んであり，また「その溝に嵌め込んである桟の縁は，同じように末広がりの形に加工してあります」と述べている。　b「木の板は」から始まる段落に，蓋に対して桟はスライドできる構造なので，「蓋が膨張しても桟から余計な力を受けない」としている。　c「蓋に桟を」から始まる段落に，蓋に対して桟はスライドさせて嵌め込むことで，反り止めにもなり，またその部分が「蓋を持ち上げるときの取っ手としての役割も果たしてい」るとする。

三　(古文—文脈把握，脱文・脱語補充，仮名遣い，古文の口語訳)

〈口語訳〉　宗祇法師は，11月頃，雪が降っている最中に馬に乗り，東方へ下られた。越川を通られたところ，馬子が言うには，「宗祇様，この雪に一句作りました」と。「どのような句を作ったのか」と(宗祇法師が)問うたので，「雪が降れば河原の石も頭巾を着ます」と言った。宗祇法師は，「下の句を付けよう」と言って，「日が照ると脱ぎます」と言われた。

1　語頭以外の「は・ひ・ふ・へ・ほ」は，「ワ・イ・ウ・エ・オ」となる。

2「何と」とは，ここではどう，どのようにという疑問の意を表す。また「ぞ」は「…か」と問いただしている。よって，直訳すれば「どのようにしたのか」である。傍線部②前に，「この雪に一句作りました」と言っているので，宗祇は「どのような句を作ったのか」と質問したとするのが適当。

3　a　馬子が詠んだ句は，「雪ふればかはらの石も頭巾きる」である。つまり，雪が降ったことによってその雪が河原の石の上に積もり，まるで頭巾を着ているようだと表現したのである。

b　馬子の詠んだ句に対して，宗祇は「日がてりやぬぐ」と下の句をつけた。これは太陽が照ると，河原の石の上に積もっていた雪も溶ける。それはまるで，頭巾を脱ぐかのようだと表している。

四　(随筆─内容吟味，文脈把握，文章構成，脱文補充，熟語)

1　「対極」とは，反対側の極，対立する極。よって，前の漢字があとの漢字を修飾している。

2　抜き出されている文のはじめに「けれど」とあることから，砂の世界に身を置いた筆者には何も感じられなかったという内容が書かれている箇所の後に入れる。

3　(1)　a 「砂漠には」から始まる段落に，「砂漠には何もない。何もないということがとうぜんのようになってくる」と，筆者が砂漠に身を置いた際の感想が述べられている。　b 「それにしても」から始まる段落に，余分なものこそ文化ではあるが，余分なもののすべてが文化というわけでもないので，「余分なもののなかで，どれが意味があり，何が無価値であるか，それをもういちど考えなおす必要がありはしまいか」と余分なものに対する再検討を提唱している。　c 「砂漠とは」から始まる段落に，「反省を私にもたらす世界」と砂漠を捉え，また「現代の文明社会に生きる人びとにとって，一種の鏡の国と言ってもいい」と砂漠に対する筆者の評が述べられている。　(2)　Bさんが日本の生活には余分なものが多いという筆者の意見を取り上げたところ，Cさんは余分なものこそ文化であるという別意見を取り上げた。すると，Bさんは余分なものすべてが文化というわけではないので，どれが必要なのかを再検討するという文章のまとめを述べている。よって，Aさんの二重線部の内容はBさん・Cさんの発言内容を受け，砂漠と現代の文明社会を比較する筆者の考えをまとめている。

五　(作文(課題))

まず，自身が考える読書の魅力を一言で言い表わそう。その上で，なぜその点を魅力的に感じるのかを説明しよう。また条件1にあるように，具体例や自分の体験を挙げる必要があるので，読書の魅力とそれらの説明が合うように，そして制限字数を超えないようにまとめよう。

＜国語解答＞(B問題)

一　1　A　　2　a　過去に存在　　b　(例)観察や実験を行い，データを集め，それを分析する　　3　ウ　4　イ

二　1a　他の書　b　(例)わからなかった事もわかる　　2　たちかえりつつ　　3　イ

三　1　(1)　えいよ　(2)　かきょう　(3)　つの(る)　(4)　たずさ(えて)　(5)　保(つ)　(6)　支(える)　(7)　救急　(8)　領域　　2　ア

四　1　ウ　　2　ウ　　3　a　(例)はさみ込まれていた葉は，紙魚を防ぐためのものだった　b　何かいとわしいもの　c　かすかな痕跡

五　(例)私は，国語は乱れていると思います。なぜなら【資料】が示すように，半分以上の人が「乱れていると思う」と考えており，また自分自身も言葉の乱れを実感するからです。敬語やことわざ，慣用句の意味を取り違えて用いて，他の人から指摘されることもよくあります。確かに，時代によって言葉の意味は変化します。だからといって，今まで大切に受け継がれてきた言葉の意味を忘れたり，勝手に変更することは古き良き伝統を忘れることにも繋がります。温故知新という言葉があるように，古き良きものを大切にしていけるよう，

国語の乱れに気をつけて日々を過ごしていきたいです。

(例)私は，国語は乱れていないと思います。なぜなら【資料】が示すように，言葉は時代によって変化するものであり，言葉の意味が本来の意味とは異なっていても，それで相手に通じるならば事足りるからです。確かに，言葉の意味を誤解して用いる事は国語の乱れに繋がるかもしれません。だからといって，他の人も用いない意味で言葉を使っても，相手に伝わりません。言葉は相手とのコミュニケーションを取るための道具です。相手に伝わってこそ，言葉が存在する意義だと考えますので，新しい意味や言葉を用いることは，国語の乱れにはあたらないと考えます。

＜国語解説＞

一 (論説文—内容吟味，文章構成，脱文補充，品詞)

1 「ある」はここでは連体詞であるが，その他は動詞となる。

2 a 「知識は」から始まる段落に，未来学以外の他の学問分野の研究対象は，「過去に存在していたか，現在存在しているかのどちらか」であるとしている。　b 「知識は」から始まる段落に，「その研究対象を観察したり，それに対して何らかの実験を行ったりすることが可能であり，数値によるか言葉によるかの違いはありますが，その対象に関するデータを集めることができます。そして，これらのデータを分析することにより，事実や現実に関して新しいことがわか」ると，未来学以外の他の学問分野における研究効果について説明している。

3 抜き出されている文のはじめに「しかし」とあることから，想像力を用いて研究をすることに消極的な内容が書かれている箇所の後に入れる。

4 「そして」から始まる段落に，「類似部分については，多くの学問分野に存在する知識を演繹的に活用して明らかにしようとする」とあり，経済状況や交通システムを例に挙げ，一般的な前提から，より個別的な未来に関する結論を得ようとしている。また「一方」から始まる段落に，「未来のまったく新しい部分を考察するには，人間が持っている，未知の事柄を思い描く力である想像力を使います」とあり，この二つを用いて未来学は研鑽されるとする。

二 (古文—大意，内容吟味，脱文補充，仮名遣い)

〈口語訳〉　どの書物を読むとしても，初心者の際は，全ての文の意味を理解しようとしない方がいい，まずは大方をさっと見て，他の書物にうつり，あれこれと読んでは，また前に読んだ書へ立ち返りつつ，何度も読む内に，初めにわからなかったことも，少しずつわかっていくようになるものである。さて書などを数度読む間に，その他の読むべき書のことや学ぶための法も，段々わかり，自分の考えができれば，仔細のことは，一々理解して教えられることはない，心に任せて，精一杯，古い書や新しい書まで，広く読むことも，また要約をしぼってそれほど広くにわたらず読むこともあってよい。

1 a 初心者が本を読む際は，いきなり全ての文の意味を理解しようとせず，まずは大方をさっと見て，他の書物にうつる方が良いと述べている。　b また色々な本を読み漁った後で，前に読んだ書へ立ち返ると，初めに分からなかったことも，少しずつ分かっていくようになるとしている。

2 語頭以外の「は・ひ・ふ・へ・ほ」は，「ワ・イ・ウ・エ・オ」となる。

3 力の及ぶ限り，古い書・新しい書問わず，また広く読んだり，要約をしぼって読んだりすることもあってよいと述べている。

三 (漢字の読み書き，漢文)

1 (1) 「栄誉をたたえる」とは，すぐれた行いをした者に対して褒めたたえるときに使う言葉。 (2) 「佳境に入る」とは，物語・演劇などが，興味深い場面にさしかかること。 (3) 「募(る)」とは，ますます激しくなる，広い範囲に呼びかけて集めること。 (4) 「携(える)」とは，身につけて持つ，連れ立って行く，手を取り合って協力すること。 (5) 「保(つ)」とは，ある状態を変えないで続ける，損なわれたり乱れたりしないようにある状態を守り続ける，その状態が変わらないで長く続く，自分の物として持つ，天下を治めるなどの意味がある。(6) 「支(える)」とは，倒れたり落ちたりしないように何かを充てがっておさえる，ある状態が崩れないように維持する，精神的・経済的に支援する，防ぎとめるということ。 (7) 「救急箱」とは，軽い怪我や病気の応急手当て用の薬や包帯などを入れた箱。 (8) 「領域」とは，ある物事・人が関わりを持つ範囲。

2 「識」の前に「其の一を」と読んでいるので，「一」の下に一点，「識」に二点をつける。また「知らず」と返っているので，「不」の下にレ点をつける。さらに，「知」の前に「其の二を」と読んでいるので，「二」のしたに一点，「知」に二点をつける。

四 (論説文―内容吟味，文脈把握，脱語補充)

1 空欄の後に，「ような」とあることから，一葉を黄をにじませた象牙に喩えている。

2 「本に木の葉を」から始まる段落に，名勝の地である庭園でひろった一葉や落葉の時季にある葉を読みさしの本にはさみ，後日，それを見て過去の記憶をたどることがあると筆者は述べている。しかし傍線部②の「そのとき手にしていた本」は，そのような葉をしおりとしてはさむようなものではなかったのである。

3 a 「ところが」から始まる段落に，『冬の蠅』所収の「枯葉の記」を読んだ際，『童子問』にはさまれてあった木の葉は，「紙魚を防ぐためのものだった」ということがわかったとある。 b 「はじめ」から始まる段落に，『童子問』を読んでいた当時，二,三丁ごとにはさんである黒い葉を「何かいとわしいものに思えてきて，見つけ次第，窓から投げ棄てていった」と回想している。 c 「そうか」から始まる段落に，『童子問』にはさんであった黒い葉は，紙魚を防ぐためのものであったことがわかると，「あの枯葉は，はるか昔，今よりもずっと貴重であった本をいとおしんだ心遣いの，かすかな痕跡であった」と筆者の思いを述べている。

五 (作文(課題))

まずは，「国語は乱れていると思うか」という質問について自身の立場を明確にしよう。その上で，なぜそのように考えたのかという理由を示そう。その際に，【資料】に基づいて説明することで説得力が増す。また字数に余裕があれば自身の立場と反対の意見を出し，それを論理的に覆して自身の立場を強調できるように，制限字数内にまとめよう。

＜国語解答＞(C問題)

一 1 a (例)「木ざはし」という季語を使って句を作ったが，珍夕の句に同じ季語を見つけたため，自分の句からそれを削った b 愛情のこも 2 ウ 3 a 俳句をずり b わずかな変

二 1 ウ 2 イ 3 a 尋常の事 b (例)昨日まで見ていた月ではなくて，今夜新たに

出て来た月である

三　1　(1)　かか(げる)　(2)　がんちく　(3)　しゅぎょく　(4)　領域　(5)　単刀　(6)　要　2　イ

四　1　ウ　2　惜日の姿そ　3　(例)空間の具体的なディテールと物理的な構造を切り捨てる一方で，その連続によって，空間と人間の精神的関係のディテールや，都市や建築とその時代の文化総体との関係の構造を伝えようとする　4　エ

五　(例)私が考える「美しい日本語」とは，普段の日常で誰でも簡単に用いることができる言葉です。【資料】が示しているように，上位に位置している「思いやりのある言葉」や「挨拶の言葉」は，普段，私たちが使っている言葉です。「思いやりのある言葉」は，使った人も使われた人も，とても優しい気持ちにします。また，一日の始めに元気よく他の人と「挨拶の言葉」を交わせば，気持ち良く一日をスタートすることができます。普段，あまり使うことのない言葉や古い言葉も「美しい日本語」と言えるかもしれませんが，日常で用いる言葉の中に「美しい日本語」があると実感することで，私たちの生活がより豊かなものになると考えます。

<国語解説>

一　(論説文―内容吟味，文脈把握，脱文補充)

1　a「曲水宛の」から始まる段落に，松尾芭蕉は「木ざはしやうづら鳴くなる坪の内」と珍しい季語「木ざはし」を使って句を作ったが，珍夕の句の中にも「木ざはし」を使ったものがあり，珍夕にゆずるつもりで，自分の句から「木ざはし」を削った。　b「曲水宛の」から始まる段落に，「珍夕にとられ候」とは述べているものの，松尾芭蕉は書簡で正秀・珍夕の両吟連句を絶賛し，とくに珍夕の上達ぶりを喜んでいることから，「愛情のこもった軽口」ではないかと推測している。

2　珍夕に季語を譲ったといういい話がありつつも，「これはもともとは」から始まる段落に，「自分と同じ季語を選んだ門弟の成長ぶりを嬉しく思うと同時に，いささか得意な珍しい季語を使われてしまったことが残念だった。(中略)もう捨ててもいい」とある。珍夕が同じ季語を使って作句したことで，自分が作った句であっても捨てて改める様子を読み取る。

3　a「芭蕉は」から始まる段落に，「木ざはしや」から「桐の木」へ，また「坪の内」を「桐の木」にふわさしい「塀の内」へと松尾芭蕉が句の内容を変えることは，「芭蕉独特の，俳句をずり上げていくような推敲の様態が見られる」と筆者は述べている。　b「芭蕉は」から始まる段落に，aで挙げたような変更は「わずかな変改のようでも，句の焦点がくっきりと際立ち，品位が上がる」と松尾芭蕉の句に対して筆者は評している。

二　(古文―心情，内容吟味，文脈把握，脱文・脱語補充)

〈口語訳〉「三五夜中新月色」という詩句の新月とは，どのような月かと，儒生に問うたところ，「山のはしから今出てきた月をいいます」と言った。そういう意味があるのかは知らないが，篤好が思うことは異なっていた。この次の句「二千里外故人心」というのは，今山のはしより出たのを見た情景とは思えない。月が大空に照り渡り，空に少しの雲もなく，澄み渡った夜の様子が，感じ入って二千里も離れた友人も，この月を見ているだろうと思い出された情景と思える。そうであれば新月とは，今夜の月が明るく澄んだ様子と他に並ぶものがないので，昨日まで見ていた月ではなくて，今夜新たに出てきた月であると思う情景を，思われた詞であろう。それを清いとも明るく澄

んだとも表現しては，ごく普通なことになって，今夜の月の明るく澄んだ様子を言い表すことばがないので，新月といっている。本当に奇妙というものだろう。

1　傍線部①の前に，「三五夜中新月色という詩句の新月はどのような月か」と筆者(篤好)が儒生に対して尋ねている。

2　傍線部②の後に，「月が大空に照り渡り，少しの雲もなく澄み渡った夜の様子が，感じ入って二千里も離れた友人も，この月を見ているだろうと思い出された情景」と，筆者(篤好)が「二千里外故人心」に対する解釈を述べている。

3　a　今夜の月の様子を清いとも明るく澄んだと表現すれば，ごく普通なことになるとしている。
b　今夜の月は他に並ぶものがなく，「新月」と表現することで，昨日まで見ていた月ではなくて，今夜新たに出て来た月だという情景を思わせるとしている。

三　(漢字の読み書き，慣用句)

1　(1)「掲(げる)」とは，人目につく高い所へ上げる，新聞・雑誌などの目立つ場所に載せる，主義・方針などを人目につくように示す，垂れ下がっているものを上の方へ持ち上げる，灯火をかき立てて明るくするなどの意味がある。　(2)「含蓄」とは，表面に現れない深い意味・内容。　(3)「珠玉」とは，美しいものや立派なものの喩え。　(4)「領域」とは，ある物事・人が関わりを持つ範囲。　(5)「単刀直入」とは，直接に要点を突くこと，遠回しでなくすぐに本題に入ること。　(6)「要」とは，ある物事の最も大切な部分を示す。

2　一つ目の「所」の前に「見」を読んでいるので,「所」の下にレ点をつける。また二つ目の「所」の前に「期」を読んいでいるので，こちらも「所」の下にレ点をつける。「ざるべからず」と読んでいるので，一つ目の「不」の下,「可」の下にレ点をつける。さらに「ざる」の前に「遠く且た大なら」と読んでいるので，二つ目の「不」の下に二点,「大」の下に一点をつける。

四　(論説文―大意，内容吟味，文脈把握，脱文補充，熟語)

1「対象」とは，認識や意志，欲求のような意識や行為が向けられるものを表す。また「過程」とは，経過する一連の道すじや現象のこと。よってどちらも前の漢字が後の漢字を修飾している熟語である。

2「考えてみれば」から始まる段落に，平城京や法隆寺，東大寺の物理的な空間構造や寺院建築を例に挙げて,「それは学術的な資料であり，あるいは何度も修理されながらようやく伝えられた，つまり遺構であって，惜日の姿そのものではない」としている。

3「文学の中」から始まる段落に,「言葉というおそるべき抽象は，その空間の具体的なディテールと物理的な構造をほとんど切り捨ててしまう」と空間の詳細な部分や，内部構造について言葉では不足していることが述べられている。また「しかし」から始まる段落に,「逆に，言葉という抽象は，その前後に連なる膨大な抽象の連続によって，その空間のもつ『意味』のディテールと構造を大量に伝えようとする宿命をもっている。それは空間と人間の精神的関係のディテールであり，都市や建築とその時代の文化総体との関係の構造である」として，言葉が抽象的であるからこそ，その連続性から空間の位置づけや構造を詳細に説明することができるとする。

4「もちろん」から始まる段落に，虚構の空間であっても文化史の流れが形成され，また現実と虚構が相関しながら，織りなすものであると主張している。

五　(作文(課題))

まず，自身が考える「美しさを感じる言葉」とはどのようなものかを一言で言い表わそう。その上で，なぜそのように考えているのか理由を説明しよう。題意をしっかりと読み取り，「【資料】からわかることにもふれながら」という条件を満たすようにする。

MEMO

大切なことはメモしておこうネ！

大阪府公立高等学校（特別）

2022年度

★★★★★★★★★★★★★★★★★★★★★★★★

入 試 問 題

2022年度

●くわしい解説……45ページ

＜数学＞　〔Ａ問題〕　時間　40分　　満点　45点

1　次の計算をしなさい。

⑴　$7\times(9-6)$

⑵　$\frac{2}{5}+\frac{1}{4}$

⑶　$-16+3^2$

⑷　$8x-1-4(x+2)$

⑸　$5x^2\times 6x$

⑹　$2\sqrt{7}+3\sqrt{7}$

2　次の問いに答えなさい。

⑴　23は，0.23を何倍した数ですか。

⑵　$\frac{8}{3}$は，次の数直線上の**ア**～**エ**で示されている範囲のうち，どの範囲に入っていますか。一つ選び，記号を○で囲みなさい。

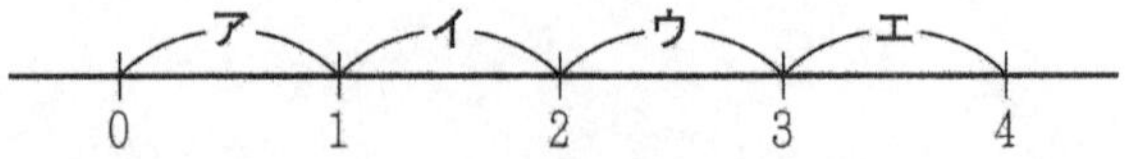

⑶　次の**ア**～**エ**のうち，$a+b$という式で表されるものはどれですか。一つ選び，記号を○で囲みなさい。

ア　縦の長さがa㎝，横の長さがb㎝である長方形の面積（㎠）

イ　amLのお茶をb人で同じ量に分けたときの一人当たりのお茶の量（mL）

ウ　a枚のはがきのうちのb枚を使ったときの残りのはがきの枚数（枚）

エ　重さがa gの箱に重さがb gのコップを１個入れたときの全体の重さ（g）

⑷　一次方程式　$7x+8=5x+4$　を解きなさい。

⑸　$(x+1)(x+3)$　を展開しなさい。

⑹　右の表は，テニス部員20人の反復横とびの記録をまとめたものである。テニス部員20人の反復横とびの記録の最頻値を求めなさい。

反復横とびの記録(回)	部員の人数(人)
46	3
47	7
48	5
49	3
50	2
合計	20

(7)　奇数の書いてある5　枚のカード 1 ， 3 ， 5 ， 7 ， 9 が箱に入っている。この箱から1枚のカードを取り出すとき，取り出したカードに書いてある数が4より小さい確率はいくらですか。どのカードが取り出されることも同様に確からしいものとして答えなさい。

(8)　次の**ア**～**エ**のうち，関数 $y=-\frac{1}{2}x^2$ のグラフが示されているものはどれですか。一つ選び，記号を○で囲みなさい。

ア

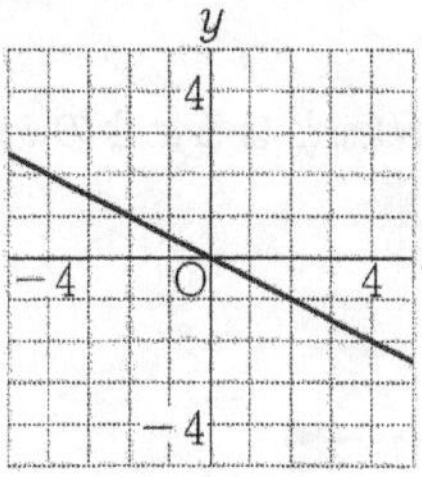

イ

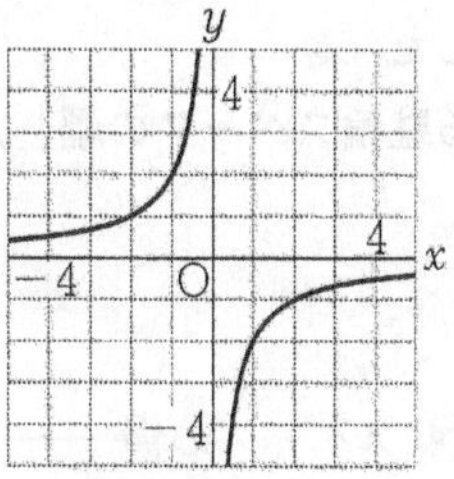

ウ

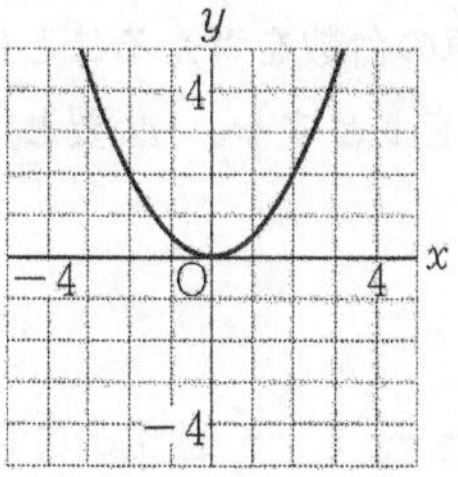

エ

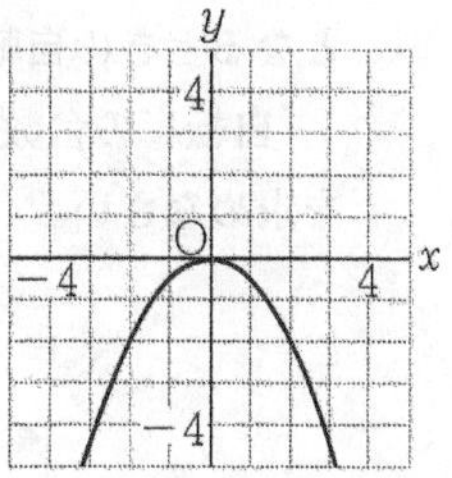

(9)　右図は，ある立体**P**の展開図である。次の**ア**～**エ**のうち，立体**P**の見取図として最も適しているものはどれですか。一つ選び，記号を○で囲みなさい。

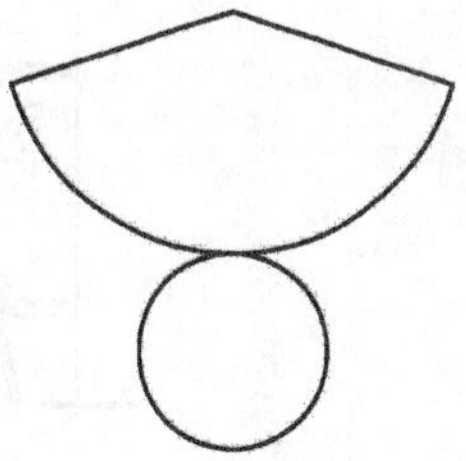

ア

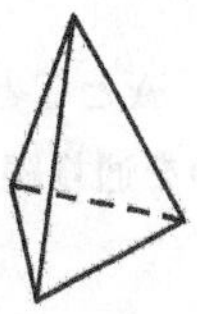

イ

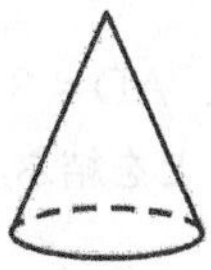

ウ

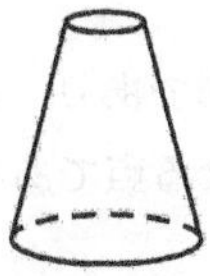

エ

3　右の写真のように自転車が並んでいるようすに興味をもったEさんは，同じ大きさの自転車を等間隔で並べたときに必要となる駐輪スペースの幅について考えてみた。

次のページの図Ⅰは，車体の幅が60㎝の自転車を10㎝間隔で並べたときのようすを表す模式図である。「自転車の台数」が1のとき「必要となる駐輪スペースの幅」は60㎝であるとし，「自転車の台数」が1増えるごとに「必要となる駐輪スペースの幅」は70㎝ずつ長くなるものとする。

あとの問いに答えなさい。

(1)　Eさんは，「自転車の台数」と「必要となる駐輪スペースの幅」との関係について考えることにした。「自転車の台数」が x のときの「必要となる駐輪スペースの幅」を y ㎝とする。

①　次のページの表は，x と y との関係を示した表の一部である。表中の(ア)，(イ)に当てはまる数をそれぞれ書きなさい。

x	1	2	3	・・・	6	・・・
y	60	130	㋐	・・・	㋑	・・・

② xを自然数として，yをxの式で表しなさい。

⑵ Eさんは，図Ⅰのように自転車を並べるものとして，必要となる駐輪スペースの幅が1950cmとなるときの自転車の台数を考えることにした。

「自転車の台数」をtとする。「必要となる駐輪スペースの幅」が1950cmとなるときのtの値を求めなさい。

図Ⅰ

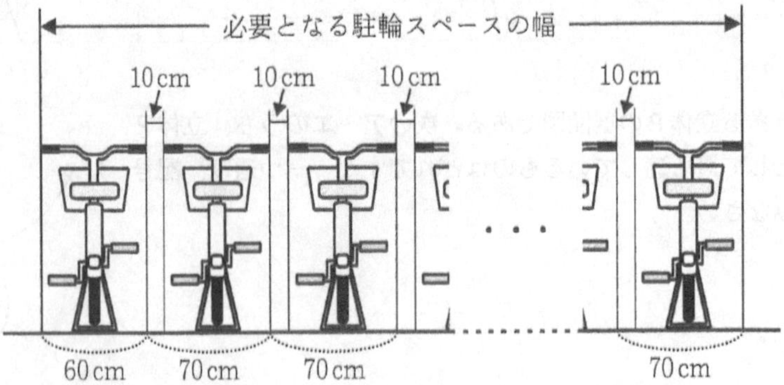

4 下図において，四角形ABCDは長方形であり，AB＝5cm，AD＝3cmである。AとCとを結ぶ。Eは，辺DC上にあってD，Cと異なる点である。AとEとを結ぶ。Fは，Dを通り線分AEに平行な直線と直線BCとの交点である。

あとの問いに答えなさい。

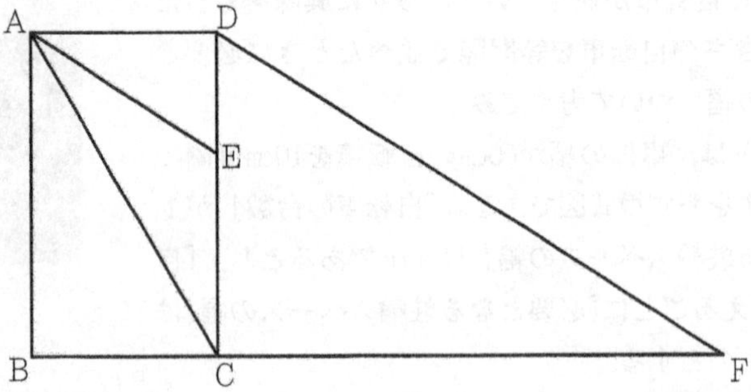

⑴ 線分ACの長さを求めなさい。

⑵ 次のページは，△AED∽△FDCであることの証明である。ⓐ，ⓑ に入れるのに適している「角を表す文字」をそれぞれ書きなさい。また，ⓒ［ ］から適しているものを一つ選

び，記号を○で囲みなさい。

（証　明）

△AEDと△FDCにおいて

四角形ＡＢＣＤは長方形だから

∠ADE＝∠ ⓐ ＝90°……………………………………………………………………㋐

AE // DFであり，平行線の錯角は等しいから

∠AED＝∠ ⓑ ……………………………………………………………………………㋑

㋐，㋑より，

ⓒ〔 ア　1組の辺とその両端の角　イ　2組の辺の比とその間の角　ウ　2組の角 〕

がそれぞれ等しいから

△AED∽△FDC

(3)　CF＝８㎝であるときの線分ECの長さを求めなさい。答えを求める過程がわかるように，途中の式を含めた求め方も書くこと。

＜数学＞　〔Ｂ問題〕　時間　40分　　満点　45点

1　次の計算をしなさい。

⑴　$19+8\times(-2)$　　　　⑵　$10-(-6)^2$

⑶　$7(2x+y)-2(x+4y)$　　　　⑷　$45a^2b\div 3a$

⑸　$(x+2)^2-(x^2-9)$　　　　⑹　$\sqrt{20}+\dfrac{5}{\sqrt{5}}$

2　次の問いに答えなさい。

⑴　-2.5より大きく1.3より小さい整数の個数を求めなさい。

⑵　n を整数とするとき，次の**ア**～**エ**の式のうち，その値がつねに偶数になるものはどれですか。一つ選び，記号を○で囲みなさい。

ア　$n+1$　　**イ**　$2n+1$　　**ウ**　$2n+2$　　**エ**　n^2+2

⑶　連立方程式 $\begin{cases} x+2y=16 \\ 8x-y=9 \end{cases}$ を解きなさい。

⑷　二次方程式 $x^2+3x-54=0$ を解きなさい。

⑸　５人の生徒が，反復横とびの記録の測定を２回ずつ行った。次の表は，５人の生徒の１回目と２回目の反復横とびの記録をそれぞれ示したものである。これらの反復横とびの記録において，５人の生徒の１回目の記録の平均値と２回目の記録の平均値とが同じであるとき，表中の x の値を求めなさい。

	Ａさん	Ｂさん	Ｃさん	Ｄさん	Ｅさん
１回目の反復横とびの記録（回）	46	55	48	51	57
２回目の反復横とびの記録（回）	49	56	52	47	x

⑹　２から７までの自然数が書いてある６枚のカード $\boxed{2}$，$\boxed{3}$，$\boxed{4}$，$\boxed{5}$，$\boxed{6}$，$\boxed{7}$ が箱に入っている。この箱から２枚のカードを同時に取り出すとき，取り出した２枚のカードに書いてある数の積が12の倍数である確率はいくらですか。どのカードが取り出されることも同様に確からしいものとして答えなさい。

(7)　右図において，立体A－BCDEは四角すいであり，∠ABC＝∠ABE＝90°である。四角形BCDEは１辺の長さが３㎝の正方形であり，AE＝６㎝である。立体A－BCDEの体積を求めなさい。

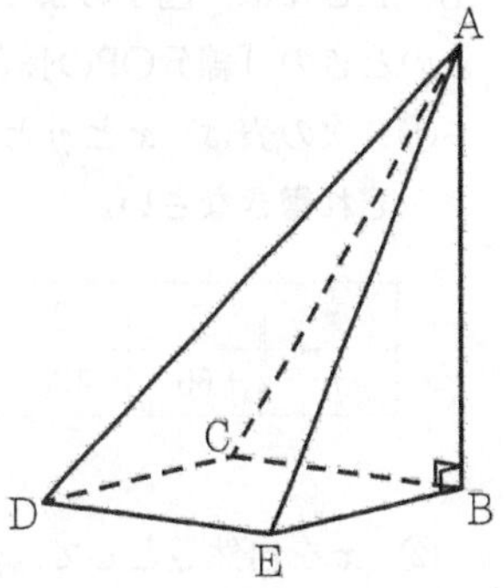

(8)　右図において，m は関数 $y=\frac{1}{4}x^2$ のグラフを表し，ℓ は関数 $y=\frac{3}{4}x+2$ のグラフを表す。Aは ℓ 上の点であり，その x 座標は２である。Bは m 上の点であり，その x 座標は負である。Bの x 座標を t とし，$t<0$ とする。Bの y 座標がAの y 座標と等しいときの t の値を求めなさい。答えを求める過程がわかるように，途中の式を含めた求め方も書くこと。

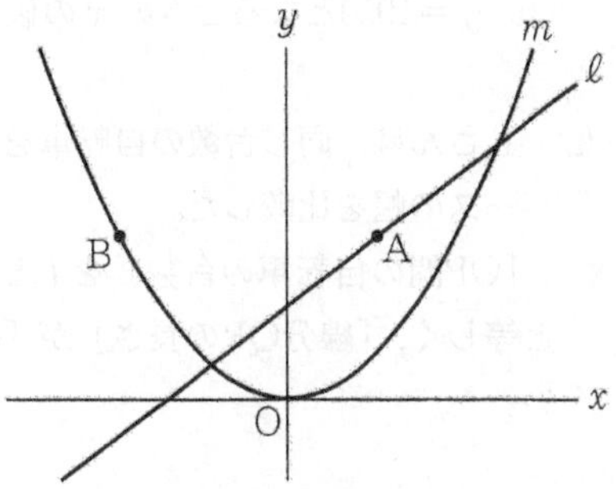

3　右の写真のように自転車が並んでいるようすに興味をもったEさんは，同じ大きさの自転車を等間隔で並べたときに必要となる駐輪スペースの幅について考えてみた。

図Ⅰは，車体の幅が60㎝の自転車を10㎝間隔で並べたときのようすを表す模式図である。図Ⅰにおいて，O，Pは直線 ℓ 上の点である。「OP間の自転車の台数」が１のとき「線分OPの長さ」は60㎝であるとし，「OP間の自転車の台数」が１増えるごとに「線分OPの長さ」は70㎝ずつ長くなるものとする。

図Ⅱは，車体の幅が60㎝の自転車を15㎝間隔で並べたときのようすを表す模式図である。図Ⅱにおいて，Q，Rは直線 m 上の点である。「QR間の自転車の台数」が１のとき「線分QRの長さ」は60㎝であるとし，「QR間の自転車の台数」が１増えるごとに「線分QRの長さ」は75㎝ずつ長くなるものとする。

次のページの問いに答えなさい。

図Ⅰ

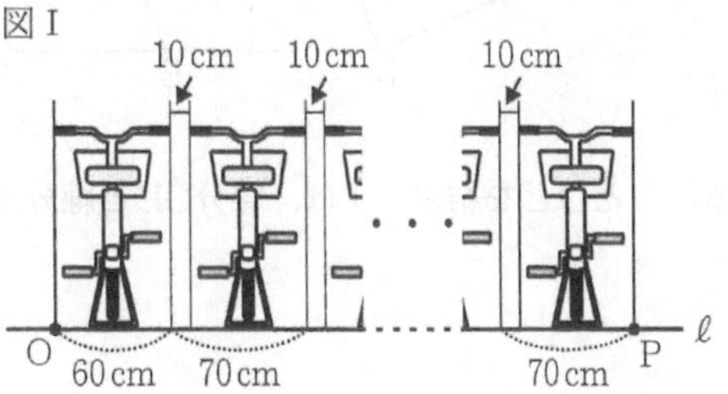

図Ⅱ

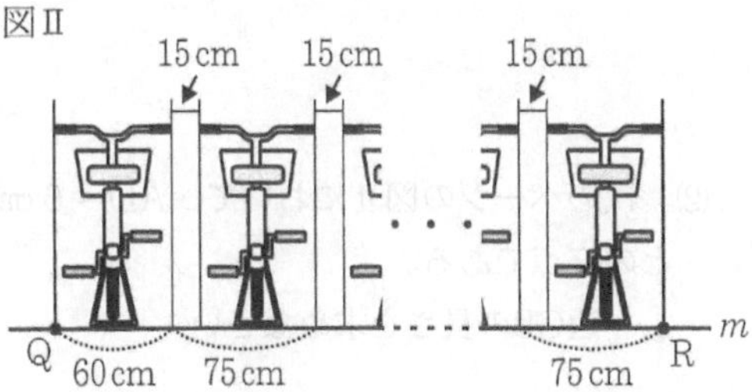

⑴　Eさんは，図Ⅰのように自転車を並べた場合について考えた。「OP間の自転車の台数」が x のときの「線分OPの長さ」を y cmとする。

①　次の表は，x と y との関係を示した表の一部である。表中の㋐，㋑に当てはまる数をそれぞれ書きなさい。

x	1	2	・・・	4	・・・	7	・・・
y	60	130	・・・	㋐	・・・	㋑	・・・

②　x を自然数として，y を x の式で表しなさい。

③　$y=1950$ となるときの x の値を求めなさい。

⑵　Eさんは，同じ台数の自転車を図Ⅰ，図Ⅱのようにそれぞれ並べたときに必要となる駐輪スペースの幅を比較した。

「OP間の自転車の台数」を t とする。「QR間の自転車の台数」は「OP間の自転車の台数」と等しく，「線分QRの長さ」が「線分OPの長さ」よりも80cm長くなるとき，t の値を求めなさい。

4　図Ⅰ，図Ⅱにおいて，四角形ABCDはAD∥BCの台形であり，∠ADC＝∠DCB＝90°，BC＝DC＝9cm，AD<BCである。Eは，Dを通り辺ABに平行な直線と辺BCとの交点である。四角形FGBAは正方形であり，F，Gは直線ABについてCと反対側にある。Hは，Gを通り辺BCに平行な直線と辺ABとの交点である。

次の問いに答えなさい。

⑴　図Ⅰにおいて，

①　AD＝a cmとするとき，四角形ABEDの面積を a を用いて表しなさい。

②　△GBH∽△DCEであることを証明しなさい。

図Ⅰ

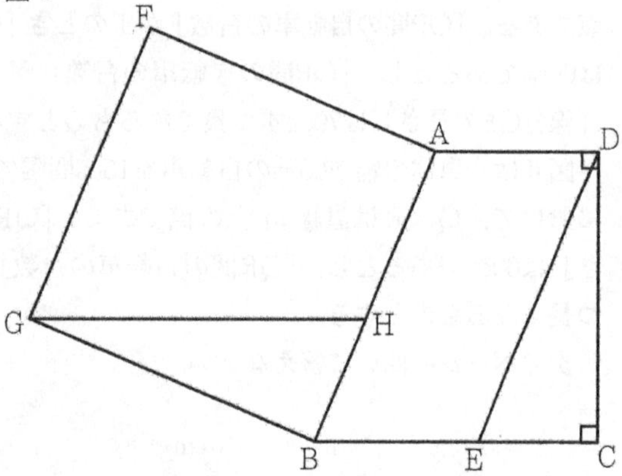

⑵　次のページの図Ⅱにおいて，AD＝6cmである。GとDとを結ぶ。Iは，線分GDと線分AHとの交点である。

①　辺GBの長さを求めなさい。

②　線分IHの長さを求めなさい。

図Ⅱ

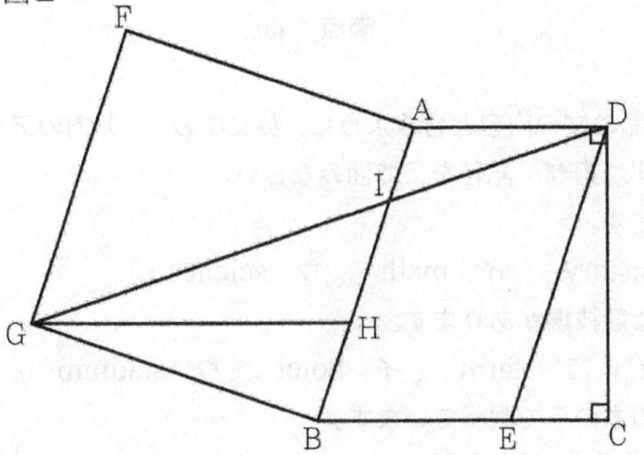

＜英語＞

〔A問題〕 時間 55分（リスニングテスト15分を含む）
満点 45点

1 次の⑴～⑿の日本語の文の内容と合うように，英文中の（ ）内のア～ウからそれぞれ最も適しているものを一つずつ選び，記号を○で囲みなさい。

⑴ 私は歴史が好きです。
I like (ア history イ math ウ science).

⑵ 私の町には大きな競技場があります。
There is a big (ア farm イ hotel ウ stadium) in my town.

⑶ ２匹のねこがその木の下で眠っています。
Two cats are sleeping (ア on イ over ウ under) the tree.

⑷ 彼女は私の大好きな歌手です。
She is my (ア favorite イ kind ウ large) singer.

⑸ 私はそのコンサートで，このジャケットを着るつもりです。
I will (ア make イ wash ウ wear) this jacket at the concert.

⑹ 私は先週，彼の友だちに会いました。
I met (ア he イ his ウ him) friend last week.

⑺ あなたは昨日，どこへ行きましたか。
Where (ア do イ did ウ were) you go yesterday?

⑻ なんと美しい眺めでしょう。
(ア How イ What ウ Which) a beautiful view!

⑼ この部屋の中で話をしてはいけません。
Don't (ア talk イ talked ウ talking) in this room.

⑽ 私たちはこの店で買うべきものがたくさんあります。
We have many things (ア buy イ buying ウ to buy) at this store.

⑾ この魚は英語で何と呼ばれていますか。
What is this fish (ア called イ calling ウ to call) in English?

⑿ 私は一度もこの野菜を食べたことがありません。
I have never (ア eat イ ate ウ eaten) this vegetable.

2 次の⑴～⑷の日本語の文の内容と合うものとして最も適しているものをそれぞれア～ウから一つずつ選び，記号を○で囲みなさい。

⑴ このコンピュータはあのコンピュータよりも古いです。
ア This computer is older than that one.
イ That computer is older than this one.
ウ This computer is as old as that one.

⑵ ケンは私に，アンを手伝うように頼みました。
ア I asked Ann to help Ken.

イ　Ken asked me to help Ann.

ウ　Ken asked Ann to help me.

⑶ 私がおじを訪ねたとき，彼は台所で料理をしていました。

ア　When I visited my uncle, he was cooking in the kitchen.

イ　When my uncle visited me, I was cooking in the kitchen.

ウ　When I was cooking in the kitchen, my uncle visited me.

⑷　これは私かホストファミリーに書いた手紙です。

ア　This is a letter I wrote to my host family.

イ　This is a letter my host family wrote to me.

ウ　This letter was written to me by my host family.

3　高校生の直子（Naoko）と留学生のティム（Tim）が，ポスターを見ながら会話をしています。ポスターの内容と合うように，次の会話文中の〔　〕内のア～ウからそれぞれ最も適しているものを一つずつ選び，記号を○で囲みなさい。

【ポスター】

市立美術館
高校生絵画コンテスト
2022

テーマ（描くもの）
季節の花々

応募締切
7月22日（金）
美術館事務所へ送ること。

作品展示期間
8/4（木）～8/14（日）
全作品が美術館に展示されます。
※毎週月曜日休館。

Naoko: Tim, look. The city museum will hold a picture contest for high school students. Are you interested in it?

Tim: Yes, Naoko. I like drawing. What should I draw for the contest?

Naoko: Well, you should draw flowers of a ①〔 ア country　イ dream　ウ season 〕.

Tim: Sounds fun. I'll do it.

Naoko: Then, you should send your picture to the ②〔 ア garden　イ office　ウ shop 〕 in the museum hy July 22.

Tim: OK. I think I can do it.

Naoko: Great. All pictures will be shown in the museum for ten days. Remember that the museum is closed every ③〔 ア Sunday　イ Monday　ウ Thursday 〕.

Tim: Thank you, Naoko. I'm excited!

4　次の⑴～⑷の会話文の □ に入れるのに最も適しているものをそれぞれア～エから一つずつ選び，記号を○で囲みなさい。

⑴ A：Shall I carry the books for you?

B：□　I'm OK.

ア　Yes, it was.

イ　Yes, you are.

ウ　No, thank you.

エ　No, I'm not.

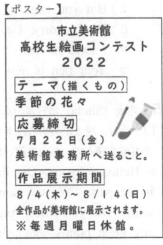

⑵ A : You play the piano very well.
B : Thank you.
A : How long have you played it?
B : [　　　　]
ア At 4 p.m.　　　　イ For 5 years.
ウ 8 years ago.　　　エ Next month.

⑶ A : Happy birthday! This is a present for you.
B : Wow, this box looks wonderful. Can I open it?
A : Of course. [　　　　]
B : I'm sure I will.
ア I am 15 years old.　　　イ I went to the party.
ウ I hope you'll like it.　　エ I wish you were here.

⑷ A : Oh, I left my red pen at home.
B : [　　　　]
A : But you need it, too.
B : Don't worry, I always have two in my bag.
ア I have no pen.　　　　イ I need the pen.
ウ Your pen is new.　　　エ You can use mine.

5 翔太（Shota）は日本の高校生です。次の［Ⅰ］，［Ⅱ］に答えなさい。

［Ⅰ］ 次は，翔太が英語の授業で行った鳩《はと》（pigeon）に関するスピーチの原稿です。彼が書いたこの原稿を読んで，あとの問いに答えなさい。

Hello, everyone. One day, I enjoyed [①] with my grandfather in the park. We saw some pigeons there. Then, my grandfather said, "Do you know pigeons are great?" I couldn't imagine any great points about them. So, I said, "[②] What do you mean?" My grandfather said, "Pigeons can do great things. You will find them if you look for information about pigeons." I was interested, so I went to a library and read some books.

a pigeon

I found two great points about pigeons. First, pigeons have a lot of energy to fly. They use it to take a long flight. They can fly about 100 kilometers. Next, from a very far place, pigeons can go back to their home. They can find Ⓐ<u>it</u> without a map. Pigeons know where their home is. They have a special sense for finding their home. When I learned about these, I thought pigeons were great.

The next day, I told my grandfather about the two points. I said, "Pigeons don't have a map, but they can come home from a far place. That's amazing. Maybe, pigeons can do other great things." My grandfather smiled and said, "I agree. [③]" Thank you for listening.

⑴　次のうち，本文中の ① に入れるのに最も適しているものはどれですか。一つ選び，記号を○で囲みなさい。

ア walked　イ walking　ウ to walk

⑵　本文の内容から考えて，次のうち，本文中の ② に入れるのに最も適しているものはどれですか。一つ選び，記号を○で囲みなさい。

ア No, I don't.　イ No, you didn't.　ウ No, we aren't.

⑶　本文中のⒶitの表している内容に当たるものとして最も適しているひとつづきの英語２語を，本文中から抜き出して書きなさい。

⑷　本文中の ③ が，「私たちが知らないたくさんのことがあります。」という内容になるように，次の［　］内の語を並べかえて解答欄の____に英語を書き入れ，英文を完成させなさい。

There are a lot of［ know　things　don't　we ］.

［Ⅱ］　スピーチの後に，あなた（You）と翔太が次のような会話をするとします。あなたならば，どのような話をしますか。あとの条件１・２にしたがって，（①），（②）に入る内容を，それぞれ５語程度の英語で書きなさい。解答の際には記入例にならって書くこと。

You: I learned about pigeons.（　　①　　）

Shota: I think so, too.　I bought a book about pigeons.

You: Really?（　　②　　）

Shota: OK.　It's at home now.　I will bring it to school next time.

＜条件１＞　①に，「私はそれらは興味深いと思います。」と伝える文を書くこと。

＜条件２＞　②に，「私にその本を見せてください。」と頼む文を書くこと。

記入例

What ____ time ____ is ____ it ?

Well , it's ____ 11 ____ o'clock .

＜英語＞

〔B問題〕 時間　55分（リスニングテスト15分を含む）
満点　45点

1　智也（Tomoya）は日本の高校生です。次の［Ⅰ］，［Ⅱ］に答えなさい。

［Ⅰ］　智也は，次の文章の内容をもとに英語の授業でスピーチを行いました。文章の内容と合うように，下の英文中の〔　〕内のア～ウからそれぞれ最も適しているものを一つずつ選び，記号を○で囲みなさい。

こんにちは，みなさん。先月，私はアメリカ出身の友だちに誕生日プレゼントをあげました。私の前で，彼女は急いでそれを開けました。私はいつもゆっくり開けるので，彼女の開け方を見て少し驚きました。私は彼女になぜそんなに急いでそれを開けたのかたずねました。すると彼女は理由を説明してくれました。彼女は，そのプレゼントをもらってうれしくてわくわくしていたと言いました。彼女はそれを急いで開けることで彼女のうれしさを私にわかってもらいたかったのです。この経験を通して，私は，友だちと私とではプレゼントの開け方が異なるとわかりました。私は，それは興味深いと思います。あなたならどんなふうにプレゼントを開けますか。

Hello, everyone. Last month, I gave a birthday present to my friend ①〔ア what　イ who　ウ whose〕 is from America. ②〔ア Behind　イ In front of　ウ Without〕 me, she opened it quickly. I was a little surprised ③〔ア see　イ seen　ウ to see〕 her way of opening it because I always do it slowly. I asked her why she opened it so quickly. Then she explained the reason. She said she was happy and excited to get the present. She wanted ④〔ア me　イ me to　ウ to me〕 understand her happiness by opening it quickly. Through this experience, I understood that my friend and I had ⑤〔ア different　イ easy　ウ same〕 ways of opening presents. I think that is interesting. How do you open a present?

［Ⅱ］　次は，オーストラリアからの留学生のナタリー（Natalie）と智也が，河野先生（Ms. Kono）と交わした会話の一部です。会話文を読んで，あとの問いに答えなさい。

Natalie: Hi, Tomoya. I enjoyed your speech. I can understand your friend's feeling. I usually open a present quickly, too.

Tomoya: Oh, [①] That's interesting, Natalie.

Natalie: Well, I have a question. When I gave a present to my host family, they took off the wrapping paper slowly. Do you know why they did so?

Tomoya: Well, I guess your host family thinks the wrapping paper is also a part of the present. Maybe, you chose their favorite color for the paper.

Presents are prepared with a lot of care, so I think they wanted to be careful to enjoy the paper, too.

Natalie: That's a nice way of thinking. Next time, I'll open a present like them.

Ms. Kono: Hello, Natalie and Tomoya. What are you talking about?

Natalie: Hello, Ms. Kono. We are talking about the feelings we have when we receive presents.

Ms. Kono: Oh, I enjoyed your speech, Tomoya. I think showing and understanding feelings are important. I usually send presents with some messages. ア

Tomoya: Me, too. イ I write a short message on a small card when I send a present.

Natalie: Oh, really? ウ People who get the card say they are happy with it.

Tomoya: I think I've never sent such a card. Please tell us more.

Natalie: OK. エ We give or send a card to family and friends when we celebrate some events, for example, a birthday or the new year.

Tomoya: I see. ②

Natalie: No, a little different. Like postcards, some cards have various pictures. But the cards I usually use are folded in two. They are as big as postcards when they are folded in two. And, the card is usually in an envelope.

some cards and an envelope

Ms. Kono: Oh, I received a card like that. When I opened the envelope, I was excited. The feeling was the same one I had when I opened a present.

Natalie: I know we can exchange messages easily by e-mail, but I feel it is special to receive a card. Maybe, this feeling comes because I know that the person spent time for preparing it.

Tomoya: It's a nice idea. I want to send cards.

Natalie: You can buy cards at shops or make cards by yourself. If you want to write messages, just a few words are OK. Thinking about the person who receives a card is the most important point.

Tomoya: I see. Sending a card means a lot. Just a card can be a gift. That's interesting.

Ms. Kono: I agree. Any present or any card can be a wonderful gift if it is prepared carefully.

Tomoya: I understand. I feel that sending and receiving gifts are good ways to connect with each other.

Natalie: That's true. In various ways, we'll be happy that our feelings can reach the person through giving gifts. That's wonderful.

（注） wrapping paper 包装紙　folded in two 二つに折られた　envelope 封筒

(1) 本文の内容から考えて，次のうち，本文中の ① に入れるのに最も適しているものはどれですか。一つ選び，記号を○で囲みなさい。

ア sorry. イ please. ウ yes, let's. エ you, too?

(2) 本文中には次の英文が入ります。本文中のア～エから，入る場所として最も適しているものを一つ選び，ア～エの記号を○で囲みなさい。

I also do that, but I sometimes send only a card.

(3) 本文の内容から考えて，次のうち，本文中の ② に入れるのに最も適しているものはどれですか。一つ選び，記号を○で囲みなさい。

ア Have they sent cards? イ Do your friends like it?

ウ You mean postcards, right? エ Did they celebrate the events, too?

(4) 次のうち，本文で述べられている内容と合うものはどれですか。一つ選び，記号を○で囲みなさい。

ア Tomoya thinks Natalie's host family took off the wrapping paper slowly to enjoy it.

イ Natalie explains that the size of cards folded in two is not equal to the size of postcards.

ウ Ms. Kono's feeling from opening the envelope and her feeling from opening a present were different.

エ Receiving a card is special for Natalie because it is quick to exchange messages by a card.

(5) 本文の内容と合うように，次の問いに対する答えをそれぞれ英語で書きなさい。ただし，①は3語，②は6語の英語で書くこと。

① Did both Natalie and Ms. Kono enjoy Tomoya's speech?

② What can any present or any card be if it is prepared carefully?

2 高校生の咲子（Sakiko）が英語の授業でスピーチを行いました。次の［Ⅰ］，［Ⅱ］に答えなさい。

［Ⅰ］ 次は，咲子が行ったスピーチの原稿です。彼女が書いたこの原稿を読んで，あとの問いに答えなさい。

Hello, everyone. Last month, I visited my grandfather's house. He ① me an old piece of paper. On the paper, information about his mother's grades at school and health condition was written. According to it, she was 5 *shaku* tall. I couldn't understand what "*shaku*" meant, so I asked my grandfather about it. He told me that *shaku* was one of the units people in the past used, and 1 *shaku* was about 30.3 centimeters in length. I wanted to know more about the units people in the past used, so I went to a library. I learned some interesting things on units. I am going to tell you about Ⓐ them.

In the old days, there was no common unit shared around the world to express length. Various units were used in the world. People in different areas used different units. For example, in Japan, people used *shaku*. In some areas of Europe, people used a unit called “cubit.” From these examples, we can say that in the old days, [　②　]. If we compare the length of 1 *shaku* and the length of 1 cubit, they are not the same length.

In the 15th century, many people started to go overseas. When they communicated with people in other areas, they were very confused. [　③　] During the 18th century, international trade became more popular and people exchanged things all over the world. So, a common unit which could be used by people around the world was needed.

Some scientists started trying to make a new unit. To do it, they decided to use the size of the earth. They thought the earth was something common for everyone in the world and they believed the size of the earth would never change. [　④　] Then, by using it, a new unit called “meter” was finally made. Although the new unit was made, many people kept using their own units. However, on May 20 in 1875, at an international meeting held in France, 17 countries agreed to use the new unit. Japan accepted it in 1885. Several years later, some people in Japan started to use the meter. People in many countries used it in their lives, and this new unit made people’s lives convenient.

I think making common units is great work. It changed people’s lives very much. If we didn’t have common units, our lives [　⑤　]. I never knew that the meter was made by using the size of the earth. Through learning about units, I have found that everything in the world has an interesting history. Thank you.

（注） *shaku* 尺（長さの単位，複数形も *shaku*）　unit 単位　length 長さ　common 共通の
cubit キュービット（長さの単位）　trade 貿易

(1) 次のうち，本文中の [①] に入れるのに最も適しているものはどれですか。一つ選び，記号を○で囲みなさい。

ア looked　イ saw　ウ showed　エ watched

(2) 本文中のⒶthem の表している内容に当たるものとして最も適している ひとつづきの英語５語を，本文中から抜き出して書きなさい。

(3) 本文の内容から考えて，次のうち，本文中の [②] に入れるのに最も適しているものはどれですか。一つ選び，記号を○で囲みなさい。

ア people in each area in the world used their own unit to express length
イ people around the world were able to express length with the shared common unit
ウ *shaku* was used as a common unit to express length around the world
エ the cubit was the unit which was not used in any areas of Europe to express length

⑷ 本文中の ③ が，「彼らが理解できなかったたくさんの種類の単位がありました。」という内容になるように，次の［ ］内の語を並べかえて解答欄の_____に英語を書き入れ，英文を完成させなさい。

There were many kinds of［ couldn't that they units ］understand.

⑸ 本文中の ④ に，次の(ⅰ)～(ⅲ)の英文を適切な順序に並べかえ，前後と意味がつながる内容となるようにして入れたい。あとのア～エのうち，英文の順序として最も適しているものはどれですか。一つ選び，記号を○で囲みなさい。

(ⅰ) It took several years to complete that work, and they could know the size of the earth.

(ⅱ) But, at that time, no one knew its exact size.

(ⅲ) So, they tried to know the size of the earth by using a map and a machine.

ア (ⅰ)→(ⅱ)→(ⅲ) イ (ⅰ)→(ⅲ)→(ⅱ) ウ (ⅱ)→(ⅰ)→(ⅲ) エ (ⅱ)→(ⅲ)→(ⅰ)

⑹ 本文中の'If we didn't have common units, our lives ⑤ .' が，「もし私たちが共通の単位をもっていなければ，私たちの生活はもっと困難でしょうに。」という内容になるように，解答欄の_____に英語4語を書き入れ，英文を完成させなさい。

⑺ 次のうち，本文で述べられている内容と合うものはどれですか。一つ選び，記号を○で囲みなさい。

ア Sakiko went to her school to learn about her grandfather's health condition.

イ The meter was made by using the size of something common for everyone in the world.

ウ International trade in the 18th century didn't have any influences on people's need for a common unit.

エ Before learning about units, Sakiko knew that the meter was made in Japan in 1885.

［Ⅱ］ スピーチの後に，あなた（You）と咲子が，次のような会話をするとします。あなたならば，どのような話をしますか。次のページの**条件1・2**にしたがって，（①），（②）に入る内容をそれぞれ英語で書きなさい。解答の際には記入例にならって書くこと。文の数はいくつでもよい。

You: Sakiko, your speech was interesting. （ ① ）

Sakiko: Thank you. There are other things that are different in each area in the world. For example, languages.

You: That's right. We use our own language every day, but we can also study other languages.

Sakiko: Yes. We study English at school. Do you want to study other languages in the future?

You: （ ② ）

Sakiko: I see.

<条件１>　①に，「私はスピーチの中で紹介されたその二つの単位を知りませんでした。」と伝える文を，10語程度の英語で書くこと。

<条件２>　②に，解答欄の［　］内の，Yes, I do. または No, I don't. のどちらかを○で囲み，そう考える理由を20語程度の英語で書くこと。

記入例

When	is	your	birthday	?
Well	, it's	April	11	.

＜理科＞

時間 40分 満点 45点

1 次の［Ⅰ］，［Ⅱ］に答えなさい。

［Ⅰ］ プレートの運動と地震について，次の問いに答えなさい。

図Ⅰ

⑴ 図Ⅰは，日本列島付近のプレートを表した模式図である。日本列島付近には４枚のプレートがある。それらのプレートが互いに動くことで大きな力がはたらき，プレート内部の地下浅い場所やプレート境界付近で地震が多く発生している。

① 大阪は何と呼ばれるプレートの表面に存在しているか。次の**ア**～**エ**から一つ選び，記号を○で囲みなさい。

ア ユーラシアプレート　　**イ** フィリピン海プレート
ウ 北アメリカプレート　　**エ** 太平洋プレート

② 図Ⅰの**X**で示したプレート境界は，一方のプレートが他方のプレートの下に沈み込むことで，海の深さがまわりの海底に比べて特に深くなっている。このような深い谷となった地形は何と呼ばれているか，書きなさい。

⑵ 次の**ア**～**エ**のうち，その内容が**誤っているもの**を一つ選び，記号を○で囲みなさい。

ア 地震が起こると，震源では伝わる速さの異なるＰ波とＳ波が同時に発生する。
イ 海底での地震などにともない，海水が急激に大きく動くと津波が発生する。
ウ 震源から遠ざかるほど，マグニチュードは小さくなる。
エ 現在の日本の震度階級は０から７まであり，５と６はそれぞれ強と弱に分けられている。

⑶ 図Ⅱは地表近くの浅い場所で発生した地震のゆれを，震源から離れた観測点（Ａ地点とする）の地震計で記録したものである。なお，この地震は11時37分11秒に発生し，Ａ地点がゆれ始めたのは11時37分21秒，Ａ地点のゆれが大きくなったのは11時37分30秒であった。

図Ⅱ

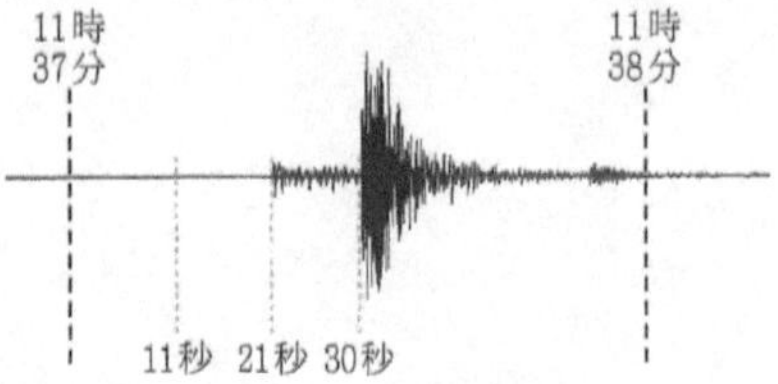

① この地震における，Ａ地点での初期微動継続時間は何秒であったか，求めなさい。

② この地震の震源から，Ａ地点までの距離は68㎞であった。Ｐ波の伝わる速さが一定であると考えたとき，Ｐ波の伝わる速さは何㎞/sになるか，求めなさい。答えは**小数第１位まで**書くこと。

［Ⅱ］ 宇宙の広がりについて，次の問いに答えなさい。

⑷ あとの文は，太陽系の天体や銀河系（天の川銀河）について述べたものである。文中の ① ，② に入れるのに適している天体の名称をそれぞれ書きなさい。また，③［ ］，④［ ］から適切なものをそれぞれ一つずつ選び，記号を○で囲みなさい。

太陽系の天体のうち，地球に最も近い天体は地球の唯一の衛星である ① であり，地球に最も近い恒星は太陽である。また，太陽から最も遠く離れた惑星は ② であり，太陽からの距離は，地球と太陽との距離の約30倍である。

銀河系については，直径約10万光年の広がりの中に1000億個とも2000億個ともいわれている数多くの恒星が③〔　ア　うずを巻いた　　イ　外縁部に密集した　〕円盤状に分布をしており，太陽系は銀河系の④〔　ウ　中心　　エ　中心から離れたところ　〕に位置していることが分かっている。また，さらに広い宇宙空間には銀河系以外にも多くの銀河が存在していることも分かっている。

(5)　さまざまな銀河までの距離が書かれている『理科年表』の最新版には，アンドロメダ銀河までの距離は250万光年と書かれている。250万光年とはどのような距離か。「光」の語に続けて簡潔に書きなさい。

2　次の［Ⅰ］，［Ⅱ］に答えなさい。

［Ⅰ］　身近なプラスチック製品であるペットボトルは，容器にPET（ポリエチレンテレフタラート）が用いられ，ふたにPP（ポリプロピレン）やPE（ポリエチレン）が用いられている。次の問いに答えなさい。

(1)　次のア～ウのうち，プラスチックの主な原料として用いられているものはどれか。一つ選び，記号を○で囲みなさい。

ア　アルミニウム　　イ　石油　　ウ　鉄鉱石

(2)　ペットボトルの容器とふたを，ハサミを用いて1 cm^2ほどの大きさに切り，それぞれ燃やすと気体が発生した。これらの気体はいずれも石灰水を白く濁らせた。このことから，発生した気体は何であると考えられるか。次のア～エから一つ選び，記号を○で囲みなさい。

ア　窒素　　イ　酸素　　ウ　二酸化炭素　　エ　硫化水素

(3)　ペットボトルが回収されると，図Ⅰに示すような，容器とふたの一部はともに，機械で砕かれて小片になる。これらの小片は，密度の違いを利用し，物質ごとに分けられてリサイクルされる。表Ⅰに示した各物質の密度から考えて，次の文中の①〔　〕，②〔　〕から適切なものをそれぞれ一つずつ選び，記号を○で囲みなさい。

図Ⅰ

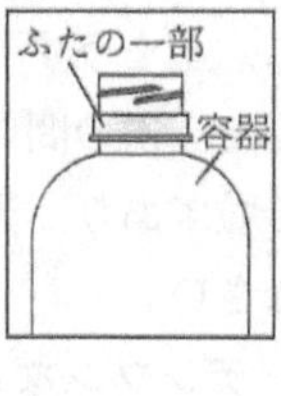

表Ⅰ

物質	密度〔g/cm^3〕
PET	1.3 ～1.4
PP	0.90～0.91
PE	0.92～0.97
水	1.0
エタノール	0.79

PET，PP，PEそれぞれの小片を①〔　ア　水　　イ　エタノール　〕に入れると，PETの小片のみが②〔　ウ　液面に浮く　　エ　底に沈む　〕と考えられる。

［Ⅱ］　ビーカーに60℃の水100 g を入れたものを二つ用意し，一方にはミョウバンの結晶30 g，もう一方には食塩の結晶30 g を加えてそれぞれ完全にとかして水溶液をつくった。これらを実験室に置くと，いずれも数時間で20℃まで冷えた。図Ⅱは，ミョウバンと食塩の溶解度曲線である。次の問いに答えなさい。

(4)　20℃に冷えたミョウバン水溶液が入ったビーカー内には，無色の結晶ができていた。

図Ⅱ

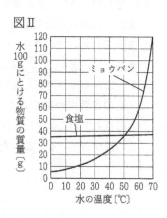

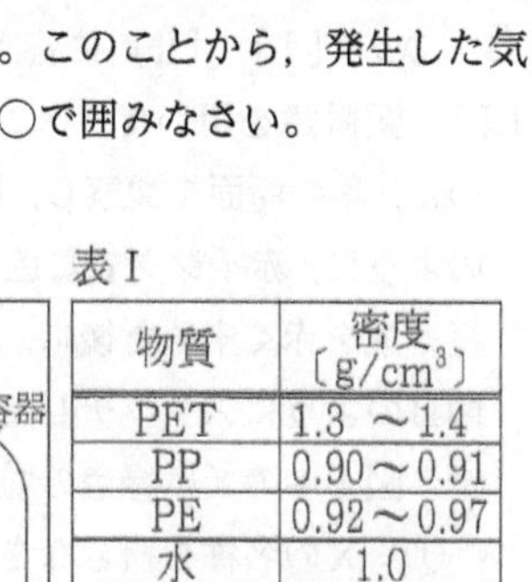

① 温度が下がっていき，飽和水溶液になったときのミョウバン水溶液の温度は何℃であったと考えられるか。次のア～エのうち，最も適しているものを一つ選び，記号を○で囲みなさい。

ア 約50℃ イ 約45℃ ウ 約35℃ エ 約20℃

② ミョウバン水溶液が20℃になったとき，ミョウバン水溶液が入ったビーカー内には，結晶が何ｇできていたと考えられるか，求めなさい。ただし，ミョウバン水溶液は飽和しており，20℃の水100ｇには最大11ｇのミョウバンがとけるものとする。

(5) 20℃に冷えた食塩水が入ったビーカー内には，結晶はできていなかった。この食塩水の入ったビーカーをはかりにのせ，温度を20℃に保った状態で24時間ごとに観察したところ，食塩水の液面は徐々に下がり，質量は減少していった。また，ビーカー内には，6日目の観察までは結晶はできていなかったが，7日目の観察では無色の結晶ができていた。

① 食塩水の液面が下がり，質量が減少していったのはなぜか。ビーカー内の物質の変化に着目して，簡潔に書きなさい。

② 食塩水は，7日目の観察までに飽和水溶液になった。飽和水溶液になったときの食塩水の質量は，はじめに60℃でつくったときから何ｇ減少していたと考えられるか，求めなさい。ただし，20℃の水100ｇには最大36ｇの食塩がとけるものとする。答えは小数第1位を四捨五入して整数で書くこと。

3 次の［Ⅰ］，［Ⅱ］に答えなさい。

［Ⅰ］ 顕微鏡を用いて，エンドウの葉や茎のつくりを調べた。はじめに，葉の断面を観察し，図Ⅰのようにスケッチした。次に，図Ⅱのように，赤インクで着色した水にエンドウをさし，数時間置いて茎や葉を赤く染めた後に，茎をうすく輪切りにした断面を観察し，図Ⅲのようにスケッチした。次の問いに答えなさい。

図Ⅰ

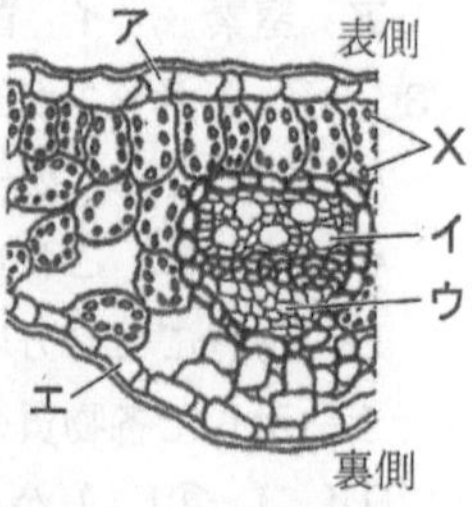

図Ⅱ

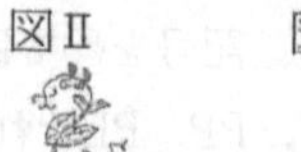

図Ⅲ

(1) 図Ⅰ中のXは緑色の粒であり，光合成が行われている。

① Xの名称を書きなさい。

② 光合成において，デンプンなどの養分がつくられるとともに，発生する気体は何か。次のア～エから一つ選び，記号を○で囲みなさい。

ア 酸素 イ 塩素 ウ 水素 エ 二酸化炭素

(2) 図Ⅲのように，茎の断面では維管束が輪のように並んでいた。また，これらの維管束は，それぞれ茎の中心側の部分が赤く染まっていた。次の文中の［①］に入れるのに適している語を書きなさい。また，［②］に入れるのに適しているものを図Ⅰ中のア～エから一つ選び，記号を○で囲みなさい。

茎の維管束の赤く染まった部分は，根から吸い上げられた水などの通り道であり，［①］と呼ばれている。また，茎の維管束の赤く染まった部分は，図Ⅰ中の［②］で示される部分につながっている。このため，赤インクで着色した水が葉にも行きわたり，葉は赤く染まった。

［Ⅱ］　植物の根の成長に興味をもったUさんは，根の成長を調べるために，図Ⅳのように，タマネギの根の先端から3mmごとに黒丸（●）をかき，黒丸（●）によって区切られた部分を先端からA，B，Cとして水につけた。24時間後に観察すると，Aは長くなったが，BおよびCの長さは変わっていなかったため，図Ⅳ中のp～sの各部分の核や染色体を染色したプレパラートをつくり，顕微鏡で観察した。表Ⅰは，核や染色体のようすをまとめたものである。あとの問いに答えなさい。

図Ⅳ

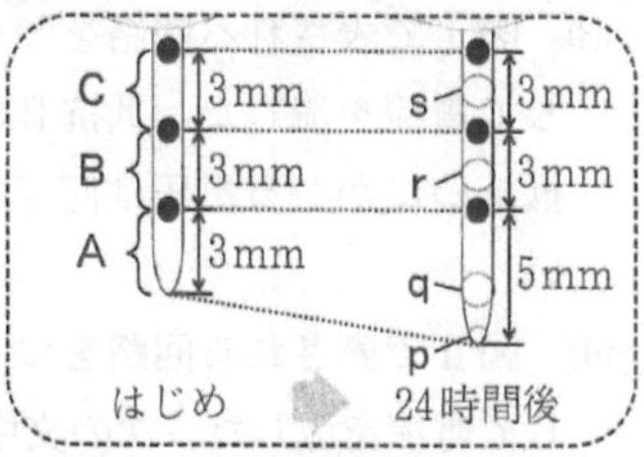

表Ⅰ

観察したプレパラート	pの部分	qの部分	rの部分	sの部分
核や染色体のようす	一部の細胞で，核の代わりに染色体が確認された	すべての細胞で核が確認された	すべての細胞で核が確認された	すべての細胞で核が確認された

⑶　次のア～エのうち，タマネギの根の細胞のプレパラートをつくるときに，一つ一つの細胞を離れやすくする目的で用いるものとして最も適しているものはどれか。一つ選び，記号を○で囲みなさい。

ア　エタノール　　イ　酢酸カーミン液　　ウ　ＢＴＢ溶液　　エ　うすい塩酸

⑷　表Ⅱ中の(ⅰ)～(ⅳ)は，観察したプレパラートにみられた細胞のいくつかをスケッチしたものである。(ⅰ)をはじめにして(ⅱ)～(ⅳ)を体細胞分裂の過程の順に並べると，どのような順序になるか。次のア～エのうち，最も適しているものを一つ選び，記号を○で囲みなさい。

表Ⅱ

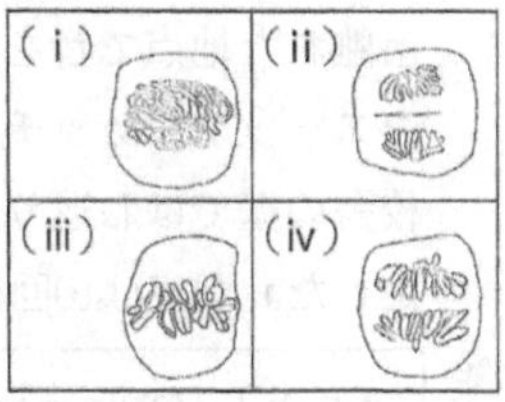

ア　(ⅰ)→(ⅱ)→(ⅲ)→(ⅳ)　　イ　(ⅰ)→(ⅲ)→(ⅱ)→(ⅳ)

ウ　(ⅰ)→(ⅲ)→(ⅳ)→(ⅱ)　　エ　(ⅰ)→(ⅳ)→(ⅲ)→(ⅱ)

⑸　q，r，sのプレパラートでみられる細胞の大きさの平均をそれぞれQ，R，Sとすると，QはRよりも小さく，SはRと同じくらいであった。次の文は，観察で分かったことをもとに，タマネギの根が伸びていくしくみについてUさんが調べたことをまとめたものの一部である。文中の①［　］，②［　］から適切なものをそれぞれ一つずつ選び，記号を○で囲みなさい。

タマネギの根が伸びていくとき，細胞の数は根の①［ア　先端付近で　　イ　全体にわたって　　ウ　根もと付近で　］増え，増えた細胞はそれぞれ②［　エ　小さくなっていく　　オ　大きくなっていく　］。

4　あとの［Ⅰ］，［Ⅱ］に答えなさい。

［Ⅰ］　電源装置に，電気抵抗の大きな電熱線（抵抗Ｐ）と電気抵抗の小さな電熱線（抵抗Ｑ）をつないで回路をつくり，電流と電圧，発生する熱量について調べた。電熱線以外の電気抵抗は考えないものとして，あとの問いに答えなさい。

⑴　次のア～エのうち，電気抵抗の単位はどれか。一つ選び，記号を○で囲みなさい。

ア　W　　イ　J　　ウ　A　　エ　Ω

⑵　電熱線を流れる電流は電熱線にかかる電圧に比例する。この関係は何と呼ばれる法則か，書

きなさい。

(3)　図Ⅰで表される回路をつくり，電源装置の電圧を７Ｖに設定して電流を流した。抵抗Ｐにかかる電圧が５Ｖであったとき，抵抗Ｑにかかる電圧は何Ｖであったと考えられるか，求めなさい。

図Ⅰ

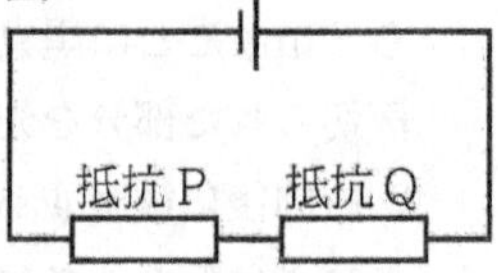

(4)　図Ⅱで表される回路をつくり，電源装置の電圧を７Ｖに設定して電流を流した。次の文中の　①〔　〕，②〔　〕から適切なものをそれぞれ一つずつ選び，記号を○で囲みなさい。

図Ⅱ

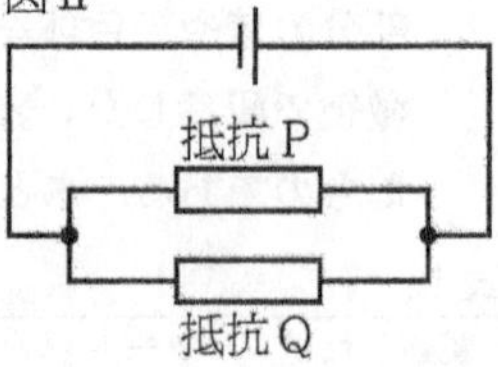

二つの電熱線のうち，流れる電流がより大きいのは①〔　**ア**　抵抗Ｐ　　**イ**　抵抗Ｑ　〕の方である。また，二つの電熱線を，それぞれ同じ量で同じ温度の水に入れたときの水温の変化から，同じ時間に発生する熱量がより大きいのは②〔　**ウ**　抵抗Ｐ　　**エ**　抵抗Ｑ　〕の方であることが分かる。

〔Ⅱ〕　グラウンドで発した音が校舎の壁ではね返り戻ってくることに興味をもったＳさんは，音が伝わる距離と時間から，空気中で音が伝わる速さを確かめようとした。音が伝わる速さは一定で，音は壁に達した瞬間にはね返るものとして，あとの問いに答えなさい。

【実験】　図Ⅲのように，Ｓさんは校舎の壁から85ｍ離れた地点で音を発し，発すると同時に時間をストップウォッチで測りはじめ，発した音が校舎の壁ではね返り戻ってくるまでの時間を測定した。測定は10回行い，平均値を測定値とした。

図Ⅲ

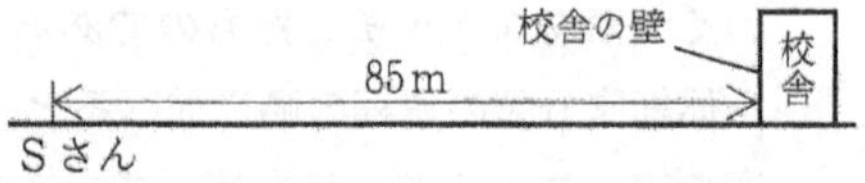

【Ｓさんが音について調べたこと】

・音源の振動数が@〔　**ア**　大きく（多く）　　**イ**　小さく（少なく）　〕なると高い音になり，振幅がⓑ〔　**ウ**　大きく　　**エ**　小さく　〕なると大きな音となるが，音源の振動数や振幅が異なっていても音が伝わる速さには影響しない。

・空気中で音が伝わる速さは，約340ｍ/ｓである。

【Ｓさんの実験のまとめと考察】

・音は85ｍ離れた校舎の壁ではね返り戻ってくるまでに　ⓒ　ｍ伝わったことになる。

・音が伝わる速さが，ちょうど340ｍ/ｓであるならば，測定される時間は0.50秒になるはずだが，実際の測定値は0.56秒となった。この測定値から音が伝わる速さを求めると，音が伝わる速さは340ｍ/ｓよりもⓓ〔　**オ**　速かった　　**カ**　遅かった　〕ことになる。

(5)　上の文中のⓐ〔　〕，ⓑ〔　〕から適切なものをそれぞれ一つずつ選び，記号を○で囲みなさい。

(6)　上の文中の　ⓒ　に入れるのに適している数を書きなさい。また，ⓓ〔　〕から適切なものを一つ選び，記号を○で囲みなさい。

(7)　Ｓさんは，「求めた測定値0.56秒のうち0.50秒が実際に音が伝わるのにかかった時間であり，

0.06秒ははね返ってきた音を聞いてからストップウォッチを止めるまでの反応に要する時間である」と推測し，「実験を，距離を変えて行っても，測定値は実際に音が伝わるのにかかった時間に，反応に要する時間の0.06秒を加えた値になる」と考えた。この考えが正しければ，実験を校舎の壁からの距離が２倍の地点で行うと，測定値は何秒になると考えられるか，求めなさい。答えは小数第２位まで書くこと。

＜社会＞ 時間 40分 満点 45点

1 次の地図は，中心（東京）からの距離と方位が正しくなるように描かれた地図である。この地図では，中心から見て，上が北である。次の問いに答えなさい。

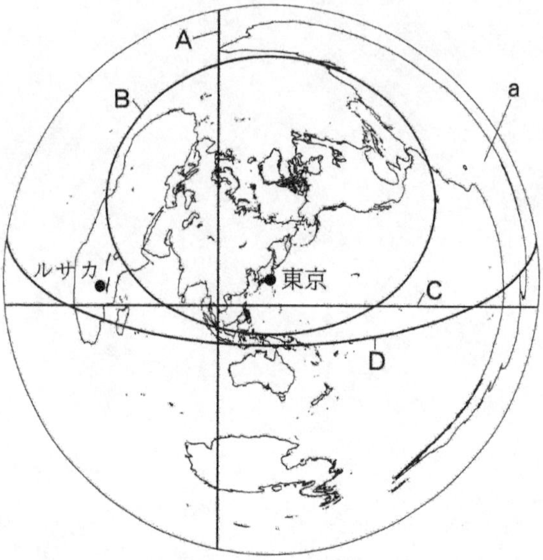

(1) 地図中には，六つの大陸と多くの島々が描かれており，地図中のルサカはザンビアの首都である。

① 地図中において，東京から見てルサカはおよそどの方位に位置するか。次の**ア**～**エ**から一つ選び，記号を○で囲みなさい。

ア 東 **イ** 西 **ウ** 南 **エ** 北

② ザンビアは内陸国である。内陸国とは国土が全く海に面していない国のことである。次の**ア**～**エ**のうち，内陸国はどれか。一つ選び，記号を○で囲みなさい。

ア カナダ **イ** トルコ **ウ** モンゴル **エ** オーストラリア

③ ザンビアには，1989年に世界遺産に登録されたビクトリアの滝がある。次の文は，世界遺産にかかわることがらについて述べたものである。文中の X に当てはまる語を**カタカナ4字**で書きなさい。

> 世界遺産は人類共通の財産であり，その保護は世界のすべての人々にとって重要である。世界遺産の保護を行う機関の一つに X と呼ばれる国連教育科学文化機関があり，世界遺産は1972（昭和47）年の X 総会で採択された世界遺産条約と呼ばれる条約にもとづいて国際的に保護されている。

(2) 赤道は，地球上の緯度0度線上のことをいう。

① 地図中の**A**～**D**のうち，赤道を示したものとして最も適しているものはどれか。一つ選び，記号を○で囲みなさい。

② 赤道付近では，熱帯の気候に応じた農産物が栽培されている地域がある。図Ⅰは，2019年における，ある農産物の生産量の多い上位３か国を示したものである。この農産物に当たるものを，次のア～エから一つ選び，記号を○で囲みなさい。

図Ⅰ

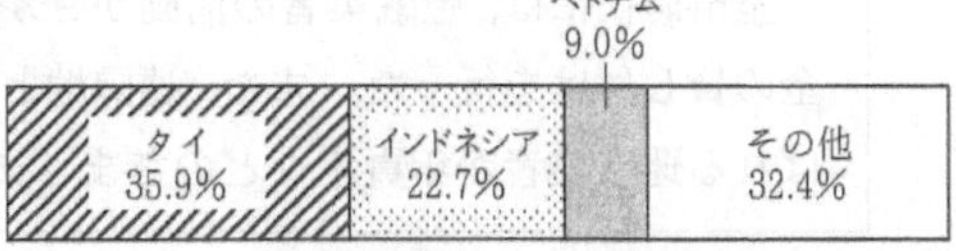

（『世界国勢図会』2020/21年版により作成）

ア 天然ゴム　イ カカオ豆　ウ バナナ　エ 茶

(3) 地図中のａは，六つの大陸のうちの一つを示している。ａにある河川名と山脈名との組み合わせとして正しいものを，次のア～エから一つ選び，記号を○で囲みなさい。

ア ボルガ川－ウラル山脈　イ インダス川－ヒマラヤ山脈
ウ ラプラタ川－アンデス山脈　エ ミシシッピ川－アパラチア山脈

(4) 次の文は，アメリカ合衆国の都市であるサンフランシスコの位置について述べたものである。文中のⓐ〔　〕，ⓑ〔　〕から適切なものをそれぞれ一つずつ選び，記号を○で囲みなさい。

> サンフランシスコは，ⓐ〔 ア 太平洋　イ 大西洋 〕に面している都市である。地図を使って考えると，東京からルサカまでの距離よりも東京からサンフランシスコまでの距離の方がⓑ〔 ウ 短い　エ 長い 〕ことが分かる。

2 Uさんは，わが国で使用された四つの貨幣とそれらが使用された当時の社会や経済活動について調べた。次は，Uさんが調べた内容をまとめたものである。あとの問いに答えなさい。

(あ)和同開珎《わどうかいちん》  708年に発行が始まった銅銭。都には東市《ひがしのいち》と西市《にしのいち》がおかれ，全国から運びこまれた地方の特産物が売買された。	永楽《えいらく》通宝  中国の明《みん》から輸入された銅銭。(い)室町時代には(う)定期市の回数が増えるなど商業が発達し，貨幣の流通量が増加した。	(え)慶長《けいちょう》小判  (お)江戸幕府が発行した最初の金貨。幕府はオランダ，中国と貿易を行い，日本からは銀や銅，海産物などが輸出された。	10円金貨  1871（明治4）年に明治政府が発行した金貨。円・銭・厘を単位とする(か)貨幣制度が定められ，殖産興業政策がすすめられた。

(1) (あ)和同開珎は，中国の王朝が発行した貨幣にならって，朝廷が発行した貨幣である。次のア～エのうち，わが国で和同開珎の発行が始まったころの中国の王朝名はどれか。一つ選び，記号を○で囲みなさい。

ア 唐《とう》　イ 宋《そう》　ウ 元《げん》　エ 漢《かん》

(2) (い)室町時代，農村では農民たちが自治的な組織をつくり，年貢《ねんぐ》をまとめて領主に納めたり，寄合《よりあい》を開いて村のきまりを定めたりした。農民たちがつくったこの自治的な組織は何と呼ばれているか。**漢字１字**で書きなさい。

(3) (う)定期市では，特産物や工芸品などのさまざまな商品が売買された。次のページの文は，室町時代の商業にかかわることがらについて述べたものである。次のページのア～エのうち，文中の X ， Y に当てはまる語の組み合わせとして最も適しているものはどれか。一つ選び，記号を○で囲みなさい。

室町時代には，金融業者の活動がさかんになり，［X］と呼ばれる質屋の他，酒屋がお金の貸し付けを行った。また，遠隔地との取り引きが活発になり，陸上では，［Y］と呼ばれる運送業者か年貢米などのさまざまな物資を運んだ。

ア　X　土倉　　Y　座　　　イ　X　土倉　　Y　馬借
ウ　X　問《とい》（問丸《といまる》）　Y　座　　　エ　X　問（問丸）　Y　馬借

(4)　(え)慶長小判の発行を命じた人物で，江戸幕府を開いた初代将軍はだれか。人名を書きなさい。

(5)　(お)江戸幕府は，財政の悪化や社会の変動に対応するため，さまざまな改革を行った。

①　18世紀後半，財政再建を図る田沼意次《たぬまおきつぐ》は，商工業者が同業者どうしでつくる株仲間の結成を奨励した。次の文は，田沼意次か株仲間の結成を奨励した理由について述べたものである。文中の（　）に入れるのに適している内容を，「独占」「税」の**2**語を用いて簡潔に書きなさい。

株仲間に（　　　　　　　　）ことによって，幕府の収入が増加すると考えたから。

②　19世紀中ごろ，アメリカ合衆国の総領事が下田《しもだ》に着任し，貿易の自由化を求めた。1858年に江戸幕府がアメリカ合衆国と結んだ条約で，函館《はこだて》・神奈川（横浜《よこはま》）・長崎・新潟・兵庫（神《こう》戸《べ》）の5港の開港や両国の自由な貿易などを認めた条約は何と呼ばれているか。**漢字8字**で書きなさい。

(6)　(か)貨幣制度の確立は，近代化をすすめる明治政府にとって重要な政策の一つであった。次の(i)～(iii)は，明治時代にわが国で起こったできごとについて述べた文である。(i)～(iii)をできごとが起こった順に並べかえると，どのような順序になるか。あとの**ア～カ**から正しいものを一つ選び，記号を○で囲みなさい。

(i)　内閣制度が創設され，伊藤博文《いとうひろぶみ》が初代の内閣総理大臣に就任した。
(ii)　第1回衆議院議員総選挙が実施され，第1回帝国議会が開かれた。
(iii)　藩を廃して新たに府や県を置く廃藩置県が行われた。

ア　(i)→(ii)→(iii)　　**イ**　(i)→(iii)→(ii)　　**ウ**　(ii)→(i)→(iii)
エ　(ii)→(iii)→(i)　　**オ**　(iii)→(i)→(ii)　　**カ**　(iii)→(ii)→(i)

3　次の問いに答えなさい。

(1)　日本国憲法には，基本的人権の規定とそれを保障する政治のしくみなどが記されている。

①　次の**ア～エ**のうち，日本国憲法で保障されている社会権について述べたものとして最も適しているものはどれか。一つ選び，記号を○で囲みなさい。

ア　学問の自由は，これを保障する。
イ　信条や性別などによって差別されない。
ウ　能力に応じてひとしく教育を受ける権利を有する。
エ　集会，結社及び言論，出版その他一切の表現の自由は，これを保障する。

②　国会を構成する衆議院と参議院には，選挙制度や任期などにおいて違いが設けられている。次のページの**ア～エ**のうち，衆議院について述べた文はどれか。**二つ**選び，記号を○で

囲みなさい。

ア　選挙は，小選挙区比例代表並立制で行われる。

イ　被選挙権は，30歳（満30歳）以上である。

ウ　任期は６年であり，３年ごとに議員定数（議員数）の半数が改選される。

エ　任期の途中で解散されることがある。

③　次の文は，わが国の内閣について述べたものである。文中の［A］に当てはまる語を書きなさい。

> 内閣は，内閣総理大臣及びその他の国務大臣によって組織され，行政の運営について政府の方針などを［A］と呼ばれる会議において全会一致で決定する。内閣法には，内閣がその職権を行うのは，［A］によるものとすると定められている。

④　次の文は，司法権の独立にかかわることについて記されている日本国憲法の条文の一部である。文中の［　］の箇所に用いられている語を書きなさい。

「すべて裁判官は，その［　］に従ひ独立してその職権を行ひ，この憲法及び法律にのみ拘束される。」

⑵　消費者の権利の尊重及びその自立の支援などのため，国は消費者政策を推進する役割を担《にな》っている。

①　わが国では，消費者が訪問販売などで商品を購入した場合，原則として，一定の期間内であれば書面での通知によって無条件に契約を解除することができる制度がある。この制度は一般に何と呼ばれているか，書きなさい。

②　次の(i)～(iii)は，20世紀後半から21世紀初めにかけての期間に起こったできごとについて述べた文である。(i)～(iii)をできごとが起こった順に並べかえると，どのような順序になるか。あとのア～カから正しいものを一つ選び，記号を○で囲みなさい。

(i)　日本において，消費者保護基本法が消費者の自立を支援する消費者基本法に改正された。

(ii)　アメリカ合衆国において，ケネディ大統領が「消費者の四つの権利」を連邦議会に提示した。

(iii)　日本において，製品の欠陥による損害賠償の責任について定めた製造物責任法が公布された。

ア　(i)→(ii)→(iii)　　イ　(i)→(iii)→(ii)　　ウ　(ii)→(i)→(iii)

エ　(ii)→(iii)→(i)　　オ　(iii)→(i)→(ii)　　カ　(iii)→(ii)→(i)

4　Mさんのクラスは，班に分かれて環境問題への取り組みについて調べた。あとの問いに答えなさい。

⑴　Mさんの班は，高度経済成長期における日本の環境問題への取り組みについて調べた。あとの文は，Mさんの班が調べた内容の一部である。

> ・ⓐ高度経済成長期に多くの人々の収入が増え，くらしが便利になった一方で，大気汚染やⓘ水質汚濁などによって，人々の健康や自然環境が著しく悪化したことが大きな社会

問題となった。
・環境問題に対する社会的関心が高まる中，1967（昭和42）年には国民の健康を保護するとともに，生活環境を保全することを目的とした □ が制定された。また，1971（昭和46）年には環境の保全に関する行政を総合的に推進するための機関である環境庁が設置されるなど，環境問題への取り組みがすすめられた。
・良好な環境の中で人々が生活できるよう，(う)新しい人権として環境権が提唱された。

① (あ)高度経済成長期は，1950年代中ごろから1970年代初めにかけて続いた。次のア～エのうち，高度経済成長期のわが国のようすについて述べた文として正しいものはどれか。一つ選び，記号を○で囲みなさい。

ア　初めてラジオ放送が行われた。　イ　郵便制度や電信が始まった。
ウ　東海道新幹線か開通した。　エ　消費税が導入された。

② (い)水質汚濁による健康被害が社会問題となった。次のア～エのうち，鉱山の排水に含まれるカドミウムが原因でイタイイタイ病が発生した地域として最も適しているものはどれか。一つ選び，記号を○で囲みなさい。

ア　神通川《じんづう》流域　イ　阿賀野《あがの》川流域　ウ　水俣《みなまた》湾沿岸地域　エ　四日市《よっかいち》市臨海地域

③ 文中の □ に当てはまる法律の名称を**漢字７字**で書きなさい。

④ (う)新しい人権は，日本国憲法第13条に規定されている幸福追求権などにもとづいて主張される。次のア～エのうち，新しい人権に当たるものはどれか。一つ選び，記号を○で囲みなさい。

ア　財産権　イ　参政権　ウ　裁判を受ける権利　エ　プライバシーの権利

(2) Nさんの班は，21世紀における環境問題への国際的な取り組みについて調べた。

① 2015（平成27）年，国連気候変動枠組条約の第21回締約国会議がフランスのパリで開かれ，温室効果ガスの排出量削減等のための新たな国際的な枠組みとしてパリ協定が採択された。右の地図中のア～エのうち，パリに当たるものを一つ選び，記号を○で囲みなさい。

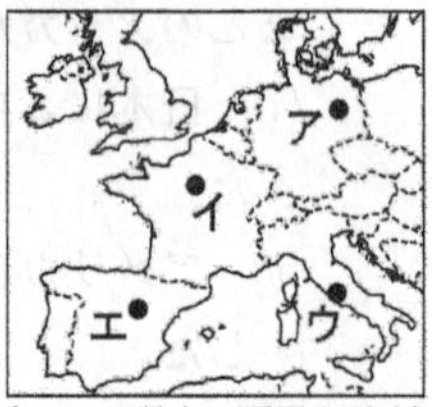

（------は現在の国界を示す）

② 次の文は，環境保全にかかかることがらについて述べたものである。文中の [A] に当てはまる語を**漢字４字**で書きなさい。

環境の保護と経済の発展を両立するなど，将来の世代の欲求を満たしつつ，現在の世代の欲求も満足させるような開発（発展）をめざす社会は，[A] な社会と呼ばれている。2015年には，国連サミットで「[A] な開発のための2030アジェンダ」が採択され，「誰一人取り残さない」を理念とするＳＤＧｓが掲げられた。

③ 図Ⅰ（次のページ）は，2012年と2017年における，イギリスの総発電量に占めるエネルギー源別発電量の割合をそれぞれ示したものである。次のページの文は，図ⅠからNさんの班が読み取った内容や調べた内容をまとめたものである。文中の下線部ア～エのうち，内容が**誤っているもの**はどれか。**二つ**選び，記号を○で囲みなさい。

図Ⅰ　イギリスの総発電量に占めるエネルギー源別発電量の割合（%）

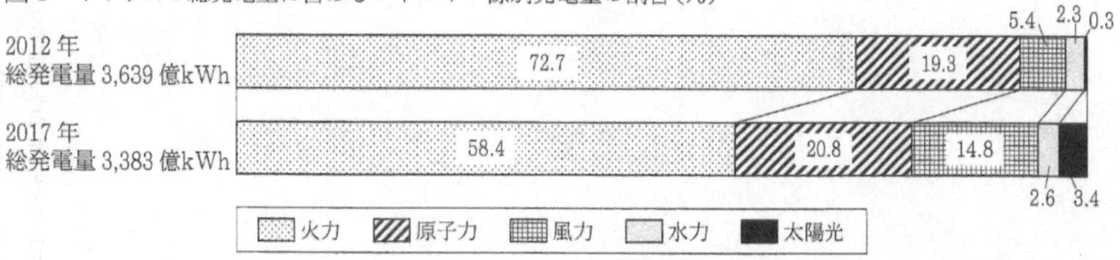

（『世界国勢図会』2015/16年版，2020/21年版により作成）

・ア総発電量は，2012年より2017年の方が少なく，その減少量は2012年の総発電量の５％以上である。また，イ2012年と2017年のそれぞれにおいて，エネルギー源を総発電量に占める発電量の割合が高い順に並べると，その順序は同じである。

・総発電量に占める風力発電量の割合は，2012年より2017年の方が高い。風力発電がさかんに行われている背景には，イギリスの自然環境がある。例えば，ウイギリスはほぼ一年中，西寄りの風が吹いているという自然環境である。

・イギリスは，2020年までに総発電量に占める再生可能エネルギーを使った発電量の割合の合計を30%以上にすることを目標としている。再生可能エネルギーを使った発電とは，燃料ではなく自然エネルギーを使った発電のことである。総発電量に占める再生可能エネルギーを使った発電量の割合の合計は，2012年より2017年の方が高く，エ2017年における，総発電量に占める再生可能エネルギーを使った発電量の割合の合計は，17.4%である。

て意識を注いでいるかということであり、専門的な視点で世の中を見ようとすることが専門家になるということの第一歩である。

ざまなデザインであふれていますが、意識しなければそれを感じ取ることはできません。普通の人は、何かの用事で外出しているときに、目にするもののデザインに対して、どこがよいのか、どこが悪いのかなどと考えることはあまりありません。しかし、デザインする人の視点で世の中を見るようになると、世界の見え方が変わってきます。今まであまり気にならなかった街の看板やポスター、新聞や雑誌の広告などを見ても、どこがよいのか、どの表現に問題があるのかを問いかけてみるようになります。そうした「注意」、つまり意識を注ぐことの積み重ねが、デザイナーではない人との違いになってきます。

（佐藤好彦『デザインの授業』による）

（注）グラフィックデザイン＝文字や画像などを使用し、情報やメッセージを伝達する手段として制作されたデザインのこと。

1　次のうち、本文中の [①] に入れるのに最も適していることばはどれか。一つ選び、記号を○で囲みなさい。

ア　価値の正確な判断

イ　体験を必要とする分野

ウ　ある程度の量の体験

エ　自分のなかにできた尺度

2　②多くの作品にふれられるということ　とあるが、作品にふれるということにおける、音楽や絵画の特徴とグラフィックデザインの特徴について、本文中で筆者が述べている内容を次のようにまとめた。[a] に入る内容を、本文中のことばを使って**十五字以上、二十五字以内**で書きなさい。また、[b]、[c] に入れるのに最も適しているひとつづきのことばを、それぞれ本文中から抜き出しなさい。ただし、[b] は**十一字**、[c] は**十字**で抜き出すこと。

音楽や絵画	グラフィックデザイン
○　音楽は、[a] ために曲を全体として体験することや何度も繰り返し聴くことが必要だが、曲のもつ時間という制約があるので、体験すること自体に時間がかかってしまう。 ○　絵画は、実物を見ないと [b] が得られず、世界の名作を実物で見るとなれば、世界中を移動することになってしまう。	○　グラフィックデザインは、見ること自体にそれほど時間はかからない。また、初めから [c] ため、書籍や街にあるポスターなどで見ることでもデザインのよさを感じ取ることができる。

3　次のうち、何かの分野で専門家になるということについて、本文中で述べられていることがらと内容の合うものはどれか。最も適しているものを一つ選び、記号を○で囲みなさい。

ア　何かの分野で専門家になるということは、「テーマをもって生きる」ということであり、自分の分野に関することは、専門的な視点だけでなく、普通の人の視点で見ることが重要である。

イ　何かの分野で専門家になるということは、ものの見方を変えるということであり、どんな分野であっても、まずは専門家としての自分の視点の正しさについて考えてみることが大切である。

ウ　専門家と普通の人との違いは、街にあふれているさまざまな作品に出会う機会の多さであり、専門家になることで作品のよさや問題点を意識することなく見つけることができるようになる。

エ　専門家と普通の人との違いは、どれだけ専門とする分野に対し

イ　親鶴が自力でどうにもできないと思って、鷲を連れてきたと考えたから。

ウ　心配そうにながめる人間に、親鶴が自身の無事を知らせたと考えたから。

エ　雛が安心して暮らせるような場所を、親鶴が探しに行ったと考えたから。

四　次の文章を読んで、あとの問いに答えなさい。

グラフィックデザインというのは実は、比較的勉強しやすい分野であるといえます。どんな分野でも、よし悪《あ》しを判断できるようになるためには、ある程度の量を体験することが必要になります。それによって、自分のなかで作品のよし悪しや好み、あるいは表現の方向性の違いなどの尺度ができてきて、作品の価値を判断することができるようになっていきます。

ここで問題になるのは、「 ① 」です。たとえば音楽を体験するためには、CDなどで聴いたとしても、曲のもつ時間という制約があります。一つの曲を全体として体験しなければ、曲の構成を把握することができませんし、細部の表現を感じ取るためには、何度も繰り返し聴くことが必要になるでしょう。多くの曲を聴くためには、多くの時間が必要になります。もちろん、生演奏で聴いたほうがよりよいわけですが、そのためには、演奏を聴く機会に出会わなければなりませんし、入場料や移動など、さらに多くの時間やコストがかかります。映画や演劇といった時間的な表現は、どれも同じような制約があります。文学の場合も、長編の小説を読むためにはある程度の時間が必要になります。

絵画は時間的なものではないので、じっくりと見ても、短時間で見ても、それは見る人の自由です。印刷物やウェブであれば、手軽に見ることができます。しかし、質感や大きさの感覚などは、実物を見ないと得られません。世界の名作を実物で見るとなれば、世界中を移動することになってしまいます。

ところが、グラフィックデザインは比較的簡単に見ることができます。絵画と同様に、じっくり見ることも、短時間で見ることも自由にできます。見ること自体にそれほど時間けかかりません。また、もともと複製を前提にしているので、書籍などで見ることでもデザインのよさを感じ取ることができますし、日常の街のなかでも、すぐれたポスターなどを目にすることができます。意識して見るようにするなら、ほかの分野と比べれば短期間に、まとめて多くの作品を見ることが可能です。

②多くの作品にふれられるということは、とても幸せなことなのです。デザインにふれられることを幸せと感じ、そこからできるだけ多くのことを吸収しようと思って日々の生活を送ることが重要です。

何かの分野で専門家になるということは、「テーマをもって生きる」ということです。学校の授業には授業時間、会社の仕事には勤務時間という制限がありますが、何かの専門家になったら、あるいはなろうとしたときから、常にそのことが気になるようになります。服のデザインをしていれば、日常的に出会う人、見かける人の服が気になるでしょうし、美容師であれば、人に会ったときにまず髪形が気になるでしょう。勤務時間であるかどうかに関わらず、常に心のなかに自分のテーマとして存在することになるのです。

つまり、どんな分野でも、何かの専門家になるということの第一歩は、ものの見方を変えるということです。デザインであれば、デザインする人の視点で世の中を見るようになるということです。街はさま

い。

ア　影響を受ける
イ　勢いを増す
ウ　広く行き渡る
エ　突然現れる

4　日々の生活について、本文中で述べられている筆者の考えを次のようにまとめた。[a]に入る内容を、本文中のことばを使って**二十字以上、三十字以内**で書きなさい。また、[b]に入れるのに最も適しているひとつづきのことばを、本文中から**十七字**で抜き出し、**初めの五字**を書きなさい。

いつもと同じように見える眺めであっても、そこから[a]ことが大切なことであり、そのような発見をいつもしていたいと、[b]で、毎日が楽しいと思えるかどうかが決まってくるのではないだろうか。

三　次の文章を読んで、あとの問いに答えなさい。

この場面までのあらすじ

ある夏の日、木下《きのした》という人が家来とともに領地内の高い建物に登って辺りをながめていると、遠くに大きな松が見えた。その松の梢《こずえ》には鶴の巣があり、二羽の親鶴が雛《ひな》を養育していたのだが、その巣に向かって太く黒い蛇が登っていく。ながめていた人たちは「あの蛇を止めよ」と騒ぐがどうすることもできない。

二羽の鶴の内、一羽は蛇を見付けし体にてありしが、虚空《こくう》《大空》に飛び去りぬ。「哀れいかが、雛はとられん」と手に汗して望み詠《なが》めしに、最《も》早《はや》彼《か》の蛇も梢《こずゑ》近く至り、①あわやと思ふ頃、一羽の鷲《わし》はるかに飛び来り、右《その》の蛇の首を喰《く》わへ、②帯を下げし如《ごと》く空中を立ち帰りしに、親鶴程なく立ち帰りで雌雄巣へ戻り、雛を③養ひしと也《なり》。鳥類ながら其《そ》の身の手に不及《およばざ》るをさとりて、同類の鷲を雇ひ来りし事、④鳥類心ありける事と語りぬ。

1　①あわやと思ふ　とあるが、ながめていた人たちはどのような様子に対して、「あわや」と思ったのか。次のうち、最も適しているものを一つ選び、記号を○で囲みなさい。

ア　蛇が鶴の巣に近づいた様子。
イ　鷲が遠くから飛んできた様子。
ウ　家来の一人が助けに行った様子。
エ　一羽の親鶴が蛇に見つかった様子。

2　②帯を下げし如く　とあるが、本文中ではどのような様子を「帯を下げし如く」とたとえているか。本文中から読み取って、現代のことばで**十字以上、十五字以内**で書きなさい。

3　③養ひし　を現代かなづかいになおして、**すべてひらがな**で書きなさい。

4　④鳥類心ありける事　とあるが、このことばは木下という人が言ったことばである。次のうち、木下という人が「鳥類心ありける」と言った理由として最も適しているものはどれか。一つ選び、記号を○で囲みなさい。

ア　偶然通りかかった鷲が、危険な状況にある鶴の雛を救ったと考えたから。

ると、ちょっとした息抜きにもなったし、自分がそこで何をしようとしているのかを説明することで、自分の頭の中も整理できた。ギャラリーを手伝ってくれていた女性も、自分の作品をこちょこちょと店番しながら作っていて、それがギャラリーにやってきたひとたちとのいいコミュニケーションにもなった。ふたりとも机の前に座っているだけで、大きなガラス窓のドアの向こうからいろいろなひとやものがやってきたし、それをゆっくりと待つように外の光を眺めてもいたのだ。

　いま住んでいる家の窓から見えるもので、いちばん新鮮で驚きに満ちているのは、春になって山が日々その色合いを変えていくのを眺めることだ。少し前まで枯れ木だった山が少し緑色になり、やがて白からピンクに山全体が染まっていく。それは本当にあっという間で、そんな自然の動き出したときのスピードの速さには目をみはるものがある。

　毎日、窓から見ている視線の先は狭い範囲だが、その狭い範囲でも眺められるものはたくさんあり、家を出たときに、自分の見つめる先の範囲の広さに新しい発見が待っている。そんな予感を感じながら、歩くときもバスや電車に乗っているときも移り変わる物事を見つめていると、世の中は結構愉快に見えたりもする。また、気持ちの新鮮さは見つめるものに対する興味によっても②左右される。いい空気だ、いい陽《ひ》の光だ、いい風だ、いい雲だ、いい雨だと、自然に対しての印象もそれによって変わってくる。毎日が楽しいと言えるのも、きっと小さな発見をいつも見つけていたいと、自分の中で常に心掛けているかどうかによって決まってくるような気がする。

　窓は家の中に光を差し込ませるだけではなく、日々の眺めという、毎日、個人個人が朝起きたときに天候を無意識に確認しているようなことを同時に気持ちの中にもたらしてくれている。そこに見える木の葉一枚が風で揺れる様子とか、電線の向こうに見える雲の動き、太陽の光のあたっている場所、あたらない場所の陰影など、毎日なにも変わらないような風景であっても、日々なにもかもが動いているということをそんなところから確認していくことが、結構重要なことで、いつも一日にひとつくらいは、そんなことに気付いたり、見つめたりするような毎日を送っていたいと思う。（永井宏『夏の見える家』による）

（注）葉山＝神奈川県三浦《みうら》半島の西岸にある町。
　　ギャラリー＝絵画などの美術品を陳列し、客に見せる所。

1　本文中のA～Dの――を付けたことばのうち、その動作を行っている人物の異なるものが一つだけある。その記号を○で囲みなさい。

2　①自分が葉山で運営していたギャラリーもそんな日常があった　とあるが、次のうち、葉山で運営していたギャラリーでの筆者の様子として、本文中で述べられていることがらと内容の合うものはどれか。最も適しているものを一つ選び、記号を○で囲みなさい。

ア　大きなガラス窓のドアの近くで店番をしながら、息抜きに文章を書いたり、作品を制作したりしていた。

イ　自分が何をしようとしているのかを店番をする女性に説明したり、やってきた客と絵を描いたりしていた。

ウ　いろいろなひとやものが大きなガラス窓のドアからやってくるのを、ゆっくりと待つように外を眺めていた。

エ　いい作品を制作するために、店番をする女性と机の前に座りながら、客とコミュニケーションをとっていた。

3　②左右される　とあるが、次のうち、このことばの本文中での意味として最も適しているものはどれか。一つ選び、記号を○で囲みなさ

＜国語＞（B問題）

時間　四〇分　　満点　四五点

【注意】　答えの字数が指定されている問題は、**句読点や「」などの符号も一字に数えなさい。**

一　次の問いに答えなさい。

1　次の⑴～⑷の文中の傍線を付けた漢字の読み方を書きなさい。また、⑸～⑻の文中の傍線を付けたカタカナを漢字になおし、解答欄の枠内に書きなさい。ただし、漢字は楷書《かいしょ》で、**大きくていねいに書くこと。**

⑴　機械で布を織る。
⑵　ボールを自在に操る。
⑶　試合に向けて鍛錬を積む。
⑷　良い考えが脳裏に浮かぶ。
⑸　二つの道がマジわる。
⑹　長年の望みをハたす。
⑺　私たちはチクバの友だ。
⑻　物事の是非をヒヒョウする。

2　次のうち、返り点にしたがって読むと「柔能《よ》く剛に勝ち、弱能く強に勝つ。」の読み方になる漢文はどれか。一つ選び、記号を○で囲みなさい。

ア　柔能ク㆑勝チ剛ニ、弱能ク㆑勝ツ強ニ。
イ　柔能ク勝チ㆑剛ニ、弱能ク勝ツ㆑強ニ。
ウ　柔㆓能ク勝チ剛ニ㆒、弱㆓能ク勝ツ強ニ㆒。
エ　柔能ク㆓勝チ剛ニ㆒、弱能ク㆓勝ツ強ニ㆒。

3　次のア～エの文中の傍線を付けた語のうち、一つだけ他と品詞の異なるものがある。その記号を○で囲みなさい。

ア　忘れ物をしないように気を付ける。
イ　知らないうちに時間が経過していた。
ウ　言葉にできないほどの美しい景色が広がる。
エ　残り少ししかない学校生活を大切に過ごす。

二　次の文章を読んで、あとの問いに答えなさい。

一〇年くらい前にパリに住む彫刻家のアトリエに遊びに行ったことがある。もう高齢で、毎日のんびりと家からアトリエに散歩をするように通い、そこで一日、本を読んだり、作品を制作したりして過ごしている。アトリエのすぐ近くに住む友人が、その老彫刻家と仲良しで、ちょっとした買い物にA出かけるときでも、路地を少し迂回《うかい》して、老彫刻家のアトリエの窓を覗《のぞ》いてB挨拶をしていく。

路地に面したところに大きな出窓があり、天気が好《よ》いとグリーンのペンキで塗られた格子《こうし》のがガラス戸を大きく開き、外を眺めるかのように正面に向かって椅子に腰掛け新聞などを広げてC読んでいる。友人はいつも窓越しに声を掛けては、小さな庭の木戸を開け、窓にもたれるようにして外から中にD話し掛けている。窓からは彼の作った作品やデッサン、制作途中のものなど部屋の中にある様々なものを眺めることができる。彼との接触はみんな窓からで、郵便屋さんも窓越しに郵便物を手渡していた。

窓からは家の中に居てもいろいろなものが眺められる。老彫刻家も、窓辺にいることで、周辺の事情にも詳しくなり、挨拶もそこで済ます。以前、①自分が葉山《はやま》で運営していたギャラリーもそんな日常があった。暇なギャラリーだったから、店番しながら文章を書いたり作品を制作していたりしていた。絵は描いているところを見られるのが恥ずかしいので、あまり描かなかったが、そんなときに客がやってく

イ　恐竜研究における分類はあくまでも仮説にすぎないので、現在は骨や歯ではなく、それ以外の化石から得られるデータを集めて、確からしさを高めている。

ウ　恐竜研究を進めていくと、説の確からしさが増したり、説が総崩れになってしまったりすることもあるが、いずれにしても真実に近づけているに違いない。

I

たとえば、ここに紅茶、麦茶、ウーロン茶があったとしましょう。僕たちが今、知っている飲み物はこれだけだとします。

ある人が色に注目して「茶色という形質で『飲み物』を定義しましょう」と提唱します。矛盾はないように見えるので、みんな納得するかもしれません。そうしたら、新しくトマトジュースが見つかりました。茶色ではないけど、どうやら飲み物らしい。すると、飲み物の定義を変えなくてはいけません。「茶色または赤色をしている」と変えればいいのでしょうか。「もしかしたらほかの色もあるかもしれない。色とはちがうところ、たとえば味に注目して定義し直してみよう」という人も出てくるかもしれません。

似ている特徴に注目するのは、恐竜の分類でも同じです。この例では色でしたが、恐竜の場合は、歯の生え方が爬虫類としてめずらしい形質をもち、それが共通しているという理由から最初に注目されました。しかし、いろいろな化石を見くらべていくことで、もっと気になる形質が見えてきた。そこで、「分類し直そう」ということになったのです。

手がかりが骨や歯だけなのは、昔も今も基本的には変わりません。でも、データが蓄積されれば、その分、いろいろなことが見えてきます。そして、注目すべきところが変わっていく。それが、恐竜の分類、そして爬虫類の進化について考えていくということでもあります。

ですから、これらの分類は、あくまでも仮説にすぎないともいえます。

多くの研究者が今「正しいだろう」と信じている説も、いつか総崩れになってしまう可能性もゼロとはいえません。逆に、正しければ、新しい証拠が加わることで、より確からしさが増していくことになります。

いずれにしても、化石、さらにそこから得られるデータは、増えれば増えるほど僕たちは真実に近づけているはずです。

（真鍋真『恐竜博士のめまぐるしくも愉快な日常』による）

1　①歯は生き物の体のなかでもっとも硬い部分です。の一文を文節に区切ったとき、初めから数えて**五番目**になる**一文節**を抜き出しなさい。

2　②次に注目されたのは、歯の生え方です　とあるが、本文中で筆者は、多くの爬虫類にくらべて、恐竜はどのような歯の生え方をしていると述べているか。その内容についてまとめた次の文の［a］、［b］に入る内容を、それぞれ本文中のことばを使って**十字以内**で書きなさい。

多くの爬虫類の歯は顎の［a］だけだが、恐竜の歯は顎の［b］。

3　本文中のIで示した箇所で述べられている具体例はどのようなことを表しているか。その内容についてまとめた次の文の［a］、［b］に入れるのに最も適しているひとつづきのことばを、それぞれ本文中から抜き出しなさい。ただし、［a］は**十一字**、［b］は**八字**で抜き出すこと。

まず、［a］ことで分類をしていき、新たな発見があれば、［b］を変えて分類し直していくということ。

4　次のうち、本文中で述べられていることがらと内容の合うものはどれか。最も適しているものを一つ選び、記号を○で囲みなさい。

ア　恐竜研究においては、仮説にすぎないといわれている説であったとしても、正しいだろうと信じて研究を続けていれば、総崩れになってしまうことはない。

るよね。ほかにも、本文では「帯を下げし如く」という比喩表現も使われているね。

Aさん　「如く」は「ように」という意味だったよね。この比喩表現が使われることで、 ② 場面がイメージしやすくなったよ。

Bさん　雛が助かったことがわかる場面だから、特にこういった表現があるとイメージしやすくなるよね。

Aさん　ところで、雛が助かったあと、ながめていた人たちは、親鶴についてどのように考えたのかな。

Bさん　帰ってきた親鶴について、 ③ と、ながめていた人たちは考えたようだね。

Aさん　だから、「鳥類心ありける」と言ったわけだね。

1　①養ひし　を現代かなづかいになおして、**すべてひらがなで**書きなさい。

2　次のうち、【会話】中の ② に入れるのに最も適していることばはどれか。一つ選び、記号を○で囲みなさい。

ア　鷲が蛇をくわえて飛んでいる
イ　蛇が地面をはって逃げている
ウ　親鶴がえさを巣へ運んでいる

3　次のうち、【会話】中の ③ に入れるのに最も適していることばはどれか。一つ選び、記号を○で囲みなさい。

ア　雛が安心して暮らせるように、安全な場所を探しに行った
イ　自分の力ではどうにもできないと思って、鷲を連れてきた
ウ　心配そうにながめている人間に、自身の無事を知らせた

四　次の文章を読んで、あとの問いに答えなさい。

恐竜研究が始まった19世紀末、最初に注目されたのは歯でした。①歯は生き物の体のなかでもっとも硬い部分です。本数も多いし、爬虫《はちゅう》類やサメなどの歯は何度も生え替わるので、化石として残る可能性がもっとも高い。これまで見つかっている恐竜化石のなかでも、いちばん多い部位は歯だと思います。

人類が最初に発見した恐竜がイグアノドンの歯だったのは、そう考えると、自然な流れだったのでしょう。19世紀の研究者でも、その歯を見れば「大きな爬虫類だ！」とすぐにわかったからです。

②次に注目されたのは、歯の生え方です。

人間は、歯の本数だけ、顎に穴があいています。だから顎の骨にあいた穴の数を数えれば、生えていた歯の数がわかります。

これに対して、爬虫類は一生、歯が生え替わる生き物です。多くの爬虫類の顎には穴はなく、顎の内側に歯がならんでいるだけ。今生きているトカゲやヘビの口を広げると、歯茎から1本ずつ生えているように見えるかもしれませんが、骨だけになると穴はありません。

しかし、爬虫類の仲間である恐竜の化石を見ると、じつは顎に穴があいているのです。また、現生でも一部の爬虫類でそのような特徴が見られます。それはワニです。

この、「顎の穴に歯が埋まっている」という特徴に注目して提唱された分類が「槽歯類」です。つまり、歯の生え方に注目した人が「爬虫類のなかに、高度な歯の生え方をしているグループがいる。そこにワニ、恐竜、翼竜が含まれる」と分類したのです。

ところがその後、さらにたくさんの化石をよくよく調べていくと、歯の生え方だけではなく、体の各部にいろいろな形質が潜んでいたことがわかってきました。

ウ　(ii)→(i)→(iii)

エ　(ii)→(iii)→(i)

オ　(iii)→(i)→(ii)

カ　(iii)→(ii)→(i)

4　③心の中のやかんの湯がふつふつと沸き上がったとあるが、本屋を探す旅のはじまりとそのときの筆者の様子について、本文中で述べられている内容を次のようにまとめた。［a］に入る内容を、本文中のことばを使って**十字以内**で書きなさい。また、［b］に入れるのに最も適していることばをあとから一つ選び、記号を○で囲みなさい。

アメリカ大使館の職員から［a］ときに、筆者は旅のはじまりを予感し、［b］。

ア　これからはじまる本屋への旅に気持ちがたかぶっている

イ　見知らぬ本屋への旅のはじまりに不安がこみあげている

ウ　満たされていく自分の気持ちに疑問をいだいている

5　次のうち、本文中で述べられていることがらと内容の合うものはどれか。最も適しているものを一つ選び、記号を○で囲みなさい。

ア　自分が得た情報は、時間がかかったとしてもまわりに伝えていかなければならない。

イ　知りたいことを知るまでに得た知識や学び、経験はとてつもなく大きなものである。

ウ　途中でやめることなく目標にたどり着くことこそが、旅において大切なことである。

三　次の【本文】と、その内容を鑑賞しているAさんとBさんとの【会話】を読んで、あとの問いに答えなさい。

【本文】までのあらすじ

ある夏の日、木下《きのした》という人が家来とともに領地内の高い建物に登って辺りをながめていると、遠くに大きな松が見えた。その松の梢《こずえ》には鶴の巣があり、二羽の親鶴が雛《ひな》を養育していたのだが、その巣に向かって太く黒い蛇が登っていく。ながめていた人たちは「あの蛇を止めよ」と騒ぐがどうすることもできない。

【本文】

二羽の鶴の内、一羽は蛇を見付けし体にてありしが、虚空《こくう》《大空》に飛び去りぬ。「哀れいかが、雛はとられん」と手に汗して望み詠《なが》めしに、最《も》早《はや》彼《か》の蛇も梢《こずゑ》近く至り、あわやと思ふ頃、一羽の鷲《わし》はるかに飛び来り、右《その》の蛇の首を喰《く》わへ、帯を下げし如《ごと》く空中を立ち帰りしに、親鶴程なく立ち帰りて雌雄巣へ戻り、雛を①養《やしな》ひしと也《なり》。鳥類ながら其《そ》の身の手に不及《およばざ》るをさとりて、同類の鷲を雇ひ来りし事、鳥類心ありける事と語りぬ。

【会話】

Aさん　雛が食べられなくて本当にほっとしたよ。

Bさん　そうだね。私も読んでいてはらはらしたよ。本文の「手に汗して」という表現が、より場面の緊張感を伝えてい

た。ではどうしたら調べられるかと訊くと、職員は呆《あき》れた顔を見せて、少し待っていろと言って席を離れた。三十分以上待って、やっと席に戻ってきたかと思うと、分厚い電話帳をテーブルの上にどすんと置いて、これは三年前の古いものだから君にあげる。ここにはあらゆる街の情報が載っている。これで調べてみたまえ、と職員は言った。黄色い表紙が千切れそうにぼろぼろになった、厚さが十センチもある電話帳は、僕にとってアメリカそのものだった。そのとき僕は旅のはじまりを予感し、ここから奇跡が起きるかも、と③心の中のやかんの湯がふつふつと沸き上がった。

　電話帳には、そこの街で暮らすために知っておくべきあらゆる情報が満載だった。探している本屋の名前にたどり着く前に、読むことで、街の人々の暮らしや、そこにある景色が見てわかるようだった。

　古書店というカテゴリーの中に探している店の名はあった。住所も載っている。店の名と住所と電話番号を紙に書き写し、僕は出発の支度をした。

　今インターネットで、同じことを調べれば、おそらく一分もかからずに手がかり以上の情報を知ることができるだろう。地図まで手にし、店の外観までも知ることができるだろう。しかし、当時の僕がもし手がかり以上のことまで知ることができていたら、その本屋を目指して旅に出たのだろうかとふと思うのだ。

　当時の僕に、今こんなことを訊いてみたい。

　その本屋の前に立つまでの経緯を話してくれと。おそらく僕は一時間でも二時間でも、ささやかだけど宝物のような奇跡の物語を夢中になって話しつづけるだろう。たどり着くまでに知ったこと、学んだこと、経験したことは、実際のところ半端《はんぱ》ではないからだ。

（松浦弥太郎『おいしいおにぎりが作れるならば。』による）

（注）アメリカ大使館＝ここでは、日本に派遣されたアメリカ大使が公務を行う役所。
カテゴリー＝同じ種類のものの所属する部類・部門。種類。

1 A流 とあるが、次の**ア**～**ウ**の傍線を付けたカタカナを漢字になおしたとき、「流」と部首が同じになるものはどれか。一つ選び、記号を○で囲みなさい。

ア　サッカーをするためにグラウンドをセイ備する。
イ　代々受け継がれてきた伝統的な技ホウを学ぶ。
ウ　実施したアンケートのケッ果を発表する。

2 ①勇気を出して行動しなければ何も手にすることはできなかったとあるが、知りたいことを知るための当時の筆者の行動について、本文中で述べられている内容を次のようにまとめた。［　　］に入れるのに最も適しているひとつづきのことばを、本文中から**十字**で抜き出しなさい。

　知りたいことについて、まずはさまざまな施設で情報を収集するが、そこで得られる情報はどれも手がかりでしかないので、そこから［　　］を縮めていき、少しずつ知りたいことに近づいていく。

3 次の（ⅰ）～（ⅲ）は、本文中の［②］に入る。［②］の前後の内容から判断して（ⅰ）～（ⅲ）を並べかえると、どのような順序になるか。最も適しているものをあとから一つ選び、記号を○で囲みなさい。

（ⅰ）線になり、線と線がつながり
（ⅱ）面となり、面と面がつながって
（ⅲ）点となり、その点と点がつながって

ア　（ⅰ）→（ⅱ）→（ⅲ）
イ　（ⅰ）→（ⅲ）→（ⅱ）

〈国語〉（A問題）

時間　四〇分　満点　四五点

【注意】答えの字数が指定されている問題は、句読点や「」などの符号も一字に数えなさい。

一　次の問いに答えなさい。

1　次の(1)〜(6)の文中の傍線を付けた漢字の読み方を書きなさい。また、(7)〜(10)の文中の傍線を付けたカタカナを漢字になおし、解答欄の枠内に書きなさい。ただし、漢字は楷書《かいしょ》で、大きくていねいに書くこと。

(1) 機械を操作する。
(2) 野菜を冷蔵する。
(3) 昨晩は早く就寝した。
(4) 強固な意志をもって取り組む。
(5) 和菓子の作り方を習う。
(6) 計画を十分に練る。
(7) クモ一つない青空が広がる。
(8) 二つの道がマジわる。
(9) 小銭をチョキン箱に入れる。
(10) スイリク両用の車を設計する。

2　次の文の□に入れるのに最も適していることばを、あとのア〜ウから一つ選び、記号を○で囲みなさい。

私は将来、学校の先生になりたい。□、人に何かを教えることが好きだからだ。

ア　あるいは　　イ　すなわち　　ウ　なぜなら

二　次は、筆者が昔を振り返りながら書いた文章である。これを読んで、あとの問いに答えなさい。

当時は、今のようにインターネットなどなく、知りたいことがあったら、とにかくすぐにでも行動に移すことが、何かを知るための手がかりをつかむコツだった。①勇気を出して行動しなければ何も手にすることはできなかった。

たとえば、図書館に行って資料を探して学んだり、外国のことであれば、大使館や観光局に行って情報を収集する。しかし、ここで知れることはほんのわずかで、なにひとつ答えに近いものはなく、期待などしてはいけない。見つかるのは手がかりでしかない。あとはこの手がかりを持って、その対象に一歩一歩近づいていく。現地であれ、どこであれ、とにかく自分とその対象の距離を今日よりも明日というように縮めていく行動を起こす。

不思議なもので、実際に動きはじめると、自分を取り巻く風のA流れに変化があり、さまざまな出会いや出来事、それこそ奇跡のようなことが、化学反応のように起きはじめる。手のひらに収まってしまうくらいに小さな手がかりが、むくむくと成長していき、[②]かたちが見えてくる。

十八歳のとき、自分が読んでいた小説の中に、今すぐ行ってみたくなった、すばらしい一軒の本屋があった。その本屋についての情報は、実在することと、店名と、店がある街の名だけだった。どうしても僕は、その本屋へ行って、そこの主人と会って、話をしてみたかった。その本屋の持つ空気を一度で良いから吸ってみたかった。

ある日、アメリカ大使館へ行き、このような街にある本屋に行きたいのだけれど、住所がわからないので教えてほしい、と職員に訊《き》くと、そんなことは調べられないし、答えられないとかんたんに断られ

MEMO

大切なことはメモしておこうネ！

特別

2022年度

解　答　と　解　説

《2022年度の配点は解答用紙集に掲載してあります。》

＜数学解答＞(A問題)

1　(1)　21　(2)　$\frac{13}{20}$　(3)　-7　(4)　$4x-9$　(5)　$30x^3$　(6)　$5\sqrt{7}$

2　(1)　100倍　(2)　ウ　(3)　エ　(4)　$x=-2$　(5)　x^2+4x+3　(6)　47回

(7)　$\frac{2}{5}$　(8)　エ　(9)　イ

3　(1)　①　(ア)　200　(イ)　410　②　$y=70x-10$　(2)　28

4　(1)　$\sqrt{34}$cm　(2)　ⓐ　FCD　ⓑ　FDC　ⓒ　ウ　(3)　$\frac{25}{8}$cm(求め方は解説参照)

＜数学解説＞

1　(数・式の計算，平方根)

(1)　四則をふくむ式の計算の順序は，指数→かっこの中→乗法・除法→加法・減法となる。$7\times(9-6)=7\times3=21$

(2)　5と4の最小公倍数の20に通分して，$\frac{2}{5}+\frac{1}{4}=\frac{2\times4}{5\times4}+\frac{1\times5}{4\times5}=\frac{8}{20}+\frac{5}{20}=\frac{8+5}{20}=\frac{13}{20}$

(3)　$-16+3^2=-16+3\times3=-16+9=(-16)+(+9)=-(16-9)=-7$

(4)　分配法則を使って，$4(x+2)=4\times x+4\times2=4x+8$だから，$8x-1-4(x+2)=8x-1-(4x+8)=8x-1-4x-8=8x-4x-1-8=4x-9$

(5)　$5x^2\times6x=5\times x\times x\times6\times x=5\times6\times x\times x\times x=30x^3$

(6)　同じ数の平方根をふくんだ式は，同類項をまとめるのと同じようにして簡単にすることができる。$2\sqrt{7}+3\sqrt{7}=(2+3)\sqrt{7}=5\sqrt{7}$

2　(数の性質，文字を使った式，一次方程式，式の展開，資料の散らばり・代表値，確率，関数$y=ax^2$，展開図と見取図)

(1)　$23\div0.23=\frac{23}{0.23}=\frac{23\times100}{0.23\times100}=\frac{23\times100}{23}=100$より，23は，0.23を100倍した数である。

(2)　$\frac{8}{3}=\frac{6+2}{3}=\frac{6}{3}+\frac{2}{3}=2+\frac{2}{3}$より，$2<\frac{8}{3}<3$だから，$\frac{8}{3}$はウの範囲に入っている。

(3)　ア～エをaとbの式で表すと，ア…$a\times b$　イ…$a\div b$　ウ…$a-b$　エ…$a+b$

(4)　$7x+8=5x+4$　左辺の項$+8$を右辺に，右辺の項$5x$を左辺に移項して$7x-5x=+4-8$　整理して$2x=-4$　両辺を2で割って$2x\div2=-4\div2$　$x=-2$

(5)　乗法公式$(x+a)(x+b)=x^2+(a+b)x+ab$より，$(x+1)(x+3)=x^2+(1+3)x+1\times3=x^2+4x+3$

(6)　度数分布表の中で度数の最も多い階級の階級値が最頻値だから，度数が7人で最も多い47回が最頻値。

(7)　すべてのカードの取り出し方は，[1]，[3]，[5]，[7]，[9]の5通り。このうち，取り出したカードに書いてある数が4より小さいのは，[1]，[3]を取り出す2通りだから，求める確率は$\frac{2}{5}$

(8)　関数$y=ax^2$のグラフは，原点を通り，y軸について対称な放物線とよばれる曲線である。$a>0$

のとき，上に開き，$a<0$のとき，下に開いている。

(9) 円錐を展開すると，底面が円で，側面がおうぎ形の展開図になるから，立体Pの見取図はイの円錐である。

3 (規則性，文字を使った式，方程式の応用)

(1) ① 「自転車の台数」(xの値)が1増えるごとに，「必要となる駐輪スペースの幅」(yの値)は70ずつ長くなるから，$x=3$のときのyの値は，$x=2$のときのyの値に対して$70\times(3-2)=70$長くなって，$130+70=200$…(ア)　また，$x=6$のときのyの値は，$x=3$のときのyの値に対して$70\times(6-3)=210$長くなって，$200+210=410$…(イ)

② ①と同様に考える。$x=1$のとき$y=60$であり，「自転車の台数」がxのときのyの値は，$x=1$のときのyの値に対して$70\times(x-1)=70(x-1)$長くなって，$y=60+70(x-1)=70x-10$…(i)である。

(2) 「自転車の台数」をtとして，「必要となる駐輪スペースの幅」が1950cmとなるときのtの値は，(i)より，$1950=70t-10$　これを解いて，$t=28$

4 (線分の長さ，相似の証明)

(1) △ABCに三平方の定理を用いて，$AC=\sqrt{AB^2+BC^2}=\sqrt{5^2+3^2}=\sqrt{34}$(cm)

(2) 2つの三角形の相似は，「3組の辺の比がそれぞれ等しい」か，「2組の辺の比とその間の角がそれぞれ等しい」か，「2組の角がそれぞれ等しい」ときにいえる。本証明は，「2組の角がそれぞれ等しい」をいうことで証明する。1組目の等しい角は，長方形の4つの内角の大きさがすべて等しく90°であることから，∠ADE＝90°…あ′　∠FCD＝180°－∠BCD＝180°－90°＝90°…あ″　あ′，あ″より，∠ADE＝∠FCD＝90°…あ　2組目の等しい角は，仮定のAE//DFより，平行線の錯角は等しいから，∠AED＝∠FDC…い　あ，いより，2組の角がそれぞれ等しいから，△AED∽△FDC

(3) (求め方) (例)△AED∽△FDCだから　DE：CD＝AD：FC＝3：8　よって　$DE=\frac{3}{8}CD=\frac{15}{8}$(cm)　したがって，$EC=DC-DE=\frac{25}{8}$(cm)

＜数学解答＞(B問題)

1 (1) 3　(2) -26　(3) $12x-y$　(4) $15ab$　(5) $4x+13$　(6) $3\sqrt{5}$

2 (1) 4個　(2) ウ　(3) $x=2$，$y=7$　(4) $x=-9$，$x=6$　(5) 53　(6) $\frac{1}{5}$
(7) $9\sqrt{3}$ cm³　(8) tの値 $-\sqrt{14}$(求め方は解説参照)

3 (1) ① (ア) 270　(イ) 480　② $y=70x-10$　③ 28　(2) 17

4 (1) ① $9a$cm²　② 解説参照　(2) ① $3\sqrt{10}$cm　② $\frac{5\sqrt{10}}{4}$cm

＜数学解説＞

1 (数・式の計算，式の展開，平方根)

(1) 四則をふくむ式の計算の順序は，乗法・除法→加法・減法となる。$19+8\times(-2)=19+(-16)=(+19)+(-16)=+(19-16)=3$

(2)　$(-6)^2=(-6)\times(-6)=36$だから，$10-(-6)^2=10-36=(+10)+(-36)=-(36-10)=-26$

(3)　**分配法則**を使って，$7(2x+y)=7\times 2x+7\times y=14x+7y$，$2(x+4y)=2\times x+2\times 4y=2x+8y$だから，$7(2x+y)-2(x+4y)=(14x+7y)-(2x+8y)=14x+7y-2x-8y=14x-2x+7y-8y=12x-y$

(4)　$45a^2b\div 3a=\dfrac{45a^2b}{3a}=\dfrac{3\times 15\times a\times a\times b}{3\times a}=15ab$

(5)　**乗法公式$(a+b)^2=a^2+2ab+b^2$**より，$(x+2)^2=x^2+2\times x\times 2+2^2=x^2+4x+4$だから，$(x+2)^2-(x^2-9)=(x^2+4x+4)-(x^2-9)=x^2+4x+4-x^2+9=x^2-x^2+4x+4+9=4x+13$

(6)　$\sqrt{20}=\sqrt{2^2\times 5}=2\sqrt{5}$，$\dfrac{5}{\sqrt{5}}=\dfrac{5\times\sqrt{5}}{\sqrt{5}\times\sqrt{5}}=\dfrac{5\sqrt{5}}{5}=\sqrt{5}$だから，$\sqrt{20}+\dfrac{5}{\sqrt{5}}=2\sqrt{5}+\sqrt{5}=(2+1)\sqrt{5}=3\sqrt{5}$

2 (数の性質，連立方程式，二次方程式，平均値，確率，体積，関数とグラフ)

(1)　$-3<-2.5<-2$，$1<1.3<2$より，-2.5より大きく1.3より小さい整数は，-2以上1以下の整数で，-2，-1，0，1の4個である。

(2)　ア…$n=2$のとき，$n+1=2+1=3$で奇数である。$n+1$の値はつねに偶数にはならない。イ…$n=0$のとき，$2n+1=2\times 0+1=1$で奇数である。$2n+1$の値はつねに偶数にはならない。ウ…$2n+2=2(n+1)=2\times$(整数)より，$2n+2$は2の倍数だから，$2n+2$の値はつねに偶数になる。エ…$n=1$のとき，$n^2+2=1^2+2=1+2=3$で奇数である。n^2+2の値はつねに偶数にはならない。

(3)　連立方程式$\begin{cases}x+2y=16\cdots① \\ 8x-y=9\cdots②\end{cases}$　①＋②×2より，$x+16x=16+18$　$17x=34$　$x=2$　これを①に代入して，$2+2y=16$　$2y=16-2=14$　$y=7$　よって，連立方程式の解は$x=2$，$y=7$

(4)　$x^2+3x-54=0$　たして$+3$，かけて-54になる2つの数は，$(+9)+(-6)=+3$，$(+9)\times(-6)=-54$より，$+9$と-6だから$x^2+3x-54=\{x+(+9)\}\{x+(-6)\}=(x+9)(x-6)=0$　$x=-9$，$x=6$

(5)　5人の生徒の1回目の記録の**平均値**と2回目の記録の平均値とが同じであるとき，5人の生徒の1回目の記録の合計と2回目の記録の合計とが同じであるから，$46+55+48+51+57=49+56+52+47+x$　これより，$x=(46+55+48+51+57)-(49+56+52+47)=46+55+48+51+57-49-56-52-47=46+(55-52)+(48-47)+(51-49)+(57-56)=46+3+1+2+1=53$

(6)　6枚のカードから2枚のカードを同時に取り出すとき，すべての取り出し方は(2，3)，(2，4)，(2，5)，(2，6)，(2，7)，(3，4)，(3，5)，(3，6)，(3，7)，(4，5)，(4，6)，(4，7)，(5，6)，(5，7)，(6，7)の15通り。このうち，取り出した2枚のカードに書いてある数の積が12の倍数，すなわち，12，24，36のいずれかであるのは，～～を付けた3通り。よって，求める確率は$\dfrac{3}{15}=\dfrac{1}{5}$

(7)　$\angle ABC=\angle ABE=90^\circ$より，$AB\perp$面BCDEだから，四角すいA－BCDEの底面を面BCDEとしたとき，高さは線分ABである。△ABEに**三平方の定理**を用いると，$AB=\sqrt{AE^2-BE^2}=\sqrt{6^2-3^2}=3\sqrt{3}$ (cm)　よって，立体A－BCDEの体積は，$\dfrac{1}{3}\times 3^2\times 3\sqrt{3}=9\sqrt{3}$ (cm^3)

(8)　(求め方)　(例)Aはℓ上の点だからA$\left(2,\ \dfrac{2}{7}\right)$　Bはm上の点だからB$\left(t,\ \dfrac{1}{4}t^2\right)$　Bのy座標はAのy座標と等しいから$\dfrac{1}{4}t^2=\dfrac{7}{2}$　これを解くと，$t<0$より　$t=-\sqrt{14}$

3 (規則性，文字を使った式，方程式の応用)

(1)　①「OP間の自転車の台数」(xの値)が1増えるごとに，「線分OPの長さ」(yの値)は70ずつ長くなるから，$x=4$のときのyの値は，$x=2$のときのyの値に対して$70\times(4-2)=140$長くなって，$130+140=270$…(ア)　また，$x=7$のときのyの値は，$x=4$のときのyの値に対して$70\times(7-4)=210$長くなって，$270+210=480$…(イ)

② ①と同様に考える。$x=1$のとき$y=60$であり，「OP間の自転車の台数」がxのときのyの値は，$x=1$のときのyの値に対して$70\times(x-1)=70(x-1)$長くなって，$y=60+70(x-1)=70x-10$…(i)である。

③ $y=1950$となるときのxの値は，(i)より，$1950=70x-10$　これを解いて，$x=28$

(2) 「OP間の自転車の台数」がtのときの「線分OPの長さ」は，(i)より$70t-10$…(ii)　また，「QR間の自転車の台数」がtのときの「線分QRの長さ」は，(1)②と同様に考えると，「QR間の自転車の台数」が1のとき「線分QRの長さ」は60cmであり，「QR間の自転車の台数」が1増えるごとに，「線分QRの長さ」は75ずつ長くなるから，「QR間の自転車の台数」がtのときの「線分QRの長さ」は，「QR間の自転車の台数」が1のときの「線分QRの長さ」に対して$75\times(t-1)=75(t-1)$長くなって，$60+75(t-1)=75t-15$…(iii)である。これより，「QR間の自転車の台数」が「OP間の自転車の台数」と等しく，「線分QRの長さ」が「線分OPの長さ」よりも80cm長くなるときのtの値は，(ii)，(iii)より，$75t-15=70t-10+80$　これを解いて，$t=17$

4 (面積，相似の証明，線分の長さ)

(1) ① AD//BC，AB//DEより，2組の向かいあう辺がそれぞれ平行だから，四角形ABEDは平行四辺形である。これより，四角形ABEDの面積は，$AD\times DC=a\times 9=9a(cm^2)$

② (証明) (例)△GBHと△DCEにおいて　四角形FGBAは正方形だから　∠GBH＝90°…㋐　仮定より　∠DCE＝90°…㋑　㋐，㋑より，∠GBH＝∠DCE…㋒　GH//BCであり，**平行線の錯角は等しい**から　∠GHB＝∠ABC…㋓　AB//DEであり，**平行線の同位角は等しい**から∠DEC＝∠ABC…㋔　㋓，㋔より∠GHB＝∠DEC…㋕　㋒，㋕より，2組の角がそれぞれ等しいから△GBH∽△DCE

(2) ① 四角形ABEDが平行四辺形であることを考慮して，△DECに三平方の定理を用いると，$DE=\sqrt{DC^2+EC^2}=\sqrt{DC^2+(BC-BE)^2}=\sqrt{DC^2+(BC-AD)^2}=\sqrt{9^2+(9-6)^2}=3\sqrt{10}(cm)$
四角形FGBAは正方形だから，$GB=AB=DE=3\sqrt{10}(cm)$

② △GBH∽△DCEより，$GB:GH:HB=DC:DE:EC=9:3\sqrt{10}:3=3:\sqrt{10}:1$　これより，$GH=GB\times\frac{\sqrt{10}}{3}=3\sqrt{10}\times\frac{\sqrt{10}}{3}=10(cm)$，$HB=GB\times\frac{1}{3}=3\sqrt{10}\times\frac{1}{3}=\sqrt{10}(cm)$　GH//BC，AD//BCより，GH//ADだから，**平行線と線分の比の定理**を用いると，$AI:IH=AD:GH=6:10=3:5$　$IH=AH\times\frac{5}{3+5}=(AB-HB)\times\frac{5}{8}=(3\sqrt{10}-\sqrt{10})\times\frac{5}{8}=\frac{5\sqrt{10}}{4}(cm)$

<英語解答>(A問題)

1 (1) ア　(2) ウ　(3) ウ　(4) ア　(5) ウ　(6) イ　(7) イ
(8) イ　(9) ア　(10) ウ　(11) ア　(12) ウ

2 (1) ア　(2) イ　(3) ア　(4) ア

3 ① ウ　② イ　③ イ

4 (1) ウ　(2) イ　(3) ウ　(4) エ

5 [Ⅰ] (1) イ　(2) ア　(3) their home　(4) things we don’t know
[Ⅱ] (例)① I think they are interesting.　② Please show me the book.

英語リスニング
1 エ　2 ア　3 ウ　4 (1) ウ　(2) イ　5 (1) エ　(2) ア　6 イ

<英語解説>

1 (語句補充・選択：名詞，形容詞，前置詞，未来形，代名詞，過去形，感嘆文，命令文，不定詞，受け身，現在完了)

(1) history =歴史　math =数学　science =科学

(2) farm =農場　hotel =ホテル　stadium =競技場，スタジアム

(3) on =～の上に，で　over =～を越えて，～の一面に　under =～の下に，で

(4) favorite =好きな，お気に入りの　kind =親切な　large =大きい

(5) make =作る　wash =洗う　wear =着ている　**<will +動詞の原形～>=～するだろう(未来を表す)**

(6) he =彼は，彼が　his =彼の　him =彼に，彼を

(7) 過去のことを質問する表現で，動詞が一般動詞 go なので，助動詞はdo の過去形 did が適当。

(8) 驚きや喜びなどの強い感情を表す感嘆文。**<What + a(an)+形容詞…+名詞～+主語+動詞！>=なんて…な～なのでしょう！** How を使う場合は<How +形容詞(副詞)+主語+動詞！>の形になる。

(9) **<Don't +動詞の原形～.>=～してはいけません，～しないでください(否定の命令文)**

(10) many things を to buy at this store で後ろから修飾している表現(不定詞)。**<to +動詞の原形>**の形をとる。

(11) **<be 動詞+過去分詞～>で「～される」の意味を表す(受け身)。**

(12) **<have(has)+過去分詞>で「(今の時点までに)～したことがある」を表す(現在完了)。**
経験を表す現在完了の否定文「今まで～したことがない」には never がよく使われる。

2 (和文英訳・選択：比較，不定詞，接続詞，過去進行形，関係代名詞)

(1) **<A + is +形容詞の比較級… + than B>=AはBより…だ。**

(2) **<ask +人+ to +動詞の原形～>で「(人)に～するように頼む」**

(3) **<be 動詞+～ ing>=～しているところだ**　過去のことを言っているので be動詞は過去形。

(4) This is a letter (that)I wrote to my host family. 関係代名詞 that が省略されている。a letter を that 以下で後ろから修飾する英文にすればよい。

3 (会話文問題：メモを用いた問題，語句補充・選択)

(全訳) 直子：ティム，見て。市立美術館で高校生対象の絵画コンテストが行われるわよ。興味はある？

ティム：うん，直子。僕は絵を描くことが好きなんだ。コンテストに向けて，何を書けばいいのかな？

直子　：ええと，①季節の花々を描けばいいのよ。

ティム：楽しそうだな。僕はやるよ。

直子　：それじゃあ，7月22日までに美術館の②事務所にあなたの絵を送るべきね。

ティム：分かった。できると思う。

直子　：すごいわ。すべての絵は10日間美術館に展示されるのよ。美術館は毎週③月曜日が休館ということを覚えておいてね。

ティム：ありがとう，直子。ワクワクするな！

① country＝国　dream＝夢　season＝季節

② garden＝庭　office＝事務所　shop＝店

③ Sunday＝日曜日　Monday＝月曜日　Thursday＝木曜日

4 (会話文問題：文の挿入)

(1) A：その本を運びましょうか？／B：いいえ，結構です。私は大丈夫です。

(2) A：あなたはピアノを弾くのが上手ですね。／B：ありがとうございます。／A：どのくらいピアノを弾いているのですか？／B：5年間です。<How long have you ＋過去分詞～>＝(今まで)どのくらい(期間・時間)～しているのですか？ (現在完了形)

(3) A：お誕生日おめでとう！ これはあなたへのプレゼントだよ。／B：わあ，この箱は素敵だな。あけてもいい？／B：もちろん。気に入ってくれるといいな。／A：きっと気に入るよ。

(4) A：ああ，家に私の赤いペンを置いてきちゃった。／B：私のものを使っていいよ。／A：でもあなたもそれが必要でしょう。／B：心配しないで，いつもかばんに2本持っているの。

5 (読解問題・エッセイ：語句補充・選択，語句の解釈・指示語，語句の並べ換え，条件・自由英作文)

[Ⅰ] (全訳) こんにちは，皆さん。ある日，僕は祖父と公園で楽しく①散歩をしていました。僕たちはそこで鳩を何羽か見かけました。すると祖父が言いました，「鳩はすごいということを知っているかい？」僕は鳩についてすごい点を何も思い浮かべることができませんでした。そこで，僕は言いました，「②ううん，分からないな。どういう意味？」祖父は言いました，「鳩はすごいことができるのだよ。鳩についての情報を探せばそれらが分かるよ。」僕は興味をもったので，図書館へ行き何冊か本を読みました。

僕は鳩について2つのすごい点が分かりました。ひとつ目は，鳩は飛ぶためのエネルギーをたくさんもち合わせていることです。鳩は長く飛行をするためにその力を使います。彼らは約100km飛ぶことができます。次は，とても離れた場所から，鳩は家に戻ってこられることです。彼らは地図なしでⒶそれを見つけることができるのです。鳩は自分たちの家がどこにあるかを知っているのです。彼らは自分たちの家を見つける特別な感覚をもっています。僕はこれらのことを学んで，鳩はすごいと思いました。

次の日，僕は祖父に2つの点について話をしました。僕は言いました，「鳩は地図を持っていないけど，離れた場所から家に帰ることができるんだ。驚くべきことだよ。多分，鳩は他にもすごいことができるんだろうな。」祖父は微笑んで言いました，「私もそう思うよ。③私たちが知らないことがたくさんあるのだよ。」聞いてくれてありがとうございました。

(1) **enjoy ～ ing ＝～して楽しむ，楽しく～する　enjoy の後は動名詞を使う，<to ＋動詞の原形>の形はとらないことに注意。**

(2) 全訳参照。空欄②の直前の文に注目。Do you know pigeons are great? に対する返事。

(3) 全訳参照。下線部Ⓐを含む文の直前の一文に注目。

(4) (There are a lot of)things we don't know(.)　There are a lot of things(that) we don't know (関係代名詞の省略)

[Ⅱ] (問題文・解答例訳)

あなた：私は鳩について学びました。①私はそれらは興味深いと思います。
翔太　：僕もそう思います。僕は鳩についての本を買いました。
あなた：そうなのですか？　②私にその本を見せてください。
翔太　：いいですよ。それは今，家にあるのです。次回学校にそれを持ってきます。

① interesting ＝興味深い，おもしろい　② **<show ＋人＋物>＝(人)に(物)を見せる**

＜英語解答＞(B問題)

1 [Ⅰ] ① イ　② イ　③ ウ　④ イ　⑤ ア　[Ⅱ] (1) エ　(2) ウ　(3) ウ　(4) ア　(5) (例)① Yes, they did.　② It can be a wonderful gift.

2 [Ⅰ] (1) ウ　(2) some interesting thing on units　(3) ア　(4) units that they couldn't　(5) エ　(6) (例)would be more difficult　(7) イ
[Ⅱ] (例)① I didn't know the two units introduced in the speech.
② (Yes, I do.) Through studying other languages, I can learn many things. I want to communicate with people by using their local language.

英語リスニング
1 エ　2 ア　3 ウ　4 (1) ウ　(2) イ　5 (1) エ　(2) ア　6 イ

＜英語解説＞

1 (読解問題・エッセイ：メモを用いた問題，語句補充，文の挿入，内容真偽，英問英答)

[Ⅰ] 問題文の日本語を参照。

① my friend を関係代名詞で後ろから修飾する文にすればよい。先行詞が「人」で，関係節の中で主語になる(<u>my friend</u> is from America.)ので **who** が適当。

② behind ～＝～の後ろで　**in front of ～＝～の前で**　without ～＝～なしに，しないで

③ **<be surprised to ～>で「～して驚く」**

④ **<want ＋人＋ to ～>で「(人)に～してほしい」**

⑤ different ＝異なる　easy ＝簡単な　same ＝同じ

[Ⅱ] (全訳)

ナタリー：ハイ，智也。あなたのスピーチは楽しかったわ。私はあなたの友だちの気持ちが分かるわ。私もたいてい素早くプレゼントを開けるわ。
智也　：ええ，①君も？　それはおもしろいな，ナタリー。
ナタリー：ところで，質問があるの。私がホストファミリーにプレゼントをあげた時，彼らは包装紙をゆっくり外したのよ。なぜ彼らがそうしたか分かる？
智也　：ええと，君のホストファミリーは，包装紙もプレゼントの一部だと考えたんじゃないかな。多分，君は彼らの好きな色を紙に選んだでしょう。プレゼントは心を込めて準備されるから，彼らは包装紙も楽しめるように気をつけたいと思ったんだと思うよ。
ナタリー：それは素敵な考え方ね。次の時は，私は彼らのようにプレゼントを開けるわ。
河野先生：こんにちは，ナタリーと智也。何を話しているのですか？

ナタリー：こんにちは，河野先生。私たちはプレゼントを受け取った時に感じる気持ちについて話していたところです。

河野先生：ああ，あなたのスピーチは楽しかったですよ，智也。私は気持ちを表すことと理解することは大切だと思います。私はたいていプレゼントには何かメッセージをつけて送ります。ア

智也　　：僕もです。　イ　僕はプレゼントを贈る時は小さなカードに短いメッセージを書きます。

ナタリー：まあ，そうなの？　ウ　<u>私もそうするわよ，でも私は時々カードだけ送るわ。</u>カードを受け取る人はそれを嬉しかったと言ってくれるの。

智也　　：僕は今までそういうカードは送ったことがないと思うな。もっと教えて。

ナタリー：いいわよ。エ　私たちが家族や友だちにカードをあげたり送ったりするのは，何かイベントをお祝いする時よ，例えば，誕生日や新年とかね。

智也　　：なるほど。②<u>はがきということ？</u>

ナタリー：いいえ，少し違うわ。はがきのように，いろいろな絵が描いてあるカードもあるの。でも私が普段使うカードは二つに折られているわ。二つに折るとはがきと同じくらいの大きさよ。そして，カードは普通封筒に入れるの。

河野先生：まあ，私もそんなカードを受け取りました。封筒を開けた時，ワクワクしましたよ。その気持ちはプレゼントを開けた時と同じ気持ちでした。

ナタリー：eメールで簡単にメッセージを交換できることは分かっていますが，カードを受け取ることは特別だと思います。多分，この気持ちはその人がそれを準備するのに時間を使ったということが分かることからくるのだと思います。

智也　　：それは素敵なアイディアだね。僕もカードを送りたいな。

ナタリー：カードはお店で買うことも自分で作ることもできるわよ。メッセージを書きたい時は，ほんの2,3語でいいの。カードを受け取る人のことを考えることが一番大切なことよ。

智也　　：分かった。カードを送ることにはたくさん意味があるんだね。カード一枚で贈り物になるんだ。おもしろいな。

河野先生：私も同感です。どんなプレゼントもカードも，心を込めて準備すれば素晴らしい贈り物になります。

智也　　：分かります。僕は，贈り物を送ることと受け取ることはお互いにつながる良い方法だと思います。

ナタリー：本当にそうね。いろいろな方法で，私たちの気持ちが贈り物をすることでその人に届くことは嬉しいことよ。素晴らしいわ。

(1)　全訳参照。空所①の発言の前のナタリーの発言を受けて「あなたもですか？」と言っている。具体的には You usually open a present quickly. ということ。

(2)　全訳参照。空所ウ前後の発言に注目。智也が「プレゼントにはカードをつける」と言ったことに対して，ナタリーが「私もそうするが，カードだけを送る時もある」と発言し，その後の会話が展開している。

(3)　全訳参照。空所②の後のナタリーの発言内容に注目。智也の発言を受けて，「少し違うわ」と言って，ナタリーが普段送るカードについて説明している。②に入るのは「はがきということ？」が適当。

(4)　全訳参照。　ア　智也は，ナタリーのホストファミリーはそれを楽しむために包装紙をゆっ

くり取り外したと思っている。（○）　智也の2番目の発言参照。　イ　ナタリーは，二つに折ったカードの大きさは，はがきの大きさと同じではないということを説明した。　ウ　封筒を開ける時と，プレゼントを開ける時の河野先生の気持ちは違う。　エ　カードを受け取ることはナタリーにとって特別なことだ，なぜならカードでメッセージを交換することは速いからだ。

(5)　①　ナタリーと河野先生は2人とも智也のスピーチを楽しみましたか？／はい，楽しみました。　ナタリーの最初の発言，及び河野先生の2番目の発言参照。　②　プレゼントを心を込めて準備するとプレゼントやカードはどんなものになりえますか？／それらはすばらしい贈り物になります。河野先生の4番目の発言参照。

2 （長文読解問題・エッセイ：語句補充，語句の解釈・指示語，文の挿入，語句の並べ換え，文の並べ換え，和文英訳，内容真偽，自由・条件英作文）

[Ⅰ]（全訳）　こんにちは，皆さん。先月，私は祖父の家に行きました。彼は私に古い紙を①見せてくれました。その紙には，彼のお母さんの学校での成績と健康状態が書かれていました。それによると，彼女の背の高さは5尺でした。私は「尺」が何を意味するのか分からなかったので，それについて祖父に聞きました。彼は私に，尺は昔人々が使っていた単位の1つで，1尺はおよそ30.3センチメートルの長さだと教えてくれました。私は昔の人たちが使っていた単位についてもっと知りたいと思い，図書館へ行きました。私は単位についていくつか興味深いことを学びました。私はⒶそれらについて皆さんにお話しするつもりです。

古い時代には，長さを表すための世界中で共有された共通の単位はありませんでした。さまざまな単位が世界で使われていました。いろいろな地域の人々がいろいろな単位を使っていました。例えば，日本では，人々は尺を使っていました。ヨーロッパのいくつかの地域では，人々は「キュービット」と呼ばれる単位を使っていました。これらの例から，古い時代には，②世界の各地域の人々は長さを表すための独自の単位を使っていたと言えます。1尺と1キュービットの長さを比べると，それらは同じ長さではありません。

15世紀に，多くの人々が海外に行き始めました。他の地域の人々と交流する時，彼らはとても混乱しました。③彼らが理解することができなかった，たくさんの種類の単位がありました。18世紀の間に，国際的な貿易がより盛んになり，人々は世界中で物を取引しました。そこで，世界中の人々によって使用可能な共通の単位が必要になったのです。

何人かの科学者たちが新しい単位を作ろうとし始めました。それをするために，彼らは地球の大きさを使おうと決めました。彼らは，地球は世界のすべての人にとって共通のもので，地球の大きさは変わらないと考えたのです。④(ii)しかし，その当時，だれもその大きさを知りませんでした。(iii)そこで，彼らは地図と機械を使って地球の大きさを知ろうとしました。(i)その作業を完了するには数年がかかり，そして彼らは地球の大きさを知ることができました。それから，それを使って，「メートル」と呼ばれる新しい単位がついに作られました。新しい単位は作られましたが，多くの人々は自身の独自の単位を使い続けました。しかし，1875年5月20日，フランスで行われた国際的な会議で，17か国がその新しい単位を使うことに賛成しました。日本はそれを1885年に受け入れました。数年後，日本ではメートルを使う人々が出始めました。多くの国々の人々がそれを生活の中で使い，新しい単位は人々の暮らしを便利にしました。

私は共通の単位を作ることは偉業だと思います。それは人々の暮らしを大きく変えました。共通の単位がなければ，私たちの暮らしは⑤もっと困難でしょう。私は，メートルは地球の大きさを使うことによって作られたことを全く知りませんでした。単位について学ぶことを通して，私は世界のすべての物には興味深い歴史があるということが分かりました。ありがとうございました。

(1)　全訳参照。<**show** +人〜+物…>で「(人)に(物)を見せる」。

(2)　全訳参照。下線部Ⓐを含む文の直前の一文に注目。themはsome interesting things on units を指す。

(3)　全訳参照。　ア　世界の各地域の人々は長さを表すために独自の単位を使っていた。(○)　イ　世界中の人々は共有された共通の単位で長さを表すことができた。　ウ　尺は世界中で長さを表す共通の単位として使われた。　エ　キュービットは長さを表すためにヨーロッパのどの地域でも使われなかった単位だ。

(4)　全訳参照。(There were many kinds of)units that they couldn't (understand.) many kinds of units を関係代名詞 **that** を使って後ろから修飾する文を作ればよい。

(5)　全訳参照。空所④は科学者たちが地球の大きさを測った過程を説明している部分。空所④の前後の文脈に注目しよう。

(6)　<**if** +主語+過去形〜，主語+**would** (助動詞の過去形)+動詞の原形…>で「もし(今)〜なら，…であるだろう」(仮定法過去)　現在の事実と異なることを仮定して，その結果を想像する時の表現。

(7)　ア　咲子は彼女の祖父の健康状態について学ぶために彼女の学校へ行った。　イ　メートルは世界で人々にとって共通の物の大きさを使うことによって作られた。(○)　第4段落最初から空所④直後の一文までに注目。　ウ　18世紀の国際的な貿易は，共通の単位に関しての人々の要望に何の影響もなかった。　エ　単位について学ぶ前に，咲子はメートルは日本で1885年に作られたことを知っていた。

〔Ⅱ〕　(問題文・解答例訳)

あなた：咲子，あなたのスピーチはおもしろかったです。①私はスピーチで紹介された2つの単位を知りませんでした。

咲子　：ありがとう。世界には各地域で違うものが他にもあります。例えば，言語です。

あなた：そうですね。私たちは毎日自分たちの言語を使いますが，他の言語も勉強することができます。

咲子　：はい。私たちは学校で英語を勉強します。あなたは将来他の言語を勉強したいと思いますか？

あなた：②はい，思います。他の言語を勉強することを通して，私はたくさんのことを学ぶことができます。私は人々と彼らの地元の言語を使ってコミュニケーションをとりたいです。

咲子　：そうなんですね。

①　the two units を introduced (introduce の過去分詞)in the speech で後ろから修飾する英文を作ればよい。過去分詞で「〜される」という意味を表現できる。(分詞の形容詞的用法)

②　Through〜ing=〜することを通じて　解答例では，メリットを述べることにより他の言語を勉強したい理由を説明している。

2022年度英語　リスニング・スクリプト

〔放送台本〕

1　John:　Yumi, I saw a famous baseball player yesterday.　He was so cool!
Yumi:　Really?　You were lucky, John.　Where did you see him?

〔英文の訳〕

1 ジョン：由美，僕は昨日有名な野球選手を見たよ。彼はすごくかっこよかったよ！
　由美　：本当？ ラッキーだったわね，ジョン。どこで彼を見たの？
　ジョン：エ （駅だよ。）

〔放送台本〕

2 Clerk: Excuse me. May I take your order?
Woman: Oh, please wait, I'm thinking… What is today's special menu?
Clerk: Chocolate cake. It is delicious.
Woman: Sounds good. Then, I'll have the cake with tea, please.

〔英文の訳〕

2 店員：失礼します。ご注文をうかがってよろしいですか？
　女性：ああ，待ってください，考えているところです……。今日のスペシャルメニューは何ですか？
　店員：チョコレートケーキです。おいしいですよ。
　女性：良さそうですね。それでは，そのケーキを紅茶と一緒にお願いします。
　答え：ア

〔放送台本〕

3 Yuko: Jim, we are going to watch a movie at the theater today. I'm excited.
Jim: Me, too, Yuko. What time will the movie start?
Yuko: It will start at 3：50. Let's meet 20 minutes before the movie.
Jim: Sounds good. I'll wait for you at the theater.
Yuko: OK. I'll see you there.

〔英文の訳〕

3 優子：ジム，私たちは今日劇場で映画を見る予定よ。ワクワクするわ。
　ジム：僕もだよ，優子。映画は何時に始まるの？
　優子：3時50分よ。映画の20分前に待ち合わせしましょう。
　ジム：いいね。劇場で待っているよ。
　優子：分かったわ。そこで会いましょう。
　答え：ウ

〔放送台本〕

4 Hello, everyone. Nice to meet you. My name is Green. Please call me Mr. Green. I have been teaching children in Japan for two years. Before that, I was working in China.

I was born in America. When I was a child, I had a friend who spoke three languages. So, when I was a college student in Australia, I studied how children learned languages. I also studied what was important to learn foreign languages. I did a lot of research and found some interesting facts.

Now, I'll give some useful advice for studying English. And, I'll ask you some questions about my advice, so you should take notes when you are listing to me.

Question 1： Where was Mr. Green born?

Question 2： What should students do when they are listening to Mr. Green?

〔英文の訳〕

4　こんにちは，皆さん。はじめまして。私の名前はグリーンです。グリーン先生と呼んでください。私は日本で2年間子どもたちを教えています。その前は，私は中国で働いていました。

私はアメリカで生まれました。子どもの時，3つの言語を話す友だちがいました。そこで，私はオーストラリアで大学生だった時，子どもたちに言語を教える方法を勉強しました。また，私は外国語を学ぶために大切なことも勉強しました。私はたくさんの調査をして，いくつかの興味深い事実が分かりました。

それでは，英語を勉強するために役に立ついくつかのアドバイスをします。そして，私のアドバイスについていくつか質問をしますので，私の話を聞くときにノートをとった方がいいですよ。

質問1：グリーン先生はどこで生まれましたか？

答え　：ウ　(アメリカで)

質問2：生徒たちはグリーン先生の話を聞く時に，何をする必要がありますか？

答え　：イ　(ノートをとる)

〔放送台本〕

5　Rob:　Mariko, do you remember our plan for next Sunday?

Mariko:　Of course, Rob. I heard it would be rainy, so we'll go to the library and read books, right? I'll take my new umbrella. I think we can relax and enjoy reading books.

Rob:　Well, now the TV news says we don't need umbrellas because it will be sunny on Sunday morning.

Mariko:　Oh, really? Then, that's good for going out. What do you think, Rob?

Rob:　I think so, too. We can go to the library next time. How about going to the park?

Mariko:　That's a good idea. What do you want to do there?

Rob:　Well, I want to have lunch there. I'll make a lunch and take it. Let's eat it together.

Mariko:　You are kind. Thank you, Rob. Then, I'll take my guitar to the park. I'll play it for you.

Rob:　Really? That sounds great, Mariko.

Mariko:　I can't wait for Sunday. Let's enjoy music with a wonderful lunch.

Question 1:　Why did Mariko and Rob change their plan for Sunday?

Question 2:　What will Rob take to the park?

〔英文の訳〕

ロブ　：真理子，次の日曜日の僕たちの予定を覚えてる？

真理子：もちろんよ,ロブ。雨が降るそうだから，図書館に行って本を読むつもりよね？　私は新しい傘を持って行くわ。くつろいで読書を楽しめると思うわ。

ロブ　：ええと，今テレビのニュースによると，傘はいらないみたいだよ，日曜日の朝は晴れるから。

真理子：まあ，本当？　それなら外に行くのがいいわね。どう思う，ロブ？

ロブ　：僕もそう思うよ。図書館は次回行けるね。公園に行くのはどうかな？

真理子：それはいいアイディアね。そこで何をしたいの？

ロブ　：そうだなあ，僕はそこでお昼ご飯を食べたいな。僕がお昼を作って持って行くよ。一緒に食べよう。

真理子：親切ね。ありがとう，ロブ。それじゃあ，私は公園に私のギターを持って行くわ。あなたのために弾くわ。

ロブ　：本当？　それはすごいよ，真理子。

真理子：日曜日が待ち遠しいわ。素敵なランチと一緒に音楽を楽しみましょう。

質問1：なぜ真理子とロブは日曜日の予定を変えたのですか？

答え　：エ　(なぜなら午前中は晴れるから。)

質問2：ロブは公園に何を持って行くつもりですか？

答え　：ア　(お昼ご飯)

〔放送台本〕

6 Emily: Takuya, can you come here and help me?

Takuya: OK, Emily. What can I do for you?

Emily: Well, I want to move these desks and chairs. You know we'll practice a dance here in the drama club, so we need to make space for it.

Takuya: I see. Then, I'll move these desks first. Where do you want me to put them?

Emily: Thank you, Takuya. To the corner of this room, please.

Takuya: OK. ... Oh, these are quite heavy.

Emily: Please be careful... Oh, don't walk on that! It's my bag!

Takuya: A bag? Oh, I didn't notice my foot was on it. I'm sorry, Emily. I couldn't see it.

Emily: It's OK, Takuya. I'm sorry, too. It happened because I didn't put my bag on the desk.

Takuya: Thank you for saying so. Well, there are still many desks and chairs. I'll look for other members who can help us.

〔英文の訳〕

エミリー：拓也，ここへ来て手伝ってくれる？

拓也　　：いいよ，エミリー。君のために何ができるの？(何をすればいいの？)

エミリー：ええと，これらの机といすを動かしたいの。演劇部でダンスの練習をここでするから，そのためにスペースが必要なのよ。

拓也　　：分かったよ。それじゃあまず机を動かすよ。それをどこに置いてほしい？

エミリー：ありがとう，拓也。この部屋の角に持って行って，お願い。

拓也　　：分かった。……おお，かなり重いね。

エミリー：気をつけてね……　まあ，その上を歩かないで！　私のかばんよ！

拓也　　：かばん？　わあ，足がそれにのってることに気づかなかった。ごめんね，エミリー。見えなかったんだ。

エミリー：大丈夫よ，拓也。私もごめんなさい。机の上にかばんを置かなかったからそうなったのよ。

拓也　：そう言ってくれてありがとう。うーん，まだたくさん机といすがあるなあ。手伝ってくれる他のメンバーを探してくるよ。

答え　：イ(拓也は「ごめんなさい」と言った，なぜなら彼はエミリーのかばんの上を歩いたから。)

＜理科解答＞

1 [Ⅰ] (1) ① ア ② 海溝 (2) ウ (3) ① 9秒 ② 6.8km/s
[Ⅱ] (4) ① 月 ② 海王星 ③ ア ④ エ (5) 光が250万年間に進む距離。

2 [Ⅰ] (1) イ (2) ウ (3) ① ア ② エ [Ⅱ] (4) ① イ ② 19g
(5) ① 水が蒸発したため。 ② 17g

3 [Ⅰ] (1) ① 葉緑体 ② ア (2) ① 道管 ② イ [Ⅱ] (3) エ
(4) ウ (5) ① ア ② オ

4 [Ⅰ] (1) エ (2) オームの法則 (3) 2V (4) ① イ ② エ
[Ⅱ] (5) ⓐ ア ⓑ ウ (6) ⓒ 170m ⓓ カ (7) 1.06秒

＜理科解説＞

1 (地震，天体―プレート，初期微動継続時間，P波，太陽系，銀河系)

[Ⅰ] (1) ① 地球の表面は，プレートとよばれる厚さ100kmほどの岩盤でおおわれている。日本列島付近には，大阪がその表面に存在するユーラシアプレートのほか，右回りに北アメリカプレート，太平洋プレート，フィリピン海プレートの4つのプレートが接している。② 海洋プレートが大陸プレートの下へななめにもぐり込んでいるため，大陸プレートも少しずつ引きずり込まれ，海溝のあたりにひずみが蓄積されていく。

(2) 地震が起きると，震源で初期微動を伝えるP波と主要動を伝えるS波が同時に発生する。海溝付近で生じる地震を海溝型地震といい，このとき震源付近の海水がもち上げられ，津波を起こすことがある。地震の規模とは地震そのものの大きさのことで，地震のエネルギーの大きさのことである。これを表すものがマグニチュードである。日本の震度階級は0から7までで，5と6は強と弱に分けられているため，10段階である。

(3) ① 地震のゆれを地震計で記録すると，初めに小さく小刻みにゆれる初期微動が記録され，その後に大きなゆれである主要動が記録される。震源でP波とS波は同時に発生するが，P波の方がS波よりも速く伝わるため，震源からの距離が大きい地点ほど，P波とS波の到着時刻の差である初期微動継続時間は長くなる。11時37分21秒と11時37分30秒の差が初期微動継続時間である。② この地震の発生からA地点にP波が到着するまでにかかった時間は10秒なので，68(km)÷10(s)＝6.8(km/s)

[Ⅱ] (4) 恒星とは，星座を形づくる星や太陽などのように，自ら光や熱を出してかがやいている天体で，惑星とは，恒星である太陽のまわりを公転している水星，金星，地球，火星，木星，土星，天王星，海王星の8つの天体をさす。地球のような惑星のまわりを公転する月のよ

うな天体のことを**衛星**という。数億～数千億個の恒星の集まりを銀河といい，太陽系は，銀河系という約2000億個の恒星からなる銀河に所属している。

(5)　天体間の距離は非常に大きいので，「光年」という特別な距離の単位を用いることが多い。およそ30万km/sの速さで進む光が，1年間に進む距離を1光年という。

2 (身のまわりの物質，水溶液—プラスチック，気体の性質，密度，溶解度，再結晶)

[Ⅰ]　(1)　炭素を含み，強く熱すると燃えて二酸化炭素と水ができる物質を**有機物**という。プラスチックは，主に石油を原料として作られる有機物である。

(2)　窒素は無色，無臭の気体で水にとけにくく，空気中の約8割をしめる。酸素は水にとけにくく，物質を燃やすはたらきがあるが，酸素そのものは燃えない。硫化水素は無色だが，温泉のにおい(卵のくさったようなにおい)があり，毒性が強い。

(3)　単位体積あたりの質量をその物質の**密度**といい，多くの場合1cm^3あたりの質量で表す。液体中で物体が浮くか沈むかは，液体と物体の密度の大きさのちがいで決まる。水より密度の小さい物体は水に浮き，水より密度の大きい物体は水に沈む。PETは水とエタノールのいずれにも沈み，PPとPEは水には浮くが，エタノールには沈む。

[Ⅱ]　(4)　①　物質がそれ以上とけることのできなくなった状態を飽和状態といい，その水溶液を**飽和水溶液**という。100gの水にとかして飽和水溶液にしたときの，とけた物質の質量を**溶解度**という。図Ⅱは，ミョウバンと食塩の溶解度曲線である。グラフより，ミョウバンの溶解度が30gになる水の温度を読みとろう。　②　60℃の水100gにとかしたミョウバンの質量と，20℃の水100gにとけるミョウバンの最大質量との差を求める。30－11＝19(g)

(5)　①　食塩は溶解度が温度によってほとんど変わらないので，食塩の飽和水溶液をつくり，温度を下げても，**結晶**はほとんど出てこない。食塩水の液面が下がり，質量が減少したことから水が蒸発したことがわかる。　②　食塩30gがとけて飽和水溶液になるときの20℃の水の質量をxgとすると，100：36＝x：30，x＝83.33…(g)　したがって，減少した水の質量は，100－83.3＝16.7(g)　小数第1位を四捨五入し17(g)となる。

3 (植物のつくりとはたらき，生物の成長—光合成，維管束，体細胞分裂)

[Ⅰ]　(1)　①　葉の細胞の中にある緑色の粒は**葉緑体**で，光が当たり**光合成**を行った葉の細胞の葉緑体の中には，デンプンができていることが確認できる。　②　植物が光を受けてデンプンなどの養分をつくるはたらきを，光合成という。光合成では，水と二酸化炭素を材料にして，光のエネルギーを使いデンプンなどの養分と酸素をつくり出す。

(2)　根から吸収された水や，水にとけた肥料分などの通り道を**道管**，葉緑体で光合成によってつくられたデンプンなどの養分が，水にとけやすい物質に変化して，植物のからだ全体の細胞に運ばれる通り道を**師管**という。これらの管の集まりは**維管束**とよばれ，根から茎，葉へとつながっており，長い管のかたい束《たば》になっている。

[Ⅱ]　(3)　一つ一つの細胞が離れやすくなり，細胞を顕微鏡ではっきり観察できるようなプレパラートをつくるために，あたためたうすい塩酸に1分間ほどつけてから，水の中でゆすぐ。酢酸カーミン液は**核**や**染色体**の染色液，BTB溶液は酸性，アルカリ性の指示薬である。

(4)　**細胞分裂**の準備に入ると，核の中の染色体が複製されて同じものが2本ずつになる。細胞分裂が開始されると，染色体は2本ずつのまま太く短くなり，これが2等分されてそれぞれが細胞の両端に移動する。さらに，2個の核の形ができてしきりがあらわれ，**細胞質**が2つに分かれる。

(5)　植物では，細胞分裂は特定の部分で行われる。根では，先端に近い部分で細胞分裂が行われ，分裂してできた細胞がそれぞれ大きくなって根が長くなる。

4　**(電流，音―電気抵抗，直列と並列，振動数と振幅，音の伝わる速さ)**

［I］　(1)　W(ワット)は1秒間あたりに使われる電気エネルギーの大きさを表す値である**電力**の単位，J(ジュール)は電流を流すときに発生する**熱量**の単位であるとともに，一定時間電流が流れたときに消費される電気エネルギーの総量である**電力量**の単位である。A(アンペア)は電流の大きさを表す単位である。

(2)　電熱線に流れる電流の強さI〔A〕は，電圧V〔V〕に比例し，抵抗の大きさR〔Ω〕に反比例する。電圧V〔V〕＝電流I〔A〕×抵抗R〔Ω〕　これをオームの法則という。

(3)　図Iのように2本の電熱線を**直列**につないだ回路では，電源電圧をV，抵抗Pにかかる電圧をV_P，抵抗Qにかかる電圧をV_Qとすると，$V = V_P + V_Q$が成り立つ。したがって，7－5＝2(V)

(4)　図IIのように2本の電熱線を**並列**につないだ回路では，抵抗Pと抵抗Qにはそれぞれ電源装置と同じ大きさの電圧がかかる。一定時間に電流を流したときに発生する熱量は，熱量(J)＝電力(W)×時間(s)より，電力の大きさに比例する。電力(W)＝電圧(V)×電流(A)より，電圧の大きさが等しければ，電流が大きいほど電力も大きいことになる。したがって，電気抵抗が小さく電流が流れやすい抵抗Qの方が，熱量は大きい。

［II］　(5)　音源が1秒間に振動する回数を**振動数**といい，単位にはヘルツ(Hz)が使われる。振動数が多くなるほど，高い音が出る。また，音源の振動の中心からのはばを**振幅**といい，この振動のふれはばが大きいほど，大きな音が出る。

(6)　音は，Sさんの位置→校舎の壁→Sさんの位置と伝わったので，85×2＝170(m)の距離を伝わった。このとき音が伝わった速さは，170(m)÷0.56(s)≒304(m/s)

(7)　(85＋85)×2÷340＋0.06(s)＝1.06(s)

<社会解答>

1　(1)　①　イ　②　ウ　③　ユネスコ　(2)　①　B　②　ア　(3)　ウ
(4)　ⓐ　ア　ⓑ　ウ

2　(1)　ア　(2)　惣　(3)　イ　(4)　徳川家康　(5)　①　(例)営業の独占を認めるかわりに，税を納めさせる　②　日米修好通商条約　(6)　オ

3　(1)　①　ウ　②　ア，エ　③　閣議　④　良心　(2)　①　クーリング・オフ
②　エ

4　(1)　①　ウ　②　ア　③　公害対策基本法　④　エ　(2)　①　イ
②　持続可能　③　イ，エ

<社会解説>

1　**(地理的分野―世界―地形・気候，産業，公民的分野―国際社会との関わり)**

(1)　①　地図は，東京を中心とした**正距方位図法**で描かれている。　②　モンゴルはロシアや中国と国境を接する内陸国。　③　文中の「世界遺産」「国連教育科学文化機関」などから判断する。

(2) ① 赤道が南アメリカ大陸の北部，アフリカ大陸の中央部，マレー半島の南などを通ることから判断する。 ② **天然ゴム**の生産量は，東南アジアだけで約7割を占めることから判断する。
(3) 地図中のaは**南アメリカ大陸**。ラプラタ川の河口はブラジル・アルゼンチン国境に位置する。ア・イはユーラシア大陸，エは北アメリカ大陸に位置する。
(4) サンフランシスコなどアメリカ西海岸地域は夏に降水量が少ない地中海性気候のため，ぶどうやオレンジなどを栽培する地中海式農業がさかん。

2 **(歴史的分野―日本史―時代別―古墳時代から平安時代，鎌倉・室町時代，安土桃山・江戸時代，明治時代から現代，日本史―テーマ別―政治・法律，経済・社会・技術，外交)**
(1) 和同開珎が**平城京**で流通したことから，奈良時代の頃の貨幣と判断する。平城京は，**唐**の都である**長安**をモデルに建設された。
(2) **惣**で寄合を開き，用水や山野の維持・管理などにもあたった。
(3) Xは文中の「金融業者」，Yは「運送業者」などから判断する。**問(問丸)**は港で活動する運送業者，**座**は商工業者の間で結成された同業者組合。
(4) 徳川家康は，**関ヶ原の戦い**に勝利した3年後に江戸幕府を開いた。
(5) ① 田沼意次が株仲間の結成を奨励したのに対して，天保の改革を行った**水野忠邦**は物価の上昇を抑えるために株仲間を解散させた。 ② 江戸幕府大老の**井伊直弼**がアメリカ総領事ハリスと結んだ**日米修好通商条約**は，アメリカに領事裁判権を認め，わが国に関税自主権がないなどの内容を含む不平等条約であった。
(6) (i)が1885年，(ii)が1890年，(iii)が1871年のできごと。

3 **(公民的分野―憲法の原理・基本的人権，三権分立・国の政治の仕組み，財政・消費生活・経済一般)**
(1) ① **社会権**には教育を受ける権利のほか，生存権，勤労の権利，労働基本権(労働三権)が含まれる。ア・エは自由権，イは平等権の内容。 ② イ・ウは参議院に関する内容。 ③ **閣議**は原則非公開で行われ，全会一致で決定する。 ④ 条文は日本国憲法第76条第3項で，裁判官の独立に関する内容を規定している。
(2) ① **クーリング・オフ制度**では，訪問販売や電話勧誘販売などの特殊な販売方法において，契約後も一定期間消費者が考え直せる期間を設けている。 ② (i)が2004年，(ii)が1962年，(iii)が1995年のできごと。

4 **(地理的分野―世界―人口・都市，資源・エネルギー，地理的分野―公害・環境問題，歴史的分野―日本史―時代別―明治時代から現代，日本史―テーマ別―政治・法律，経済・社会・技術，公民的分野―憲法の原理・基本的人権)**
(1) ① アが1925年，イが明治時代初期(1860年代～1870年代)，ウが1964年，エが1989年のできごと。 ② **イタイイタイ病**は，富山県神通川流域で発生した。イが新潟水俣病，ウが水俣病，エが四日市ぜんそくの発生地域。 ③ 公害対策基本法は，1993年の**環境基本法**の制定にあわせて廃止された。 ④ 新しい人権は日本国憲法に規定のない権利。プライバシーの権利は**個人情報保護法**によって規定されている。アは日本国憲法第29条，イは第15条，ウは第32条で規定されている。
(2) ① アはドイツのベルリン，ウはイタリアのローマ，エはスペインのマドリード。
② **SDGs**は，Sustainable Development Goals(持続可能な開発目標)の略称。 ③ イは2012

年と2017年で水力と太陽光の順序が入れ替わっている。エは2017年における総発電量に占める再生可能エネルギーを使った発電量の割合は，風力の14.8％と太陽光の3.4％を合わせた18.2％。

＜国語解答＞(A問題)

一 1 (1) きかい (2) れいぞう (3) さくばん (4) きょうこ (5) なら(う) (6) ね(る) (7) 雲 (8) 交(わる) (9) 貯金 (10) 水陸 2 ウ

二 1 イ 2 自分とその対象の距離 3 オ 4 a (例)電話帳をもらった b ア 5 イ

三 1 やしないし 2 ア 3 イ

四 1 もっとも 2 a (例)内側にならんでいる b (例)穴に埋まっている 3 a 似ている特徴に注目する b 注目すべきところ 4 ウ

＜国語解説＞

一 (接続語の問題，漢字の読み書き)

1 (1) 「機械」とは，動力を受けて，目的に応じた一定の運動や仕事をするもの。また実験や測定，運動競技などに使う装置。 (2) 「冷蔵」とは，食品や原材料などを低温に保持することにより微生物の活動を停止させ，また酵素の作用を遅らせて腐敗を防ぐこと。 (3) 「昨晩」とは，きのうの晩のこと。 (4) 「強固」とは，強くしっかりして，揺るがないさま。 (5) 「習(う)」とは，教わったことを繰り返し練習して身につける，知識や技術などの教えを受けること。 (6) 「練(る)」とは，精神・技術・計画・文章などを立派にするため，努力を重ねる。他にも堅い物や粗い物を，こねたりたたいたりすったりして，柔らかくきめ細やかにするという意味がある。 (7) 「雲一つない」とは空がすっかり晴れて，大変天気が良いことのたとえ。 (8) 「交(わる)」とは，互いに他方に入り込んだ位置関係となること。 (9) 「貯金箱」とは，金銭を入れてためておく容器。 (10) 「水陸両用」とは，水上でも陸上でも使用できること。

2 空欄の後に「～だからだ」とあり，理由を説明していることに着目する。

二 (随筆文―大意・要旨，内容吟味，文脈把握，脱文・脱語補充，熟語)

1 「流」の部首はさんずい。イ「法」も同様である。

2 「たとえば」から始まる段落に，図書館や大使館，観光局を例に出し，そこで得られる情報を手がかりでしかなく，その手がかりを持って自分自身で一歩一歩対象に近づいていく，「自分とその対象の距離を縮めていく」とある。

3 空欄②前に，「小さな手がかりが，むくむくと成長していき」とあることから，小さなものが大きくなる様子を「点」「線」「面」の順で並び替える。

4 a アメリカ大使館の職員から筆者が渡されたものは，「厚さが十センチもある電話帳」である。 b 沸き上がるとは興奮した雰囲気が高まる，ある感情が激しく起こること。傍線部③前に「僕は旅のはじまりを予感し」とあることから，旅への気持ちが高まっている。

5 古本屋の場所を知りたいとアメリカ大使館の職員に伝えたが，電話帳を渡されたのみで，それを手がかりとして住所と電話番号を書き写し，古本屋に向けて出発した。本文ではその後のことは省略されているが「その本屋の前に」から始まる段落に，古本屋にたどり着くまでに知ったことや学んだこと，経験したことはたくさんあると述べている。

三 (古文―脱文・脱語補充，仮名遣い)

1 単語の語頭と助詞以外の「は・ひ・ふ・へ・ほ」は，現代かなづかいで「わ・い・う・え・お」となる。

2 「一羽の鷲が遠くより飛んできて，その蛇の首を咥えて，帯を下げたように(持って)空中に立ち帰って」とあるように，蛇の首を咥えた様子を帯に例えて説明している。

3 「鳥類でありながら自身の手に及ばないことを分かって，同類の鷲を雇ってきたこと」とあるように，鶴が鷲を連れてきて，雛を守ってもらったのである。

四 (説明文―大意・要旨，脱文・脱語補充，文と文節)

1 傍線部①を文節で分けると，「歯は」「生き物の」「体の」「なかで」「もっとも」「硬い」「部分です」となる。

2 a 「これに対して」から始まる段落に，爬虫類は一生，歯が生え替わる生き物であり，顎には穴はなく，顎の内側に歯がならんでいるだけとある。 b 「しかし,」から始まる段落に，恐竜の化石を見ると顎に穴があいているとある。

3 a 本文Ⅰの中で，紅茶・麦茶・ウーロン茶を例に出し，飲み物はこれだけだとした場合，その共通する特徴として，「茶色という形質で『飲み物』を定義」するとある。つまり，それぞれの似ている所に注目して分類をしていく。 b 同じく本文Ⅰの中で，3つに限定した飲み物の中に別の形質を持った飲み物(ここではトマトジュース)が出てきた場合，それを含めて再定義する必要があることを述べている。

4 「多くの」から始まる段落で，「正しい」と信じている説も，いつかは総崩れになる可能性もあり，また正しいものであれば，新しい証拠からより確からしさが増していくとしている。そして，いずれにしてもデータが増えれば増えるほど真実に近づけると筆者は述べている。

＜国語解答＞(B問題)

一 1 (1) お(る) (2) あやつ(る) (3) たんれん (4) のうり (5) 交(わる) (6) 果(たす) (7) 竹馬 (8) 批評 2 イ 3 エ

二 1 C 2 ウ 3 ア 4 a (例)日々なにもかもが動いているということを確認していく b 自分の中で

三 1 ア 2 (例)鷲が蛇の首をくわえている様子。 3 やしないし 4 イ

四 1 ウ 2 a (例)曲の構成を把握したり細部の表現を感じ取ったりする b 質感や大きさの感覚など c 複製を前提にしている 3 エ

＜国語解説＞

一 (漢字の読み書き，品詞，漢文)

1 (1) 「織(る)」とは，ここでは縦糸と横糸を組み合わせて布地を作ること。 (2) 「操(る)」とは，ここではうまく取り扱って巧みに使いこなすこと。 (3) 「鍛錬」とは，厳しい訓練や修養を積んで，技芸や心身を強くきたえること。 (4) 「脳裏」とは，頭の中や心の中のこと。

(5)「交(わる)」とは，ここでは互いに交差すること。 (6)「果(たす)」とは，ここでは物事を成し遂げること。 (7)「竹馬(の友)」とは，幼い頃にともに竹馬に乗って遊んだ友。同義語は幼ともだち，幼なじみである。 (8)「批評」とは，物事の是非や善悪，正邪などを指摘して，自分の評価を述べること。

2 「勝」の下にある「剛」を先に読んでいるので，「勝」の下にレ点をつける。また，「強」を先に読んでいるので，ここも「勝」の下にレ点をつける。

3 エの「ない」は形容詞であり，他の「ない」は助動詞である。

二 (随筆文―内容吟味，文脈把握，脱文・脱語補充，語句の意味)

1 Cの「読んでいる」は老彫刻家であり，他の選択肢は友人が動作の主である。

2 友人はいつも窓を開けて，そこから外の人に話しかけたり，色んなものを眺めたり，郵便物を手渡しで貰っていた。それと同じように葉山のギャラリーにいた頃，大きなガラス窓のドアの向こうから人やものがやってきたり，外の光をゆっくりと眺めていた経験が筆者にもあった。

3 「左右される」とは，物事により，性質や結果が影響されること。

4 a 最後の段落で，毎日変わらない風景であっても，「日々なにもかもが動いているということをそんなところから確認していくことが」重要であるとしている。 b 毎日が楽しいと思えるかどうかは，「小さな発見をいつも見つけていたいと，自分の中で常に心掛けているかどうかによ」るのである。

三 (古文―内容吟味，文脈把握，仮名遣い)

1 蛇が梢に近づいて，雛を取ろうとしているので，ながめていた人は「もう，ダメだ(とられる)」と思ったのである。

2 蛇が帯のようになっているのは，鷲が蛇を口にくわえているからである。

3 単語の語頭と助詞以外の「は・ひ・ふ・へ・ほ」は，現代かなづかいで「わ・い・う・え・お」となる。

4 鶴は自身の身に余る事態だと感じて，同類の鷲を連れてきて，蛇を退治したのである。

四 (説明文―大意・要旨，脱文・脱語補充)

1 「ここで問題」から始まる段落に，音楽や文学の創作にはある程度の時間が必要であることを述べている。

2 a 「ここで問題」から始まる段落に，「一つの曲を全体として体験しなければ，曲の構成を把握することはでき」ないし，「細部の表現を感じ取るためには，何度も繰り返し聴くことが必要になる」とある。 b 「絵画は」から始まる段落に，絵画は時間的なものではないので，音楽や文学の創作と異なるが，「質感や大きさの感覚などは，実物を見ないと得られ」ないのである。 c 「ところが,」から始まる段落に，グラフィックデザインも時間的なものではなく，また「もともと複製を前提にしている」ため，実物を見なくとも，様々な場所で目にすることができる。

3 「つまり,」から始まる段落に，「何かの専門家になるということの第一歩は，ものの見方を変えるということ」であり，専門家側の視点で世の中を見るようになることが重要とする。

大阪府公立高等学校（一般）

2022年度

★★★★★★★★★★★★★★★★★★★★★★★

入 試 問 題

●くわしい解説……73ページ

＜数学＞　〔A問題〕　時間　50分　　満点　90点

1　次の計算をしなさい。

⑴　$-2-(-12)$

⑵　$27\times\left(-\frac{5}{9}\right)$

⑶　$40-7^2$

⑷　$x-3+6(x+1)$

⑸　$48x^3\div 8x$

⑹　$\sqrt{12}+9\sqrt{3}$

2　次の問いに答えなさい。

⑴　$a=-6$ のとき，$-2a+14$ の値を求めなさい。

⑵　ある日のA市の最低気温は5.3℃であり，B市の最低気温は−0.4℃であった。この日のA市の最低気温は，B市の最低気温より何℃高いですか。

⑶　次の**ア**～**エ**の式のうち，「1袋につき a 個のみかんが入った袋を3袋買ったとき，買ったみかんの個数の合計は20個より多い。」という数量の関係を正しく表しているものはどれですか。一つ選び，記号を○で囲みなさい。

ア　$a+3>20$　　**イ**　$3a>20$　　**ウ**　$3a<20$　　**エ**　$3a=20$

⑷　連立方程式 $\begin{cases}7x+y=19\\5x+y=11\end{cases}$ を解きなさい。

⑸　二次方程式 $x^2-8x+15=0$ を解きなさい。

⑹　次の表は，生徒7人の上体起こしの記録を示したものである。この生徒7人の上体起こしの記録の中央値を求めなさい。

	Aさん	Bさん	Cさん	Dさん	Eさん	Fさん	Gさん
上体起こしの記録（回）	30	28	27	32	26	27	31

⑺　二つの箱A，Bがある。箱Aには自然数の書いてある3枚のカード 2 ，3 ，4 が入っており，箱Bには偶数の書いてある3枚のカード 4 ，6 ，8 が入っている。A，Bそれぞれの箱から同時にカードを1枚ずつ取り出すとき，取り出した2枚のカードに書いてある数の積が16である確率はいくらですか。A，Bそれぞれの箱において，どのカードが取り出されることも同様に確からしいものとして答えなさい。

(8)　a，bを0でない定数とする。右図において，ℓは関数$y = ax + b$のグラフを表す。次の**ア**～**エ**のうち，a，bについて述べた文として正しいものはどれですか。一つ選び，記号を○で囲みなさい。

ア　aは正の数であり，bも正の数である。
イ　aは正の数であり，bは負の数である。
ウ　aは負の数であり，bは正の数である。
エ　aは負の数であり，bも負の数である。

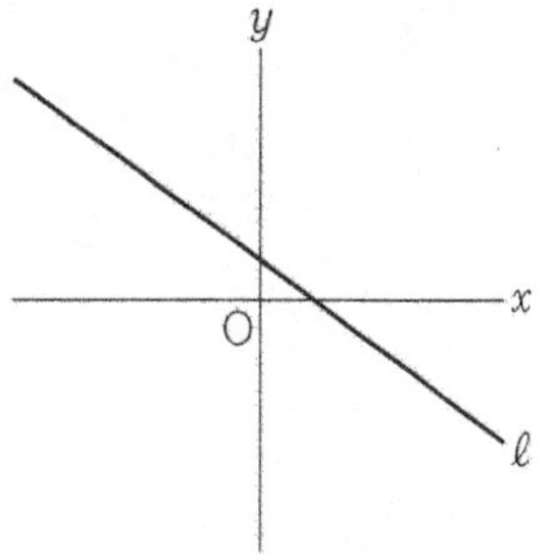

(9)　右図において，mは関数$y = ax^2$（aは定数）のグラフを表す。Aはm上の点であり，その座標は（－6，7）である。aの値を求めなさい。

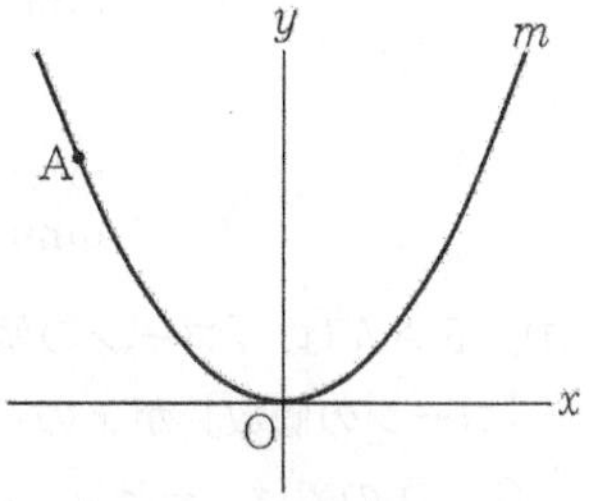

(10)　右図において，立体ABC－DEFは三角柱である。△ABCは，∠ABC＝90°の直角三角形である。△DEF≡△ABCであり，四角形ADEB，BEFC，ADFCは長方形である。AB＝9㎝，BC＝4㎝，AD＝a㎝である。

①　次の**ア**～**エ**のうち，辺ACと平行な辺はどれですか。一つ選び，記号を○で囲みなさい。

ア　辺AB　　**イ**　辺BE　　**ウ**　辺DE　　**エ**　辺DF

②　立体ABC－DEFの体積をaを用いて表しなさい。

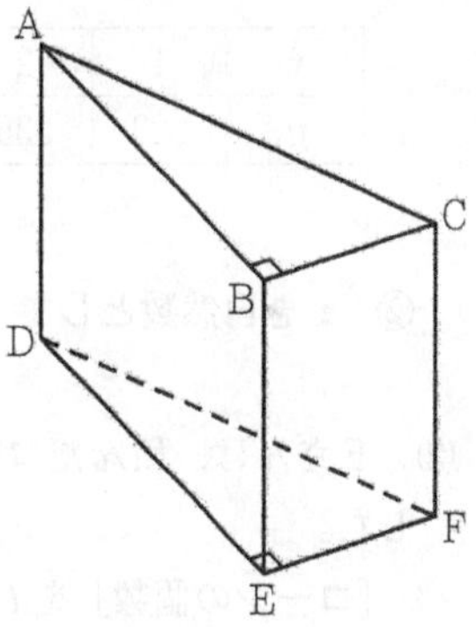

3　Fさんは，右の写真のようにコーンが積まれているようすに興味をもち，次のページの図のような模式図をかいて考えてみた。

次のページの図は，1個の高さが320mmのコーンを積んだときのようすを表す模式図である。「コーンの個数」が1のとき「積んだコーンの高さ」は320mmであるとし，「コーンの個数」が1増えるごとに「積んだコーンの高さ」は15mmずつ高くなるものとする。

次のページの問いに答えなさい。

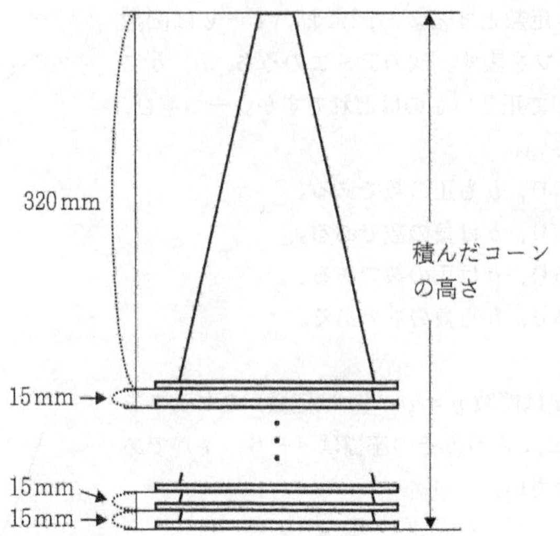

⑴　Fさんは，「コーンの個数」と「積んだコーンの高さ」との関係について考えることにした。「コーンの個数」が x のときの「積んだコーンの高さ」を y mmとする。

①　次の表は，x と y との関係を示した表の一部である。表中の(ア)，(イ)に当てはまる数をそれぞれ書きなさい。

x	1	2	・・・	4	・・・	8	・・・
y	320	335	・・・	(ア)	・・・	(イ)	・・・

②　x を自然数として，y を x の式で表しなさい。

⑵　Fさんは，積んだコーンの高さが620mmとなるときのコーンの個数について考えることにした。

「コーンの個数」を t とする。「積んだコーンの高さ」が620mmとなるときの t の値を求めなさい。

4　右図において，四角形ABCDは長方形であり，AB＝6㎝，AD＝12㎝である。Eは辺BC上にあってB，Cと異なる点であり，BE＜ECである。AとE，DとEとをそれぞれ結ぶ。四角形FGDHは1辺の長さが5㎝の正方形であって，Gは線分ED上にあり，F，Hは直線ADについてGと反対側にある。Iは，辺FGと辺ADとの交点である。HとIとを結ぶ。

次のページの問いに答えなさい。

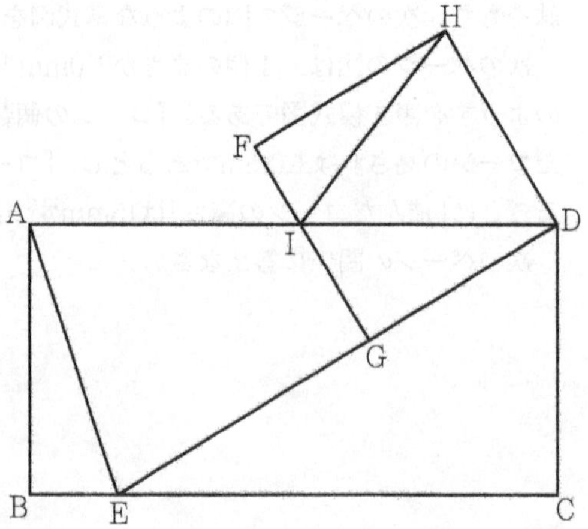

(1)　△ABEの内角∠BEAの大きさを $a°$ とするとき，△ABEの内角∠BAEの大きさを a を用いて表しなさい。

(2)　正方形FGDHの対角線FDの長さを求めなさい。

(3)　次は，△DEC∽△IDGであることの証明である。 ⓐ ， ⓑ に入れるのに適している**「角を表す文字」**をそれぞれ書きなさい。また，ⓒ〔　〕から適しているものを一つ選び，記号を○で囲みなさい。

（証　明）
△DECと△IDGにおいて
　四角形ABCDは長方形だから　∠DCE＝90°……………………………… ㋐
　四角形FGDHは正方形だから　∠ ⓐ ＝90°…………………………… ㋑
　㋐，㋑より　∠DCE＝∠ ⓐ ………………………………………………… ㋒
　AD∥BCであり，平行線の錯角は等しいから
　　∠DEC＝∠ ⓑ ……………………………………………………………… ㋓
㋒，㋓より，
ⓒ〔 **ア**　1組の辺とその両端の角　　**イ**　2組の辺の比とその間の角　　**ウ**　2組の角 〕
がそれぞれ等しいから
　　　　　△DEC∽△IDG

(4)　EC＝10㎝であるときの線分HIの長さを求めなさい。答えを求める過程がわかるように，途中の式を含めた求め方も書くこと。

＜数学＞ 〔B問題〕 時間 50分 満点 90点

1 次の計算をしなさい。

(1) $18-(-4)^2\div 8$

(2) $2(5a-b)-3(a+6b)$

(3) $14ab\div 7a^2\times ab$

(4) $(x+1)(x-1)-(x+3)(x-8)$

(5) $(\sqrt{6}-\sqrt{2})^2+\sqrt{27}$

2 次の問いに答えなさい。

(1) 等式 $b=\dfrac{5a+4}{7}$ を a について解きなさい。

(2) 二次方程式 $2x^2-3x-1=0$ を解きなさい。

(3) 右図は，ある中学校の図書委員12人それぞれが夏休みに読んだ本の冊数を，S先生が調べてグラフにまとめたものである。図書委員12人それぞれが夏休みに読んだ本の冊数の平均値を a 冊，最頻値を b 冊，中央値を c 冊とする。次のア～カの式のうち，三つの値 a，b，c の大小関係を正しく表しているものはどれですか。一つ選び，記号を○で囲みなさい。

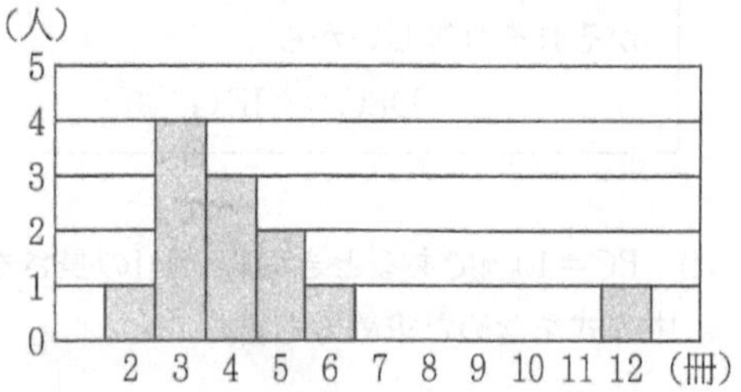

ア $a<b<c$ イ $a<c<b$ ウ $b<a<c$

エ $b<c<a$ オ $c<a<b$ カ $c<b<a$

(4) 二つの箱A，Bがある。箱Aには自然数の書いてある3枚のカード $\boxed{1}$，$\boxed{2}$，$\boxed{3}$ が入っており，箱Bには奇数の書いてある4枚のカード $\boxed{1}$，$\boxed{3}$，$\boxed{5}$，$\boxed{7}$ が入っている。A，Bそれぞれの箱から同時にカードを1枚ずつ取り出すとき，取り出した2枚のカードに書いてある数の和が20の約数である確率はいくらですか。A，Bそれぞれの箱において，どのカードが取り出されることも同様に確からしいものとして答えなさい。

(5) 連続する三つの整数の和が2022となるとき，この連続する三つの整数のうち最も小さい整数を求めなさい。

(6)　右図において，３点A，B，Cは点Oを中心とする円の周上の異なる３点であり，３点A，B，Cを結んでできる△ABCは鋭角三角形である。OとCとを結ぶ。Dは，直線BOと線分ACとの交点である。△ABCの内角∠CABの大きさを$a°$，△OCDの内角∠OCDの大きさを$b°$とするとき，△OCDの内角∠CDOの大きさをa，bを用いて表しなさい。

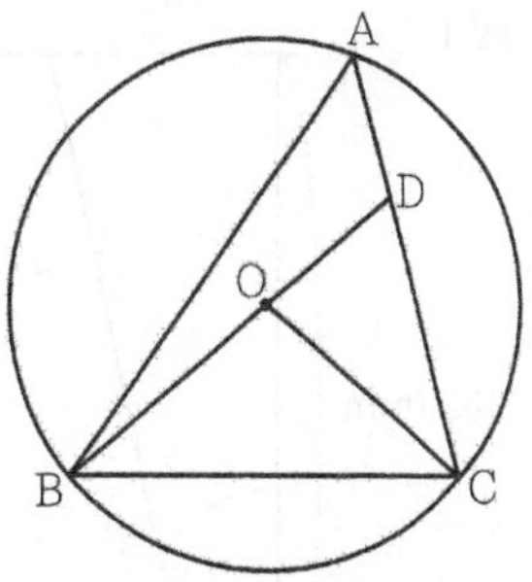

(7)　次の二つの条件を同時に満たす自然数nの値を求めなさい。
・$4<\sqrt{n}<5$である。
・$\sqrt{6n}$の値は自然数である。

(8)　右図において，mは関数$y=\frac{1}{2}x^2$のグラフを表し，nは関数$y=ax^2$（aは負の定数）のグラフを表す。Aはm上の点であり，そのx座標は３である。Bは，Aを通りy軸に平行な直線とx軸との交点である。Cはx軸上の点であり，CB＝ABである。Cのx座標は，Bのx座標より小さい。DはCを通りy軸に平行な直線とmとの交点であり，EはCを通りy軸に平行な直線とnとの交点である。DE＝２㎝である。aの値を求めなさい。答えを求める過程がわかるように，途中の式を含めた求め方も書くこと。ただし，原点Oから点（1，0）までの距離，原点Oから点（0，1）までの距離はそれぞれ１㎝であるとする。

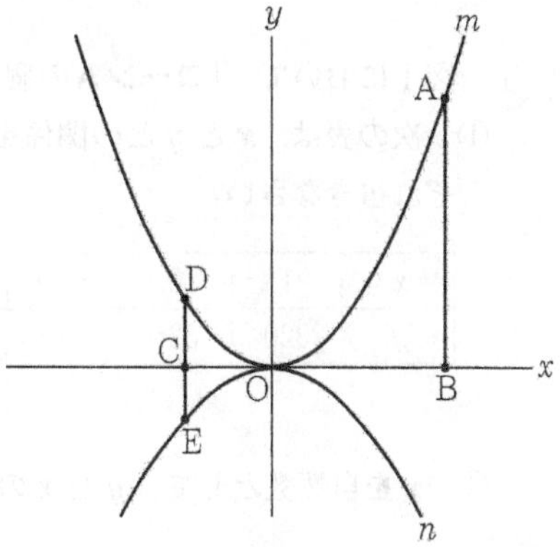

3　Fさんは，右の写真のように大きさの異なる２種類のコーンがそれぞれ積まれているようすに興味をもち，図Ⅰ，図Ⅱのような模式図をかいて考えてみた。

（図Ⅰ，図Ⅱは次のページにあります。）

図Ⅰは，１個の高さが320mmの**コーンA**だけを積んだときのようすを表す模式図である。「**コーンAの個数**」が１のとき「積んだ**コーンAの高さ**」は320mmであるとし，「**コーンAの個数**」が１増えるごとに「積んだ**コーンAの高さ**」は15mmずつ高くなるものとする。

図Ⅱは，１個の高さが150mmの**コーンB**だけを積んだときのようすを表す模式図である。「**コーンBの個数**」が１のとき「積んだ**コーンBの高さ**」は150mmであるとし，「**コーンBの個数**」が１増えるごとに「積んだ**コーンBの高さ**」は10mmずつ高くなるものとする。

次のページの問いに答えなさい。

図Ⅰ

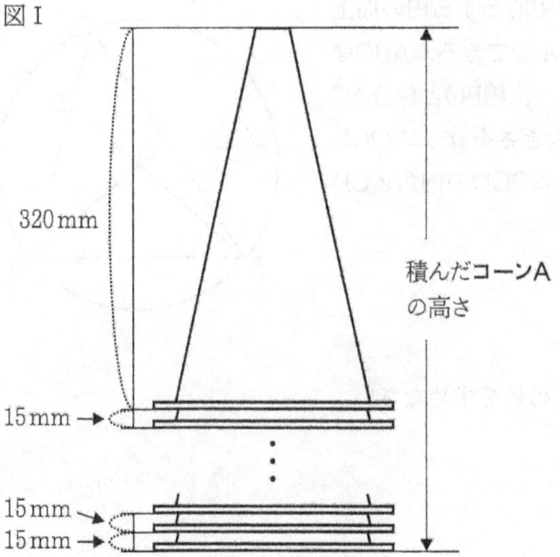

図Ⅱ

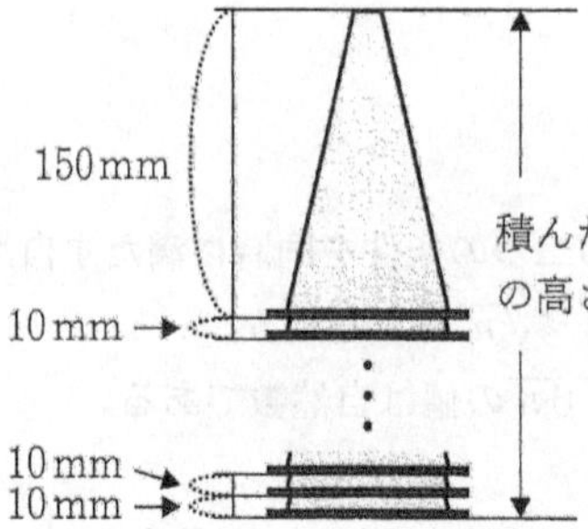

(1)　図Ⅰにおいて，「コーンAの個数」が x のときの「積んだコーンAの高さ」を y mmとする。

①　次の表は，x と y との関係を示した表の一部である。表中の(ア)，(イ)に当てはまる数をそれぞれ書きなさい。

x	1	2	・・・	4	・・・	8	・・・
y	320	335	・・・	(ア)	・・・	(イ)	・・・

②　x を自然数として，y を x の式で表しなさい。

③　$y=620$ となるときの x の値を求めなさい。

(2)　Fさんがコーンを図Ⅰのように，コーンBを図Ⅱのようにそれぞれいくつか積んでいったところ，積んだコーンAの高さと積んだコーンBの高さが同じになった。

「コーンAの個数」を s とし，「コーンBの個数」を t とする。「コーンAの個数」と「コーンBの個数」との合計が39であり，「積んだコーンAの高さ」と「積んだコーンBの高さ」とが同じであるとき，s，t の値をそれぞれ求めなさい。

4　次の［Ⅰ］，［Ⅱ］に答えなさい。

［Ⅰ］　次のページの図Ⅰにおいて，四角形ABCDは内角∠ABCが鋭角の平行四辺形であり，AB＝7㎝，AD＝6㎝である。Eは，Cから辺ABにひいた垂線と辺ABとの交点である。Fは直線DC上にあってDについてCと反対側にある点であり，FD＝5㎝である。EとFとを結ぶ。Gは，線分EFと辺ADとの交点である。Hは，Fから直線ADにひいた垂線と直線ADとの交点である。

あとの問いに答えなさい。

(1)　△BCE∽△DFHであることを証明しなさい。

⑵　DH＝２㎝であるとき，

①　線分BEの長さを求めなさい。

②　△FGDの面積を求めなさい。

図Ⅰ

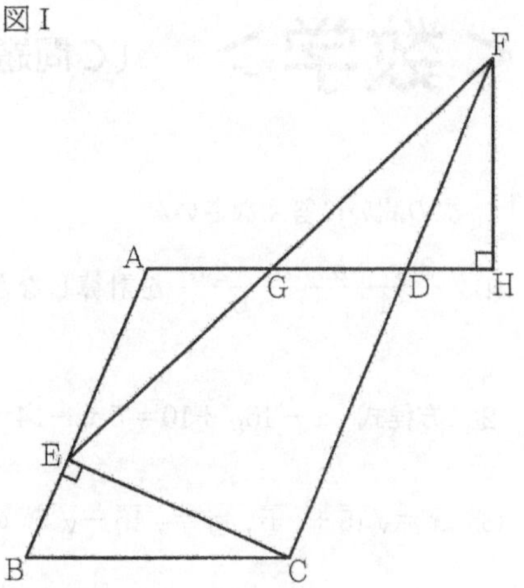

［Ⅱ］　図Ⅱにおいて，立体ABCD－EFGHは四角柱である。四角形ABCDはAD∥BCの台形であり，AD＝３㎝，BC＝７㎝，AB＝DC＝６㎝である。四角形EFGH≡四角形ABCDである。四角形EFBA，HEAD，HGCD，GFBCは長方形であり，EA＝９㎝である。Ｉは，辺AB上にあってA，Bと異なる点である。ＦとＩとを結ぶ。Ｊは，Ｉを通り辺BCに平行な直線と辺DCとの交点である。ＦとＪ，ＢとＪとをそれぞれ結ぶ。

次の問いに答えなさい。

図Ⅱ

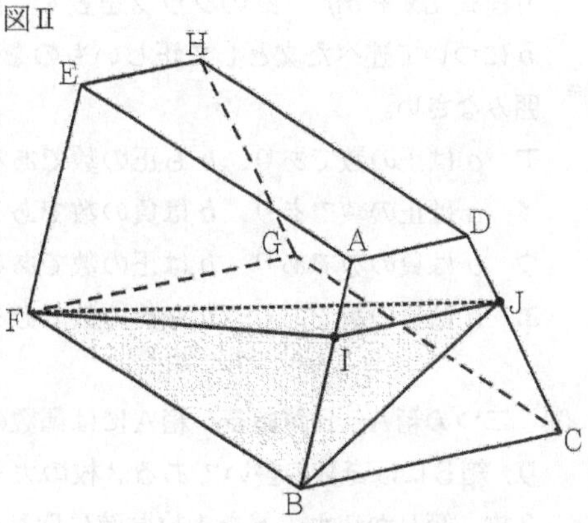

⑶　次のア～オのうち，辺ADとねじれの位置にある辺はどれですか。すべて選び，記号を○で囲みなさい。

ア　辺AB　　**イ**　辺BC　　**ウ**　辺EF　　**エ**　辺FB　　**オ**　辺FG

⑷　AI＝２㎝であるとき，

①　線分IJの長さを求めなさい。

②　立体IFBJの体積を求めなさい。

＜数学＞　〔C問題〕 時間　60分　　満点　90点

1　次の問いに答えなさい。

(1)　$\dfrac{3a-b}{4}-\dfrac{a-2b}{6}$ を計算しなさい。

(2)　方程式　$x-16y+10=5x-14=-8y$ を解きなさい。

(3)　$x=\sqrt{15}+\sqrt{5}$，$y=\sqrt{15}-\sqrt{5}$ のとき，x^2-y^2 の値を求めなさい。

(4)　a，b を0でない定数とする。右図において，ℓ は二元一次方程式 $ax+by=1$ のグラフを表す。次の**ア**～**エ**のうち，a，b について述べた文として正しいものを一つ選び，記号を○で囲みなさい。

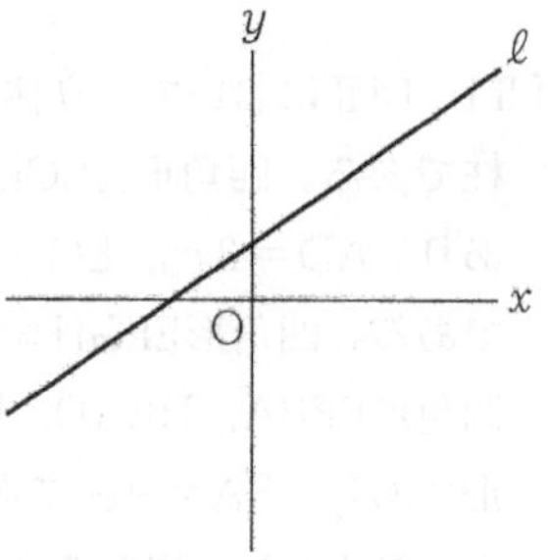

ア　a は正の数であり，b も正の数である。
イ　a は正の数であり，b は負の数である。
ウ　a は負の数であり，b は正の数である。
エ　a は負の数であり，b も負の数である。

(5)　二つの箱A，Bがある。箱Aには偶数の書いてある3枚のカード $\boxed{2}$，$\boxed{4}$，$\boxed{6}$ が入っており，箱Bには奇数の書いてある3枚のカード $\boxed{1}$，$\boxed{3}$，$\boxed{9}$ が入っている。箱Aからカードを2枚，箱Bからカードを1枚同時に取り出し，取り出した3枚のカードそれぞれに書いてある数のうち，最も小さい数を a，2番目に小さい数を b，最も大きい数を c とする。このとき，$\dfrac{ac}{b}$ の値が自然数である確率はいくらですか。A，B　れぞれの箱において，どのカードが取り出されることも同様に確からしいものとして答えなさい。

(6)　Sさんは，サッカー部員32人とバレーボール部員20人の立ち幅とびの記録をそれぞれ度数分布表にまとめ，度数および相対度数をそれぞれ比較した。215㎝以上220㎝未満の階級の度数を比較すると，サッカー部員32人の記録の度数はバレーボール部員20人の記録の度数より3人多かった。また，215㎝以上220㎝未満の階級の相対度数を比較すると，サッカー部員32人の記録の相対度数はバレーボール部員20人の記録の相対度数と同じであった。サッカー部員32人の記録における215㎝以上220㎝未満の階級の度数を求めなさい。

(7)　m を2けたの自然数とする。m の十の位の数と一の位の数との和を n とするとき，$11n-2m$ の値が50以上であって60以下である m の値をすべて求めなさい。

(8)　下図において，m は関数 $y=\frac{1}{3}x^2$ のグラフを表し，ℓ は関数 $y=\frac{1}{3}x-1$ のグラフを表す。A，Bは m 上の点であって，Aの x 座標は正であり，Bの x 座標は負である。Aの y 座標とBの y 座標とは等しい。Aの x 座標を t とし，$t>0$ とする。Cは y 軸上の点であり，Cの y 座標はAの y 座標と等しい。Dは ℓ 上の点であり，その x 座標は負である。Eは y 軸上の点であり，Eの y 座標はDの y 座標と等しい。4点A，B，D，Eを結んでできる四角形ABDEは平行四辺形である。CE＝4㎝であるときの t の値を求めなさい。答えを求める過程がわかるように，途中の式を含めた求め方も書くこと。ただし，原点Oから点（1，0）までの距離，原点Oから点（0，1）までの距離はそれぞれ1㎝であるとする。

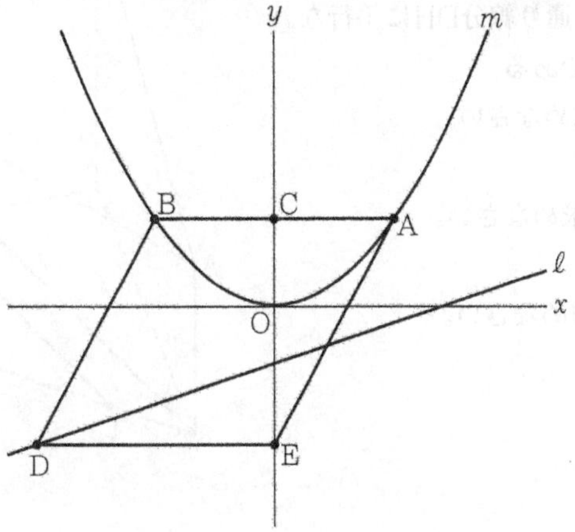

2　右図において，△ABCは∠ABC＝90°の直角三角形であり，BA＝3㎝，BC＞BAである。点Oは，3点A，B，Cを通る円の中心である。このとき，Oは辺ACの中点である。△DECは∠DEC＝90°，ED＝ECの直角二等辺三角形であって，EC∥ABであり，Dは円Oの周上にあって直線ACについてBと反対側にある。Fは，辺EDと円Oとの交点のうちDと異なる点である。Gは，直線OFと直線CEとの交点である。

円周率を π として，次の問いに答えなさい。

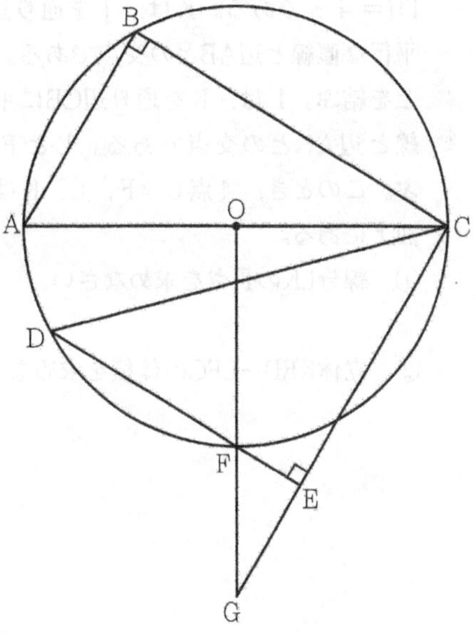

(1)　AC＝a ㎝とするとき，円Oの面積を a を用いて表しなさい。

(2)　△ABC∽△COGであることを証明しなさい。

(3)　BC＝5㎝であるとき，

①　線分OGの長さを求めなさい。

②　四角形OFECの面積を求めなさい。

3　図Ⅰ，図Ⅱにおいて，立体ABC－DEFは五つの平面で囲まれてできた立体である。△ABCは，AB＝AC，CB＝８㎝の二等辺三角形である。△DEFは，DE＝DF＝10㎝，FE＝８㎝の二等辺三角形である。四角形ADEBはAD∥BEの台形であり，∠ADE＝∠DEB＝90°，AD＝３㎝，BE＝５㎝である。四角形ADFC≡四角形ADEBである。四角形CFEBは長方形である。

次の問いに答えなさい。

⑴　図Ⅰにおいて，Ｇは辺CB上の点であり，CG＝６㎝である。Ｈは，Ｇを通り辺ACに平行な直線と辺ABとの交点である。ＨとＤとを結ぶ。Ｉは，Ｂを通り線分DHに平行な直線と辺DEとの交点である。

①　△DEFの面積を求めなさい。

②　線分HBの長さを求めなさい。

③　線分DIの長さを求めなさい。

図Ⅰ

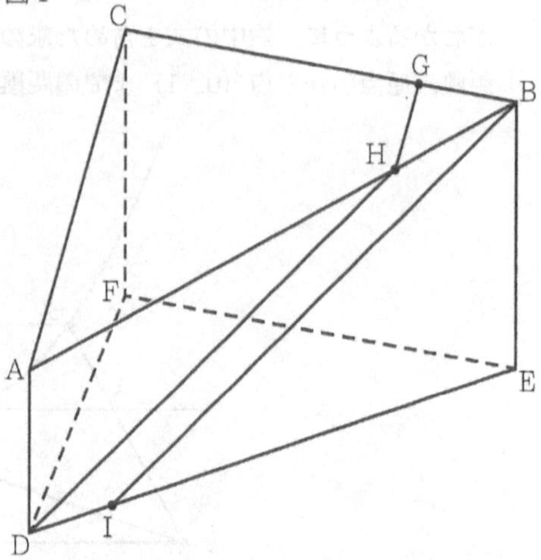

⑵　図Ⅱにおいて，Ｊは辺DE上の点であり，DJ＝４㎝である。Ｋは，Ｊを通り辺ADに平行な直線と辺ABとの交点である。ＫとＥとを結ぶ。Ｌは，Ｋを通り辺CBに平行な直線と辺ACとの交点である。ＬとＦとを結ぶ。このとき，４点Ｌ，Ｆ，Ｅ，Ｋは同じ平面上にある。

①　線分LKの長さを求めなさい。

②　立体KEB－LFCの体積を求めなさい。

図Ⅱ

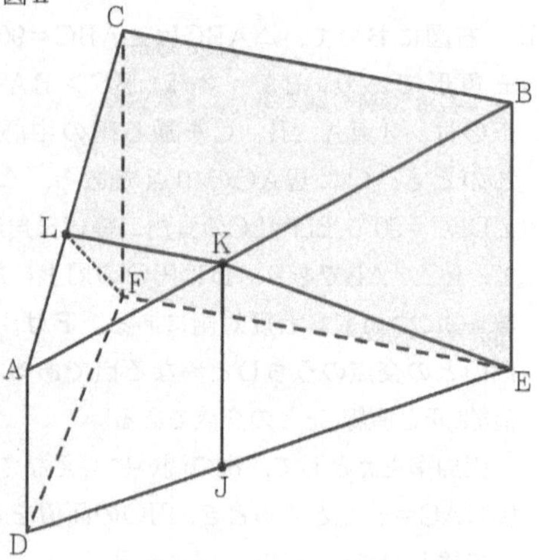

＜英語＞

〔A問題〕 時間 55分（リスニングテスト15分を含む）
満点 90点

1 次の(1)～(10)の日本語の文の内容と合うように，英文中の（　）内のア～ウからそれぞれ最も適しているものを一つずつ選び，記号を○で囲みなさい。

(1) 私の姉はその図書館で働いています。
My sister works at the（ ア airport　イ factory　ウ library ）.

(2) あの窓を開けてください。
Please open that（ ア box　イ house　ウ window ）.

(3) 私たちの英語の先生は２年前に日本に来ました。
Our English teacher（ ア began　イ came　ウ wrote ）to Japan two years ago.

(4) 彼女はとても速く泳ぐことができます。
She can swim very（ ア fast　イ late　ウ well ）.

(5) 私は体育の授業の後はいつも空腹です。
I am always（ ア angry　イ hungry　ウ sleepy ）after P.E. classes.

(6) これらは彼のラケットです。
These（ ア am　イ are　ウ is ）his rackets.

(7) ここで写真を撮ってもいいですか。
（ ア May　イ Must　ウ Will ）I take a picture here?

(8) 私はその時，ダンスを練習していました。
I was（ ア practice　イ practiced　ウ practicing ）dance then.

(9) あのいすにすわっている少年は，私の友だちです。
The boy（ ア sits　イ sat　ウ sitting ）on that chair is my friend.

(10) もし私があなたならば，そんなことはしないでしょうに。
If I were you, I（ ア wouldn't　イ don't　ウ can't ）do such a thing.

2 エドワード（Edward）はニュージーランドからの留学生です。次の［Ⅰ］，［Ⅱ］に答えなさい。

［Ⅰ］ 次は，エドワードが英語の授業で行った自動販売機（vending machine）に関するスピーチの原稿です。彼が書いたこの原稿を読んで，あとの問いに答えなさい。

Hello, everyone. Today, I'm going to talk about vending machines. There are many vending machines in Japan. I became interested [①] them. When did people use a vending machine for the first time around the world? The oldest vending machine was used about 2,200 years ago. In front of a temple in Egypt, people could buy water from the machine. People made and used a machine such a long time ago!

Last week, I saw an interesting vending machine at a station. It was a vending machine for selling fresh fruit. I was surprised to see it. I bought two fresh apples and ate Ⓐ<u>them</u> with my host family at home. They were delicious. I didn't imagine we could buy fresh fruit from a vending machine. On that day, I ［②］ my host family about vending machines in Japan. I found many good points about them. When it is dark at night, some vending machines work as lights. They can help people feel safe at dark places. Some vending machines keep working when a disaster like an earthquake happens. People can get necessary things from the vending machines, for example, drinks.

I think vending machines help people in many ways. Thank you for listening.

（注）Egypt　エジプト

⑴ 次のうち，本文中の ［①］ に入れるのに最も適しているものはどれですか。一つ選び，記号を○で囲みなさい。

ア at　　イ before　　ウ for　　エ in

⑵ 本文中の Ⓐ<u>them</u> の表している内容に当たるものとして最も適している ひとつづきの英語3語を，本文中から抜き出して書きなさい。

⑶ 次のうち，本文中の ［②］ に入れるのに最も適しているものはどれですか。一つ選び，記号を○で囲みなさい。

ア ask　　イ asks　　ウ asked　　エ asking

⑷ 次のうち，本文で述べられている内容と合うものはどれですか。一つ選び，記号を○で囲みなさい。

ア エドワードは，最古の自動販売機は駅で水を売るために使われていたということを紹介した。

イ エドワードは，先週，新鮮なくだものを売っている自動販売機を見ても驚かなかった。

ウ エドワードは，暗い場所で人々の助けになる自動販売機もあるとわかった。

エ エドワードは，地震などの災害時，どの自動販売機からも必要なものは手に入れられないと知った。

［Ⅱ］ スピーチの後に，あなた（You）がエドワードと次のような会話をするとします。あなたならば，どのような話をしますか。次のページの条件1～3にしたがって，（①）～（③）に入る内容を，それぞれ**5語程度**の英語で書きなさい。解答の際には記入例にならって書くこと。

You: Hi, Edward. （　①　）

Edward: Thank you. I usually use a vending machine near my host family's house.

You: （　②　）

Edward: I usually buy a hot drink. We can buy various kinds of drinks from a vending machine. What do you like to drink?

You: （　③　）

Edward: I see.

＜条件１＞　①に，「あなたのスピーチはとてもおもしろかった。」という内容の文を書くこと。
＜条件２＞　②に，「あなたはたいてい何を買いますか。」とたずねる文を書くこと。
＜条件３＞　③に，前後のやり取りに合う内容を書くこと。

記 入 例

What	time	is	it	?
Well ,	it's	11	o'clock	.

3　次は，高校生の義雄（Yoshio），アメリカからの留学生のサラ（Sarah），久保先生（Mr. Kubo）の３人が交わした会話の一部です。会話文を読んで，あとの問いに答えなさい。

Lake Biwa（琵琶《びわ》湖）

Yoshio: Hello, Sarah. Look at this picture. This is the largest lake in Japan. It is [①] Lake Biwa. I went there with my aunt last Sunday.

Sarah: Oh, Yoshio. Sounds nice.

Yoshio: Have you ever been there?

Sarah: [②] I want to go there someday.

Mr. Kubo: Hello, Yoshio and Sarah. What are you talking about?

Sarah: Hello, Mr. Kubo. Yoshio went to Lake Biwa with his aunt.

Mr. Kubo: Really? How was it, Yoshio?

Yoshio: When I arrived at Lake Biwa, I was surprised at its size. It was very big.

Mr. Kubo: Sounds fun. When I visited it for the first time, f thought so, too.

Sarah: I can understand your feelings. When we visit a place, we can feel something new about it, right?

Yoshio: That's true. The lake looked like the ocean!

Mr. Kubo: Sarah, do you have such an experience?

Sarah: Yes, I do. When I was in America, I visited Grand Canyon and I felt like that.

Mr. Kubo: Please tell us about your experience.

Sarah: OK. I [③] a picture.

Grand Canyon
（グランドキャニオン）
Colorado River
（コロラド川）

Yoshio: Wow! Is it a mountain?

Sarah: It's not a mountain. Grand Canyon is a kind of valley. [④]

Mr. Kubo: Oh, tell us more.

Sarah: OK. A long time ago, a river started to flow. The river has been carving Grand Canyon for many years.

Yoshio: A river?

Sarah: Yes. Yoshio, can you find a river in this picture?

Yoshio: Yes, I can. Oh, wait! Do you mean that this river made Grand Canyon?

Sarah: That's right! It is Colorado River. It started carving Grand Canyon about five or six million years ago. And, the river still keeps carving Grand Canyon.

Yoshio: So, we can say that [⑤].

Sarah: That's right, Yoshio.

Mr. Kubo: Sarah, when did you go to Grand Canyon?

Sarah: I went there three years ago.

Mr. Kubo: I remember that in 2019, special events were held at Grand Canyon, right?

Sarah: Yes. Grand Canyon became a National Park in 1919. 100 years passed after that, so special events like concerts, art lessons, and night tours were held in 2019. People from all over the world joined the special events. I joined one of Ⓐ<u>them</u> with my family.

Yoshio: Sounds fun.

Sarah: Before I visited Grand Canyon, I learned many things about it and I thought that I knew a lot about it. But, when I saw Grand Canyon in front of me, I felt something more than the things I learned. Grand Canyon was really great. I could understand that Grand Canyon was really great only by visiting it. Ⓑ<u>I noticed this through my experience.</u>

Mr. Kubo: Thank you for telling an interesting story. I really enjoyed listening to it.

Yoshio: I enjoyed it, too. I want to visit Grand Canyon someday.

(注) valley 谷　flow 流れる　carve 削る　National Park 国立公園

(1) 次のうち，本文中の [①] に入れるのに最も適しているものはどれですか。一つ選び，記号を○で囲みなさい。

ア called　イ joined　ウ liked　エ talked

(2) 本文の内容から考えて，次のうち，本文中の [②] に入れるのに最も適しているものはどれですか。一つ選び，記号を○で囲みなさい。

ア Yes, I did.　イ Yes, he has.　ウ No, you don't.　エ No, I haven't.

(3) 本文中の 'I [③] a picture.' が，「私はあなたたちに１枚の写真を見せましょう。」という内容になるように，解答欄の＿＿に英語３語を書き入れ，英文を完成させなさい。

(4) 本文中の [④] が，「私はグランドキャニオンを訪れる前に，それがどのようにして作られたのかを学びました。」という内容になるように，次の〔 〕内の語を並べかえて解答欄の＿＿に英語を書き入れ，英文を完成させなさい。

Before I visited Grand Canyon, I learned〔 it　made　how　was 〕.

(5) 本文の内容から考えて，次のうち，本文中の [⑤] に入れるのに最も適しているものはどれですか。一つ選び，記号を○で囲みなさい。

ア　Grand Canyon stopped the river

イ　Grand Canyon was made by people

ウ　Grand Canyon is a mountain

エ　Grand Canyon is made by a river

⑹　本文中のⒶ them の表している内容に当たるものとして最も適しているひとつづきの英語3語を，本文中から抜き出して書きなさい。

⑺　次のうち，本文中のⒷ I noticed this rhrough my experience. が表している内容として最も適しているものはどれですか。一つ選び，記号を○で囲みなさい。

ア　Sarah could understand how great Grand Canyon was by visiting it.

イ　Sarah didn't learn anything about Grand Canyon before visiting it.

ウ　Sarah found that a river started to carve Grand Canyon about 100 years ago.

エ　Sarah could feel that Grand Canyon was really great before visiting it.

⑻　本文の内容と合うように，次の問いに対する答えをそれぞれ英語で書きなさい。ただし，①は3語，②は5語の英語で書くこと。

①　Did Yoshio go to Lake Biwa alone last Sunday?

②　What did Grand Canyon become in 1919?

＜英語＞

〔B問題〕　時間　55分（リスニングテスト15分を含む）
満点　90点

1　次は，高校生の義雄（Yoshio），アメリカからの留学生のサラ（Sarah），久保先生（Mr. Kubo）の３人が交わした会話の一部です。会話文を読んで，あとの問いに答えなさい。

Yoshio: Hi, Sarah. Look at this picture. This is Lake Biwa. My aunt took me there last weekend.

Lake Biwa（琵《び》琶《わ》湖）

Sarah: Hi, Yoshio. Wow! I have never [①] there.

Yoshio: Really? I saw Lake Biwa on TV many times and I knew that it was the largest lake in Japan. But, when I arrived there, I was surprised. It was really big. You should go there.

Sarah: Oh, sounds nice.

Mr. Kubo: Hello, Yoshio and Sarah. What are you talking about?

Sarah: Hello, Mr. Kubo. Yoshio told me that he went to Lake Biwa. [②]

Yoshio: And I told Sarah that she should go there.

Mr. Kubo: I can understand that. [ア] When I visited it for the first time, I felt like Yoshio. [イ] I drove around it and it took about half a day.

Sarah: When we go to a place and have some experiences there, we will feel something new, right?

Yoshio: That's true. I couldn't see all of the lake from the place I visited. Lake Biwa was bigger than the image I had. It was so huge.

Mr. Kubo: Yoshio, you noticed a good point. We can get a lot of information without going to the place. [ウ] Having some information about the place and having some experiences at the place are different.

Sarah: I think so, too. [③] I have such an experience. I felt like that when I visited Grand Canyon.

Mr. Kubo: [エ] Please tell us about it.

Sarah: OK. I'll show you a picture.

Yoshio: Wow! Nice!

Sarah: Before I went to Grand Canyon, I learned that a river started to carve Grand Canyon about five or six million years ago. Do you know the name of the river?

Grand Canyon
（グランドキャニオン）
Colorado River
（コロラド川）

Yoshio: Yes, I know that. It is Colorado River.

Sarah: Right. We can say that the river made Grand Canyon. But, when I visited it, I felt more than that.

Yoshio: What do you mean?

Sarah: I learned that [④]. But actually I didn't understand it well until I visited it.

Mr. Kubo: Why do you think so?

Sarah: When I first arrived there, I couldn't believe that just a river made such a great thing because, to me, Colorado River looked too small to make Grand Canyon. But the view in front of me [⑤].

Yoshio: What changed your thought?

Sarah: By looking at the view, I could imagine that the river was carving Grand Canyon without stopping for such a long time. I felt that a long time passed after the river started to carve Grand Canyon. I was able to understand that it took a very long time to make it. It was an amazing experience.

Yoshio: Sounds great.

Mr. Kubo: Sarah, are there any changes to your feelings after that experience?

Sarah: Yes, there are. I noticed that visiting the place was important because it gave me a new feeling. But I noticed another important thing.

Yoshio: What is it?

Sarah: I think learning is also important. If I didn't learn anything about Grand Canyon before I visited it, I was not able to have such an experience.

Yoshio: Do you mean [⑥]?

Sarah: Yes, that's right. If we really want to understand things well, we need both experiences and learning.

Mr. Kubo: I agree with Sarah. Today, we can learn many things easily by using the Internet. But we need to find chances to have experiences in the world.

Yoshio: That's true. I think we should keep that in mind. Now I want to learn more things about Lake Biwa and go there again.

Sarah: Oh, Yoshio. When you find something interesting about Lake Biwa, please tell us about Ⓐit.

Yoshio: Sure.

（注） carve 削る

⑴ 本文の内容から考えて，次のうち，本文中の [①] に入れるのに最も適しているものはどれですか。一つ選び，記号を○で囲みなさい。

ア chosen　　イ taken　　ウ taught　　エ been

⑵ 本文の内容から考えて，次のページのうち，本文中の [②] に入れるのに最も適しているものはどれですか。一つ選び，記号を○で囲みなさい。

ア He felt how big it really was.　　イ He has never seen it.

ウ He didn't know anything about it.　　エ He went there alone.

⑶ 本文中には次の英文が入ります。本文中のア～エから，入る場所として最も適しているものを一つ選び，ア～エの記号を○で囲みなさい。

But, if we go to the place, we can feel new things that we didn't know.

⑷ 本文中の ③ が，「私たちがその場所を訪れるとでだけ感じるとができるたくさんのことがあります。」という内容になるように，次の［ ］内の語を並べかえて解答欄の＿＿に英語を書き入れ，英文を完成させなさい。

There are many ［ that　can　we　things　feel ］ only by visiting the place.

⑸ 本文の内容から考えて，次のうち，本文中の ④ に入れるのに最も適しているものはどれですか。一つ選び，記号を○で囲みなさい。

ア the river made Grand Canyon

イ the river was called Colorado River

ウ Grand Canyon was made by people

エ Grand Canyon appeared a few years ago

⑹ 本文中の'But the view in front of me ⑤ .'が，「しかし，私の前の景色が私にその事実を信じさせました。」という内容になるように，解答欄の＿＿に英語５語を書き入れ，英文を完成させなさい。

⑺ 本文の内容から考えて，次のうち，本文中の ⑥ に入れるのに最も適しているものはどれですか。一つ選び，記号を○で囲みなさい。

ア it is possible to notice something important only by visiting the place

イ learning about a place is as important as visiting the place

ウ it is not necessary to visit the place after learning

エ having some experiences at the place is the most important thing

⑻ 本文中のⒶitの表している内容に当たるものとして最も適しているひとつづきの英語５語を，本文中から抜き出して書きなさい。

⑼ 次のうち，本文で述べられている内容と合うものはどれですか。二つ選び，記号を○で囲みなさい。

ア Yoshio could see all of Lake Biwa from the place he visited when he went to the lake with his aunt.

イ Yoshio was able to say the name of the river which started carving Grand Canyon about five or six million years ago.

ウ Sarah thinks there are some changes to her feelings after visiting Grand Canyon.

エ Sarah didn't learn anything about Grand Canyon before visiting Grand Canyon.

オ Sarah and Mr. Kubo have different thoughts about understanding things well.

2 次は，高校生の雅代（Masayo）が英語の授業で行ったスピーチの原稿です。彼女が書いたこの原稿を読んで，あとの問いに答えなさい。

scallops（ホタテガイ）

Do you like scallops? A scallop is a kind of shellfish with two shells. Scallops are delicious and they are my favorite food. One day, after I ate them for dinner, I saw an amazing scene on TV. Many scallops were swimming and jumping in the sea! When I saw it, I was very surprised [①] I didn't know that shellfish could move quickly. I thought, “How can they move like that?” I became interested and looked for information on the Internet. [②]

scallops in the sea

How do scallops move? Scallops move by taking water into their shells and pushing it out quickly. They can go forward or turn by changing how they push the water out. For example, if they want to go to the right, they push the water out to the left. This means scallops can move by pushing the water out quickly to the [③] side of the way they want to go. By using this way of moving, when other sea animals try to eat scallops, scallops swim away from Ⓐ<u>them</u> to protect their lives. Scallops also move to find a good place for getting their food, and some of them move 500 meters in one night. Scallops are the most active of all shellfish with two shells.

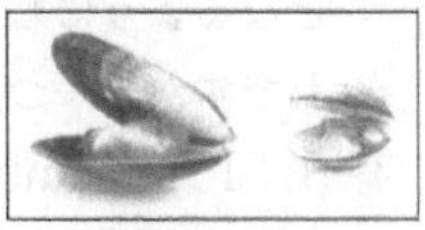
shellfish with two shells

Well, I want to ask your experience. [④] the two shells with your hands? When I did that for the first time, I noticed it was not easy. [⑤] According to the books, they have a strong muscle to keep closing their shells. When shellfish with two shells live in the ocean, to keep closing their shells, they usually keep using the strong muscle. For us, it is like holding a heavy bag for a long time. If we do that, we will be very tired because it needs a lot of energy. However, shellfish with two shells don't become tired. Their muscle needs very little energy to keep closing their shells. It has a special protein that we don't have. To keep closing the shells, the special protein connects with each other. When the proteins are in that condition, shellfish with two shells don't become tired by using the muscle. This means, if we had the same muscle that shellfish with two shells have, [⑥] by holding a heavy bag for a long time. When I learned about this, I thought it was very interesting and also very useful.

Now I know shellfish like scallops are not just delicious food. Scallops are active shellfish which can move quickly. In addition, I understand the muscle of shellfish with two shells has an amazing power that we don't have. If science and technology improve more in the future, we can use the power of the strong muscle. I think it will help people carry some heavy things or take care of people who need help. I believe we can support many people with difficulties. Thank you for listening.

（注） shellfish （生き物としての）貝（複数形も shellfish） muscle 筋肉 protein タンパク質

(1) 本文の内容から考えて，次のうち，本文中の ① に入れるのに最も適しているものはどれですか。一つ選び，記号を○で囲みなさい。

ア because　イ if　ウ though　エ until

(2) 本文中の ② が，「いくつかのレポートを読むことで，私はそれらがどのようにして動くことができるのかを理解しました。」という内容になるように，次の［ ］内の語を並べかえて解答欄の______に英語を書き入れ，英文を完成させなさい。

By reading some reports, I ［ could they how move understood ］.

(3) 本文の内容から考えて，次のうち，本文中の ③ に入れるのに最も適しているものはどれですか。一つ選び，記号を○で囲みなさい。

ア same　イ similar　ウ open　エ opposite

(4) 本文中のⒶthem の表している内容に当たるものとして最も適しているひとつづきの英語3語を，本文中から抜き出して書きなさい。

(5) 本文中の‘ ④ the two shells with your hands?’が，「あなたはその2枚の貝殻を手で開けようとしたことがありますか。」という内容になるように，解答欄の______に英語5語を書き入れ，英文を完成させなさい。

(6) 本文中の ⑤ に，次の(i)～(iii)の英文を適切な順序に並べかえ，前後と意味がつながる内容となるようにして入れたい。あとのア～エのうち，英文の順序として最も適しているものはどれですか。一つ選び，記号を○で囲みなさい。

(i) I remembered this experience, and wanted to know why shellfish could keep closing their shells.

(ii) It was hard work and it took a long time, and finally I couldn't.

(iii) So, I went to a library, read some books, and then found the answer to the question.

ア (i)→(iii)→(ii)　イ (ii)→(i)→(iii)　ウ (ii)→(iii)→(i)　エ (iii)→(i)→(ii)

(7) 本文の内容から考えて，次のうち，本文中の ⑥ に入れるのに最も適しているものはどれですか。一つ選び，記号を○で囲みなさい。

ア the shellfish are tired　イ the shellfish are not tired

ウ we would be tired　エ we would not be tired

(8) 次のうち，本文で述べられている内容と合うものはどれですか。一つ選び，記号を○で囲みなさい。

ア Masayo got the information about the muscle of shellfish with two shells by watching TV.

イ Some scallops move 500 meters in one night and look for a good place for getting their food.

ウ　Masayo thinks scallops are just delicious food and her thought wasn't changed after she read some reports and books.

エ　Shellfish with two shells become tired when the special protein in their muscle connects with each other.

(9)　本文の内容と合うように，次の問いに対する答えをそれぞれ英語で書きなさい。ただし，①は３語，②は９語の英語で書くこと。

①　Are scallops the most active of all shellfish with two shells?

②　If science and technology improve more in the future, what can we use?

3　留学生のティム（Tim）とホストファミリーのあなた（You）とが，次のような会話をするとします。あなたならばどのような話をしますか。あとの条件１・２にしたがって，（①），（②）に入る内容を，それぞれ英語で書きなさい。解答の際には記入例にならって書くこと。文の数はいくつでもよい。

You: Hi, Tim.　Next summer, you and I will go on a trip with my family, right?
(　　①　　)

Tim: Yes. Now, I have two ideas: going to the beach, or going to the mountain. Both sound good to me, but I can't decide.　Which place is better, the beach or the mountain?　Please choose the better place and tell me what we can enjoy there.

You: OK.　(　　②　　)

Tim: I see.　I understand why it is better.　I am excited.

（注）　go on a trip　旅行に行く

<条件１>　①に，「その計画を一緒に作りましょう。あなたは何か考えがありますか。」と伝える文を，10語程度の英語で書くこと。

<条件２>　②に，前後のやり取りに合う内容を，20語程度の英語で書くこと。

記入例

When	is	your	birthday?
Well	, it's	April	11　.

＜英語＞

〔C問題〕 時間 55分（リスニングテスト25分を含む）
満点 90点

1 Choose the phrase that best completes each sentence below.

(1) Do you (　　　) your bag?

ア have everything in you need that　イ need that have everything in you
ウ have everything that you need in　エ need everything have you that in

(2) The officer (　　　) to go.

ア standing there will show you which way
イ will you show which way standing there
ウ standing which way there you will show
エ will show you way there which standing

(3) The machine (　　　).

ア easily clean my room helps me　イ helps me my room clean easily
ウ easily clean me helps my room　エ helps me clean my room easily

(4) I wish I (　　　).

ア speak you could as fluently as French
イ could speak French as fluently as you
ウ speak you as fluently as could French
エ could you speak French as fluently as

(5) The letter (　　　) in his house.

ア which he lost many years ago was found
イ was found which many years lost ago he
ウ which was lost found he many years ago
エ was lost many years ago he found which

(6) I will (　　　) the piano in the festival.

ア play to my teacher let me ask　イ ask my teacher to let me play
ウ play my teacher let me ask to　エ ask to let me my teacher play

2 Read the passage and choose the answer which best completes sentence (1), and choose the answer which best completes each blank ① and ②.

A report on the views of high school students about social participation was made in 2021. [A] In this report, the words "social participation" mean any activity that students join both inside and outside school. According to the report, a survey was done to know two things. [B] One is the awareness of high school students about social participation. [C] These two things are used to find what kind of characteristics there are in each country. [D] Students in the following four countries joined this survey: Japan, America, China, and

Korea. They were asked 28 questions, for example, “How interested are you in social issues outside school?”, and the students answered each question by choosing one answer. The table shows the percentages of the answers to one of the questions: “Are you actively participating in classroom discussions at your school?”.

We can find some things from the table. Some students didn’t answer this question, but if we compare the total percentages of the students who answered “Active” or “Somewhat active,” [①] of the four countries. The total percentages of the students who answered “Not so active” or “Not active” are higher than 30% in [②].

【Table】

The percentages of the answers to the question: “Are you actively participating in classroom discussions at your school?”

	Active	Somewhat active	Not so active	Not active	No answer
Japan	29.4 %	52.6 %	14.9 %	2.5 %	0.7 %
America	27.1 %	41.8 %	20.4 %	10.7 %	0.0 %
China	30.7 %	45.0 %	20.4 %	3.9 %	0.0 %
Korea	32.6 %	45.0 %	15.4 %	6.9 %	0.2 %

（国立青少年教育振興機構「高校生の社会参加に関する意識調査報告書」（令和３年）により作成）

（注）social participation　社会参加　survey　調査　awareness　意識　characteristic　特徴
social issue　社会問題　table　表　percentage　割合　actively　積極的に
participate in ～　～に参加する　discussion　話し合い　somewhat　やや

(1) The sentence “The other one is their real situation on social participation.” should be put in
ア [A].　イ [B].　ウ [C].　エ [D].

(2) ①　ア　Japan is the highest　イ　America is the highest
ウ　China is the lowest　エ　Korea is the lowest

(3) ②　ア　Japan　イ　America　ウ　China　エ　Korea

3 Read the passage and choose the answer which best completes each sentence (1)～(5).

Our daily lives are supported by a lot of satellites in space. Now, there are about 4,300 satellites around the earth. By 2030, about 46,000 satellites will be there. These satellites help our activities and communication. For example, weather information, the Internet, and cellphones can be used with this satellite technology.

However, space debris makes the situation of satellites [①]. Space debris is trash in space. For example, old satellites which are not working, and, some parts which were separated from a rocket are all space debris. There are various sizes and shapes of space debris. The space debris flies around the earth very fast. What will happen if the fast space debris hits a satellite? It may destroy the satellite. Now, the number of pieces of space debris has been getting bigger. This means there may be more accidents in the near future. If we do nothing, the accidents will have an influence on our daily lives.

Now, scientists and many teams around the world are trying three things to solve this problem. First: finding and watching space debris. Second: reducing the number of new pieces of space debris. This means improving technology to reduce the number of the separated parts from rockets. Making satellites which can work longer is also helpful. Third: removing space debris which is already in space.

Many people have thought the third point was too difficult, but a Japanese team is now trying to do it. How can the team remove space debris? The team invented a machine which used the power of magnets. After the machine finds space debris which is not tumbling, it follows and catches the space debris. Some kinds of space debris are tumbling, so it is too difficult for the machine to catch those kinds of space debris. To catch the tumbling space debris, the team will keep improving the machine.

"Let's reduce trash." This has been an important topic when we think about our daily lives and the global environment. ②Both should be protected, but today, we have to protect the environment of space, too. We are responsible for a good environment both on the earth and in space.

（注） daily 日々の　satellite 人工衛星　space debris スペースデブリ（宇宙ゴミ）
separate 切り離す　rocket ロケット　magnet 磁石　tumble 回転する

(1) The word which should be put in [①] is
ア better.　イ convenient.　ウ dangerous.　エ wrong.

(2) One of the problems in space is
ア various pieces of trash which may destroy satellites.
イ many kinds of satellites which are working for our daily lives.
ウ the satellites which move fast and cause serious accidents.
エ the number of space debris which helps our activities.

(3) The plan which is not tried for solving the problem of space debris is
ア finding and watching space debris.
イ making satellites work longer.
ウ reducing the number of rockets and satellites.
エ taking space debris out from space.

(4) The word ②Both refers to
ア our daily lives and the global environment.
イ our activities and communication.
ウ scientists and many teams around the world.

エ space debris and satellites.

(5) According to the passage,

ア old satellites are not space debris because they are not working.

イ scientists and many teams in the world are trying to separate space debris from rockets and satellites.

ウ the machine made by a Japanese team can catch space debris which is tumbling.

エ space debris may hit satellites more often in the near future because the number of pieces of space debris is getting bigger.

4 **Read the passage and choose the answer which best completes each sentence (1)～(5).**

Do you like scallops? A scallop is a kind of shellfish with two shells. Scallops are delicious and they are popular food around the world. But, do you know scallops swim and jump in the sea? Some people may be surprised ① that shellfish can move quickly. How can scallops move like that?

scallops（ホタテガイ）

Scallops move by taking water into their shells and pushing it out quickly. They can go forward or turn by changing how they push the water out. For example, if they want to go to the right, they push the water out to the left. This means scallops can move by pushing the water out quickly to the ② side of the way they want to go. By using this way of moving, when other sea animals try to eat scallops, scallops swim away from them to protect their lives. Scallops also move to find a good place for getting their food, and some of them move 500 meters in one night. Scallops are the most active of all shellfish with two shells.

scallops in the sea

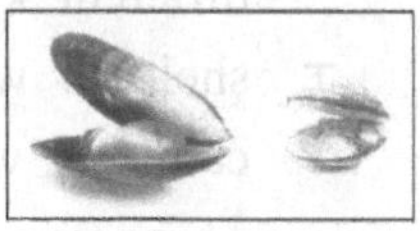
shellfish with two shells

When shellfish with two shells live in the ocean, they usually keep closing their shells. Shellfish with two shells have a strong muscle to keep closing their shells. In the ocean, they usually keep using the strong muscle. For us, it is like holding a heavy bag for a long time. If we do that, we will be very tired because it needs a lot of energy. However, shellfish with two shells don't become tired. Their muscle needs very little energy to keep closing their shells. It has one special kind of protein that our muscle doesn't have. To keep closing their shells, the special protein connects with each other. When the proteins are in that condition, shellfish with two shells don't get tired by using the muscle.

This means, if we had the same muscle that shellfish with two shells have, [③] by holding a heavy bag for a long time.

If science and technology improve more in the future, we can use the power of this strong muscle. It may help people carry some heavy things or take care of people who need help. We can support many people with difficulties.

（注） shellfish （生き物としての）貝（複数影も shellfish） muscle 筋肉 protein タンパク質

(1) The expression which should be put in [①] is

ア know. イ knew. ウ known. エ to know.

(2) The word which should be put in [②] is

ア open. イ opposite. ウ same. エ similar.

(3) The phrase which should be put in [③] is

ア the shellfish would be tired. イ the shellfish would not be tired.

ウ we would be tired. エ we would not be tired.

(4) According to the passage, scallops

ア become delicious because they move to get good food for them.

イ go forward because they can't change how they push the water out.

ウ protect their lives by swimming away from other sea animals which try to eat them.

エ are active but other shellfish with two shells are more active than scallops.

(5) According to the passage,

ア the special protein of shellfish with two shells is useful to move quickly in the sea.

イ shellfish with two shells have a special kind of protein which helps their muscle use very little energy.

ウ the special protein in the muscle of shellfish with two shells connects with different kinds of proteins,

エ shellfish with two shells get tired when the special protein in their muscle connects with each other.

5 Read the passage and choose the answer which best completes each sentence (1), (2), (3), (5) and (6), and choose the answer to the question (4).

a slime mold
（変形菌）

A slime mold is a single-celled organism. It is a kind of an ameba. We can find various kinds of slime molds in a forest Many scientists in the world have been [①] this interesting creature for many years.

A slime mold has a strange system for living. It is born from a spore. A slime mold also explores for food. A slime mold can get nutrients from the food and grow. It can change its body shape when it explores for food. For example, it can shrink and spread its body. If a slime mold is cut into some pieces, each piece can ② separately and explore to get food. When one piece of the slime mold meets another piece of the slime mold, these pieces can merge and live as one slime mold.

To see how a slime mold gets nutrients from food which is put at two different places, a scientist did a simple experiment. First, he put a slime mold in the middle of a case. Then, he put its favorite food at two places in the case. Some food was put to the left side and some other food was put to the right side (see Picture 1-1). Then, what happened? The slime mold started to spread its body to both pieces of the food. The pieces of the food were covered with the slime mold. After that, its body shape between the two pieces of the food looked like a line (see Picture 1-2). The line became the shortest route between the two places of the food. This experiment showed that the slime mold could reach both pieces of the food by ③ and could get nutrients from them at one time.

【Picture1-1】

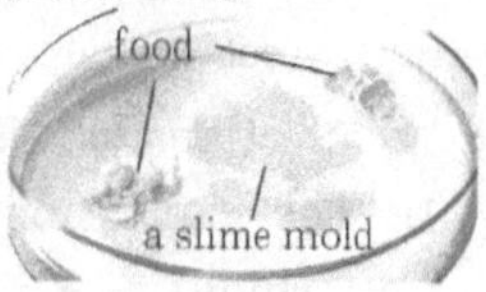

【Picture1-2】

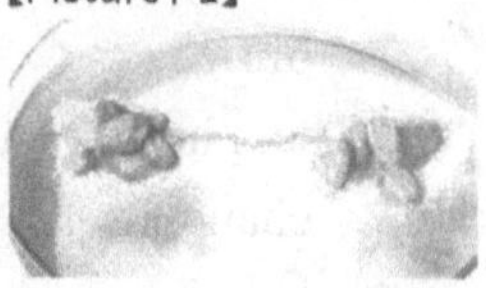

The scientist did another experiment by using a maze. He found that a slime mold could find the shortest route through the maze. Here are the things the scientist did. ④ After the slime mold filled the maze (see Picture 2-1), the scientist put the slime mold's favorite food at two different places of the maze, and waited for a few hours. The slime mold's body parts which were far from the food started to shrink and move to the food put at the two places. After doing such actions, almost all of the two pieces of the food were covered with the slime mold and its body shape between the two places of the food became a line (see Picture 2-2). The line was the shortest route in the maze between the two places of the food. This experiment showed that the slime mold found the shortest route between the two places in the maze.

【Picture2-1】

【Picture2-2】

The slime mold didn't have any guide to lead it or get any order from something or someone. The things the slime mold actually did were covering the food with most parts of its body and shrinking its body parts which were far from the food. As one slime mold, changing its body shape was efficient for getting nutrients. The slime mold could get most nutrients from the food put at the two places. The slime mold may teach us that to be simple is the key to being efficient.

(注) single-celled organism 単細胞生物 ameba アメーバ creature 生き物 spore 胞子 explore 探索する，動き回る nutrient 養分 shrink 縮む，縮める spread 広げる cut ~ into… ~を…に切り分ける separately 別々に merge 融合する experiment 実験 route 経路 maze 迷路 efficient 効率のよい

(1) The expression which should be put in [①] is

ア study. イ studied. ウ studying. エ to study.

(2) The word which should be put in [②] is

ア blow. イ count. ウ disappear. エ live.

(3) The phrase which should be put in [③] is

ア changing its body shape. イ doing a simple experiment.

ウ learning from a scientist. エ cutting its body.

(4) The following passages (i)~(iii) should be put in [④] in the order that makes the most sense.

(i) Each of them started to explore in the maze, and, when each met another one, they merged.

(ii) The scientist cut a slime mold into many pieces and put them in many different places of the maze.

(iii) In a few hours, by doing such actions many times, they became one. Which is the best order?

ア (i)→(ii)→(iii)

イ (i)→(iii)→(ii)

ウ (ii)→(i)→(iii)

エ (ii)→(iii)→(i)

(5) According to the passage, for a slime mold,

ア being in a maze is an efficient way to live.

イ spreading its body is the way of reaching the food put at the two places.

ウ it is impossible to merge after the slime mold is cut into many pieces.

エ it is necessary to know how other creatures get nutrients from food.

(6) According to the passage,

ア the life of a slime mold is strange, so no one can find it in a forest.

イ a slime mold can teach us that doing nothing in a difficult situation is efficient.

ウ a slime mold needs to follow an order from something or someone when it explores for food.

エ the shortest route between the food put at the two places was shown by a slime mold.

6　Read the following sentences and write your answer in English.

Suppose you have a goal to achieve, but you have difficulties to achieve the goal. In such cases, who or what helps you overcome those difficulties? Write who or what, and after that, from your experience or example, explain why you think so.

（注） suppose 考える　achieve 達成する　overcome 乗り越える

＜理科＞

時間 40分　満点 90点

1 生態系における食物連鎖に興味をもったＦさんは，生物や生態系について調べ，考察した。また，メダカの飼育を通じて，生物の間における物質の移動について考えた。あとの問いに答えなさい。

【Ｆさんが生物や生態系について調べたこと】

- 動物は，食物のとり方や生活の仕方によって，特徴のある体のつくりになっている。
- 生態系において，光合成を行っている植物はあ生産者と呼ばれており，植物を食べる草食動物および動物を食べる肉食動物は，消費者と呼ばれている。
- い生物の数量（生物量）を比べると，消費者の中では草食動物の数量が最も大きい。
- 生態系において成り立っている生物どうしの数量的なつり合いは，う外来種（外来生物）によって崩されて元に戻らなくなってしまうことがある。

⑴ ライオンとシマウマは，いずれも背骨をもつ胎生の恒温動物である。

① ライオンとシマウマは何類に分類される動物か。次のア～エから一つ選び，記号を○で囲みなさい。

ア　ホニュウ類　　イ　ハチュウ類　　ウ　両生類　　エ　鳥類

② 図Ⅰは，頭上から見たライオンとシマウマの水平方向の視野を表した模式図であり，Ｒは右目で見ることができる範囲，Ｌは左目で見ることができる範囲をそれぞれ表している。図Ⅰについて述べた次の文中のⓐ〔　〕，ⓑ〔　〕から適切なものをそれぞれ一つずつ選び，記号を○で囲みなさい。

図Ⅰ

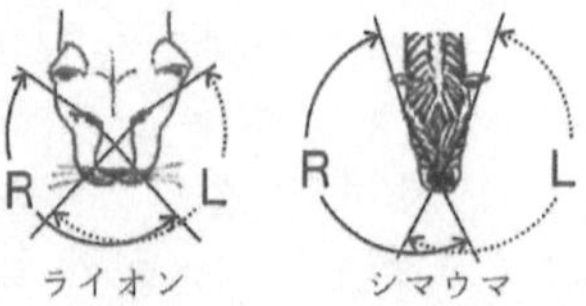

シマウマよりライオンの方が，ＲとＬの重なっている範囲がⓐ〔　ア　小さい　　イ　大きい　〕。このため，ライオンの方が，ⓑ〔　ウ　一度に見渡すことのできる　　エ　一度に立体的に見ることのできる　〕範囲は大きいといえる。

⑵ 下線部あについて述べた次の文中の①〔　〕，②〔　〕から適切なものをそれぞれ一つずつ選び，記号を○で囲みなさい。

生産者は，さまざまな生物の栄養分となる①〔　ア　有機物　　イ　無機物　〕を②〔　ウ　自らつくり出す　　エ　他の生物から取り出す　〕はたらきをしている。

⑶ 下線部いについて，次のページの図Ⅱは，陸上のある生態系における年ごとの肉食動物Ａと草食動物Ｂの個体数の変化を表したグラフである。肉食動物Ａと草食動物Ｂは食べる・食べられるの関係にあり，1977年までは，肉食動物Ａと草食動物Ｂの個体数のつり合いはとれていた。

① 1978年から，肉食動物Ａは虫Ｘの被害を受け始めた。虫Ｘが肉食動物Ａの体に付いて増殖すると，肉食動物Ａは体が弱って食物を食べることができなくなる。次の文中のⓒ〔　〕，ⓓ〔　〕から適切なものをそれぞれ一つずつ選び，記号を○で囲みなさい。

虫Xによる肉食動物Aへの影響は1978年以降しばらく続き，1980年から1985年にかけては，ⓒ〔　ア　草食動物Bが増加したことが原因で，肉食動物Aが減少　　イ　肉食動物Aが減少したことが原因で，草食動物Bが増加　〕していったと考えられる。1985年には，草食動物Bの個体数は肉食動物Aの個体数のおよそⓓ〔　ウ　4倍　　エ　16倍　〕になった。

② 次のア～エのうち，1985年から1987年にかけて，草食動物Bの個体数が減少した理由として考えられるものはどれか。最も適しているものを一つ選び，記号を○で囲みなさい。

ア　肉食動物Aの個体数が急激に増えたために，草食動物Bの食料となる植物が不足したから。

イ　肉食動物Aの個体数が急激に減ったために，草食動物Bの食料となる植物が増加したから。

ウ　草食動物Bの個体数が多すぎたために，草食動物Bの食料となる植物が不足したから。

エ　草食動物Bの個体数が少なすぎたために，草食動物Bの食料となる植物が増加したから。

図Ⅱ

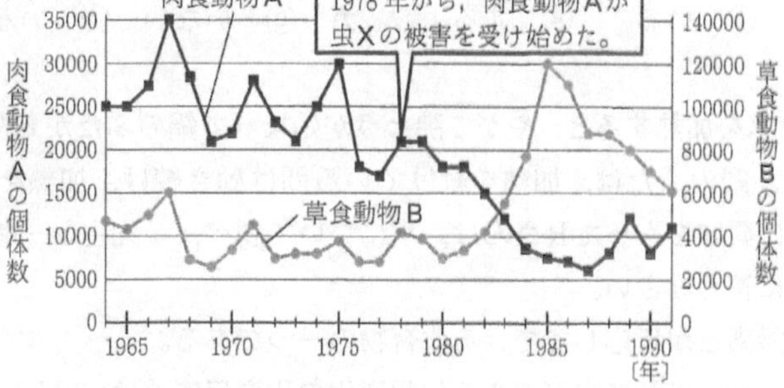

(4) 下線部㋒について述べた次の文中の □ に入れるのに適している語を書きなさい。

外来種とは，もともとその地域に生息していなかったが，□ の活動によって，他の地域から移ってきて，野生化し，定着した生物のことである。

【メダカの飼育】　Fさんは，水を入れた水槽に，別に飼っているメダカの水槽の小石を移し，オオカナダモを植え付けた。これを日当たりのよい窓際に数日置いたあと，メダカを入れ，人工のエサを与えて飼育した。

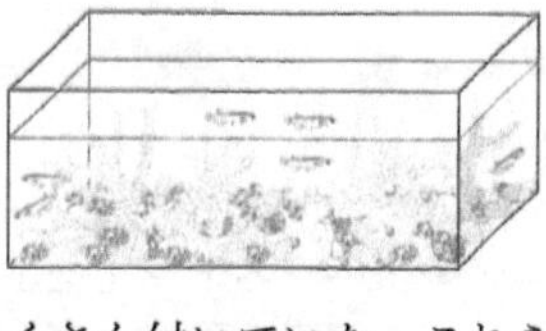

(5) メダカを入れる前，オオカナダモの葉の表面に小さな泡の粒がたくさん付いていた。これらの小さな泡の粒を集めた気体を調べると，酸素が多く含まれていることが分かった。次のア～エのうち，酸素の性質として適しているものを一つ選び，記号を○で囲みなさい。

ア　石灰水を白く濁らせる。　　　**イ**　刺激臭があり，水にとけて酸性を示す。

ウ　水にとけてアルカリ性を示す。　**エ**　火のついた線香を入れると，線香が激しく燃える。

(6) Fさんは，先生から「メダカのふんなどで水が濁るのを防ぐためには，掃除のときに，小石の汚れを完全に落としてはいけない。」と助言をもらった。次のページの文は，助言の根拠を述べたものである。文中の①〔　〕から適切なものを一つ選び，記号を○で囲みなさい。また，生態系における生物のはたらきをふまえ，[②] に入れるのに適している語を書きなさい。

小石の汚れに見える部分には，メダカのふんなどから養分を得る①［ **ア** 細菌類 **イ** コケ植物 ］のような，[②] 者と呼ばれる生物が含まれている。これらの生物が取り除かれてしまうと，有機物を無機物に [②] することができなくなり，水槽の水が濁る。

(7) 自然界では，食物連鎖や，呼吸および光合成によって，炭素が有機物や無機物に形を変えながら生物の間を繰り返し移動し，生態系を循環している。次の文は，水槽中のオオカナダモとメダカとの間での炭素の移動について述べたものである。あとの**ア**～**カ**のうち，文中の [ⓔ] ～ [ⓖ] に入れるのに適している語の組み合わせはどれか。一つ選び，記号を○で囲みなさい。ただし，水槽中にはオオカナダモを食べる生物はおらず，メダカは人工のエサのみを食べているものとする。

水槽中のオオカナダモからメダカに炭素は移動して [ⓔ] と考えられ，メダカからオオカナダモに炭素は移動して [ⓕ] と考えられる。したがって，この水槽中ではオオカナダモとメダカの間を繰り返し移動している炭素は存在 [ⓖ] と考えられる。

ア ⓔ いる ⓕ いる ⓖ する　**イ** ⓔ いる ⓕ いる ⓖ しない
ウ ⓔ いる ⓕ いない ⓖ する　**エ** ⓔ いる ⓕ いない ⓖ しない
オ ⓔ いない ⓕ いる ⓖ する　**カ** ⓔ いない ⓕ いる ⓖ しない

2 ふたをした鍋で水を加熱すると，やがて沸とうが始まって鍋のふたがもち上がり，カタカタと音を立てて動いた。鍋のふたは，加熱を続けている間は動き続け，加熱をやめると速やかに止まった。このことに興味をもったRさんは，水について調べ，Y先生と一緒に**実験**および考察を行った。次の問いに答えなさい。

(1) 水は，水素と酸素とが反応してできる化合物の一つである。

① 水素と酸素とが反応して水ができる化学変化の化学反応式は，$2H_2 + O_2 \rightarrow 2H_2O$ で表される。次の**ア**～**エ**のうち，この化学変化をモデルで表したものとして最も適しているものを一つ選び，記号を○で囲みなさい。ただし，水素原子１個を◎，酸素原子１個を● で表すものとする。

ア　イ　ウ　エ

② 次の文中の [ⓐ] に入れるのに適している語を書きなさい。

窒素や酸素などからなる空気のように，いくつかの物質が混ざり合ったものが混合物と呼ばれるのに対して，水のように１種類の物質からなるものは [ⓐ] と呼ばれる。[ⓐ] の沸点は，物質の種類によって決まった温度となる。

【実験】 図Ⅰのように，火の大きさを一定にしたガスバーナーで沸とう石を入れた水を加熱した。図Ⅱは，加熱時間と水温の関係を表したグラフである。

(図Ⅰ，図Ⅱは次のページにあります。)

図Ⅰ

図Ⅱ

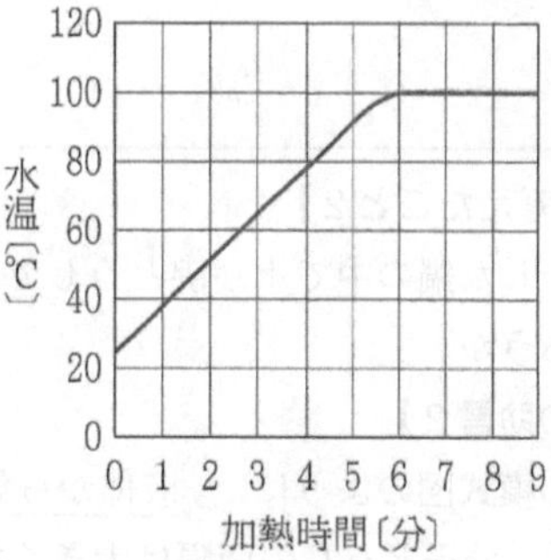

⑵　図Ⅰ中に示した沸とう石について，次のア～エのうち，沸とう石を入れる目的として適しているものを一つ選び，記号を○で囲みなさい。

ア　水が突然沸とうするのを防ぐ。

イ　水が蒸発するのを防ぐ。

ウ　水が空気と反応するのを防ぐ。

エ　水が酸素と水素とに分解するのを防ぐ。

【ビーカーの中の水のようすと，図ⅡからRさんが読み取ったこと】

・加熱を開始してから5分までは，加熱時間に対する水温の上昇の割合は一定であった。

・ガスバーナーによる水への熱の加え方が変わらないのに，加熱を開始してから5分が過ぎると，気泡の発生とともに加熱時間に対する水温の上昇の割合は徐々に小さくなっていった。加熱を開始してから6分が過ぎると，水中のいたる所で大きな気泡が発生するようになり，水温は100℃のまま上昇しなかった。

【Rさんが考えたこと1】

・加熱時間に対する水温の上昇の割合が小さくなっていき，100℃になると水温が一定になったのは，気泡の発生が原因ではないだろうか。

【Y先生の助言1】

・ガスバーナーの火の大きさが一定なので，水に加えられる1分あたりの熱量も一定であると考えてよい。

・水の状態が液体から気体へと変化するためには，熱が必要である。

・水に加えられた熱量は，水温の上昇に利用された熱量と，水の状態変化に利用された熱量との総量に等しいと考えてよい。

⑶　次の文は，**実験**において，加熱を開始して5分が過ぎてから6分までの1分間でみられた，水温の上昇のようすから分かることについて，**Y先生の助言1**をもとにRさんがまとめたものである。文中の［　　］に入れるのに適している内容を**Y先生の助言1**をふまえ，「熱量」の語を用いて書きなさい。

実験では，水に加えられる1分あたりの熱量はつねに一定であったといえる。したがって，加熱を開始して5分が過ぎてから6分までの1分間で，加熱時間に対する水温の上昇の割合が徐々に小さくなっていったのは，時間とともに □ が増加していったためであると考えられる。

【Rさんが考えたこと2】

・ふたをした鍋の中で水が沸とうしていたとき，水蒸気が鍋のふたをもち上げたのではないだろうか。

【Y先生の助言2】

・図Ⅲの模式図のように，(あ)液体から気体に状態が変化すると，分子どうしの間隔は大きくなって，物質の体積は増加する。

図Ⅲ

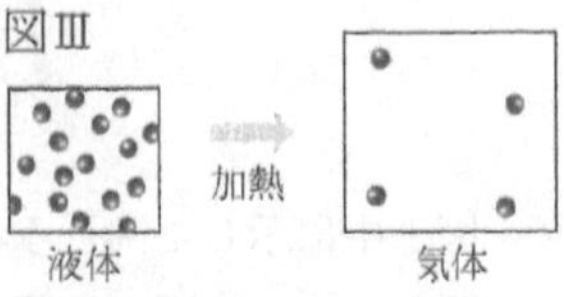

・加熱を続け，水が沸とうしているとき，水蒸気が鍋のふたをもち上げる仕事をしている。このとき，(い)エネルギーの変換が起こっており，このしくみは(う)発電に利用されている。

⑷　下線部(あ)について，15gの水を加熱し，すべて100℃の水蒸気にしたとき，その水蒸気の体積は何Lになると考えられるか，求めなさい。ただし，100℃の水蒸気1Lあたりの質量は0.60gであるとする。

⑸　次の文は，**Y先生の助言2**をもとにRさんがまとめたものである。あとの**ア**～**エ**のうち，文中の ⓑ ， ⓒ に入れるのに適している語の組み合わせはどれか。一つ選び，記号を○で囲みなさい。

沸とうしている水に継続して熱を加えると，液体の水の ⓑ が減少し，減少した分と同じだけ，気体の水の ⓑ が増加する。このとき，液体の水の ⓒ の減少量よりも，気体の水の ⓒ の増加量が著しく大きくなるために，鍋のふたはもち上がったと考えられる。

ア　ⓑ　体積　　ⓒ　質量　　　**イ**　ⓑ　密度　　ⓒ　質量

ウ　ⓑ　質量　　ⓒ　体積　　　**エ**　ⓑ　密度　　ⓒ　体積

⑹　下線部(い)について述べた次の文中のⓓ［　］，ⓔ［　］から適切なものをそれぞれ一つずつ選び，記号を○で囲みなさい。

エネルギーが変換されると，変換されて得られた目的のエネルギーの量は，変換前のエネルギーの総量よりもⓓ［　**ア**　多く　　**イ**　少なく　］なる。これは，変換にともなって，目的外のエネルギーにも変換されてしまうためである。目的外のエネルギーの量と目的のエネルギーの量との総量は，変換前のエネルギーの総量と比べてⓔ［　**ウ**　多くなる　　**エ**　変わらない　　**オ**　少なくなる　］。

⑺　下線部(う)について，図Ⅳは火力発電のしくみを模式的に表したものである。火力発電所では，ボイラーで水を沸とうさせて，発電を行っている。あとの**ア**～**カ**のうち，火力発電について述べた次のページの文中の ⓕ ～ ⓗ に入れるのに適している語の組み合わせはどれか。一つ選び，記号を○で囲みなさい。

図Ⅳ

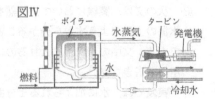

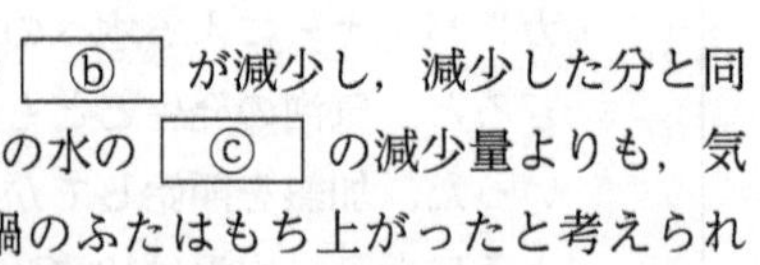

火力発電では，ボイラーにおいて，燃料のもつ［ ⓕ ］エネルギーを［ ⓖ ］エネルギーに変換し，水の状態を液体から気体に変化させる。気体になった水はタービンを回す仕事をする。回転するタービンの［ ⓗ ］エネルギーは発電機で電気エネルギーに変換される。

ア　ⓕ　運動　ⓖ　化学　ⓗ　熱　　**イ**　ⓕ　運動　ⓖ　熱　ⓗ　化学
ウ　ⓕ　化学　ⓖ　運動　ⓗ　熱　　**エ**　ⓕ　化学　ⓖ　熱　ⓗ　運動
オ　ⓕ　熱　ⓖ　運動　ⓗ　化学　　**カ**　ⓕ　熱　ⓖ　化学　ⓗ　運動

3　Gさんは，太陽だけでなく，惑星や太陽以外の恒星も月にかくされる現象が起こることに興味をもち，E先生と一緒に天体の動きについて調べることにした。次の問いに答えなさい。ただし，日本から観測した月の左は東側，右は西側である。

(1)　地球から観測して，地球，月，太陽が一直線上に並ぶとき，太陽が月にかくされる現象は何と呼ばれているか，書きなさい。

【惑星や恒星が月にかくされる現象について調べたこと】

・2021年には水星，金星，火星が月にかくされる現象がそれぞれ2回ずつ，合計6回起こった。
・6回のうち大阪から観測できる条件にあったのは，金星と火星の1回ずつであったが，いずれも昼間の時間帯であった。
・2021年11月8日の金星が月にかくされる現象は，大阪からの観測では，13時44分ごろから14時26分ごろの南南東の空で起きた。
・2021年11月8日の金星，地球，太陽の公転軌道上における位置関係は，図Iのようになる。
・金星が月にかくされるとき，金星は月の東側から月のうしろにかくれ始め，月の西側から出てくる。
・太陽やその他の恒星が月にかくされるときも，月の東側から月のうしろにかくれ始め，西側から出てくる。

図I

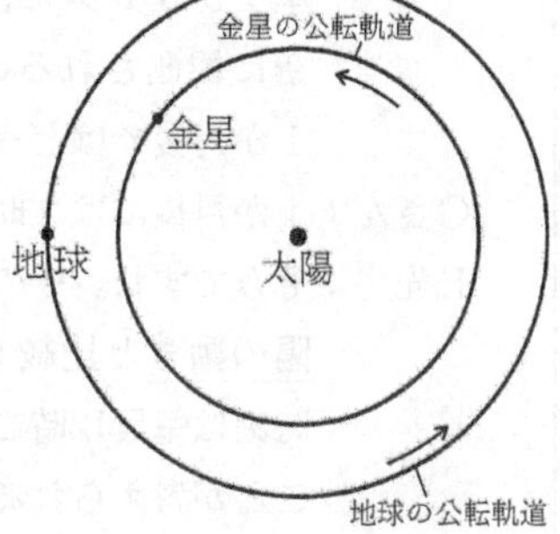

(2)　次の**ア**～**エ**の文は，水星，金星，火星について，月にかくされる現象を大阪から観測する場合に，日本時間の真夜中（23時から1時の間とする）に観測できることがあるかについて述べたものである。内容が正しいものを一つ選び，記号を○で囲みなさい。

ア　水星のみ，真夜中に月にかくされる現象を観測できることがある。
イ　金星のみ，真夜中に月にかくされる現象を観測できることがある。
ウ　火星のみ，真夜中に月にかくされる現象を観測できることがある。
エ　いずれも，真夜中に月にかくされる現象を観測できることはない。

(3)　次の文中の①〔　〕，②〔　〕から適切なものをそれぞれ一つずつ選び，記号を○で囲みなさい。

2021年11月8日ごろ，金星は①〔 **ア**　よいの明星　**イ**　明けの明星 〕として②〔 **ウ**　東の空　**エ**　西の空 〕に明るく輝くようすが，望遠鏡などを使わなくても観察できた。

(4)　図Ⅰの位置関係で金星が月にかくされたとき，月はどのような見かけの形をしていたと考えられるか。次のア～エから最も適しているものを一つ選び，記号を○で囲みなさい。

ア　新月

イ

三日月のような細い月

ウ

上弦の月

エ
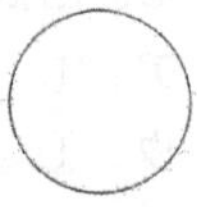
満月

【GさんとE先生の会話】

Gさん：太陽やその他の恒星が月にかくされるとき，月の東側から月のうしろにかくれ始め，西側から出てくるのはなぜでしょうか。

E先生：では，まず恒星の日周運動について考えましょう。大阪で南の空に観測できる星座は，東の空からのぼり西の空に沈むことを毎日繰り返していますね。また，北の空に観測できる星座は，北極星付近を中心に反時計回りに回転していますね。このように観測できるのはなぜでしょうか。

Gさん：地球が［ⓐ］しているからです。［ⓐ］による地球の回転にともない，太陽以外の恒星は，互いの位置関係を変えずに地球の周りを回っているように観測できます。

E先生：恒星の動きについて，夏の星座であるさそり座の恒星アンタレスに注目しましょう。この星が真南の空に観測されるのは７月29日の20時ごろですが，１か月後ではどうでしょうか。

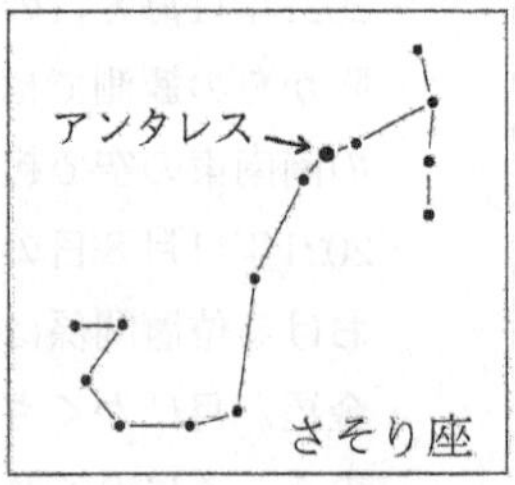

Gさん：１か月後には２時間も早い18時ごろに南中します。

E先生：そうですね。そのアンタレスの日周運動を，(あ)太陽の動きと比較して考えましょう。太陽の南中時刻は毎日12時ごろになることから，どのようなことが考えられるでしょうか。

Gさん：アンタレスのような星座をつくる恒星が，日周運動で一周するのにかかる時間は24時間よりも短いです。このため，太陽との位置関係は少しずつ変化します。

E先生：ちなみに，アンタレスと太陽の観測される方向が最も近くなるのはいつごろか分かりますか。

Gさん：アンタレスと太陽がともに12時ごろに南中する［ⓑ］月末ごろになると考えられます。

E先生：その通りです。それでは最後に月の動きについて考えましょう。月が南中する時刻は，毎日どのように変化するでしょうか。

Gさん：(い)月が南中する時刻は毎日約50分程度遅くなります。

E先生：太陽以外の恒星，太陽，月がそれぞれ見かけ上地球の周りを一周するのにかかる時間が異なることから，Gさんの疑問の答えが分かりますね。

Gさん：はい。一周するのにかかる時間から考えると，月は星座の間を ⓒ していているように見えるからです。その速さは太陽よりも速いため，太陽も月の東側から月のうしろにかくれ始め，西側から出てくると考えられます。

⑸　前のページの文中の ⓐ に入れるのに適している語を書きなさい。

⑹　下線部㋐について，季節により太陽の南中高度は変化する。大阪から観測したときに太陽の南中高度が最も高くなるのはいつか。次のア～エから一つ選び，記号を○で囲みなさい。

ア　春分　　イ　夏至　　ウ　秋分　　エ　冬至

⑺　前のページの文中の ⓑ に入れるのに適している数を書きなさい。

⑻　下線部㋑について，図Ⅱは，2022年３月19日から31日まで，大阪において，朝６時に月が観測できる位置を示したものである。次の文中の①［　］，②［　］から適切なものをそれぞれ一つずつ選び，記号を○で囲みなさい。

図Ⅱ

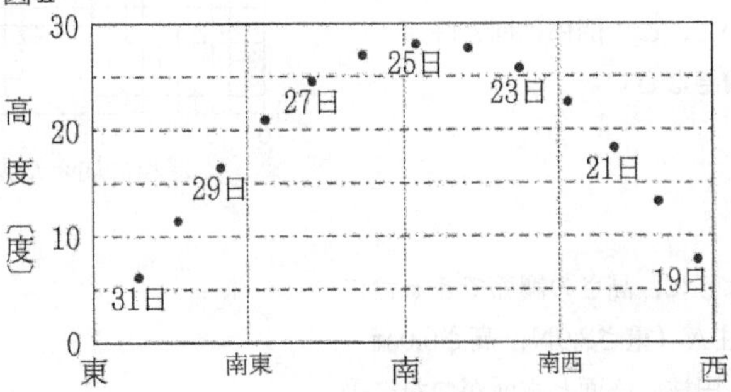

月は，日の出後も観測できる。３月19日から数日間，朝６時に月を観測すると，日ごとに月の見かけの形は①［ア　満ちていく　　イ　欠けていく］ことが確認できる。また，25日には南の空に半月状の月が観測できるが，そのとき輝いている面は，②［ウ　東側　　エ　西側］である。

⑼　上の文中の ⓒ に入れるのに適している内容を，「東」「西」の**２語**を用いて簡潔に書きなさい。

4　有人潜水調査船「しんかい6500」が深海に潜るときや海面に戻るときには，浮力と重力の差を利用する。このことを知ったＳさんは，ばねを用いて浮力と重力について調べる実験を行い，「しんかい6500」の下降・上昇について考察を行った。あとの問いに答えなさい。ただし，**実験１～３**で用いたばねはすべて同じばねで，ばねの重さや体積，ばねにはたらく浮力の大きさは考えないものとする。また，質量100ｇの物体にはたらく重力の大きさは１Ｎとする。

図Ⅰ

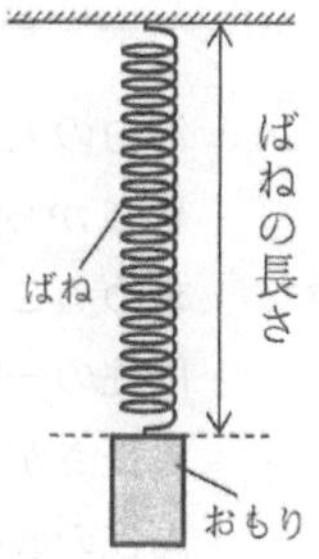

【実験１】　図Ⅰのように，ばねにおもりをつるし，ばねに加えた力の大きさとばねの長さとの関係を調べた。

［実験１のまとめ］

測定結果をグラフに表すと図Ⅱのようになった。ばねの長さから，ばねに力を加えていないときの長さをひいて，ばねののびを求めると，㋐ばねののびは，ばねに加えた力の大きさに比例していることが分かった。

図Ⅱ

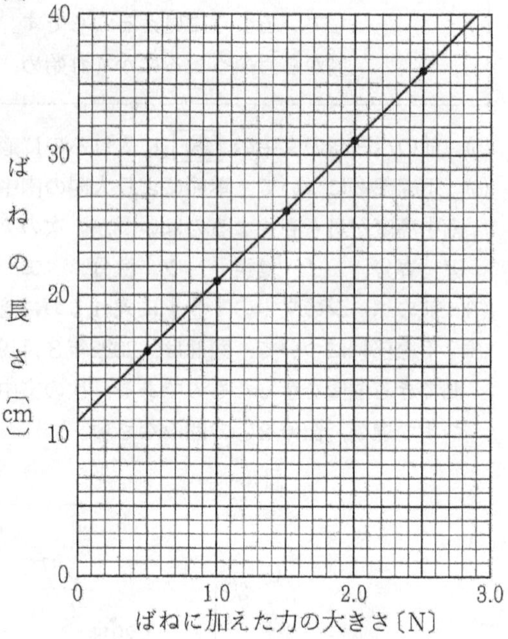

⑴ 質量250ｇの物体にはたらく重力の大きさは何Nか，求めなさい。

⑵ ばねに力を加えていないときのばねの長さは，図Ⅱより読み取ると何cmであると考えられるか。答えは**整数**で書くこと。

⑶ 下線部㋐について，この関係は何と呼ばれる法則か，書きなさい。

【実験２】 図Ⅲのように，高さの調節できる台に水槽を置き，円柱Ａ（重さ2.0N，高さ6.0cm，底面積20cm²）を，円柱の底面と水面がつねに平行になるようにしながら，ばねにつるした。このとき，台の高さを調節することで，水面から円柱の底面までの長さとばねの長さとの関係を調べた。

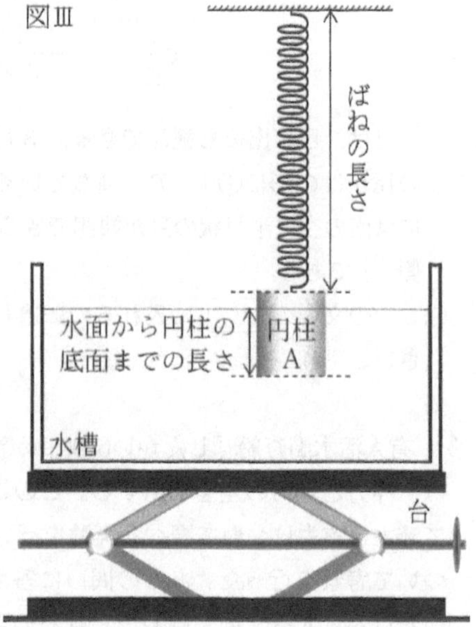

［実験２のまとめ］

・測定結果

水面から円柱の底面までの長さ〔cm〕	0	2.0	4.0	6.0	8.0	10.0
ばねの長さ〔cm〕	31	27	23	19	19	19

・浮力の大きさは，円柱Ａにはたらく重力の大きさからばねに加えた力の大きさをひくと求めることができる。

・円柱の一部分が水中にあるとき，水面から円柱の底面までの長さが2.0cm増えるごとに，ばねの長さが［ⓐ］cmずつ短くなるので，浮力の大きさは0.4Nずつ大きくなる。

・円柱の底面と水面が平行なので，円柱の一部分が水中にあるとき，水面から円柱の底面までの長さと，円柱の水中にある部分の体積は比例する。よって，浮力の大きさは物体の水中にある部分の体積に比例すると考えられる。

・円柱Aが完全に水中にあるときには，深さに関わらず，浮力の大きさは［ⓑ］Nである。

⑷　前のページの文中の［ⓐ］，［ⓑ］に入れるのに適している数をそれぞれ求めなさい。

【Sさんが「しんかい6500」について調べたこと】

・乗員３名を乗せて，水深6500mまで潜ることができる有人潜水調査船である。
・乗員３名が乗った状態では海に浮くように設計されており，深海に潜るときには鉄のおもりを複数個船体に取り付ける必要がある。
・下降をはじめると，やがて(い)<u>下降の速さは一定</u>となり，6500m潜るのに２時間以上かかる。
・深海での調査を終え，海面に戻るときには，船体に取り付けていた鉄のおもりをすべて切り離して上昇する。

⑸　下線部(い)について，次の文中の①〔　〕，②〔　〕から適切なものをそれぞれ一つずつ選び，記号を○で囲みなさい。

鉄のおもりを取り付けた「しんかい6500」が下降しているとき，浮力と重力の大きさに差があるにもかかわらず，下降する速さは一定となる。これは，三つめの力として「しんかい6500」の動きをさまたげようとする力がはたらき，三つの力の合力が０になっているためと考えられる。図Ⅳを「しんかい6500」が一定の速さで深海に向かって下降している途中のようすを示しているものとすると，「しんかい6500」の動きをさまたげようとする力の向きは，図Ⅳ中の①〔　**ア**　㋐の向き　**イ**　㋑の向き　〕であり，②〔　**ウ**　浮力　　**エ**　重力　〕の向きと同じと考えられる。

図Ⅳ

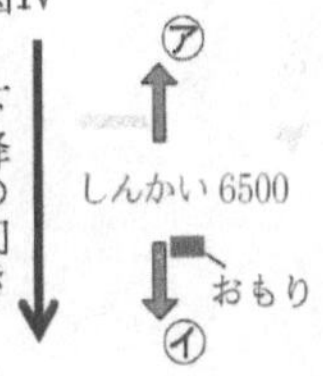

【実験３】　図Ⅲの実験装置を使い，円柱A（重さ2.0N，高さ6.0cm，底面積20cm^2）を，図Ⅴに示した円柱B（重さ1.0N，高さ6.0cm，底面積20cm^2）や，円柱C（重さ0.30N，高さ1.0cm，底面積20cm^2）に替えて，**実験２**と同じように実験を行った。

［円柱Bに替えたときの結果］

・水面から円柱の底面までの長さが5.0cm以下のときには，水面から円柱の底面までの長さが長くなるにつれ，**実験２**のときと同じ割合で浮力の大きさは大きくなった。
・水面から円柱の底面までの長さが5.0cmになったところで，ばねののびはなくなり，それ以上沈むことはなかった。

［円柱Cに替えたときの結果］

・円柱Cが完全に水中にあるときのばねの長さは12cmであった。

図Ⅴ

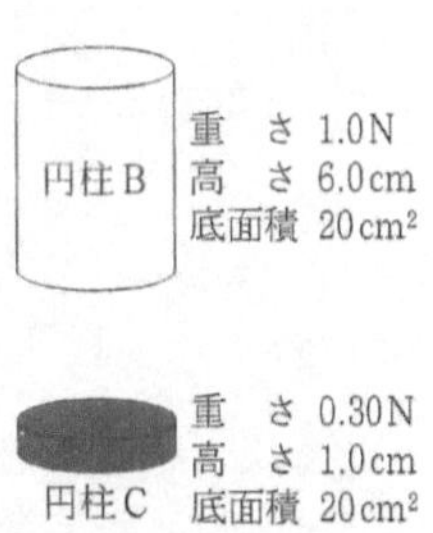

⑹　あとの文は，Sさんが**実験３**で用いた円柱Bを「しんかい6500」に見立て，円柱Cを鉄のおもりに見立てて考察したものである。文中の［①］～［③］に入れるのに適している数をそれぞれ求めなさい。答えはそれぞれ**小数第１位まで**書くこと。ただし，円柱Cは複数個あり，複数個同時に円柱Bの下部に取り付けて一体の物体とすることが可能である。

ばねをはずした円柱Bが水面に浮かんで静止しているとき，円柱Bにはたらいている重力の大きさは1.0Nであり，浮力の大きさは［　①　］Nである。

次に，図Ⅵのように円柱Bに円柱Cを３個取り付けると，一体となった物体全体にはたらく重力の大きさは［　②　］Nとなり，一体となった物体がすべて水中にあるときの浮力の大きさは［　③　］Nとなる。したがって，一体となった物体は下降を続ける。

図Ⅵ

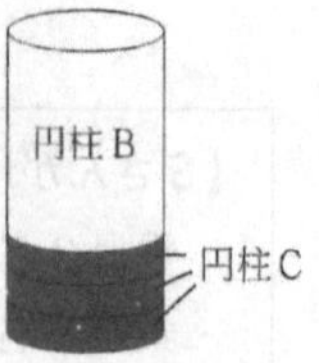

⑺　「しんかい6500」が海底近くの一定の深さにとどまり調査を行うためには，潜るために船体に取り付けていた鉄のおもりを，具体的にどのようにすることで，浮力と重力の関係をどのようにしていると考えられるか，書きなさい。ただし，調査のときの水平方向や上下方向へのわずかな移動にともなう力については，考えないものとする。

＜社会＞　時間　40分　満点　90点

1　Mさんは，アジアの工業化と日本の工業化にかかわることがらについて調べた。次の文は，Mさんが調べた内容の一部である。あとの問いに答えなさい。

> **【アジアの工業化】**
> (あ)20世紀後半・アジアの国や地域で工業化がすすんだ。すでに工業化がすすんでいた日本ではさらに工業が発展した。韓国，台湾，香港《ホンコン》，シンガポールでは1960年代に工業化がすすみ，これらの国や地域はアジアＮＩＥＳと呼ばれるようになった。1990年代に入ると，(い)中国で工業が急速に発展し，その後はベトナムなど(う)東南アジアの国々で工業化がすすむようになった。
>
> **【日本の工業化】**
> 第二次世界大戦後，京浜・(え)中京・阪神・北九州の工業地帯の周辺に工業地域が拡大した。その結果，太平洋ベルトと呼ばれる帯状の工業地域が形成された。高度経済成長期を経て，日本の主要輸出品は繊維製品や(お)鉄鋼，船舶などから自動車や精密機械などへ変化していき，(か)北アメリカやヨーロッパへの輸出額が増加した。(き)円高の影響を受けた1980年代以降，日本各地の工業地域に変化がみられるようになり，工業の衰退に対する懸念《けねん》が高まった。

⑴　(あ)20世紀後半以降，日本の産業構造は大きく変化した。図Ⅰは，1955（昭和30）年から2020（令和２）年までにおける，日本の産業別人口の推移を示したものである。次のア～エのうち，図Ⅰ中のＡ～Ｃに当たる産業の組み合わせとして正しいものはどれか。一つ選び，記号を○で囲みなさい。

図Ⅰ

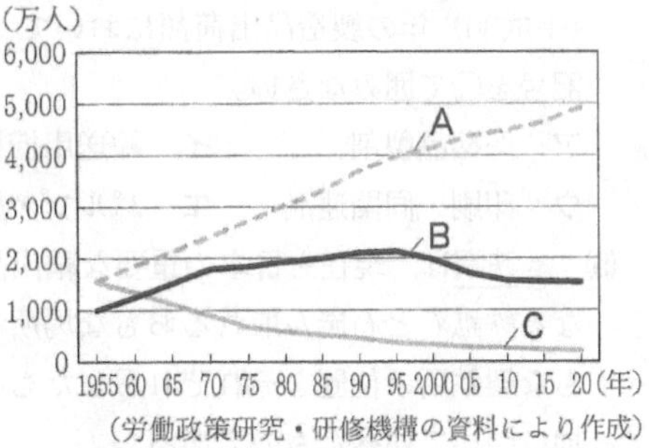

（労働政策研究・研修機構の資料により作成）

ア　Ａ　第二次産業　　Ｂ　第一次産業　　Ｃ　第三次産業
イ　Ａ　第二次産業　　Ｂ　第三次産業　　Ｃ　第一次産業
ウ　Ａ　第三次産業　　Ｂ　第一次産業　　Ｃ　第二次産業
エ　Ａ　第三次産業　　Ｂ　第二次産業　　Ｃ　第一次産業

⑵　(い)中国では，外国の資本や技術を積極的に導入するための地域として，1980年から1988年までに五つの地域が指定された。1980年に指定された深圳《シェンチェン》など，外国企業をよい条件で受け入れるために開放された地域は何と呼ばれているか。**漢字４字**で書きなさい。

⑶　(う)東南アジアの工業化による経済成長は，東南アジアの国どうしの協力によっても支えられている。

①　次のページのア～エのうち，東南アジアの経済成長や社会的・文化的発展の促進を目的として1967年に結成され，2021年においてミャンマーやカンボジアなど東南アジアの10か国が

加盟している国際組織の略称はどれか。一つ選び，記号を○で囲みなさい。

ア　EU　**イ**　APEC　**ウ**　ASEAN　**エ**　MERCOSUR

②　表Ⅰ，表Ⅱは，1984年と2019年における，タイとマレーシアの輸出品と輸出総額に占める割合とをそれぞれ示したものである。あとの**ア**～**カ**のうち，表Ⅰ，表Ⅱ中の**X**，**Y**に当てはまる輸出品の組み合わせとして最も適しているものはどれか。一つ選び，記号を○で囲みなさい。

表Ⅰ　1984年と2019年におけるタイの輸出品（%）

1984年		2019年	
X	15.1	機械類	29.1
野菜	11.2	自動車	11.2
魚介類	7.8	プラスチック	4.6
衣類	7.6	金（非貨幣用）	3.4
その他	58.3	その他	51.7

（『世界国勢図会』1988-89年版，2021/22年版により作成）

表Ⅱ　1984年と2019年におけるマレーシアの輸出品（%）

1984年		2019年	
Y	22.6	機械類	42.0
機械類	17.4	石油製品	7.0
パーム油	11.7	液化天然ガス	4.2
木材	10.3	精密機械	3.8
その他	37.9	その他	43.0

（『世界国勢図会』1990-91年版，2021/22年版により作成）

ア　**X**　米　　　　　**Y**　原油（石油）
イ　**X**　米　　　　　**Y**　羊毛
ウ　**X**　綿花　　　　**Y**　羊毛
エ　**X**　綿花　　　　**Y**　小麦
オ　**X**　ボーキサイト　**Y**　小麦
カ　**X**　ボーキサイト　**Y**　原油（石油）

(4)　(え)中京工業地帯は，愛知県名古屋《なごや》市を中心とする工業地帯である。次の**ア**～**エ**のうち，2018（平成30）年の製造品出荷額において，愛知県が全国１位である製造品はどれか。一つ選び，記号を○で囲みなさい。

ア　医薬品製剤　　　　**イ**　輸送用機械器具
ウ　印刷・同関連品　　**エ**　パルプ・紙・紙加工品

(5)　(お)鉄鋼は，現在も日本の重要な輸出品である。図Ⅱは，東アジアにおける，鉄鋼の主原料となる鉄鉱石と石炭が取れるおもな場所を示したものである。図Ⅲは，中国と日本における，おもな製鉄所の位置をそれぞれ示したものである。次の文は，図Ⅱ，図Ⅲをもとに，製鉄所の立地について述べたものである。（図Ⅱ，図Ⅲは次のページにあります。）

> 中国と日本とでは，製鉄所の位置にそれぞれ特徴がある。中国は（　ⓐ　）に製鉄所が立地している。一方，日本は主原料を（　ⓑ　）。

①　次の**ア**～**エ**のうち，文中の（ⓐ）に入る内容として最も適しているものを一つ選び，記号を○で囲みなさい。

ア　内陸部のみ
イ　おもに，中国東北部
ウ　石炭が取れるすべての場所の付近
エ　おもに，主原料の両方またはそのどちらかが取れる場所の付近

②　文中の（ⓑ）には，図Ⅱ，図Ⅲから読み取れることをふまえた製鉄所の立地とその理由についての内容が入る。文中の（ⓑ）に入れるのに適している内容を簡潔に書きなさい。

図Ⅱ

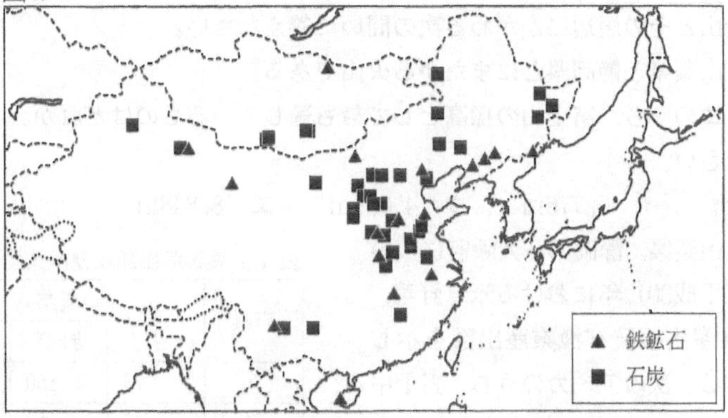

図Ⅲ

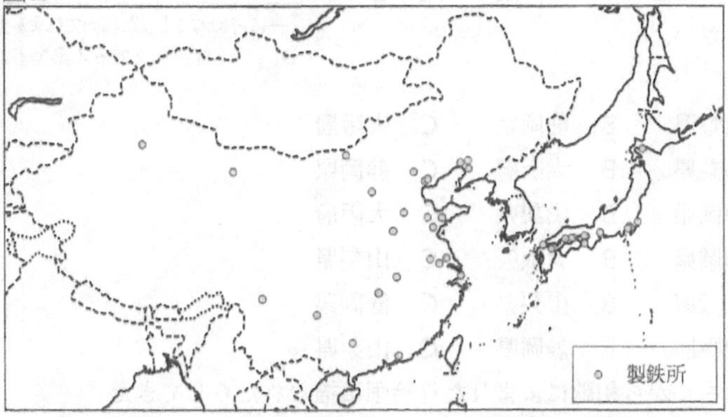

（図Ⅱ，図Ⅲともに ------ は現在の国界を示し，……… は国界が未確定であることを示す）

⑹ (か)北アメリカでは，ＵＳＭＣＡと呼ばれる新たな貿易協定が2020年に発効された。

① ＵＳＭＣＡは，ＮＡＦＴＡに加盟していた３か国による新たな貿易協定である。ＵＳＭＣＡに加盟している３か国のうち，２か国はアメリカ合衆国とカナダである。あと１か国はどこか。国名を書きなさい。

② アメリカ合衆国のサンフランシスコ郊外には，コンピュータや半導体関連の先端技術産業が集中している地域（地区）がある。この地域（地区）は，コンピュータや半導体関連の先端技術産業が集中していることから何と呼ばれているか，書きなさい。

⑺ (き)円高は貿易や物価など，経済にさまざまな影響を与える。次の文は，円高の影響を受けた1980年代以降の日本の工業について述べたものである。文中の（　）に入れるのに適している内容を，「工場」の語を用いて簡潔に書きなさい。

1980年代以降，貿易上の対立をさけることやより安く製品を生産することを目的として（　　　　　）ことにより，雇用の減少が起こり，工業が衰退することが懸念された。このような現象は「産業の空洞化」と呼ばれている。

2　富士《ふじ》山は，わが国で最も標高の高い山であり，わが国の人々の自然観や文化に大きな影響を与えてきた。富士山とその周辺にかかわる次の問いに答えなさい。

(1)　富士山は，山梨県と静岡県とにまたがる火山である。

①　次の**ア**～**エ**のうち，富士山の標高として最も適しているものはどれか。一つ選び，記号を○で囲みなさい。

ア　1,982m　　**イ**　3,776m　　**ウ**　4,058m　　**エ**　8,848m

②　表Ⅰは，山梨県，静岡県，大阪府について，2018（平成30）年における米，野菜，果実の農業産出額及び漁業産出額を示したものである。次の**ア**～**カ**のうち，表Ⅰ中の**A**～**C**に当たる府県の組み合わせとして正しいものはどれか。一つ選び，記号を○で囲みなさい。

表Ⅰ　農業産出額及び漁業産出額（億円）

府県	農業			漁業
	米	野菜	果実	
A	73	150	67	46
B	63	112	629	—
C	194	643	298	551

（—は皆無なことまたは当てはまる数字がないことを示す）
（『データでみる県勢』2021年版により作成）

ア　**A**　山梨県　**B**　静岡県　**C**　大阪府
イ　**A**　山梨県　**B**　大阪府　**C**　静岡県
ウ　**A**　静岡県　**B**　山梨県　**C**　大阪府
エ　**A**　静岡県　**B**　大阪府　**C**　山梨県
オ　**A**　大阪府　**B**　山梨県　**C**　静岡県
カ　**A**　大阪府　**B**　静岡県　**C**　山梨県

(2)　富士山は，古くから和歌によまれたり絵画に描かれたりしてきた。

①　富士山をよんだ和歌が，紀貫之《きのつらゆき》らによって編さんされた『古今和歌集』に収められている。『古今和歌集』が編さんされた時代の文化は何と呼ばれているか。次の**ア**～**エ**から一つ選び，記号を○で囲みなさい。

ア　桃山文化（安土《あづち》桃山文化）　**イ**　鎌倉文化　**ウ**　国風文化　**エ**　天平《てんぴょう》文化

②　右の絵は，葛飾北斎《かつしかほくさい》が描いた富士山の浮世絵である。江戸時代には，このような風景を描いた浮世絵が人々に親しまれた。

(a)　次の**ア**～**エ**のうち，江戸時代に，葛飾北斎とならび多くの浮世絵による風景画を描いたのはだれか。一つ選び，記号を○で囲みなさい。

ア　歌川《うたがわ》（安藤《あんどう》）広重《ひろしげ》　**イ**　黒田清輝《くろだせいき》　**ウ**　狩野永徳《かのうえいとく》　**エ**　雪舟《せっしゅう》

(b)　浮世絵の構図や色彩は西洋の芸術に大きな影響を与え，影響を受けた画家たちがフランスのパリを中心に活躍した。次の(ⅰ)～(ⅲ)は，フランスで起こったできごとについて述べた文である。(ⅰ)～(ⅲ)をできごとが起こった順に並べかえると，どのような順序になるか。次のページの**ア**～**カ**から正しいものを一つ選び，記号を○で囲みなさい。

(ⅰ)　軍人のナポレオンが権力を握り，ヨーロッパの支配をすすめた。
(ⅱ)　ルイ14世が，強大な権力をもって独裁的な政治を行った。
(ⅲ)　パリ講和会議が開催され，ベルサイユ条約が締結された。

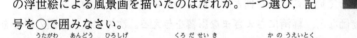

ア　(ⅰ)→(ⅱ)→(ⅲ)　**イ**　(ⅰ)→(ⅲ)→(ⅱ)　**ウ**　(ⅱ)→(ⅰ)→(ⅲ)
エ　(ⅱ)→(ⅲ)→(ⅰ)　**オ**　(ⅲ)→(ⅰ)→(ⅱ)　**カ**　(ⅲ)→(ⅱ)→(ⅰ)

⑶　現在，富士山周辺の環境保全や環境教育に取り組む非営利組織（非営利団体）が多数ある。次の文は，非営利組織（非営利団体）について述べたものである。文中の［A］に当てはまる語をアルファベットで書きなさい。

> 非営利組織（非営利団体）は，福祉，教育，まちづくりなどの国内の課題に対して活動している民間団体であり，その略称は，［A］と表される。わが国では，1998（平成10）年に［A］法と呼ばれる法律が制定され，活動を支援するしくみが整えられた。

⑷　Nさんは，2021（令和３）年に富士山のハザードマップが改定されたことに興味をもち，山梨県において，富士山噴火の兆候が観測された場合に現地において対策を実施する現地対策拠点について調べた。図Ⅰは，富士山のハザードマップをもとにNさんが作成した地図であり，富士山噴火時に溶岩流が到達する可能性のある範囲を示したものである。図Ⅰ中の**A**地区と**B**地区は，現地対策拠点の設置場所の候補地となり得る地区として，山梨県が選定した地区のうちの二つの地区である。次の文は，Nさんが調べた内容をもとに，NさんとH先生が交わした会話の一部である。この会話文を読んで，あとの問いに答えなさい。

図Ⅰ　溶岩流可能性マップ

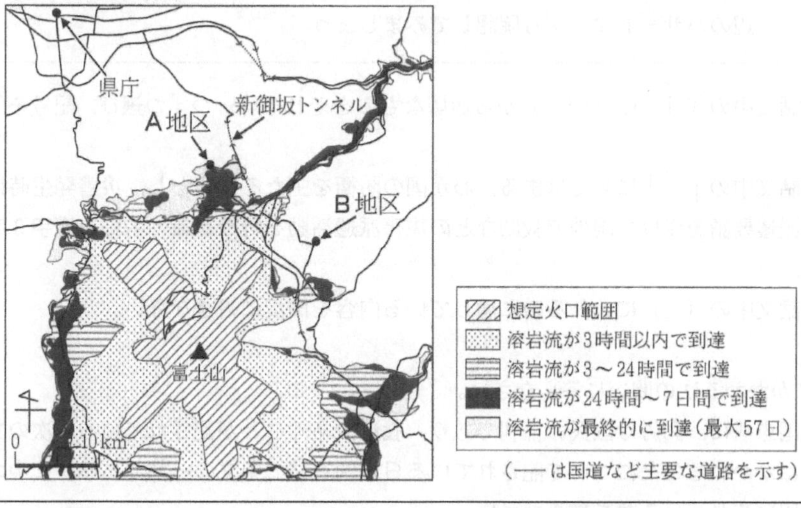

（── は国道など主要な道路を示す）

Nさん：富士山のハザードマップの改定により，被災する可能性のある範囲が拡大したことを受けて，山梨県では新たに，現地対策拠点の設置場所の候補地となり得る地区が選定されました。そのうち，**A**地区と**B**地区の二つの地区を比較したいと思います。

H先生：では，二つの地区について，富士山噴火にともなう影響はどのように想定されていますか。

Nさん：図Ⅰから，ⓐ〔　**ア**　**A**地区　**イ**　**B**地区　〕は，最終的には溶岩流で被災する可能性はあるものの，1週間程度の時間は確保することができると分かるので，住民の避難対策など現地で最低限必要となる業務を果たすことは可能であると想定されています。また，その地区から新御坂《しんみさか》トンネルを経由し県庁に至る主要な道路は，１週間程度は通行が可能であることが分かります。もう一方の地区は，溶岩流で直接被災する恐れはないものの，その地区から新御坂トンネルを経由し県庁に至る主要な道路は，溶岩流で被災する可能性がある場所を通っており，早ければⓑ〔 **ウ** 3時間以内 **エ** 3～24時間 **オ** 24時間～７日間 〕で溶岩流が到達して寸断される恐れがあります。

H先生：たしかに，県職員らが県庁から現地対策拠点まで移動することができる道路を確保することは重要ですね。もっとも，現地対策拠点では，県だけでなく，国，市町村，□，警察，消防，火山の専門家などの関係諸機関が連携し，災害応急対策を実施することになります。他に噴火にともなう影響として，どのようなことが想定されていますか。

Nさん：上空の風の影響により，**A**地区と**B**地区を含む広範囲に（　　　）ことが想定されており，交通機関や農作物，電気・水道など生活を支えるシステムへの影響や健康被害の恐れがあります。江戸時代に起きた噴火では，火口から約100㎞離れた江戸でも堆積がみられ，健康被害を及ぼしたという記録が残っています。

H先生：そうですね。噴火にともなう影響について，さまざまな観点で調査や検討を継続することが大切ですね。今回は富士山噴火について考えましたが，自宅や学校周辺のハザードマップも確認してみましょう。

① 会話文中のⓐ〔 〕，ⓑ〔 〕から適切なものをそれぞれ一つずつ選び，記号を○で囲みなさい。

② 会話文中の□に当てはまる，わが国の防衛を主たる任務とし，災害発生時に知事らによる派遣要請を受けて現地で救助などの災害派遣活動を行う組織の名称を**漢字３字**で書きなさい。

③ 会話文中の（ ）に入れるのに適している内容を簡潔に書きなさい。

3 労働にかかわる次の問いに答えなさい。

(1) 日本国憲法に，勤労は国民の権利であり，義務であることが記されている。次の文は，基本的人権にかかわることについて記されている日本国憲法の条文の一部である。文中の□の箇所に用いられている語を書きなさい。

「何人《なんぴと》も，公共の福祉に反しない限り，居住，移転及び□の自由を有する。」

(2) わが国では，労働者を保護するために，労働に関するさまざまな法律が定められている。

① 次の文は，法律案の議決について記されている日本国憲法の条文の一部である。文中のⓐ〔 〕，ⓑ〔 〕から適切なものをそれぞれ一つずつ選び，記号を○で囲みなさい。

衆議院で可決し，参議院でこれと異なつた議決をした法律案は，衆議院でⓐ〔 **ア** 総議員 **イ** 出席議員 〕のⓑ〔 **ウ** 過半数 **エ** 三分の二以上の多数 〕で再び可決したときは，法律となる。

② 法律や予算にもとづいて国の仕事を行うのが内閣である。内閣が，日本国憲法及び法律の

規定を実施するために制定する命令は何と呼ばれているか，書きなさい。

③　次の文は，法律などが憲法に違反していないかどうかを判断する権限について述べたものである。文中の □ に当てはまる語を書きなさい。

日本国憲法は，法律などが憲法に違反していないかどうかを判断する権限を裁判所に与えている。裁判所のうち □ 裁判所は，違憲審査について最終的に決定する権限をもち，「憲法の番人」と呼ばれている。

④　労働者の保護を目的とした法律の一つに，労働基準法がある。次の**ア**～**カ**のうち，労働基準法に定められている内容について述べた文として適しているものはどれか。**すべて**選び，記号を○で囲みなさい。

ア　労働組合を組織することができる。
イ　労働時間を原則として１日８時間以内とする。
ウ　育児や家族の介護のために休業することができる。
エ　労働協約の締結に関して使用者と交渉する権限をもつ。
オ　労働者に対して，毎週少なくとも１回の休日を与える。
カ　労働者が女性であることを理由に，賃金について，男性と差別的取り扱いをしてはならない。

(3)　企業は，家計によって提供される労働やその他の資源を投入して，人々が求める商品を生産している。

①　次の文は，企業の役割について述べたものである。文中の □ に当てはまる語を**漢字５字**で書きなさい。

企業は人々が求める商品の生産や，公正な経済活動を行う役割を担《にな》っている。また，消費者の保護や雇用の安定，環境への配慮や社会貢献に関する活動などは「企業の □ 」（ＣＳＲ）であるとされ，企業の役割として期待されている。

②　企業にはさまざまな種類があり，その一つが株式会社である。次の**ア**～**エ**のうち，わが国における，株式会社や株式市場の一般的な特徴について述べた文として**誤っているもの**はどれか。一つ選び，記号を○で囲みなさい。

ア　上場された株式は，証券取引所で売買することができる。
イ　株価は，株式を発行している企業の業績により変動することがある。
ウ　株主には，株主総会における議決に参加する権利や，配当を受け取る権利がある。
エ　株式会社が倒産した場合，株主は出資額を失うだけでなく，会社の負債を返済する責任も負う。

③　銀行もまた企業である。次のページの図Ⅰは，銀行を中心とした金融のしくみを模式的に表したものである。銀行のおもな業務は預金の受け入れと，その預金をもとに行う貸し出しであり，預金や貸し出しの際の金利（元本に対する利子の比率）は各銀行がそれぞれで決めることができる。次の文は，図Ⅰをもとに，銀行が具体的にどのようにして利潤を得ているかについて述べたものである。文中の（　）に入れるのに適している内容を，「金利」の語を用いて簡潔に書きなさい。

銀行は（　　　　　）ことで，その二つの金利の差から利潤を得ている。

図Ⅰ

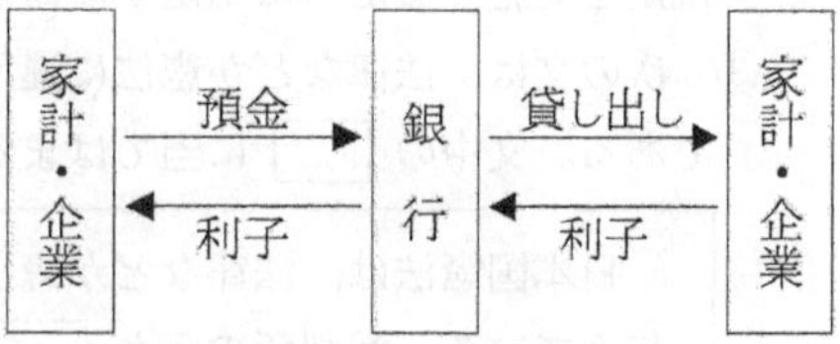

(4) Ｆさんは，くらしを支える仕事と，家事や育児など個人の生活との調和（両立）に興味をもち，2021（令和３）年に国際機関であるＯＥＣＤ（経済協力開発機構）が示した資料をもとにワーク・ライフ・バランスについて考えてみた。図Ⅱは，Ｆさんがまとめたものの一部であり，ＯＥＣＤ加盟国の15～64歳の男女別における１日当たりの，有償労働または学習活動に費やされる時間（以下，有償労働時間という。）と無償労働に費やされる時間（以下，無償労働時間という。）について示したものである。

図Ⅱ

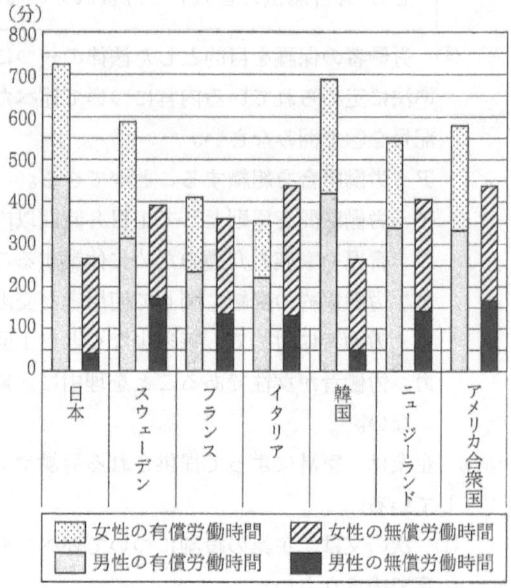

（ＯＥＣＤの資料により作成）

（注） 有償労働時間
＝有償労働（すべての仕事），通勤・通学，授業など学校での活動，研究・宿題，求職活動，その他の有償労働・学業関連行動の時間の合計。
無償労働時間
＝家事，世帯員・非世帯員の介護，育児，買い物，ボランティア活動，家事関連活動のための移動，その他の無償労働の時間の合計。

① 次のア～エのうち，図Ⅱから読み取れる内容についてまとめたものとして正しいものはどれか。**すべて**選び，記号を○で囲みなさい。

ア いずれの国も，無償労働時間より有償労働時間の方が長い。
イ いずれの国も，有償労働時間は男性の方が長く，無償労働時間は女性の方が長い。
ウ 有償労働時間について，最も長い国の時間は最も短い国の時間の２倍以上である。
エ 女性の無償労働時間が男性の無償労働時間の５倍以上である国は，日本と韓国である。

② あとの文は，図Ⅱをもとに，Ｆさんと友人のＧさんが交わした会話の一部である。あとのア～エのうち，会話文中の（　）に入る内容として最も適しているものを一つ選び，記号を○で囲みなさい。

Ｇさん：日本の有償労働時間は諸外国の中でも長いね。
Ｆさん：労働者の有償労働時間を減らすことができれば，その分の時間を育児や介護など個人の生活の時間にあてることもできるので，仕事と個人の生活の両方を充実させることができるのではないかな。
Gさん：性別にかかわらず，多様な働き方や生き方を選択できることが大切ということだね。ただ，労働者の有償労働時間を減らしても収入は維持することが求められるので，(　　　　　)が必要になると考えられるね。
Fさん：その例として，在宅勤務などテレワークの推進は，通勤時間の削減になるので収入を維持しながら有償労働時間を減らすことができると考えられる取り組みの一つだね。
Gさん：そうだね。でも，テレワークを導入できる仕事は限られるなど課題はあるね。他にもワーク・ライフ・バランスの実現につながる取り組みを考えてみようよ。

ア　法人税を増加させること　　イ　年金の給付額を増加させること
ウ　時間当たりの収入を増加させること　　エ　非正規雇用労働者を増加させること

4　わが国の土地政策にかかわることがらについて，次の問いに答えなさい。

(1)　朝廷は701年に大宝律令《たいほうりつりょう》を制定し，全国の土地と人々を国家が直接統治する政治のしくみを整えた。

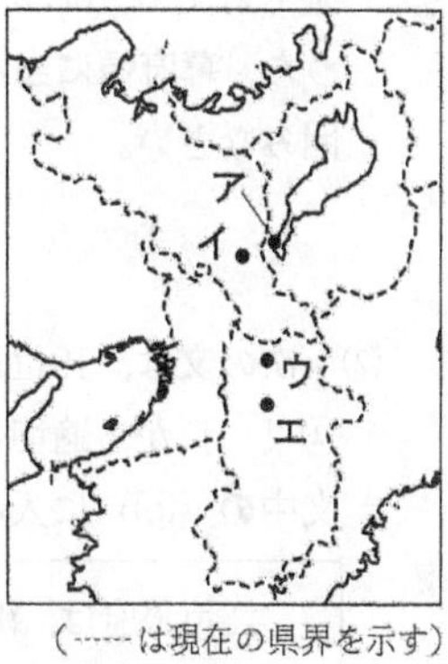

（……は現在の県界を示す）

①　大宝律令が制定されたころ，都は藤原京におかれていた。藤原京は，道路によって碁盤の目のように区画された，わが国で初めての本格的な都であった。右の地図中のア～エのうち，藤原京の場所を一つ選び，記号を○で囲みなさい。

②　朝廷は律令にもとづいて戸籍をつくり，全国の人々の名前や年齢などを把握した。戸籍にもとづいて6歳以上の人々に割り当てられた土地は何と呼ばれているか。**漢字3字**で書きなさい。

③　墾田永年私財法が出されると，荘園《しょうえん》が成立するようになり，しだいに公地公民の原則が崩れていった。次のア～エのうち，墾田永年私財法が出された時代のわが国のようすについて述べた文として正しいものはどれか。一つ選び，記号を○で囲みなさい。

ア　観阿弥《かんあみ》と世阿弥《ぜあみ》によって，能が大成された。
イ　僧の鑑真《がんじん》が唐《とう》から来日し，わが国に仏教のきまりを伝えた。
ウ　仁徳《にんとく》天皇陵と伝えられている大仙《だいせん》（大山《だいせん》）古墳がつくられた。
エ　運慶《うんけい》らによって制作された金剛力士像が，東大寺の南大門におかれた。

(2)　11世紀には，全国の土地は，上皇や貴族，寺社が支配する荘園と，国司が支配する公領とに分かれていった。次の文は，鎌倉幕府が勢力を拡大していくようすについて述べたものである。文中の[ⓐ]，[ⓑ]に当てはまる語をそれぞれ**漢字2字**で書きなさい。

1185年，源 頼朝《みなもとのよりとも》は，荘園や公領に[　ⓐ　]をおくことを朝廷に認めさせた。[　ⓐ　]は御家人の中から任命され，年貢《ねんぐ》の取り立てや土地の管理などを行った。1221年に起こった[　ⓑ　]の乱で後鳥羽《ごとば》上皇に勝利した幕府は上皇側の土地を取り上げ，西日本にも勢力をのばして，幕府の支配を固めた。

(3) 16世紀後半，豊臣秀吉《とよとみひでよし》は役人を派遣して，全国で太閤《たいこう》検地と呼ばれる検地を行った。次のア～エのうち，太閤検地を行った結果について述べた文として**誤っているもの**はどれか。一つ選び，記号を○で囲みなさい。

ア 武士は，領地の石高に応じて，軍事にかかわる義務を負うこととなった。

イ 公家《くげ》や寺社は，それまでもっていた荘園領主としての土地の権利を失うこととなった。

ウ ものさしの長さやますの大きさが統一され，田畑の収穫量が石高で表されるようになった。

エ 農民は，土地を有力者のものとすることで，税を免除される権利を得ることができるようになった。

(4) 江戸時代には，幕府と藩が全国の土地と人々を支配する幕藩体制がとられた。江戸幕府は直轄地をもち，京都や大阪などの主要都市や全国のおもな鉱山を直接支配した。

① 表Ⅰは，19世紀における，幕府領（幕府の直轄地と旗本・御家人領とを合わせた領地），天皇・公家領，大名領，寺社領の石高と石高の合計に占める割合とをそれぞれ示したものである。表Ⅰ中の**ア**～**エ**のうち，幕府領に当たるものを一つ選び，記号を○で囲みなさい。

表Ⅰ 石高とその割合

	石高（万石）	割合（%）
ア	2,250	74.5
イ	723	23.9
ウ	34	1.1
エ	14	0.5
合計	3,021	100.0

（『吹塵録』及び『徳川幕府県治要略』により作成）

② 次の文は，19世紀前半に行われた江戸幕府の土地政策について述べたものである。文中のⓐ［ ］から適切なものを一つ選び，記号を○で囲みなさい。また，あとの**エ**～**キ**のうち，文中の（ⓑ）に入る内容として最も適しているものを一つ選び，記号を○で囲みなさい。

> 江戸幕府は，新たに江戸や大阪の周辺にある大名や旗本の領地を直接支配しようとした。この政策は，老中であったⓐ［ **ア** 水野忠邦《みずのただくに》 **イ** 松平定信《まつだいらさだのぶ》 **ウ** 井伊直弼《いいなおすけ》 ］が，19世紀前半に（ ⓑ ）ことをはじめとする国内の諸問題や，財政難，海沿いの防備の強化などに対応するために打ち出したものであるが，大名や旗本の強い反対などによって実施されなかった。

エ 薩摩《さつま》藩などに対する不満から，鳥羽《とば》・伏見《ふしみ》で内戦が起こった

オ 米の安売りを求めて富山で起こった米騒動が，全国に広がった

カ 苦しむ人々を救済するため，大阪町奉行所の元役人の大塩平八郎《おおしおへいはちろう》が乱を起こした

キ 重い年貢やキリスト教徒への弾圧に反対して，島原《しまばら》・天草一揆《あまくさいっき》（島原・天草の一揆）が起こった

(5) 1873（明治６）年に地租改正が実施され，国民に土地の所有権が認められたが，農地をもたず土地を借りて耕作する農民もいた。

① 次のページの資料Ⅰは，1873年に出された法令を示したものであり，その法令の一部を現代のことばに書き改めたものである。次のページの**ア**～**エ**のうち，資料Ⅰ中の（ ）に入る内容として最も適しているものを一つ選び，記号を○で囲みなさい。

資料Ⅰ

> この度，地租が改正されて，従来の田畑納税法はすべて廃止し，地券調査終了しだい，(　　　　)を地租と決めるよう命じられたので，その趣旨を別紙の条例の通りに心得ること。

(注) 別紙の条例＝ここでは，地租改正について定めた条例のこと。

ア　土地の価格の３％　　**イ**　土地の価格の2.5％

ウ　収穫高の３％　　**エ**　収穫高の2.5％

② 大正デモクラシーと呼ばれる風潮のもと，農村で小作料の引き下げなどを求めて小作争議が起こるなど，社会運動の高まりがみられた。次の文は，大正時代におけるわが国の社会運動にかかわることがらについて述べたものである。文中のⓐ〔　〕，ⓑ〔　〕から適切なものをそれぞれ一つずつ選び，記号を○で囲みなさい。

> 第一次世界大戦後，小作争議が増加し，1922（大正11）年に小作人の権利を守るための全国組織であるⓐ〔 **ア** 立志社　**イ** 全国水平社　**ウ** 日本農民組合 〕がつくられた。小作争議の他にもさまざまな社会運動が広がる中で，1925（大正14）年にⓑ〔 **エ** 独占禁止法　**オ** 地方自治法　**カ** 治安維持法　**キ** 国家総動員法 〕が制定されたことにより，その後，社会運動はさらなる制約を受けるようになっていった。

(6) 第二次世界大戦後，自作農を増やすために農地改革が行われた。右の絵は，農林省（現在の農林水産省）が農地改革を国民に宣伝するために，1947（昭和22）年に作成した紙芝居の一部である。次の文は，農地改革について述べたものである。文中の（　）には，政府が実施した土地政策についての内容が入る。文中の（　）に入れるのに適している内容を，「地主」「小作人」の**２**語を用いて簡潔に書きなさい。

> 農地改革において，政府が（　　　　）ことで，小作地が減少して自作地が増加した。

【資料】

「これからの時代に必要だと思う言葉に関わる知識や能力等は何か」

（全国の16歳以上を対象に調査）

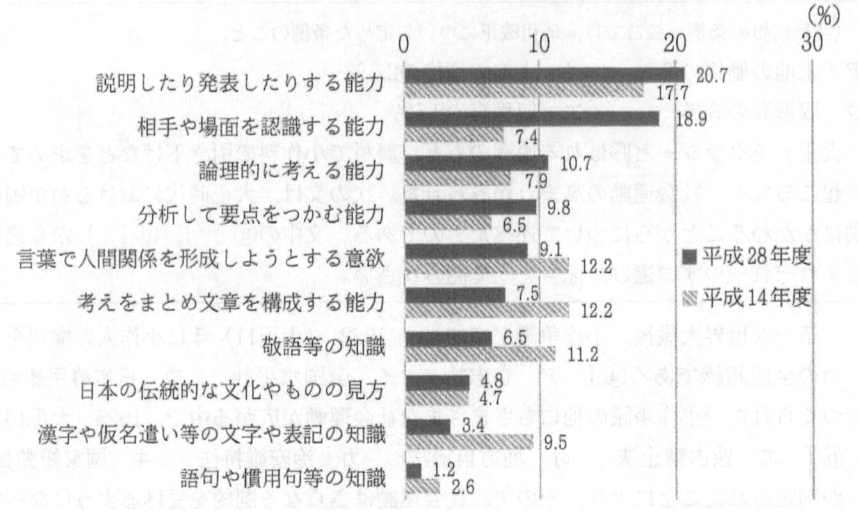

（「国語に関する世論調査」（文化庁）により作成）

模倣という行為は、その意味でアナログな行為である。対象を身体的になぞる必要がある。紙の上で夕日の輪郭をなぞるのと同様に、海岸を逃げるカニの姿を全身でまねてみせる子供のように、脳内で現実のマテリアルを使わずに行う「なぞり」もあれば、全身で「なぞる」ことだってあるだろう。模倣を作り上げるには、高いレベルであるかは別のレベルで「なぞら」なくてはならないのだ。

（藤幡正樹『不完全な現実』による）

（注）　ファクター＝要素。
　　　プラトン＝古代ギリシャの哲学者。
　　　マテリアル＝材料。素材。

1　①目的と手段の順序が乱れてくる　とあるが、本文中では、どのようなことが芸術における本来の目的と手段だと述べられているか。本文中のことばを使って**三十五字以上、四十五字以内**で書きなさい。

2　②人間の技巧を超えた自動複写システム　とあるが、次のうち、写真について、本文中で述べられていることがらと内容の合うものはどれか。最も適しているものを一つ選び、記号を○で囲みなさい。

ア　人間が画材を駆使して写しとろうとしていた光や影を、たやすく瞬時に実現する写真は、読み手のもつ受容体との同期を意識しているため、単純に現実の模倣を作っているわけではないといえる。

イ　現実がそのまま写ってしまう写真が発明されることによって、芸術に対する作り手の考え方が変わり、現実の美しさを写真のように模倣することが人間の知的な活動であると考えられるようになった。

ウ　写真は、現実の三次元空間にある光の強さの分布がレンズを通して記録された物体であり、その写真が見る者に対象との一体感を作り出すことがなければ、単純に光の分布の複製物にすぎないといえる。

エ　人物や風景にカメラを向けて撮影された写真は、自動的に作り出された光の分布の複製にすぎないが、写っている対象と現実に存在している対象とが「噛み合って」いるということを見る者に感じさせる。

3　現代の芸術観について、本文中で述べられている筆者の考えを次のようにまとめた。[a]、[b]に入れるのに最も適しているひとつづきのことばを、それぞれ本文中から抜き出しなさい。ただし、[a]は**十七字**、[b]は**十二字**で抜き出し、それぞれ**初めの五字**を書きなさい。

　現実を複写することを超えて[a]が模倣という行為であり、他者の表現をまねることを避けて独創的な創造者であるべきという芸術家に対する現代の考え方は、[b]ではないだろうかと考えている。

五　次のページの**【資料】**は、「これからの時代に必要だと思う言葉に関わる知識や能力等は何か」という質問に対する回答結果を表したものです。**【資料】**からわかることをふまえて、あなたがこれからの時代に必要だと思う言葉に関わる知識や能力等について、別の原稿用紙に**三百字以内**で書きなさい。

(6) 古い建物をシュウチクする。

2 次の文中の傍線を付けたことばが「物事が漠然としてとらえどころのないさま」という意味になるように、[　] にあてはまることばを、あとのア～エから一つ選び、記号を○で囲みなさい。

昨日聞いた話は、まるで[　]をつかむような話だった。

ア わら　イ 袖　ウ 心　エ 雲

四 次の文章を読んで、あとの問いに答えなさい。

対象が何かに似ているか、似ていないかは、非常に重要なファクターだ。芸術はずっとそれを追求してきた。絵に描かれた夕日は、単純な意味で、それに似ていなくてはならない。似ていることで見る者の中に夕日を出現させなくてはならない。それが似ていなくては、夕日は出現しないだろう。芸術の根源は「ミメーシス（模倣）」にあると言ったのはプラトンであり、芸術は現実世界の理想的な模倣物を作り出すことだとした。どんな夕日が描かれていようともそれはその描き手の見た夕日として成立するが、芸術を理想の現れとして捉えようとすれば、そこには万人にとっての理想としての美をそなえた夕日が出現しなければならないことになる。あるいは絵として描くことによって、それが共有されることで社会通念としての美が作り出されてゆくと言ってもいいかもしれない。描かれ共有されないかぎり、美は生まれないのだ。

これがその後、微妙に誤解されてゆくことになる。①目的と手段の順序が乱れてくるのだ。結果、現実の美しさを模倣することのできる技巧をもつことが、人間の知的な活動であると考えるようになってしまう。これが、写真の発明で逆転を迫られるのだ。写真技術で現実を撮影すると、現実がそのまま写ってしまう。それは人間が画材を駆使して写しとろうとしていた光や影を、いともたやすく、しかも瞬時に実現してしまう。②人間の技巧を超えた自動複写システムの登場で、対象に似せること、模倣することは、人間の行う芸術行為ではないと結論されてしまったのだ。ここに現代の芸術観の誕生があるわけであり、他者の表現をまねることは、最も忌避すべき行為であり、芸術家は個人で、他にはない表現を行う独創的な創造者でなくてはならないと考えられるようになったのだ。これは創造性と模倣に対する誤解ではないだろうか。

写真は現実の模倣を作っているわけではない。人物や風景にカメラを向けて撮影された写真は、現実を模倣しているのではなく、現実の三次元空間にある光の強さの分布がレンズを通して記録された物体にすぎない。光の分布の複製を作っているのだ。しかし、問題なのはその写真が、見る者に対象との一体感を作り出しているかどうかなのである。「噛《か》み合って」いるかどうかなのであって、それが起こらないかぎり、その写真は単純に光の分布の複製物にすぎない。複製と模倣は、画像と図像という違いと等しいだろう。自動的にできてしまうものに対して、読み手のもつ受容体との同期を意識しているかどうかが、その鍵となる。

近代、写真技術と印刷物の融合で、芸術作品の複製ができるようになり、その複製が大量に出まわるようになったが、それ以前は手作りによる模写が中心であり、その数は限られていた。複写作業は、作り手にほとんど何も残さないが、模写をする者には、その作品を通して多くのことを学ばせる。また真の模倣とは、その姿形の複写ではなく、それを超えて作り手の姿勢や考えを学び、使うことをいうのであり、作り出される結果は模倣した原型とは異なっていることさえあるのだ。

比《ごろ》は、これほどの事も心とくうちいづる人はかたきにてあるに《まれであるのに》、優に《風流で》候ふものかな」とて、うちうめき《察して》たるに、人々みな②入興《じゆきよう》して満座感歎《かんたん》しけり。まことに、とりあへずいひいづるも、また聞きとがむるも、③いと優にぞ侍《はべ》りける。「古今」の歌に、

おなじ枝《え》をわきて木のはの色づくは西こそ秋の初めなりけれ

と侍るをおもはへていへりけるなるべし。

（注）　少将の内侍＝中務《なかつかさ》大輔《たいふ》藤原信実《ふじわらののぶざね》の娘。
　台盤所＝食物を調理する台所。
　頭の中将＝藤原宣経《のぶつね》。　蔵人永継＝藤原永継。
　右中将実忠朝臣＝藤原実忠。
　御剣の役＝天皇が外出する際に剣を持つ役目。

1　①いづれの方にか候ひけむ　とあるが、次のうち、この問いかけの内容として最も適しているものはどれか。一つ選び、記号を○で囲みなさい。

ア　初めて色づいたもみじはなぜ散ってしまったのか。
イ　初めて色づいたもみじはどちらの方角にあったのか。
ウ　初めて色づいたもみじはいつまで木の枝にあったのか。
エ　初めて色づいたもみじは誰に散らされてしまったのか。

2　②入興して　とあるが、次のうち、このことばの本文中での意味として最も適しているものはどれか。一つ選び、記号を○で囲みなさい。

ア　おもしろく思って
イ　怒りをあらわにして
ウ　物思いにふけって
エ　きまりが悪くなって

3　③いと優にぞ侍りける　とあるが、本文中で筆者は、どのようなことに対して、「いと優にぞ侍りける」と述べているか。その内容についてまとめた次の文の［ a ］に入れるのに最も適しているひとつづきのことばを、本文中から**七字**で抜き出しなさい。また、［ b ］、［ c ］に入れるのに最も適していることばをそれぞれあとから一つずつ選び、記号を○で囲みなさい。

「古今」の歌に［ a ］であるという内容が詠《よ》まれていることをふまえて、［ b ］がすぐに返答をしたことと、それを［ c ］が聞きとめたこと。

ア　少将の内侍
イ　頭の中将
ウ　蔵人永継
エ　右中将実忠朝臣

三　次の問いに答えなさい。

1　次の(1)〜(3)の文中の傍線を付けた漢字の読み方を書きなさい。また、(4)〜(6)の文中の傍線を付けたカタカナを漢字になおし、解答欄の枠内に書きなさい。ただし、漢字は楷書《かいしょ》で、**大きくていねいに書くこと**。

(1)　師匠が弟子を諭す。
(2)　本の葉を太陽に透かす。
(3)　あらゆる分野を網羅する。
(4)　ココロヨく引き受ける。
(5)　『春望』は五言リッシである。

雑な話ができるはずもなく、何か叫ぶとすれば別れのことばと見当がつく。

さらに決定的な証拠は、作者が「私は」でなく「私が」という助詞を採用したことである。もしも「振り返った」のも「さよならを言おうとした」のも「うなずいて見せた」のも同じ人物であるならば、日本語では「私は」と書く。練達の士であるこの作家がそこを「私が」と書いたのは、その主語の支配が「振り返った時」で終わり、「さよならを言おうとした」までは及ばないと判断したからであり、それ以降は別の主語すなわち踊子を想定していたことは確実だ。そこにあえて「踊子は」という主語を書かなかったのはなぜか。直前の文に「踊子は……見つめていた」とあり、その主語の支配が次の文にまで及んでいるからだ。すなわち、「私が」という従属節の主語の支配の終わる「振り返った時」よりあとの、その文の中心をなす主節の主語として、前文の主語が潜在的に働いているという判断である。流れとして文意の明らかなその箇所で再度「踊子は」という無駄な主語を重ねて駄目を押すくどい書き方を、日本語の名手、川端の美意識が許さなかったのだろう。

（中村明『日本語の作法』による）

（注）　下田＝伊豆半島南東部に位置する静岡県の都市。
掘割＝地面を掘って造った水路。

1　本文中のA～Dの――を付けた語のうち、一つだけ他と活用形の異なるものがある。その記号を○で囲みなさい。

2　うなずいた人物は誰かということについて、本文中の＝＝で示した引用文の背景にある文脈とはどのようなことだと筆者は述べているか。その内容についてまとめた次の文の a 、 b に入れるのに最も適しているひとつづきのことばを、それぞれ本文中から抜き出しなさい。ただし、 a は**二十四字**、 b は**二十字**で抜き出し、それぞれ**初めの五字**を書きなさい。

小説『伊豆の踊子』において、引用文までの部分は a が描かれており、また、引用文のあたりは b ということ。

3　前後の内容から考えて、本文中の ① に入ることばを**ひらがな五字**で書きなさい。

4　作者が「さよならを」の前に主語を書かなかったことについて、本文中で筆者が述べている内容を次のようにまとめた。 a に入る内容を、本文中のことばを使って**三十五字以上、四十五字以内**で書きなさい。また、 b に入れるのに最も適しているひとつづきのことばを、本文中から**二十字**で抜き出し、**初めの五字**を書きなさい。

作者である川端康成は、「私は」でなく「私が」と書くことによって、 a と考えたから、 b をしなかったのだろう。

二　次の文章を読んで、あとの問いに答えなさい。

少将《せうしやう》の内侍《ないし》、台盤所の御《おほん》つぼ《庭》のかへでの木を見出《みい》だして、「このかへでに、はつもみぢのしたりしこそ失《う》せにけれ」といひたりけるを、頭《とう》の中将《ちゆうじやう》聞きて、「①いづれの方にか候《さぶら》ひけむ」とて、梢《こずゑ》を見あげければ、人々もみなめをつけて見けるに、蔵人永継《くらうどながつぐ》とりもあへず、「西の枝にこそ候ひけめ」と申したりけるを、右中将《うちゆうじやう》実忠朝臣《さねただあそん》、御剣の役のために参りて、おなじくその所に候ひけるが、この言を感じて、「この

＜国語＞（C問題）

時間　五〇分　満点　九〇点

【注意】　答えの字数が指定されている問題は、**句読点や「」などの符号も一字に数えなさい。**

一　次の文章を読んで、あとの問いに答えなさい。

川端康成《かわばたやすなり》の初期の小説『伊豆《いず》の踊子《おどりこ》』の末尾近く、主人公が踊子と別れ、下田《しもだ》から船で東京に戻る場面に、「踊子はやはり脣《くちびる》をきっと閉じたまま一方を見つめていた。私が縄梯子《なわばしご》に捉《つか》まろうとして振り返った時、さよならを言おうとしたが、それも止《よ》して、もう一ぺん、ただうなずいて見せた」とある。この場面で、うなずいた人物は誰かを、留学生のみならず日本人でも、きちんと読みとれなくなったらしい。

しかも、それを自分の読解力の問題ではなく、「さよならを」の前に主語を書かなかった作者の責任、ひいては日本語の省略表現の構造的なあいまいさのせいだと主張し、母国語を非難する人もあるという。

そういう時代の到来を知って義憤を感じ、作者の、あるいは日本語の濡《ぬ》れ衣《ぎぬ》を晴らしておきたい。相手の理解力を信頼し、想像力を期待して、ことばですべて言い尽くすことを控える、そういう礼節を尊ぶ日本語の精神と論理について私見をA述べよう。わかりきったことまでくだくだ述べないのは、情報の空白部分や論理の隙間は聡明《そうめい》な相手がB埋めてくれると信じているからである。次第に本を読まなくなって想像力がC鍛えられず、特に小説をD読み慣れない読者など、伝統的な手法によって生ずる空白部分を埋めきれず、そういう文脈に依存する省略表現について行けなくなってきているのかもしれない。

しかし、文章を構成する個々の単語は、それぞれ独立して情報伝達に全責任を負っているわけではない。語は表現の中にあり、表現は文の中にあり、文は文章の中にある。どの書き手も、その「文章」の意味が読み手に正しく効果的に伝わることを目ざして、それぞれの表現に託すのであり、あくまでその中で一つ一つの語が働いているのである。

あの場面はこういう文脈を背負ってあの位置に置かれた。主人公の「私」が旅芸人の一行と別れていよいよ出立《しゅったつ》する日の朝、近づくと踊子は「黙って頭を下げた」。話しかけても「掘割《ほりわり》が海に入るところをじっと見下したまま一言も言わ」ず、「私」が話している間も「何度となくこくりこくりうなずいて見せるだけだった」と、すっかり無口になって別れをかみしめている踊子の姿を印象的に描いている。引用文中の「やはり」はそういう文脈を受けており、別れのことばを叫ぼうとする様子を一瞬ちらと見せたものの、口にする代わりにただ「うなずいて見せた」。それを作者が「もう一ぺん」と書いたのも同様だ。

しかも、このあたり一帯、すべて「私」が見た対象の描写が続いているのだ。そういう文脈の流れを背景にしたこの一文で、うなずいた人物が踊子であることは紛れようもない事実である。まして作品をそこまで読んできて、ここを誤解する読者など一人もいないはずなのだ。

にもかかわらず、突如としてその一文だけを読まされた人間にとって、そういう自然な解釈を妨げるものがあるとすれば、声となって発せられなかったことばが「さよなら」であると特定できるはずがない、とする素朴な思い込みだろう。作者の助詞の正確な使用に注目したい。一つは「①」ではなく「さよならを」と書いた点だ。前者ならサヨナラという語に限られるが、後者はそういう特定の語形に代表される別れの挨拶という意味合いが強くなる。こんな距離で複

【資料】

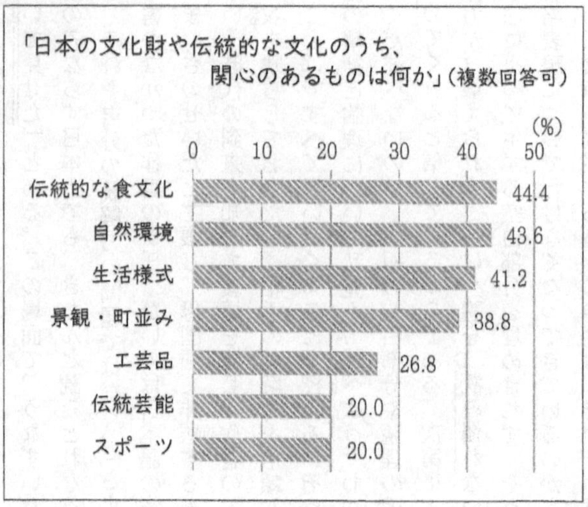

（文化庁の資料により作成）

葉が紅葉することを［a］様子になぞらえて「もみつ」と表現したように、古の人は植物の生態に心を動かされたとき、［b］に見立ててとらえていた。

3　Aさんたちは授業において、「紅葉と時雨の関係」について本文の内容をもとに話し合うことになりました。次は、Aさんたちの【話し合いの一部】です。

【話し合いの一部】

Aさん　では、まず紅葉と時雨の季節について考えてみよう。本文では、七十二候の秋の最後の候に「楓蔦黄なり」という候があり、その一つ前には「霎時施す」という候があると述べられていたよ。

Bさん　つまり、時雨の季節のあとに紅葉の季節が訪れるということだね。そう考えると、時雨は紅葉をもたらすものだと言えるね。

Cさん　確かにそうだね。ただ、本文中に挙げられていた和歌の中では、時雨によって紅葉が散る様子が詠まれていたよ。ここから、時雨は紅葉を散らすものでもあるということがわかるよね。

Aさん　なるほど。だから、七十二候の例や和歌の例に表れているように［a］と筆者は述べているんだね。また、一つめの和歌では「手折らずて散りなば惜し」とあって、手折らずにいて紅葉が時雨に散ってしまったら惜しいと感じていることがわかるよ。

Cさん　これは、時雨によって［b］気持ちであり、葉を花に見立てる歌心が表れていると筆者は考えているよね。

Bさん　時雨によって葉が染まることへの感動があるからこそ、時雨によって散ってしまうことを、より名残惜しく感じたんだろうね。

Aさん　そうだね。紅葉と時雨の関係が、美しさとはかなさがないまぜになるような情景を織り成すということだね。

（以下、話し合いは続く）

(1)　次のうち、**【話し合いの一部】**中の＝＝で示した発言を説明したものとして最も適しているものはどれか。一つ選び、記号を○で囲みなさい。

ア　直前の意見の内容を具体例を挙げながら詳しく説明している。
イ　直前の意見の内容をふまえながら別の意見を付け加えている。
ウ　直前の意見の内容が誤っていることを指摘して訂正している。
エ　直前の意見の内容について疑問に思ったことを質問している。

(2)　**【話し合いの一部】**中の［a］に入れるのに最も適しているひとつづきのことばを、本文中から**十七字**で抜き出し、**初めの五字**を書きなさい。また、［b］に入る内容を、本文中のことばを使って**二十字以上、三十字以内**で書きなさい。

五　次のページの**【資料】**は、海外に在住している外国人を対象におこなった「日本の文化財や伝統的な文化のうち、関心のあるものは何か」というアンケート調査の回答結果をまとめたものです。あなたは、外国の人たちにどのような日本の文化財や伝統的な文化を伝えたいと考えますか。**【資料】**から読み取れる内容にふれながら、あなたの考えを別の原稿用紙に**二百六十字以内**で書きなさい。

るで」と名づけられたのが転訛《てんか》したといいます。いろは紅葉とも呼ばれるのは、葉の裂片が七つに分かれているのを「いろはにほへと」と数えたからだそうです。かつては葉が紅葉することを「もみつ」といい、染まった葉を「もみち」や「もみち葉」などといったのが「もみじ」の語源とされています。

その「もみつ」とは「揉《も》み出《い》づ」のこと。昔の染め物は皆、天然の染料に布を浸して、揉むようにして色を染めていましたから、まるで人が手揉みして生地を染めるように、木々が葉を紅や黄に染めているようだとたとえたのではないでしょうか。

花が咲くことを花が笑うと呼んだように、②古《いにしえ》の人は植物の生態に目を見はるたび、自分たちの身近なふるまいに見立て、なぞらえながら受けとめていたのではと思わされます。

七十二候にも、紅葉の季節があります。秋の最後の候に、霜降《そうこう》の末候「楓蔦黄《もみじつたき》なり」が訪れますが、そのひとつ手前は霜降の次候「霎《しぐれ》時《ときどき》施《ほどこ》す」という時雨の候です。紅葉と時雨の季節が重なり合っているようすは、『万葉集』のこんな歌のやりとりにも見受けられます。

手折らずて散りなば惜しとわが思《も》ひし秋のもみちをかざしつるかも　　橘《たちばなの》奈良麻呂《ならまろ》

もみち葉を散らす時雨に濡《ぬ》れてきて君がもみちをかざしつるかも　　久米《くめの》女王《おおきみ》

手折らずにいて紅葉が時雨に散ってしまったら惜しいという気持ち。その気持ちに駆られ、手折って持ってきてくれた紅葉を髪飾りにして好意を受け取ろうという気持ち。

ざーっと降ってはすぐ晴れ上がる初時雨は、初冬を知らせる雨として、歌人が好んで歌に詠《よ》んだといいます。紅葉をもたらすのも、散らすのも、そんな時雨であり、美しさとはかなさとがないまぜになるような情景です。

とはいえ、散る美しさより、染まることの美しさに胸打たれるのは紅葉が桜のような花ではなく、枯れる間際《まぎわ》の葉だからではないでしょうか。枯れていくのみであるはずの葉が、花にも負けず色づく姿が、古来人の心をとらえてきたように思えてなりません。本来、時雨に打たれて枯れ葉が落ちるのはなんの不思議もないことですが、それをさも花の盛りが去るように惜しむ気持ちのどこかに、葉を花に見立てる人の歌心が働いているかのようです。

（白井明大『季節を知らせる花』による）

（注）転訛＝語の本来の音がなまって変わること。
七十二候＝二十四節気の各節気をさらに三つの候（初候・次候・末候）に細分し、一年を七十二の候に分けたもの。
霜降＝二十四節気の一つ。霜が降りるころの季節を示す語。現在の十月二十三日ごろから十一月六日ごろにあたる。
ないまぜ＝いろいろなものが一つにまざりあっていること。

1 ①はっとさせられる　とあるが、次のうち、このことばの本文中での意味として最も適しているものはどれか。一つ選び、記号を○で囲みなさい。

ア 思いがけず驚かされる　　イ なつかしく思い出される
ウ 待ち遠しく感じられる　　エ 心が落ち着き癒やされる

2 ②古の人　とあるが、植物の生態に心を動かされたとき、「古の人」がそれをどのようにしてとらえていたかということについての筆者の考えを次のようにまとめた。[a]、[b] に入れるのに最も適しているひとつづきのことばを、それぞれ本文中から抜き出しなさい。ただし、[a] は**十三字**、[b] は**十二字**で抜き出すこと。

2 ②ことわりさる事ながら とは「もっともなことであるが」という意味であるが、本文中で「もっともなこと」と述べられているのはどのようなことか。次のうち、最も適しているものを一つ選び、記号を○で囲みなさい。

ア どんなわざであっても、法《のり》に基づかなければ、真髄をつかんだわざとなることは難しく、法にかなっていれば人も認めるということ。

イ どんなわざであっても、法に頼るだけではなく、信念をもって熱心に取り組むことが、わざを身につけるうえで大切であるということ。

ウ どんなわざであっても、法を理解することに専心しているだけでは、わざの真髄をつかむことや人に認められることが難しいということ。

エ どんなわざであっても、どの法にしたがうのが良いかを、自分でよく考えて選ぶことが、わざを身につけるうえで大切であるということ。

3 ③まうけ を現代かなづかいになおして、**すべてひらがなで**書きなさい。

4 本文中の ④ 、⑤ に入れるのに最も適していることばを、それぞれ本文中から抜き出しなさい。

三 次の問いに答えなさい。

1 次の⑴～⑷の文中の傍線を付けた漢字の読み方を書きなさい。また、⑸～⑻の文中の傍線を付けたカタカナを漢字になおし、解答欄の枠内に書きなさい。ただし、漢字は**楷書《かいしょ》**で、**大きくていねいに**書くこと。

⑴ 贈り物を包装する。
⑵ 勇敢に立ち向かう。
⑶ 重ね着をして寒さを防ぐ。
⑷ 急成長を遂げる。
⑸ 時計のハリが三時をさす。
⑹ 信頼関係をキズく。
⑹ 友人のソウダンに乗る。
⑻ 『春望』は五言リッシである。

2 次のうち、返り点にしたがって読むと「其《そ》の物に接するや、春陽の温なるがごとし。」の読み方になる漢文はどれか。一つ選び、記号を○で囲みなさい。

ア 其ノ接スル㆑物ニ也《や》、如《ごと》シ㆑春陽之《の》温ナルガ。

イ 其ノ接スル㆓物ニ也㆒、如シ㆓春陽之温ナルガ㆒。

ウ 其ノ接スル㆑物ニ也、如シ㆓春陽之温ナルガ㆒。

エ 其ノ㆓接スル物ニ㆒也、如シ㆑春陽之温ナルガ。

四 次の文章を読んで、あとの問いに答えなさい。

秋深まり、気温が下がり、空気が乾燥すると紅葉のはじまりです。昼は暖かく、夜は寒く、一日の寒暖の差が大きいほど葉はよく染まります。山を奥へ入るにつれて、①はっとさせられる紅葉に出会えるのはそのためです。日本のほかにも中国や北アメリカ、アルプスの山々、ドナウ河畔、ライン河畔などでも紅葉の景観を眺めることができます。

「かえで」という名は、葉のかたちが蛙《かえる》の手に似ているから「かえ

い油絵を描いていくようなものです。

こう考えると、現時点のわたしたちの立場も明らかになります。つまり、過去から未来へと続く長い都市の歴史の中の、現在という一時点の読者であり、著者であるということです。傲慢に都市のすべてを決め付けることは論外ですが、今後も書き継がれる書物の一部として、謙虚に、しかし確固として自分の立場を見極めることが大切だと思います。

（西村幸夫『都市から学んだ10のこと』による）

（注）　プロット＝小説・物語などの筋。構想。

1　①あらゆる都市は書物なのです　とあるが、次のうち、筆者がこのように考える理由として最も適しているものはどれか。一つ選び、記号を○で囲みなさい。

ア　都市空間も書物も、誰の「意図」がどのように反映されて形成されたのかという対応が明らかであるから。

イ　あらゆる都市空間は、書物のひとつひとつのプロットのように自然発生的に形成されてきたものであるから。

ウ　都市空間においては、どんなに自然発生的に見える空間であっても、書物と同様に何らかの「意図」があるから。

エ　自然発生的に形成された「けもの道」のような例を除けば、都市空間は誰かの「意図」のもとに造られているから。

2　次のうち、本文中の［②］に入れるのに最も適していることばはどれか。一つ選び、記号を○で囲みなさい。

ア　あるいは　**イ**　一方で　**ウ**　さらに　**エ**　たとえば

3　本文中では、都市という書物が実際の書物と異なるのは、都市空間がどのようなものであるからだと述べられているか。その内容についてまとめた次の文の［　］に入る内容を、本文中のことばを使って**二十五字以上、三十五字以内**で書きなさい。

都市空間が、数多く人たちのさまざまな［　　　］ものであるから。

4　本文中では、都市空間の性質を考えるとどのようなことがわかると述べられているか。その内容についてまとめた次の文の［　］に入れるのに最も適しているひとつづきのことばを、本文中から**二十字**で抜き出し、**初めの五字**を書きなさい。

今後も続いていく都市という書物の長い歴史において、わたしたちは［　　　］ということ。

二　次の文章を読んで、あとの問いに答えなさい。

よろづ何のわざにも、古《いにしへ》より法《のり》となす①しるべありてそれによらざらむは、まことの心を得がたく、その法を得たるは、まめやかなり《本式である》と、人もうべなふめり《認めるようである》。こは、もとより、②ことわりさる事ながら、ふかく事のもとを考ふるに、よろづの事、はじめに法を③まうけおきて、後にそのわざをなし出《い》づるにはあらず、そのわざあるがうへにこそ、法てふことは出で來《く》めれ。かかれば、［④］は本にて、［⑤］は末なり。

（注）　わざ＝行い。技芸。
　　　法＝したがうべき事柄。

1　①しるべ　とあるが、次のうち、このことばの本文中での意味として最も適しているものはどれか。一つ選び、記号を○で囲みなさい。

ア　味わい　**イ**　てびき　**ウ**　特徴　**エ**　由来

＜国語＞（B問題）

時間　五〇分　満点　九〇点

【注意】答えの字数が指定されている問題は、**句読点や「」などの符号も一字に数えなさい。**

一　次の文章を読んで、あとの問いに答えなさい。

あらゆる都市空間は「意図」を持って造られています。どんなに自然発生的に見える空間でも、まったくの自然環境の中にあるわけではないので、人の手が入っています。したがってそこには何らかの「意図」があるのです。都市空間は、ちょうど書物のひとつひとつのプロットのようなものだといえるでしょう。書物には、当然ながら著者がいるので、ひとつひとつのプロットはいかに自然に見えても、何らかの「意図」のもとにあります。

もちろん、長年にわたり自然発生的に形成されてきた「けもの道」のような例もありますが、それにしても、多くの人が（あるいはけものも）歩き続けてきたことには、何らかの目的があり、そうした道が形成されてきた経過の中には、無意識的な「意図」が蓄積されて、道を形成してきたといえます。

そうした多様な「意図」の総量として、都市空間はできているのです。あたかも都市空間は、多数の著者がいる書物のようなものだと言えます。その意味で、①あらゆる都市は書物なのです。

ただ、実際の書物と異なるところも多々あります。

ひとつは、都市という書物には無数の著者がいるということです。あまりにも著者が多いために、誰の「意図」がどの都市空間にどのように反映されているのかといった対応はほとんど不可能です。あたかも多数から成る集合的な「意図」が都市空間というプロットを造っているように見えます。

しかし、都市空間のそれぞれの部分を子細に眺めていくと、そこには明確であるか、無自覚であるかは別にして、その造形には明らかな「意図」があることに気づきます。

［②］、住宅街ですと、個々の住宅にはそれぞれ住宅を建てた施《せ》主《しゅ》がいて、実際に建設に携わった工務店がいます。そもそもその地が住宅街になったのには、ある歴史的な経緯があるはずです。そこに通っている道路にしても、建っている店舗にしても、それなりの理由があって、現在地に存在しているはずです。行政もそこにはおおきく関与しているでしょう。地形や植生も住宅地の立地に影響を及ぼしているはずです。

都市内の駅や学校を始めとした公共施設、神社仏閣、さらには商店街や街道筋にしても、その気になって眺めてみると、なぜそこに立地しているのかには何らかの「意図」がありそうです。まるででたらめに立地している都市施設などというものはありません。

こうした「意図」の集積として都市の空開かできあがっているのです。そこには多数の著者がいます。

もうひとつ、都市という書物が実際の書物と異なる点があります。それは、都市という書物はこれからも書き継がれる書物だということです。さらに言うと、無限に書き続けられていく書物なのです。

都市空間はこれからも変化を続けていきます。都市生活のあり方も変化していくのですから、都市空間も変化せざるを得ないのです。かつて存在していたものが壊され、新たな空間が造形されるでしょう。壊されるのを免《まぬか》れたとしても、その空間の意味は異なって取り扱われることも多いでしょう。あたかも油絵の具を塗り重ねて、終わりのな

イ それまでに出た意見とは反対の立場から意見を述べている。

ウ それまでに出た意見とは異なる新たな話題を示している。

エ それまでに出た意見の内容を整理しながらまとめている。

五 あなたが季節を感じるのはどのようなときですか。次の**条件1**～3にしたがって、あなたの考えを別の原稿用紙に書きなさい。

条件1 最初に、あなたが季節を感じるのはどのようなときかを簡潔に書くこと。

条件2 次に、**条件1**で書いた内容について、自分の体験を挙げながら具体的に説明すること。

条件3 百八十字以内で書くこと。

読む時間を過ごすなかで、はじめて本を読むことが好きだと感じた。

2　次のうち、本文中の [②] に入れるのに最も適していることばはどれか。一つ選び、記号を○で囲みなさい。

ア　もやもや　**イ**　めきめき　**ウ**　すらすら　**エ**　こそこそ

3　③中学三年だった自分に思いがけず出会ったのだ　とあるが、本文において、「ニューヨークの書店で中学三年だった自分に出会った」とはどのようなことを表しているか。その内容についてまとめた次の文の [　] に入る内容を、本文中のことばを使って**十五字以上、二十五字以内**で書きなさい。

中学三年のときに駅前の小さな書店で思った、いままで [　　　　] ということを、ニューヨークの書店でも思ったということ。

4　この文章を授業で読んだAさんたちは、「筆者にとって駅前の小さな書店はどのようなものだったのか」について話し合うことになりました。次は、Aさんたちの**【話し合いの一部】**です。

【話し合いの一部】

Aさん　中学三年の時に行った駅前の小さな書店は筆者にとって、どのようなものだったのかを考えるために、筆者とその書店について本文中で述べられていることをふりかえってみよう。

Bさん　筆者は、その書店を訪れるまでは、本を読んだり読もうと思ったりすることがなかったよ。でもそれ以降は、書店に行くようになったり、友人と本の話をしたりするようになっているよ。

Cさん　そうだね。だから筆者は、書店に行った日から自分の [a] と考えているんだね。

Aさん　駅前の小さな書店に行ったことで、本と関わるようになっていったということだね。ほかに、どのようなことが述べられていたかな。

Cさん　その書店に行った時に、友人から「誰かと来たことなんてなかったけど、おまえを初めて連れてきた」と言われて、筆者はうれしさを感じていたよね。それは、筆者にとって印象に残る特別なことだったんじゃないかな。

Aさん　確かにそうだね。筆者にとって駅前の小さな書店は、本と関わるきっかけとなる場所であり、特別な思い出のある場所でもあったということだね。

Bさん　なるほど。だから、本文中で筆者は、その書店はなくなってしまったけど、自分の中では [b] と述べているんだね。

（以下、話し合いは続く）

(1)　**【話し合いの一部】**中の [a]、[b] に入れるのに最も適しているひとつづきのことばを、それぞれ本文中から抜き出しなさい。ただし、[a] は**十一字**、[b] は**十八字**で抜き出し、それぞれ**初めの五字**を書きなさい。

(2)　次のうち、**【話し合いの一部】**中の＝＝で示した発言を説明したものとして最も適しているものはどれか。一つ選び、記号を○で囲みなさい。

ア　それまでに出た意見のなかで疑問に思った点を質問している。

そんな異国での時間を僕はいつしか愛していた。知らない本に囲まれ、インクの匂いと、紙の柔らかくあたたかな感触を指先に感じながら、アルファベットの連続を追っていく。

まさに未知の世界にずぶりと入っていく瞬間のような気がした。それは心躍ることで、僕はやはり本が好きなのだと、改めて感じたりもした。そんなゆるやかな時間の流れだった。

それは以前どこかで体験したことのある感覚に似ていた、いや同じものだということにあるとき気がついた。中学生の頃に感じたそれだということに。静かに、そして何度も。

中学三年のとき、僕は書店に頻繁に行くようになった。読書家の友人の影響だった。

「大人になったら、オレは小説家になる」

友人は真顔でそんなことを口にするような男で、彼に連れられて地元の駅前の木造建ての建物の二階にある書店に向かった。

文庫本を、初めて手にとった。

「新刊は棚に横にしてある本だで」

友人の言葉を聞いてもなんのことを言っているのかさっぱりわからなかった。文庫本の新刊が毎月出ることも知らなかったのだ。

友人はＳＦ小説のファンで、僕にあちこちの文庫本を指さしながら説明してくれた。［②］と出てくる作家の名前を耳にしても、誰一人として知っている名前はなかった。でも友人の話を熱心に聞いた。

いままで自分がまったく知らなかった世界を、友人が深く知っていることをとてもとてもうらやましく思い、自分もできることならそれらを知りたかった。自分でも不思議なほど強くそう思った。

「いままでいつも一人で来てた。誰かと来たことなんてなかったけど、おまえを初めて連れてきた」

うれしかった。友人に勧められるままに一冊の文庫本を買った。ＳＦ小説だ。

それまで本なんて教科書以外ほとんど読んだこともなかったし、読んでみようなんて気にもならなかったのに、その日を境にして僕の生活は明らかに変わった。

書店に行くようになったし、いつでも文庫本をカバンの中に入れ、少しでも時間があると開くようになった。しばらくすると、友人と読んだ本の話など当たり前のようにするようになった。

ニューヨークでまるで知らない本が並んだ棚を目の前にしたとき、あの駅前の小さな書店の文庫本の列の前に立った③中学三年だった自分に思いがけず出会ったのだ。

その駅前の書店は再開発によって、とっくになくなってしまったけど、僕の中ではどんな書店よりもずっと心に残っている。

（小林紀晴『旅をすること』による）

（注）　ＳＦ小説＝空想的で科学的な小説。

1　①簡単なものだったら読めそうな気がして手にとるようになったとあるが、次のうち、ニューヨークで生活していたときの筆者の様子について、本文中で述べられていることがらと内容の合うものはどれか。最も適しているものを一つ選び、記号を○で囲みなさい。

ア　ニューヨークで生活をはじめて半年ほどは、原書など読めないと思っていたので、書店に行くことはなかった。

イ　どの本から読んでいいのか見当もつかなかったので、手当たり次第に手にとって、冒頭を読んでみることを繰り返した。

ウ　日本で紹介されていない本のなかで、使われている単語が簡単で読めそうだと思ったものを辞書を引きながら読み進めた。

エ　インクの匂いと紙の柔らかくあたたかな感触を感じながら本を

最も適しているひとつづきのことばを、本文中から**二十五字**で抜き出し、**初めの五字**を書きなさい。また、［b］に入る内容を、本文中のことばを使って**十五字以上、二十字以内**で書きなさい。

［a］を持ちながら、書いて伝えられることの限界を意識しつつ最高のものを書こうとすることが大切であり、そうすることによって文章の［b］こそが、読み手が惹かれたり心を動かされたりする上で重要である。

三　次の文章を読んで、あとの問いに答えなさい。

鰹《かつを》をりやうりしてゐるところへ、となりのおとこ来たれば、これこれ、①たのみたい事がある。おれは三町目まで用が有りてゆくほどに、跡で《この場所で》この鰹を、ねこがとらぬやうに番して下されと、いふて出る。おとこ、ばんしてゐながら、つくづくと鰹を見て、さてもあたらしい事じや。是《これ》はちと、しよしめませふ《自分のものにしよう》と②おもひ、くひにかかれば、むかふにねらふてゐた猫が、ふうふうといつておどした。

1　①たのみたい事　とあるが、次のうち、鰹を料理している人がとなりの男にたのんだ事の内容として本文中で述べられているものはどれか。最も適しているものを一つ選び、記号を○で囲みなさい。

ア　鰹がとられないように見張っておいてほしいということ。

イ　用事があるので三町目まで行ってきてほしいということ。

ウ　鰹が新鮮なものであるかどうかを見てほしいということ。

2　②おもひ　を現代かなづかいになおして、**すべてひらがな**で書きなさい。

3　次のうち、本文中で述べられていることがらと内容の合うものはどれか。最も適しているものを一つ選び、記号を○で囲みなさい。

ア　鰹を料理している人が猫に気を取られているうちに、となりの男が鰹を食べてしまった。

イ　鰹を料理している人がとなりの男と話している間に、猫に鰹を食べられてしまった。

ウ　となりの男が、鰹を食べようとしたところ、鰹をねらっていた猫に威嚇された。

四　次の文章を読んで、あとの問いに答えなさい。

一年とちょっとニューヨークで生活していた。半年ほどしてから、地元の書店の小説、ノンフィクション、伝記のコーナーによく足を運ぶようになった。

それまでは「どうせ原書など読めるはずもないのだから」と思っていて、写真集コーナー以外には近づいたこともなかったのだけど、①簡単なものだったら読めそうな気がして手にとるようになった。

表紙の作家の名前を目で追って、デザインを見て、それから数ページぱらぱらとめくり、試しに読んでみる。使われている単語が簡単で読めそうだと思うと、さらに読んでから買った。それから辞書を引きながら根気強く、少しずつ読み進めた。

当たり前のことなのだけど、日本で紹介されている本よりも、紹介されていない本のほうがまるで多い。その上僕はアメリカの作家の名前を数えるほどしか知らないのだから、はたしてどの作家から、どの本から読んでいいのか見当もつかなかった。まわりにそれを教えてくれる人もいなかったので、本当に手当たり次第に手にとって、ぱらぱらとめくり、冒頭を読んでみることを繰り返した。

人が何を考えているか、どんなことで悩んでいるのか、本当のところは知り得ない。それは、自分が人の話を聞いて文章を書く上での一番大切な心構えとして、常に意識していることです。自分自身について他の人が知り得ていることを想像してもそう思いますし、自分の最も身近な人について、自分が知っていることを思っても、そうなんだろうと感じます。③、ましてやインタビューなどの形で会ってしばらく話を聞いたぐらいではまず人の核心部分には触れられないし、取材によっていくら複数のエピソードを集めてみてもやはりそれは同じであろうことは、どうしても自覚しなければならないと思うのです。決してわかった気になってはいけない、と。

④、文章にするにあたっては、人から聞いた話を元にどうしても何らかの形を浮かび上がらせないといけないし、広い意味で、一つの物語を紡《つむ》ぎあげる必要があります。そこに、人を取材して書くことの難しさがあるのです。

その点に関して、書き手にとって大切なのは何よりも、わかりえないことが必ずあると認め、でも、できる限り相手のことを理解しようと全力で耳を傾け、その上で、その人の核心部分はなんだろうかと十分に悩み、考えること。そして、文章によって表現する上でのさまざまな制約や限界を意識しつつ、その中で自分が伝えられることは何かと、誠心誠意考えて、文章として描き出そうと努力することなのだろうと思います。

書き手が、自分の知っていることはわずかでしかないという謙虚さを持ち、かつ書いて伝えられることの限界を意識しつつ最高のものを書こうとすれば、その姿勢は必ず文章の端々ににじみ出ます。それはとりわけ、ちょっとした表現や言葉遣い、語尾などの細部に表れます。自分は、そうして微《かす》かにでもにじみ出る書き手の意識や人間性こそ、文章の命であると思っています。そういった部分こそ、読み手がその文章に惹かれたり、心を動かされたりする上で重要であるのだと考えています。

（近藤雄生『まだ見ぬあの地へ』による）

1　①ふと　とあるが、このことばが修飾している部分を次から一つ選び、記号を○で囲みなさい。

ア　何かの　　イ　思い返して　　ウ　多いのです

2　②そういうことがほとんどなのかもしれません　とあるが、本文中で筆者は、どのようなことがほとんどなのかもしれないと述べているか。次のうち、最も適しているものを一つ選び、記号を○で囲みなさい。

ア　書いている最中だけではなく、書き上がったあとも、これでいいのだろうかと悩んだり、考えたりするということ。

イ　書くべき対象となる人物にとって最も核となる部分は、本人であっても言葉にできない感覚的なものであるということ。

ウ　ある事柄について人から話を聞いてわかることは、複数の人から聞いた場合でも本人から聞いた場合でも同じであるということ。

3　次のうち、本文中の ③ 、④ に入れることばの組み合わせとして最も適しているものはどれか。一つ選び、記号を○で囲みなさい。

ア　③だから　　④それでも

イ　③だから　　④あるいは

ウ　③なぜなら　④それでも

エ　③なぜなら　④あるいは

4　人を取材して文章を書く上での書き手の姿勢について、本文中で筆者が述べている内容を次のようにまとめた。 a に入れるのに

＜国語＞（A問題）

時間　五〇分　満点　九〇点

【注意】答えの字数が指定されている問題は、句読点や「」などの符号も一字に数えなさい。

一　次の問いに答えなさい。

1　次の⑴～⑷の文中の傍線を付けた漢字の読み方を書きなさい。また、⑸～⑻の文中の傍線を付けたカタカナを漢字になおし、解答欄の枠内に書きなさい。ただし、漢字は楷書《かいしょ》で、大きくていねいに書くこと。

⑴　友人に辞書を貸す。
⑵　予定通りに目的地に至る。
⑶　贈り物を包装する。
⑷　大自然を満喫する。
⑸　地面に雪がツもる。
⑹　時計のハリが三時をさす。
⑺　運動をしてキンニクを鍛える。
⑻　難しい状況をダハする。

2　次の文中の傍線を付けたことばが「文章の順序や組み立て」という意味になるように、□にあてはまる漢字一字を、あとのア～ウから一つ選び、記号を○で囲みなさい。

この作文は、起□転結がはっきりとしている。

ア　照　　イ　証　　ウ　承

二　次の文章を読んで、あとの問いに答えなさい。

人物について書くことは、自分にとって最も心を惹《ひ》かれる仕事であると同時に、毎回、どうやって描いたらいいのだろう、これでいいのだろうか、と途方に暮れ、その難しさに悩まされる分野でもあります。

文章として形にするという点だけで言えば、人物を書くことが他の対象を書くのに比べてとりわけ難しいということはないかもしれません。ただ、書き上がったあとも、これでいいのだろうかと繰り返し悩み、実際に形になってからも、本当にこれでよかったのかと考え続け、①ふと何かの拍子に思い返してはっとするということが多いのです。

複数の人に話を聞いてそれらをつなぎ合わせると、一見それらしいストーリーを作ることは可能です。しかし、人の話を聞いてわかるのは、その人についてのほんの一部のそのまたほんの一部でしかありません。

それは書くべき対象となる本人に話を聞いた場合でも同じです。ある事柄について、本人に直接尋ねても、その人が必ずしも本心を語ってくれるとは限らないし、そのときどきの気持ちなどによって答えが変わることも多々あります。また何よりも、その人にとって最も核となる部分は、本人でも言葉にできないぼんやりとした感覚的なものであるということが往々にしてあるのです。いや、むしろ②そういうことがほとんどなのかもしれません。

そこをどうやってクリアし、その人物の本質を捉えた文章を書けるかには、話を聞く側の意識、経験、相手との関係性、そして技術など、さまざまな要素が関わってきます。そこに決まった「正しいやり方」はなく、毎回毎回どうするべきかは異なります。

MEMO

大切なことはメモしておこうネ！

一般

2022年度

解答と解説

《2022年度の配点は解答用紙集に掲載してあります。》

<数学解答>(A問題)

1 (1) 10　(2) -15　(3) -9　(4) $7x+3$　(5) $6x^2$　(6) $11\sqrt{3}$

2 (1) 26　(2) 5.7℃　(3) イ　(4) $x=4$, $y=-9$　(5) $x=3$, $x=5$
(6) 28回　(7) $\frac{2}{9}$　(8) ウ　(9) $\frac{7}{36}$　(10) ① エ　② $18a\text{cm}^3$

3 (1) ① (ア) 365　(イ) 425　② $y=15x+305$　(2) 21

4 (1) $90-a$度　(2) $5\sqrt{2}$ cm　(3) ⓐ IGD　ⓑ IDG　ⓒ ウ
(4) $\sqrt{29}$cm(求め方は解説参照)

<数学解説>

1 (数・式の計算,平方根)

(1) 正の数・負の数をひくには,符号を変えた数をたせばよい。$-2-(-12)=(-2)+(+12)=+(12-2)=10$

(2) 異符号の2数の積の符号は負で,絶対値は2数の絶対値の積だから,$27\times\left(-\frac{5}{9}\right)=-\left(27\times\frac{5}{9}\right)=-\frac{27\times5}{9}=-15$

(3) $7^2=7\times7=49$だから,$40-7^2=40-49=(+40)+(-49)=-(49-40)=-9$

(4) 分配法則を使って,$6(x+1)=6\times x+6\times1=6x+6$だから,$x-3+6(x+1)=x-3+(6x+6)=x-3+6x+6=x+6x-3+6=7x+3$

(5) $48x^3\div8x=\frac{48x^3}{8x}=\frac{6\times8\times x\times x\times x}{8\times x}=6x^2$

(6) $\sqrt{12}=\sqrt{2^2\times3}=2\sqrt{3}$だから,$\sqrt{12}+9\sqrt{3}=2\sqrt{3}+9\sqrt{3}=(2+9)\sqrt{3}=11\sqrt{3}$

2 (式の値,正の数・負の数の利用,不等式,連立方程式,二次方程式,資料の散らばり・代表値,確率,一次関数,関数$y=ax^2$,空間内の2直線の位置関係,体積)

(1) $a=-6$のとき,$-2a+14=-2\times(-6)+14=12+14=26$

(2) $5.3℃-(-0.4℃)=5.3℃+0.4℃=5.7℃$より,5.7℃高い。

(3) 1袋につきa個のみかんが入った袋を3袋買ったときの,買ったみかんの個数の合計は$a\times3=3a$(個)。これが,20個より多いのだから,これらの数量の関係は$3a>20$と表される。

(4) $\begin{cases}7x+y=19\cdots①\\5x+y=11\cdots②\end{cases}$ とする。①−②より,$7x-5x=19-11$　$2x=8$　$x=4$　これを②に代入して,$5\times4+y=11$　$y=11-20=-9$

(5) $x^2-8x+15=0$　たして-8,かけて$+15$になる2つの数は,$(-3)+(-5)=-8$, $(-3)\times(-5)=+15$より,-3と-5だから$x^2-8x+15=\{x+(-3)\}\{x+(-5)\}=(x-3)(x-5)=0$　$x=3$, $x=5$

(6) 7人の記録を小さい順に並べると,26,27,27,28,30,31,32。中央値は資料の値を大きさの順に並べたときの中央の値。生徒の人数は7人で奇数だから,4番の生徒の28回が中央値。

(7)　A，Bそれぞれの箱から同時にカードを1枚ずつ取り出すとき，すべての取り出し方は，(箱A，箱B)＝(2，4)，(2，6)，(2，8)，(3，4)，(3，6)，(3，8)，(4，4)，(4，6)，(4，8)の9通り。このうち，取り出した2枚のカードに書いてある数の積が16であるのは，～～を付けた2通り。よって，求める確率は$\frac{2}{9}$

(8)　定数a，bを用いて$y=ax+b$と表される関数は一次関数であり，そのグラフは傾きがa，切片がbの直線である。グラフは，$a>0$のとき，xが増加するとyも増加する右上がりの直線となり，$a<0$のとき，xが増加するとyは減少する右下がりの直線となる。また，切片bは，グラフがy軸と交わる点$(0,\ b)$のy座標になっている。問題のグラフは，xが増加するとyは減少する右下がりの直線となっているから$a<0$であり，y軸と正の部分で交わっているから$b>0$である。

(9)　$y=ax^2$は点$A(-6,\ 7)$を通るから，$7=a\times(-6)^2=36a$　$a=\frac{7}{36}$

(10)　①　空間内の2直線の位置関係には，「交わる」，「平行」，「ねじれの位置」の3つの場合がある。辺ACと交わる辺は，辺AB，AD，CB，CFの4本　辺ACと平行な辺は，辺DFの1本　辺ACとねじれの位置にある辺は，辺BE，DE，EFの3本

②　求める立体ABC－DEFの体積は，(底面積)×(高さ)＝$\left(\frac{1}{2}\times AB\times BC\right)\times AD=\left(\frac{1}{2}\times 9\times 4\right)\times a=18a(cm^3)$

3 (規則性，文字を使った式，方程式の応用)

(1)　①　「コーンの個数」(xの値)が1増えるごとに，「積んだコーンの高さ」(yの値)は15ずつ高くなるから，$x=4$のときのyの値は，$x=2$のときのyの値に対して$15\times(4-2)=30$高くなって，$335+30=365$…(ア)　また，$x=8$のときのyの値は，$x=4$のときのyの値に対して$15\times(8-4)=60$高くなって，$365+60=425$…(イ)

②　①と同様に考える。$x=1$のとき$y=320$であり，「コーンの個数」がxのときのyの値は，$x=1$のときのyの値に対して$15\times(x-1)=15(x-1)$高くなって，$y=320+15(x-1)=15x+305$…(i)　である。

(2)　「コーンの個数」をtとして，「積んだコーンの高さ」が620mmとなるときのtの値は，(i)より，$620=15t+305$　これを解いて，$t=21$

4 (平面図形，角度，線分の長さ，相似の証明)

(1)　**三角形の内角の和は180°である**ことと，∠ABE＝90°であることから，△ABEについて，∠BAE＝180°－∠ABE－∠BEA＝180°－90°－a°＝90°－a°

(2)　△FGDは**直角二等辺三角形で，3辺の比は**$1:1:\sqrt{2}$だから，$FD=FG\times\sqrt{2}=5\times\sqrt{2}=5\sqrt{2}$(cm)

(3)　2つの三角形の相似は，「3組の辺の比がそれぞれ等しい」か，「2組の辺の比とその間の角がそれぞれ等しい」か，「2組の角がそれぞれ等しい」ときにいえる。本証明は，「2組の角がそれぞれ等しい」をいうことで証明する。1組目の等しい角は，四角形ABCDは長方形で，長方形の4つの角はすべて直角であることより∠DCE＝90°…(あ)　四角形FGDHは正方形で，正方形の4つの角はすべて直角であることより∠IGD＝90°…(い)　(あ)，(い)より∠DCE＝∠IGD…(う)　2組目の等しい角は，AD//BCであることより，**平行線の錯角は等しい**から∠DEC＝∠IDG…(え)　(う)，(え)より，2組の角がそれぞれ等しいから，△DEC∽△IDGがいえる。

(4)　(求め方)　(例)△DEC∽△IDGだから　DC：IG＝EC：DG＝2：1　よって　$IG=\frac{1}{2}DC=3$(cm)　したがって$FI=FG-IG=2$(cm)　∠HFI＝90°だから　$HI^2=HF^2+FI^2$　HI＝$x$cmとす

ると，$x^2=5^2+2^2$　これを解くと，$x>0$より　$x=\sqrt{29}$

＜数学解答＞(B問題)

1　(1)　16　(2)　$7a-20b$　(3)　$2b^2$　(4)　$5x+23$　(5)　$8-\sqrt{3}$

2　(1)　$a=\frac{7b-4}{5}$　(2)　$x=\frac{3\pm\sqrt{17}}{4}$　(3)　エ　(4)　$\frac{5}{12}$　(5)　673　(6)　$2a-b$度

(7)　24　(8)　aの値　$-\frac{7}{18}$(求め方は解説参照)

3　(1)　①　(ア)　365　(イ)　425　②　$y=15x+305$　③　21

(2)　sの値9，tの値30

4　[Ⅰ]　(1)　解説参照　(2)　①　$\frac{12}{5}$cm　②　$\frac{25\sqrt{21}}{16}$cm^2　[Ⅱ]　(3)　ウ，エ

(4)　①　$\frac{13}{3}$cm　②　$\frac{52\sqrt{2}}{3}$cm^3

＜数学解説＞

1 (数・式の計算，式の展開，平方根)

(1)　四則をふくむ式の計算の順序は，指数→かっこの中→乗法・除法→加法・減法となる。また，$(-4)^2=(-4)\times(-4)=16$だから，$18-(-4)^2\div 8=18-16\div 8=18-2=16$

(2)　分配法則を使って，$2(5a-b)=2\times 5a+2\times(-b)=10a-2b$，$3(a+6b)=3\times a+3\times 6b=3a+18b$だから，$2(5a-b)-3(a+6b)=(10a-2b)-(3a+18b)=10a-2b-3a-18b=10a-3a-2b-18b=7a-20b$

(3)　$14ab\div 7a^2\times ab=14ab\times\frac{1}{7a^2}\times ab=\frac{14ab\times ab}{7a^2}=2b^2$

(4)　**乗法公式$(a+b)(a-b)=a^2-b^2$**より，$(x+1)(x-1)=x^2-1^2=x^2-1$　**乗法公式$(x+a)(x+b)=x^2+(a+b)x+ab$**より，$(x+3)(x-8)=x^2+(3-8)x+3\times(-8)=x^2-5x-24$だから，$(x+1)(x-1)-(x+3)(x-8)=(x^2-1)-(x^2-5x-24)=x^2-1-x^2+5x+24=x^2-x^2+5x-1+24=5x+23$

(5)　**乗法公式$(a-b)^2=a^2-2ab+b^2$**より，$(\sqrt{6}-\sqrt{2})^2=(\sqrt{6})^2-2\times\sqrt{6}\times\sqrt{2}+(\sqrt{2})^2=6-2\sqrt{12}+2=8-4\sqrt{3}$　$\sqrt{27}=\sqrt{3^3}=3\sqrt{3}$だから，$(\sqrt{6}-\sqrt{2})^2+\sqrt{27}=8-4\sqrt{3}+3\sqrt{3}=8-\sqrt{3}$

2 (等式の変形，二次方程式，資料の散らばり・代表値，確率，方程式の応用，角度，平方根，関数$y=ax^2$)

(1)　$b=\frac{5a+4}{7}$　左辺と右辺を入れかえて，両辺に7をかけて$\frac{5a+4}{7}\times 7=b\times 7$　$5a+4=7b$　左辺の項$+4$を右辺に移項して，両辺を5で割って$5a\div 5=(7b-4)\div 5$　$a=\frac{7b-4}{5}$

(2)　**2次方程式$ax^2+bx+c=0$の解は，$x=\frac{-b\pm\sqrt{b^2-4ac}}{2a}$**で求められる。問題の2次方程式は，$a=2$，$b=-3$，$c=-1$の場合だから，$x=\frac{-(-3)\pm\sqrt{(-3)^2-4\times 2\times(-1)}}{2\times 2}=\frac{3\pm\sqrt{9+8}}{4}=\frac{3\pm\sqrt{17}}{4}$

(3)　**平均値**$=(2\times 1+3\times 4+4\times 3+5\times 2+6\times 1+12\times 1)\div 12=54\div 12=4.5$(冊)　資料の値の中で最も頻繁に現れる値が**最頻値**だから，4人で最も頻繁に現れる3冊が最頻値。**中央値**は資料の値を大きさの順に並べたときの中央の値。図書委員の人数は12人で偶数だから，冊数の少ない方から6番目の4冊と，7番目の4冊の平均値$\frac{4+4}{2}=4$(冊)が中央値。以上より，$a=4.5$，$b=3$，$c=$

4だから，$b<c<a$

(4)　A，Bそれぞれの箱から同時にカードを1枚ずつ取り出すとき，すべての取り出し方は，(箱A，箱B)＝(1，1)，(1，3)，(1，5)，(1，7)，(2，1)，(2，3)，(2，5)，(2，7)，(3，1)，(3，3)，(3，5)，(3，7)の12通り。このうち，取り出した2枚のカードに書いてある数の和が20の約数，すなわち，1，2，4，5，10，20のいずれかであるのは，〰〰を付けた5通り。よって，求める確率は$\frac{5}{12}$

(5)　連続する三つの整数のうち，最も小さい整数をnとすると，この連続する三つの整数はn，$n+1$，$n+2$と表される。この三つの整数の和が2022となるとき，$n+(n+1)+(n+2)=2022$
$3n+3=2022$　$n=673$

(6)　$\overset{\frown}{\mathrm{BC}}$に対する**中心角と円周角の関係**から，$\angle \mathrm{BOC}=2\angle \mathrm{CAB}=2a°$　△OCDの**内角と外角の関係**から，$\angle \mathrm{CDO}=\angle \mathrm{BOC}-\angle \mathrm{OCD}=2a°-b°$

(7)　$4<\sqrt{n}<5$…①より，辺々を2乗すると，$4^2<(\sqrt{n})^2<5^2$　$16<n<25$　これより，①を満たす自然数nは17，18，19，20，21，22，23，24　これらのnのうち，$\sqrt{6n}$の値が自然数となるのは，$\sqrt{6\times24}=\sqrt{6\times4\times6}=\sqrt{2^2\times6^2}=12$より，$n=24$である。

(8)　(求め方)　(例)Aはm上の点だからA$\left(3,\ \frac{9}{2}\right)$　よってAB$=\frac{9}{2}$(cm)　CB＝ABだから，Cのx座標は$3-\frac{9}{2}=-\frac{3}{2}$　Dはm上の点だからD$\left(-\frac{3}{2},\ \frac{9}{8}\right)$　Eはn上の点だからE$\left(-\frac{3}{2},\ \frac{9}{4}a\right)$　よってDE$=\frac{9}{8}-\frac{9}{4}a$(cm)　DE＝2cmだから$\frac{9}{8}-\frac{9}{4}a=2$　これを解くと$a=-\frac{7}{18}$

3 (規則性，文字を使った式，方程式の応用)

(1)　①「コーンAの個数」(xの値)が1増えるごとに，「積んだコーンAの高さ」(yの値)は15ずつ高くなるから，$x=4$のときのyの値は，$x=2$のときのyの値に対して$15\times(4-2)=30$高くなって，$335+30=365$…(ア)　また，$x=8$のときのyの値は，$x=4$のときのyの値に対して$15\times(8-4)=60$高くなって，$365+60=425$…(イ)

②　①と同様に考える。$x=1$のとき$y=320$であり，「コーンAの個数」がxのときのyの値は，$x=1$のときのyの値に対して$15\times(x-1)=15(x-1)$高くなって，$y=320+15(x-1)=15x+305$…(i)である。

③　$y=620$となるときのxの値は，(i)より，$620=15x+305$　これを解いて，$x=21$

(2)「コーンAの個数」と「コーンBの個数」との合計が39だから，$s+t=39$…(ii)「積んだコーンAの高さ」は，(i)より$15s+305$…(iii)　また,「積んだコーンBの高さ」は，(1)②と同様に考えると，「コーンBの個数」が1のとき「積んだコーンBの高さ」は150mmであり，「コーンBの個数」が1増えるごとに,「積んだコーンBの高さ」は10ずつ高くなるから,「コーンBの個数」がtのときの「積んだコーンBの高さ」は,「コーンBの個数」が1のときの「積んだコーンBの高さ」に対して$10\times(t-1)=10(t-1)$高くなって，$150+10(t-1)=10t+140$…(iv)　である。これより，「積んだコーンAの高さ」と「積んだコーンBの高さ」とが同じであるとき，(iii)，(iv)より，$15s+305=10t+140$
整理して，$3s-2t=-33$…(v)　(ii)，(v)の連立方程式を解いて，$s=9$，$t=30$

4 (相似の証明，線分の長さ，面積，空間内の2直線の位置関係，線分の長さ，体積)

[Ⅰ]　(1)　(証明)　(例)△BCEと△DFHにおいてCE⊥AB，FH⊥AHだから，∠CEB＝∠FHD＝90°…㋐　四角形ABCDは平行四辺形だから，∠EBC＝∠ADC…㋑　**対頂角は等しい**から∠HDF＝∠ADC…㋒　㋑，㋒より∠EBC＝∠HDF…㋓　㋐，㋓より，2組の角がそれぞれ等しいから△BCE∽△DFH

(2) ① △BCE∽△DFHより，BE：DH＝BC：DF　$BE=\frac{DH\times BC}{DF}=\frac{2\times 6}{5}=\frac{12}{5}$(cm)

② △DFHに**三平方の定理**を用いると，$FH=\sqrt{FD^2-DH^2}=\sqrt{5^2-2^2}=\sqrt{21}$(cm)　EP//BCとなるように，辺CD上に点Pをとると，AD//BCでもあるから，AD//EP　これより，**平行線と線分の比の定理**を用いると，GD：EP＝FD：FP　$GD=\frac{EP\times FD}{FP}=\frac{BC\times FD}{FD+DC-BE}=\frac{6\times 5}{5+7-\frac{12}{5}}=\frac{25}{8}$(cm)　よって，$\triangle FGD=\frac{1}{2}\times GD\times FH=\frac{1}{2}\times\frac{25}{8}\times\sqrt{21}=\frac{25\sqrt{21}}{16}$(cm^2)

[Ⅱ] (3) **空間内で，平行でなく，交わらない2つの直線はねじれの位置にあるという。**辺ADと平行な辺は，辺BC，EH，FGの3本　辺ADと交わる辺は，辺AB，AE，DC，DHの4本　辺ADとねじれの位置にある辺は，辺BF，CG，EF，HGの4本

(4) ① 辺ABの延長と，辺DCの延長との交点をKとすると，AD//BCより，平行線と線分の比の定理を用いて，KA：KB＝AD：BC＝3：7より，KA：AB＝3：(7－3)＝3：4　$KA=AB\times\frac{3}{4}=6\times\frac{3}{4}=\frac{9}{2}$(cm)　IJ//BCより，平行線と線分の比の定理を用いて，IJ：BC＝KI：KB＝(KA＋AI)：(KA＋AB)＝$\left(\frac{9}{2}+2\right)$：$\left(\frac{9}{2}+6\right)$＝13：21　$IJ=BC\times\frac{13}{21}=7\times\frac{13}{21}=\frac{13}{3}$(cm)

② 前問①において，点Kから辺BCへ垂線KPを引き，線分IJとの交点をQとする。四角形ABCDはAB＝DCの等脚台形であることから，△KBCはKB＝KCの二等辺三角形となり，点Pは辺BCの中点である。△KBPに三平方の定理を用いると，$KP=\sqrt{KB^2-BP^2}=\sqrt{\left(\frac{21}{2}\right)^2-\left(\frac{7}{2}\right)^2}=7\sqrt{2}$(cm)　KI：KB＝13：21より，$QP=KP\times\frac{21-13}{21}=7\sqrt{2}\times\frac{8}{21}=\frac{8\sqrt{2}}{3}$(cm)

BF⊥面ABCDより，立体IFBJの底面を△IBJと考えると，高さがBFの三角すいだから，その体積は$\frac{1}{3}\times\triangle IBJ\times BF=\frac{1}{3}\times\left(\frac{1}{2}\times IJ\times QP\right)\times BF=\frac{1}{3}\times\left(\frac{1}{2}\times\frac{13}{3}\times\frac{8\sqrt{2}}{3}\right)\times 9=\frac{52\sqrt{2}}{3}$(cm^3)

＜数学解答＞(C問題)

1 (1) $\frac{7a+b}{12}$　(2) $x=\frac{2}{3}$，$y=\frac{4}{3}$　(3) $20\sqrt{3}$　(4) ウ　(5) $\frac{5}{9}$　(6) 8人
(7) 17，28，39　(8) tの値$-1+\sqrt{10}$(求め方は解説参照)

2 (1) $\frac{1}{4}\pi a^2$cm^2　(2) 解説参照　(3) ① $\frac{5\sqrt{34}}{6}$cm　② $\frac{25}{4}$cm^2

3 (1) ① $8\sqrt{21}$cm^2　② $\frac{\sqrt{26}}{2}$cm　③ $\frac{5}{3}$cm　(2) ① $\frac{16}{5}$cm　② $\frac{96\sqrt{21}}{5}$cm^3

＜数学解説＞

1 (数・式の計算，連立方程式，平方根，式の値，一次関数，確率，資料の散らばり・代表値，方程式の応用，図形と関数・グラフ)

(1) 分母を4と6の**最小公倍数**の12に通分して，$\frac{3a-b}{4}-\frac{a-2b}{6}=\frac{3(3a-b)-2(a-2b)}{12}=\frac{9a-3b-2a+4b}{12}=\frac{7a+b}{12}$

(2) 問題の方程式を，連立方程式$\begin{cases}x-16y+10=5x-14\cdots①\\5x-14=-8y\cdots②\end{cases}$と考える。①を整理して，$x+4y=6$…③　②を整理して，$5x+8y=14$…④　④－③×2より，$5x-2x=14-12$　$x=\frac{2}{3}$　これを③に代入して，$\frac{2}{3}+4y=6$　両辺に3をかけて$2+12y=18$　$12y=16$　$y=\frac{4}{3}$　よって，連立方程

式の解は，$x=\dfrac{2}{3}$，$y=\dfrac{4}{3}$

(3)　$x=\sqrt{15}+\sqrt{5}$，$y=\sqrt{15}-\sqrt{5}$のとき，$x^2-y^2=(x+y)(x-y)=\{(\sqrt{15}+\sqrt{5})+(\sqrt{15}-\sqrt{5})\}\{(\sqrt{15}+\sqrt{5})-(\sqrt{15}-\sqrt{5})\}=2\sqrt{15}\times2\sqrt{5}=4\sqrt{15\times5}=20\sqrt{3}$

(4)　定数a，bを用いて$y=ax+b$と表される関数は一次関数であり，そのグラフは傾きがa，切片がbの直線である。グラフは，$a>0$のとき，xが増加するとyも増加する右上がりの直線となり，$a<0$のとき，xが増加するとyは減少する右下がりの直線となる。また，切片bは，グラフがy軸と交わる点$(0,\ b)$のy座標になっている。問題の二元一次方程式をyについて解くと，$y=-\dfrac{a}{b}x+\dfrac{1}{b}$　また，問題のグラフは，xが増加するとyも増加する右上がりの直線で，y軸と正の部分で交わっているから，$-\dfrac{a}{b}>0$…①　$\dfrac{1}{b}>0$…②　②より$b>0$であり，これと①より，$a<0$である。

(5)　箱Aからカードを2枚，箱Bからカードを1枚同時に取り出すとき，すべての取り出し方は，(箱Aの1枚目のカード，箱Aの2枚目のカード，箱Bのカード，)＝(2，4，1)，(2，6，1)，(4，6，1)，(2，4，3)，(2，6，3)，(4，6，3)，(2，4，9)，(2，6，9)，(4，6，9)の9通り。このうち，$\dfrac{ac}{b}$の値が自然数であるのは，〰〰を付けた5通り。よって，求める確率は$\dfrac{5}{9}$

(6)　215cm以上220cm未満の**階級**の**度数**を比較すると，サッカー部員32人の記録の度数はバレーボール部員20人の記録の度数より3人多かったから，サッカー部員32人の記録における215cm以上220cm未満の階級の度数をx人とすると，バレーボール部員20人の記録における215cm以上220cm未満の階級の度数は$(x-3)$人　また，215cm以上220cm未満の階級の**相対度数**を比較すると，サッカー部員32人の記録の相対度数はバレーボール部員20人の記録の相対度数と同じであったから，$\dfrac{x}{32}=\dfrac{x-3}{20}$　両辺に160をかけて$5x=8(x-3)$　これを解いて，$x=8$人

(7)　mの十の位の数をa，一の位の数をbとすると，$m=10a+b$，$n=a+b$　これらを$11n-2m$に代入して，$11n-2m=11(a+b)-2(10a+b)=9b-9a=9(b-a)$　これが50以上であって60以下であるとき，$50\leqq9(b-a)\leqq60$　$b-a$が整数であることを考慮すると，これより，$b-a=6$…①と決まる。$1\leqq a\leqq9$，$0\leqq b\leqq9$であることを考慮すると，①を満たす$(a,\ b)$の組は(3，9)，(2，8)，(1，7)の3組。よって，mの値は17，28，39

(8)　(求め方)　(例)Aはm上の点だから$\mathrm{A}\left(t,\ \dfrac{1}{3}t^2\right)$　よって，$\mathrm{B}\left(-t,\ \dfrac{1}{3}t^2\right)$，$\mathrm{C}\left(0,\ \dfrac{1}{3}t^2\right)$　したがって，$\mathrm{BA}=2t$(cm)　四角形ABDEは平行四辺形だからDE＝BA　よって，Dのx座標は$-2t$　Dはℓ上の点だから$\mathrm{D}\left(-2t,\ -\dfrac{2}{3}t-1\right)$　よって，$\mathrm{E}\left(0,\ -\dfrac{2}{3}t-1\right)$　したがって，$\mathrm{CE}=\dfrac{1}{3}t^2+\dfrac{2}{3}t+1$(cm)　CE＝4cmだから$\dfrac{1}{3}t^2+\dfrac{2}{3}t+1=4$　これを解くと，$t>0$より$t=-1+\sqrt{10}$

2　(平面図形，面積，相似の証明，線分の長さ)

(1)　円Oは線分ACを直径とする円だから，その半径は$\dfrac{\mathrm{AC}}{2}=\dfrac{a}{2}$(cm)　面積は$\pi\times\left(\dfrac{a}{2}\right)^2=\dfrac{1}{4}\pi a^2$(cm^2)

(2)　(証明)　(例)△ABCと△COGにおいて，EC//ABであり，**平行線の錯角は等しい**から∠BAC＝∠OCG…㋐　仮定より∠ABC＝90°…㋑　△DECは∠DEC＝90°の直角二等辺三角形だから∠CDF＝45°…㋒　**一つの弧に対する中心角の大きさは，その弧に対する円周角の大きさの2倍**だから∠COG＝2∠CDF…㋓　㋒，㋓より∠COG＝90°…㋔　㋑，㋔より∠ABC＝∠COG…㋕　㋐，㋕より，2組の角がそれぞれ等しいから△ABC∽△COG

(3)　①　△ABCに**三平方の定理**を用いると，$\mathrm{AC}=\sqrt{\mathrm{AB}^2+\mathrm{BC}^2}=\sqrt{3^2+5^2}=\sqrt{34}$(cm)　△ABC∽△COGより，CO：OG：CG＝AB：BC：AC＝3：5：$\sqrt{34}$　$\mathrm{OG}=\mathrm{CO}\times\dfrac{5}{3}=\dfrac{\mathrm{AC}}{2}\times\dfrac{5}{3}=\dfrac{\sqrt{34}}{2}\times\dfrac{5}{3}=\dfrac{5\sqrt{34}}{6}$(cm)

② △COGと△FEGにおいて∠COG＝∠FEG＝90°　共通な角より∠CGO＝∠FGE　**2組の角がそれぞれ等しい**から，△COG∽△FEG　相似比はCG：FG＝$\left(\mathrm{CO}\times\frac{\sqrt{34}}{3}\right)$：(OG−OF)＝$\left(\frac{\sqrt{34}}{2}\times\frac{\sqrt{34}}{3}\right):\left(\frac{5\sqrt{34}}{6}-\frac{\sqrt{34}}{2}\right)=17:\sqrt{34}$　**相似な図形では，面積比は相似比の2乗に等しい**から，△COG：△FEG＝$17^2:(\sqrt{34})^2=17:2$　以上より，(四角形OFECの面積)＝△COG−△FEG＝△COG−$\frac{2}{17}$△COG＝$\frac{15}{17}$△COG＝$\frac{15}{17}\times\left(\frac{1}{2}\times\mathrm{CO}\times\mathrm{OG}\right)=\frac{15}{17}\times\left(\frac{1}{2}\times\frac{\sqrt{34}}{2}\times\frac{5\sqrt{34}}{6}\right)=\frac{25}{4}$(cm^2)

3 (空間図形，面積，線分の長さ，体積)

(1) ① 点Dから辺EFへ垂線DMを引くと，△DEFはDE＝DFの二等辺三角形で，**二等辺三角形の頂角からの垂線は底辺を2等分する**から，EM＝$\frac{\mathrm{EF}}{2}=\frac{8}{2}=4$(cm)　△DEMに三平方の定理を用いると，DM＝$\sqrt{\mathrm{DE}^2-\mathrm{EM}^2}=\sqrt{10^2-4^2}=2\sqrt{21}$(cm)　よって，△DEF＝$\frac{1}{2}\times\mathrm{EF}\times\mathrm{DM}=\frac{1}{2}\times8\times2\sqrt{21}=8\sqrt{21}$(cm^2)

② 2点A，Hから辺BEへそれぞれ垂線AP，HQを引く。GH//AC，HQ//APより，**平行線と線分の比の定理**を用いると，BQ：BP＝HQ：AP＝HB：AB＝BG：BC＝(BC−CG)：BC＝(8−6)：8＝1：4　ここで，AP＝DE＝10(cm)，BP＝BE−PE＝BE−AD＝5−3＝2(cm)より，△ABPに三平方の定理を用いると，AB＝$\sqrt{\mathrm{AP}^2+\mathrm{BP}^2}=\sqrt{10^2+2^2}=2\sqrt{26}$(cm)　よって，HB＝AB×$\frac{1}{4}=2\sqrt{26}\times\frac{1}{4}=\frac{\sqrt{26}}{2}$(cm)

③ 前問②より，BQ＝BP×$\frac{1}{4}=2\times\frac{1}{4}=\frac{1}{2}$(cm)　HQ＝AP×$\frac{1}{4}=10\times\frac{1}{4}=\frac{5}{2}$(cm)　線分HQと線分BIの交点をRとすると，DH//BI，HQ//DEより，2組の向かいあう辺がそれぞれ平行だから，四角形HDIRは平行四辺形　これより，DI＝$x$cmとおくと，HR＝DI＝$x$cm　平行線と線分の比の定理を用いると，RQ：IE＝BQ：BE＝$\frac{1}{2}$：5＝1：10　ここで，RQ＝HQ−HR＝$\frac{5}{2}-x$，IE＝DE−DI＝10−xだから，$\left(\frac{5}{2}-x\right):(10-x)=1:10$　$10-x=10\left(\frac{5}{2}-x\right)$　これを解いて，x＝DI＝$\frac{5}{3}$(cm)

(2) ① KL//BC，AD//KJ//BEより，平行線と線分の比の定理を用いると，LK：BC＝AK：AB＝DJ：DE＝4：10＝2：5　LK＝BC×$\frac{2}{5}=8\times\frac{2}{5}=\frac{16}{5}$(cm)

② 3点J，K，Lを通る平面と辺DFとの交点をSとする。点J，Sから辺EFへそれぞれ垂線JV，SWを引く。3点K，J，Vを通る平面と辺BCとの交点をTとする。3点L，S，Wを通る平面と辺BCとの交点をUとする。このとき，立体KEB−LFCは，底面が長方形BTVEで，高さが線分JVの四角錐K−BTVEと，底面が△KTVで，高さが線分LKの三角柱KTV−LUWと，底面が長方形CUWFで，高さが線分SWの四角錐L−CUWFに分割される。また，四角錐K−BTVE≡四角錐L−CUWFである。JV//DMより，平行線と線分の比の定理を用いると，JV：DM＝JE：DE＝(DE−DJ)：DE＝(10−4)：10＝3：5　JV＝DM×$\frac{3}{5}=2\sqrt{21}\times\frac{3}{5}=\frac{6\sqrt{21}}{5}$(cm)　BT＝

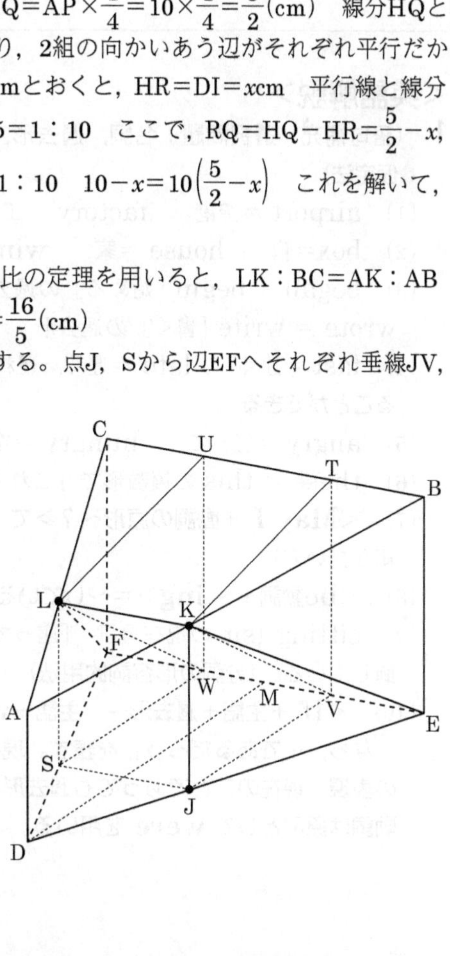

$\frac{BC-LK}{2}=\frac{8-\frac{16}{5}}{2}=\frac{12}{5}$(cm)　以上より，(立体KEB−LFCの体積)＝(四角錐K−BTVEの体積)×2＋(三角柱KTV−LUWの体積)＝$\left(\frac{1}{3}\times BT\times BE\times JV\right)\times 2+\left(\frac{1}{2}\times TV\times JV\right)\times LK=\left(\frac{1}{3}\times\frac{12}{5}\times 5\times\frac{6\sqrt{21}}{5}\right)\times 2+\left(\frac{1}{2}\times 5\times\frac{6\sqrt{21}}{5}\right)\times\frac{16}{5}=\frac{96\sqrt{21}}{5}$(cm³)

＜英語解答＞(A問題)

1　(1) ウ　(2) ウ　(3) イ　(4) ア　(5) イ　(6) イ　(7) ア
(8) ウ　(9) ウ　(10) ア

2　[Ⅰ]　(1) エ　(2) two fresh apples　(3) ウ　(4) ウ
[Ⅱ]　(例)①　Your speech was very interesting.　②　What do you usually buy?　③　I like to drink coffee.

3　(1) ア　(2) エ　(3) will show you　(4) how it was made　(5) エ
(6) the special events　(7) ア　(8) (例)①　No, he didn't.
②　It became a National Park.

英語リスニング

1 ウ　2 ア　3 ウ　4 ア　5 (1) イ　(2) エ　6 (1) エ　(2) イ

＜英語解説＞

1　(語句補充・選択問題：名詞，過去形，副詞，形容詞，助動詞，進行形，分詞の形容詞的用法，仮定法)

(1)　airport＝空港　factory＝工場　library＝図書館

(2)　box＝箱　house＝家　window＝窓

(3)　began＝begin「始める」の過去形　came＝come「来る」の過去形　wrote＝write「書く」の過去形

(4)　fast＝速く　late＝遅く，遅れて　well＝上手に　**＜can＋動詞の原形〜＞＝〜することができる**

(5)　angry＝怒って　hungry＝空腹で　sleepy＝眠い

(6)　these は this の複数形で「これらのもの」という意味。よってbe動詞は are が適当。

(7)　**＜May I＋動詞の原形〜？＞**で「〜してもいいですか？」を表す。(Can I 〜？よりも丁寧な言い方)

(8)　**＜be動詞＋〜 ing＞**＝〜しているところだ(進行形)

(9)　sitting (sit の現在分詞「座っている」の意)on that chairが The boy を後ろから修飾している。(分詞の形容詞的用法)

(10)　**＜If＋主語＋過去形〜，主語＋would**(助動詞の過去形)＋動詞の原形…＞で「もし(今)〜なら，…であるだろう」を表す。現在の事実と異なることを仮定して，その結果を想像する時の表現。現在のことであっても過去形を使う。(仮定法過去)その場合，主語が **I** であっても **be** 動詞は原則として **were** を用いる。

2 (読解問題・エッセイ：語句補充・選択，語句の解釈・指示語，内容真偽，自由・条件英作文)

[Ⅰ]　(全訳)

こんにちは，皆さん。今日は，僕は自動販売機についてお話しします。日本にはたくさんの自動販売機があります。僕はそれら①に興味をもつようになりました。世界中で人が初めて自動販売機を使ったのはいつですか？　もっとも古い自動販売機はおよそ2200年前に使われました。エジプトの寺院の前で，人々はその機械から水を買うことができました。人々はそんなに遠い昔から機械を作って使用していたのです！

先週，僕は駅でおもしろい自動販売機を見かけました。それは生の果物を売るための自動販売機でした。僕はそれを見て驚きました。僕は新鮮なリンゴを2つ買い，ホストファミリーと一緒に家でⒶそれらを食べました。それらは美味しかったです。僕は自動販売機で生の果物が買えるなんて思っていませんでした。その日，僕は日本の自動販売機について僕のホストファミリーに②たずねました。それらについて良い点がたくさん分かりました。夜の暗い時，灯りとして機能している自動販売機もあります。それらは人々が暗い場所で安心感を得るために役立っています。地震のような災害が起きた時に動き続ける自動販売機もあります。人々は自動販売機から必要なものを買うことができます，例えば，飲み物のようなものです。

僕は，自動販売機はたくさんの方法で人々を助けていると思います。聞いてくれてありがとうございました。

(1)　全訳参照。**be interested in ～＝～に興味がある**

(2)　全訳参照。下線部Ⓐを含む一文の them　の前に two fresh apples という語がある。

(3)　全訳参照。この文は「その日に(On that day)」と過去のことを言っているので ask の過去形 asked が適当。

(4)　全訳参照。第2段落最後から3文目，2文目に注目。

[Ⅱ]　(問題文・解答例訳)

あなた　　：ハイ，エドワード。①あなたのスピーチはとてもおもしろかったです。

エドワード：ありがとう。僕は普段ホストファミリーの家の近くの自動販売機を使っています。

あなた　　：②あなたはたいてい何を買いますか？

エドワード：僕はたいていあたたかい飲み物を買います。私たちは自動販売機からいろいろな種類の飲み物を買うことができます。あなたは何を飲むのが好きですか？

あなた　　：③私はコーヒーを飲むのが好きです。

エドワード：分かりました。

3 (会話文問題：空所補充・選択，文の挿入，語句の並べ換え，語句の解釈・指示語，和文英訳，英問英答)

(全訳)　義雄：こんにちは，サラ。この写真を見て。これは日本で最も大きな湖だよ。それは琵琶湖と①呼ばれているんだ。僕はこの前の日曜日におばさんとそこへ行ったんだ。

サラ　　：まあ，義雄。良かったわね。

義雄　　：君はそこへ行ったことはある？

サラ　　：②ないの。いつか行ってみたいわ。

久保先生：こんにちは，義雄とサラ。何について話しているのですか？

サラ　　：こんにちは，久保先生。義雄がおばさんと琵琶湖に行ったのです。

久保先生：そうなのですか？　どうでしたか，義雄？

義雄　　：琵琶湖に着いた時，その大きさに驚きました。とても大きかったのです。

久保先生：おもしろいですね。私も初めてそこへ行った時，そう思いました。
サラ　　：あなた方の気持ちが分かります。ある場所を訪れると，そこについて新しいことを感じることができますよね？
義雄　　：本当にそうだね。その湖は海みたいだったよ！
久保先生：サラ，そういう経験があるのですか？
サラ　　：はい，あります。私はアメリカにいた時，グランドキャニオンに行き，そのように感じました。
久保先生：君の経験について私たちに教えてください。
サラ　　：分かりました。③私はあなたたちに1枚の写真を見せましょう。
義雄　　：わあ！　これは山？
サラ　　：山ではないのよ。グランドキャニオンは谷の一種なの。④私はグランドキャニオンを訪れる前に，それがどのようにして作られたのかを学んだのよ。
久保先生：おお，私たちに詳しく教えてください。
サラ　　：分かりました。ずっと昔，ある川が流れ始めました。その川は何年もの間グランドキャニオンを削ってきたのです。
義雄　　：川？
サラ　　：そうよ。義雄，この写真の中の川を見つけられる？
義雄　　：うん，分かるよ。え，待って！　この川がグランドキャニオンを作ったっていうこと？
サラ　　：そうなの！　それがコロラド川よ。それは約500万年か600万年前にグランドキャニオンを削り始めたの。そして，その川は今もグランドキャニオンを削り続けているのよ。
義雄　　：だから，⑤グランドキャニオンは川によって作られたと言えるんだね。
サラ　　：その通りよ，義雄。
久保先生：サラ，いつグランドキャニオンに行ったのですか？
サラ　　：私は3年前にそこへ行きました。
久保先生：そういえば，2019年に特別なイベントがグランドキャニオンで行われたと記憶しているのですが？
サラ　　：そうです。グランドキャニオンは1919年に国立公園になりました。それから100年がすぎたので，コンサートや，芸術講座，そしてナイトツアーなどのイベントが2019年に行われたのです。世界中から人々がその特別なイベントに参加しました。私はⒶそれらのうちのひとつに家族と一緒に参加しました。
義雄　　：楽しそうだね。
サラ　　：グランドキャニオンを訪れる前に，私はそれについてたくさんのことを学び，それについてたくさん知っていると思っていました。でも，目の前のグランドキャニオンを見た時，私は学んだこと以上のことを感じました。グランドキャニオンは本当にすごかったです。グランドキャニオンを訪れないとその偉大さは分からなかったのです（私はグランドキャニオンを訪れることによってのみ，それが本当に偉大だということを理解できたのです）。ⓑ私はこのことに，経験を通して気づきました。
久保先生：興味深い話を教えてくれてありがとう。その話を聞くことができてとても楽しかったですよ。
義雄　　：僕も楽しかったよ。いつかグランドキャニオンに行きたいよ。

(1)　全訳参照。<be動詞＋ called ～>で「～と呼ばれている」

(2)　全訳参照。直前で義雄が **Have you ever been there?**（君はそこへ行ったことはある？)と現在完了形で質問しているので，No, I haven't. と答えるのが適当。

(3)　**＜show ＋人＋物＞**で**「(人)に(物)を見せる」**の意味。「これから見せる」ので will を使って表現するのが適当。

(4)　(Before I visited Grand Canyon, I learned)how it was made (.)　**＜how ＋主語＋動詞＞**で**「どのようにして～かということ」**。文の目的語になる名詞節なので how の後は主語＋動詞の語順になることに注意。**＜be 動詞＋過去分詞～＞**で**「～される」(受け身)**。

(5)　全訳参照。　ア　グランドキャニオンは川を止めた　イ　グランドキャニオンは人々によって作られた　ウ　グランドキャニオンは山である　エ　グランドキャニオンは川によって作られた(○)　サラの8番目の発言から10番目の発言までの会話の内容参照。

(6)　全訳参照。下線部Ⓐを含む文の直前の一文に注目。下線部Ⓐの them は the special events を指す。

(7)　全訳参照。　ア　サラはグランドキャニオンを訪れることによって，それがどれほど偉大なものかを理解することができた。(○)　下線部Ⓑ中の this は直前の一文の内容を指している。　イ　サラはグランドキャニオンを訪れる前に何も学ばなかった。　ウ　サラは，約100年前に，ある川がグランドキャニオンを削り始めたということが分かった。　エ　サラは，そこを訪れる前に，グランドキャニオンはとても偉大だということを感じることができた。

(8)　全訳参照。　①　義雄はこの前の日曜日に一人で琵琶湖に行きましたか？／いいえ，彼は(一人では)行きませんでした。義雄の最初の発言最後の一文に注目。　②　グランドキャニオンは1919年に何になりましたか？／それは国立公園になりました。サラの最後から2番目の発言に注目。

＜英語解答＞(B問題)

1　(1)　エ　(2)　ア　(3)　ウ　(4)　things that we can feel　(5)　ア　(6)　made me believe the fact　(7)　イ　(8)　something interesting about Lake Biwa　(9)　イ，ウ

2　(1)　ア　(2)　understood how they could move　(3)　エ　(4)　other sea animals　(5)　Have you tried to open　(6)　イ　(7)　エ　(8)　イ　(9)　①　Yes, they are.　②　We can use the power of the strong muscle.

3　(例)①　Let's make the plan together.　Do you have any ideas?　②　I think the mountain is better because we can enjoy climbing it together. We can make our friendship stronger there.

英語リスニング

1 ウ　2 ア　3 ウ　4 ア　5 (1) イ　(2) エ　6 (1) エ　(2) イ

＜英語解説＞

1　(会話文問題：語句補充・選択，文の挿入，語句の並べ換え，和文英訳，語句の解釈・指示語，内容真偽)

(全訳)　義雄：ハイ，サラ。この写真を見て。これは琵琶湖だよ。僕のおばさんがこの前の週末に僕をそこへ連れて行ってくれたんだ。

サラ　　：ハイ，義雄。わあ！私は①行ったことがないわ。

義雄　　：そうなの？　僕はテレビで琵琶湖を何度も見て，それが日本で一番大きな湖だということは知っていたよ。でも，そこへ着いた時は驚いたよ。本当に大きかったんだ。君も行った方がいいよ。

サラ　　：まあ，すばらしいと思うわ。

久保先生：こんにちは，義雄とサラ。何について話しているのですか？

サラ　　：こんにちは，久保先生。義雄が私に琵琶湖へ行ったことを話してくれたのです。②彼はその大きさを実感したのです。(どれだけそれが本当に大きいのかを感じたのです。)

義雄　　：そしてサラに彼女もそこに行った方がいいと言ったのです。

久保先生：それは分かります。 ア 　私は初めてそこに訪れた時，義雄のように感じました。 イ 　私は琵琶湖を車で一周しました，半日くらいかかりましたよ。

サラ　　：ある場所へ行ってそこで何かを経験すると，何か新しいものを感じるわよね？

義雄　　：それは本当だね。僕が行った場所からは湖を全部は見ることができなかったよ。琵琶湖は僕が想像していたよりも大きかったんだ。すごく巨大だったよ。

久保先生：義雄，いいところに気付きましたね。私たちはその場所に行かなくてもたくさんの情報を得ることができます。 ウ 　でも，その場所へ行くと，知らなかった新しいものを感じることができるのです。その場所についての情報をもっているということとその場所で何か経験をするということは違うことです。

サラ　　：私もそう思います。③私たちがその場所を訪れることでだけ感じることができるたくさんのことがあります。私にはそんな経験があります。グランドキャニオンに行った時，そんな風に感じました。

久保先生： エ 　それについて私たちに教えてください。

サラ　　：分かりました。写真を見せますね。

義雄　　：わあ！　いいね！

サラ　　：私はグランドキャニオンに行く前に，約500万年か600万年前に川がグランドキャニオンを削り始めたということを学びました。その川の名前を知っている？

義雄　　：うん，知っているよ。それはコロラド川だね。

サラ　　：正解。その川がグランドキャニオンを作ったと言えるの。でも，私はそこへ行った時，それ以上のものを感じたのよ。

義雄　　：どういうこと？

サラ　　：私は④その川がグランドキャニオンを作ったということは学んだわ。でも実際はそこへ行くまではそのことをよく理解していなかったのよ。

久保先生：なぜそう思うのですか？

サラ　　：最初にそこに着いた時，たった1本の川がこんなにすごいものを作るなんて信じられなかったのです，だって私にとっては，コロラド川はグランドキャニオンを作るには小さすぎるように見えたからです。でも私の目の前の景色が⑤私にその事実を信じさせました。

義雄　　：君の考えを変えたものは何だったの？

サラ　　：その景色を眺めることで，私はその川がこんなに長い間止まらずにグランドキャニオンを削っていたことを想像することができたの。川がグランドキャニオンを削り始めてから長い時が経ったことを感じたわ。私はそれを作るのにとても長い時間がかかったことを理解することができたの。驚くべき経験だったわ。

義雄　　：素晴らしいね。

久保先生：サラ，その経験の後で君の意識に何か変化はありましたか？

サラ　：はい，ありました。私はその場所を訪れることは大切だと気づきました，なぜならそれは私に新しい感覚(感受性)を与えてくれるからです。でも私はもう1つ大切なことに気づきました。

義雄　：それは何？

サラ　：私は学ぶこともまた大切だと思うの。もし私がグランドキャニオンを訪れる前にそれについて何も学ばなかったら，こんな経験をすることはできなかったわ。

義雄　：⑥ある場所について学ぶことはその場所を訪れることと同じくらい大切だということ？

サラ　：そうよ，その通り。本当に物事をよく理解したいのなら，私たちは経験と学びの両方が必要だわ。

久保先生：私もサラの意見に賛成です。現在では，私たちはインターネットを使ってたくさんのことを容易に学ぶことができます。でも世界中で経験をする機会を見つけることは必要です。

義雄　：まさにそうですね。僕たちはそのことを覚えておいた方がいいと思います。よし，僕は琵琶湖についてもっと学んで，もう一度そこへ行きたいと思います。

サラ　：まあ，義雄。琵琶湖について何か興味深いことが分かったら，Ⓐそれについて私に教えてね。

義雄　：もちろんだよ。

(1)　全訳参照。**<have never been ＋(to)場所～>で「～へ行ったことがない」(現在完了形)**

(2)　全訳参照。義雄の2番目の発言に注目。久保先生に「何を話しているのか」と聞かれているのでその義雄の発言の内容が入るのが適当。

(3)　全訳参照。空所［ウ］前後の久保先生の発言に注目。「その場所について情報を得ること」と「実際にその場所へ行って経験すること」について話している。

(4)　全訳参照。(There are many)things that we can feel (only by visiting the place.) **関係代名詞 that** を使ってmany things を後ろから修飾する英文にすればよい。

(5)　全訳参照。サラの7番目の発言に注目。「グランドキャニオンに行く前に，約500万年か600万年前に川がグランドキャニオンを削り始めたということを学んだ」と言っている。

(6)　(But the view in front of me)made me believe the fact.　**<make ＋人・物＋動詞の原形～>で「(人・物)に～(強制的に)させる」**

(7)　全訳参照。空所⑥を含む義雄の発言の直前の，サラの発言に注目。「経験と学びの両方が大切だ」と言っている。**<A is as ＋形容詞～＋ as B>＝ AはBと同じくらい～だ**

(8)　全訳参照。下線部Ⓐ直前のサラの発言に注目。something を修飾する語は後ろに置く。

(9)　全訳参照。　ア　義雄は彼のおばさんと一緒に琵琶湖に行った時，彼が訪れた場所から琵琶湖を全部見ることができた。　イ　義雄は約500万年か600万年前にグランドキャニオンを削り始めた川の名前を言うことができた。(○)　義雄の6番目の発言に注目。　ウ　サラは，グランドキャニオンを訪れてから，彼女の意識に幾分変化があると思っている。(○)　久保先生の6番目の発言と，その直後のサラの発言に注目。　エ　サラは，グランドキャニオンを訪れる前にグランドキャニオンについて何も学ばなかった。　オ　サラと久保先生は，物事をよく理解することについて異なる考えをもっている。

2　(長文読解問題・エッセイ：語句補充・選択，語句の並べ換え，語句の解釈・指示語，和文英訳，文整序，文の挿入，英問英答)

(全訳)　皆さんはホタテガイは好きですか？　ホタテガイは二枚貝の一種です。ホタテガイは美味しくて，私の好きな食べ物です。ある日，私は夕食にホタテガイを食べた後，テレビで驚くべき場面を見ました。たくさんのホタテガイが海の中を泳いでジャンプしていたのです！　私はそれを見た時，とても驚きました，①なぜなら貝が素早く動くことができることを知らなかったからです。私はこう思いました，「ホタテガイはどうやってあんな風に動けるのだろう？」　私は興味をもち，インターネットで情報を探しました。②いくつかのレポートを読むことで，私はそれらがどのようにして動くことができるのかを理解しました。

ホタテガイはどのように動くのでしょう？　ホタテガイは自身の貝殻の中に水を取り込み，それを素早く押し出すことによって動きます。ホタテガイは水の押し出し方を変えることで前に進んだり向きを変えたりすることができます。例えば，右に行きたい時は，ホタテガイは左側に水を押し出します。つまり，ホタテガイは行きたい方の③反対方向に向かって素早く水を押し出すことで動くことができるのです。この動き方を使うことによって，他の海の動物がホタテガイを食べようとした時に，ホタテガイは自分たちの命を守るために④それらから泳ぎ去ります。ホタテガイはえさを得るための良い場所を探すためにも動きます，一晩に500mも動くものもいます。ホタテガイはすべての二枚貝の中で最も活発です。

それでは，皆さんの経験を聞きたいと思います。④あなたはその2枚の貝殻を手で開けようとしたことはありますか？　私は初めてそれをした時，簡単ではないことに気づきました。⑤(ii)それは大変な作業で長い時間がかかり，私はとうとう諦めました。(i)私はこの経験を思い出し，なぜホタテガイが貝殻を閉じたままにしておけるのか知りたいと思いました。(iii)そのため，私は図書館へ行き，何冊か本を読んで，その疑問の答えを見つけました。　その本によると，彼らは貝殻を閉じたままにしておくための強い筋肉を持っているのです。二枚貝が海洋で生きる時には，貝殻を閉じたままにしておくために，通常その強い筋肉を使い続けています。私たちにとっては，重いかばんを長い間抱え続けるようなものです。私たちがそれをしたら，とても疲れるでしょう，なぜならそれにはたくさんの力が必要だからです。しかし，二枚貝は疲れません。それらの筋肉は貝殻を閉じたままにしておくのにほとんど力を使う必要がないのです。二枚貝には私たちがもっていない特別なたんぱく質があります。貝殻を閉じたままにしておくために，その特別なたんぱく質は相互に結合します。たんぱく質がその状態になると，二枚貝は筋肉を使うことでは疲れないのです。つまり，私たちに二枚貝がもっているものと同じ筋肉があれば，⑥私たちは長い間重いかばんをもつことで疲れないだろうということを意味します。私はこのことを学んだ時，とても興味深く，そしてとても役に立つとも思いました。

今では，私はホタテガイのような貝はただ美味しいだけの食べ物ではないということを知っています。ホタテガイは素早く動くことができる活発な貝です。さらに，私は，二枚貝の持つ筋肉は私たちにはない驚くべき力があるということも理解しています。将来科学と技術がもっと進歩すれば，私たちはその強い筋肉の力を使うことができます。私は，それは人々が何か重いものを運んだり，介助を必要とする人たちの世話をすることに役立つようになると思います。私は，私たちは困難を抱える多くの人たちの支援がきっとできると思います。聞いてくれてありがとうございました。

(1)　全訳参照。　because ＝なぜなら　　if ＝もし～なら　　though ＝～だけれども，～にもかかわらず　　until ＝～までずっと

(2)　全訳参照。　(By reading some reports, I) understand how they could move (.)　**<how ＋主語＋動詞～>**で**「どのように～なのか」**疑問文ではなく文の目的語になる名詞節。how の後の語順に注意。

(3)　全訳参照。　空所③を含む文の直前の一文に注目。same ＝同じ　　similar ＝似ている

open＝開いている　　opposite＝反対の

(4)　全訳参照。このthem は下線部Ⓐを含む文中の，other sea animals を指す。

(5)　Have you tried to open (the two shells with your hands?) ＜**have** ＋過去分詞～＞(現在完了形)の疑問文にすればよい。

(6)　全訳参照。　空所⑤前後の文章の内容に注目。二枚の貝殻を手で開けようとした時の経験を説明している場面。「貝殻を開けるのは簡単ではなかったと気づいた」という直前の文から自然な文脈になるのは(ii)。そこからあとの2つの選択肢を選んでいけばよい。空所⑤直後のAccording to the books ～にも注目すると，その直前に来る文は(iii)が適当であることが分かる。

(7)　全訳参照。　**＜if ＋主語＋過去形～，主語＋would (助動詞の過去形)＋動詞の原形…＞で「もし(今)～なら，…であるだろう」(仮定法過去)　現在の事実と異なることを仮定して，その結果を想像する時の表現。**

(8)　全訳参照。　ア　雅代は二枚貝の筋肉についての情報をテレビを見て知った。　イ　ホタテガイの中には，一晩で500m動き，えさを得る良い場所を探すものもいる。(○)　第2段落最後から2文目参照。　ウ　雅代は，ホタテガイは美味しい食べ物でしかないと思っており，彼女の考えはいくつかのレポートや本を読んだ後でも変わらなかった。　エ　二枚貝は筋肉中の特別なたんぱく質が相互に結合すると疲れが出る。

(9)　全訳参照。　①　ホタテガイは二枚貝の中で最も活発な貝ですか？／はい，そうです。第2段落最後の一文に注目。　②　将来科学と技術がもっと進歩すると，私たちは何を使うことができますか？／私たちは強い筋肉の力を使うことができます。第4段落最後から4文目に注目。

3 (条件・自由英作文)

(問題文・解答例訳)

あなた：ハイ，ティム。次の夏に，君と私は家族と一緒に旅行に行くよね？ ①一緒にその計画を立てましょう。何かアイディアはある？

ティム：うん。今，僕には2つアイディアがあるよ。海に行くこと，あるいは山に行くこと。どちらもいいと思うけど，決められないんだ。海と山，どちらの場所がいいかな？　良い方を選んで，そこで何をして楽しめるか教えて。

あなた：分かったよ。②私は山の方がいいと思うな，一緒に山登りを楽しむことができるから。そこで友情を深めることができるよ。

ジム　：なるほど。どうしてそっちがいいか分かるよ。ワクワクするな。

＜英語解答＞(C問題)

1　(1)　ウ　(2)　ア　(3)　エ　(4)　イ　(5)　ア　(6)　イ

2　(1)　ウ　(2)　ア　(3)　イ

3　(1)　ウ　(2)　ア　(3)　ウ　(4)　ア　(5)　エ

4　(1)　エ　(2)　イ　(3)　エ　(4)　ウ　(5)　イ

5　(1)　ウ　(2)　エ　(3)　ア　(4)　ウ　(5)　イ　(6)　エ

6　(例)I think making an effort helps me. In my experience, I become very nervous when I don't practice or prepare well. For example, I made several mistakes in a speech contest because I didn't practice hard. However, when I practice many times with my friends, I don't become nervous. I need to practice and prepare well to overcome my nervous feeling and do my best. Making an effort encourages me to try the things I need to do to achieve my goal.

英語リスニング

【Part A】 1 ウ　2 エ　3 ア　4 ア　5 イ

【Part B】 6 (1) エ　(2) ウ

【Part C】 (例) Ken thinks the system is good for various people. People who buy the food can get the food at low prices. People who produce the food can sell the food soon after they take the food.

He thinks the system uses less energy. People don't need to carry the food to far places. The system is good for the environment.

He thinks the system helps children learn about their local food. School lunch is a good chance for students. They can learn how the food is grown in the local area. The system will let them become interested in the food they eat.

<英語解説>

1 (語句補充・選択：関係代名詞，分詞の形容詞的用法，仮定法，不定詞，文の構造，比較)

(1) 必要なものをすべて鞄に入れましたか？ 先行詞 everything を**関係代名詞 that** で導かれる節(that you need)で後ろから修飾する文にすればよい。

(2) そこに立っている警察官があなたにどの道を行けばよいか教えてくれるでしょう。 The officer を stand の現在分詞 **standing (there)** で後ろから修飾している。(分詞の形容詞的用法)

(3) その機械は私が部屋を簡単に掃除するのを手助けしてくれる。(その機械のおかげで部屋の掃除が楽になった。) **<help +人+動詞の原形～>**で「(人)が～するのを助ける，手伝う」

(4) 私があなたと同じくらい流ちょうにフランス語を話せたらいいのになあと思う。**<I wish +仮定法過去>**で「(今)～であればいいと思う。」現在の事実と異なることを願う時の表現で，現在のことであっても過去形を使う。**<A +動詞～+ as 副詞… as +B>**＝AはBと同じくらい…に～する

(5) 何年も前に彼がなくした手紙が彼の家で見つかった。**関係代名詞 which** で導かれる節(which he lost many years ago) が先行詞 The letter を後ろから説明している。文の主語は The letter，動詞は was found。

(6) 私はフェスティバルの時に私にピアノを弾かせてくれるよう私の先生にお願いするつもりだ。**<ask +人+ to ～>**で「(人)に～してほしいと頼む」 **<let +人+動詞の原形～>**で「(人)に～させる」。let は「(相手のしたいように)させる」の意味。

2 (読解問題・説明文：表などを用いた問題，語句補充)

(全訳) 社会参加についての高校生の考え方に関する報告書が2021年に出された。 Ａ この報告書の中では，"社会参加"とは生徒が学校の内外両方で参加する何らかの活動を意味している。報

告書によると，調査は2つのことを知るために行われた。 B 　そのひとつは社会参加についての高校生の意識だ。 C 　もうひとつは社会参加の実状だ。これらの2つのことは，それぞれの国でどのような類の特徴があるかということを明らかにするために使用された。 D 　次の4か国の生徒たちがこの調査に参加した：日本，アメリカ，中国，そして韓国である。彼らは28の質問をされた，例えば，「学校外の社会問題にどのくらい興味があるか？」などだ，そして生徒たちは答えを1つ選ぶ形で各質問に答えた。この表が示しているのはその中のひとつの質問：「学校で，教室での話合いの際に積極的に参加していますか？」に対する回答の割合である。

この表からいくつかのことが分かる。この質問に答えなかった生徒もいたが，「積極的」か「やや積極的」と答えた生徒の割合の合計を比較すると，4か国の中で①日本が最も高い。「あまり積極的ではない」か「積極的ではない」を選んだ生徒の割合の合計が，②アメリカでは30%を越えている。

(1)　全訳参照。one ~，the other (one) …＝2つの中のひとつは~，もうひとつは…

(2)　全訳及び表参照。　①「積極的」か「やや積極的」と答えた日本の生徒の割合の合計は82%で4か国の中で最も高い。

(3)　全訳及び表参照。　②「あまり積極的ではない」か「積極的ではない」を選んだ生徒の割合の合計が30%を越えているのは31.1%のアメリカのみ。

3 (読解問題・説明文：語句補充，語句の解釈・指示語，内容真偽)

(全訳)　私たちの日々の生活は宇宙にあるたくさんの人工衛星に支えられている。現在，約4300基もの人工衛星が地球の周りには存在している。2030年までに，約46000基の人工衛星が設置されるだろう。それらの人工衛星は私たちの活動とコミュニケーションに役立っている。例えば，天候の情報，インターネット，そして携帯電話はこの人工衛星の技術があるから使用することができるのだ。

しかし，スペースデブリが人工衛星の状況を①危険にさらしている。スペースデブリは宇宙にあるゴミのことだ。例えば，動いていない古い人工衛星や，ロケットから切り離された部品などはすべてスペースデブリである。スペースデブリにはさまざまな大きさや形のものがある。スペースデブリは地球のまわりをとても速い速度で周っている。速い動きのスペースデブリが人工衛星にぶつかったらどんなことが起こるだろう？　人工衛星を壊してしまうかもしれない。現在，スペースデブリの破片の数は増えてきている。つまり，近い将来より多くの事故が起こるかもしれないということだ。私たちが何もしなければ，事故は私たちの日々の生活に影響を及ぼすだろう。

現在，科学者たちと世界中の多くのチームがこの問題を解決するために3つのことを試みている。1つ目：スペースデブリを見つけて観察すること。2つ目：スペースデブリの新しい破片の数を減らすこと，つまりロケットから切り離される部品の数を減らすために新しい技術を進歩させているということだ。より長く働くことができる人は衛星を作ることも，助けとなる。3つ目：すでに宇宙に存在するスペースデブリを取り除くこと。

多くの人々がその3つ目は非常に困難だと考えてきた，しかし日本のチームが現在それをやろうと努力しているところなのだ。そのチームはどのようにスペースデブリを取り除くことができるのだろうか？　そのチームは磁石の力を使った機械を発明した。その機械が回転していないスペースデブリを見つけたら，その後を追いスペースデブリを捕らえるのである。回転しているスペースデブリも数種あり，その機械がそのような種類のスペースデブリを捕まえることは困難でできない。回転しているスペースデブリを捕らえるために，チームは機械の改善をし続けるだろう。

「ゴミを減らそう。」これは私たちの日々の生活と地球全体の環境について考える時，重要な話題になっている。②両方とも守られるべきであるが，今日，私たちは宇宙の環境も守らなければならないのだ。私たちは地球と宇宙，両方の良い環境に対して責任があるのだ。

(1)　全訳参照。dangerous ＝危険な　第2段落最後から4文目から2文目までの内容参照。

(2)　全訳参照。第2段落の内容，特に最後から4文目から3文目に注目。アの「人工衛星を壊してしまうかもしれないゴミのさまざまな破片」が適当。

(3)　全訳参照。第3段落の内容に注目。「スペースデブリの問題を解決するために試行されていない計画」を問われていることに注意。ウの「ロケットと人工衛星の数を減らすこと」が適当。

(4)　全訳参照。下線部②直前の一文に注目。

(5)　全訳参照。　ア　古い人工衛星はスペースデブリではない，なぜならそれらは動いていないからだ。　イ　科学者たちと世界の多くのチームはロケットや人工衛星からスペースデブリを切り離そうと努力しているところだ。　ウ　日本のチームによって作られた機械は回転しているスペースデブリを捕らえることができる。　エ　スペースデブリは近い将来より頻ぱんに人工衛星にぶつかってしまうかもしれない，なぜならスペースデブリの数が増えているからだ。第2段落最後から4文目から2文目までに注目。

4 (読解問題・論説文：語句補充，文の挿入)

(全訳)　あなたはホタテガイは好きですか？　ホタテガイは貝殻が2枚ある貝(二枚貝)の一種です。ホタテガイは美味しいので世界中で人気のある食べ物です。しかし，ホタテガイが海の中で泳ぎ，ジャンプする(とぶ)ということを知っていますか？　貝が素早く動くことができることを①知って驚く人もいるかもしれません。ホタテガイはどのようにしてそんな風に動くことができるのでしょう？

ホタテガイは自身の貝殻の中に水を取り込み、それを素早く押し出すことで動きます。ホタテガイは水の押し出し方を変化させることによって前に進んだり向きを変えたりするのです。例えば，右に行きたい時は，水を左に押し出します。つまりホタテガイは行きたい方向の②反対向きに素早く水を押し出すことによって動くができるのです。この動き方を使って，他の海の動物がホタテガイを食べようとしたときに，ホタテガイは自分たちの命を守るためにそれらの動物から泳ぎ去ります。ホタテガイは移動してえさを手に入れる良い場所を見つけることもします，そして一晩で500mも移動する貝もいるのです。ホタテガイはすべての二枚貝の中で最も活発です。

二枚貝は海洋にいる時は，たいてい貝殻を閉じたままにしています。二枚貝は貝殻を閉じたままにしておくための強い筋肉をもっているのです。海の中では，ホタテガイはたいていその強い筋肉を使い続けています。私たちにとっては，重いかばんを長い時間抱え続けているようなものです。私たちがそうしたらとても疲れるでしょう，なぜならたくさんの力が必要だからです。しかし，二枚貝は疲れません。二枚貝の筋肉は貝を閉じ続けるのにほとんど力を必要としないのです。その筋肉は私たちの筋肉にはない特別な種類のたんぱく質を含んでいます。貝殻を閉じたままにしておくために，その特別なたんぱく質は相互に結合します。たんぱく質がそのような状態になった時，二枚貝はその筋肉を使っても疲れることはないのです。つまり，もし私たちが二枚貝と同じ筋肉をもち合わせれば，長い時間重いかばんを抱えることで③疲れることはないでしょう。

将来，科学と技術がもっと進歩すれば，私たちはこの強い筋肉の力を使うことができます。人々が重いものを運んだり，介助が必要な人たちの世話をしたりする時の助力になるでしょう。私たちは困難を抱える多くの人々を支援できるのです。

(1)　全訳参照。<be 動詞＋ surprised to ～>＝～して驚く

(2)　全訳参照。open ＝開いている　opposite ＝反対側の　same ＝同じ　similar ＝似ている

(3)　全訳参照。**<If ＋主語＋過去形～，主語＋ would（助動詞の過去形）…>で「(今)もし～だったら，…であろう」を表す。(仮定法過去)現在の事実と異なることを仮定して，その結果を想像する時の表現。**

(4)　全訳参照。(ホタテガイは(が))　ア　美味しくなるのは，良いえさを得るために移動するからだ。　イ　前に進むのは，それらが水の押し出し方を変化させることができないからだ。ウ　それらを食べようとする他の海の動物たちから泳いで逃げることによって自分たちの命を守る。(〇)　第2段落空所②直後の一文に注目。　エ　活発であるが，他の二枚貝はホタテガイよりも活発である。

(5)　全訳参照。　ア　二枚貝がもつ特別なたんぱく質は海で素早く動くために役立っている。イ　二枚貝は，筋肉が力をほとんど使わなくて済むことに役立つ特別なたんぱく質をもっている。(〇)　第3段落最後から4文目から2文目までに注目。　ウ　二枚貝の筋肉中に含まれる特別なたんぱく質は異なる種類のたんぱく質と結合する。　エ　二枚貝は，筋肉中に含まれる特別なたんぱく質が相互に結合する時に疲れてしまう。

5 (読解問題・論説文：語句補充・選択，文挿入・文の並べ換え内容真偽)

(全訳)　変形菌は単細胞生物である。それはアメーバの一種だ。森の中では，さまざまな種類の変形菌を目にすることができる。世界中の多くの科学者たちは何年もの間この興味深い生き物を①研究し続けてきた。

変形菌は生きるための特異な体系をもっている。変形菌は胞子から生まれる。また変形菌はえさを求めて動き回る。変形菌はえさから養分を取り，そして育つ。変形菌はえさを求めて動き回る時に，その姿を変化させることができる。例えば，その形を縮めたり広げたりできるのだ。変形菌はいくつかの断片に分かれると，それぞれの断片は別々に②生きること，えさを求めて動き回ることができる。変形菌の断片が他の変形菌の断片に出会うと，それらの断片は融合することができ，ひとつの変形菌として生きることができる。

どのように変形菌が2つの異なる場所に置かれたえさから養分を得るのかを見るために，ある科学者は単純な実験をした。最初に，彼はケースの中心に変形菌を置いた。それから，彼はケースの中の2か所に変形菌の好むえさを置いた。いくらかのえさは左側に置かれ，もういくらかは右側に置かれた。(写真1 - 1参照)するとどんなことが起こったか？　変形菌は両方のえさのかけらに向かって体を広げ始めたのだ。えさのかけらは変形菌に覆われた。その後，2つのえさの間にあるその体の形は線のように見えた。(写真1－2参照)その線は2つのえさの場所の間の最短経路になった。この実験が示したことは，変形菌は③その体の形を変えることで両方のえさのかけらに到達でき，そのえさから同時に養分を得ることができたということだ。

その科学者は迷路を使ってもうひとつの実験をした。彼は，変形菌は迷路を通る最短の経路を見つけることができるということを見出した。これがその科学者の行ったことである。④(ii)科学者は変形菌をたくさんの断片に切り，それらを迷路のいろいろな場所に置いた。(i)それぞれの断片は迷路の中を動き回り始め，他の断片に出会うと融合した。(iii)数時間のうちに，何度もそのような行動をすることによって，変形菌は1つになった。変形菌が迷路いっぱいになった後(写真2 - 1参照)，科学者は迷路の2つの異なる場所に変形菌が好むえさを置き，数時間待った。えさから遠い変形菌の体の部分は縮み始め，2つの場所に置かれたえさに向かって動き始めた。そのような行動の後，2つのほぼすべてのえさのかけらが変形菌で覆われ，えさがある2つの場所の間の変形菌の体の形は線になった(写真2 - 2参照)。その線は迷路内のえさがある2つの場所の間の最短距離であった。この実験が明らかにしたことは，変形菌は迷路の中の2つの場所の間の最短経路を見つけたということだ。

変形菌には導いてくれる案内人がいたわけでもないし，何か，あるいは誰かから何らかの命令を受けたわけでもなかった。変形菌が実際にやったことはその体の大部分でえさを覆ったということと，えさから離れた体の部分を縮めたということだ。1つの変形菌として，体の形を変えることは養分を得るために効率が良かったのだ。その変形菌は2か所に置かれたえさから大部分の養分を得ることができた。変形菌は私たちに，単純でいることは効率的でいることへのかぎであるということを教えているのかもしれない。

(1)　全訳参照。**<have been +～ ing>**で「(過去のある時点から今に至るまで)～し続けている」(現在完了進行形)

(2)　全訳参照。blow ＝吹く，吹き動かす　count ＝数える　disappear ＝消える

(3)　全訳参照。第3段落の空所③以前に書かれている実験の内容を読み取ろう。変形菌は体を広げたり，線のようになったりしたことが書かれているので，アの「その体の形を変えること」が適当。

(4)　全訳参照。空所④直前の一文から，科学者が行った実験の手順が書かれている箇所であることが分かる。

(5)　全訳参照。第3段落6文目に注目。イの「(変形菌にとって)体を広げることは，2つの場所に置かれたえさに到達するための方法だ」が適当。

(6)　全訳参照。　ア　変形菌の生活は特異なものなので，森の中で見つけられる人はいない。　イ　変形菌が私たちに教えてくれることは，さまざまな状況で何もしないことは効率的だということだ。　ウ　変形菌は，えさを求めて動き回る時，何か，あるいは誰かからの命令に従う必要がある。　エ　2か所に置かれたえさの間の最短経路は変形菌によって示された。(○)　第4段落最後の一文に注目。

6 (自由・条件英作文)

(問題文訳)　達成しなければならない目標があるが，目標達成するには困難があると仮定しましょう。そのような場合，誰が，あるいは何がそれらの困難を乗り越えるのを助けてくれますか？　その人や物事を書き，その後，あなたの経験や例を挙げて，なぜそう思うのかを説明しなさい。

(解答例訳)　私は努力をすることが私を助けると思います。私の経験では，私は練習や準備をしっかりしないと，とても緊張します。例えば，私はスピーチコンテストで数回ミスをしました，一生懸命練習しなかったからです。しかし，友だちと何度も練習をすると，緊張しません。私は私の緊張する気持ちを克服し，全力を尽くすためには練習と準備をしっかりする必要があるのです。努力することは私に目標達成するためにやる必要がある事をやってみようという気持ちを後押ししてくれます。

2022年度英語　リスニング・スクリプト(A・B問題)

〔放送台本〕

1 Joe:　Yoko, I bought this comic book at the bookstore yesterday. It was cheap.

Yoko: That's good, Joe. How much was it?

〔英文の訳〕

ジョー：陽子，昨日僕はこの漫画を本屋さんで買ったんだ。安かったよ。

陽子　：それはいいわね，ジョー。いくらだったの？

答え　：ウ　1ドルだよ。

〔放送台本〕

2　Hello, everyone. Today, I will show you my favorite picture. Please look at this. You can see some people on a small boat. There is a bridge over the river. The waves are also painted. I like this picture.

〔英文の訳〕

こんにちは，皆さん。今日は，私のお気に入りの絵をお見せします。これを見てください。小さな船の上に何人かの人たちがいます。川にかかった橋があります。波も描かれています。私はこの絵が好きです。

〔放送台本〕

3　Ann:　Hi, Naoto. I enjoyed the concert yesterday. How about you?

Naoto:　I enjoyed it, too. We listened to three songs. Which song did you like the best, Ann?

Ann:　I liked the second song, but I can't remember the title. Do you remember it?

Naoto:　The second song? Well, I'm sure the first song was "Future." …I guess the second song was "Hope."

Ann:　"Hope"? No, I remember that song was played at the end.

Naoto:　Oh, you are right. Then, I think the second one was "Moment."

Ann:　Oh, yes. That song was the best for me.

〔英文の訳〕

アン：ハイ，直人。昨日のコンサートは楽しかったわ。あなたはどう？

直人：僕も楽しかったよ。3曲歌を聴いたね。どの歌が一番好きだった，アン？

アン：私は2曲目の歌が好きだったわ，でもその題名が思い出せないの。あなたは覚えている？

直人：2曲目の歌？　うーん，最初の歌は確かに“未来(Future)”だったよ。2曲目の歌は“望み(Hope)”だったと思うよ。

アン：“望み(Hope)”？　違うわ，その歌は最後に演奏されたのを覚えているわ

直人：ああ，君の言う通りだ。それなら，2曲目は“時(Moment)” だったと思う。

アン：ああ，そうだわ。私はあの歌が一番良かったわ。

〔放送台本〕

4　Peter:　Emi, do you know any good animal hospitals? My host family has a dog, and the dog looks sick.

Emi:　Oh no, Peter. I have a dog, too. The hospital near the station is good. The doctors there are all nice.

Peter:　My host family and I want to take the dog to the hospital today.

Emi:　Don't worry. The hospital is open every day, even on Saturday and

Sunday.
Peter:　Wow. Then, we want to go there after 4 p.m. today. Is it open?
Emi:　Yes. It is open from 3 p.m. to 8 p.m.
Peter:　Thank you, Emi.
Emi:　That's OK. Please take care of your dog.

〔英文の訳〕

ピーター：恵美，どこか良い動物病院を知っている？ 僕のホストファミリーが犬を飼っていて,その犬が具合が悪そうなんだ。

恵美　：まあ，それはいけないわ，ピーター。私も犬を飼っているの。駅の近くの病院がいいわ。そこのお医者さんはとてもいいのよ。

ピーター：僕のホストファミリーと僕は今日その病院に犬を連れていきたいんだ。

恵美　：心配しないで。その病院は毎日開いているの，土曜日と日曜日もよ。

ピーター：わあ。それじゃあ，僕たちは今日の午後4時にそこへ行きたいな。開いているかな？

恵美　：開いているわ。午後3時から午後8時まで開いているのよ。

ピーター：ありがとう，恵美。

恵美　：どういたしまして。ワンちゃん，お大事にね。

〔放送台本〕

5　Listen, everyone. In the next lesson, we will have a cooking lesson. You will make chicken curry and a fruit cake. Your group has five members. In your group, two of you will make curry and the other members will make the cake. After cooking, you can eat them together.

Now, I'll tell you about the first thing to do in the cooking lesson. People who will make chicken curry, you should wash the vegetables first. Of course, please be careful when you cut them. The other members who will make the fruit cake, you should prepare everything for the cake on the table first. Preparing is important.

Now, your group will choose one fruit from these four kinds : apple, banana, orange, or cherry. After I finish talking, please talk in your group and decide which fruit your group wants to use. Now, start talking.

Question 1: In a group, how many members will make the fruit cake?

Question 2: What should students decide now?

〔英文の訳〕

聞いてください，皆さん。次の授業では，調理実習をします。チキンカレーとフルーツケーキを作ります。班は5人ずつです。班の中で，2人はカレーを作り，他のメンバーはケーキを作ります。調理の後，一緒にそれらを食べていいですよ。

それでは，調理実習で最初にやることについて説明します。チキンカレーを作る人たちは，野菜をはじめに洗う必要があります。もちろん，それらを切る時には気をつけてください。フルーツケーキを作る他のメンバーは最初にケーキに必要なものをすべてテーブルの上に準備する必要があります。準備は大切です。

今度は，あなたたちの班は，これら4種類の中から1つ果物を選びます：リンゴ，バナナ，オレンジ，そしてさくらんぼです。私の話が終わったら，班で話し合ってどの果物を使いたいか決めてください。さあ、話し合いを始めてください。

質問1：班の中で，何人のメンバーがフルーツケーキを作りますか？

答え ：イ　3人

質問2：生徒たちは今何を決める必要がありますか？

答え ：エ　ケーキに使われる果物

〔放送台本〕

6 Bob: Nina? I need your help. Are you at home now?

Nina: Yes, Bob. What's the matter?

Bob: Well, I'm at the soccer stadium. Practicing before the match will start in 20 minutes. But, I can't find my soccer uniform.

Nina: What? Today's match is very important and you prepared well last night, right?

Bob: Yes, I think so. But my uniform is not here. Can you go and look around my room? Its color is blue.

Nina: Of course, Bob. Please wait… OK, I'm in your room, now.

Bob: I guess I put my uniform inside the box by the door. Please open it.

Nina: …No, there is no uniform here. Any other places?

Bob: Oh, around the table in the kitchen! When I took my lunch box there, I had the uniform with me.

Nina: …Around the table? No, it's not here. Bob, are you sure that you left it?

Bob: What do you mean?

Nina: I think you are excited now. How about looking inside your bag once again?

Bob: OK… …Wow! Sorry, you are right! It's here under the lunch box!

Nina: I knew it. Please relax, Bob. Now, you are ready.

Bob: Yes. Thank you very much.

Nina: You're welcome. Please try your best! I'll go and watch your match soon. …Oh? Here are your soccer shoes at the entrance.

Bob: Oh no! I forgot to bring my soccer shoes!

Nina: Don't worry, Bob. I will bring these shoes to you in 10 minutes by car.

Bob: Thank you again, Nina. I'll wait for you.

Nina: No problem. See you soon.

Question 1: Where was Bob's soccer uniform found?

Question 2: What will Nina do next?

〔英文の訳〕

ボブ ：ニーナ？　君の助けが必要なんだ。今家にいるの？

ニーナ：いるわよ，ボブ。どうしたの？

ボブ ：ええと，今サッカースタジアムにいるんだ。試合前の練習があと20分で始まるんだ。でも，僕のサッカーのユニフォームが見つからないんだよ。

ニーナ：何ですって？　今日の試合はとても大切だから，あなたは昨日の夜しっかり準備をしたんでしょう？

ボブ　：うん，そう思うんだ。でも僕のユニフォームがここにないんだよ。僕の部屋に行って見てみてくれる？　色は青だよ。

ニーナ：もちろんよ，ボブ。ちょっと待ってね…いいわよ，今あなたの部屋にいるわ。

ボブ　：ユニフォームはドアのそばの箱の中に入れたと思うんだ。開けてみて。

ニーナ：……違うわ，ここにはユニフォームはないわよ。他の場所は？

ボブ　：ああ，台所のテーブルのあたりだ！　そこでお弁当を取った時に，ユニフォームをもっていたんだ。

ニーナ：テーブルのあたり？　……いいえ，ここにはないわよ。ボブ，本当にそれを置いていったの？

ボブ　：どういうこと？

ニーナ：あなたは今興奮している(慌てている)と思うわ。もう一度かばんの中を見てみたらどうかしら？

ボブ　：分かった……。……わあ！　ごめん，君の言う通りだ！　お弁当箱の下にあった！

ニーナ：やっぱりね。落ち着いて，ケビン。さあ，準備はいいわね。

ボブ　：うん。どうもありがとう。

ニーナ：どういたしまして。頑張ってね。もうすぐあなたの試合を見に行くわ。……あら？　玄関にサッカーシューズがあるわよ。

ボブ　：ああ，しまった！　サッカーシューズを持って来るのを忘れた！

ニーナ：心配しないで，ボブ。私が車で，10分であなたのところへ持って行くわ。

ボブ　：ありがとう(よろしくお願い)，ニーナ。待ってるよ。

ニーナ：大丈夫よ。それじゃああとでね。

質問1：ボブのサッカーのユニフォームはどこで見つかりましたか？

答え　：エ　ボブのかばんの中のお弁当箱の下

質問2：ニーナは次に何をしますか？

答え　：イ　彼女はボブのサッカーシューズを持ってスタジアムに行くつもりだ。

2022年度英語　リスニング・スクリプト(C問題)

〔放送台本〕

Please look at Part A. In this part of the listening test, you will hear five conversations between Jane and Kevin. You will hear each conversation twice. After listening to each conversation twice, you will hear a question. Each question will be read only once and you must choose one answer. Now begin.

〔英文の訳〕

パートAを見てください。このリスニングテストでは，ジェーンとケビンの間の5つの会話を聞きます。英文はそれぞれ2回読まれます。それぞれの会話を2回ずつ聞いた後，問題文が読まれます。それぞれの問題は1回しか読まれません，1つ答えを選ばなければなりません。それでは始めます。

〔放送台本〕

1　Jane:　Kevin, look at that building. It’s very tall.

Kevin: Yes, Jane. It's a famous building. No other building is as tall as that one.

Question: What does Kevin mean?

〔英文の訳〕

ジェーン：ケビン，あの建物を見て。すごく高いわよ。

ケビン　：そうだね，ジェーン。有名な建物だよ。あれほど高い建物は他にはないんだ。

問題：ケビンが言っているのはどのような意味か？

答え：ウ　(あの建物は他のどの建物よりも高い。)

〔放送台本〕

2 Jane: Kevin, look at the sky. That cloud looks like an elephant.

Kevin: Wow, you're right, Jane. I want to take a picture.

Jane: Me, too, but I left my camera at home. Kevin, do you have one?

Kevin: No, sorry. I wish I had a camera now.

Question: Which is true about Jane and Kevin?

〔英文の訳〕

ジェーン：ケビン，空を見て。あの雲はゾウのように見えるわ。

ケビン　：わあ，君の言う通りだね，ジェーン。僕は写真を撮りたいな。

ジェーン：私もよ，でも家にカメラを置いてきてしまったわ。ケビン，あなたは持っている？

ケビン　：持ってないよ，ごめん。今カメラを持っていたらいいのになあ。

問題：ジェーンとケビンについてどれが当てはまるか？

答え：エ　(彼らは2人とも写真を撮りたかったのだが，カメラを持っている人はいない。)

〔放送台本〕

3 Jane: Kevin, can you help me? I want to choose a flower for my sister, but there are so many choices. I can't decide.

Kevin: Oh, why are you having trouble, Jane? If you have many choices, you can choose any of them.

Jane: Well, that's the problem. Having various choices is nice, but it doesn't mean choosing the best one is easy.

Question: What does Jane mean?

〔英文の訳〕

ジェーン：ケビン，手伝ってくれる？　私は姉(妹)に花を選びたいの，でもとてもたくさん選択肢があるのよ。決められないの。

ケビン　：おお，どうして困っているんだい，ジェーン？　選択肢がたくさんあるなら，どれでも選べるじゃないか。

ジェーン：うーん，それが問題なのよ。いろいろな選択肢があることはいいことだけど，いちばん良いものを選ぶのが簡単だということではないわ。

問題：ジェーンが言っているのはどのような意味か？

答え：ア　(いろいろな選択肢があることは最も良いものを選ぶことを難しくする。)

〔放送台本〕

4 Jane: Oh, Kevin. Why are you here in the classroom now? I thought you have already gone to the meeting.

Kevin: The meeting? What do you mean, Jane?

Jane: Today, your club has a meeting at the gym, right?

Kevin: I didn't know that. What time will the meeting start?

Jane: It started five minutes ago. Your coach came here and talked about the meeting to the club members about ten minutes ago.

Kevin: Really? Oh, no, I was in the cafeteria at that time.

Jane: Wow, so you didn't know about it.

Kevin: In any case, I have to go now. Thank you, Jane.

Question: Which is true about this conversation?

〔英文の訳〕

ジェーン：まあ，ケビン。どうして今教室にいるの？ あなたはもうミーティングに行ったと思ったわ。

ケビン ：ミーティング？ どういうこと，ジェーン？

ジェーン：今日は，あなたのクラブは体育館でミーティングをするのでしょう？

ケビン ：知らなかったよ。ミーティングは何時から始まるの？

ジェーン：5分前に始まったわよ。10分前くらいにコーチがここに来て，部員にミーティングについて話していたわ。

ケビン ：本当に？ わあ，しまった，僕はその時学食にいたよ。

ジェーン：まあ，だから知らなかったのね。

ケビン ：とにかく，すぐに行かなくちゃ。ありがとう，ジェーン。

問題：この会話に関してどれが当てはまるか？

答え：ア （ケビンはミーティングに遅れている，なぜなら彼はそのことを知らなかったからだ。）

〔放送台本〕

5 Kevin: Jane? I need your help. Are you at home now?

Jane: Yes, Kevin. What's the matter?

Kevin: Well, I'm at the soccer stadium, and practicing before the match will start in 15 minutes. But, I can't find my soccer uniform. Can you go and look around my room?

Jane: Of course, Kevin. Please wait… OK, I'm in your room, now.

Kevin: I guess I put my uniform inside the box by the door. Please open it.

Jane: …No, there is no uniform here. Any other places?

Kevin: Oh, around the table in the kitchen! When I took my lunch box there, I had the uniform with me.

Jane: Around the table? …No, it's not here. Kevin, I think you are a little excited now. How about looking inside your bag once again?

Kevin: OK… …Wow! Sorry, you are right! It's here under the lunch box!

Jane: I knew it. Please relax, Kevin. Now, you are ready.

Kevin: Yes. Thank you very much.

Jane: You're welcome. Please try your best! I'll go and watch your match soon.

Question: Which is true about this conversation?

〔英文の訳〕

ケビン　：ジェーン？　君の助けが必要なんだ。今家にいるの？

ジェーン：そうよ，ケビン。どうしたの？

ケビン　：ええと，今サッカースタジアムにいて，試合の前の練習が15分後に始まるんだ。でも，僕のサッカーのユニフォームが見つからないんだよ。僕の部屋に行って見てきてくれる？

ジェーン：もちろんよ，ケビン。待ってね……いいわよ，今あなたの部屋にいるわ。

ケビン　：ドアの近くの箱の中にユニフォームを入れたと思うんだ。開けてみて。

ジェーン：……いいえ，ここにはユニフォームはないわ。他の場所は？

ケビン　：ああ，台所のテーブルのあたりだ！　そこでお弁当を取った時に，ユニフォームをもっていたんだ。

ジェーン：テーブルのあたり？　……いいえ，ここにはないわよ。ケビン，今あなたは少し興奮しているわ。もう一度かばんの中を見てみたらどうかしら？

ケビン　：分かった……。……わあ！　ごめん，君の言う通りだ！　お弁当箱の下にあった！

ジェーン：やっぱりね。落ち着いて，ケビン。さあ，準備はいいわね。

ケビン　：うん。どうもありがとう。

ジェーン：どういたしまして。頑張ってね！　もうすぐあなたの試合を見に行くわ。

問題：この会話に関してどれが当てはまるか？

答え：イ　（ケビンはユニフォームを置いてきてしまったと思ったが，それは彼のかばんの中から見つかった。）

〔放送台本〕

Please look at Part B. In this part of the listening test, you will use the 【picture】 on the test paper, and hear a speech. It will be spoken twice. After listening to it twice, you will hear two questions. Each question will be read only once and you must choose one answer. Now begin.

〔英文の訳〕

パートBを見てください。このリスニングテストでは，問題用紙の【図】を使って，スピーチを聞きます。英文は2回読まれます。2回英文を聞いた後，2問，問題が読まれます。それぞれの問題は1回しか読まれません、答えを1つ選ばなくてはなりません。それでは始めます。

〔放送台本〕

6　How do you remember phone numbers? Usually, you don't need to remember phone numbers because your cellphone remembers them for you. However, it is sometimes necessary to remember numbers, for example, when you don't have a cellphone with you. Today, I'll introduce a way of remembering numbers. It is used in Australia. I hope it will be useful for you.

Have you looked at the numbers on a phone carefully? If you do that, you will find something under some of the numbers. Now, look at the 【picture】. The number 1 and 0 have nothing written under the numbers.

But, the numbers from 2 to 9 have something. For example, the number 2 has ABC, the number 3 has DEF, and the number 9 has WXYZ. Like this, they are written in order. By using this rule, you can call someone without remembering the numbers. You just need to remember a phrase.

I'll tell you one example. Imagine you're now watching TV, and a shop wants you to remember its phone number. Then, it says, "Thumb up." "Thumb up" is written T-H-U-M-B-U-P. In that order, you push "Thumb up" on the phone. Please push T-H-U-M-B-U-P. Then you can call the number 8486287. Now, I'll give you a quiz. What is the phone number for the shop with the phrase "Nice cat"?

Question 1: Which is true about this speech?

Question 2: Which is the correct number for "Nice cat"?

〔英文の訳〕

あなたは電話番号をどのように覚えますか？　たいてい，電話番号は覚える必要はありません，なぜなら携帯電話が電話番号をあなたのために覚えてくれるからです。しかし，番号を覚える必要がある時もあります，例えば，携帯電話を手元に持っていない時です。今日は，番号の覚え方を紹介します。それはオーストラリアで使われています。あなたの役に立つといいと思います。

電話に付いている数字を注意深く見たことがありますか？　よく見ると，いくつかの数字の下に何か書いてあることが分かります。それでは，【図】を見てみましょう。数字の1と0の下には何も書いてありません。でも，数字の2から9には何かあります。例えば，数字の2にはABC，数字の3にはDEF，数字の9にはWXYZとあります。このように，それらは順番に書かれているのです。この法則を使って，番号を覚えなくてもだれかに電話をかけることができるのです。フレーズ(言い回し)を覚えればよいのです。

1つの例をお話しします。あなたは今テレビを見ていて，あるお店があなたに店の電話番号を覚えてほしいと想像してください。するとその店は"Thumb up."と言います。"Thumb up."はT-H-U-M-B-U-Pと書きます。その順番で，あなたは電話を"Thumb up."と押します。T-H-U-M-B-U-Pと押してください。そうすると8486287の番号に電話することができます。それではクイズを出します。"Nice cat"というフレーズの店の電話番号は何ですか？

質問(1)：このスピーチについて当てはまるものはどれか？

答え　：エ　数字を覚えるために作られたフレーズ(言い回し)は電話番号を覚えるのに役立つ。

質問(2)："Nice cat"の正しい番号はどれか？

答え　：ウ　6423228

〔放送台本〕

Please look at the test paper of Part C. First, please read the passage about the system in a local area. You have half a minute. Now, begin to read.

Stop reading. Now you are going to hear the conversation between Ken and Beth. They are talking about the system in a local area. You will hear their conversation and the question about it twice. You can take notes about the things they say about the system in a local area on the test paper when you are listening. Now, listen to the conversation.

〔英文の訳〕

パートCの問題用紙を見てください。はじめに，ある地域における制度についての一節を読んでください。時間は30秒です。では読み始めなさい。

読むのをやめてください。これからケンとベスの会話を聞きます。彼らはある地域の仕組みについて話しています。会話とそれについての質問が2回流れます。聞いている時に，彼らが地域の仕組みについて話していることを問題用紙にメモをとってもかまいません。それでは，会話を聞いてください。

〔放送台本〕

Ken: Hi, Beth. Did you read the passage about the system?

Beth: Yes, I did, Ken. I'm very interested in the system. What do you think about it?

Ken: I think the system is good for various people.

Beth: Various people? Please tell me more.

Ken: OK. The system is good for both people who buy the food and people who produce the food. People who buy the food can get the food at low prices.

Beth: Oh, I see. That sounds good. How about people who produce the food?

Ken: They can sell the food soon after they take the food.

Beth: Nice. You mean they can sell the food in the local area without carrying the food to other areas, right?

Ken: Yes, that's right. And, this good point brings another good point.

Beth: What is it?

Ken: I think this system uses less energy.

Beth: Energy?

Ken: Well, people don't need to carry the food to far places in this system. When people carry the food to far places, they usually use a car. The car needs a lot of energy. But, if they can sell the food in the local area, they need less energy. So, I think the system is also good for the environment.

Beth: I think it's nice to use less energy. You've talked about two good points of this system. Are there any good points for other people?

Ken: Yes. I think the system helps children learn about their local food.

Beth: How does it help them?

Ken: School lunch is a good chance for students. They can learn how the food is grown in the local area.

Beth: Oh, yes. You mean students can learn about the local food by eating the food at school?

Ken: That's right. The system will let the students become interested in the food they eat.

Beth: Oh, that sounds wonderful. Now I understand that the system is helpful for many people.

Question: What does Ken think about the system? Explain his opinions about it in English.

〔英文の訳〕

ケン：ハイ，ベス。その仕組みについての文章を読んだ？

ベス：ええ，読んだわ，ケン。私はその仕組みにとても興味をもっているわ。あなたはどう思う？

ケン：僕は，その仕組みはいろいろな人たちにとって良いものだと思うよ。

ベス：いろいろな人たち？　詳しく教えて。

ケン：いいよ。その仕組みは食料を買う人たちと生産する人たちの両方にとって良いものだよ。食料を買う人たちは低価格で食料を手に入れることができるよ。

ベス：ああ，なるほどね。それは良さそうね。食料を生産する人たちにとってはどう？

ケン：彼らは食料を収穫したらすぐに売ることができるよ。

ベス：いいわね。つまり，他の地域に輸送しないで，地元で食料を売ることができるということね？

ケン：そう，その通り。それに，この良い点は，他の良い点をもたらすんだよ。

ベス：それは何？

ケン：僕はこの仕組みはエネルギー消費を抑えると思うんだ。

ベス：エネルギー？

ケン：ええとね，この仕組みなら遠く離れた場所へ食料を輸送する必要がないんだ。遠い場所へ食料を輸送する時には，たいてい車を使うよね。車はたくさんエネルギーが必要だ。でも，地元で食料を売れば，より少ないエネルギーで済むよ。だから，僕はこの仕組みは環境にも良いと思うんだ。

ベス：エネルギーの使用を抑えることは良いことだと思うわ。あなたはこの仕組みの2つの良い点について話したわ。他の人たちにとって何か良い点はあるの？

ケン：あるよ。この仕組みは子どもたちが地元の食べ物について学ぶ手助けになると思う。

ベス：どうやって子どもたちの役に立つの？

ケン：給食は生徒たちにとって良い機会だよ。彼らは地元でどのように食料が育つのかを学ぶことができるよ。

ベス：ああ，そうね。つまり生徒たちは学校でその食べ物を食べることで地元の食料について学ぶことができるということね。

ケン：その通りだよ。この仕組みのおかげで生徒たちは自分たちが食べている食べ物に興味をもつようになるよ。

ベス：わあ，素晴らしいわね。これで私はその仕組みがたくさんの人たちにとって役に立つということがよく分かったわ。

質問：ケンはその仕組みについてどう思っているか？　それについての彼の意見を英語で説明しなさい。

＜理科解答＞

1　(1)　①　ア　②　ⓐ　イ　ⓑ　エ　(2)　①　ア　②　ウ　(3)　①　ⓒ　イ　ⓓ　エ　②　ウ　(4)　人間　(5)　エ　(6)　①　ア　②　分解　(7)　カ

2　(1)　①　エ　②　純粋な物質　(2)　ア　(3)　水の状態変化に利用された熱量　(4)　25L　(5)　ウ　(6)　ⓓ　イ　ⓔ　エ　(7)　エ

3	(1) 日食　(2) ウ　(3) ① ア　② エ　(4) イ　(5) 自転　(6) イ (7) 11月末ごろ　(8) ① イ　② ウ　(9) 西から東へ移動
4	(1) 2.5N　(2) 11cm　(3) フックの法則　(4) ⓐ 4cm　ⓑ 1.2N (5) ① ア　② ウ　(6) ① 1.0N　② 1.9N　③ 1.8N　(7) 鉄のおもりの一部を切り離すことで，浮力と重力がつり合うようにしている。

<理科解説>

1 (自然界のつり合い — ホニュウ類，食物連鎖，外来種，分解者，炭素の循環)

(1) ① ホニュウ類は体が毛でおおわれ，体温はつねに一定に保たれている**恒温動物**である。肺で呼吸し，子は親と似た形でうまれる**胎生**で，親の乳を飲んで育つ。 ② 物を見るとき，両方の目で見ると立体的に見え，物までの距離がよくわかる。このような立体感や距離感が生じるのは，左右の目の視野が重なっている部分である。ライオンのような肉食動物は，目が頭の前方にあるために，左右の目の視野が重なっている範囲が広く，そのぶん全体の視野はせまくなるが，距離感をつかめる範囲は広い。

(2) **光合成**を行う生物は，**生産者**とよばれる。光のエネルギーによって，二酸化炭素と水からデンプンなどの**有機物**をつくり出す。

(3) ① ある生態系で，それぞれの生物の数量は光合成を行う植物がいちばん多く，次に草食動物が多い。いちばん少ないのは食物連鎖の頂点にいる肉食動物である。ある地域での食べる生物と食べられる生物の数量は，一時的な増減はあっても，それをくり返しながら長期的にはほぼ一定に保たれている。食べる生物が減少すると，食べられる生物は増加する。図Ⅱで，1985年には，草食動物Bの個体数は120000で，肉食動物Aの個体数は7500なので，120000÷7500＝16(倍)
② 1985年から1987年にかけて，肉食動物Aはさらに減少している。しかし，それにもかかわらず，草食動物Bが減少しているのは，草食動物Bの食料である植物が不足したと考えられる。

(4) **外来種**(外来生物)は，人間の活動によってほかの地域から導入されて野生化し，子孫を残すようになった生物である。1種類の外来種(外来生物)が持ちこまれただけで，生態系全体のつり合いが変化し，もとの状態にもどれなくなることもある。

(5) アは二酸化炭素，イは塩素，ウはアンモニアの性質を示している。オオカナダモの光合成によって生じた酸素が，小さな泡の粒になって葉の表面に付いていた。

(6) 生産者がつくり出した有機物は，最終的には無機物にまでに分解される。生物の死がいや排出物を食べ，分解にかかわっている生物を特に**分解者**とよぶ。陸上の生態系での分解者としては，ダンゴムシなどの土壌生物と菌類・細菌類などの微生物が知られ，水の中の生態系でも菌類・細菌類などが分解者となっている。

(7) メダカはオオカナダモを食べないので，オオカナダモ→メダカの炭素の移動はないが，メダカの呼吸によって発生した二酸化炭素を使って，オオカナダモが光合成を行うことによって，メダカ→オオカナダモと炭素は移動している。

2 (状態変化—化学変化のモデル，水の状態変化，熱量，気体の密度，エネルギーの変換)

(1) ① 水素分子，酸素分子は，それぞれ**原子**が2個結びついて**分子**になっている。また，水分子は水素原子2個と酸素原子1個が結びついている。 ② 水や酸素など1種類の物質でできているものを**純粋な物質**(純物質)といい，空気や水溶液などいくつかの物質が混じり合ったものを**混合物**という。

(2) 沸騰石は，素焼きのかけらでできていて，中には小さな穴がたくさん開いている。液体を加熱するときに沸騰石を入れると，その小さな穴に含まれている空気によって，沸騰石付近が穏やかに沸騰を始めるため，突然の沸騰を防ぐことができる。

(3) 液体を加熱して，ある温度になると沸騰が始まる。液体が沸騰し始めるときの温度を**沸点**という。また，固体がとけて液体に変化するときの温度を**融点**という。物質は融点，沸点を境として固体⇔液体⇔気体と**状態変化**する。純粋な液体の物質を加熱して沸点近くに達すると，液体の温度が上昇するために熱量が使われることに加えて，液体→気体という状態変化のために熱量が使われる。

(4) 水は液体から気体になると，体積は約1700倍にも大きくなるが，水分子の数の増減はないので，質量は変わらない。15(g)÷0.60(g/L)＝25(L)

(5) 液体の水の質量と気体の水の質量の合計が，加熱前の水の質量と等しい。しかし，気体の水の体積は，状態変化する前の液体の水の体積よりも著しく大きい。

(6) 熱や振動による音など，利用目的としていないエネルギーも含めれば，エネルギー変換の前後でエネルギーの総量は変わらない。このことを**エネルギーの保存**という。

(7) 火力発電では，化石燃料を燃焼させて高温・高圧の水蒸気や燃焼ガスをつくり，タービンを回して発電する。発熱量が大きく，**エネルギー変換効率**が50%をこえるものもあるが，**温室効果ガス**である二酸化炭素を大量に発生させ，化石燃料の埋蔵量にも限りがある。

3 (天体―日食，太陽系，金星，月，地球の自転，南中高度)

(1) **日食**は，太陽―月―地球の順に並んだときに，太陽が月によってかくされることで起こる。このとき月は太陽と同じ方向にあるので，日食は新月のときに起こる。

(2) 金星と水星は，地球よりも内側を公転するので**内惑星**とよばれ，火星，木星，土星，天王星，海王星は，地球よりも外側を公転するので**外惑星**とよばれる。内惑星は明け方か夕方に近い時間帯にしか見えない。

(3) 金星は，地球から見て太陽の右側にあって，その東側が光っている場合，明け方の東の空に見える。一方，金星の西側が光っている場合，金星は太陽の左側にあり，夕方の西の空に見える。

(4) 金星は月の東側から月のうしろにかくれ始めるので，この時の月は，地球から見ると金星と太陽の間にある。金星が月にかくされる現象は，午後に南南東の空で起きたので，この時の月の見かけの形は右側が細く光っている。

(5) 地球は，地軸(地球の北極点と南極点を結ぶ軸)を中心として，1日に1回**自転**している。自転の向きは西→東で，地球の北極の上空から見ると，北極点を中心とする反時計まわり(左まわり)である。

(6) 地上から太陽の1日の動きを観察すると，太陽は東から西へ動いているように見えるが，これは地球が西から東へ自転しているために起こる見かけの動きである。このとき，天体が子午線を通過することを**南中**といい，その時の天体の高度を**南中高度**という。地球が地軸を傾けて**公転**しているため，北半球では夏至のころは南中高度が高く，春分・秋分の南中高度は等しく，冬至のころの南中高度は低い。

(7) 南中に限らず，星が前の日と同じ位置に見える時刻は，1日につき約4分ずつ早くなる。そのため，1か月では約2時間早くなる。20時の南中から12時の南中までは8時間早くなったことになるので，8÷2＝4より4か月後である。

(8) 3月19日，朝6時には太陽は東の方角にあり，観測された月は東(左)側が光っている。日ごとに月の見かけの形は細くなる。

(9) 太陽以外の恒星，太陽，月は，それぞれ見かけ上地球のまわりを西から東へ移動する。

4 (力と圧力—重力，フックの法則，浮力，力のつり合い)

(1) 質量100gの物体にはたらく**重力**の大きさが1Nなので，250÷100=2.5(N)

(2) 図Ⅱのグラフで，ばねに加えた力の大きさが0Nのときのばねの長さを読み取る。

(3) ばねの伸びは，ばねを引く力の大きさに比例する。この関係を**フックの法則**という。

(4) 実験2の測定結果の表で，水面から円柱の底面までの長さを2.0cmずつ増加させて得られたばねの長さの測定結果は，31cm→27cm→23cmと4cmずつ短くなっている。ただし，円柱の高さは6.0cmなので，これ以上になるとばねの長さはさらに短くはなっていない。このときの**浮力**の大きさは，ばねの長さが減少した31−19=12(cm)より，ばねは1.0Nで10cmのびるので，1.0(N)×12÷10=1.2(N)

(5) 乗員3名が乗った状態で海に浮くということは，「しんかい6500」全体にはたらく重力の大きさと，浮力の大きさがつり合っている。「しんかい6500」にはたらく重力とおもりにはたらく重力の合力が㋑で，浮力と三つめの力の合力が㋐である。㋐と㋑の合力が0になったため，下降を始めた「しんかい6500」は，一定の速さで下降を続ける。

(6) 物体にはたらく重力の大きさと浮力の大きさが等しいとき，物体は水に浮く。図Ⅵの全体にはたらく重力の大きさは，1.0+0.30×3=1.9(N)である。一体となった物体全体の体積は，(20×6.0)+(20×1.0)×3=180(cm^3)　この物体がすべて水中にあるときの浮力の大きさは，180÷100=1.8(N)

(7) 下降を続けるために(運動を始めた向きに一定の速さの運動を続けるために)取り付けていた鉄のおもりを一部切り離すことで，浮力と重力がつり合うようにする。

＜社会解答＞

1 (1) エ　(2) 経済特区　(3) ① ウ　② ア　(4) イ　(5) ① エ
② (例)輸入に頼っているため，臨海部に製鉄所が立地している　(6) ① メキシコ
② シリコンバレー　(7) (例)国内の工場を外国に移した

2 (1) ① イ　② オ　(2) ① ウ　② (a) ア　(b) ウ　(3) NPO
(4) ① ⓐ ア　ⓑ ウ　② 自衛隊　③ (例)火山灰が降る

3 (1) 職業選択　(2) ① ⓐ イ　ⓑ エ　② 政令　③ 最高　④ イ，オ，カ
(3) ① 社会的責任　② エ　③ (例)預金の金利より貸し出しの金利を高くする
(4) ① イ，ウ　② ウ

4 (1) ① エ　② 口分田　③ イ　(2) ⓐ 地頭　ⓑ 承久　(3) エ
(4) ① イ　② ⓐ ア　ⓑ カ　(5) ① ア　② ⓐ ウ　ⓑ カ
(6) (例)地主から土地を買い上げ，小作人に売り渡した

＜社会解説＞

1 (地理的分野—日本—工業，世界—産業，資源・エネルギー)

(1) 現代の日本では，第三次産業の人口割合が最も高く，第一次産業が最も低い。

(2) 経済特区に指定されているのは5都市で，北京や上海，香港などの大都市はこれらに含まれ

ていない。

(3)　①　ASEANは東南アジア諸国連合の略称。アがヨーロッパ連合，イが環太平洋経済協力会議，エが南米南部共同市場の略称。　②　タイは世界有数の米の輸出量をほこる。マレーシアはかつては原油(石油)，現在は石炭や液化天然ガスなどの鉱産資源の産出が豊富。

(4)　愛知県には，自動車(輸送用機械)の生産がさかんな豊田市を擁する**中京工業地帯**が位置する。

(5)　①　ア　臨海部にも見られる。イ・ウ　石炭が取れる中国東北区にはほとんど見られない。
②　日本国内の製鉄所の多くは，**太平洋ベルト**とよばれる臨海部の工業地帯や工業地域に立地していることが多い。

(6)　①　USMCAはアメリカ・メキシコ・カナダ協定の略称。②　シリコンバレーを含む，アメリカ合衆国の北緯37度以南の工業地帯を**サンベルト**という。

(7)　円高により，日本製品が海外で割高になり輸出が不利になるため，生産拠点を海外に移転した。

2　(地理的分野―日本―日本の国土・地形・気候，農林水産業，歴史的分野―日本史―時代別―古墳時代から平安時代，安土桃山・江戸時代，日本史―テーマ別―文化・宗教・教育，世界史―政治・社会・経済史)

(1)　①　ア　西日本最高峰の石鎚山(愛媛県)などの標高。ウ　世界一高い標高に位置するエルアルト国際空港(ボリビア)の標高。　エ　世界最高峰のエベレスト(ネパール・中国)の標高。
②　果実の産出額が最も多いBが山梨県，漁業の産出額が最も多いCが焼津港を擁する静岡県，残ったAが大阪府。

(2)　①　紀貫之らによって**『古今和歌集』**が編さんされたのは平安時代。エは奈良時代の文化。
②　(a)　葛飾北斎と歌川(安藤)広重は江戸時代の**化政文化**で活躍した風景画家で，代表作はそれぞれ「富嶽三十六景」と「東海道五十三次」。イは明治時代，ウは安土桃山時代，エは室町時代に活躍した。　(b)　(i)が1804年，(ii)が17世紀後半から18世紀初頭，(iii)が1919年のできごと。

(3)　非営利組織(NPO)がおもに国内で活動するのに対して，非政府組織(NGO)はおもに海外で活動する。

(4)　①　ⓐ　会話文中の「溶岩流で被災する」「1週間程度の時間は確保することができる」から，溶岩流が24時間～7日間で到達する地域に近いA地区であると判断できる。　ⓑ　会話文中に「もう一方の地区」とあることからB地区と判断する。B地区から新御坂トンネルに向かう際，溶岩流が3時間以内で到達する地域を通る必要があることが読み取れる。　②　自衛隊の最高指揮監督権を持つのは**内閣総理大臣**。　③　会話文中の「噴火にともなう影響」「上空の風の影響」「堆積」などから判断する。

3　(公民的分野―憲法の原理・基本的人権，三権分立・国の政治の仕組み，財政・消費生活・経済一般)

(1)　日本国憲法第22条の内容で，経済活動の自由に含まれる。

(2)　①　法律案について，衆議院と参議院の議決が異なった場合は**衆議院の優越**が適用される。
②　内閣が**政令**を制定するのに対して，国会は法律，地方議会は**条例**を制定する。　③　法律などが憲法に違反していないかどうかを判断する**違憲審査権**は全ての裁判所に与えられており，その最終判断を行うのが**最高裁判所**である。　④　カは男女同一賃金の原則で，**労働基準法**第4条に規定されている。ア・エは労働組合法，ウは育児・介護休業法の内容。

(3)　①　利潤を生み出して労働の場を提供し，税金を納め，株主に配当をもたらすことも企業の社会的責任のひとつ。　②　出資先の企業が倒産した場合，株主は出資額を失うだけで，それ以上の責任は負わない。　③　銀行が支払う金利を低くし，銀行が受け取る金利を高くすることで，銀行の利潤が増える。

(4)　①　ア　イタリアは無償労働時間の方が長い。　ウ　有償労働時間が最も長い国は日本，最も短い国はイタリア。　エ　韓国の女性の無償労働時間は男性の無償労働時間の約4倍。　②　会話文中の「通勤時間の削減」などから判断する。

4　**(歴史的分野—日本史—時代別—古墳時代から平安時代，鎌倉・室町時代，安土桃山・江戸時代，明治時代から現代，日本史—テーマ別—政治・法律，経済・社会・技術，文化・宗教・教育)**

(1)　①　藤原京は694年に完成した，飛鳥時代の都のうちの一つ。地図中のウが**平城京**の位置を表しており，それより南に位置する。アが大津宮，イが長岡京の場所。　②　朝廷は，6歳以上の男女に**口分田**を与える**班田収授**を行った。　③　**墾田永年私財法**が出されたのは奈良時代。**鑑真**は唐から来日し，唐招提寺を建てた。アが室町時代，ウが古墳時代，エが鎌倉時代のようす。

(2)　ⓐは文中の「荘園や公領」「年貢の取り立てや土地の管理」，ⓑは「後鳥羽上皇に勝利」などから判断する。

(3)　エは平安時代の荘園のようす。藤原氏などの貴族や大寺社は，国司による税の取り立てを免除される特権を得て，土地を寄進されて荘園領主となった。

(4)　①　幕府領が全国の石高の約**4分の1**を占めることから判断する。　②　ⓐは文中の「江戸や大阪の周辺にある大名や旗本の土地を直接支配しようとした」，ⓑは「19世紀前半」などから判断する。エが1868年，オが1918年，カが1837年，キが1637年のできごと。

(5)　①　**地租改正**は，地価の3%を地租として現金で納めさせるよう改めた税制改革。これに対して全国で地租改正反対一揆がおこったため，のちに地租は地価の**2.5%**に引き下げられた。
②　ⓐは文中の「小作人の権利を守る」，ⓑは「1925年」「社会運動」などから判断する。

(6)　**農地改革**によって地主・小作制がなくなり，農村内での経済格差は大幅に緩和された。

＜国語解答＞(A問題)

一　1　(1)　か(す)　(2)　いた(る)　(3)　ほうそう　(4)　まんきつ　(5)　積(もる)
(6)針　(7)筋肉　(8)打破　　2　ウ

二　1　イ　　2　イ　　3　ア　　4　a　自分の知っ
b　(例)端々ににじみ出る書き手の意識や人間性

三　1　ア　　2　おもい　　3　ウ

四　1　イ　　2　ウ　　3　(例)自分がまったく知らなかった世界を知りたい
4　a　生活は明ら　　b　どんな書店　　5　エ

五　(例)私は桜が咲くのを見ると，春を感じる。春になれば色々な花が咲き誇り，過ごしやすい季節となるが，その中でも桜を見ると春が来たなと実感する。桜は春の花を代表し，また桜並木は正しく絶景だ。私は桜を見ると，幼稚園の入園・卒園式，小学校の入学・卒業式，中学校の入学式を思い出し，それぞれの人生の門出は春に訪れ，その周りにはいつも桜が咲いていたので，桜を見ると春を感じる。

＜国語解説＞

一 (漢字の読み書き，熟語)

1 (1) 「貸(す)」とは，ここでは自分の金や物などを，ある期間だけ他人に使わせること。(2) 「至(る)」とは，ここではある場所に行き着くこと。(3) 「包装」とは，物品をつつむこと。(4) 「満喫」とは，十分に楽しむこと。(5) 「積(もる)」とは，ここでは物が次々に重なって高くなること，また一面に多くたまること。(6) 「(時計の)針」には時を表す長針と，分を表す短針，また秒針がある。(7) 「筋肉」とは，収縮性をもつ動物特有の運動器官。脊椎動物では量が多く，たんぱく質に富む。(8) 「打破」とは，束縛・抵抗・妨害などを取り除くこと。

2 「起承転結」とは文章や話の構成の仕方，また物事の順序や展開の仕方のこと。漢詩では，4行から成る絶句の構成を指す。1行目から順に起句，承句，転句，結句と呼ぶ。

二 (論説文—内容吟味，接続語の問題，脱文・脱語補充，文と文節)

1 「ふと」とは，はっきりした理由や意識もないままに事が起こるさまという意味の副詞。「ふと思う」などの言葉がある。

2 「それは」から始まる段落に，「その人にとって最も核となる部分は，本人でも言葉にできないぼんやりとした感覚的なものであるということが往々にしてある」と述べている。

3 ③ の前に，人が何を考え，どういうことで悩んでいるか，本当のところは分からないとある。また後にはインタビューで話を聞いたぐらいでは分からないとあるので，順接の接続詞が入る。④ の前にインタビューで話を聞いたぐらいで分かった気でいてはならないとある。だが後には，人から聞いた話を形にしないといけないと続くので，逆接の接続詞が入る。

4 a 書き手は自分が何でも知っていると思わず，相手の事を理解しようとする謙虚さが必要であると主張している。 b 書き手がどのようなことを意識しているか，またどういう思いで書いているのかが重要であるとしている。

三 (古文—大意・要旨，内容吟味，仮名遣い)

1 となりの男に「三丁目まで用事があって行くので，この場所で猫に鰹を取られないよう見張っていてくれ」と頼んでいる。

2 単語の語頭と助詞以外の「は・ひ・ふ・へ・ほ」は，「わ・い・う・え・お」となる。

3 となりの男は見張るよう頼まれた鰹を「自分のものにしよう」と食べようとしたところ，向かいにいた猫が「ふうふう」と言って脅してきた。

四 (随筆—内容吟味，脱文・脱語補充)

1 原書を選ぶ手順として，作家の名前，表紙，最初の数ページをめくって，使われている単語が理解できれば購入するというものであった。また「当たり前」から始まる段落に，「本当に手当たり次第に手にとって，ぱらぱらとめくり，冒頭を読んでみることを繰り返した。」とある。

2 「すらすら」とは，読むこと，話すこと，書くこと等を，とまらずにできる様子。友人は，作家の名前を澱みなく言う事ができたのである。

3 中学3年の時に，友人が本に精通していて，自分が知らない世界を友人は知っているのを，うらやましく思い，自分もそれらを知りたいとなった。その思いが，ニューヨークの書店にいる時にも生じたのである。

4 (1) a 書店に行くまで，教科書以外ほとんど読んだこともなかった筆者だが，文庫本を買ったのをきっかけとして生活が変わったのである。 b 最後の段落で，書店は再開発によってなくなったが，作者の心の中にはずっと残っていると述べている。 (2) Aさんは「確かにそうだね。」と前の意見を受け，否定することなく，ここまで出た意見をまとめている。

五 (作文(課題))

まず自分がどの立場に立つかを明確に書く。その上で，なぜそれを選んだのかという理由を挙げる。そして，選んだ四季に対して自分の体験を交えつつ，どのような時にその季節を感じることができるのかという内容をまとめる。

＜国語解答＞(B問題)

一 1 ウ　2 エ　3 (例)「意図」の集積としてできあがっており，これからも変化を続けていく　4 現在という

二 1 イ　2 ア　3 もうけ　4 ④ わざ　⑤ 法

三 1 (1) ほうそう　(2) ゆうかん　(3) ふせ(ぐ)　(4) と(げる)　(5) 針　(6) 築(く)　(7) 相談　(8) 律詩　2 ウ

四 1 ア　2 a 人間が手揉みして生地を染める　b 自分たちの身近なふるまい
3 (1) イ　(2) a 紅葉と時雨　b (例)枯れ葉が落ちることをさも花の盛りが去るように惜しむ

五 (例)私は，「伝統的な食文化」を外国の人たちに伝えたいと考える。なぜなら【資料】にもあるように，7つある項目の内，最も外国の人の中で最も関心が高いのが「伝統的な食文化」だからだ。昨今，日本食は外国の人にとても受け入れられており，和食はユネスコ無形文化遺産として登録されている。また，お箸やお茶碗など外国の文化にはない食器も，外国の人の関心を惹くようである。私自身も，外国の人に日本のお土産で，お箸とお茶碗のセットを渡し，大いに喜んでもらえたという経験がある。よって私は，「伝統的な食文化」を外国の人たちに伝えたいと考える。

＜国語解説＞

一 (論説文一内容吟味，接続語の問題，脱文・脱語補充)

1 文章の冒頭に，都市空間は「意図」を持って造られており，またそれは書物も同じ，と述べられている。どちらも何らかの「意図」を持って造られているので，相通じる部分がある。

2 都市空間の造形には「意図」があるとして，②の後に住宅地を例に挙げている。

3 都市空間と書物の違いは，都市空間には無数の著者がいること，それによって多数の「意図」が集積されていることだ。もう1つは，都市空間は書き継がれる書物，つまりこれからも変化を続けていくことだと述べている。

4 最後の段落で現時点のわたしたちの立場は，過去から未来へと続く都市の歴史の中の一時点の読者であり，また著者であるとしている。

二 (古文一内容吟味，脱文・脱語補充，語句の意味，仮名遣い)

1「しるべ」とは道案内，道しるべ，教え導く手びきのこと。

2 法によらなければ本当の事を得ることは難しく，法によって本当の事を得れば人も認めるとあ

る。

3 「はう」「まう」など現代仮名遣いで表すときは「ほう」「もう」と書く。

4 「法」があってこそその「わざ」ではなく，「わざ」があるからこそ，「法」が出てきたとする。

三 (漢字の読み書き，漢文)

1 (1) 「包装」とは，物品をつつむこと。 (2) 「勇敢」とは，物事を恐れることなく積極的にしようとすること。 (3) 「防(ぐ)」とは好ましくないものを，遮って中へ入れないようにすること。 (4) 「遂(げる)」とは，ここでは最後にそのような結果となること。 (5) 「(時計の)針」には時を表す長針と，分を表す短針，また秒針がある。 (6) 「築(く)」とは，ここでは体制・地位・財産などをしっかりとつくること。 (7) 「相談(に乗る)」とは，相談の内容を一緒に考えてあげること。 (8) 「(五言)律詩」とは，漢詩の形式の一つで，1句に5語，全部で8句40語になる詩形の漢詩のこと。

2 「接」の前に「物」を読んでいるので，「接」の下にレ点をつける。「如」の前に「春陽之温」と読んでいるので，「温」の下に一，「如」の下に二点をつける。

四 (随筆文―内容吟味，脱文・脱語補充，語句の意味)

1 「はっとさせられる」とは，人を驚かせるような性質をもっているさま，また不意にある物事についての考えが浮かぶこと。

2 a かつては葉が紅葉することを「もみつ」と言っていた。「もみつ」とは揉むように染めることであり，まるで人が手揉みして染めたようだと紅葉を例えたのである。 b 古の人は「自分たちの身近なふるまいに見立て」て，植物の名前をつけていたのではないかと推測している。

3 (1) 時雨は紅葉をもたらすというAさん・Bさんの意見に対して，Cさんは時雨は紅葉を散らすものであるという別の意見を主張している。 (2) a 『万葉集』には秋の最後の候に，時雨と紅葉を並んで置いて詠んでいる。 b 最後の段落に，時雨に打たれて枯れ葉が落ちるのに対して，花の盛りが去るのを惜しむ気持ちが含まれているのではないかと筆者は述べている。

五 (作文(課題))

まず，7項目ある内，どの項目に焦点を当てて書くのか，またなぜその項目に焦点を当てたのかという理由を明確に書く。そして，選んだ理由に対しての予想される反論を出し，それを否定する形で自分が選んだ立場の正当性を結論づけると書きやすい。

<国語解答>(C問題)

一 1 B 2 a すっかり無 b すべて「私 3 さよならと 4 a その主語の支配が「振り返った時」で終わり，それ以降は前文の主語が潜在的に働いている b 無駄な主語

二 1 イ 2 ア 3 a 西こそ秋の初め b ウ c エ

三 1 (1) さと(す) (2) す(かす) (3) もうら (4) 快(く) (5) 律詩 (6) 修築 2 エ

四 1 (例)社会通念としての美を生み出すために，現実世界の理想的な模倣物を作り出すこと。 2 ウ 3 a 作り手の姿 b 創造性と模

五 (例)私はこれからの時代に「相手や場面を認識する能力」が必要だと考える。【資料】にあるように，平成28年度では，平成14年度と比べ約12％も上昇しているからだ。これは10項目の中でも最も上昇値が高く，約2.5倍となっている。昨今は，スマートフォンなどを使ってSNSで相手と連絡を簡単にすることができる。勿論，そのツールを使ってコミュニケーションをとることは重要である。しかし，やはり大切な事や面と向かってでないと伝えられない事はたくさんある。その時にSNSなどを通すよりも，相手と直接話をしたり，話す場面を考えることは必要だ。よって，私はこれからの時代に「相手や場面を認識する能力」が必要だと考える。

＜国語解説＞

一 (随筆文―脱文・脱語補充，用法)

1 「埋め」は，マ行下一段活用「埋める」の連用形。他は未然形。

2 a 「あの場面は」から始まる段落に，主人公が何度話しかけても，踊子は黙って別れをかみしているとある。　b 主人公と踊子が別れる場面は，全て主人公の視点から描かれている。

3 [①]の後に「前者ならサヨナラという語に限られる」とある。よって，「『さよなら』と言おうとた」と原文の「さよならを言おうとした」という内容を比較したのである。

4 a 「私は」と書いたことによって振り返るまでが「私」の動作であり，さよならを言おうとしたが止めた，もう一ぺんただうなずいたというのは「踊子」の動作であることを示したとする。つまり前文に，「踊子は…見つめていた」とあるので，「その主語の支配が」，その後の箇所まで「潜在的に働いている」と判断したのではないかと筆者は推測している。　b なぜ「踊子は」と再び置かなかったかというと，「無駄な主語を重ねて駄目を押すくどい書き方」を川端康成は避けたのではないかとしている。

二 (古文―内容吟味，脱文・脱語補充，語句の意味)

1 「方」とはここでは方角のこと。「この楓の木に，今年初の紅葉がありましたがなくなってしまいましたね」という事に対して，どの方向にあったのかを尋ねている。

2 「入興」とは，ひどく面白がること。

3 a 蔵人永継は『古今和歌集』の句を知っていて，「西の枝」だと返答したのである。　b・c 蔵人永継がすぐに「きっと西の枝にありましたのでしょう」と返答したのを，右中将実忠朝臣が「この頃は，これほどの事も即座に言い出す人はいないものだが，風雅なものだなあ」と聞きとめている。

三 (漢字の読み書き，慣用句)

1 (1) 「諭(す)」とは，目下の者に物事の道理をよく分かるように話し聞かせ，納得するように教え導くこと。　(2) 「透(かす)」とは，ここでは透けて見えるようにすること。　(3) 「網羅」とは，残らず取り入れること。　(4) 「快(く)」とは，気持ちよくという意味。　(5) 「(五言)律詩」とは，漢詩の形式の一つで，1句に5語，全部で8句40語になる詩形の漢詩のこと。
(6) 「修築」とは，家・橋・堤防などを繕い直すこと。

2 「雲をつかむ」とは，物事が漠然としていて，とらえどころがないさまにいう。

四 (論説文―内容吟味，脱文・脱語補充)

1 「対象が」から始まる段落に,「芸術は現実世界の理想的な模倣物を作り出す」こととあり，それが「共有されることで社会通念としての美が造り出されてゆく」とある。

2 「写真は」から始まる段落に,「写真は現実の模倣を作っているわけではな」く,「現実の三次元空間にある光の強さの分布がレンズを通して記録された物体にすぎ」ず,「光の分布の複製を作っている」だけであると述べている。

3 a 「近代,」から始まる段落に,「真の模倣」とは，単に姿形を複写するのではなく,「作り手の姿勢や考えを学び，使うことであるとしている。 b カメラが登場したことによって，模倣は芸術行為ではないとされてしまった。他者の表現の模倣は忌避すべきで，芸術家とは「他にはない表現を行う独創的な創造者」という認識である。しかしこれは「創造性と模倣に対する誤解ではない」か，と筆者は主張している。

五 (作文(課題))

まず，10項目ある内，どの項目に焦点を当てて書くのか，またなぜその項目に焦点を当てたのかという理由を明確に書く。そして，選んだ理由に対しての予想される反論を出し，それを否定する形で自分が選んだ立場の正当性を結論づけると書きやすい。

大阪府公立高等学校（特別）

2021年度

★★★★★★★★★★★★★★★★★★★★★★★★

入　試　問　題

●くわしい解説……45ページ

2021年 大阪府公立高校入試　出題範囲縮小内容

令和２年５月13日付け２文科初第241号「中学校等の臨時休業の実施等を踏まえた令和３年度高等学校入学者選抜等における配慮事項について（通知）」を踏まえ，出題範囲について以下の通り配慮があった。

○以下の内容について出題範囲から除外する。

数学	・円周角と中心角 ・三平方の定理 ・資料の活用
英語	・『現在分詞及び過去分詞の形容詞としての用法』のうち「後置修飾」 ・「大阪版中学校で学ぶ英単語集」にある単語の一部（http://www.pref.osaka.lg.jp/attach/6221/00000000/eitanngo.pdf）
理科	○第１分野 ・科学技術と人間 ○第２分野 ・自然と人間
社会	○ 公民的分野 ・『私たちと経済』のうち「国民の生活と政府の役割」 ・私たちと国際社会の諸課題
国語	・書写に関する事項 ・中学校で学習する漢字の一部（http://www.pref.osaka.lg.jp/attach/6221/00000000/kannji.pdf）

＜数学＞

〔A問題〕　時間　40分　　満点　45点

1　次の計算をしなさい。

(1)　$11-6\div 2$　　　(2)　$\frac{1}{3}+\frac{1}{7}$

(3)　4^2-18　　　(4)　$10x+2y-5(x-2y)$

(5)　$24x^2\div 8x$　　　(6)　$6\sqrt{5}-4\sqrt{5}$

2　次の問いに答えなさい。

(1)　次のア～エの数のうち，十の位を四捨五入して得られる値が2600であるものはどれですか。一つ選び，記号を○で囲みなさい。

ア　2548　　**イ**　2635　　**ウ**　2680　　**エ**　2701

(2)　次のア～エの比のうち，4：9と等しいものはどれですか。一つ選び，記号を○で囲みなさい。

ア　2：3　　**イ**　9：4　　**ウ**　12：27　　**エ**　14：19

(3)　「1本a円のボールペン3本と1冊b円のノート5冊を買ったときの代金の合計」をa，bを用いて表しなさい。ただし，消費税は考えないものとする。

(4)　Aさんは，ある中学校の卓球部に所属している。右図は，Aさんを含む卓球部員17人のハンドボール投げの記録をヒストグラムに表したものである。Aさんのハンドボール投げの記録は20.3mであった。Aさんの記録が含まれている階級の度数を求めなさい。

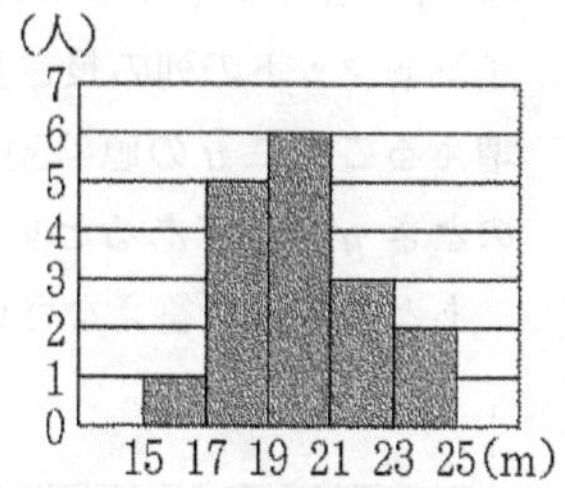

(5)　一次方程式　$3x-10=x+8$　を解きなさい。

(6)　次の ㋐ ，㋑ に入れるのに適している自然数をそれぞれ書きなさい。

$x^2-5x-14=(x+$ ㋐ $)(x-$ ㋑ $)$

(7)　赤玉1個と青玉3個と白玉4個とが入っている袋がある。この袋から1個の玉を取り出すとき，取り出した玉が青玉である確率はいくらですか。どの玉が取り出されることも同様に確からしいものとして答えなさい。

(8) 右図において，m は関数 $y=\frac{1}{6}x^2$ のグラフを表す。Aは m 上の点であり，その x 座標は -5 である。Aの y 座標を求めなさい。

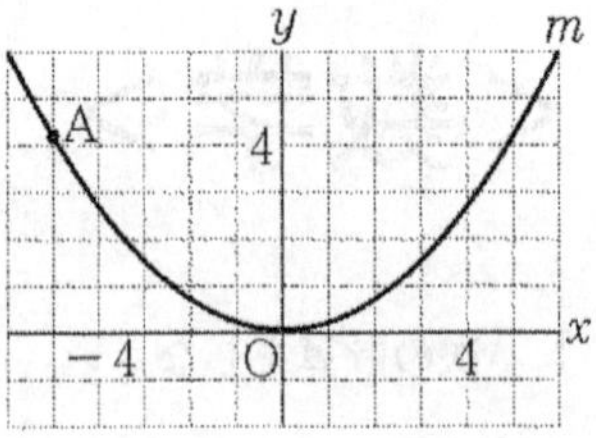

(9) 右図の立体は，正四角すいである。次の**ア**〜**エ**のうち，右図の立体の投影図として最も適しているものはどれですか。一つ選び，記号を○で囲みなさい。

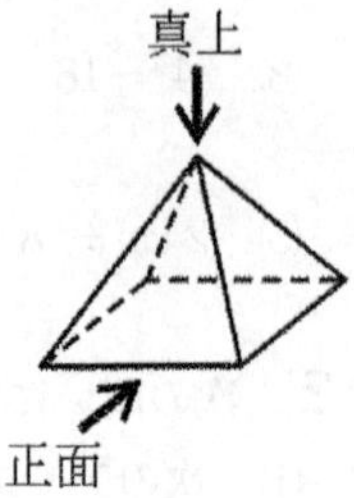

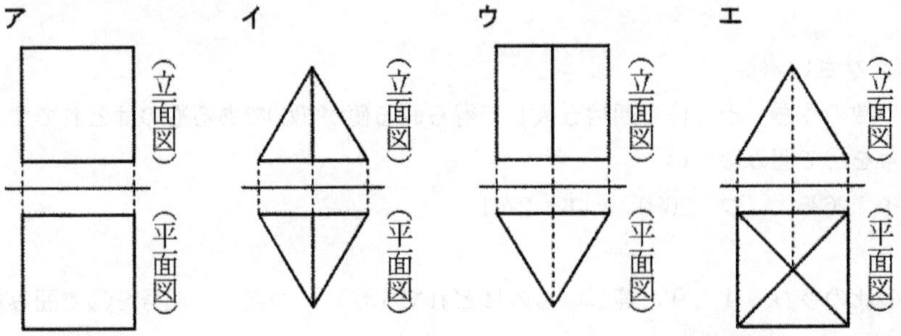

3 Fさんは，床に敷いて使うジョイントマットを，右の写真のようにつなぎ合わせて並べることにした。

下図は，1枚の幅が32cmのジョイントマットをつなぎ合わせて作ったジョイントマットの列の模式図である。「ジョイントマットの枚数」が x のときの「ジョイントマットの列の長さ」を y cmとする。x の値が1増えるごとに y の値は30ずつ増えるものとし，$x=1$ のとき $y=32$ であるとする。

あとの問いに答えなさい。

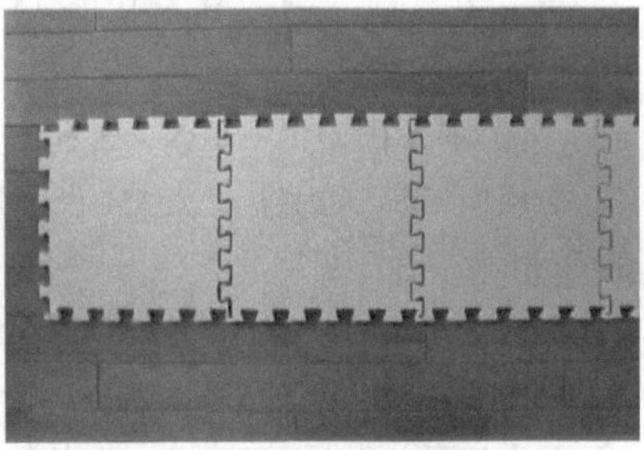

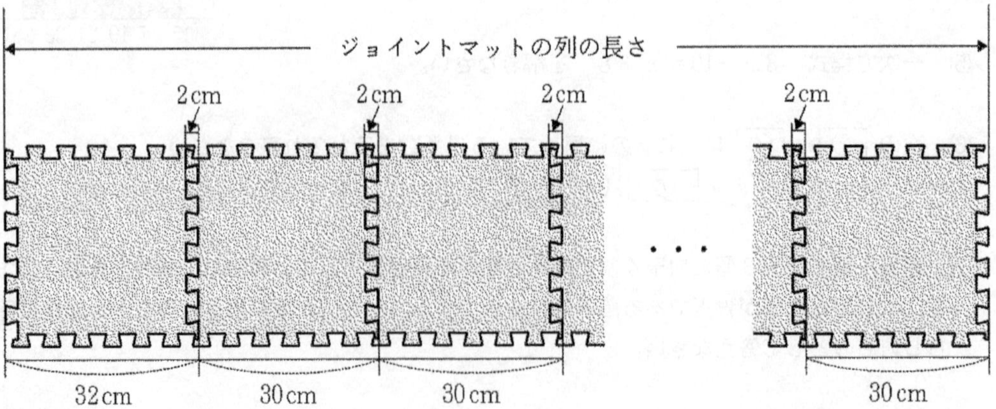

⑴　次の表は，x と y との関係を示した表の一部である。表中の㋐，㋑に当てはまる数をそれぞれ書きなさい。

x	1	2	3	・・・	6	・・・
y	32	62	㋐	・・・	㋑	・・・

⑵　x を自然数として，y を x の式で表しなさい。

⑶　$y=452$ となるときの x の値を求めなさい。

4　右図において，四角形ABCDは長方形であり，AB＝5㎝，AD＝6㎝である。BとDとを結ぶ。△EBFはEB＝EFの二等辺三角形であって，Eは線分BD上にあり，Fは辺BC上にあってB，Cと異なる。Gは，直線EFと辺ABとの交点である。

次の問いに答えなさい。

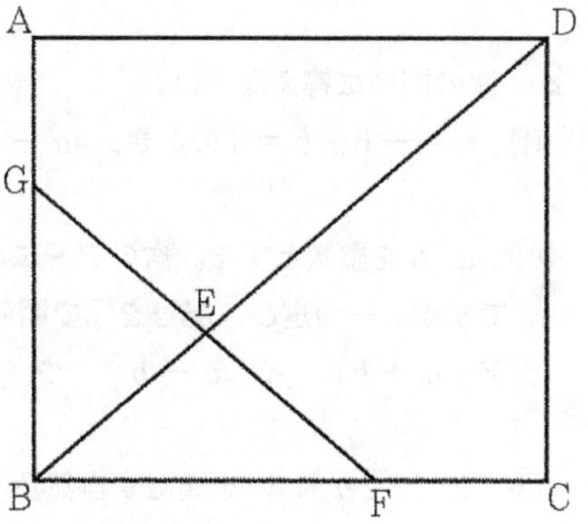

⑴　長方形ABCDは，点対称な図形である。次のア～エの点のうち，長方形ABCDにおける対称の中心として正しいものはどれですか。一つ選び，記号を○で囲みなさい。

ア　点A　　**イ**　辺ABの中点　　**ウ**　辺ADの中点　　**エ**　線分BDの中点

⑵　次は，△GBF∽△DCBであることの証明である。ⓐ，ⓑ に入れるのに適している**「角を表す文字」**をそれぞれ書きなさい。また，ⓒ［　］から適しているものを一つ選び，記号を○で囲みなさい。

（証　明）
△GBFと△DCBにおいて
四角形ABCDは長方形だから
∠GBF＝∠ ⓐ ＝90°　…………………………………………………………㋐
△EBFはEB＝EFの二等辺三角形だから
∠GFB＝∠ ⓑ　……………………………………………………………………㋑
㋐，㋑より，
ⓒ［ **ア**　1組の辺とその両端の角　　**イ**　2組の辺の比とその間の角　　**ウ**　2組の角 ］
がそれぞれ等しいから
△GBF∽△DCB

⑶　FC＝2㎝であるときの△GBFの面積を求めなさい。途中の式を含めた求め方も書くこと。

＜数学＞

〔B問題〕　時間　40分　　満点　45点

1　次の計算をしなさい。

⑴　$5\times 3-(-16)\div 2$　　　　⑵　$-13+(-3)^2$

⑶　$3(4x-y)-4(x-2y)$　　　　⑷　$63a^2b\div 9ab$

⑸　$(x+4)(x+1)+(x-1)^2$　　　　⑹　$\sqrt{2}+\sqrt{8}-\sqrt{32}$

2　次の問いに答えなさい。

⑴　$a=-6$，$b=4$のとき，$4a-3b$の値を求めなさい。

⑵　a，bを整数とする。次のア～エの式のうち，その値が整数にならないことがあるものはどれですか。一つ選び，記号を○で囲みなさい。ただし，bは0でないとする。

ア　$a+b$　　イ　$a-b$　　ウ　$a\times b$　　エ　$a\div b$

⑶　$2<\sqrt{2n}<3$　を満たす自然数nの値をすべて求めなさい。

⑷　二次方程式　$x^2-12x+20=0$　を解きなさい。

⑸　箱Aにはりんごが22個，箱Bにはりんごが16個入っており，箱Aに入っているりんごの重さの合計と箱Bに入っているりんごの重さの合計は同じである。箱Aに入っているりんごの重さの平均値をa gとするとき，箱Bに入っているりんごの重さの平均値をaを用いて表しなさい。

⑹　二つのさいころを同時に投げるとき，出る目の数の和が6より小さい確率はいくらですか。1から6までのどの目が出ることも同様に確からしいものとして答えなさい。

⑺　右図において，立体ABCD－EFGHは直方体であり，AB＝3㎝，AD＝4㎝，AE＝a㎝である。直方体ABCD－EFGHの表面積は87㎠である。aの値を求めなさい。

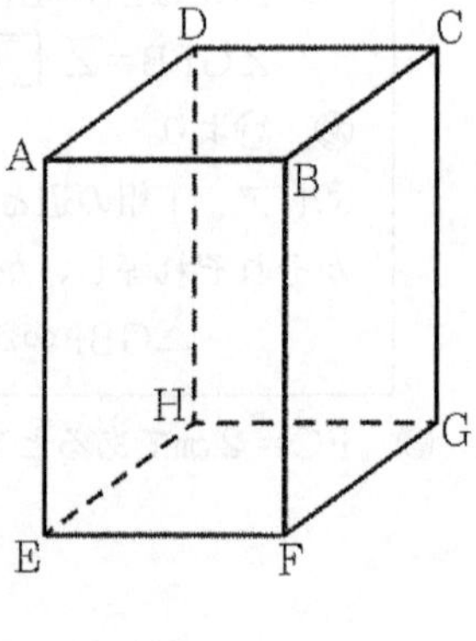

(8)　右図において，m は関数 $y=ax^2$（a は正の定数）のグラフを表し，ℓ は関数 $y=-2x+5$ のグラフを表す。Aは，ℓ と x 軸との交点である。Bは m 上の点であり，Bの x 座標はAの x 座標と等しく，Bの y 座標は2である。a の値を求めなさい。途中の式を含めた求め方も書くこと。

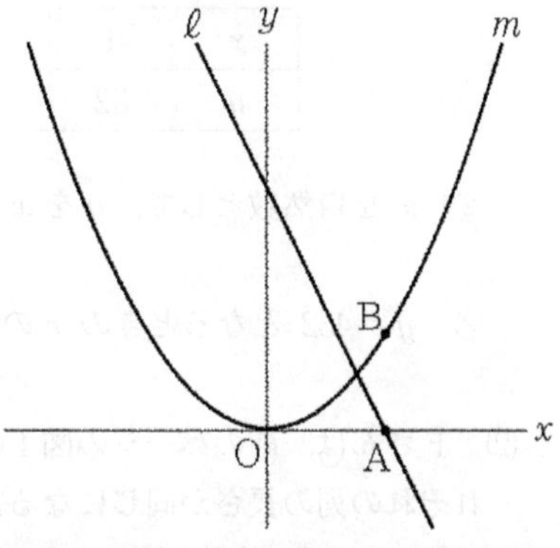

3　Fさんは，床に敷いて使うジョイントマットを，右の写真のようにつなぎ合わせて並べることにした。ジョイントマットは，大きさの異なる2種類のものがある。

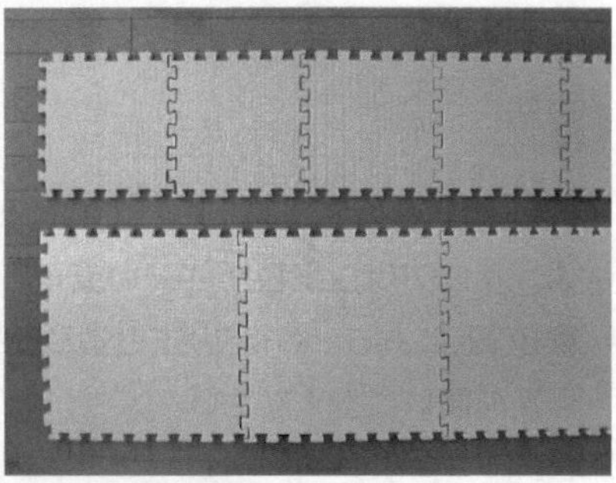

図Ⅰは，1枚の幅が32cmのジョイントマット（以下**マットA**という。）だけをつなぎ合わせて作った**マットAの列**の模式図である。「**マットAの枚数**」が1増えるごとに「**マットAの列の長さ**」は30cmずつ長くなるものとし，「**マットAの枚数**」が1のとき「**マットAの列の長さ**」は32cmであるとする。

図Ⅱは，1枚の幅が47cmのジョイントマット（以下**マットB**という。）だけをつなぎ合わせて作った**マットBの列**の模式図である。「**マットBの枚数**」が1増えるごとに「**マットBの列の長さ**」は45cmずつ長くなるものとし，「**マットBの枚数**」が1のとき「**マットBの列の長さ**」は47cmであるとする。

あとの問いに答えなさい。

図Ⅰ

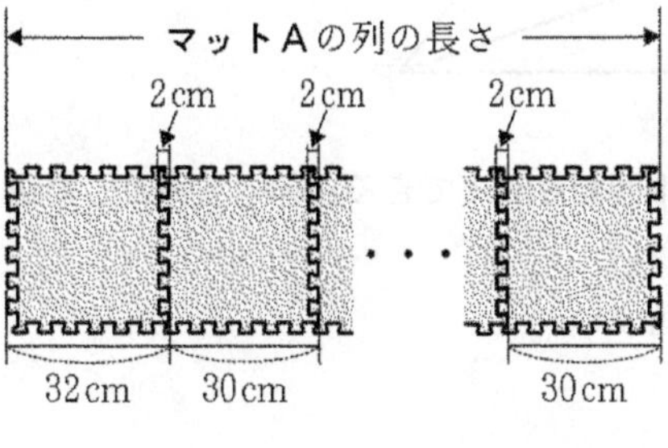

図Ⅱ

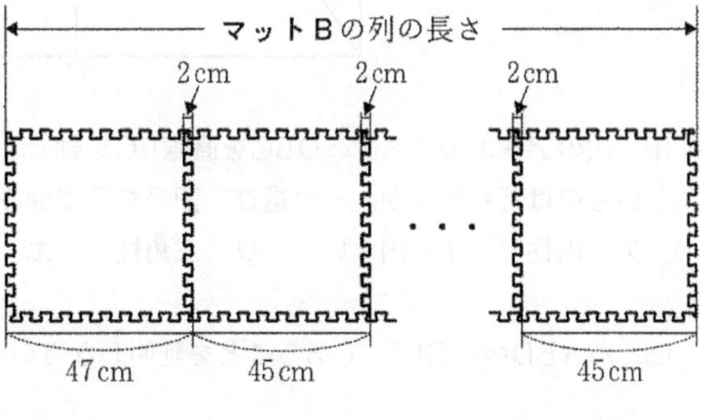

(1)　Fさんは，図Ⅰのような**マットAの列**における，「**マットAの枚数**」と「**マットAの列の長さ**」との関係について考えた。「**マットAの枚数**」が x のときの「**マットAの列の長さ**」を y cmとする。

①　次のページの表は，x と y との関係を示した表の一部である。表中の(ア)，(イ)に当てはまる数をそれぞれ書きなさい。

x	1	2	・・・	4	・・・	9	・・・
y	32	62	・・・	(ア)	・・・	(イ)	・・・

②　x を自然数として，y を x の式で表しなさい。

③　y =452 となるときの x の値を求めなさい。

(2)　Fさんは，前のページの図Ⅰのような**マットA**の列と図Ⅱのような**マットB**の列を作り，それぞれの列の長さが同じになるようにした。

「**マットAの枚数**」を s とし，「**マットBの枚数**」を t とする。「**マットAの列の長さ**」と「**マットBの列の長さ**」は同じであり，s の値が t の値よりも７大きいとき，s，t の値をそれぞれ求めなさい。

4　下図において，四角形ABCDは長方形であり，AB＝９㎝，AD＝６㎝ である。DとBとを結ぶ。△EDFは∠EDF＝90°の直角三角形であり，Eは辺AB上にあってA，Bと異なり，Fは直線BC上にある。Gは辺EFと辺DCとの交点であり，Hは辺EFと線分DBとの交点である。

次の問いに答えなさい。

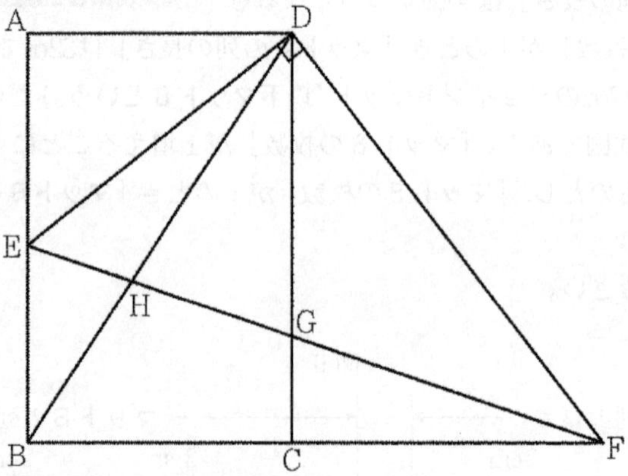

(1)　次の**ア**～**エ**のうち，△DBCを直線BCを軸として１回転させてできる立体の名称として正しいものはどれですか。一つ選び，記号を○で囲みなさい。

ア　円柱　　**イ**　円すい　　**ウ**　三角柱　　**エ**　三角すい

(2)　△AED∽△CFD であることを証明しなさい。

(3)　CF＝７㎝ であるとき，

①　線分AEの長さを求めなさい。

②　△DHGの面積を求めなさい。

＜英語＞

〔Ａ問題〕 時間　55分（リスニングテスト15分を含む）
満点　45点

1　次の⑴～⑿の日本語の文の内容と合うように，英文中の（　）内のア～ウからそれぞれ最も適しているものを一つずつ選び，記号を○で囲みなさい。

⑴　私は毎朝，新聞を読みます。
I（ア make　イ read　ウ show）the newspaper every morning.

⑵　私の祖父はこの古い時計が好きです。
My grandfather likes this（ア new　イ old　ウ small）clock.

⑶　私の夢は医者になることです。
My dream is to be a（ア doctor　イ scientist　ウ singer）.

⑷　そのカップをテーブルの上に置いてください。
Please put the cup（ア by　イ in　ウ on）the table.

⑸　おいしいりんごを送ってくれてありがとうございます。
Thank you for sending（ア delicious　イ expensive　ウ heavy）apples.

⑹　これはあなたの辞書ですか。
Is this（ア you　イ your　ウ yours）dictionary?

⑺　私はロンドンの私の友達に手紙を書きました。
I（ア write　イ wrote　ウ written）a letter to my friend in London.

⑻　彼女の兄はギターを弾くことができます。
Her brother can（ア play　イ plays　ウ playing）the guitar.

⑼　あなたはいつここに着きましたか。
（ア How　イ When　ウ Which）did you arrive here?

⑽　私はひまな時間に絵を描くことを楽しみます。
I enjoy（ア draw　イ drawing　ウ to draw）pictures in my free time.

⑾　私のお気に入りのおもちゃがその犬に壊されました。
My favorite toy was（ア break　イ broke　ウ broken）by the dog.

⑿　私はもう宿題を終えました。
I have already（ア finish　イ finishing　ウ finished）my homework.

2　次の⑴～⑷の日本語の文の内容と合うものとして最も適しているものをそれぞれア～ウから一つずつ選び，記号を○で囲みなさい。

⑴　私は姉にその先生についてたずねました。
ア　I asked my sister about the teacher.
イ　My sister asked me about the teacher.
ウ　I asked the teacher about my sister.

⑵　花子は恵理より上手に踊ります。
ア　Eri dances better than Hanako.

イ　Hanako dances better than Eri.

ウ　Hanako dances as well as Eri.

(3)　コーチと一緒にテニスをしている少年は太郎です。

ア　The coach is playing tennis with the boy and Taro.

イ　The coach who is playing tennis with the boy is Taro.

ウ　The boy who is playing tennis with the coach is Taro.

(4)　私の祖母は私におもしろい本を買ってくれました。

ア　My grandmother bought me an interesting book.

イ　The book I bought for my grandmother was interesting.

ウ　I bought an interesting book for my grandmother.

3　高校生の直美（Naomi）と留学生のテッド（Ted）が，すし屋のちらしを見ながら会話をしています。ちらしの内容と合うように，次の会話文中の［　］内のア～ウからそれぞれ最も適しているものを一つずつ選び，記号を○で囲みなさい。

Naomi:　Ted, shall we eat *sushi* for lunch? We can eat *sushi* at home. Look, we can choose one from these two. This restaurant uses local fresh fish for *sushi*.

Ted:　That's good, Naomi. I want to eat local fish.

Naomi:　How about "ten kinds of *sushi* with local fish"? The price is ①［ア six　イ seven　ウ eight］hundred yen.

Ted:　OK. Will you try the same one?

Naomi:　Yes, I will. Well, this restaurant takes orders ②［ア by e-mail　イ by phone　ウ On the Internet］.

Ted:　I see.

Naomi:　It brings the *sushi* to our home in ③［ア ten　イ twenty　ウ thirty］minutes.

Ted:　That's nice!

（注）　*sushi*　すし（複数形も *sushi*）　　yen　円（日本の貨幣単位）

【すし屋のちらし】

すし屋あおば

～お昼の出前セット～

地元の魚を使ったすし10種

…800円

人気のすし６種

…700円

～お知らせ～

出前始めました。

＊ご注文はお電話で。

☎0120-20-XXXX

ご自宅まですしを

30分でお持ちします。

4　次の(1)～(4)の会話文の［　］に入れるのに最も適しているものをそれぞれア～エから一つずつ選び，記号を○で囲みなさい。

(1)　A：What did you have for breakfast today?

B：［　　　　］

ア　Yes, I did.　　　　　　イ　No, I didn't.

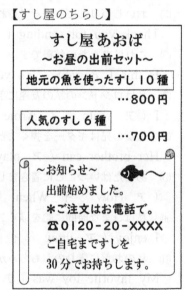

ウ　I had it last night.　　エ　I had bread and milk.

⑵　A : Can you help me?

B : ［　　　　］

A : Thank you.　Will you carry this box?

ア　Yes, you will.　　イ　No, it isn't.

ウ　It wasn't good.　　エ　Of course.

⑶　A : Excuse me.　Where is the station near here?

B : I'm sorry.　［　　　　］　I am a visitor here.

A : That's OK, thank you.　I will ask another person.

ア　Yes, please.　　イ　No, thank you.

ウ　I don't know.　　エ　You're welcome.

⑷　A : I'm sorry.　I'm late.　Did we miss the train?

B : Yes, it's gone.　Please don't be late again.

A : OK.　［　　　　］　I'll come earlier next time.

B : I'm happy to hear that.

ア　I won't be late.　　イ　I wasn't late.

ウ　I don't understand.　　エ　I disagree with you.

5　ジム（Jim）はアメリカから日本に来た留学生です。次の［Ⅰ］，［Ⅱ］に答えなさい。

［Ⅰ］　次は，ジムが英語の授業で行ったスピーチの原稿です。彼が書いたこの原稿を読んで，あとの問いに答えなさい。

Hello, everyone.　Two years ago during my summer vacation, I went to Canada to ［　①　］ my uncle.　I stayed at my uncle's house for two weeks.　He lives in a small town.　The town is famous because people can watch an aurora there.　I waited for the day to watch an aurora.　One day, my uncle said, "The weather is good today.　So, we can watch an aurora clearly tonight.　The view will be beautiful."　I was really excited to hear that.

At night, we went to a park near the lake.　Ⓐ It was the best place in the town to watch an aurora.　An hour later, we finally watched an aurora in the sky.　At first, the aurora looked like green smoke.　Then, the aurora started getting bigger.　The sky with the aurora was getting bright.　The aurora looked like a curtain.　The aurora was so bright.　The lake was like a big mirror.　The lake was also very ［　②　］ because it reflected the sky with the aurora.　I said to my uncle, "［　　③　　］　I am very happy."　Watching the aurora was one of the best experiences in my life.　I will never forget it.　Thank you.

（注）　aurora　オーロラ（北極や南極に近い地方の上空に現れる大気の発光現象）　smoke　けむり

curtain カーテン　mirror 鏡　reflect 映す

⑴ 次のうち，本文中の ① に入れるのに最も適しているものはどれですか。一つ選び，記号を○で囲みなさい。

ア visit　　イ visiting　　ウ visited

⑵ 本文中のⒶ It の表している内容に当たるものとして最も適しているひとつづきの英語５語を，本文中から抜き出して書きなさい。

⑶ 本文の内容から考えて，次のうち，本文中の ② に入れるのに最も適しているものはどれですか。一つ選び，記号を○で囲みなさい。

ア bright　　イ cold　　ウ small

⑷ 本文中の ③ が，「これは私がこれまでに見た中で最も美しい眺めです。」という内容になるように，次の［ ］内の語を並べかえて解答欄の＿＿に英語を書き入れ，英文を完成させなさい。

This is［ beautiful most view the ］I have ever seen.

［Ⅱ］ スピーチの後に，ジムとあなた（You）が次のような会話をするとします。あなたならば，どのように答えますか 。あとの条件１・２にしたがって，（①），（②）に入る内容を，それぞれ５語程度の英語で書きなさい。解答の際には記入例にならって書くこと。

Jim: In the future, I want to watch an aurora again in Canada. If you have a chance to travel, where do you want to go?

You: I（ ① ）

Jim: Why do you want to go there?

You: Because（ ② ）

＜条件１＞ ①に，どこに行きたいかを書くこと。
＜条件２＞ ②に，なぜ自分がそこに行きたいかを書くこと。

記入例

What	time	is	it ?
Well ,	it's	11	o'clock .

受験番号	番	得点	

令和３年度大阪府学力検査問題

英語リスニング解答用紙

1　ボブと恵美との会話を聞いて，恵美のことばに続くと考えられるボブのことばとして，次の**ア**～**エ**のうち最も適しているものを一つ選び，**解答欄の記号**を○で囲みなさい。

ア　Yes, let's go.　**イ**　No, it isn't.　**ウ**　At 2 p.m.　**エ**　It's Monday.

解答欄	ア	イ	ウ	エ

採点者記入欄	
/1	

2　リサと裕太との会話を聞いて，リサが裕太に見せた写真として，次の**ア**～**エ**のうち最も適していると考えられるものを一つ選び，**解答欄の記号**を○で囲みなさい。

ア

イ

ウ

エ

解答欄	ア	イ	ウ	エ

採点者記入欄	
/1	

3　尚也とニーナとの会話を聞いて，尚也が描いた絵として，次の**ア**～**エ**のうち最も適していると考えられるものを一つ選び，**解答欄の記号**を○で囲みなさい。

ア

イ

ウ

エ

解答欄	ア	イ	ウ	エ

採点者記入欄	
/1	

4 駅のホームでアナウンスが流れてきました。そのアナウンスを聞いて，それに続く二つの質問に対する答えとして最も適しているものを，それぞれ**ア～エ**から一つずつ選び，**解答欄の記号を**○で囲みなさい。

(1) **ア** They will go out from gate No. 1.
イ They will go out from gate No. 2.
ウ They will buy a train ticket for returning.
エ They will leave the station and follow the signs to the stadium.

解答欄	ア	イ	ウ	エ

採点者記入欄		
/1		

(2) **ア** About 5 minutes.　　**イ** About 10 minutes.
ウ About 15 minutes.　　**エ** About 20 minutes.

解答欄	ア	イ	ウ	エ

採点者記入欄		
/1		

5 店員と佐藤さんとの会話を聞いて，それに続く二つの質問に対する答えとして最も適しているものを，それぞれ**ア～エ**から一つずつ選び，**解答欄の記号を**○で囲みなさい。

(1) **ア** Black and green.　　**イ** Blue and brown.
ウ Black and blue.　　**エ** Green and brown.

解答欄	ア	イ	ウ	エ

採点者記入欄		
/2		

(2) **ア** 5 dollars.　　**イ** 10 dollars.　　**ウ** 15 dollars.　　**エ** 20 dollars.

解答欄	ア	イ	ウ	エ

採点者記入欄		
/2		

6 メアリーと健太が学校の図書室で会話をしています。二人の会話を聞いて，会話の中で述べられている内容と合うものを，次の**ア～エ**から一つ選び，**解答欄の記号を**○で囲みなさい。

ア Mary could not finish her special homework because it was very difficult.
イ Mary told Kenta to read the interesting book she borrowed for her homework.
ウ Mary chose a good English book for Kenta but he refused to read it.
エ Mary gave advice to Kenta about choosing books to make his English better.

解答欄	ア	イ	ウ	エ

採点者記入欄		
/2		

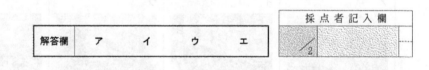

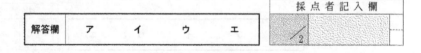

＜英語＞

〔B問題〕　時間　55分（リスニングテスト15分を含む）
満点　45点

1　高校生の沙紀（Saki）は，モアイ像（Moai statue）という石像で有名なラパ・ヌイ（Rapa Nui）という島に興味をもつようになりました。次の［Ⅰ］，［Ⅱ］に答えなさい。

［Ⅰ］　沙紀は，次の文章の内容をもとに英語の授業でスピーチをすることになりました。文章の内容と合うように，下の英文中の〔　〕内のア～ウからそれぞれ最も適しているものを一つずつ選び，記号を○で囲みなさい。

こんにちは，みなさん。私はある島にとても興味をもっています。その島の名前はラパ・ヌイです。その島は英語でイースター島と呼ばれています。ラパ・ヌイは太平洋のポリネシアの地域にある島の一つで，どの大陸や他のどの島々からも遠く離れています。南アメリカ大陸からそこへ行くのに，飛行機でさえも約５時間半かかります。その島の人々はどこからやってきたのでしょうか。人々はどのようにしてその島にたどり着いたのでしょうか。その島のいたる所に約900体のモアイ像があります。それらはなぜ作られたのでしょうか。世界中の多くの人々がラパ・ヌイの謎を解くことに挑戦してきました。しかし，その島にはまだ解明されていないたくさんの謎があります。

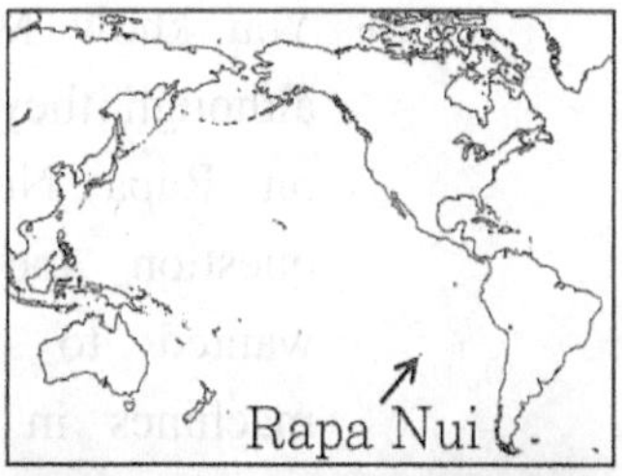

Moai statues

Hello, everyone.　I am very interested ①〔 ア in　イ on　ウ to 〕 an island.　The name of the island is Rapa Nui.　The island is ②〔 ア call　イ calling　ウ called 〕 Easter Island in English.　Rapa Nui is one of the islands in the Polynesian area of the Pacific and it is far away from any continents and any other islands.　It ③〔 ア counts　イ gets　ウ takes 〕 about 5 and a half hours to go there from the continent of South America even by plane.　Where did the people of the island come from?　How did the people ④〔 ア lead　イ reach　ウ ride 〕 the island?　All over the island, there are about 900 Moai statues.　Why were they made?　A lot of people around the world ⑤〔 ア has　イ have　ウ having 〕 tried to solve the mysteries of Rapa Nui.　However, the island still has many unsolved mysteries.

（注）　Easter Island　イースター島　　Polynesian　ポリネシアの　　the Pacific　太平洋
continent　大陸　　South America　南アメリカ　　mystery　謎
unsolved　解明されていない

［Ⅱ］ 次は，沙紀とノルウェー（Norway）からの留学生のヨハン（Johan）が，中井先生（Ms. Nakai）と交わした会話の一部です。会話文を読んで，あとの問いに答えなさい。

Johan: Hi, Saki. Your speech about Rapa Nui was very interesting. Actually, in Norway I learned about Rapa Nui.

Saki: Oh, really? [①] did you learn about it in Norway?

Johan: Because one of the pioneers of the research about Rapa Nui is from Norway. His name is Thor Heyerdahl. He tried a lot of things to solve mysteries.

Saki: What did he do?

Johan: You know Moai statues are all over the island although they were all cut out of one mountain on Rapa Nui. And, Thor Heyerdahl had a question about the heavy Moai statues. He wanted to know [②] without any machines in ancient times. So, he asked the local people about it, and they said, "Moai statues walked from the mountain."

Thor Heyerdahl
（トール・ヘイエルダール）

Saki: That's impossible. It's just a legend, right?

Johan: I guess so, but he thought if he pulled a standing Moai statue with ropes, the Moai statue could walk. So, he tried with many local people. And when the Moai statue was pulled, its movement looked like walking!

Saki: That's interesting.

Ms. Nakai: Hello, Johan and Saki. What are you talking about?

Johan: Hello, Ms. Nakai. We are talking about Moai statues and Thor Heyerdahl from Norway. Do you know about him?

Ms. Nakai: Yes, I do. When I was a university student, I read a book about his adventure. It was so interesting.

Saki: His "adventure"? What is it?

Ms. Nakai: Thor Heyerdahl thought that the ancient people of Polynesian islands came from South America although most scientists didn't believe his theory. To show his theory was right, he tried to go there from South America by raft.

Johan: He thought the ancient people traveled by raft, right?

Ms. Nakai: Yes. [ア] In South America, he cut trees and built a raft. He didn't use electricity for traveling.

Saki: Wow! Was it possible?

Ms. Nakai: Well, he had a lot of difficulties. For example, when the wind didn't blow, the raft didn't move. [イ] However, after 101 days on the Pacific, he arrived on a beach of a Polynesian island.

Saki: That's great! Then, everyone believed his theory, right?

Ms. Nakai: No, Saki. ウ He showed people could travel across the Pacific by raft, but his adventure did not prove his theory.

Saki: Oh, I feel sorry for him. He did such a great thing, but it didn't mean anything.

Ms. Nakai: That's not true, Saki. エ A lot of people found that ancient mysteries were interesting from his adventure. I am one of them. He showed me the fun of studying ancient history.

Johan: Even after his adventure on the raft, he continued various challenges. I think his challenges showed the importance of trying.

Saki: Thank you for the good information, Ms. Nakai and Johan.

（注） pioneer 先駆者　cut out of ～ ～から切り出す　machine 機械　ancient 古代の
legend 伝説　pull 引っ張る　rope 縄　movement 動き　theory 理論
raft いかだ　prove 証明する　challenge 挑戦

(1) 本文の内容から考えて，次のうち，本文中の ① に入れるのに最も適しているものはどれですか。一つ選び，記号を○で囲みなさい。

ア Why　イ What　ウ When　エ Where

(2) 本文の内容から考えて，次のうち，本文中の ② に入れるのに最も適しているものはどれですか。一つ選び，記号を○で囲みなさい。

ア how they were solved by a scientist
イ how they were found in the mountain
ウ how they were moved from the mountain
エ how they were expressed by the local people

(3) 本文中には次の英文が入ります。本文中のア～エから，入る場所として最も適しているものを一つ選び，ア～エの記号を○で囲みなさい。

And, sometimes the raft was hit by hard rain or a big fish in the ocean.

(4) 次のうち，本文で述べられている内容と合うものはどれですか。一つ選び，記号を○で囲みなさい。

ア The local people of Rapa Nui said that they pulled standing Moai statues with ropes in the past when Thor Heyerdahl asked them.
イ Saki believed the story of walking Moai statues was real before she heard the thing Thor Heyerdahl did with a Moai statue.
ウ Most scientists agreed with Thor Heyerdahl's theory when he tried to go to a Polynesian island from South America by raft.
エ Thor Heyerdahl used a raft because, according to his idea, it was the ancient people's way of traveling across the Pacific.

(5) 本文の内容と合うように，次のページの問いに対する答えをそれぞれ英語で書きなさい。ただし，①は3語，②は6語の英語で書くこと。

① Does Ms. Nakai think that Thor Heyerdahl's adventure means nothing?

② According to Johan's idea, what did Thor Heyerdahl's challenges show?

2 次は，高校生の健（Ken）が英語の授業で行ったスピーチの原稿です。彼が書いたこの原稿を読んで，あとの問いに答えなさい。

Hello, everyone. I want to ask you a question. Please imagine a very young child who is one or two years old. Do you think such a young child can help other people? My answer was "No." I thought such a young child couldn't understand how to help anyone. And, I thought it was difficult for most children about Ⓐ that age to do something for someone else. However, interesting research and an experience changed my answer to the question.

Last month, when I was reading a newspaper, I found this interesting research which was done in America. It was research about the actions of children who [①] 19 months old when they joined the research. "Can these young children take actions for helping someone else?" This was the question of the researchers. They did the research in two situations. At the beginning of each situation, an adult showed a piece of fruit to a child and then dropped it into a tray on the floor. Then, the adult showed a different action to the children in each situation. [②]

An adult and a child in the research

In the first situation, the adult didn't try to pick up the fruit. Then, 4 percent of the children picked up the fruit and gave it to the adult. In the second situation, the adult tried to pick up the fruit but couldn't get it. Please guess what percent of the children gave the fruit to the adult in this case. 10? 30? According to the research, it was 58 percent. From 4 percent to 58 percent! Such a big difference made me surprised. The researchers found [③].

Some months ago, I had a similar experience when I first met my friend's sister who was about one and a half years old. I was eating strawberries with my friend at his house and his sister came to us. I thought she wanted to eat the strawberries together. [④] Then, she gave it to me. Though I was surprised at her action, my heart got warm. I said, "Thank you," and smiled at her. I gave a different strawberry to her.

Now, I will ask you the question again. Can a very young child who is one or two years old be helpful? I will say, "Yes," because I have a different view of very young children now. I think very young children can help someone else. I also think such children can take actions especially for [⑤]. I felt their kind hearts through learning about their actions. Also, I have found there were many things I didn't know well about children, so I want to know more about them. Thank you for listening.

（注）　imagine　想像する　　take an action　行動をとる　　researcher　研究者　　beginning　最初
adult　大人　　tray　トレイ，お盆　　strawberry　いちご

⑴　本文中のⒶ <u>that age</u> の表している内容に当たるものとして最も適しているひとつづきの英語５語を，本文中から抜き出して書きなさい。

⑵　次のうち，本文中の [①] に入れるのに最も適しているものはどれですか。一つ選び，記号を○で囲みなさい。

ア　is　　イ　was　　ウ　are　　エ　were

⑶　本文中の [②] が，「その研究者たちは，その子どもたちがそれぞれの状況で何をしたかを見ました。」という内容になるように，次の［　］内の語を並べかえて解答欄の____に英語を書き入れ，英文を完成させなさい。

The researchers [children the what did watched] in each situation.

⑷　本文の内容から考えて，次のうち，本文中の [③] に入れるのに最も適しているものはどれですか。一つ選び，記号を○で囲みなさい。

ア　the most important difference in the two situations was the age of the children
イ　the adult's action of trying to pick up the fruit had some influence on children's actions
ウ　about half of the children gave the fruit to the adult who didn't show an effort to get it
エ　showing that the adult wanted the fruit reduced the percent of the children who gave it

⑸　本文中の [④] に，次の（ⅰ）～（ⅲ）の英文を適切な順序に並べかえ，前後と意味がつながる内容となるようにして入れたい。あとのア～エのうち，英文の順序として最も適しているものはどれですか。一つ選び，記号を○で囲みなさい。

（ⅰ）　When his sister saw that my hand couldn't reach the strawberry, she picked it up.
（ⅱ）　So, I tried to give one of the strawberries from the dish to her.
（ⅲ）　However, I dropped the strawberry on the table, and I tried to pick it up.

ア　（ⅰ）→（ⅲ）→（ⅱ）　　イ　（ⅱ）→（ⅰ）→（ⅲ）
ウ　（ⅱ）→（ⅲ）→（ⅰ）　　エ　（ⅲ）→（ⅱ）→（ⅰ）

⑹　本文中の 'I also think such children can take actions especially for [⑤].' が，「私は，そのような子どもたちは特に助けを必要とする人々のために行動をとることができるとも思います。」という内容になるように，解答欄の____に英語４語を書き入れ，英文を完成させなさい。

⑺　次のうち，本文で述べられている内容と合うものはどれですか。一つ選び，記号を○で囲み

なさい。

ア Ken asked the researchers to do research about very young children's actions.

イ Ken was surprised to notice that the children's actions and the adult's action were different.

ウ Ken's heart got warm when he knew his friend's sister did a good thing in the research.

エ Ken's view of very young children changed through the research he found and his experience.

3 図書委員の，あなた（You）とエマ（Emma）が，次のような会話をするとします。あとの条件１・２にしたがって，（①），（②）に入る内容をそれぞれ英語で書きなさい。解答の際には記入例にならって書くこと。

You: Hi, Emma. Next week, we have our school festival and a lot of people will come to the library. （ ① ）

Emma: Sure, but before that, I want your opinion. Look, I made these two signs to show the way to the library. I want to choose one. Please tell me. Which sign is better, A or B? Why do you think so?

You: （ ② ）

Emma: Thank you. I will use this one from these two.

【the two signs Emma made】

A

B

＜条件１＞①に，今日，自分は図書室を掃除する予定であるということと，手伝ってくれるかということを，10語程度の英語で書くこと。

＜条件２＞②に，前後のやりとりに合う内容を，20語程度の英語で書くこと。

記入例

When	is	your	birthday?
Well ,	it's	April	11 .

受験番号	番	得点	

令和３年度大阪府学力検査問題

英語リスニング解答用紙

1　ボブと恵美との会話を聞いて，恵美のことばに続くと考えられるボブのことばとして，次の**ア～エ**のうち最も適しているものを一つ選び，**解答欄の記号**を○で囲みなさい。

ア　Yes, let's go.　　**イ**　No, it isn't.　　**ウ**　At 2 p.m.　　**エ**　It's Monday.

解答欄	ア	イ	ウ	エ

採点者記入欄	
/1	

2　リサと裕太との会話を聞いて，リサが裕太に見せた写真として，次の**ア～エ**のうち最も適していると考えられるものを一つ選び，**解答欄の記号**を○で囲みなさい。

ア

イ

ウ

エ

解答欄	ア	イ	ウ	エ

採点者記入欄	
/1	

3　尚也とニーナとの会話を聞いて，尚也が描いた絵として，次の**ア～エ**のうち最も適していると考えられるものを一つ選び，**解答欄の記号**を○で囲みなさい。

ア

イ

ウ

エ

解答欄	ア	イ	ウ	エ

採点者記入欄	
/1	

4 駅のホームでアナウンスが流れてきました。そのアナウンスを聞いて，それに続く二つの質問に対する答えとして最も適しているものを，それぞれ**ア～エ**から一つずつ選び，**解答欄の記号**を○で囲みなさい。

(1) **ア** They will go out from gate No. 1.
イ They will go out from gate No. 2.
ウ They will buy a train ticket for returning.
エ They will leave the station and follow the signs to the stadium.

解答欄	ア	イ	ウ	エ

採点者記入欄	
/1	

(2) **ア** About 5 minutes. **イ** About 10 minutes.
ウ About 15 minutes. **エ** About 20 minutes.

解答欄	ア	イ	ウ	エ

採点者記入欄	
/1	

5 店員と佐藤さんとの会話を聞いて，それに続く二つの質問に対する答えとして最も適しているものを，それぞれ**ア～エ**から一つずつ選び，**解答欄の記号**を○で囲みなさい。

(1) **ア** Black and green. **イ** Blue and brown.
ウ Black and blue. **エ** Green and brown.

解答欄	ア	イ	ウ	エ

採点者記入欄	
/2	

(2) **ア** 5 dollars. **イ** 10 dollars. **ウ** 15 dollars. **エ** 20 dollars.

解答欄	ア	イ	ウ	エ

採点者記入欄	
/2	

6 メアリーと健太が学校の図書室で会話をしています。二人の会話を聞いて，会話の中で述べられている内容と合うものを，次の**ア～エ**から一つ選び，**解答欄の記号**を○で囲みなさい。

ア Mary could not finish her special homework because it was very difficult.
イ Mary told Kenta to read the interesting book she borrowed for her homework.
ウ Mary chose a good English book for Kenta but he refused to read it.
エ Mary gave advice to Kenta about choosing books to make his English better.

解答欄	ア	イ	ウ	エ

採点者記入欄	
/2	

＜理科＞

時間　40分　　満点　45点

1　次の［Ⅰ］，［Ⅱ］に答えなさい。

［Ⅰ］　磁気を帯びる（磁石の性質をもつ）ことは，電気とも深いかかわりがある。次の問いに答えなさい。

⑴　磁石の二つの極のうち，一つはN極である。もう一つは何極か。アルファベット１字で書きなさい。

⑵　次のア～ウのうち，磁石を近づけたときに，磁力によって強く引きつけられ，磁石につくものはどれか。一つ選び，記号を○で囲みなさい。

ア　銅　　イ　鉄　　ウ　アルミニウム

⑶　次の文中の［　　］に入れるのに適している内容を書きなさい。

導線を巻いたコイルに電流を流すと，コイルの周りには磁界ができ，近くの物体に磁力がはたらく。一つの同じコイルで比べたとき，コイルに流す電流が［　　］ほど，周りにできる磁界は強い。

⑷　板に垂直に通した導線に下向きの電流を流したときの磁力線のようすを調べる。次のア～ウのうち，板上の磁力線のようすを表した模式図として最も適しているものを一つ選び，記号を○で囲みなさい。ただし，各図において，矢印のついた実線（→）は磁力線を表している。

ア

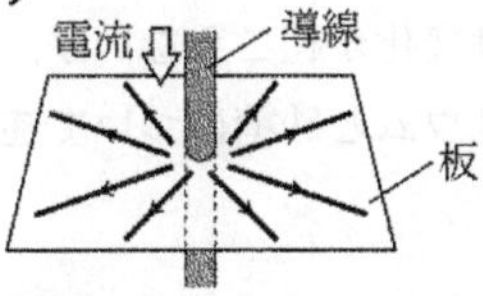

イ

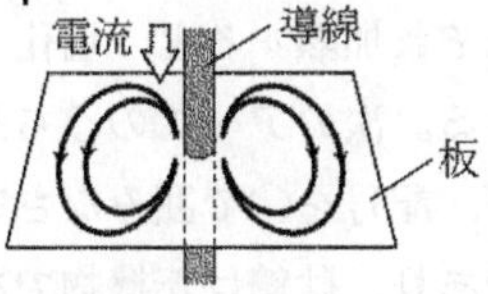

ウ

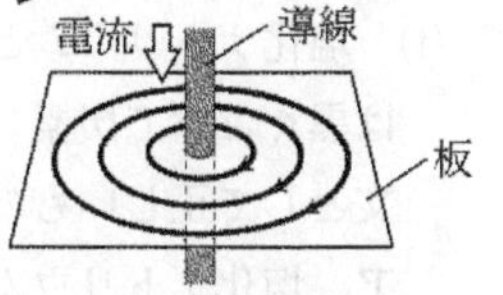

⑸　磁気または電気を帯びた二つの物体を近づけると，力がはたらかないことも，物体どうしが引きつけ合ったりしりぞけ合ったりすることもある。次のア～エのうち，磁石のN極どうしを近づけた場合のように，二つの物体がしりぞけ合うものはどれか。一つ選び，記号を○で囲みなさい。ただし，ティッシュペーパーやストローが磁気を帯びることや，磁石が電気を帯びることは考えないものとする。

ア　＋の電気を帯びたティッシュペーパーと，磁石のN極を近づけた場合

イ　－の電気を帯びたストローと，磁石のN極を近づけた場合

ウ　＋の電気を帯びたティッシュペーパーどうしを近づけた場合

エ　＋の電気を帯びたティッシュペーパーと，－の電気を帯びたストローを近づけた場合

［Ⅱ］　お好み焼きを食べるときには，図Ⅰのようなコテと呼ばれる道具を使うことがある。次の問いに答えなさい。

図Ⅰ

図Ⅱ

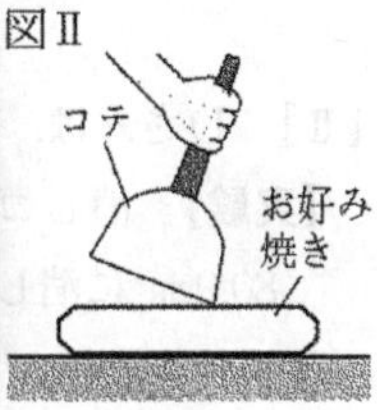

⑹　図Ⅱのようにコテの先端をお好み焼きに当てた瞬間において，お好み焼きがコテから受ける力の作用

点はどこか。作用点を解答欄の図中にかき加えなさい。ただし，黒丸（●）で分かりやすくかくこと。

(7) 次の文は，コテの利点について述べたものである。あとの**ア**～**エ**のうち，文中の［　　］に入れるのに最も適しているものを，力と圧力の違いをふまえて一つ選び，記号を○で囲みなさい。

ある決まった重さのお好み焼きを下からすくい上げるとき，コテを使うと，箸を使う場合より，お好み焼きとふれ合う面積が大きいためにお好み焼きが受ける［　　］，お好み焼きの形はくずれにくい。

ア 力が大きく　**イ** 力が小さく　**ウ** 圧力が大きく　**エ** 圧力が小さく

(8) 重さが2Nのお好み焼きをコテで下からすくい上げ，静止させる。お好み焼きとコテのふれ合う面が水平でその面積が0.01m^2のとき，コテがお好み焼きから受ける圧力は何Paか，求めなさい。

(9) 図Ⅲのように，お好み焼きに向かってコテを素早く動かすと，お好み焼きはそのままコテの上にのる。これは，お好み焼きが静止し続けようとする性質をもつからである。一般に，物体がいくつかの力を受けたまま静止しているとき，それらの力の間の関係としてどのような条件が成り立っているか，簡潔に書きなさい。

図Ⅲ

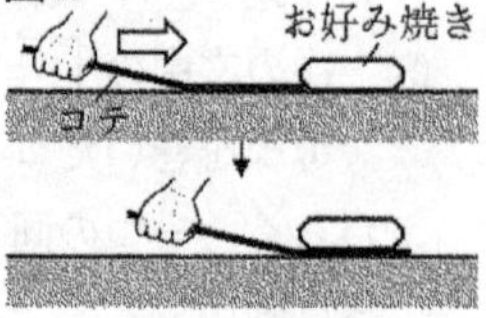

2 次の［Ⅰ］～［Ⅲ］に答えなさい。

［Ⅰ］ 身近な化学物質に興味をもったMさんは，塩化ナトリウム（食塩），砂糖，炭酸水素ナトリウム（重《じゅう》そう）の性質を調べた。次の問いに答えなさい。

(1) 塩化ナトリウムと砂糖をそれぞれ加熱すると，塩化ナトリウムは変化が起こらないが，砂糖は黒くこげて炭素（炭）が生じる。次の**ア**～**エ**のうち，塩化ナトリウムと砂糖について述べた文として正しいものを一つ選び，記号を○で囲みなさい。

ア 塩化ナトリウムは有機物であり，砂糖は無機物である。

イ 塩化ナトリウムは無機物であり，砂糖は有機物である。

ウ 塩化ナトリウムと砂糖は，ともに有機物である。

エ 塩化ナトリウムと砂糖は，ともに無機物である。

(2) 次の文中の①［ ］，②［ ］から適切なものをそれぞれ一つずつ選び，記号を○で囲みなさい。

炭酸水素ナトリウムの水溶液は①［**ア** 酸性　**イ** アルカリ性］であり，この水溶液のpHの値は7より②［**ウ** 小さい　**エ** 大きい］。

(3) 炭酸水素ナトリウムを加熱すると，炭酸ナトリウムと水と二酸化炭素が生じる。この化学変化を表した次の化学反応式中の□に入れるのに適している数を書きなさい。

□$NaHCO_3 \rightarrow Na_2CO_3 + H_2O + CO_2$

［Ⅱ］ Dさんは，消しゴムの密度を調べる実験を行った。あとの問いに答えなさい。

【実験】 消しゴムの質量を電子天びんで測定すると9.6gであった。メスシリンダーの中の水80.0cm^3に消しゴムを完全に沈めると，水と消しゴムを合わせた体積は88.0cm^3になった。

(4) 次のページの図Ⅰは，水平な台に置いたメスシリンダーの液面付近を真横から見たようすを模式的に表したものである。メスシリンダーで液体の体積を測定するときには，図Ⅰ中のア〜ウのうち，どの位置を見てめもりを読み取ればよいか。最も適しているものを一つ選び，記号を○で囲みなさい。

図Ⅰ

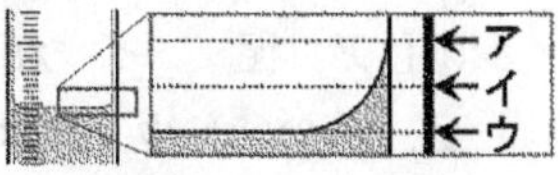

⑸　消しゴムの密度は何 g/cm³ であると考えられるか，求めなさい。答えは**小数第１位まで**書きなさい。

［Ⅲ］　かつおぶしを煮出した汁をふきんでこしてだしをとる操作は，物質を大きさによって分ける，ろ過の身近な例である。図Ⅱは，ろ紙とろうとの断面の模式図である。次の問いに答えなさい。

図Ⅱ

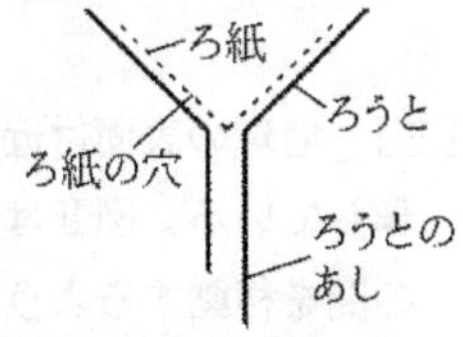

⑹　次の文中の①〔　〕，②〔　〕から適切なものをそれぞれ一つずつ選び，記号を○で囲みなさい。

ろ過を行う際には，ろうとに折りたたんだろ紙を入れ，①〔ア　水を加えてろ紙をろうとに密着させる　　イ　息を吹きかけてろ紙とろうとの間にすきまをつくる〕。また，ろうとのあしの先端は，ろ過した液体を集めるビーカーの内側の②〔ウ　壁につけておく　　エ　壁から離しておく〕。

⑺　100cm³の水に赤インク２滴を加えた液（液**A**）と，100cm³の水に活性炭の粉約１g を加えてかき混ぜた液（液**B**）に，それぞれろ過の操作を行った。表Ⅰは，液**A**，**B**にろ過の操作を行う前と，ろ過の操作を行った後のようすをまとめたものである。次のア〜エのうち，表Ⅰから考えられる，赤インクの粒子，活性炭の粉，ろ紙の穴の大きさの関係を表したものとして最も適しているものはどれか。一つ選び，記号を○で囲みなさい。ただし，赤インクの粒子の大きさ，活性炭の粉の大きさ，ろ紙の穴の大きさは，それぞれ均一であるものとする。

表Ⅰ

	液A	液B
含まれていたもの	赤インクの粒子	活性炭の粉
ろ過の操作を行う前	赤色透明	黒色に濁っていた
ろ過の操作を行った後	赤色透明	無色透明

ア　ろ紙の穴　＜　赤インクの粒子　＜　活性炭の粉
イ　活性炭の粉　＜　ろ紙の穴　＜　赤インクの粒子
ウ　赤インクの粒子　＜　ろ紙の穴　＜　活性炭の粉
エ　ろ紙の穴　＜　活性炭の粉　＜　赤インクの粒子

3　次の［Ⅰ］〜［Ⅲ］に答えなさい。

［Ⅰ］　河川がつくる地形や地層について，次の問いに答えなさい。

⑴　次の文中の ⓐ に入れるのに適している語を書きなさい。

地表の岩石が崩壊して土砂となる現象のうち，気温の変化や水のはたらきなどによって，長い年月のうちにもろくなってくずれていく現象は特に ⓐ と呼ばれている。ⓐ してできた土砂は，河川などの水の流れによって侵食され，下流へと運搬される。

⑵　次の文中の①〔　〕，②〔　〕から適切なものをそれぞれ一つずつ選び，記号を○で囲みなさい。

土砂は粒の大きさによって，泥，砂，れきに分けられ，この三つの中で最も粒が小さいのは①［ア　泥　　イ　れき］である。また，河川の流水によって運搬され河口に到達した土砂は，粒の②［ウ　大きい　　エ　小さい］ものほど河口からさらに遠いところまで運ばれる。

(3) 河川の流水によって運搬された土砂などが水平に堆積してできた地層が，水平方向から押す力を受けると，大きく波打ったような地層の曲がりができることがある。このようにしてできた，図Ⅰのような地層の曲がりは何と呼ばれているか。名称を書きなさい。

図Ⅰ

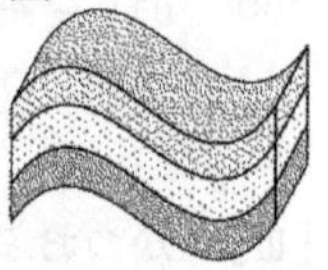

［Ⅱ］ 地球の表面付近の水は，海と陸と大気の間をつねに循環している。図Ⅱは，地球の表面付近の水が海と陸と大気の間を移動するようすを表した模式図である。図Ⅱ中の矢印は，海，陸，大気の間を移動する水の移動の向きを表し，数値は1年間の全降水量を100としたときのそれぞれの水の移動量（蒸発量，降水量，河川の流水量）を表している。次の問いに答えなさい。ただし，水の移動は図Ⅱ中に示されたもの以外は考えないものとする。

図Ⅱ

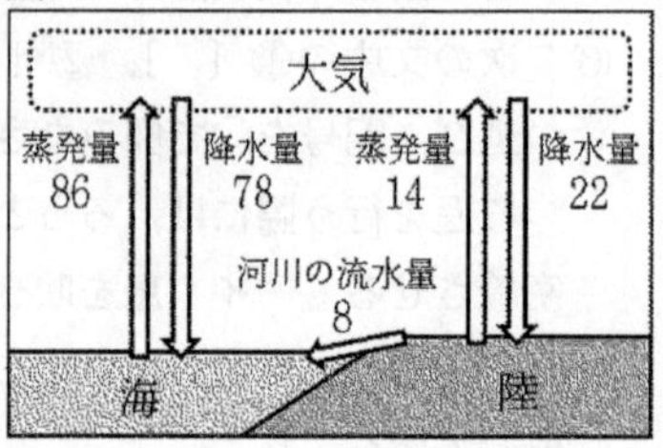

(4) 図Ⅱにおいて，1年間の全蒸発量はいくらか，求めなさい。

(5) 次のア～ウのうち，図Ⅱから分かることとして最も適しているものを一つ選び，記号を○で囲みなさい。

ア　海における降水量は，陸における降水量よりも少ない。
イ　陸から出ていく水の量と，陸に入ってくる水の量は等しい。
ウ　海と陸のいずれにおいても，蒸発量は降水量よりも多い。

［Ⅲ］ 図Ⅲは，気温と飽和水蒸気量との関係を表したグラフである。次の問いに答えなさい。

図Ⅲ

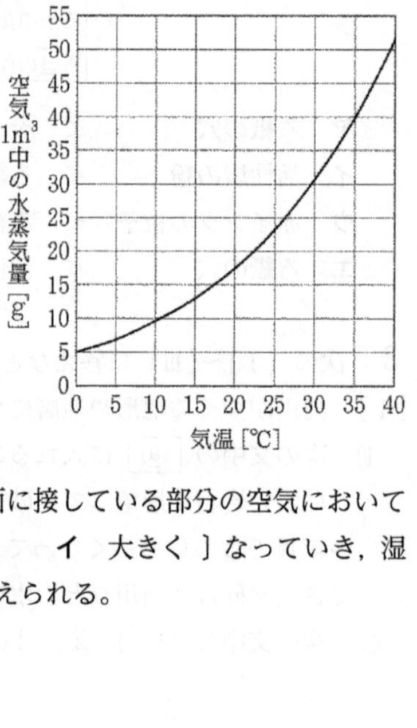

(6) 気温35℃で，1 m^3中に含まれる水蒸気量が25 gである空気がある。図Ⅲから，この空気の露点は何℃であると考えられるか。次のア～エのうち，最も適しているものを一つ選び，記号を○で囲みなさい。ただし，気温が変化しても，空気の体積は変化しないものとする。

ア　5℃　　イ　23℃　　ウ　27℃　　エ　40℃

(7) 次の文中の①［　］，②［　］から適切なものをそれぞれ一つずつ選び，記号を○で囲みなさい。

ガラスコップに氷水を入れてしばらくすると，ガラスコップの表面に水滴がついた。この間，ガラスコップの表面に接している部分の空気においては，気温の低下にともなって飽和水蒸気量が①［ア　小さく　　イ　大きく］なっていき，湿度が②［ウ　下がって　　エ　上がって］いったものと考えられる。

4　次の［Ⅰ］，［Ⅱ］に答えなさい。

［Ⅰ］　公園で松かさ（松ぼっくり）を見つけたCさんは，マツについて調べた。次の問いに答えなさい。

(1)　図Ⅰ中の**X**は，胚珠《はいしゅ》のついたりん片の集まりで，やがて松かさとなる部分である。**X**の名称を次の**ア**～**エ**から一つ選び，記号を○で囲みなさい。

図Ⅰ

ア　雌《め》花　　**イ**　雄《お》花　　**ウ**　めしべ　　**エ**　おしべ

(2)　次の文中の ⓐ に入れるのに適している語を書きなさい。

松かさはマツの果実のように見えるが，裸子植物であるマツは，被子植物と違い，受粉後に果実になるつくりをもたない。被子植物において，受粉後に果実になるつくりは ⓐ であり，胚珠は ⓐ の中にある。

(3)　次の文中の①［　］，②［　］から適切なものをそれぞれ一つずつ選び，記号を○で囲みなさい。

図Ⅱのように，水にぬらすと松かさは閉じ，乾燥させると開いた。したがって，このマツでは，①［**ア**　よく晴れている　　**イ**　雨が降っている］ときに松かさが開きやすく，松かさの中で成熟したマツの②［**ウ**　種子　　**エ**　胞子］が風にのって飛んでいきやすいと考えられる。

図Ⅱ

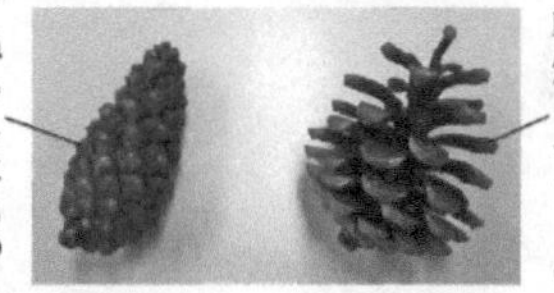

(4)　裸子植物の中でもマツは，生殖細胞からの受精卵のでき方が，ホウセンカなどの被子植物と同じである。次の**ア**～**エ**のうち，マツやホウセンカの受精卵のでき方について述べた文として最も適しているものを一つ選び，記号を○で囲みなさい。

ア　卵細胞の核どうしが合体してできる。
イ　卵細胞の核と精細胞の核が合体してできる。
ウ　精細胞の核どうしが合体してできる。
エ　卵細胞の核が分裂してできる。

［Ⅱ］　Gさんは，近くの池から採集した微生物を顕微鏡で観察することにした。表Ⅰは，Gさんが図鑑で調べた微生物の特徴の一部をまとめたものである。次の問いに答えなさい。

表Ⅰ

微生物	平均的な大きさ	単細胞生物か多細胞生物かの区別	からだのしくみ	
			活発に動き回るためのつくりの有無	葉緑体の有無
ミジンコ	1.5 mm	多細胞生物	あり	なし
ミドリムシ	0.10 mm	単細胞生物	あり	あり
ゾウリムシ	0.15 mm	単細胞生物	あり	なし
ミカヅキモ	0.31 mm	単細胞生物	なし	あり

(5)　Gさんは，顕微鏡の接眼レンズを10倍，対物レンズを４倍にして観察を行った。これを「観察㋐」とする。図Ⅲは，観察㋐で顕微鏡の視野にいたミジンコの写真である。

図Ⅲ

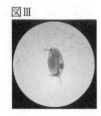

①　ミジンコは甲殻類に分類され，からだが殻で覆われている。甲殻類をはじめとした節足動物のからだを覆う，殻などのかたい構造は，セキツイ動物の骨などの構造に対して，一般に何と呼ばれているか。漢

字3字で書きなさい。

② 観察㋐における顕微鏡の倍率は何倍か，求めなさい。

③ Gさんは次に，ミドリムシを観察するために，顕微鏡の倍率を上げることにした。前のページの表Ⅰから考えて，顕微鏡の視野内で，ミドリムシの見かけの大きさを，観察㋐におけるミジンコの見かけの大きさと同じにするためには，顕微鏡の倍率は，観察㋐における倍率のさらに何倍であればよいと考えられるか。次の**ア**～**エ**のうち，最も適しているものを一つ選び，記号を○で囲みなさい。

ア 1.5倍　**イ** 2.5倍　**ウ** 10倍　**エ** 15倍

(6) Gさんは，調べたことをもとに単細胞生物の特徴を比較し，ミドリムシがゾウリムシとミカヅキモのそれぞれと共通する特徴をもつことに気付いた。表Ⅰから分かるミドリムシの特徴のうち，特にミカヅキモとだけ共通するのはどのような特徴かを簡潔に書きなさい。ただし，表Ⅰに示されたからだのしくみと，そのしくみによるはたらきについて書くこと。

＜社会＞

時間　40分　　満点　45点

1　日本や世界の諸地域にかかわる次の問いに答えなさい。

(1)　日本は，47の都道府県をもとに七つの地方に分けられる。

①　七つの地方のうち，東北地方は本州の北部に位置する。次の**ア**～**エ**のうち，東北地方にある都市はどれか。一つ選び，記号を○で囲みなさい。

ア　札幌《さっぽろ》市　　**イ**　仙台《せんだい》市　　**ウ**　広島市　　**エ**　福岡市

②　北海道と沖縄県を除く都府県は，他の都府県と隣接している。次の**ア**～**エ**のうち，群馬県，埼玉県，山梨県，静岡県，愛知県，岐阜県，富山県，新潟県の８県すべてと隣接している県はどれか。一つ選び，記号を○で囲みなさい。

ア　石川県　　**イ**　栃木県　　**ウ**　長野県　　**エ**　福島県

③　次の文は，日本の国土について述べたものである。文中のⓐ〔　〕，ⓑ〔　〕から適切なものをそれぞれ一つずつ選び，記号を○で囲みなさい。

> 日本の国土面積（領土面積）は，約ⓐ〔 **ア**　27万　　**イ**　38万 〕km^2であり，日本の国土の南端に当たる島は，ⓑ〔 **ウ**　沖ノ鳥島《おきのとりしま》　　**エ**　与那国島《よなぐにじま》 〕である。

(2)　世界は，アジア，ヨーロッパ，アフリカ，北アメリカ，南アメリカ，オセアニアの六つの州に分けられる。

①　図Ⅰは，六つの州を示した地図である。

図Ⅰ

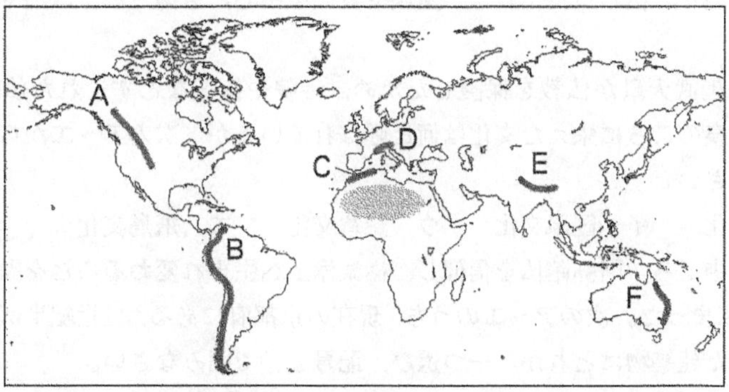

(a)　図Ⅰ中の**A**～**F**はそれぞれ，六つの州にある山脈を示している。図Ⅰ中の**A**～**F**のうち，ロッキー山脈に当たるものとして最も適しているものはどれか。一つ選び，記号を○で囲みなさい。

(b)　次の**ア**～**エ**のうち，図Ⅰ中の　　　で示した地域でみられる自然環境について述べた文として最も適しているものはどれか。一つ選び，記号を○で囲みなさい。

ア　１年を通して降水量が多く，熱帯雨林が広がっている。

イ　夏と冬の気温差が大きく，タイガと呼ばれる針葉樹林が広がっている。

ウ　降水量がきわめて少ないため樹木はほとんど育たず，砂や岩の砂漠が広がっている。

エ 気温が低いため樹木はほとんど育たず，短い夏の期間だけ地表の氷がとけ，こけ類が生える。

② 図Ⅱは，1950（昭和25）年から2015（平成27）年までにおける，世界の総人口の推移を六つの州別に表したものであり，世界の総人口は1950年以降増加し続けている。

図Ⅱ
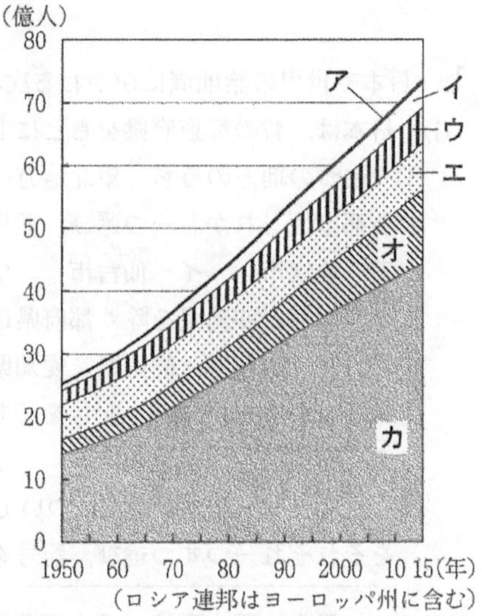

（ロシア連邦はヨーロッパ州に含む）
（国際連合の資料により作成）

(a) 図Ⅱ中の**ア**～**カ**には，六つの州のいずれかが当てはまる。図Ⅱ中の**ア**～**カ**のうち，アジアに当たるものを一つ選び，記号を○で囲みなさい。

(b) 急速な人口の増加は人口爆発と呼ばれている。次の文は，20世紀後半に人口爆発が起こったおもな理由について述べたものである。文中の（ ）に入れるのに適している内容を，「医療」「死亡率」の**2語**を用いて簡潔に書きなさい。

多くの発展途上国において，出生率が高いままであった一方で，衛生に関する知識の普及や（ ）から。

2 わが国の政治と文化にかかわる次の問いに答えなさい。

(1) 6世紀に中国から伝わった仏教は，皇族や貴族を中心に信仰され，政治や文化に影響を与えた。

① 8世紀に聖武《しょうむ》天皇が仏教を保護したため，寺院や仏像などすぐれた仏教美術がつくられた。聖武天皇のころに栄えた文化は何と呼ばれているか。次の**ア**～**エ**から一つ選び，記号を○で囲みなさい。

ア 天平《てんぴょう》文化 **イ** 国風文化 **ウ** 鎌倉文化 **エ** 飛鳥《あすか》文化

② 平安時代中ごろ，阿弥陀《あみだ》仏を信仰し，極楽浄土へ生まれ変わることを願う浄土信仰（浄土の教え）が広まった。次の**ア**～**エ**のうち，現在の京都府にある，11世紀半ばに浄土信仰によって建てられた建築物はどれか。一つ選び，記号を○で囲みなさい。

ア 慈照寺銀閣 **イ** 中尊寺金色堂 **ウ** 東大寺南大門 **エ** 平等院鳳凰《ほうおう》堂

(2) 中世以降，武家政権の成立や民衆の成長を背景として，新たな社会や文化が生まれた。

① 右の絵は，九州の北部に襲来した元《げん》軍と戦う御家人のようすを描いた絵巻物の一部である。あとの**ア**～**エ**のうち，右の絵に描かれたできごとが起こったころのわが国の政治について述べた文として正しいものは

どれか。一つ選び，記号を○で囲みなさい。

ア　後醍醐《ごだいご》天皇が天皇中心の政治を行っていた。

イ　戦国大名が各地で領国の支配をすすめていた。

ウ　北条《ほうじょう》氏が執権として幕府の実権を握っていた。

エ　平清盛《たいらのきよもり》が太政《だいじょう》大臣として政治の実権を握っていた。

②　次の文は，室町時代の文化について述べたものである。文中の [A] に当てはまる語を**漢字1字**で書きなさい。

> 平安時代から民衆の間で行われていた田楽・猿楽などをもとに [A] が生まれた。[A] は足利義満《あしかがよしみつ》の保護を受けた観阿弥《かんあみ》と世阿弥《ぜあみ》によって大成され，人々に親しまれた。

(3)　近世には，産業や交通が発達し，都市の発展を背景とした多様な文化が形成された。次の（ⅰ）～（ⅲ）は，近世の文化を三つの時期に分け，それぞれの時期の文化の特色について述べたものである。（ⅰ）～（ⅲ）を年代の古いものから順に並べかえると，どのような順序になるか。あとの**ア**～**カ**から正しいものを一つ選び，記号を○で囲みなさい。

（ⅰ）　屏風《びょうぶ》やすずり箱に優雅な装飾がほどこされるなど，上方の町人を中心とする文化が栄えた。

（ⅱ）　風景や歌舞伎《かぶき》役者を描いた浮世絵が流行するなど，江戸の人々を中心とする文化が栄えた。

（ⅲ）　金銀を用いた豪華な襖《ふすま》絵や屏風絵が描かれるなど，大名や商人の富と権力を背景とする文化が栄えた。

ア　（ⅰ）→（ⅱ）→（ⅲ）　**イ**　（ⅰ）→（ⅲ）→（ⅱ）　**ウ**　（ⅱ）→（ⅰ）→（ⅲ）

エ　（ⅱ）→（ⅲ）→（ⅰ）　**オ**　（ⅲ）→（ⅰ）→（ⅱ）　**カ**　（ⅲ）→（ⅱ）→（ⅰ）

(4)　近代以降，欧米諸国から取り入れた制度や文化は，学校教育や出版物の普及によりしだいに人々に広まった。

①　次の**ア**～**エ**のうち，明治時代のわが国のようすについて述べた文として正しいものはどれか。一つ選び，記号を○で囲みなさい。

ア　太陽暦が採用され，家庭や職場などの生活様式に変化をもたらした。

イ　文学全集（円本）や雑誌『キング』が創刊され，文化の大衆化がすすんだ。

ウ　生活必需品の供給が減り，全国で米や砂糖，衣料品などが配給制や切符制となった。

エ　労働運動の広がりの中で，小林多喜二《こばやしたきじ》が労働者の生活を描いた文学作品を発表した。

②　次の文は，政治学者である吉野作造《よしのさくぞう》の主張について述べたものである。文中の [ⓐ]，[ⓑ] に当てはまる語をそれぞれ**漢字2字**で書きなさい。

> 第一次世界大戦を契機に世界でデモクラシーの風潮が高まると，吉野作造はその訳語として，民主主義とは区別して [ⓐ] 主義という語を使用した。[ⓐ] 主義とは，大日本帝国憲法下においても民意にもとづいた政治を行うべきだとする考え方で，美濃部《みのべ》達吉《たつきち》の学説とともに，[ⓑ] が内閣を組織する [ⓑ] 政治の確立を支持する理論となった。

3　次の問いに答えなさい。

(1)　憲法は国の基本法であり，最高法規である。次の文は，憲法にもとづく政治について述べたものである。文中の [A] に当てはまる語を**漢字２字**で書きなさい。

> 民主政治を実現するためには，政治権力の濫用を防ぎ，人権を守るしくみが必要である。憲法によって政治権力を制限し，憲法にのっとって国を運営していくことは [A] 主義と呼ばれる。このような憲法にもとづく政治のあり方は [A] 政治と呼ばれ，多くの国で採用されている。

(2)　次の文は，基本的人権にかかわることについて記されている日本国憲法の条文である。文中の [　] の箇所に用いられている語を書きなさい。

「この憲法が国民に保障する [　] 及び権利は，国民の不断の努力によつて，これを保持しなければならない。又，国民は，これを濫用してはならないのであつて，常に公共の福祉のためにこれを利用する責任を負ふ。」

(3)　地域における行政は，都道府県や市町村などの地方公共団体が担《にな》っている。

①　地方公共団体は，日本国憲法の定めにより法律の範囲内で，独自のきまりを制定することができる。地方議会の議決を経て制定され，その地方公共団体だけに適用されるこのきまりは何と呼ばれているか，書きなさい。

②　次の文は，地方公共団体にかかわることについて述べたものである。文中の [B] に当てはまる語を**漢字４字**で書きなさい。

> 住民に身近な行政はできる限り地方公共団体が担い，その自主性を発揮するために，国から地方に権限や税源を移す [B] がすすめられている。1999（平成11）年に成立し，2000（平成12）年に施行された [B] 一括法により，地方公共団体が自主的にすすめられる事務が拡大した。

③　地方公共団体の収入の中には，国から配分される資金がある。次の**ア**～**エ**のうち，地方公共団体間にある財政の不均衡を是正するために，国から地方公共団体に配分される資金に当たるものはどれか。一つ選び，記号を○で囲みなさい。

ア　地方債　　**イ**　地方税
ウ　政党交付金　　**エ**　地方交付税交付金（地方交付税）

④　地方公共団体では，住民の直接請求権が認められており，選挙権を有する者の一定数以上の署名をもって請求することにより住民の意思を直接政治に反映させることができる。住民が地方議会の解散を請求する場合，その請求先はどこか。次の**ア**～**エ**から一つ選び，記号を○で囲みなさい。

ア　首長　　**イ**　監査委員
ウ　地方裁判所　　**エ**　選挙管理委員会

4 Mさんは，人々の衣食住を支えてきたいくつかの農作物について調べた。次の［A］～［E］のカードは，Mさんが調べた内容をまとめたものである。あとの問いに答えなさい。

［A］
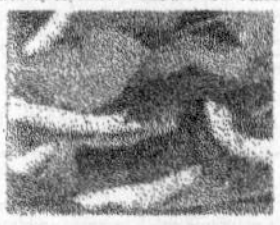
桑…落葉広葉樹で，葉は蚕のえさになる。蚕のまゆからは(あ)生糸ができる。

［B］

(い)綿花…世界各地で古くから重要な繊維作物として栽培されている。種からは油がとれる。

［C］

(う)稲（米）…生産性が高く，アジアを中心に主食となっている。稲作は大陸から日本に伝わった。

［D］

(え)茶…若葉を加熱して乾燥させ，飲料用品にする。製法の違いで緑茶や紅茶に加工される。

［E］

さとうきび…茎からとれる液体は，砂糖やアルコールの原料になる。(お)バイオエタノールにも加工される。

(1) カード［A］中の(あ)生糸について，16世紀後半以降，わが国はポルトガルやスペインと貿易を行い，中国産の生糸や絹織物を輸入した。ポルトガルやスペインの商人と貿易を行ったことから，この貿易は何と呼ばれているか。次のア～エから一つ選び，記号を○で囲みなさい。

ア　勘合貿易　　イ　南蛮貿易　　ウ　日宋《にっそう》貿易　　エ　朱印船貿易

(2) カード［B］中の(い)綿花について，図Ⅰは，2014年における，綿花の生産量の多い上位4か国を示したものである。次のア～エのうち，P，Qに当たる国名の組み合わせとして最も適しているものはどれか。一つ選び，記号を○で囲みなさい。

図Ⅰ
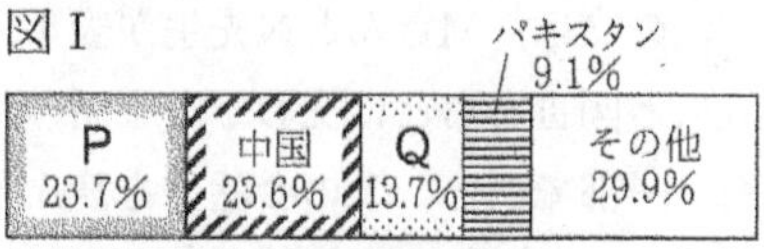

（『世界国勢図会』2019/20年版により作成）

ア　P　インド　　Q　ベトナム　　　イ　P　フランス　　Q　ベトナム
ウ　P　インド　　Q　アメリカ合衆国　　エ　P　フランス　　Q　アメリカ合衆国

(3) カード［C］中の(う)稲（米）の栽培に必要な農具や，収穫物を保管する高床式倉庫などをもつ大規模な集落の遺構が，吉野ヶ里《よしのがり》遺跡で発見された。右の地図中のア～エのうち，吉野ヶ里遺跡の場所を一つ選び，記号を○で囲みなさい。

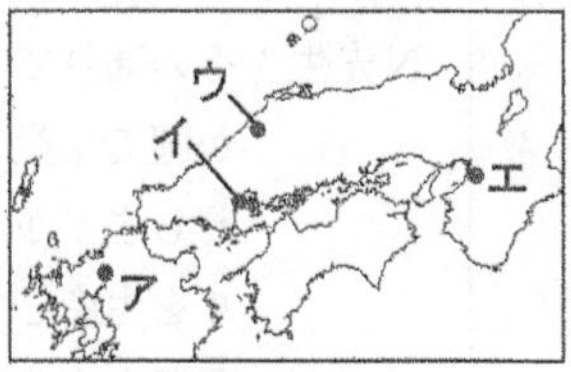

(4) カード［D］中の(え)茶について，17世紀以降，世界で茶の貿易が始まった。図Ⅱは，19世紀前半の清《しん》，イギリス，イギリスの植民地であったインドにおける，銀を対価として支払う三角貿易のようすを示した模式図である。図Ⅱ中のX～Zはそれぞれ，茶，アヘン，綿織物のいずれかに当たり，図Ⅱ中の ━━▶ は2国間におけるX～Zの輸出入を表している。次のア～カのうち，図Ⅱ中のX～Zに当たる品目の組み合わせとして最も適しているものはどれか。一つ選び，記号を○で囲みなさい。

図Ⅱ
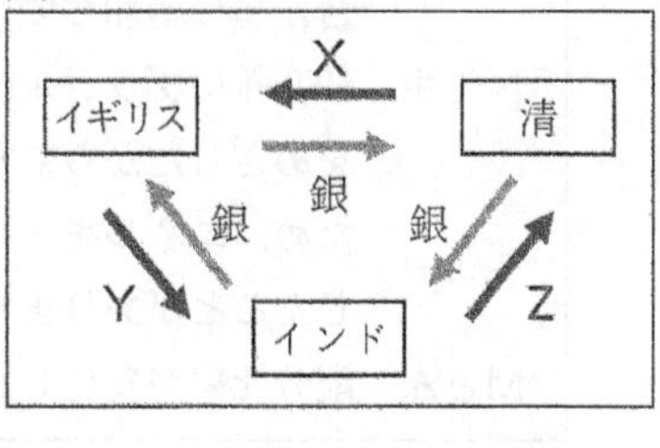

ア　X　茶　　　Y　アヘン　　Z　綿織物
イ　X　茶　　　Y　綿織物　　Z　アヘン
ウ　X　アヘン　Y　茶　　　　Z　綿織物
エ　X　アヘン　Y　綿織物　　Z　茶

オ　**X**　綿織物　　**Y**　茶　　　**Z**　アヘン
カ　**X**　綿織物　　**Y**　アヘン　　**Z**　茶

(5)　前のページのカード［E］中の㋔バイオエタノールについて，表Ⅰは，2016年における，バイオエタノールなどを含む液体バイオ燃料の生産量の多い上位３か国について，液体バイオ燃料の生産量及び世界の液体バイオ燃料の総生産量に占める生産量の割合を示したものである。図Ⅲは，1970年度から2009年度における，ブラジルで生産されたさとうきびのうち，ブラジル国内で砂糖またはバイオエタノールに加工された量に占める，砂糖とバイオエタノールの割合（配分比率）の推移を表したものである。あとの文は，MさんとN先生が表Ⅰと図Ⅲをもとに交わした会話の一部である。この会話文を読んで，あとの問いに答えなさい。

表Ⅰ　液体バイオ燃料の生産量とその割合

	生産量（万ｔ）	割合（％）
アメリカ合衆国	5,106	46.5
ブラジル	2,460	22.4
ドイツ	407	3.7

（『世界国勢図会』2019/20年版により作成）

図Ⅲ　ブラジルにおける砂糖とバイオエタノールの配分比率の推移

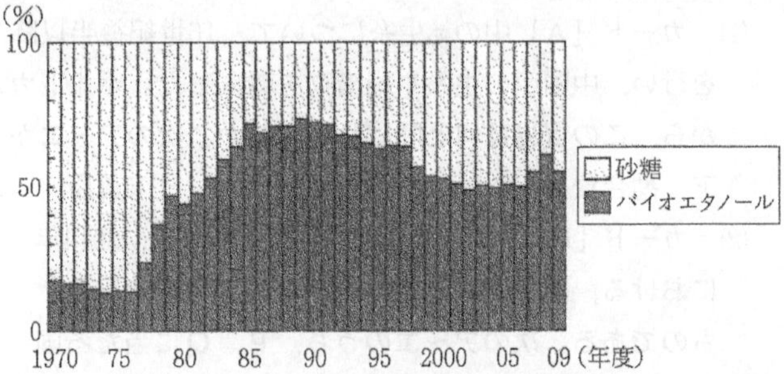

（農畜産業振興機構の資料により作成）

Mさん：調べてみると，2016年におけるさとうきびの生産量が世界第１位の国はブラジルであり，およそ50年前から現在までさとうきびの生産量が増加する傾向にありました。バイオエタノールの生産量も多いのでしょうか。

N先生：その通りです。表Ⅰから，世界で生産される液体バイオ燃料の約70％が，上位２か国で生産されていることがわかります。ブラジルではおもにさとうきびを原料としますが，アメリカ合衆国ではおもに［　ⓐ　］を原料として，バイオエタノールを生産しています。

Mさん：図Ⅲをみると，ブラジルでは1970年代後半からバイオエタノールに配分される割合が急に増加していますが，何かあったのでしょうか。

N先生：1975年にブラジル政府が国家アルコール計画を策定し，バイオエタノールの普及をめざしたからです。この政策の背景には，1970年代前半に（　　　ⓑ　　　）ため，エネルギー政策を転換して国産のバイオエタノールの増産を行う必要が生じたことがあります。

Mさん：配分比率が変化した背景には，世界の経済状況が影響しているのですね。

①　会話文中の［ⓐ］には，2016年にアメリカ合衆国が生産量世界第１位であった農作物が当てはまる。［ⓐ］に当てはまる農作物を，次の**ア**～**エ**から一つ選び，記号を○で囲みなさい。

ア　小麦　　**イ**　オレンジ　　**ウ**　じゃがいも　　**エ**　とうもろこし

②　会話文中の（ⓑ）に入れるのに適している内容を，「価格」の語を用いて簡潔に書きなさい。

みなさい。

(i)　この温度差のために、高温の庭には上昇気流が生じて、そこに水を打った低温の庭から風が通っていく。

(ii)　しばらくして、打った水がすっかり乾いてしまうと、こんどは、さきほど水を打たなかったほうの庭にみっしりと水を打つ。

(iii)　そうすると、水を打ったほうは水で冷やされ、なおかつその水が蒸発するときの気化熱でさらに冷やされるので、水を打たないほうの庭と温度差が生じる。

ア　(i)→(ii)→(iii)　　**イ**　(i)→(iii)→(ii)

ウ　(ii)→(i)→(iii)　　**エ**　(ii)→(iii)→(i)

オ　(iii)→(i)→(ii)　　**カ**　(iii)→(ii)→(i)

3　②京都伝統の「風づくり」の方法　とあるが、京都で行われてきた「風づくり」の方法について、本文中で筆者が述べている内容を次のようにまとめた。[a]、[b]に入れるのに最も適しているひとつづきのことばを、それぞれ本文中から抜き出しなさい。ただし、[a]は**十六字**、[b]は**十二字**で抜き出し、それぞれ**初めの五字**を書きなさい。

[a]という京の町家の構造は「風づくり」をするうえで重要であり、京の人が打ち水の仕方を工夫し、風通しをよくしていることは、海陸風のような仕組みを狭い範囲で[b]といえるだろう。

4　③散水用の水は、井戸水であることがベターである　とあるが、水まきをするうえで、水道水よりも井戸水のほうがよい理由について、本文中で筆者が述べている内容を次のようにまとめた。[　]に入る内容を、本文中のことばを使って**三十字以上、四十字以内**で書きなさい。

散水用の水を水道水ではなく井戸水にすると、[　]ことができるから。

5　次のうち、本文の構成を説明したものとして最も適しているものはどれか。一つ選び、記号を○で囲みなさい。

ア　京都と東京のそれぞれの風土の特徴を比較したうえで、それらの風土に合わせた家づくりの方法について述べている。

イ　京都の打ち水と東京の打ち水との違いを示したうえで、それぞれがもたらす冷却効果と新たな課題について述べている。

ウ　節電のために行われてきた京都の打ち水を例として挙げたうえで、さまざまな智恵を試していくことの大切さについて述べている。

エ　夏の暑さを凌ぐためになされる京都の打ち水の方法を説明したうえで、それを利用した家づくりと心の持ち方について述べている。

風のC吹かぬ日が多いのであった。こういう凌ぎ難《がた》い気候とつきあっていくなかで、たとえば京都人は、打ち水という技法を発明したと思《おぼ》しい。

すなわち、京の町家というものは、たいてい玄関から奥へ向かって土間が通り、細長い構造の途中に坪庭《つぼにわ》がDあり、ずっと奥まで進むと、奥にもまた庭があって、場合によって、その庭の奥に土蔵が接続する場合もある。

問題は、このように、随所に小規模な庭が設けられていることである。この庭に打ち水をするとき、京の人は、全部の庭にいちどきに水を打ったりはしないのだという。

二つの庭の、まず片方に水を打つ。［①］するとさっきと反対の方向に、やっぱり水で冷やされた風が通っていく、というふうにして、次第に部屋のなかが冷却される、というシステムになっているのだそうである。

すなわち、これは、東京湾と東京の町で起こっている巨大な空気の循環、海陸風のシステムを、ごく小規模に人工的につくりだしているのだということができようか。

こういう打ち水の智恵《ちえ》は、私ども東京の人間には思いもつかなかったことで、東京では打ち水というのは、ただそこら中に大きな柄杓《ひしゃく》で水をぶちまけることでしかなかった。

いま、世はこぞって節電の時代となった。冷房をどのように節約するか、いろいろな智恵が試されているなかで、この②京都伝統の「風づくり」の方法は、ぜひ考慮されてよい。

だから、もしこれから「風通し」ということを真っ先に考慮して、家づくりをするのであれば、京の町家が持っていたような「風の道」というものを考えておく必要がある。

それには、家を挟んで、南北でも東西でもいいから、両側に、小規模でも庭を二つつくり設け、その庭に面したところに散水用の蛇口を設置しておくことが望ましい。これは風をつくるための装置だから、必ずしも草花などを植えるには及ばない。私の家の南庭のように、砂利と枕木で固めてしまっても、それはそれでよろしいのである。

なお望むべくんば、その③散水用の水は、井戸水であることがベターである。

私の家の隅には、この散水用の井戸を掘った。これは災害時などには非常用の水源としても用いるけれど、通常はもっぱら水まきに使っている。

こうすると、井戸水は夏には必ずや水道水よりも冷たいから、より風起こしの効果が強く現れるであろう。また日照りで渇水《かっすい》となり、給水制限などという事態に立ち至ったときも、心置きなく井戸水を汲《く》み上げての水まきが可能になるから、これは必須の設備だと私は思う。

ただ、打ち水による冷却効果は、冷房装置のような圧倒的な涼しさをもたらしはしない。

いってみれば、ちょっと涼しい気がする、という程度に過ぎないかもしれない。しかしながら、そういう「気がする」という、この心の持ち方が非常に大切なところである。（林望『思想する住宅』による）

（注）凪＝風がやんで波がおだやかになること。
　　望むべくんば＝望むことができるならば。

1　本文中のA～Dの――を付けた語のうち、一つだけ他と活用形の異なるものがある。その記号を○で囲みなさい。

2　次の（ⅰ）～（ⅲ）は、本文中の［①］に入る。［①］の前後の内容から判断して（ⅰ）～（ⅲ）を並べかえると、どのような順序になるか。最も適しているものをあとから一つ選び、記号を○で囲

声。

イ　集まった多くの子どもたちが、見事な梅を欲しがって口々に騒いだ声。

ウ　梅を見るために集まった多くの子どもたちが、梅を見られず泣いた声。

エ　ある子どもが鶯を捕まえようとして、多くの子どもたちを呼びよせた声。

3　次は、Tさんがこの文章を読んだ後に書いた**【鑑賞文の一部】**です。

【鑑賞文の一部】

> この文章の「思ふようにならぬものかな」という部分には、［③］に対して、主人が残念に思っている様子がよく表れていると思います。また、人が集まる会のために花を探そうとしていた主人が、最終的に「［④］ならば、みんな欲しがりはしないだろうに」と思っているところがこの文章のおもしろさだと思います。

(1)　次のうち、**【鑑賞文の一部】**中の［③］に入れるのに最も適していることばはどれか。一つ選び、記号を○で囲みなさい。

ア　梅にとまっていた鶯が、飛んでいってしまったこと
イ　鶯がとまっていて、梅を切ることができなかったこと
ウ　鶯のすばらしさを、人々に理解してもらえなかったこと
エ　手に入れた梅が、村に下りている間に折れてしまったこと

(2)　**【鑑賞文の一部】**中の［④］に入る内容を本文中から読み取って、現代のことばで**五字以上、十字以内**で書きなさい。

三　次の問いに答えなさい。

1　次の(1)～(4)の文中の傍線を付けた漢字の読み方を書きなさい。また、(5)～(8)の文中の傍線を付けたカタカナを漢字になおし、解答欄の枠内に書きなさい。ただし、漢字は**楷書《かいしょ》**で、**大きくていねいに**書くこと。

(1)　先人の軌跡をたどる。　(2)　作文を添削する。
(3)　釣り糸を垂らす。　(4)　話し合いの司会を務める。
(5)　アツみがある板を切る。　(6)　ボールを遠くにナげる。
(7)　ヘイソの努力が実を結ぶ。　(8)　ケンコウ診断を受ける。

2　次の文中の傍線を付けたことばが「最後までやり通して立派な成果をあげる」という意味になるように、［　］にあてはまる漢字一字を、あとの**ア**～**エ**から一つ選び、記号を○で囲みなさい。

大会の決勝戦で勝利し、有［　］の美を飾る。

ア　収　**イ**　秀　**ウ**　修　**エ**　終

四　次の文章を読んで、あとの問いに答えなさい。

京都は夏暑く冬寒いという、実にA過ごしにくい盆地の気候だけれど、それだけに、たとえば、夏の暑さをどう凌《しの》ぐかということについて、ずいぶん工夫が蓄積されてきた土地柄であった。

東京はなにしろ、そもそもが海辺につくられた都市で、江戸城から東京湾まで、実はそれほどな距離はなかったのだ。それゆえ、常に海風と陸風の交代が起こって、朝夕の凪《なぎ》のとき以外は、風が通っていきやすい風土である。

ところが京都には海がない、琵琶《びわ》湖も山をB隔てて向こうにあるから、直接海陸風のような現象が発生しにくい道理だ。そのため、京都の夏は、どんよりと高温多湿の空気が淀《よど》んで、油照りのなかソヨとも

あることを主張する場合、ちょっと自分に対して意地悪な見方をしてみて、本当にそう主張できるのか、ということを点検してみるといいのかもしれません。（森山卓郎『日本語の〈書き〉方』による）

1 ①奇をてらう とあるが、次のうち、このことばの本文中での意味として最も適しているものはどれか。一つ選び、記号を○で囲みなさい。

ア できあがったものに、余計なものを付け加える
イ すぐれたものにするために、長い時間をかける
ウ 人の気を引くために、わざと変わったことをする
エ 周囲の共感が得られるように、自分の意見を変える

2 ②「この薬はいい薬だ」という主張 とあるが、次のうち、この主張の根拠となるものの具体例として本文中で述べられているものはどれか。最も適しているものを一つ選び、記号を○で囲みなさい。

ア 薬に含まれる成分は実際に有効なものであるということや、その成分には問題となる副作用がないということ。
イ 効果を認定する試験機関は信頼できる試験機関であり、その試験機関の評価は信頼できる評価であるということ。
ウ 薬に有効な成分が十分に入っているということや、しかるべき試験機関がその薬の効果を認定しているということ。
エ 「この薬は、非常にいい、本当にすばらしい薬である」などと、言葉を尽くして薬の良さを述べられるということ。

3 次のうち、本文中の ③ 、 ④ に入れることばの組み合わせとして最も適しているものはどれか。一つ選び、記号を○で囲みなさい。

ア ③ さらに ④ また　　イ ③ すなわち ④ また
ウ ③ さらに ④ しかし　　エ ③ すなわち ④ しかし

4 論説文を書くうえで、書き手が気をつけなければならないことについて、本文中で筆者が述べている内容を次のようにまとめた。 a に入れるのに最も適しているひとつづきのことばを、本文中から**七字**で抜き出しなさい。また、 b に入る内容を、本文中のことばを使って**十字以上、十五字以内**で書きなさい。

書き手は、 a のある文章を書くだけでなく、根拠と論拠とを述べることで、自分の b ようにし、読んだ人に納得してもらえるようにしなければならない。

二 次の文章を読んで、あとの問いに答えなさい。

この場面までのあらすじ

ある生け花好きの主人が、近いうちに人が集まる会があるということで、山に入り、いろいろな木を見てまわり、枝ぶりが見事な紅梅を見つけた。その枝を人に切らせようとしたところ、その枝には鶯《うぐいす》がいかにも楽しそうな様子でとまっていた。

主人①おもへらく、この梅に鶯《うぐひす》とまりながらを立てるは、ことに珍しからんと、人々に言ひ付け、やうやう鳥の飛ばぬやうに引き切り、そろそろ歩行《あゆ》み、麓の村へ下りければ、子供大勢集まり、「見事な梅、わしにおくれ」「おれもくれい」と、声々にわめきければ、②この声におどろき、たちまち鶯飛びさりぬ。主人のいはく、「思ふようにならぬものかな。この梅に花がなくば、くれいとは言ふまいに」。

1 ①おもへらく を現代かなづかいになおして、**すべてひらがなで**書きなさい。

2 ②この声 とあるが、これはどのような声か。最も適しているものを次から一つ選び、記号を○で囲みなさい。

ア 鶯の鳴き声を聞いた多くの子どもたちが、その鳴き声をまねた

＜国語＞（B問題）

時間　四〇分　満点　四五点

【注意】　答えの字数が指定されている問題は、**句読点や「　」などの符号も一字に数えなさい。**

一　次の文章を読んで、あとの問いに答えなさい。

論説文とは、書き手がどう思うのかということを述べる文章です。その意味で主観的な文章と言うことができます。意見ですから自分なりのオリジナリティ（独自性）が大切です。①奇をてらう必要はありませんが、みんなが言っているようなこと、いわば当たり前のことを同じように述べるだけでは論説文としてのおもしろさは十分とは言えません。理想を言えば、読んだ人が「今まで気がつかなかったが、なるほど、そう言われてみるとその通りだ」と思ってくれるようなものでしょう。

論説文にはオリジナリティが大切だということを述べましたが、逆に、オリジナルなだけでは論説文になりません。なぜそう言えるのかに説得力を持たせるようにしなければ独りよがりの意見になってしまうからです。読んだ人が「なるほど」と思ってくれるように少しでも努力をする必要があります。

論説文は話し手の考えを書く文章であるとともに説得力が必要だということを述べました。そのためには、なぜそう言えるのか、そう考えなければならない理由は何なのか、という根拠が重要です。ただし、厳密に言えば、「根拠」だけでは十分ではありません。それはなぜでしょうか。

根拠となるのは、一般的に、客観的な事実です。客観的事実とは、誰もが認定できる情報だと言い換えていいでしょう。その客観的事実を根拠とすれば、そこに立脚した議論をしていく限り、誰もが認定できる議論をしていけます。しかし、その客観的事実が、議論に本当につながっているのかどうかが問題になります。その事実が根拠としてその主張につながるということの保証を論拠と言います。

例えば、②「この薬はいい薬だ」という主張は、ただの意見です。「この薬は、非常にいい、本当にすばらしい薬である」などと、言葉を尽くして「いい」ということを述べても、意見である点に違いはなく、主張に説得力はありません。

いい薬だという主張をするための根拠となるのは、例えば、有効な成分が十分に入っている、とか、しかるべき試験機関がその効果を認定しているなどといったことでしょう。これは客観的な事実です。客観的事実であれば、その情報は基本的にみんなに受け入れられます。

しかし、それだけではなく、その成分があれば本当に効くのか、その量は十分なのか、その成分に問題となる副作用はないのか、その薬の良さを証明する試験機関は信頼できるのか、といったことも明らかにしておく必要があります。さらにその試験機関での認定がどういったもので、本当に信頼できる評価なのか、ということも議論としては問題になることがあるかもしれません。「この薬はいい薬だ」ということを示すには、根拠としての事実と、それが主張につながるという論拠とが必要です。

［　③　］、そもそも、「いい」ということをどう考えるのかということもあります。実はある体質の人には副作用がある、といった場合、その観点も含めて「いい」かどうかを考える必要があるでしょう。

［　④　］、実際にはあまりにも高価でほとんど手に入れにくい、などという場合は、無条件に「いい薬」と言えないかもしれません。

から**四字**で抜き出しなさい。

結構うるさいほどの音量であっても、人間の身体があたりを満たし続ける波音に慣れて、それを［ a ］のは、波音が［ b ］であるからだろうということ。

2 次のうち、本文中の［ ② ］に入れるのに最も適していることばはどれか。一つ選び、記号を○で囲みなさい。

ア たとえば　**イ** ところで　**ウ** しかし

3 本文中には次の一文が入る。入る場所として最も適しているものを本文中の［ A ］～［ C ］から一つ選び、記号を○で囲みなさい。

> そろそろ何でもいいから自然の音が聴きたい、自然がある場所に行きたいよ、と。

4 地球が創り出す音や景色にふれることについて、本文中で筆者が述べている内容を次のようにまとめた。［　］に入れるのに最も適しているひとつづきのことばを、本文中から**九字**で抜き出しなさい。

地球が創り出す音や景色にふれ、自分の中に［　］ことは、心が穏やかになり、身体が元気になってゆくなど、さまざまなポジティブなことをもたらしてくれるかもしれない。

イ　たくさんの子どもたちが集まり、見事な梅が欲しいと口々に騒いだ

ウ　集まってきたたくさんの子どもたちが、見事な梅を折ってしまった

3　次のうち、【会話】中の [③] に入れるのに最も適していることばはどれか。一つ選び、記号を○で囲みなさい。

ア　この梅に鶯がとまっていなければ

イ　この梅を切っていなければ

ウ　この梅に花がなければ

四　次の文章を読んで、あとの問いに答えなさい。

海のそばに居る。

町から少し離れているせいか、車の音もほとんどない。耳に届いてくるのは終わりのない波の音だけ。大きく砂浜に打ち寄せる波音や、しのび足のように小さな波音が、いろんな組み合わせとなってあたりを満たし続ける。波の音がずっとし続けているので、山奥で夜中に経験する真っ暗闇のような静けさになることはない。なのに、人間の身体は不思議なもので、すぐにその音が在ることに慣れてしまう。そして、その波音を心地よいものとして身体が受け入れる。冷静に考えれば、結構うるさいほどの音量なのに。きっとそれは波音が自然な音だからだろう、と①夜中に一人で窓から海を見ていて思った。同じぐらいの音量で、もしも車のエンジン音だったり、工事中の機械の出す音だったら、次第にそれはかなりのストレスとなるだろう。私は都会が嫌いなわけじゃないけれど、夜中に波の音を聴きながら「ああ、こういうことが人間にとっては必要な、大事なことなんだなぁ」とつくづく思った。

どんなに便利な社会や街に住んでいようと、人間はやっぱり動物で、地球という星の生物だ。だから自分たちがこの星の生物である限り、この星が創り出す音や景色にふれていることは、思いのほか大切なことなんだろう、と感じた。[②]、空いている時間を使って、近くの（少し遠くても）海や丘や山へ、足を伸ばすこと。夕方でも夜中でも明け方でもいい。何も目的がなかったとしても、その風景の中でぼーっとするだけでもいい。自然が創りだす音やにおいや風景の中に自分をほんの少し浸してあげることで、いろんなことがずいぶん変わるような気がする。そうやって自分の中に広さや豊かさを持つことが、さまざまなポジティブなことをもたらしてくれるかもしれない。

そういえば、都会に住んでいて時々息が苦しくなるような、気が付かないうちに呼吸が浅くなっているようなことがある。そういう時は、身体が信号を出しているのかもしれない。[A]

こうしてこれを書いている間も波の音が止《や》まない。[B]

そして波の音が部屋を満たし続けているのに、私の心はいまとても静かで穏やかだ。[C] 気がつけば、胸の奥まで染《し》み入るような深い呼吸をしている。少しばかり寝不足でも、身体が隅々まで元気になってゆくのがわかる。海や山や川——自然はとてもうつくしくて、力強い。

こんなにきれいな星に住んでいることに、あらためて感謝したくなった。

（小澤征良『そら　いろいろ』による）

1　①夜中に一人で窓から海を見ていて思ったとあるが、本文中で筆者は、夜中に海を見ていてどのようなことを思ったと述べているか。その内容についてまとめた次の文の [a] に入る内容を、本文中のことばを使って十字以上、十五字以内で書きなさい。また、本文中 [b] に入れるのに最も適しているひとつづきのことばを、本文中

4 ③カタツムリはコンクリートを食べるのです とあるが、次のうち、カタツムリがコンクリートを食べることについて、本文中で述べられていることがらと内容の合うものはどれか。一つ選び、記号を○で囲みなさい。

ア カタツムリは、ほかの動物たちが食べているような石や砂のかわりにコンクリートを食べることで、食べ物の消化に役立てている。

イ カタツムリは、歯舌で削り取ったかたいコンクリートを食べることで、鳥類などの動物に食べられないように自分の身を守っている。

ウ カタツムリは、二酸化炭素を含んだ雨水によって溶けたコンクリートを食べることで、殻をつくるために必要なカルシウムを得ている。

三 次の**【本文】**と、その内容を鑑賞しているAさんとBさんとの**【会話】**を読んで、あとの問いに答えなさい。

【本文】までのあらすじ

ある生け花好きの主人が、近いうちに人が集まる会があるということで、山に入り、いろいろな木を見てまわり、枝ぶりが見事な紅梅を見つけた。その枝を人に切らせようとしたところ、その枝には鶯《うぐいす》がいかにも楽しそうな様子でとまっていた。

【本文】

主人おもへらく、この梅に鶯《うぐひす》とまりながらを立てるは、ことに珍しからんと、主人々に言ひ付け、やうやう鳥の飛ばぬやうに引き切り、そろそろ歩行《あゆ》み、麓の村へ下りければ、子供大勢集まり、「見事な梅、わしにおくれ」「おれもくれい」と、声々にわめきければ、この声におどろき、たちまち鶯飛びさりぬ。主人の①いはく、「思ふようにならぬものかな。この梅に花がなくば、くれいとは言ふまいに」。

【会話】

Aさん 主人は、枝ぶりが見事な梅に鶯がとまっているのはめったにないすばらしいことだと思っているね。

Bさん そうだね。現代でも、梅と鶯は取り合わせのよいもののたとえとして使われているね。

Aさん なるほど。主人がそのすばらしい状態を大事に保とうとしているのは、「なんとか飛ばないように枝を切って、ゆっくりと歩いて村に下りていった」という様子からよくわかるね。

Bさん でも、そんなに大事に持って下りたのに、[②]ので鶯が驚いて飛んでいってしまったのは残念だね。

Aさん 本文の「思ふようにならぬものかな」から、主人の残念そうな顔が想像できるね。

Bさん そうだね。人が集まる会のために花を探していた主人が、最終的に「[③]、みんな欲しがりはしないだろうに」と思っているところが、この話のおもしろいところだね。

1 ①いはく を現代かなづかいになおして、**すべてひらがなで**書きなさい。

2 次のうち、**【会話】**中の[②]に入れるのに最も適していることばはどれか。一つ選び、記号を○で囲みなさい。

ア 鶯をつかまえようと、たくさんの子どもたちが続々と集まってきた

物を[A]こと自体が大変なのに、いちいち好き嫌いを言っていられない、というわけです。ただし、さすがにかたい樹皮や枝などを食べることはできないようです。

　野菜やキノコを栽培している農家にとっては、カタツムリは困った存在です。軟らかくて食べやすい葉物野菜やキノコは、ヒトにとっておいしいだけでなく、カタツムリにとっても②絶好の食べ物なのです。甘くておいしいイチゴの実だって食べてしまいます。

　私が幼いころ、カタツムリをよく見つけた場所は、近所にあるコンクリートのブロック塀の側面でした。雨の日にそのブロック塀を見に行くと、いつもたくさんのカタツムリがブロックにくっついているので、すぐに私のお気に入りの場所になりました。当時はなぜそこにカタツムリが集まっているのかわかりませんでしたが、ブロック塀に[B]には理由があります。③カタツムリはコンクリートを食べるのです。

　かたいコンクリートを食べるわけがない、と思うかもしれませんが、雨の日には二酸化炭素を含んだ雨水がコンクリートをわずかに溶かすので、それを狙って食べるというわけです。

　カタツムリのほかにも、コンクリートのようにかたいものを食べる動物はいます。たとえば鳥類は石や砂を食べます。砂嚢《さのう》という消化器官（焼き鳥などで食べる「砂肝」）に砂や小石を詰めてかたい食べ物を砕き、消化に役立てるのです。では、カタツムリもコンクリートを消化に役立てるのでしょうか？　いや、そうではありません。ただでさえ軟らかい植物を歯舌《しぜつ》で削り取って食べているのに、そんな石は必要ないはずです。じつはカタツムリは、殻をつくるために必要なカルシウムを得るために、コンクリートを食べるのです。カタツムリの殻は炭酸カルシウムを主成分としています。殻といっしょに成長するカタツムリは、大きくなるためにコンクリートを食べているのです。

（野島智司『カタツムリの謎』による）

（注）歯舌＝軟体動物の多くが口の中にもつ硬いやすり状の器官。

1　次のうち、本文中の[A]、[B]に入れることばの組み合わせとして最も適しているものはどれか。一つ選び、記号を○で囲みなさい。

ア　A　見つける　B　集まる
イ　A　見つかる　B　集まる
ウ　A　見つける　B　集める
エ　A　見つかる　B　集める

2　①カタツムリは基本的に身近にあるさまざまな植物を食べています　とあるが、カタツムリが身近にあるさまざまな植物を食べることについて、本文中で筆者が述べている内容を次のようにまとめた。[a]に入れるのに最も適しているひとつづきのことばを、本文中から**七字**で抜き出しなさい。また、[b]に入る内容を、本文中のことばを使って**十字以内**で書きなさい。

　カタツムリは[a]ので、特定の植物しか食べられなければ、それを探すためにかなりの[b]を費やすことになるが、さまざまな植物を食べることができれば、それらを節約することができる。

3　②絶好の　とあるが、次のうち、このことばの本文中での意味として最も適しているものはどれか。一つ選び、記号を○で囲みなさい。

ア　とても親しみ深い
イ　きわめて都合のよい
ウ　欠かすことのできない

〈国語〉（A問題）

時間　四〇分　　満点　四五点

【注意】答えの字数が指定されている問題は、句読点や「　」などの符号も一字に数えなさい。

一　次の問いに答えなさい。

1　次の(1)～(6)の文中の傍線を付けた漢字の読み方を書きなさい。また、(7)～(10)の文中の傍線を付けたカタカナを漢字になおし、解答欄の枠内に書きなさい。ただし、漢字は楷書《かいしょ》で、大きくていねいに書くこと。

(1) 商品を車で配送する。
(2) 魚が水中を遊泳する。
(3) 数日は晴天が続く見込みだ。
(4) 小説家として頭角を現す。
(5) 針金を曲げて輪をつくる。
(6) 問題の解決に努める。
(7) 野菜をコマかく刻む。
(8) 夕食のザイリョウを買う。
(9) ジュンジョよく並ぶ。
(10) ヤジルシの示す方向に進む。

2　次は、中学生のAさんと先生との会話です。□に入れる敬語表現として適切なものを、あとのア～ウから一つ選び、記号を○で囲みなさい。

先生　あなたが読みたいと言っていた本は図書室にありましたか。
Aさん　はい。先生の□とおり、図書室にありました。

ア　申し上げた　　イ　お話しした　　ウ　おっしゃった

3　次の文の□に入れるのに最も適していることばを、あとのア～ウから一つ選び、記号を○で囲みなさい。

多くの世代から人気を集め、本の□部数が大幅に増加する。

ア　発光　　イ　発行　　ウ　発効

二　次の文章を読んで、あとの問いに答えなさい。

カタツムリといえば、葉っぱの上にいるイメージがあります。そのイメージどおり、カタツムリは植物が好物で、カタツムリの多くは植物性のものを食べています。

昆虫などは食べる植物の種が決まっていることがありますが、①カタツムリは基本的に身近にあるさまざまな植物を食べています。生息環境によって多少の傾向はありますが、草の葉っぱはもちろん、木の芽や花びらだって食べますし、コケやキノコ、藻《そう》類も、よく食べます。生きている葉っぱも食べますし、微生物などによる分解途中の落ち葉を食べることもあります。

さまざまな食べ物を食べることは、移動能力が低いことと関係があると考えられています。もしも特定の植物の葉っぱしか食べられないと、その葉っぱを探すために周辺の環境をいつも探しまわらなければなりません。そうすると相当の時間がかかりますし、そのぶんエネルギーも消耗します。しかし、いろいろな種類の植物を食べられるなら、食べ物を探す時間もエネルギーも節約することができます。食べ

特別

2021年度

解　答　と　解　説

《2021年度の配点は解答用紙集に掲載してあります。》

＜数学解答＞(A問題)

1　(1)　8　(2)　$\frac{10}{21}$　(3)　-2　(4)　$5x+12y$　(5)　$3x$　(6)　$2\sqrt{5}$

2　(1)　イ　(2)　ウ　(3)　$3a+5b$円　(4)　6人　(5)　$x=9$　(6)　㋐　2　㋑　7　(7)　$\frac{3}{8}$　(8)　$\frac{25}{6}$　(9)　エ

3　(1)　(ア)　92　(イ)　182　(2)　$y=30x+2$　(3)　15

4　(1)　エ　(2)　ⓐ　DCB　ⓑ　DBC　ⓒ　ウ　(3)　$\frac{20}{3}$cm^2(求め方は解説参照)

＜数学解説＞

1　(数・式の計算，平方根)

(1)　四則をふくむ式の計算の順序は，乗法・除法→加法・減法となる。$11-6\div2=11-3=8$

(2)　3と7の最小公倍数の21に通分して，$\frac{1}{3}+\frac{1}{7}=\frac{1\times7}{3\times7}+\frac{1\times3}{7\times3}=\frac{7}{21}+\frac{3}{21}=\frac{7+3}{21}=\frac{10}{21}$

(3)　$4^2-18=4\times4-18=16-18=(+16)+(-18)=-(18-16)=-2$

(4)　分配法則を使って，$5(x-2y)=5\times x+5\times(-2y)=5x-10y$だから，$10x+2y-5(x-2y)=10x+2y-(5x-10y)=10x+2y-5x+10y=10x-5x+2y+10y=5x+12y$

(5)　$24x^2\div8x=\frac{24x^2}{8x}=3x$

(6)　同じ数の平方根をふくんだ式は，同類項をまとめるのと同じようにして簡単にすることができる。$6\sqrt{5}-4\sqrt{5}=(6-4)\sqrt{5}=2\sqrt{5}$

2　(近似値，等しい比，文字を使った式，資料の散らばり・代表値，一次方程式，因数分解，確率，関数$y=ax^2$，投影図)

(1)　十の位を四捨五入して得られる値が2600である数は，2550以上2650未満の数だから，イの2635である。

(2)　比の値が等しいとき，それらの比は等しい。4：9の比の値は$\frac{4}{9}$，2：3の比の値は$\frac{2}{3}$，9：4の比の値は$\frac{9}{4}$，12：27の比の値は$\frac{12}{27}=\frac{4}{9}$，14：19の比の値は$\frac{14}{19}$だから，4：9＝12：27

(3)　(1本a円のボールペン3本と1冊b円のノート5冊を買ったときの代金の合計)＝(ボールペンの代金の合計)＋(ノートの代金の合計)＝a(円)×3(本)＋b(円)×5(冊)＝$3a+5b$(円)

(4)　Aさんのハンドボール投げの記録が20.3mであったということは，Aさんの記録が含まれている階級は19m以上21m未満の階級であり，その階級の度数は6人である。

(5)　$3x-10=x+8$　左辺の項-10を右辺に，右辺の項xを左辺に移項して，$3x-x=8+10$　整理して，$2x=18$　両辺を2で割って，$x=9$

(6)　たして-5，かけて-14になる2つの数は，$+2$と-7だから$x^2-5x-14=\{x+(+2)\}\{x+(-7)\}=(x+2)(x-7)$　よって，㋐は2，㋑は7である。

(7)　3個の青玉を青$_1$，青$_2$，青$_3$，4個の白玉を白$_1$，白$_2$，白$_3$，白$_4$と区別すると，この袋から1個の玉を取り出すとき，すべての取り出し方は，赤，青$_1$，青$_2$，青$_3$，白$_1$，白$_2$，白$_3$，白$_4$の8通り。このうち，取り出した玉が青玉であるのは＿＿を付けた3通りだから，求める確率は$\frac{3}{8}$

(8)　点Aは関数$y=\frac{1}{6}x^2$上にあるから，そのy座標は$x=-5$を代入して$y=\frac{1}{6}\times(-5)^2=\frac{25}{6}$

(9)　アは直方体の**投影図**である。イは三角すいの投影図である。ウは三角柱の投影図である。エは正四角すいの投影図である。

3 (規則性，文字を使った式)

(1)　ジョイントマットの枚数(xの値)が1増えるごとに，ジョイントマットの列の長さ(yの値)は30ずつ増えるから，$x=3$のときのyの値は，$x=2$のときのyの値に対して30増えて，$62+30=92$…(ア)　また，$x=6$のとき，xの値は$x=3$に対して$6-3=3$増えたから，$x=6$のときのyの値は，$92+30\times3=182$…(イ)

(2)　(1)と同様に考えると，ジョイントマットの枚数がxのとき，xの値は$x=1$に対して$(x-1)$増えたから，ジョイントマットの枚数がxのときのyの値は，$y=32+30\times(x-1)=30x+2$…①

(3)　$y=452$となるときのxの値は，①に$y=452$を代入して$452=30x+2$　これを解いて，$x=15$

4 (点対称な図形，相似の証明，面積)

(1)　**点対称な図形**は，ある点を中心として180°だけ**回転移動**させたとき，もとの図形に重ね合わせることができる図形であり，このとき，中心とした点を**対称の中心**という。点対称な図形では，対応する2つの点を結ぶ直線は対称の中心を通る。問題の長方形ABCDに関して，点Aと点C，点Bと点Dが対応するから，対称の中心は対角線ACとBDの交点である。ここで，**長方形の対角線はそれぞれの中点で交わる**ことから，長方形ABCDの対称の中心は，線分BDの中点である。

(2)　2つの三角形の相似は，「3組の辺の比がそれぞれ等しい」か，「2組の辺の比とその間の角がそれぞれ等しい」か，「2組の角がそれぞれ等しい」ときにいえる。本証明は，「2組の角がそれぞれ等しい」をいうことで証明する。1組目の等しい角は，長方形の4つの内角の大きさがすべて等しく90°であることから，∠ABC＝∠DCB　つまり，∠GBF＝∠DCB…㋐　2組目の等しい角は，仮定のEB＝EFより，△EBFは二等辺三角形であり，**二等辺三角形の底角は等しい**ことから，∠EFB＝∠EBF　つまり，∠GFB＝∠DBC…㋑　㋐，㋑より，2組の角がそれぞれ等しいから　△GBF∽△DCB

(3)　(求め方)　(例)BF＝BC－FC＝4(cm)　△GBF∽△DCBだからGB：DC＝BF：CB＝2：3　よって，GB＝$\frac{2}{3}$DC＝$\frac{10}{3}$(cm)　したがって，△GBFの面積は，$\frac{1}{2}\times4\times\frac{10}{3}=\frac{20}{3}$(cm^2)

<数学解答>(B問題)

1　(1)　23　(2)　-4　(3)　$8x+5y$　(4)　$7a$　(5)　$2x^2+3x+5$　(6)　$-\sqrt{2}$

2　(1)　-36　(2)　エ　(3)　3，4　(4)　$x=2$，$x=10$　(5)　$\frac{11}{8}a$g　(6)　$\frac{5}{18}$
(7)　$\frac{9}{2}$　(8)　aの値$\frac{8}{25}$(求め方は解説参照)

3　(1)　①　(ア)　122　(イ)　272　②　$y=30x+2$　③　15
(2)　sの値21，tの値14

4　(1)　イ　(2)　解説参照　(3)　①　$\frac{14}{3}$cm　②　$\frac{400}{33}$cm^2

＜数学解説＞

1 (数・式の計算，式の展開，平方根)

(1) 四則をふくむ式の計算の順序は，乗法・除法→加法・減法となる。$5\times3-(-16)\div2=15-(-8)=15+8=23$

(2) $(-3)^2=(-3)\times(-3)=9$だから，$-13+(-3)^2=-13+9=-(13-9)=-4$

(3) 分配法則を使って，$3(4x-y)=3\times4x+3\times(-y)=12x-3y$，$4(x-2y)=4\times x+4\times(-2y)=4x-8y$だから，$3(4x-y)-4(x-2y)=(12x-3y)-(4x-8y)=12x-3y-4x+8y=8x+5y$

(4) $63a^2b\div9ab=\dfrac{63a^2b}{9ab}=7a$

(5) **乗法公式**$\boldsymbol{(x+a)(x+b)=x^2+(a+b)x+ab}$より，$(x+4)(x+1)=x^2+(4+1)x+4\times1=x^2+5x+4$，**乗法公式**$\boldsymbol{(a-b)^2=a^2-2ab+b^2}$より，$(x-1)^2=x^2-2\times x\times1+1^2=x^2-2x+1$だから，$(x+4)(x+1)+(x-1)^2=(x^2+5x+4)+(x^2-2x+1)=x^2+5x+4+x^2-2x+1=2x^2+3x+5$

(6) $\sqrt{8}=\sqrt{2^2\times2}=2\sqrt{2}$，$\sqrt{32}=\sqrt{4^2\times2}=4\sqrt{2}$だから，$\sqrt{2}+\sqrt{8}-\sqrt{32}=\sqrt{2}+2\sqrt{2}-4\sqrt{2}=(1+2-4)\sqrt{2}=-\sqrt{2}$

2 (式の値，数の性質，平方根，二次方程式，文字を使った式，確率，直方体の表面積，関数とグラフ)

(1) $a=-6$，$b=4$のとき，$4a-3b=4\times(-6)-3\times4=-24-12=-(24+12)=-36$

(2) (整数)＋(整数)は整数になるから，$a+b$の値は整数になる。(整数)－(整数)は整数になるから，$a-b$の値は整数になる。(整数)×(整数)は整数になるから，$a\times b$の値は整数になる。(整数)÷(整数)は，例えば$1\div2=0.5$のように整数にならないことがあるから，$a\div b$の値は整数にならないことがある。

(3) $2=\sqrt{4}$，$3=\sqrt{9}$より，$2<\sqrt{2n}<3$…①　すなわち，$\sqrt{4}<\sqrt{2n}<\sqrt{9}$だから，$4<2n<9$である。$2\times2=4$，$2\times3=6$，$2\times4=8$，$2\times5=10$より，①を満たす自然数$n$の値は，$n=3$，$4$

(4) $x^2-12x+20=0$　たして-12，かけて$+20$になる2つの数は-2と-10だから$x^2-12x+20=\{x+(-2)\}\{x+(-10)\}=(x-2)(x-10)=0$　$x=2$，$x=10$

(5) 箱Aにはりんごが22個入っているから，箱Aに入っているりんごの重さの平均値をagとするとき，箱Aに入っているりんごの重さの合計はa(g)×22(個)＝$22a$(g)　箱Bにはりんごが16個入っており，箱Aに入っているりんごの重さの合計と，箱Bに入っているりんごの重さの合計は同じであるから，箱Bに入っているりんごの重さの平均値は，$22a$(g)÷16(個)＝$\dfrac{22}{16}a=\dfrac{11}{8}a$(g)

(6) 二つのさいころを同時に投げるとき，全ての目の出方は$6\times6=36$(通り)。このうち，出る目の数の和が6より小さいのは，一方のさいころの出る目の数をa，もう一方のさいころの出る目の数をbとしたとき，$(a,\ b)=(1,\ 1)$，$(1,\ 2)$，$(1,\ 3)$，$(1,\ 4)$，$(2,\ 1)$，$(2,\ 2)$，$(2,\ 3)$，$(3,\ 1)$，$(3,\ 2)$，$(4,\ 1)$の10通り。よって，求める確率は$\dfrac{10}{36}=\dfrac{5}{18}$

(7) 直方体ABCD－EFGHを展開したとき，側面は縦の長さが直方体の高さAEに等しく$a$cm，横の長さが直方体の底面の周の長さAB＋BC＋CD＋DAに等しく$3+4+3+4=14$(cm)だから，直方体ABCD－EFGHの表面積をaを用いて表すと，(底面積)×2＋(側面積)＝$3\times4\times2+a\times14=14a+24$　これが87cm^2に等しいから，$14a+24=87$　$a=\dfrac{63}{14}=\dfrac{9}{2}$

(8) (求め方) (例)Aはℓとx軸との交点だから，Aのx座標をsとすると　$-2s+5=0$　これを解くと$s=\dfrac{5}{2}$　Bのx座標はAのx座標と等しいから　B$\left(\dfrac{5}{2},\ 2\right)$　Bはm上の点だから　$2=a\times\left(\dfrac{5}{2}\right)^2$　よって　$a=\dfrac{8}{25}$

3 (規則性，文字を使った式，方程式の応用)

(1) ① 「マットAの枚数」(xの値)が1増えるごとに，「マットAの列の長さ」($y$cmの値)は30cmずつ増えるから，$x=4$のとき，xの値は$x=1$に対して$4-1=3$増えたから，$x=4$のときのyの値は，$32+30\times3=122$…(ア)　また，$x=9$のとき，xの値は$x=1$に対して$9-1=8$増えたから，$x=9$のときのyの値は，$32+30\times8=272$…(イ)

② ①と同様に考えると,「マットAの枚数」がxのとき，xの値は$x=1$に対して$(x-1)$増えたから,「マットAの枚数」がxのときのyの値は，$y=32+30\times(x-1)=30x+2$…㋐である。

③ $y=452$となるときのxの値は，㋐に$y=452$を代入して$452=30x+2$　これを解いて，$x=15$

(2) 「マットAの枚数」がsのとき,「マットAの列の長さ」は㋐より$30s+2$…㋐　同様に考えて,「マットBの枚数」がtのとき，「マットBの列の長さ」は$47+45\times(t-1)=45t+2$…㋒　よって，「マットAの列の長さ」と「マットBの列の長さ」が同じであるとき，$30s+2=45t+2$　整理して，$2s-3t=0$…㋓　また，このとき，sの値がtの値よりも7大きいから，$s=t+7$　つまり，$s-t=7$…㋔　㋓，㋔をs，tの連立方程式として解く。㋓－㋔×2より，$-t=-14$　$t=14$　これを㋔に代入して，$s-14=7$　$s=21$

4 (回転体，相似の証明，線分の長さ，面積)

(1) △DBCを直線BCを軸として1回転させてできる立体は，底面の円の半径がCD，高さがBCの円すいである。

(2) (証明) (例)△AEDと△CFDにおいて四角形ABCDは長方形だから，∠DAE＝∠DCF＝90°…㋐　∠ADE＝∠ADC－∠EDC＝90°－∠EDC…㋑　∠CDF＝∠EDF－∠EDC＝90°－∠EDC…㋒　㋑，㋒より∠ADE＝∠CDF…㋓　㋐，㋓より，2組の角がそれぞれ等しいから，△AED∽△CFD

(3) ① (2)より△AED∽△CFDで，相似な図形では，対応する線分の長さの比はすべて等しいから，AE：CF＝AD：CD　$AE=\frac{CF\times AD}{CD}=\frac{7\times6}{9}=\frac{14}{3}$(cm)

② $BE=AB-AE=9-\frac{14}{3}=\frac{13}{3}$(cm)　EB//GCより，平行線と線分の比についての定理を用いると，CG：BE＝CF：BF　$CG=\frac{BE\times CF}{BF}=\frac{BE\times CF}{BC+CF}=\frac{\frac{13}{3}\times7}{6+7}=\frac{7}{3}$(cm)　$DG=CD-CG=9-\frac{7}{3}=\frac{20}{3}$(cm)　EB//DGより，平行線と線分の比についての定理を用いると，EH：GH＝BE：DG＝$\frac{13}{3}$：$\frac{20}{3}$＝13：20　よって，EG：GH＝(13＋20)：20＝33：20　△DEGと△DHGで，高さが等しい三角形の面積比は，底辺の長さの比に等しいから，△DEG：△DHG＝EG：GH＝33：20　$\triangle DHG=\frac{20}{33}\triangle DEG=\frac{20}{33}\times\frac{1}{2}\times DG\times AD=\frac{20}{33}\times\frac{1}{2}\times\frac{20}{3}\times6=\frac{400}{33}$(cm²)

＜英語解答＞(A問題)

1 (1) イ　(2) イ　(3) ア　(4) ウ　(5) ア　(6) イ　(7) イ
(8) ア　(9) イ　(10) イ　(11) ウ　(12) ウ

2 (1) ア　(2) イ　(3) ウ　(4) ア

3 ① ウ　② イ　③ ウ

4 (1) エ　(2) エ　(3) ウ　(4) ア

5 ［Ⅰ］ (1) ア　(2) a park near the lake　(3) ア
(4) the most beautiful view
［Ⅱ］ (例)① want to go to Australia.　② I can see interesting animals.

英語リスニング

1 ウ　2 イ　3 イ　4 (1) イ　(2) エ　5 (1) ア　(2) ウ　6 エ

<英語解説>

1 (語句補充・選択：形容詞，名詞，前置詞，過去形，助動詞，動名詞，受け身，現在完了)

(1) make =作る　read =読む　show =表す，示す
(2) new =新しい　old =古い　small =小さい
(3) doctor =医者　scientist =科学者　singer =歌手
(4) by =～のそばに　in =～の中に　on =～の上に
(5) delicious =美味しい　expensive =(値段が)高い　heavy =重い
(6) you =あなたは，あなたが　your =あなたの　yours =あなたのもの
(7) write =書く　wrote = write の過去形　written =write の過去分詞
(8) **< can +動詞の原形～>で「～することができる」の意味を表す。**
(9) how =どのように　when =いつ　which =どちらの
(10) enjoy ~ ing =～することを楽しむ　**enjoy の後は～ ing (動名詞)の形が続く。enjoy to の形にはしないことに注意。**
(11) **< be 動詞+過去分詞～>で「～される」の意味を表す(受け身)。**
(12) **< have (has) +過去分詞>で「(今の時点までに)～した」を表す(現在完了)。**

2 (和文英訳・選択：文の構造，比較，関係代名詞，過去形)

(1) **< ask +人+～>で「(人)に～をたずねる」**
(2) **<A +動詞～+副詞の比較級… + than B >=AはBより…に～する。(比較級) better は well (=よく，上手に)の比較級**
(3) 先行詞 the boy (=その少年)を who 以下(=コーチと一緒にテニスをしている)が修飾している(関係代名詞)英文を選べばよい。The boy [who is playing tennis with the coach] is Taro.
(4) **<A(人) + buy +B(人) +物～>で「AはBに～を買う」**

3 (会話文問題：メモを用いた問題，語句補充・選択)

(全訳) 直美：テッド，お昼に*お寿司*を食べましょう？　家で*お寿司*を食べられるのよ。見て，この2つのうちのひとつを選べるの。このお店は*お寿司*に地元の新鮮な魚を使っているのよ。
テッド：それはいいね，ナオミ。僕は地元の魚を食べたいな。
直美　：「地元の魚をつかった*すし*10種」はどう？　値段は①800円よ。
テッド：そうするよ。君も同じのにしてみる？
直美　：そうするわ。ええと，このお店は②電話で注文するのよ。
テッド：なるほど。
直美　：③30分で家に*お寿司*を持って来てくれるわ。
テッド：それはいいね！

① six ＝6　seven ＝7　eight ＝8
② by e-mail ＝メールで　by phone ＝電話で　by the Internet ＝インターネットで
③ ten ＝10　twenty ＝20　thirty ＝30

4 (会話文問題：文の挿入)

(1) A：今日朝食に何を食べましたか？／B：パンと牛乳を食べました。

(2) A：手伝ってもらえますか？／B：もちろんです。／A：ありがとうございます。この箱を運んでいただけますか？

(3) A：すみません。この近くの駅はどこですか？／B：ごめんなさい。分かりません。私は観光客なのです。／B：大丈夫です，ありがとうございました。他の人に聞いてみます。

(4) A：ごめんなさい。遅れました。私たちは電車を逃しましたか？／B：はい，電車は行ってしまいました。もう遅刻しないでくださいね。／A：分かりました。私は遅刻しません。次の時はもっと早く来ます。／B：それを聞いて嬉しいです。

5 (読解問題・エッセイ：語句補充・選択，語句の解釈・指示語，語句の並べ換え，条件・自由英作文)

[Ⅰ] (全訳) こんにちは，皆さん。2年前の夏休みの間，僕はおじさんのところを①訪れるためにカナダへ行きました。僕はおじさんの家に2週間滞在しました。彼は小さな町に住んでいます。その町は有名です，なぜならそこではオーロラを見ることができるからです。僕はオーロラを見る日を待っていました。ある日，おじさんが言いました，「今日は天気がいいよ。だから今夜ははっきりオーロラが見られるよ。その景色は美しいよ。」僕はそれを聞いてとてもワクワクしました。

夜，僕たちは湖の近くの公園へ行きました。Ⓐそこはオーロラを見るのにその町で最適な場所でした。1時間後，僕たちはついに空にオーロラを見ました。はじめ，オーロラは緑の煙のようでした。それからオーロラはどんどん大きくなり始めました。オーロラのある空は明るくなってきました。オーロラはカーテンのように見えました。オーロラはとても輝いていました。湖は大きな鏡のようでした。湖もとても②輝いていました，なぜならオーロラの空を映していたからです。僕はおじさんに言いました，「僕が見てきた中で最も美しい眺めです。とても嬉しいです。」オーロラを見たことは僕の人生で最高の経験の1つでした。決して忘れないでしょう。ありがとうございました。

(1) to 不定詞の後は動詞は原形なので visit が適当。

(2) 全訳参照。下線部Ⓐ直前の文に注目。

(3) bright ＝輝いて，光って　cold ＝寒い，冷たい　small ＝小さい　「湖もまた(also)～」とあることに注目。空所②を含む文の2つ前の一文に注目，「オーロラはとても輝いていました」とある。

(4) (This is)the most beautiful view (I have ever seen.) the most beautiful view (that) I have ever seen. (関係代名詞の省略)　＜ **the most** ＋形容詞～＞で「最も～な」

[Ⅱ] (問題文と解答例訳)

ジム　：将来，僕はカナダでもう一度オーロラを見たいと思っています。もし旅行する機会があったらどこへ行きたいですか？

あなた：私は①オーストラリアへ行きたいです。

ジム　：なぜそこへ行きたいのですか？

あなた：②なぜなら私はおもしろい動物たちを見ることができるからです。

<英語解答>(B問題)

1 [Ⅰ] ① ア　② ウ　③ ウ　④ イ　⑤ イ　[Ⅱ] (1) ア　(2) ウ　(3) イ　(4) エ　(5) ① No, she doesn't.　② They showed the importance of trying.

2 (1) one or two years old　(2) エ　(3) watched what the children did　(4) イ　(5) ウ　(6) people who need help　(7) エ

3 (例)① I will clean the library today. Can you help me?　② I think A is better because there is a picture. If small children come, they can understand the meaning clearly.

英語リスニング

1 ウ　2 イ　3 イ　4 (1) イ　(2) エ　5 (1) ア　(2) ウ　6 エ

<英語解説>

1 (読解問題・エッセイ：メモを用いた問題，語句補充，文の挿入，内容真偽，英問英答)

[Ⅰ] 問題文の日本語を参照。

① **<be動詞＋ interested in ～>**で～に興味をもつ

② **< be 動詞＋過去分詞～>**で「～される」の意味(受け身)。call の過去分詞 called が適当。

③ ここでは take は「(時間が)かかる」の意味。

④ lead ＝案内する，導く　reach ＝～に着く　ride ＝(乗り物，馬に)乗る

⑤ **< have ＋過去分詞>**で「(今まで)～してきた，した」の意味を表す(現在完了)。

[Ⅱ] (全訳)

ヨハン：ハイ，沙紀。ラパ・ヌイについての君のスピーチはとても興味深かったよ。実は，ノルウェイで僕はラパ・ヌイについて学んだんだ。

沙紀：まあ，本当に？ ①なぜノルウェイでそれについて学んだの？

ヨハン：ラパ・ヌイについての研究の先駆者の一人がノルウェイの人だからだよ。彼の名前はトール・ヘイエルダールというんだ。彼は謎を解き明かそうと多くのことを試したんだ。

沙紀：彼は何をしたの？

ヨハン：君が知っている通りモアイ像がその島のいたるところにあるけれど，それらはすべてラパ・ヌイ島の1つの山から切り出されたんだ。そして，トール・ヘイエルダールはその重いモアイ像について疑問をもったんだよ。彼は古代の時代に何の機械もなしに②どのようにしてそれらが山から動かされたのか知りたいと思ったんだ。そこで彼は地元の人たちにそれについて聞いてみたら，彼らは「モアイ像は山から歩いてきた。」と言ったんだよ。

沙紀：それは不可能だわ。ただの伝説でしょう？

ヨハン：僕もそうだと思う，でも彼はもしロープで立っているモアイ像を引っ張ったら，モアイ像は歩くことができると思ったんだ。だから，彼はたくさんの地元の人たちとやってみたんだよ。そしてモアイ像が引っ張られた時，その動きは歩いているように見えたん

だ！

沙紀　　：それはおもしろいわね。

中井先生：こんにちは，ヨハンと沙紀。何について話しているのですか？

ヨハン　：こんにちは，中井先生。僕たちはモアイ像とノルウェイのトール・ヘイエルダールについて話しているところです。彼について知っていますか？

中井先生：はい，知っています。大学生の時に，彼の冒険についての本を読みました。それはとても面白かったです。

沙紀　　：彼の「冒険」ですか？　それは何ですか？

中井先生：トール・ヘイエルダールは，ポリネシアの島々の古代の人々は南アメリカから来たと思っていたのです，大部分の科学者たちが彼の理論を信じませんでしたけどね。彼の理論が正しいことを示すために，彼は南アメリカからいかだでそこへ行こうとしました。

ヨハン　：彼は古代の人々はいかだで旅をしたと思ったのですね？

中井先生：そうです。ア南アメリカで，彼は木を切りいかだを作りました。彼は旅に電気を使わなかったのです。

沙紀　　：ええ！可能だったのですか？

中井先生：そうですね，たくさんの困難がありました。例えば，風が吹いていない時はいかだは動きませんでした。イそして，時にはいかだが激しい雨や海の大きな魚に襲われてしまうこともありました。しかしながら，太平洋に出て101日後，からはポリネシア島の海岸に到着したのです。

沙紀　　：それはすごいことですね！それから，みんな彼の理論を信じたのですね？

中井先生：いいえ，沙紀。ウ彼はいかだで太平洋を渡ることができると示しましたが，彼の冒険は彼の理論を証明しませんでした。

沙紀　　：まあ，彼がかわいそうだと思います。彼はこんなにすごいことをしたのに，何の意味もなかったのですね。

中井先生：それは違いますよ，沙紀。エたくさんの人々が彼の冒険から古代の謎はおもしろいということが分かりました。私もそのうちの1人です。彼は私に古代の歴史を勉強することの楽しさを示してくれました。

ヨハン　：いかだでの冒険が終わっても，彼はさまざまな挑戦を続けました。僕は彼の挑戦はやってみることの大切さを教えてくれたと思います。

沙紀　　：良い情報をありがとうございます。中井先生とヨハン。

(1)　全訳参照。空所①を含む文の直後のヨハンの発言に注目。Because ～(＝なぜなら)で前に聞かれたことに答えているので，空所①はwhy (＝なぜ)が適当。

(2)　全訳参照。　ア　どのように科学者たちによってそれらが解決されたか　イ　どのようにしてそれらが山で発見されたか　ウ　どのようにしてそれらが山から動かされたか(○)　ヨハンの3番目の発言に注目。　エ　どのようにしてそれらが地元の人々によって表現されたか

(3)　全訳参照。問題文はいかだで太平洋を渡った旅の内容についての一文なのでイに入るのが自然。

(4)　全訳参照。　ア　ラパ・ヌイ島の地元の人々は，トール・ヘイエルダールが彼らにたずねた時，過去にロープで立っているモアイ像を引っ張ったと言った。　イ　沙紀は，トール・ヘイエルダールがモアイ像でやったことについて聞く前は歩くモアイ像の話は本当だと信じた。

ウ　大部分の科学者たちは，トール・ヘイエルダールが南アメリカからポリネシアの島へいかだで行こうとした時，彼の理論に賛成した。　エ　トール・ヘイエルダールがいかだを使ったの

は，彼の考えによると，それが古代の人々が太平洋を渡る時の方法だったからだ。(○)　中井先生の3番目から4番目の発言と会話の内容に注目。

(5)　①　中井先生は，トール・ヘイエルダールの冒険は何も意味がないと思っていますか？／いいえ，彼女は思っていません。　中井先生の7番目の発言参照。　②　ヨハンの考えによると，トール・ヘイエルダールの挑戦は何を示してくれていますか？／それらはやってみることの大切さを教えてくれています。ヨハンの最後の発言参照。

2 (長文読解問題・エッセイ：語句補充，語句の並べ換え，文の挿入，文の並べ換え，和文英訳，内容真偽)

(全訳)　こんにちは，皆さん。皆さんに1つ質問があります。1歳か2歳のとても幼い子どもを想像してください。そんな幼い子どもが他の人を助けることができると思いますか？　僕の答えは「いいえ」でした。僕はそんな幼い子どもがどのように誰かを助けるかを理解することはできないと思っていました。そして，僕はⒶその年齢のほとんどの子どもたちにとって誰か他の人のために何かをするのは難しいと思っていたのです。しかしながら，興味深い研究とある経験がこの質問に対する私の答えを変えたのです。

先月，新聞を読んでいた時，アメリカで行われたこの面白い研究を見つけました。それは研究に参加した当時19か月①の子どもたちの行動についての研究でした。「これらの幼い子どもたちは他者を助ける行動をとることができるか？」これが研究者たちの疑問でした。彼らは2つの状況下で研究をしました。それぞれの状況下ではじめに，大人が子どもに一切れの果物を見せて，それを床に置いたトレーの中に落としました。それから，大人は子どもたちにそれぞれの状況下で異なる行動を見せました。②その研究者たちは，その子どもたちがそれぞれの状況下でしたことを見ました。

最初の状況下では，大人はその果物を拾おうとしませんでした。すると，子どもたちの4%がその果物を拾い大人に渡しました。2つ目の状況下では，大人は果物を拾おうとしましたが取ることができませんでした。この場合何パーセントの子どもたちが大人に果物を渡したか推測してください。10？　30？　その研究によると，58%でした。4%から58%です！このような大きな違いは僕を驚かせました。研究者たちは③果物を拾おうとする大人の行動は子どもたちの行動に何らかの影響を与えるということを発見しました。

数か月前，僕は1歳半くらいの友だちの妹にはじめて会った時，似たような経験をしました。友だちの家で彼とイチゴを食べていると，彼の妹が僕たちのところに来ました。僕は彼女は一緒にイチゴを食べたいのだろうと思いました。④(ii)そこで，僕はお皿からイチゴを1つ彼女にあげようとしました。(iii)しかしながら，僕はテーブルにイチゴを落としてしまい，それを拾い上げようとしました。(i)彼の妹は僕の手がイチゴに届かないと分かると，それを拾い上げたのです。そして彼女はそれを僕にくれました。僕は彼女の行動に驚きましたが，心があたたかくなりました。僕は「ありがとう」と言って彼女にほほ笑みかけました。僕は彼女に違うイチゴをあげました。

さて，皆さんにもう一度質問します。1歳か2歳のとても幼い子どもは力になれますか？　僕は「はい」というつもりです，なぜなら僕はもうとても幼い子どもたちに対して違う見方をもっているからです。僕はとても幼い子どもたちは他者を助けることができると思います。また，そのような子どもたちは特に⑤助けを必要とする人たちに行動がとれると思います。僕は彼らの行動について知ることを通して彼らの優しい気持ちを感じました。また，子どもたちについてよく知らないことがたくさんあることも分かりました，だから彼らについてもっと知りたいと思います。聞いてくれてありがとうございました。

(1)　全訳参照。第1段落3文目に注目。

(2)　全訳参照。関係代名詞 who の先行詞は children (三人称複数)で，文の時制は過去なので空所①に入るbe 動詞は were が適当。

(3)　全訳参照。(The researchers) watched what the children did (in each situation.) what the children did は watched の目的語になる名詞節なので what + 主語´+動詞´の語順になることに注意。

(4)　全訳参照。　ア　2つの状況下で最も重要な違いは子どもたちの年齢だ。　イ　果物を取ろうとするという大人の行動は子どもの行動に何らかの影響を与える。(○)　ウ　約半数の子どもたちがとろうとする努力を見せなかった大人に果物を渡した。　エ　大人が果物を欲しいということを示すと果物を渡す子どもたちの割合が低下した。

(5)　全訳参照。空所④の前後の文脈に注目。健と友だちの妹とのその場でのかかわりが説明されている。

(6)　関係代名詞 who を使って people を説明する節を作ればよい。need =～を必要とする

(7)　ア　健は研究者たちにとても幼い子どもたちの行動についての研究をするように頼んだ。　イ　健は子どもたちの行動と大人の行動は違うということに驚いた。　ウ　友だちの妹が研究で良いことをしたと知った時，健の心はあたたかくなった。　エ　とても幼い子どもたちに対する健の見方は，彼が見つけた研究と彼の経験を通して変わった。(○)　第5段落2文目から4文目に注目。

3 (条件・自由英作文)

(問題文と解答例訳)

あなた：ハイ，エマ。来週，学園祭がありたくさんの人たちが図書室に来るの。①今日図書室を掃除するつもりなの。手伝ってくれる？

エマ　：もちろん，でもその前に，あなたの意見がほしいの。見て，私は図書室への道を示すこれらの2つの標示を作ったの。私は1つを選びたいと思う。教えて。AとB，どちらがいい？なぜそう思うの？

あなた：②私はAがいいと思うの，なぜなら絵があるから。小さい子どもたちが来た時に意味がはっきり分かるわ。

エマ　：ありがとう。この2つからこれを使うわ。

2021年度英語　リスニング・スクリプト

〔放送台本〕

1 Bob:　Hi, Emi.　My sister and I will watch a football game this Saturday. Can you join us?

Emi:　Yes, Bob.　I love football.　What time will the game start?

〔英文の訳〕

1 ボブ：ハイ，恵美。僕の姉(妹)と僕は今度の土曜日にフットボールの試合を観に行くつもりなんだ。一緒に行く？

恵美：ええ，ボブ。私はフットボールが大好きなの。試合は何時に始まるの？

ボブ：ウ　(午後2時だよ。)

〔放送台本〕

2 Lisa: Hi, Yuta. I took this photo in Australia. This building is popular in this town.

Yuta: I see. Oh, there are some people on the road. Are they visitors, Lisa?

Lisa: Yes. They can enjoy sightseeing around this building.

〔英文の訳〕

2 リサ：ハイ，裕太。私はこの写真をオーストラリアで撮ったの。この建物はこの町で人気があるのよ。

裕太：そうなんだね。ああ，道に何人か人がいるね。彼らは観光客かな，リサ？

リサ：そうよ。彼らはこの建物のまわりで観光を楽しむことができるのよ。

答え：イ

〔放送台本〕

3 Naoya: Look, Nina. I drew a picture of your favorite animal. You said you saw one on the farm last weekend, right?

Nina: Wow, this is very cute, Naoya. I'm happy. You remember that. I like some parts of this picture.

Naoya: Really? Which parts do you like?

Nina: Well, it has two colors, black and white, right? Look at the head. One of its ears is black. That's cute.

Naoya: I see, how about its body?

Nina: Well, in your picture, two of its legs are white. I like them, too.

Naoya: I'm happy to hear that. Thank you, Nina.

〔英文の訳〕

3 尚也　：見て，ニーナ。僕は君の好きな動物の絵を描いたよ。この前の週末これを農場で見たと言ってたよね？

ニーナ：わあ，とてもかわいいわね，尚也。嬉しいわ。覚えていてくれたのね。私はこの絵の何か所か好きなところがあるわ。

尚也　：本当？　どの部分が好き？

ニーナ：そうね，黒と白の2色使っているわよね？　頭を見て。片方の耳は黒よ。かわいいわ。

尚也　：そうか，胴体はどう？

ニーナ：ええと，あなたの絵では，2つの足が白いわね。そこも好きよ。

尚也　：それを聞いて嬉しいよ。ありがとう，ニーナ。

答え　：イ

〔放送台本〕

4 Good afternoon. This is information for the people who are going to go to the concert at the stadium. If you wish to go to the stadium by bus, please go

out of the station from gate No. 2. The buses will leave the station every 10 minutes until 5 p.m. You can also walk and arrive at the stadium in about 20 minutes. If you wish to do so, please go out from gate No. 1 and follow the signs to the stadium. This station will be very crowded when the concert is over, so it is better to buy a train ticket for returning before going to the concert. Have a nice day. Thank you.

Question 1: What will people do to take a bus?

Question 2: How long will it take to walk to the stadium from the station?

〔英文の訳〕

4　こんにちは。スタジアムでのコンサートに行かれる方々へのお知らせです。スタジアムまでバスをご利用したい方は，2番口から駅を出てください。バスは午後5時まで10分おきに発車します。徒歩でも約20分でスタジアムに到着します。そうされたい場合は，1番口から出てスタジアムへの標示に従ってください。当駅はコンサートが終了するととても混み合いますので，コンサートに行かれる前にお帰りの電車の切符を購入された方がよろしいです。お楽しみください。ありがとうございました。

質問1：人々はバスに乗るために何をしますか？

答え　：イ　(2番出口から出ます。)

質問2：駅からスタジアムまでは徒歩でどのくらいかかりますか？

答え　：エ　(約20分)

〔放送台本〕

5　Clerk: Hello, Mr. Sato. Thank you for coming again. How can I help you?

Mr. Sato: Well, I am looking for a T-shirt.

Clerk: Sure. How about this blue one? It is very popular.

Mr. Sato: It is very nice, but it looks a little large for me. Do you have a small one?

Clerk: Just a moment, please. … Sorry, we don't have a blue one, but we have other colors.

Mr. Sato: OK. What colors do you have?

Clerk: We have black, brown and green T-shirts.

Mr. Sato: Can you show me a black T-shirt?

Clerk: Sure. Here you are.

Mr. Sato: Oh, I think this looks good. I will buy it. How much is it?

Clerk: It is 10 dollars. If you buy one more T-shirt, the second T-shirt will be 5 dollars.

Mr. Sato: That sounds great. Then, I will also buy the green one.

Clerk: OK. Thank you for shopping here.

Question 1: What colors of T-shirts will Mr. Sato buy?

Question 2: How much will Mr. Sato pay for the two T-shirts?

〔英文の訳〕

店員：こんにちは，佐藤様。再びのご来店ありがとうございます。いかがいたしましょう？
佐藤：ええと，Tシャツを探しているのです。
店員：かしこまりました。この青いものはいかがですか？　とても人気があります。
佐藤：とても素敵ですね，でも私には少し大きいようです。小さいものはありますか？
店員：少しお待ちください。…申し訳ございません，青はありません，他の色ならございます。
佐藤：分かりました。何色がありますか？
店員：黒，茶，そして緑のTシャツがございます。
佐藤：黒のTシャツを見せてもらえますか？
店員：かしこまりました。こちらです。
佐藤：おお，これはいい感じだと思います。これをいただきます。おいくらですか？
店員：10ドルです。もう1枚Tシャツをお買い上げいただくと，2枚目は5ドルになります。
佐藤：それはすばらしい。それでは緑も買いましょう。
店員：承知しました。当店でのお買い物ありがとうございます。
質問1：佐藤さんは何色のTシャツを買うつもりですか？
答え　：ア　黒と緑
質問2：佐藤さんはTシャツ2枚分でいくら支払いますか？
答え　：ウ　（15ドル）

〔放送台本〕

6　Mary: Hi, Kenta. What are you doing?
Kenta: Hi, Mary. I'm looking for an English book for my homework.
Mary: You have to read an English book and write a report about it, right?
Kenta: Yes. Oh, that may be quite easy for you.
Mary: Well, I've got special homework. My teacher told me to read a Japanese book and write a report about it. So, it was not easy.
Kenta: Have you done it?
Mary: Yes. The book I borrowed was quite difficult for me, but I enjoyed it. Especially, I loved the main character of the book. He was so cool.
Kenta: That's great. How did you choose the book?
Mary: My teacher gave me advice. He said the story of this book was very interesting.
Kenta: I see. Well, do you have any ideas for an English book for me?
Mary: I know a good one for you.
Kenta: Thank you, Mary, but I hope the book will not be so difficult.
Mary: It may be a little difficult for you, but I think you'll be able to enjoy it. And I think you should try some difficult books if you want to improve your English.
Kenta: You are right. I will try it.

〔英文の訳〕

メアリー：ハイ，健太。何をしているの？

健太　　：ハイ，メアリー。宿題のために英語の本を探しているんだよ。
メアリー：英語の本を読んでそれについてレポートを書かなければいけないのね？
健太　　：そうなんだ。ああ，君にとってはすごく簡単かもしれないな。
メアリー：ええと，私には特別な宿題が出されたのよ。先生は私に日本語の本を読んでそれについてレポートを書くように言ったの。だから，簡単ではないわ。
健太　　：もうやったの？
メアリー：ええ。私が借りた本は私にはとても難しかったけど，楽しめたわ。特に，その本の主人公が大好きだったのよ。彼はとてもかっこよかったの。
健太　　：それはすごいね。どうやってその本を選んだの？
メアリー：先生が私にアドバイスをくれたの。彼はこの本の物語はとてもおもしろいと言っていたわ。
健太　　：なるほど。うーん，僕の英語の本に何かアイディアはないかな？
メアリー：あなたにいいのをひとつ知っているわ。
健太　　：ありがとう，メアリー，でもそんなに難しくないのだといいな。
メアリー：あなたには少し難しいかもしれないけど，あなたは楽しめると思うわ。それに英語を上達させたいと思うなら難しい本に挑戦してみるべきだと思うわ。
健太　　：その通りだね。やってみるよ。
答え　　：エ　(メアリーは健太に，彼の英語力をより良くするための本を選ぶことについて助言した。)

<理科解答>

1　[Ⅰ]　(1)　S極　(2)　イ　(3)　大きい
(4)　ウ　(5)　ウ　[Ⅱ]　(6)　右図　(7)　エ
(8)　200Pa　(9)　力がつりあっていること。

2　[Ⅰ]　(1)　イ　(2)　①　イ　②　エ　(3)　2
[Ⅱ]　(4)　ウ　(5)　$1.2g/cm^3$
[Ⅲ]　(6)　①　ア　②　ウ　(7)　ウ

3　[Ⅰ]　(1)　風化[風解]　(2)　①　ア　②　エ　(3)　しゅう曲　[Ⅱ]　(4)　100
(5)　イ　[Ⅲ]　(6)　ウ　(7)　①　ア　②　エ

4　[Ⅰ]　(1)　ア　(2)　子房　(3)　①　ア　②　ウ　(4)　イ
[Ⅱ]　(5)　①　外骨格　②　40倍　③　エ　(6)　葉緑体をもち，光合成を行う。

<理科解説>

1　(電流と磁界，静電気，力と圧力)

[Ⅰ]　(1)　磁石のまわりの空間は，磁力がはたらく状態になっており，この空間を**磁界**(磁場)という。磁界を表す**磁力線**は，N極から出てS極に入る。

(2)　鉄は磁石につくが，銅やアルミニウムなどの金属は磁石につかない。このことから，磁石につくことは，金属に共通した性質ではないことがわかる。

(3)　1本の導線を円形に何重にも巻いたコイルの磁界は，1本の導線に流れる電流によってできる磁界が集まることで強められている。コイルのまわりの磁界の向きは，電流の向きによって決まり，電流が大きいほど，また，コイルの巻き数が多いほど磁界は強い。

(4)　1本の導線を流れる電流のまわりには，導線を中心として電流の向きに対して**右回りの同心円状の磁界**ができる。

(5)　電気には＋と－の2種類があり，同じ種類の電気どうしは反発し合い，異なる種類の電気どうしは引き合う。物質は＋と－の電気を同じ量だけもっているが，異なる物質どうしをこすり合わせると，一方の物質の－の電気が他方の物質に移動して，それぞれの物質が－または＋に帯電する。

[Ⅱ]　(6)　物体にはたらく力は，力のはたらく点(**作用点**)，力の向き，力の大きさという3つの要素をもち，点と矢印を使って表す。物体にはたらく力を表すとき，力のはたらく点を1つにして，1本の力の矢印で表す。

(7)　物体どうしがふれ合う面に力がはたらくとき，その面を垂直におす単位面積あたりの力の大きさを**圧力**という。同じ大きさの力がはたらいても，力がはたらく面積が小さいほど圧力は大きくなる。箸を使うとお好み焼きとふれ合う面積が小さいために，小さい部分に大きな圧力がはたらいて，お好み焼きの形がくずれる。

(8)　圧力(Pa)＝面を垂直におす力(N)÷ 力がはたらく面積(m^2)より，2(N)÷ 0.01(m^2)＝ 200(Pa)

(9)　物体に力がはたらいていないか，力がはたらいていてもつり合っているために，**合力**が0のとき，静止している物体は静止し続ける。物体がもつこの性質を**慣性**という。

2 (物質とその性質─有機物，酸性・アルカリ性，化学反応式，密度，ろ過)

[Ⅰ]　(1)　熱するとこげて炭ができる物質には，炭素が含まれている。このような物質を**有機物**といい，ロウ，エタノール，プラスチックなどが有機物にあたる。これに対して食塩(塩化ナトリウム)や金属など，有機物以外の物質を**無機物**という。

(2)　炭酸水素ナトリウムは水に少し溶けて，水溶液は弱いアルカリ性を示す。酸性やアルカリ性の強さを表すのに使われるpHは7が中性で，pHの値が7より小さいとき，その水溶液は酸性で，数値が小さいほど酸性が強くなる。pHの値が7より大きいとき，その水溶液はアルカリ性で，数値が大きいほどアルカリ性が強くなる。

(3)　**化学式**は物質を原子の記号で表したもので，**化学反応式**は化学式を用いて化学変化を表したものである。化学反応式では，矢印(→)の左右で原子の種類と数が一致していなければならない。Na_2CO_3よりナトリウム原子(Na)は2個なので，□には2があてはまる。→の右が炭素原子(C)2個，酸素原子(O)6個，水素原子(H)2個になることを確かめる。

[Ⅱ]　(4)　メスシンダーで液体の体積を測定するときには，目の位置を液面と同じ高さにして，液面のいちばん平らなところを，1目盛りの$\frac{1}{10}$まで目分量で読みとる。

(5)　消しゴムの体積は，88.0－80.0＝8.0(cm^3)　物質の**密度**(g/cm^3)＝物質の質量(g)÷物質の体積(cm^3)より，9.6(g)÷8.0(cm^3)＝1.2(g/cm^3)

[Ⅲ]　(6)　ろ紙がろうとに密着していないと，液がろ紙を通るのにたいへん時間がかかる。ろうとのあしのとがった方を，液体を集めるビーカーの内側の壁につけておく。

(7)　液Aのろ過の前後のようすから，赤インクの粒子はろ紙の穴を通りぬけたことがわかる。また，同様に液Bのろ過では，活性炭の粉はろ紙の穴を通りぬけなかったことがわかる。

3 (地層，水の循環，飽和水蒸気量)

[Ⅰ]　(1)　かたい岩石が気温の変化や風雨のはたらきによってもろくなり(**風化**)，けずられ(**浸**

食)，川などの水の流れによって運ばれ(**運搬**)，水の流れがゆるやかになったところにたまる(**堆積**)。こうして地層ができる。

(2)　土砂は粒の大きさによって泥(約0.06mm以下)，砂(2mmから約0.06mm)，れき(2mm以上)に分けられる。流れる水のはたらきで運ばれた土砂は，粒の大きいものから海岸に近いところに堆積するので，沖に向かって粒の大きさは小さくなる。

(3)　**しゅう曲**は，地層が堆積した後，その地層をおし縮めるような大きな力がはたらいてできることが多い。この力は，**断層**をつくる力と同じ**プレート**の運動による力である。

[Ⅱ]　(4)　図Ⅱより，海からの蒸発量と陸からの蒸発量の和で，86＋14＝100

(5)　アは，海における降水量78は，陸における降水量22よりも多い。またウは，海では降水量78よりも蒸発量86の方が多いが，陸では降水量22よりも蒸発量14の方が少ない。陸から出ていく水の量(蒸発量14＋河川の流水量8)と入ってくる水の量(降水量22)は等しい。

[Ⅲ]　(6)　空気に含まれる水蒸気が，水滴になり始める温度を**露点**という。空気1m3中に含まれる水蒸気量が，**飽和水蒸気量**にあたる気温が露点である。図Ⅲで，水蒸気量25gを右に見ていき，グラフとの交点の気温を読みとる。

(7)　水蒸気を含む空気を冷やしていくと，ある温度で含んでいる水蒸気の量と飽和水蒸気量が等しくなり，さらに温度が下がると，水蒸気の一部が水滴に変わる。この現象を**凝結**という。$1m^3$の空気に含まれる水蒸気の質量が，その温度での飽和水蒸気量に対してどれくらいの割合かを百分率で表したものが湿度である。

4　(植物の体のつりとはたらき，生物の観察)

[Ⅰ]　(1)　マツの花には花弁やがくはなく，うろこのようなりん片が重なっている。マツは**裸子植物**で，雌花のりん片には**胚珠**がむき出しになっていて，**子房**はない。

(2)　**被子植物**では，胚珠は子房に包まれている。受粉後に子房は**果実**になり，胚珠は**種子**になる。

(3)　乾燥させると松かさが開き，その中のマツの種子には羽のようなつくりがあって，風にのって遠くに運ばれる。被子植物と裸子植物はいずれも種子植物で，**胞子**で増える植物ではない。

(4)　**有性生殖**を行う生物では，生殖のための特別な細胞である2種類の**生殖細胞**がつくられる。被子植物では卵細胞と精細胞の2種類の生殖細胞が結合し，それぞれの**核**が合体して1個の細胞となることを**受精**といい，受精によってつくられる新しい細胞を受精卵という。

[Ⅱ]　(5)　①　節足動物には昆虫類や甲殻類などがあり，いずれも体は**外骨格**という殻で**覆**われており，体とあしに**節**《ふし》がある。　②　接眼レンズに書かれている数値と，対物レンズの数値をかけ合わせたものが，顕微鏡の**倍率**である。10×4＝40(倍)　③　表Ⅰより，ミジンコの平均的な大きさはミドリムシの，1.5(cm)÷0.10(cm)＝15(倍)　顕微鏡の倍率をさらに15倍にすると，見かけの大きさが図Ⅲのミジンコと同じになる。

(6)　ミドリムシとミカヅキモは，いずれも葉緑体をもつので，光を受けて**光合成**を行い，デンプンなどの養分をつくることができる。

＜社会解答＞

1　(1)　①　イ　②　ウ　③　ⓐ　イ　ⓑ　ウ　(2)　①　(a)　A　(b)　ウ
②　(a)　カ　(b)　(例)医療の発達により死亡率が低下した

2　(1)　①　ア　②　エ　(2)　①　ウ　②　能　(3)　オ　(4)　①　ア

②ⓐ 民本　ⓑ 政党

3 (1) 立憲　(2) 自由　(3) ① 条例　② 地方分権　③ エ　④ エ

4 (1) イ　(2) ウ　(3) ア　(4) イ　(5) ① エ　② (例)原油の価格が上がった

<社会解説>

1 **(地理的分野―日本―日本の国土・地形・気候，人口・都市，世界―地形・気候，人口・都市)**

(1) ① 仙台市は宮城県の県庁所在都市であり，東北地方の地方中枢都市。アは北海道地方，ウは中国地方，エは九州地方の都市。 ② ア 富山県，岐阜県，福井県と隣接している。 イ 福島県，茨城県，群馬県と隣接している。 エ 宮城県，山形県，新潟県，群馬県，栃木県，茨城県と隣接している。 ③ **与那国島**は，日本の国土の西端に位置する。

(2) ① (a) **ロッキー山脈**は北アメリカ大陸西部に位置する。Bはアンデス山脈，Cがアトラス山脈，Dがアルプス山脈，Eがヒマラヤ山脈，Fがグレートディバイディング山脈。 (b) 図Ⅰ中の灰色で示された地域は乾燥帯気候で，**サハラ砂漠**が広がる。アが熱帯，イが冷帯(亜寒帯)，エが寒帯気候の特徴。 ② (a) アジアの人口は**40**億人を超えており，世界人口の半数以上を占めている。アがオセアニア，イが北アメリカ，ウが南アメリカ，エがヨーロッパ，オがアフリカの人口。 (b) アジアやアフリカで**人口爆発**がおこっている。

2 **(歴史的分野―日本史―時代別―古墳時代から平安時代，鎌倉・室町時代，安土桃山・江戸時代，明治時代から現代，日本史―テーマ別―政治・法律，文化・宗教・教育)**

(1) ① **聖武天皇**は奈良時代の人物。イは平安時代，ウは鎌倉時代，エは飛鳥時代の文化。
② 平等院鳳凰堂は，平安時代中期に活躍した**藤原頼通**によって建てられた。アは室町時代に建てられた。イは奥州藤原氏によって平泉(岩手県)に建てられた。ウは鎌倉時代に建てられた。

(2) ① 元軍が九州北部に襲来したのは鎌倉時代。アは鎌倉幕府滅亡後，イは戦国時代(室町時代後半)，エは平安時代の政治のようす。 ② **足利義満**のころの文化を北山文化という。文中の「観阿弥・世阿弥」などから判断する。

(3) (i)が元禄文化，(ii)が化政文化，(iii)が安土桃山文化の特色。

(4) ① アは**文明開化**のようす。イ・エが大正時代，ウが昭和の戦中のようす。 ② ⓐは文中の**吉野作造**から判断する。ⓑについて，彼が活躍した大正時代に**原敬**が初の本格的な政党内閣を結成した。

3 **(公民的分野―憲法の原理・基本的人権，地方自治)**

(1) 日本は1889年に**大日本帝国憲法**を発布し，アジア初の立憲国家となった。

(2) 日本国憲法第12条の条文。

(3) ① 有権者の**50分の1以上**の署名を提出すると，地域住民が条例の制定や改廃を直接請求できる。 ② 地方公共団体によっては国からの権限の委譲があまり進んでおらず，今後さらなる地方分権のための施策が必要とされる。 ③ 問題文中の「財政の不均衡を是正」から判断する。**地方交付税交付金**(地方交付税)は，使いみちが指定されていない。 ④ 地域住民による地方議会の解散請求には，有権者の**3分の1以上**の署名が必要。

4 **(地理的分野―世界―産業，資源・エネルギー，歴史的分野―日本史―時代別―旧石器時代から**

弥生時代，安土桃山・江戸時代，日本史―テーマ別―経済・社会・技術，外交，世界史―政治・社会・経済史)

(1)　問題文中の「ポルトガルやスペイン」から判断する。アは明，ウは宋，エはおもに東南アジアと行った貿易。

(2)　綿花は，降水量が多い地域での栽培に不向き。長らく中国が生産量世界一であったが，2位のインドと順位が逆転した。

(3)　佐賀県に位置する**吉野ヶ里遺跡**は，周囲を堀や柵で囲われた弥生時代の環濠集落。

(4)　産業革命以降のイギリスでは茶を飲む習慣が広まり，清から大量に**茶**を輸入したため，清にイギリスの**銀**が流出した。アヘンを密貿易させることでインドが得た銀で，イギリスの**綿織物**製品を買わせた。

(5)　①　**バイオエタノール**は，さとうきびなど糖質を含む作物か，穀物やいも類などのでんぷんを多く含む作物をおもな原料として生成する。選択肢のうち，これらの条件に該当するのはア・ウ・エだが，小麦とじゃがいもの生産量世界第1位は中国。　②　会話文中の「1970年代前半」「エネルギー政策を転換」などから，1973年におこった**石油危機**について記述すると判断する。

＜国語解答＞(A問題)

一　1　(1)　はいそう　　(2)　ゆうえい　　(3)　せいてん　　(4)　とうかく　　(5)　ま
(6)　つと　(7)　細　(8)　材料　(9)　順序　(10)　矢印　2　ウ　3　イ

二　1　ア　2　a　移動能力が低い　b　(例)時間とエネルギー　3　イ　4　ウ

三　1　いわく　2　イ　3　ウ

四　1　a　(例)心地よいものとして受け入れる　b　自然な音　2　ア　3　A
4　広さや豊かさを持つ

＜国語解説＞

一　(漢字の読み書き，熟語，敬語)

1　(1)　「配送」とは，配達して送り届けること。　(2)　「遊泳」とは，泳ぐこと，うまく世間を渡ってゆくこと。　(3)　「晴天」とは，晴れた空，天気のよいこと。　(4)　「頭角(を現す)」とは，才能・技量などが，周囲の人よりも一段とすぐれること。　(5)　「曲(げて)」とは，まっすぐな物などを弓形にしたり，曲がった状態にすること。　(6)　「努(める)」とは，力を尽くす，努力すること。　(7)　「細(かく)」とは，一つ一つの形を非常に小さくするという意味。(8)　「材料」とは，ものを作るとき，その元にするもの。　(9)　「順序」とは，ある基準に従った並び方，その位置や順番のこと。　(10)　「矢印」とは，方向などを示す矢の形をしたしるしのこと。

2　先生はAさんよりも立場が上にあたるので，Aさんが先生の行動に対して言及する際は「尊敬語」を使用する。つまり，「言った」の尊敬語である「おっしゃった」が正解。

3　「発行部数」とは，その書籍を刷った数のこと。

二　(説明文―大意・要旨，内容吟味，脱文・脱語補充，語句の意味)

1　「見つける」は他動詞なので，対象である「何か」を「誰か」が見つけるという動作をしたときに使われる。「集まる」は自動詞なので，動作の対象を必要としない。

2 a 問題文に，「特定の植物しか食べられなければ」とあり，本文の中でそれに対応するのは「さまなざまな食べ物を」から始まる段落にある。前文の「もしも特定の植物の葉っぱしか食べられない～」を確認する。 b 問題文に，「費やすこと」，その後に「節約すること」あるので対比していることが分かる。「さまなざまな食べ物を」から始まる段落に，「食べ物を探す時間もエネルギーも節約する」とあるので，そこから書き抜く。

3 「絶好」とは，物事をするのにきわめて都合のよいという意味。

4 「かたいコンクリートを」から始まる段落に，「二酸化炭素を含んだ雨水がコンクリートをわずかに溶かす」こと，「カタツムリのほかにも」から始まる段落に，「殻をつくるために必要なカルシウムを得るために，コンクリートを食べる」とあることに留意する。

三 (古文―脱文・脱語補充，仮名遣い)

1 単語の語頭以外の「は・ひ・ふ・へ・ほ」は，「ワ・イ・ウ・エ・オ」となる。

2 【会話】のBさんの発言の中に，「鷺が驚いて飛んでいった」とあるが，これは【本文】の「この声におどろき，たちまち鷺飛びさりぬ」に対応する。その前文の訳は「子どもがたくさん集まり，『見事な梅だ，わしにくれ』『俺にもくれ』と各々声を上げたので」となる。これに相応しいものを選択肢から選ぶ。

3 【会話】のBさんの発言の中に，「みんな欲しがりはしないだろうに」とあるが，これは【本文】の「くれいとは言ふまいに」に対応する。その前文の訳は「この梅に花がなければ」となる。これに相応しいものを選択肢から選ぶ。

四 (説明文―大意・要旨，内容吟味，接続語の問題，脱文・脱語補充)

1 a 問題文の「人間の身体があたりを満たし続ける波音に慣れて」とあるが、これは本文の「町から少し離れている」から始まる段落にある。本文ではそれを受けて，「その波音を心地よいものとして身体が受け入れる」とあるので，指定字数に合うように文章を書き換える。 b 問題文に「波音」とあることから，波音に対して筆者がどう思っているのかを問う設問である。これは文の「町から少し離れている」から始まる段落にある。「それ(波音を心地よいものとして受け入れる)は波音が自然な音だからだろう」とあるので，その部分から抜き出す。

2 空欄の前に，この星(地球)が創る音や景色にふれることは大切と述べられている。また空欄の後に，海や丘や山などの自然にふれることについて書かれている。つまり，景色などの具体的な例を述べているので，「たとえば」が入ることが分かる。

3 問題文には自然の音が聴きたい，自然がある場所に行きたいと述べられ，それを本文のどこに入れるのが適しているかを問う設問である。文章の流れとしてどこに入れるのが適しているかに留意する。都会に住んでいると息苦しくなる時があり，それは身体が信号を出していると筆者は主張する。それはどういう信号かという言及がなく，波の音が止まないとあることから，このままでは文章のつながりが薄い。故にこの部分に問題文を入れる。

4 問題文の「さまざまなポジティブなことをもたらしてくれる」とあるが，これは「どんなに便利な」から始まる段落にある。本文ではその前に「自分の中に広さや豊かさを持つことが」とあるので，その部分から抜き出す。

＜国語解答＞(B問題)

一　1 ウ　2 ウ　3 ア　4 a オリジナリティ　b (例)主張に説得力を持たせる
二　1 おもえらく　2 イ　3 (1) ア　(2) (例)この梅に花がない
三　1 (1) きせき　(2) てんさく　(3) た　(4) つと　(5) 厚　(6) 投
(7) 平素　(8) 健康　2 エ
四　1 C　2 オ　3 a 随所に小規　b 人工的につ　4 (例)より風起こしの効果が強く現れ，給水制限などの事態になっても心置きなく使う　5 エ

＜国語解説＞

一 (説明文―大意・要旨，内容吟味，接続語の問題，語句の意味)

1 「奇をてらう」とは，故意に変わった言動や行動をして他人からの注意を引こうとするという意味。

2 「いい薬だという主張を」から始まる段落に，薬＝いい薬だとする客観的事実への具体例を述べている。そこに「有効な成分が十分に入っている，とか，しかるべき試験機関がその効果を認定している」とあることから，選択肢を選ぶ。

3 「しかし，それだけではなく」から始まる段落に，薬＝いい薬と示すには，根拠としての事実と論拠が必要であることを述べている。空欄の後に，体質上問題ある人にとってはそれを踏まえて，いい薬かどうかを判断しなければならないとしている。つまり，前文を受けて話を展開しているので，前者には「さらに」が入る。次の空欄の後には，いい薬であっても高価であれば無条件にいいとは言えないと主張している。よって，逆接ではなくここでも前文を受けて主張していることから「また」が入る。

4 a 問題文に「文章を書くだけでなく」とあり，空欄aに入ることのみでは不十分であることを示している。これは「論説文には」から始まる段落の，オリジナリティは大切だが，それだけでは論説文にはならないという箇所に留意する。　b 問題文に「読んだ人に納得してもらえるように」とあり，これは「論説文には」から始まる段落に，「読んだ人が『なるほど』と思ってくれるように少しでも努力をする必要があります」に対応する。その前に，(自分の説や主張に)説得力がなければ独りよがりの意見になると述べているので，その部分を使って書く。

二 (古文―文脈把握，脱文・脱語補充，仮名遣い)

1 単語の語頭以外の「は・ひ・ふ・へ・ほ」は，「ワ・イ・ウ・エ・オ」となる。

2 傍線部②の前文の訳は，「子どもがたくさん集まり，『見事な梅だ、わしにくれ』『俺にもくれ』と各々声を上げたので」となる。これに相応しいものを選択肢から選ぶ。

3 (1) 「思ふようにならぬものかな」の前文の訳は、「すぐに鶯が飛んでいった」とあることから，それに適した選択肢を選ぶ。　(2) 空欄の後の主人の発言，「みんな欲しがりはしないだろうに」は本文の「くれいとは言ふまいに」に対応する。その前に「この梅に花がなくば」とあるので，この部分を訳す。

三 (漢字の読み書き，熟語)

1 (1) 「軌跡」とは，車の輪の通った跡，たどって来た道筋のこと。　(2) 「添削」とは，文章・答案などを削ったり書き加えたりして直し，いっそう良くすること。　(3) 「垂(らす)」

とは，ぶらさげること。 (4) 「務(める)」とは，役目を受け持ち，その仕事をすること。 (5) 「厚(み)」とは，厚さの程度，深みや奥行きのこと。 (6) 「投(げる)」とは，手から勢いよく離して遠くへとばすこと。 (7) 「平素」とは，ふだん，つね日ごろのこと。 (8) 「健康診断」とは，病気になる危険の有無に関して体の状態を調べること。

2 「有終の美」とは，物事をやり通し，最後を立派に仕上げること。

四 (説明文―大意・要旨，文章構成，品詞・用法)

1 C 「吹か」はカ行五段活用の動詞「吹く」の未然形である。それ以外は連用形となる。

2 空欄の前には，二つの庭への打ち水する方法を述べている。その続きになるので，それに適する選択肢を選ぶ。まず片方の庭に水を打つと温度差が生じ，それによって低温となった庭から風が通る。その後，先ほど水を打たなかった庭に水をうつ。そのようにしていくと，次第に部屋の中が冷却されるという文章の流れが相応しいことが分かる。

3 a 「京の町家の構造」につながる空欄部分なので，それは「すなわち，京」から始まる段落にある。ただし、その段落には指定字数に見合う言葉がない。そこで，前後を確認し「京の町家の構造」にとって重要とされる事を指定字数から抜き出す。 b 空欄の前に,「海陸風のような仕組みを狭い範囲」とあり，これは「すなわち，こ」から始まる段落にある「海陸風のシステムを，ごく小規模に」に対応する。よって，次の「人工的につくりだしている」から初めの五字を抜き出す。

4 井戸水を勧める理由は,「こうすると,」から始まる段落にある。夏，井戸水は水道水より冷たいから風起こしの効果が強く現れる。また給水制限とは無関係であることを述べている。これらの点を指定字数内に書くよう留意する。

5 「ところが」から始まる段落に,「京都人は，打ち水という技法を発明した」とあり，また「だから,」から始まる段落に，家づくりには京の町家が持っている「風の道」を考えること，さらに「いってみれば,」から始まる段落に心の持ち方が大切であることを述べている。

MEMO

大切なことはメモしておこうネ！

T.G

大阪府公立高等学校（一般）

2021年度

入　試　問　題

●くわしい解説……77ページ

2021年 大阪府公立高校入試　出題範囲縮小内容

令和2年5月13日付け2文科初第241号「中学校等の臨時休業の実施等を踏まえた令和3年度高等学校入学者選抜等における配慮事項について（通知）」を踏まえ，出題範囲について以下の通り配慮があった。

○以下の内容について出題範囲から除外する。

数学	・円周角と中心角 ・三平方の定理 ・資料の活用
英語	・『現在分詞及び過去分詞の形容詞としての用法』のうち「後置修飾」 ・「大阪版中学校で学ぶ英単語集」にある単語の一部（http://www.pref.osaka.lg.jp/attach/6221/00000000/eitanngo.pdf）
理科	○第1分野 ・科学技術と人間 ○第2分野 ・自然と人間
社会	○ 公民的分野 ・『私たちと経済』のうち「国民の生活と政府の役割」 ・私たちと国際社会の諸課題
国語	・書写に関する事項 ・中学校で学習する漢字の一部（http://www.pref.osaka.lg.jp/attach/6221/00000000/kannji.pdf）

＜数学＞　〔A問題〕　時間　50分　満点　90点

1　次の計算をしなさい。

⑴　$10-2\times8$

⑵　$-12\div\left(-\dfrac{6}{7}\right)$

⑶　$5^2+(-21)$

⑷　$6x-3-4(x+1)$

⑸　$5x\times(-x^2)$

⑹　$\sqrt{7}+\sqrt{28}$

2　次の問いに答えなさい。

⑴　$a=-3$ のとき，$-a+8$ の値を求めなさい。

⑵　次のア～エの式のうち，「a mの道のりを毎分70mの速さで歩くときにかかる時間（分）」を正しく表しているものはどれですか。一つ選び，記号を○で囲みなさい。

ア　$a+70$　　イ　$70a$　　ウ　$\dfrac{a}{70}$　　エ　$\dfrac{70}{a}$

⑶　次のア～エの数のうち，無理数であるものはどれですか。一つ選び，記号を○で囲みなさい。

ア　$\dfrac{1}{3}$　　イ　$\sqrt{2}$　　ウ　0.2　　エ　$\sqrt{9}$

⑷　比例式 $x:12=3:2$ を満たす x の値を求めなさい。

⑸　連立方程式 $\begin{cases}5x+2y=-5\\3x-2y=13\end{cases}$ を解きなさい。

⑹　二次方程式 $x^2-4x-21=0$ を解きなさい。

⑺　右の表は，水泳部員20人の反復横とびの記録を度数分布表にまとめたものである。記録が55回以上の部員の人数が，水泳部員20人の30%であるとき，表中の x，y の値をそれぞれ求めなさい。

反復横とびの記録(回)	度数(人)
以上　未満	
40 ～ 45	2
45 ～ 50	4
50 ～ 55	x
55 ～ 60	y
60 ～ 65	1
合計	20

(8)　二つの箱A，Bがある。箱Aには自然数の書いてある５枚のカード 1，2，3，4，5 が入っており，箱Bには奇数の書いてある３枚のカード 1，3，5 が入っている。A，Bそれぞれの箱から同時にカードを１枚ずつ取り出すとき，取り出した２枚のカードに書いてある数の和が４の倍数である確率はいくらですか。A，Bそれぞれの箱において，どのカードが取り出されることも同様に確からしいものとして答えなさい。

(9)　右図において，m は関数 $y = ax^2$（a は定数）のグラフを表す。Aは m 上の点であり，その座標は（－4，3）である。a の値を求めなさい。

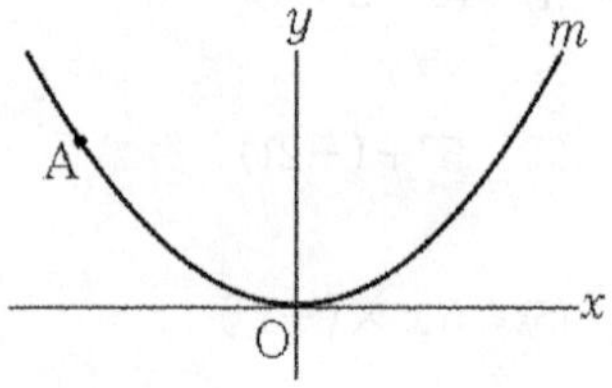

(10)　右図において，△ABCは正三角形である。△DBEは，△ABCを，点Bを回転の中心として，時計の針の回転と反対の向きに100°回転移動したものである。180°より小さい角∠ABEの大きさを求めなさい。

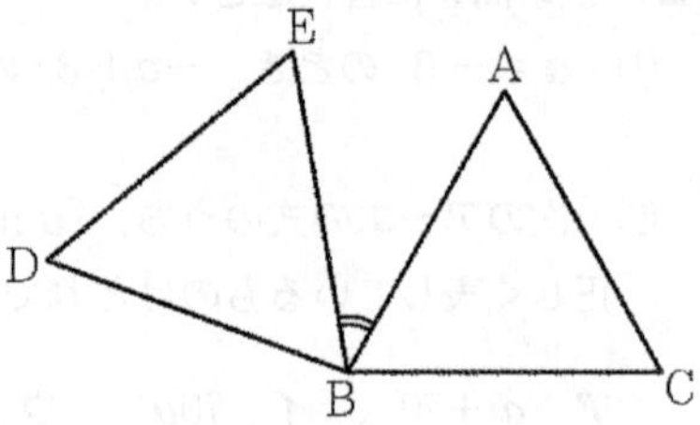

(11)　右図において，四角形ABCDは長方形であり，AB＝6㎝，AD＝3㎝である。四角形ABCDを直線DCを軸として１回転させてできる立体をPとする。

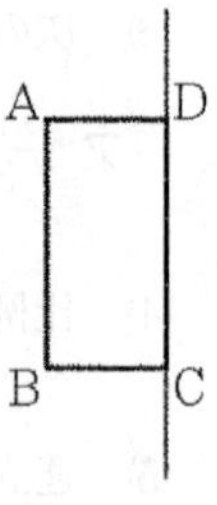

①　次のア～エのうち，立体Pの見取図として最も適しているものはどれですか。一つ選び，記号を○で囲みなさい。

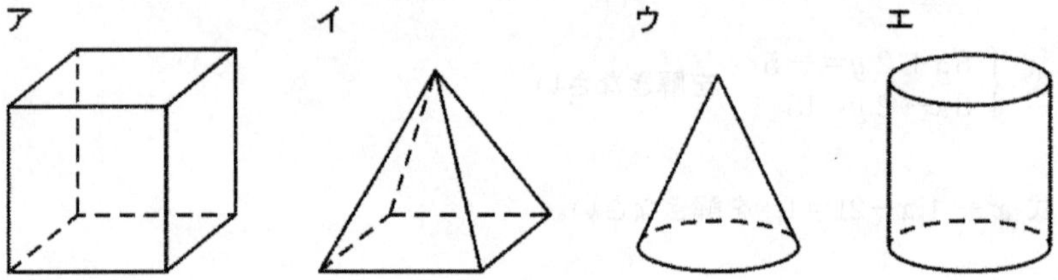

②　円周率を π として，立体Pの体積を求めなさい。

3　学校の花壇に花を植えることになったEさんは，花壇の端のレンガから10㎝離して最初の花を植え，あとは25㎝間隔で一列に花を植えていくことにした。次のページの図は，花壇に花を植えたときのようすを表す模式図である。

次のページの図において，O，Pは直線 ℓ 上の点である。「花の本数」が x のときの「線分OPの長さ」を y ㎝とする。x の値が１増えるごとに y の値は25ずつ増えるものとし，

$x=1$ のとき $y=10$ であるとする。
次の問いに答えなさい。

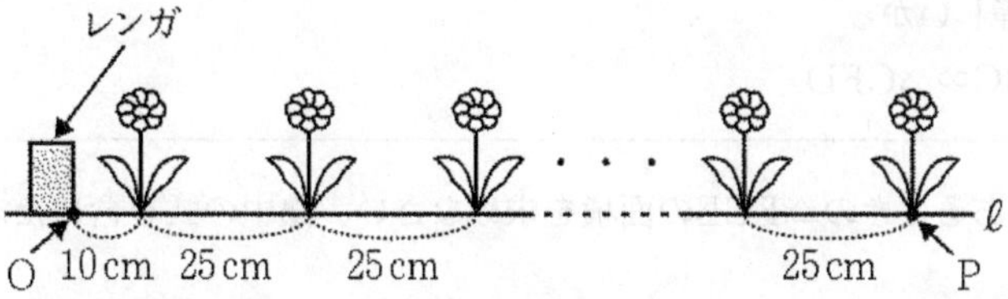

(1) 次の表は，x と y との関係を示した表の一部である。表中の(ア)，(イ)に当てはまる数をそれぞれ書きなさい。

x	1	2	・・・	4	・・・	9	・・・
y	10	35	・・・	(ア)	・・・	(イ)	・・・

(2) x を自然数として，y を x の式で表しなさい。

(3) $y=560$ となるときの x の値を求めなさい。

4 右図において，△ABCは∠ABC＝90°の直角三角形であり，AB＝7cm，BC＝5cmである。四角形DBCEは平行四辺形であり，Dは辺AC上にあってA，Cと異なる。Fは，Cから辺DEにひいた垂線と辺DEとの交点である。
次の問いに答えなさい。

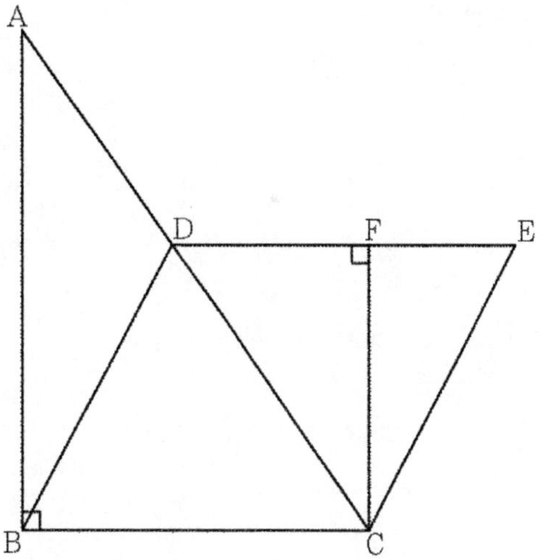

(1) 四角形DBCEの内角∠DBCの大きさを a° とするとき，四角形DBCEの内角∠BCEの大きさを a を用いて表しなさい。

(2) 次は，△ABC∽△CFDであることの証明である。 ⓐ ， ⓑ に入れるのに適している**「角を表す文字」**をそれぞれ書きなさい。また，ⓒ〔　〕から適しているものを一つ選び，記号を○で囲みなさい。

（証　明）
△ABCと△CFDにおいて
△ABCは直角三角形だから　∠ABC＝90° …………………… (あ)
CF⊥DEだから　∠ ⓐ ＝90° …………………………………… (い)
(あ)，(い)より　∠ABC＝∠ ⓐ ………………………………………………… (う)
DE∥BCであり，平行線の錯角は等しいから
∠ACB＝∠ ⓑ ………………………………………………………………… (え)

㋒，㋓より，

ⓒ〔 ア　1組の辺とその両端の角　　イ　2組の辺の比とその間の角　　ウ　2組の角 〕

がそれぞれ等しいから

△ABC∽△CFD

⑶　FC＝4㎝であるときの△FCEの面積を求めなさい。途中の式を含めた求め方も書くこと。

＜数学＞

〔B問題〕　時間　50分　満点　90点

1　次の問いに答えなさい。

(1)　$2\times(-3)^2-22$　を計算しなさい。

(2)　$4(x-y)+5(2x+y)$　を計算しなさい。

(3)　$18b\times(-a^2)\div 3ab$　を計算しなさい。

(4)　$x(x+7)-(x+4)(x-4)$　を計算しなさい。

(5)　$(2-\sqrt{5})^2$　を計算しなさい。

(6)　正七角形の内角の和を求めなさい。

(7)　aを正の数とし，bを負の数とする。次のア～エの式のうち，その値が最も大きいものはどれですか。一つ選び，記号を○で囲みなさい。

ア　a　　イ　b　　ウ　$a+b$　　エ　$a-b$

(8)　右図は，柔道部員12人の上体起こしの記録をヒストグラムに表したものである。度数が最も多い階級の相対度数を小数で答えなさい。ただし，答えは小数第3位を四捨五入して小数第2位まで書くこと。

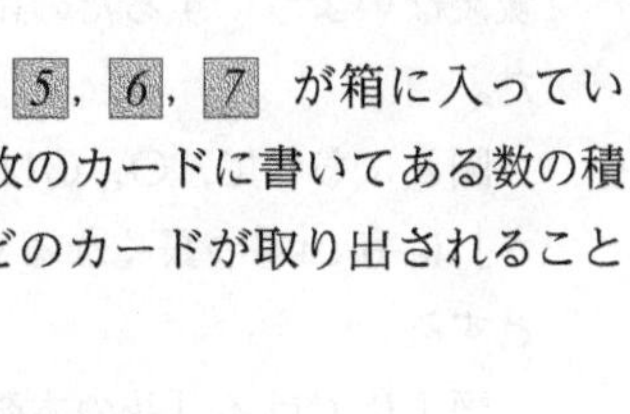

(9)　3から7までの自然数が書いてある5枚のカード 3, 4, 5, 6, 7 が箱に入っている。この箱から2枚のカードを同時に取り出し，取り出した2枚のカードに書いてある数の積をaとするとき，$\frac{a}{2}$の値が奇数である確率はいくらですか。どのカードが取り出されることも同様に確からしいものとして答えなさい。

(10)　右図において，四角形ABCDはAD∥BCの台形であり，∠ADC＝∠DCB＝90°，AD＝2㎝，BC＝DC＝3㎝である。四角形ABCDを直線DCを軸として1回転させてできる立体の体積は何㎤ですか。円周率をπとして答えなさい。

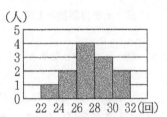

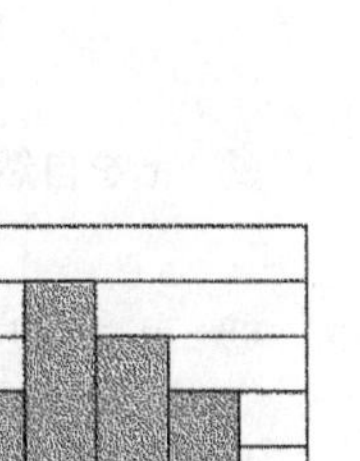

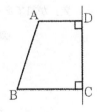

2　学校の花壇に花を植えることになったＥさんは，花壇の端のレンガから10㎝離して最初の花を植え，あとは等間隔で一列に花を植えていくことにした。Ｅさんは，図１のような模式図をかいて25㎝間隔で花を植える計画を立てた。

図１において，Ｏ，Ｐは直線 ℓ 上の点である。「花の本数」が１増えるごとに「線分ＯＰの長さ」は25㎝ずつ長くなるものとし，「花の本数」が１のとき「線分ＯＰの長さ」は10㎝であるとする。

次の問いに答えなさい。

図Ⅰ

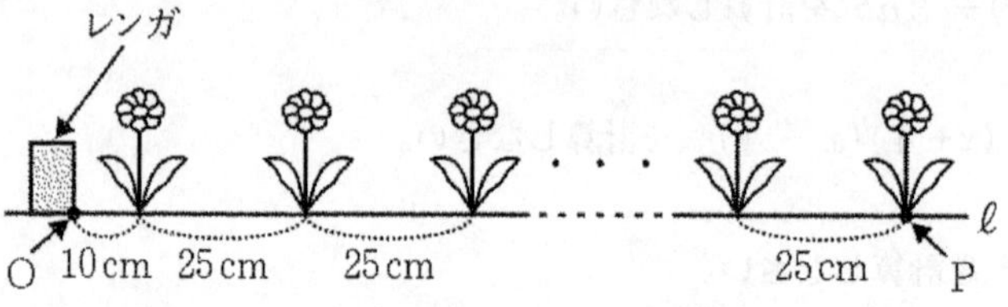

(1)　図１において，「花の本数」が x のときの「線分ＯＰの長さ」を y ㎝とする。

①　次の表は，x と y との関係を示した表の一部である。表中の(ア)，(イ)に当てはまる数をそれぞれ書きなさい。

x	1	2	・・・	4	・・・	9	・・・
y	10	35	・・・	(ア)	・・・	(イ)	・・・

②　x を自然数として，y を x の式で表しなさい。

③　$y=560$ となるときの x の値を求めなさい。

(2)　Ｅさんは，図Ⅰのように25㎝間隔で28本の花を植える計画を立てていたが，植える花の本数が31本に変更になった。そこでＥさんは，花壇の端のレンガから最後に植える花までの距離を変えないようにするために，図Ⅱのような模式図をかいて花を植える間隔を考え直すことにした。

図Ⅱにおいて，Ｏ，Ｑは直線 ℓ 上の点である。「花の本数」が１増えるごとに「線分ＯＱの長さ」は a ㎝ずつ長くなるものとし，「花の本数」が１のとき「線分ＯＱの長さ」は10㎝であるとする。

図Ⅰにおける「花の本数」が28であるときの「線分ＯＰの長さ」と，図Ⅱにおける「花の本数」が31であるときの「線分ＯＱの長さ」とが同じであるとき，a の値を求めなさい。

図Ⅱ

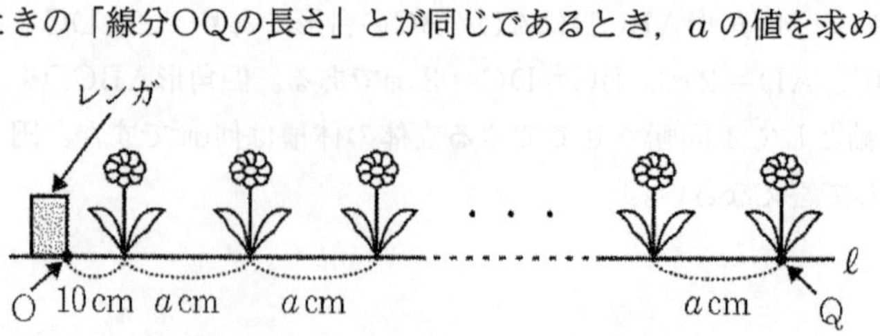

3　図Ⅰ，図Ⅱにおいて，m は関数 $y=\frac{1}{8}x^2$ のグラフを表す。
次の問いに答えなさい。

(1)　図1において，n は関数 $y=-\frac{27}{x}(x<0)$ のグラフを表す。Aは m 上の点であり，その x 座標は6である。Bは n 上の点であり，その x 座標は－3である。ℓ は，2点A，Bを通る直線である。Cは，ℓ と y 軸との交点である。

図Ⅰ

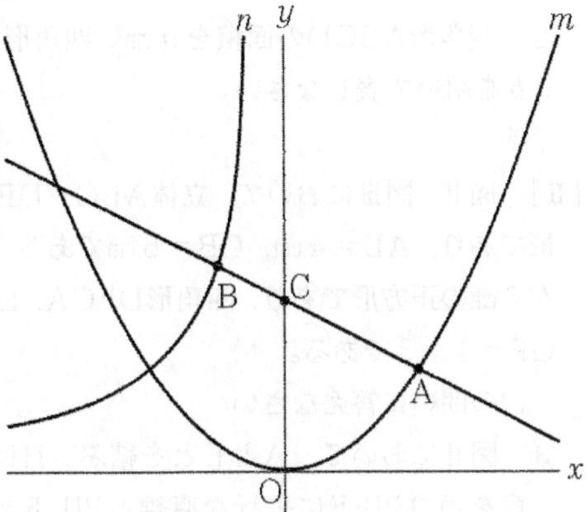

①　次の文中の ㋐ ，㋑ に入れるのに適している数をそれぞれ書きなさい。

> 関数 $y=\frac{1}{8}x^2$ について，
> x の変域が $-7 \leqq x \leqq 5$ のときの y の変域は ㋐ $\leqq y \leqq$ ㋑ である。

②　Bの y 座標を求めなさい。

③　Cの y 座標を求めなさい。

(2)　図Ⅱにおいて，D，Eは m 上の点である。Dの x 座標は4であり，Eの x 座標はDの x 座標より大きい。Eの x 座標を t とし，$t>4$ とする。Fは，Dを通り y 軸に平行な直線と，Eを通り x 軸に平行な直線との交点である。線分FDの長さが線分FEの長さより8㎝長いときの t の値を求めなさい。途中の式を含めた求め方も書くこと。ただし，原点Oから点（1，0）まで，原点Oから点（0，1）までの距離はそれぞれ1㎝であるとする。

図Ⅱ

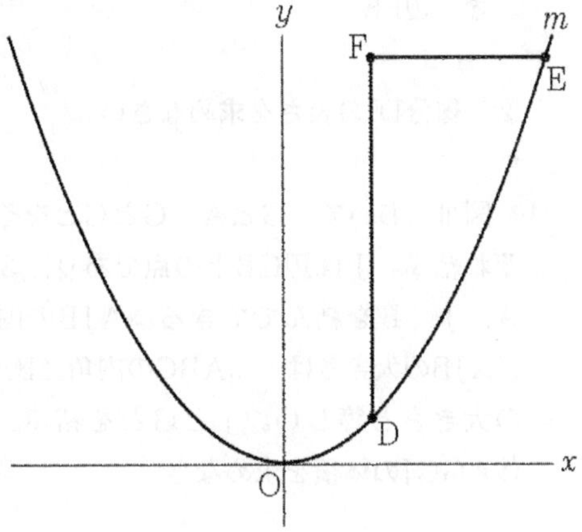

4　次の［Ⅰ］，［Ⅱ］に答えなさい。

［Ⅰ］　図1において，四角形ABCDは内角∠ABCが鋭角の平行四辺形である。△EDCはED＝ECの二等辺三角形であり，Eは直線BC上にある。Fは，Aから辺BCにひいた垂線と辺BCとの交点である。Gは，Cから辺EDにひいた垂線と辺EDとの交点である。

図Ⅰ

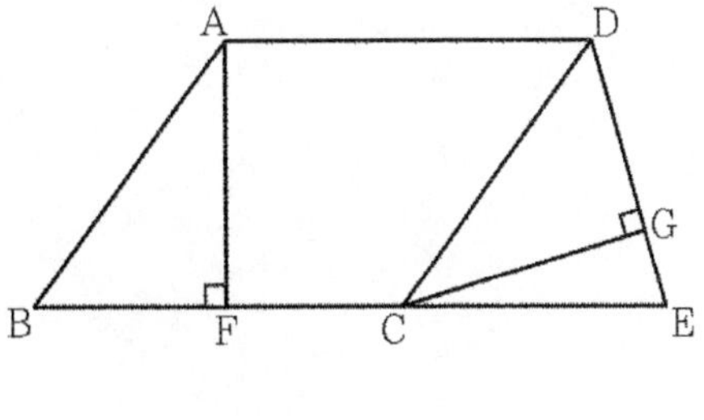

次の問いに答えなさい。

⑴　△ABF≡△CDG であることを証明しなさい。

⑵　四角形ABCDの面積を a cm^2，四角形AFEDの面積を b cm^{2}とするとき，△ＣＥＧの面積を a，b を用いて表しなさい。

［Ⅱ］　図Ⅱ，図Ⅲにおいて，立体ABC－DEFは三角柱である。△ABCは∠ABC＝90°の直角三角形であり，AB＝４cm，CB＝６cmである。△DEF≡△ABCである。四角形EFCBは１辺の長さが６cmの正方形であり，四角形DFCA，DEBAは長方形である。Gは辺DF上の点であり，DG：GF＝４：３である。

次の問いに答えなさい。

⑶　図Ⅱにおいて，AとEとを結ぶ。Hは，Gを通り辺FEに平行な直線と辺DEとの交点である。Ｉは，Hを通り線分AEに平行な直線と辺ADとの交点である。

①　次の**ア**～**オ**のうち，辺ABとねじれの位置にある辺はどれですか。**すべて**選び，記号を○で囲みなさい。

ア　辺AD　　**イ**　辺CF
ウ　辺DE　　**エ**　辺DF
オ　辺FE

②　線分DIの長さを求めなさい。

⑷　図Ⅲにおいて，GとA，GとCとをそれぞれ結ぶ。Ｊは辺CB上の点であり，３点A，Ｊ，Bを結んでできる△AJBの内角∠AJBの大きさは，△ABCの内角∠BACの大きさと等しい。ＪとGとを結ぶ。立体AGCJの体積を求めなさい。

図Ⅱ

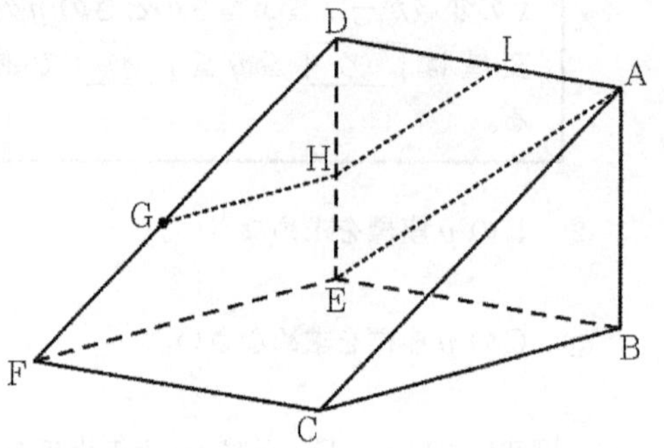

図Ⅲ

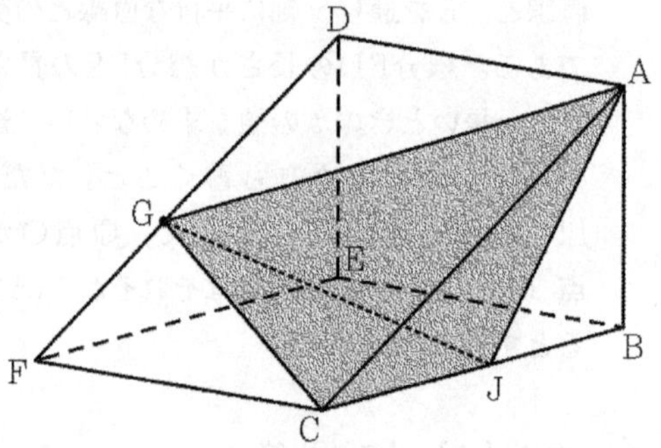

＜数学＞

〔C問題〕　時間　60分　　満点　90点

1　次の問いに答えなさい。

(1)　$\dfrac{7a+b}{3}-\dfrac{3a-5b}{2}$　を計算しなさい。

(2)　$\left(\dfrac{3}{4}ab\right)^2\div\dfrac{9}{8}a^2b\times(-2b)$　を計算しなさい。

(3)　$\sqrt{3}\,(\sqrt{15}+\sqrt{3})-\dfrac{10}{\sqrt{5}}$　を計算しなさい。

(4)　$2(a+b)^2-8$　を因数分解しなさい。

(5)　n を自然数とする。次の条件を満たす整数の個数を n を用いて表しなさい。
「絶対値が n より小さい。」

(6)　一つの内角の大きさが140°である正多角形の内角の和を求めなさい。

(7)　a を負の数とするとき，次のア～オの式のうち，その値がつねに a の値以下になるものはどれですか。すべて選び，記号を○で囲みなさい。

ア　$a+2$　　イ　$a-2$　　ウ　$2a$　　エ　$\dfrac{a}{2}$　　オ　$-a^2$

(8)　５人の生徒が反復横とびを行い，その回数をそれぞれ記録した。次の表は，それぞれの生徒の回数とＢさんの回数との差を，Ｂさんの回数を基準として示したものであり，それぞれの生徒の回数がＢさんの回数より多い場合は正の数，少ない場合は負の数で表している。この５人の反復横とびの回数の平均値は47.6回である。Ｂさんの反復横とびの回数を求めなさい。

	Ａさん	Ｂさん	Ｃさん	Ｄさん	Ｅさん
Ｂさんの回数との差（回）	＋5	0	－3	－6	＋2

(9)　表が白色で裏が黒色の円盤が６枚ある。それらが図のように，左端から４枚目の円盤は黒色の面が上を向き，他の５枚の円盤は白色の面が上を向いた状態で横一列に並んでいる。

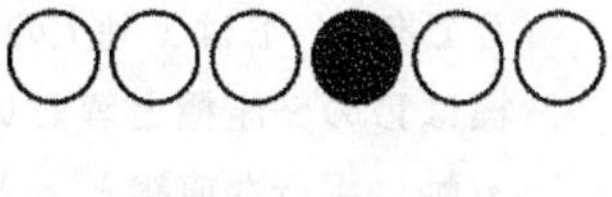

１から６までの自然数が書いてある６枚のカード 1，2，3，4，5，6 が入った箱から２枚のカードを同時に取り出し，その２枚のカードに書いてある数のうち小さい方の数を a，大きい方の数を b とする。図の状態で並んだ６枚の円盤について，左端から a 枚目の円盤と左端から b 枚目の円盤の表裏をそれぞれひっくり返すとき，上を向いている面の色が同じである

円盤が３枚以上連続して並ぶ確率はいくらですか。どのカードが取り出されることも同様に確からしいものとして答えなさい。

(10)　n を２けたの自然数とするとき，$\sqrt{300-3n}$ の値が偶数となる n の値をすべて求めなさい。

(11)　右図において，四角形ABCDはAD∥BCの台形であり，∠ADC＝∠DCB＝90°，AD＝２㎝，AB＝４㎝，BC＝３㎝ である。四角形ABCDを直線DCを軸として１回転させてできる立体の表面積は何cm^2ですか。円周率をπとして答えなさい。

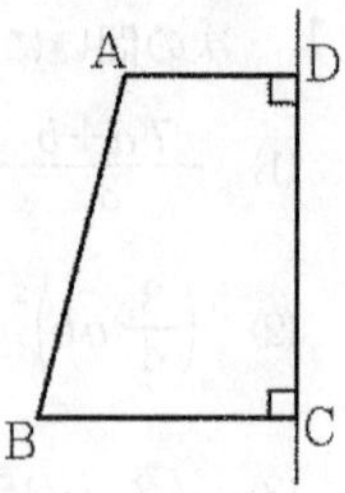

2　図Ⅰ，図Ⅱにおいて，m は関数 $y=\frac{3}{8}x^2$ のグラフを表し，ℓ は関数 $y=2x+1$ のグラフを表す。

次の問いに答えなさい。

(1)　図Ⅰにおいて，Aは m 上の点であり，その x 座標は -2 である。Bは，Aを通り x 軸に平行な直線と m との交点のうちAと異なる点である。Cは，Bを通り y 軸に平行な直線と ℓ との交点である。n は，２点A，Cを通る直線である。

①　次の文中の ㋐ ， ㋑ に入れるのに適している数をそれぞれ書きなさい。

> 関数 $y=\frac{3}{8}x^2$ について，
> x の変域が $-3\leqq x\leqq 1$ のときの y の変域は ㋐ $\leqq y\leqq$ ㋑ である。

②　n の式を求めなさい。

図Ⅰ

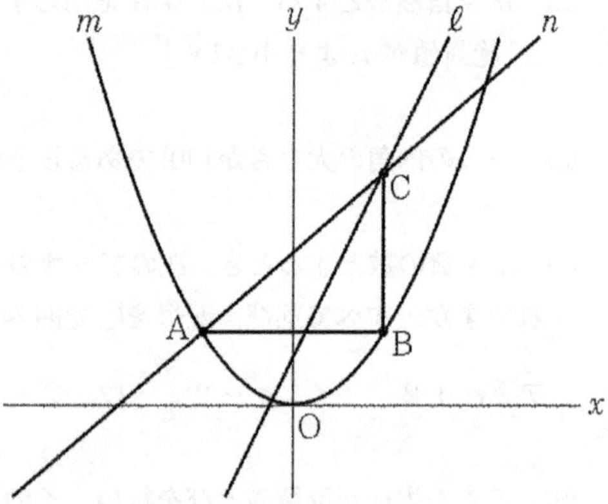

(2)　図Ⅱにおいて，p は関数 $y=ax^2$（a は負の定数）のグラフを表す。Dは m 上の点であり，その x 座標は正であって，その y 座標は６である。Eは x 軸上の点であり，Eの x 座標はDの x 座標と等しい。Fは，Eを通り y 軸に平行な直線と p との交点である。Gは，Fを通り x 軸に平行な直線と ℓ との交点である。線分GFの長さは，線分EFの長さより２㎝長い。a の値を求めなさい。途中の式を含めた求め方も書くこと。ただし，原点O

図Ⅱ

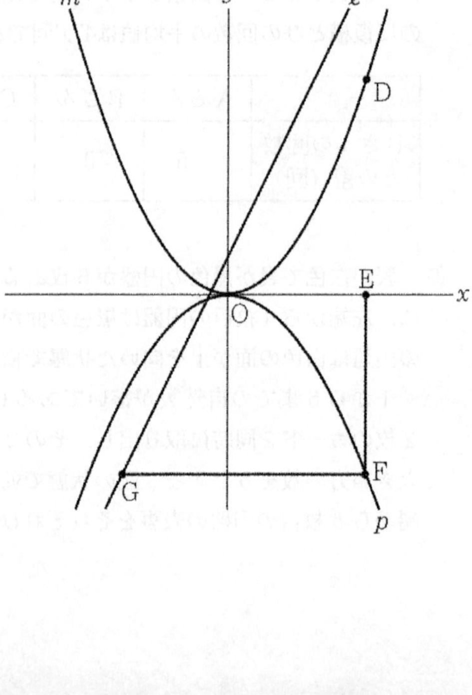

から点（1，0）まで，原点Oから点（0，1）までの距離はそれぞれ1㎝であるとする。

3　次の［Ⅰ］，［Ⅱ］に答えなさい。

［Ⅰ］　図Ⅰにおいて，△ABCはAB＝AC＝8㎝，BC＝7㎝の二等辺三角形である。Dは，辺BC上にあってB，Cと異なる点である。AとDとを結ぶ。Eは直線ACについてBと反対側にある点であり，3点A，C，Eを結んでできる△ACEは△ACE≡△BADである。Fは，直線BC上にあってCについてBと反対側にある点である。AとFとを結ぶ。Gは，線分AFと線分ECとの交点である。

次の問いに答えなさい。

⑴　△AEG∽△FCG であることを証明しなさい。

図Ⅰ

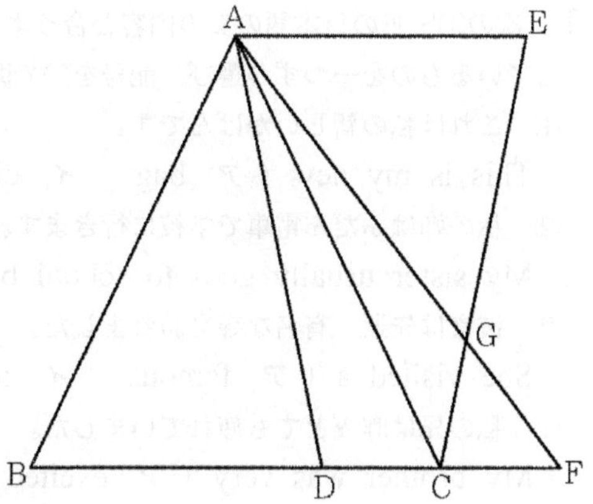

⑵　FA＝FB であり，BD＝5㎝ であるときの線分GFの長さを求めなさい。

［Ⅱ］　図Ⅱにおいて，立体A－BCDは三角すいであり，直線ABは平面BCDと垂直である。△BCDは∠DBC＝90°の直角三角形であり，BC＝8㎝，BD＝6㎝である。E，F，Gは，それぞれ辺AB，AC，ADの中点である。EとF，EとG，FとGとをそれぞれ結ぶ。Hは，線分EB上にあってE，Bと異なる点である。HとC，HとF，HとGとをそれぞれ結ぶ。Iは，Hを通り辺ADに平行な直線と辺BDとの交点である。IとCとを結ぶ。

次の問いに答えなさい。

⑶　△AFEの面積をS cm^{2}とするとき，四角形GDBEの面積をSを用いて表しなさい。

⑷　AB＝12㎝であり，立体A－BCDから立体AHFGと立体HBCIを取り除いてできる立体の体積が70cm^{3}であるときの，線分HBの長さを求めなさい。

図Ⅱ

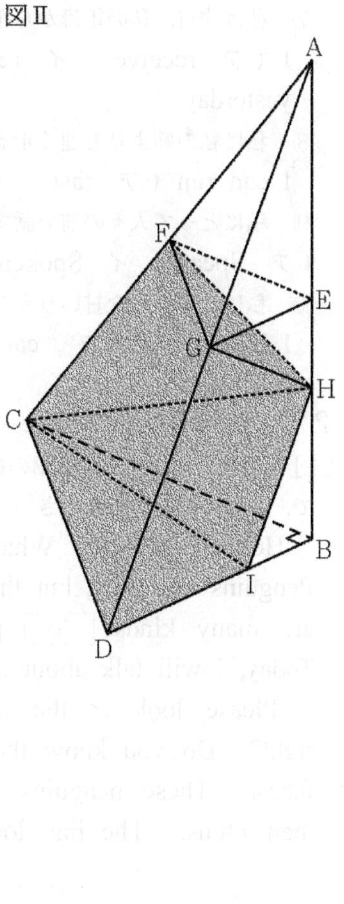

＜英語＞

〔A問題〕　時間　55分（リスニングテスト15分を含む）
満点　90点

1　次の(1)～(10)の日本語の文の内容と合うように，英文中の（　）内のア～ウからそれぞれ最も適しているものを一つずつ選び，記号を○で囲みなさい。

(1)　これは私の新しいかばんです。
This is my new（ ア bag　イ clock　ウ desk).

(2)　私の姉はふだん電車で学校に行きます。
My sister usually goes to school by（ ア bike　イ bus　ウ train).

(3)　彼女は先週，有名な寺を訪れました。
She visited a（ ア famous　イ local　ウ small ）temple last week.

(4)　私の兄は昨夜とても疲れていました。
My brother was very（ ア excited　イ surprised　ウ tired ）last night.

(5)　あなたの辞書を借りてもよいですか。
Can I（ ア borrow　イ put　ウ send ）your dictionary?

(6)　あれらの教科書はあなたのものですか。
（ ア Am　イ is　ウ Are ）those textbooks yours?

(7)　私は昨日，私の祖母から手紙を受け取りました。
I（ ア receive　イ received　ウ receiving ）a letter from my grandmother yesterday.

(8)　私は私の姉よりも速く走ることができます。
I can run（ ア fast　イ faster　ウ fastest ）than my sister.

(9)　私にとって人々の前で話すことは簡単ではありません。
（ ア Speak　イ Spoken　ウ Speaking ）in front of people is not easy for me.

(10)　私はこのような甘いりんごを食べたことがありません。
I have never（ ア eat　イ ate　ウ eaten ） a sweet apple like this.

2　ジュディ（Judy）はニュージーランドからの留学生です。次の［Ⅰ］，［Ⅱ］に答えなさい。

［Ⅰ］　次は，ジュディが英語の授業で行ったスピーチの原稿です。彼女が書いたこの原稿を読んで，あとの問いに答えなさい。

Hello, everyone. What is your favorite animal? I like penguins the most. Penguins are birds, but they can't fly. They can swim well in the water. There are many kinds [①] penguins in the world. Today, I will talk about my favorite penguin.

Please look at the picture. They are cute, right? Do you know their name? Look at their faces. These penguins have a black line under their chins. The line looks like a strap, so they are called “chinstrap penguin” in English.

Last month, I went to a popular zoo with my host family. In Japan, Ⓐ it is one of my favorite places because I can meet my favorite penguin. When I was [②] chinstrap penguins, I learned they were called “*hige* penguin” in Japanese. I asked, “What does *hige* mean?” Then, my host family answered, “*Hige* means beard. The black line looks like a beard.” I thought the difference of the names was interesting.

Now, look at the black line again. What does it look like to you? I think the black line looks like a mouth. When I first saw these penguins, I thought they were smiling. So, I want to call them “smile penguin.” If you can name these penguins, what will you call them? Thank you for listening.

（注）　penguin　ペンギン　　chin　あご　　strap　ひも　　chinstrap　あごひも　　*hige*　ひげ
beard　ひげ

(1)　次のうち，本文中の [①] に入れるのに最も適しているものはどれですか。一つ選び，記号を○で囲みなさい。

ア　at　　イ　by　　ウ　of　　エ　to

(2)　本文中のⒶ itの表している内容に当たるものとして最も適しているひとつづきの英語３語を，本文中から抜き出して書きなさい。

(3)　次のうち，本文中の [②] に入れるのに最も適しているものはどれですか。一つ選び，記号を○で囲みなさい。

ア　watch　　イ　watching　　ウ　watched　　エ　to watch

(4)　次のうち，本文で述べられている内容と合うものはどれですか。一つ選び，記号を○で囲みなさい。

ア　ジュディは，世界にいるたくさんの種類のペンギンのうち，３種類のペンギンを紹介した。

イ　ジュディは，好きな種類のペンギンに黒い線がある理由を，ホストファミリーから教わった。

ウ　ジュディは，好きな種類のペンギンの名前が英語と日本語とで違っていて面白いと思った。

エ　ジュディは，好きな種類のペンギンが「笑顔ペンギン」と呼ばれていると知ってうれしくなった。

［Ⅱ］　スピーチの後に，あなた（You）がジュデイと次のような会話をするとします。あなたならば，どのような話をしますか。あとの**条件１～３**にしたがって，（①）～（③）に入る内容を，それぞれ**５語程度**の英語で書きなさい。解答の際には記入例にならって書くこと。

You:　Hi, Judy.　Your speech was good.　（ ① ）

Judy:　Thank you.

You:　（ ② ）

Judy:　OK.　What is it?

You:　（ ③ ）

Judy: They like very small fish.

＜条件１＞ ①に，自分はそれをとても楽しんだという内容の文を書くこと。
＜条件２＞ ②に，一つ質問をしてもよいかたずねる文を書くこと。
＜条件３＞ ③に，彼らの好きな食べ物は何かたずねる文を書くこと。

記 入 例

What	time	is	it ?
Well ,	it's	11	o'clock .

3 次は，高校生の礼奈（Rena），モンゴル（Mongolia）からの留学生のバトバヤル（Batbayar），織田先生（Ms. Oda）の３人が交わした会話の一部です。会話文を読んで，あとの問いに答えなさい。

Rena: Hi, Batbayar. What are you doing?

Batbayar: Hi, Rena. I'm thinking about my sister's birthday present.

Rena: Oh, you are a kind brother. When is her birthday?

Batbayar: It will be next month. Will you [①] me a good idea about a present? She is interested in costumes.

Rena: OK, I will think about it with you.

Ms. Oda: Hello, Rena and Batbayar. What are you talking about?

Rena: Hello, Ms. Oda. We are talking about a birthday present for his sister.

Ms. Oda: That sounds fun. What does she like?

Batbayar: She likes traditional costumes, for example *deel*.

Rena: *Deel*? [②]

Batbayar: *Deel* is the traditional costume of Mongolia. *Kimono* is the traditional costume of Japan, right? I think some *deel* look like *kimono*.

Rena: Really? That's interesting.

Ms. Oda: I also think the shapes of *deel* and *kimono* look similar.

Batbayar: Have you ever seen them?

Ms. Oda: Yes. I saw many *deel* when I went to Mongolia two years ago. They were all

deel（デール）
（複数形も*deel*）

kimono（着物）
（複数形も*kimono*）

kimono cloth
（着物の布，生地）

beautiful.

Batbayar: [③] I also think *deel* is beautiful.

deel which are made with *kimono* cloth

Rena: When do you wear *deel*, Batbayar?

Batbayar: I wear *deel* for some special events. For example, in my country, I wear it on the first day of the year, and at some parties.

Rena: I see. I also wear *kimono* for some special events.

Batbayar: I think *kimono* is a beautiful traditional costume. I like *kimono* and my sister likes it, too. In Mongolia, some people enjoy *deel* which are made with *kimono* cloth.

Rena: Really? The idea of using *kimono* cloth to make *deel* is interesting. Why is it used for making *deel*?

Batbayar: I have heard some reasons. I'll tell you one of Ⓐ<u>them</u>. *Kimono* cloth is good for making *deel* because the shapes of *deel* and *kimono* are similar. They are made with pieces of long cloth.

Rena: I understand.

Batbayar: My sister says she also wants a *deel* with *kimono* cloth in the future.

Rena: Oh, Batbayar! I've got an idea for your sister's birthday present. How about giving her *kimono* cloth? I think [④] it.

Batbayar: Wow, that sounds great, but I worry that it may be very expensive.

Ms. Oda: Then, I know a good shop near here. *Kimono* cloth at the shop comes from used *kimono*, so it is not so expensive.

Batbayar: That will be nice. Thank you. I will buy and send *kimono* cloth to my sister. Then she can enjoy wearing *deel* with *kimono* cloth.

Ms. Oda: How can she wear the *deel* only by getting *kimono* cloth?

Batbayar: In Mongolia, there are some shops for [⑤].

Rena: That's a good system. Please ask her to take a picture when she wears the *deel*.

Batbayar: Sure. I will show it to you.

Rena: Thank you. Now I understand a few things about the traditional costumes of Mongolia and Japan. Knowing about them is fun. I think it is interesting to use traditional cloth of Japan to make a traditional costume of Mongolia.

Batbayar: Yes, I agree with you. I think Ⓑ<u>that</u> is a wonderful way to enjoy two traditional things.

（注） cloth 布，生地

(1) 次のページのうち，本文中の [①] に入れるのに最も適しているものはどれですか。一つ選び，記号を○で囲みなさい。

ア give　イ hold　ウ know　エ like

(2) 本文の内容から考えて，次のうち，本文中の ② に入れるのに最も適しているものはどれですか。一つ選び，記号を○で囲みなさい。

ア How much is *deel*?　イ What is *deel*?

ウ When is *deel* used?　エ Which *deel* is better?

(3) 本文中の ③ が，「私はそれを聞いてうれしく感じます。」という内容になるように，次の〔 〕内の語を並べかえて解答欄の＿＿に英語を書き入れ，英文を完成させなさい。

I feel〔 that　happy　hear　to 〕.

(4) 本文中のⒶ them の表している内容に当たるものとして最も適しているひとつづきの英語2語を，本文中から抜き出して書きなさい。

(5) 本文中の 'I think ④ it.' が，「私は，彼女がそれを好むだろうと思います。」という内容になるように，解答欄の＿＿に英語3語を書き入れ，英文を完成させなさい。

(6) 本文の内容から考えて，次のうち，本文中の ⑤ に入れるのに最も適しているものはどれですか。一つ選び，記号を○で囲みなさい。

ア making cloth from used costumes

イ making *deel* with cloth we choose

ウ selling cloth which is used for *deel*

エ selling many kinds of *kimono*

(7) 次のうち，本文中のⒷ that が表している内容として最も適しているものはどれですか。一つ選び，記号を○で囲みなさい。

ア wearing a traditional costume of a country only in the country

イ taking a picture of traditional cloth for making a traditional costume

ウ enjoying special events with traditional costumes of one country

エ making a traditional costume with traditional cloth of another country

(8) 本文の内容と合うように，次の問いに対する答えをそれぞれ英語で書きなさい。ただし，①は3語，②は6語の英語で書くこと。

① Does Batbayar wear *deel* on the first day of the year in his country?

② When did Ms. Oda go to Mongolia?

受験番号	番		得点	

令和３年度大阪府学力検査問題

英語リスニング解答用紙〔A問題・B問題〕

1　ジェーンと勇樹との会話を聞いて，勇樹のことばに続くと考えられるジェーンのことばとして，次の**ア**～**エ**のうち最も適しているものを一つ選び，**解答欄の記号を**○で囲みなさい。

ア　I like Chinese food.　　**イ**　I don't eat food.　　**ウ**　Yes, you are kind.　　**エ**　No, I'm not.

解答欄	ア	イ	ウ	エ

採点者記入欄	
/2	

2　ホワイト先生が絵の説明をしています。ホワイト先生が見せている絵として，次の**ア**～**エ**のうち最も適していると考えられるものを一つ選び，**解答欄の記号を**○で囲みなさい。

解答欄	ア	イ	ウ	エ

採点者記入欄	
/2	

3　ベッキーとホストファミリーの翔太が電話で話をしています。二人の会話を聞いて，ベッキーが翔太のために買って帰るものとして，次の**ア**～**エ**のうち最も適していると考えられるものを一つ選び，**解答欄の記号を**○で囲みなさい。

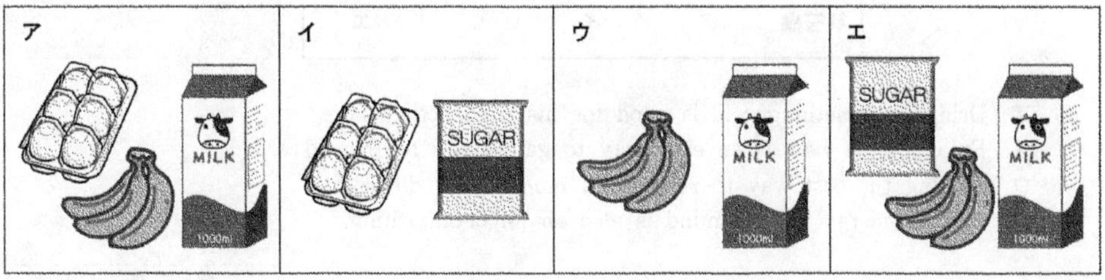

解答欄	ア	イ	ウ	エ

採点者記入欄	
/3	

4 ジョンとホストファミリーの恵子との会話を聞いて，恵子が住んでいる地域のごみの回収予定を表したものとして，次の**ア～エ**のうち最も適していると考えられるものを一つ選び，**解答欄の記号**を○で囲みなさい。

ア

火曜日	水曜日	木曜日	金曜日
古紙	プラスチック ペットボトル		燃えるごみ

イ

火曜日	水曜日	木曜日	金曜日
燃えるごみ	プラスチック ペットボトル		古紙

ウ

火曜日	水曜日	木曜日	金曜日
燃えるごみ		プラスチック ペットボトル	古紙

エ

火曜日	水曜日	木曜日	金曜日
燃えるごみ	古紙		プラスチック ペットボトル

採点者記入欄

解答欄　ア　イ　ウ　エ　　／3

5 動物園で飼育員が案内をしています。その案内を聞いて，それに続く二つの質問に対する答えとして最も適しているものを，それぞれ**ア～エ**から一つずつ選び，**解答欄の記号**を○で囲みなさい。

(1) **ア** Once.　**イ** Twice.　**ウ** Three times.　**エ** Four times.

採点者記入欄

解答欄　ア　イ　ウ　エ　　／3

(2) **ア** To buy some food for the babies.
イ To give some milk to the babies.
ウ To take pictures of the babies.
エ To buy the books about the babies.

採点者記入欄

解答欄　ア　イ　ウ　エ　　／3

6 登山中のエミリーと浩二との会話を聞いて，それに続く二つの質問に対する答えとして最も適しているものを，それぞれ**ア～エ**から一つずつ選び，**解答欄の記号**を○で囲みなさい。

(1) **ア** The hot drink.　**イ** The map of the mountain.
ウ The chocolate.　**エ** The beautiful view.

採点者記入欄

解答欄　ア　イ　ウ　エ　　／3

(2) **ア** Drinking something cold is good for his tired body.
イ Enjoying the view is an easy way to get energy for his body.
ウ Finding the best way to relax on a mountain is difficult.
エ Getting energy for his mind is also an important thing.

採点者記入欄

解答欄　ア　イ　ウ　エ　　／3

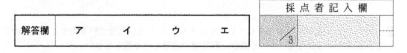

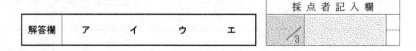

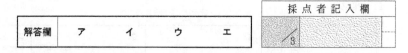

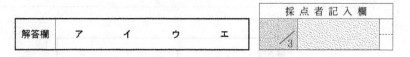

＜英語＞

〔B問題〕　時間　55分（リスニングテスト15分を含む）
満点　90点

1　次は，高校生の礼奈（Rena），モンゴル（Mongolia）からの留学生のバトバヤル（Batbayar），織田先生（Ms.Oda）の３人が交わした会話の一部です。会話文を読んで，あとの問いに答えなさい。

Rena: Hi, Batbayar. What are you doing?

Batbayar: Hi, Rena. I'm thinking about my sister's birthday present. Her birthday party [①] next month. Will you give me a good idea for her present?

deel（デール）
（複数形も*deel*）

Rena: [②] I think you are a kind brother. What does she like?

Batbayar: My sister is interested in wearing costumes.

Ms.Oda: Hello, Rena and Batbayar. What are you talking about?

Rena: Hello, Ms.Oda. We are talking about a birthday present for his sister. Batbayar says she likes costumes.

Ms.Oda: Oh, that sounds fun.

Batbayar: My sister likes traditional costumes, for example *deel*.

kimono（着物）
（複数形も*kimono*）

Rena: *Deel*? What is it?

Batbayar: Deel is the traditional costume of Mongolia. *Kimono* is the traditional costume of Japan, right? I think some *deel* look like *kimono*. [ア]

Rena: I see. Do people in Mongolia wear *deel* every day?

Batbayar: [イ] But, some people wear *deel* to celebrate something special. For example, I wear it when I celebrate the new year. [ウ] I also wear it when I go to parties.

kimono cloth
（着物の布，生地）

Ms.Oda: Well, I went to Mongolia two years ago.

Rena: That's nice! Did you have chances to see people who wore *deel*?

Ms.Oda: I had only one chance to see some people who wore *deel* to a big party there.

Rena: I understand. I think we have almost the same situation for wearing

deel which are made with *kimono* cloth

kimono in Japan.

Batbayar: What do you mean?

Rena: I mean [③].

Batbayar: I agree. I don't see many people who wear *kimono* in Japan. I want more people to wear *kimono* because it is a beautiful traditional costume. My sister and I like it. [エ] Do you know that some people in Mongolia enjoy *deel* which are made with *kimono* cloth?

Rena: Really? The idea of using kimono cloth to make *deel* is interesting.

Batbayar: When my sister and I saw those deel for the first time, we didn't know what cloth was used. But, those *deel* with *kimono* cloth were beautiful costumes, so we became interested in the costumes and cloth. My sister started learning about the costumes and cloth. She said learning about Ⓐthem was fun.

Ms. Oda: I can understand. When I heard traditional cloth of Japan was used to make a traditional costume of Mongolia, I became interested and excited.

Batbayar: I think wearing *deel* with *kimono* cloth is [④] ways to enjoy two cultures. My sister says she wants to wear one in the future. I think she will be able to enjoy wearing it if she gets *kimono* cloth.

Rena: How can she wear the *deel* only by getting *kimono* cloth?

Batbayar: In Mongolia, there are some shops for [⑤].

Rena: That's a nice system. Then, how about giving her *kimono* cloth as her birthday present?

Batbayar: That's a good idea, but can I buy it? I guess it may be very expensive.

Ms. Oda: Batbayar, I think Rena's idea is good. I know a good shop near here. *Kimono* cloth at the shop comes from used kimono, so it's not so expensive.

Batbayar: Oh, that will be nice. Thank you. I will buy and send it to my sister.

Ms. Oda: When *kimono* get old, a few parts of them may not be in a good condition. [⑥]

Rena: That's a good point about *kimono*.

Batbayar: Now I understand how people keep using the traditional costume and cloth. I think it is a nice part of culture in Japan.

Rena: I think so, too. Today, I learned that Japanese traditional cloth was used to make the traditional costumes of Mongolia. Knowing about *deel* with kimono cloth gave me a chance to know about our own culture.

Batbayar: That's true. We have different cultures. Learning about other cultures is sometimes an entrance to learning about our own culture. Let's keep learning together, Rena.

Rena: Sure.

（注） celebrate　祝う　　cloth　布，生地

(1) 次のうち，本文中の ① に入れるのに最も適しているものはどれですか。一つ選び，記号を○で囲みなさい。

ア holds　イ will hold　ウ will be held　エ was held

(2) 本文の内容から考えて，次のうち，本文中の ② に入れるのに最も適しているものはどれですか。一つ選び，記号を○で囲みなさい。

ア OK, I will think about it.　イ This will not be my present.

ウ Yes, she will give it.　エ No, she will not.

(3) 本文中には次の英文が入ります。本文中のア～エから，入る場所として最も適しているものを一つ選び，ア～エの記号を○で囲みなさい。

People don't wear *deel* so often.

(4) 本文の内容から考えて，次のうち，本文中の ③ に入れるのに最も適しているものはどれですか。一つ選び，記号を○で囲みなさい。

ア celebrating special events is getting important in Mongolia

イ chances to see people who wear *kimono* are not so many in Japan

ウ the number of people who wear *deel* is getting bigger in Mongolia

エ special events to celebrate the new year are not popular in Japan

(5) 本文中のⒶ them の表している内容に当たるものとして最も適しているひとつづきの英語４語を，本文中から抜き出して書きなさい。

(6) 本文中の 'I think wearing *deel* with *kimono* cloth is ④ ways to enjoy two cultures.' が，「私は，着物の布を使ったデールを着ることは，二つの文化を楽しむための最も簡単な方法の一つだと思います。」という内容になるように，解答欄の____に英語４語を書き入れ，英文を完成させなさい。

(7) 本文の内容から考えて，次のうち，本文中の ⑤ に入れるのに最も適しているものはどれですか。一つ選び，記号を○で囲みなさい。

ア making *deel* with cloth we choose

イ making cloth from used costumes

ウ selling many kinds of *kimono*

エ selling cloth which is used for *deel*

(8) 本文中の ⑥ が，「しかしながら，そのような古い着物のほとんどの部分は，何か他の物を作るために使うことができます。」という内容になるように，次のページの〔　〕内の語を並べかえて解答欄の____に英語を書き入れ，英文を完成させなさい。

However, most parts of such old *kimono* can be 〔 make else used something to 〕.

(9) 次のうち，本文で述べられている内容と合うものはどれですか。**二つ選び**，記号を○で囲みなさい。

ア Ms. Oda had a chance to wear *deel* at a big party when she went to Mongolia two years ago.

イ Batbayar got an idea of making *deel* with *kimono* cloth when he saw *kimono* for the first time.

ウ Batbayar will buy traditional cloth of Japan at a shop which Ms. Oda introduced to him.

エ Batbayar will send a traditional costume which he will make with *kimono* cloth from Japan.

オ Rena had a chance to know about her own culture through knowing about *deel* with *kimono* cloth.

2 次は，高校生の美咲（Misaki）が英語の授業で行ったスピーチの原稿です。彼女が書いたこの原稿を読んで，あとの問いに答えなさい。

Do you know about Japanese candles? Japanese candles are different from Western candles which are usually used today, although they look very [①]. Japanese candles are usually made with wax which is taken from plants. One of the kinds of plants is a tree which is called *haze* in Japanese.

a Japanese candle
（和ろうそく）

People take wax from the berries of *haze*. Last summer, when I went to Kimino Town in Wakayama Prefecture for my vacation, I [②] an interesting story from the local people. It was about a special tree of *haze*.

Wakayama Prefecture
（和歌山県）

One day, in the *Edo* period, a little strange tree was found on a mountain in Kimino Town. There were very big berries on the tree. People thought it was a new kind of *haze*. From its big berries, people could take a lot of excellent wax. So, people tried to make many trees of the same kind. People cut some parts of the strange tree and grafted Ⓐ <u>them</u> on the other trees of *haze*. In this way, many trees which had big berries were made. These trees with big berries were [③] *budou haze* because the berries looked like grapes. The first strange tree was called “the original tree” for many *budou haze*. Some people said *budou haze* produced the best wax for making Japanese candles

berries
of *budou haze*

among some different kinds of *haze*. People in the town sold the wax, and the people's lives became better. People thanked *budou haze* and the original tree.

And many years passed. [④] Most people forgot about the original tree.

In 2016, two high school students in Kimino Town learned about the history of their town and *budou haze* in their class. They became very interested in the original tree, and they began doing research on it. They interviewed a lot of people. Many people said that the tree died many years ago. However, the students [⑤] that the original tree was still in the mountains. [⑥] She thought the tree was very special because it brought a lot of happiness to the town. After talking with the woman, the two students decided to try to find the original tree.

The students collected a lot of information in the library. And in a book, they found a picture of the original tree. It was a picture which was taken about 80 years ago. [ア] Although some people said finding it was impossible, the two students didn't stop trying. [イ] With the picture in their hand, they walked in the mountains and looked for it. [ウ] After making a lot of efforts, finally they could find a tree, [エ] The tree survived. It was living on a mountain.

In January, 2020, the tree became a natural treasure of Wakayama Prefecture. From this news about the original tree, people in the town got a lot of energy. Some people remembered that *budou haze* was the special kind of *haze* which was found and made in their town. Now, some people have a plan to grow *budou haze* once again. I was very encouraged by the high school students. They had a good influence on their town. I learned that students could make a change outside their classroom. Thank you for listening.

（注）different from ～　～とは異なる　candle　ろうそく　wax　蝋《ろう》（複数形も wax）
haze　ハゼ（植物，複数形も *haze*）　berry　（木の）実　the *Edo* period　江戸時代
graft ～　～を接ぎ木する（元になる植物の一部を切り取って，他の近い種の植物につなげる）
budou haze　ブドウハゼ（植物，複数形も *budou haze*）　grape　ブドウ
original　元の，最初の　happiness　幸せ　natural treasure　天然記念物

⑴　本文の内容から考えて，次のうち，本文中の [①] に入れるのに最も適しているものはどれですか。一つ選び，記号を○で囲みなさい。

ア different　イ difficult　ウ easy　エ similar

⑵　次のうち，本文中の [②] に入れるのに最も適しているものはどれですか。一つ選び，記号を○で囲みなさい。

ア hear　イ heard　ウ was heard　エ have heard

⑶　本文中のⒶ them の表している内容に当たるものとして最も適しているひとつづきの英語6語を，本文中から抜き出して書きなさい。

(4) 本文の内容から考えて，次のうち，本文中の ③ に入れるのに最も適しているものはどれですか。一つ選び，記号を○で囲みなさい。

ア kept　イ left　ウ named　エ painted

(5) 本文中の ④ に，次の（ⅰ）～（ⅲ）の英文を適切な順序に並べかえ，前後と意味がつながる内容となるようにして入れたい。あとのア～エのうち，英文の順序として最も適しているものはどれですか。一つ選び，記号を○で囲みなさい。

（ⅰ） So, people in the town stopped growing *budou haze* and many of the trees died.

（ⅱ） And then, most people in the town thought the original tree also died like those other trees.

（ⅲ） Cheaper Western candles became popular and people in Kimino Town could not sell a lot of wax.

ア （ⅰ）→（ⅱ）→（ⅲ）　イ （ⅰ）→（ⅲ）→（ⅱ）

ウ （ⅲ）→（ⅰ）→（ⅱ）　エ （ⅲ）→（ⅱ）→（ⅰ）

(6) 本文中の‘However, the students ⑤ that the original tree was still in the mountains.’が，「しかしながらその生徒たちは，元の木がまだ山にあるということを信じていた一人の女性に会いました。」という内容になるように，解答欄の___に英語５語を書き入れ，英文を完成させなさい。

(7) 本文中の ⑥ が，「彼女はどこでそれを見たかを覚えていなかったけれども，20年か30年前にそれを見たと言いました。」という内容になるように，次の〔　〕内の語を並べかえて解答欄の___に英語を書き入れ，英文を完成させなさい。

She said that she saw it 20 or 30 years ago, although she didn't 〔 she　where　it　remember　saw 〕.

(8) 本文中には次の英文が入ります。本文中のア～エから，入る場所として最も適しているものを一つ選び，ア～エの記号を○で囲みなさい。

It looked just like the tree they saw in the picture.

(9) 本文の内容と合うように，次の問いに対する答えをそれぞれ英語で書きなさい。ただし，①は３語，②は６語の英語で書くこと。

① Were there very big berries on the original tree when it was found in the *Edo* period?

② According to the speech, what did people in the town get from the news about the original tree?

3 あなた（You）とジム（Jim）が，次のような会話をするとします。あとの条件１・２にしたがって，（①），（②）に入る内容を，それぞれ15語程度の英語で書きなさい。解答の際には記入例にならって書くこと。

You: Jim, it's Monday today, and our tennis match will be on Saturday.

（　①　）

Jim: Of course!　Let's do it, but I don't think one day is enough.　If it is possible, we should do it on other days, too. What do you think?

You: (　　②　　)

Jim: OK.

<条件１>　①に，テニスの試合まで５日だということと，今日の放課後テニスができるかということを書くこと。

<条件２>　②に，ジムの発言に対する応答を書き，その理由となる【あなたの放課後の予定】についても書くこと。

【あなたの放課後の予定】

Days of the Week	Plans
Monday	
Tuesday	Shopping
Wednesday	Dance Lesson
Thursday	Piano Lesson
Friday	

記入例

When	is	your	birthday?
Well ,	it's	April	11 .

受験番号	番	得点	

令和３年度大阪府学力検査問題

英語リスニング解答用紙〔A問題・B問題〕

1 ジェーンと勇樹との会話を聞いて，勇樹のことばに続くと考えられるジェーンのことばとして，次の**ア**〜**エ**のうち最も適しているものを一つ選び，**解答欄の記号**を○で囲みなさい。

ア I like Chinese food.　**イ** I don't eat food.　**ウ** Yes, you are kind.　**エ** No, I'm not.

解答欄	ア	イ	ウ	エ

採点者記入欄	
／2	

2 ホワイト先生が絵の説明をしています。ホワイト先生が見せている絵として，次の**ア**〜**エ**のうち最も適していると考えられるものを一つ選び，**解答欄の記号**を○で囲みなさい。

解答欄	ア	イ	ウ	エ

採点者記入欄	
／2	

3 ベッキーとホストファミリーの翔太が電話で話をしています。二人の会話を聞いて，ベッキーが翔太のために買って帰るものとして，次の**ア**〜**エ**のうち最も適していると考えられるものを一つ選び，**解答欄の記号**を○で囲みなさい。

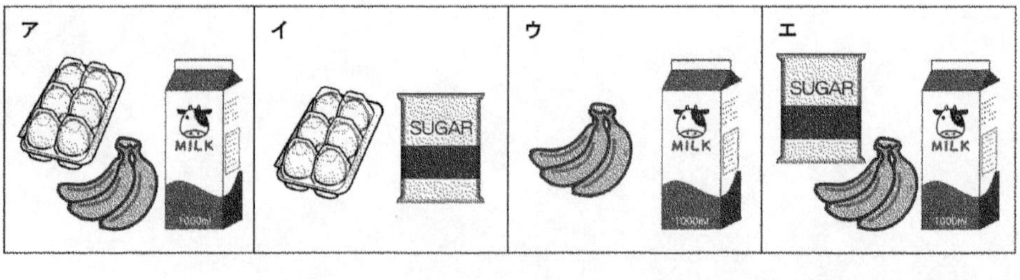

解答欄	ア	イ	ウ	エ

採点者記入欄	
／3	

4　ジョンとホストファミリーの恵子との会話を聞いて，恵子が住んでいる地域のごみの回収予定を表したものとして，次のア～エのうち最も適していると考えられるものを一つ選び，**解答欄の記号を○で囲みなさい。**

ア

火曜日	水曜日	木曜日	金曜日
古紙	プラスチック ペットボトル		燃えるごみ

イ

火曜日	水曜日	木曜日	金曜日
燃えるごみ	プラスチック ペットボトル		古紙

ウ

火曜日	水曜日	木曜日	金曜日
燃えるごみ		プラスチック ペットボトル	古紙

エ

火曜日	水曜日	木曜日	金曜日
燃えるごみ	古紙		プラスチック ペットボトル

解答欄	ア　イ　ウ　エ

採点者記入欄	
/3	

5　動物園で飼育員が案内をしています。その案内を聞いて，それに続く二つの質問に対する答えとして最も適しているものを，それぞれア～エから一つずつ選び，**解答欄の記号を○で囲みなさい。**

(1)　ア　Once.　　イ　Twice.　　ウ　Three times.　　エ　Four times.

解答欄	ア　イ　ウ　エ

採点者記入欄	
/3	

(2)　ア　To buy some food for the babies.
　　イ　To give some milk to the babies.
　　ウ　To take pictures of the babies.
　　エ　To buy the books about the babies.

解答欄	ア　イ　ウ　エ

採点者記入欄	
/3	

6　登山中のエミリーと浩二との会話を聞いて，それに続く二つの質問に対する答えとして最も適しているものを，それぞれア～エから一つずつ選び，**解答欄の記号を○で囲みなさい。**

(1)　ア　The hot drink.　　イ　The map of the mountain.
　　ウ　The chocolate.　　エ　The beautiful view.

解答欄	ア　イ　ウ　エ

採点者記入欄	
/3	

(2)　ア　Drinking something cold is good for his tired body.
　　イ　Enjoying the view is an easy way to get energy for his body.
　　ウ　Finding the best way to relax on a mountain is difficult.
　　エ　Getting energy for his mind is also an important thing.

解答欄	ア　イ　ウ　エ

採点者記入欄	
/3	

＜英語＞〔C問題〕

時間 55分（リスニングテスト25分を含む）
満点 90点

1 Choose the phrase that best completes each sentence below.

(1) The boy (　　) is my brother.
ア who the contest won twice　　イ won who the contest twice
ウ who won the contest twice　　エ won the contest twice who

(2) The students were (　　) the school gate.
ア excited to find a sleeping cat beside
イ sleeping to excited find a cat beside
ウ excited beside to a sleeping cat find
エ sleeping excited to beside a cat find

(3) I want to know (　　) every day.
ア that singer practices how many hours
イ how many hours practices that singer
ウ that singer how many hours practices
エ how many hours that singer practices

(4) The present (　　) to get for a long time.
ア she gave me I was wanted the one
イ was the one I wanted she gave me
ウ she gave me was the one I wanted
エ was she gave me the one I wanted

(5) The book gave (　　) prepare for the trip abroad.
ア enough information to learn to me what
イ me enough to learn information to what
ウ enough to me what information to learn
エ me enough information to learn what to

(6) I will (　　) me until the exam is over.
ア keep to watch the DVDs from I want away
イ watch the DVDs I keep away from want to
ウ keep the DVDs I want to watch away from
エ watch the DVDs to keep I want from away

2 Read the passage and choose the answer which best completes each blank ①～③.

"What are the important factors when you choose food?" This was one of the questions in research which was done on health and food in 2018 The research was done on people over 19 years old. The people who joined the research answered this question by choosing one or more factors from several choices. The following table shows eight factors and the percentages of people who chose them. From all the people who answered the question, the table shows three generations: people who were 20-29, 40-49, and 60-69 years old.

Look at the table. For each generation, the two factors which show the highest and the lowest percentages are same. They are [①] However, the table also shows that people in each generation had different views on choosing food. If you rank the factors of each generation in order from the highest percentages to the lowest ones, there are some differences in the factors which were ranked second and third among the three generations. [②] was ranked second by people who were 20-29 and 40-49 years old though it was ranked third by people who were 60-69 years old. For each factor, there are some differences in percentage points between the generations. Of all the factors, the biggest difference in percentage points is 38.7, and it is found on [③]

（注） factor 要素　over 19 years old 19歳より年上の，20歳以上の　choice 選択肢
table 表　percentage 割合　generation 世代　rank 並べる
difference in percentage points 割合の差

【Table】

Question: "What are the important factors when you choose food?"
Eight factors and the percentages of people who chose them

factors ＼ ages	20-29	40-49	60-69
taste（おいしさ）	79.5 %	78.1 %	75.8 %
price（価格）	60.2 %	68.5 %	68.1 %
freshness（鮮度）	32.8 %	57.3 %	71.5 %
safety（安全性）	31.0 %	52.1 %	62.7 %
amount and size（量・大きさ）	45.8 %	41.4 %	34.6 %
nutrition（栄養価）	29.1 %	41.9 %	46.3 %
season（季節感・旬）	20.9 %	38.6 %	48.6 %
how easy and convenient（簡便性）	16.1 %	16.1 %	16.1 %

（厚生労働省「国民健康・栄養調査」（令和２年）により作成）

(1) ① ア "taste" and "price."
イ "taste" and "how easy and convenient."
ウ "price" and "freshness."
エ "amount and size" and "nutrition."

(2) ② ア "Taste"　イ "Price"
ウ "Freshness"　エ "Amount and size"

(3) ③ ア "freshness."　イ "safety."　ウ "nutrition."　エ "season."

3 Read the passage and choose the answer which best completes each sentence (1)〜(4).

According to an old book, on June 10th in 671, a clock was used for the first time in Japan. It was a clock which used water. The date is very important for the history of clocks in Japan.

In the 17th century, in Japan, people began to make some mechanical clocks, but they did not become very popular because people could know the rough time by watching the sun or hearing the sounds of bells from temples. However, in the *Meiji* period, some people began to use mechanical clocks, because they needed them to use modern technologies which were introduced to Japan from Western countries. For example, in 1872, the first train in Japan began to run. If people tried to take a train, they needed to know the exact time. The change in society [①] some changes in people's awareness about time, but very slowly. Many people did not feel the importance of knowing the exact time so much.

In 1920, some people at that time thought it was necessary to change people's awareness about time to make Japan a modern country. With such a purpose, in that year, an exhibition about time was held in Tokyo. Through many interesting things which were shown, people could learn how time had influences on their lives. The exhibition became very popular, and about 220,000 people came. During the exhibition, June 10th became the "Day for celebrating time" because on that day over 1,200 years [②] that year, the first clock was used in Japan. At noon, on that day in 1920, all over Tokyo, people could hear a sound which told it was 12 o'clock. The exhibition gave many people a chance to have a sense of minutes and seconds. And, people began to improve clocks to make them more accurate.

Just in one century after the first Day for celebrating time, clocks have become very accurate and people have become very punctual. We don't know how our awareness of time will be changed in the future by more accurate clocks or changes in society.

（注） the 17th century 17世紀　mechanical 機械式の　rough おおよその　bell 鐘
the *Meiji* period 明治時代　modern 近代的な　technology 技術　society 社会
awareness 意識，感覚　exhibition 展覧会　Day for celebrating time 時の記念日
second 秒　accurate 正確な　punctual 時間に正確な

(1) The word which should be put in [①] is
ア brought.　イ ended.　ウ solved.　エ took.

(2) The word which should be put in [②] is
ア after.　イ ago.　ウ before.　エ since.

(3) The exhibition about time was an event which tried to

ア have some influences on people's awareness about time.

イ tell how difficult it was to make Japan a modern country.

ウ show how people's lives had influences on improving clocks.

エ change Japan by making Japanese mechanical clocks more accurate.

(4) According to the passage,

ア before the *Meiji* period, there was no technology for making mechanical clocks in Japan, so people at that time could not know the exact time.

イ in the *Meiji* period, a train was not introduced to Japan from Western countries because people were not ready to use clocks.

ウ on June 10th in 1920, people in Tokyo had a chance to hear a sound which told it was noon.

エ although one hundred years have passed since the first Day for celebrating time, people have not become punctual.

4 Read the passage and choose the answer which best completes each sentence (1)～(3) and choose the answer to the question (4).

Wakayama Prefecture
（和歌山県）

berries
of *budou haze*

In Kimino Town, Wakayama Prefecture, there are trees which are called *budou haze* in Japanese. People take wax from the berries of *budou haze*, and the wax is used for making Japanese candles. Some people say that among several kinds of *haze*, *budou haze* is the best for wax to make Japanese candles.

Trees of *budou haze* were made from one original tree. The original tree was found in Kimino Town in the *Edo* period. People found that the tree had bigger berries than the [①] of the other trees of *haze*. From its big berries, a lot of excellent wax could be taken. So, to make many trees of this same kind, people cut some parts of the original tree and grafted them on the other trees of *haze*. In this way, many trees with big berries were made, and they were named *budou haze* because the berries looked like grapes. [A] People in the town sold the wax from the berries of the trees of *budou haze*, and the people's lives became better. [B] However, after many years, cheaper Western candles became popular, so people in the town could not sell a lot of wax. [C] Most people thought the original tree also died like those other trees. [D]

In 2016, two high school students in Kimino Town learned about the history of their town and *budou haze* in their class. [②] With the picture in their hand, they walked in the mountains and looked for it. After making a lot of efforts, they found a tree which looked just like the tree they saw in the picture. It was the original tree of *budou haze*. In January 2020, the tree became a natural treasure of Wakayama Prefecture.

（注） *budou haze* ブドウハゼ（植物，複数形も *budou haze*）　wax 蝋《ろう》（複数形も wax）
berry （木の）実　Japanese candle 和ろうそく　*haze* ハゼ（植物，複数形も *haze*）
original 元の，最初の　the *Edo* period 江戸時代
graft ～ ～を接《つ》ぎ木する（元になる植物の一部を切り取って，他の近い種の植物につなげる）
grape ブドウ　candle ろうそく　natural treasure 天然記念物

(1) The word which should be put in ① is
ア ones.　イ trees.　ウ wax.　エ which.

(2) The original tree of *budou haze* was
ア used for making many trees of *budou haze*.
イ made by people in Kimino Town for excellent wax.
ウ the tree which produced many different kinds of *haze*.
エ made from some parts of the other trees of *budou haze*.

(3) The sentence "They stopped growing *budou haze* and many of the trees died." should be put in
ア A .　イ B .　ウ C .　エ D .

(4) The following passages（ⅰ）～（ⅳ）should be put in ② in the order that makes the most sense.
（ⅰ） They tried another way of research. In libraries, they read many books about the town. And in a book, they found an old picture of the original tree.
（ⅱ） After hearing that, they decided to try to find the tree, although most people said that it died many years ago. They wanted to believe her words.
（ⅲ） They became especially interested in the original tree, because many *budou haze* were made from the tree. They began doing research on it.
（ⅳ） First, they interviewed many people, and met a woman who believed that the original tree was still in the mountains. She said she saw it 20 or 30 years ago, although she didn't remember the place.

Which is the best order?
ア （ⅲ）→（ⅱ）→（ⅰ）→（ⅳ）　イ （ⅲ）→（ⅳ）→（ⅱ）→（ⅰ）
ウ （ⅳ）→（ⅱ）→（ⅲ）→（ⅰ）　エ （ⅳ）→（ⅲ）→（ⅰ）→（ⅱ）

5 Read the passage and choose the answer which best completes each sentence (1), (2), (4) and (5), and choose the answer to the question (3).

A student in Saitama Prefecture first became interested in the time of blooming for morning glories when she was 12 years old. The student had a question. Why do morning glories bloom in the morning? Later, she learned that the hours of darkness had an influence on the time of blooming. A morning glory blooms about 10 hours after it becomes [①]. When she learned the fact, she thought maybe there were some factors which decided the time of blooming. So, she began doing research.

a morning glory
（アサガオ）

She kept doing research for five years and found many interesting facts. For example, she found on the white parts of the petal there were very small holes which were called stoma. Many people know that most plants have stomas on their leaves, but she found that morning glories had ② <u>them</u> also on their petals. She did research and made a graph which showed the percentages of opened stomas on petals and leaves. Then, ③ <u>the result</u> showed that the stomas on the petals of morning glories opened when it was dark, although the stomas on the leaves opened mainly for photosynthesis when it was light. And, she found that when it got dark and the stomas on the petals opened, water was carried up to the petals from the stems, and the flower bloomed when the petals got enough [④]. From this research, she thought that water in petals was a very important factor which decided the time of blooming for morning glories. For her research, she won an international prize in science for high school students in 2018.

The student said that sometimes she could not get the results she wanted, but such results she didn't want encouraged her to think new ideas and try many ways of doing research. Most people know that a morning glory blooms in the morning, but they don't ask why it does. Her research shows how important it is to have questions about the things around us.

（注）　Saitama Prefecture　埼玉県　　bloom　開花する　　darkness　暗さ　　factor　要因
petal　花びら　　hole　穴　　stoma　気孔　　leaves　葉（leafの複数形）　　graph　グラフ
percentage　割合　　result　結果　　mainly　主に　　photosynthesis　光合成　　stem　茎
prize　賞

(1) The word which should be put in [①] is

ア dark.　　イ late.　　ウ light.　　エ quick.

(2) The word ② <u>them</u> refers to

ア leaves.　　イ petals.　　ウ plants.　　エ stomas.

(3) The graph below shows ③ <u>the result</u> of the research which the student in the passage did. Which is the pair of phrases which should be put in [Ⓐ] and [Ⓑ] on the graph?

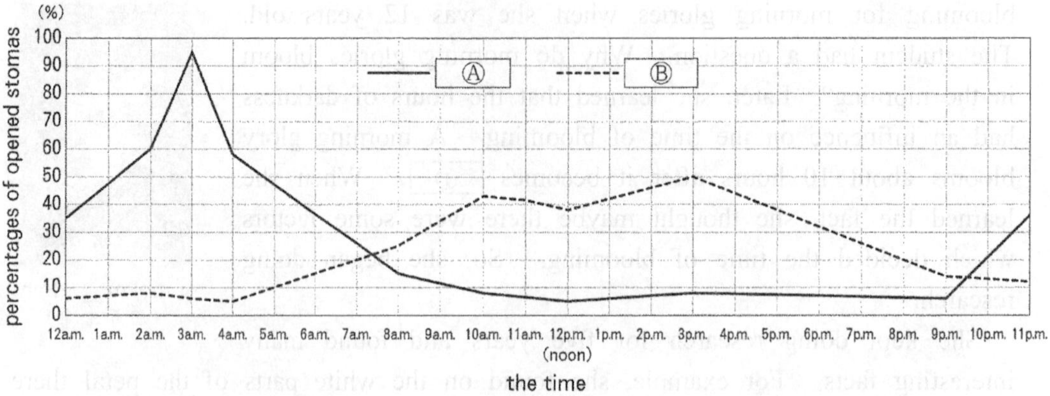

ア Ⓐ－ stomas on leaves　Ⓑ－ stomas on petals

イ Ⓐ－ stomas on petals　Ⓑ－ stomas on leaves

ウ Ⓐ－ stomas for photosynthesis　Ⓑ－ stomas on leaves

エ Ⓐ－ stomas for photosynthesis　Ⓑ－ stomas on petals

(4) The word which should be put in ④ is

ア light.　イ photosynthesis.　ウ stomas.　エ water.

(5) According to the passage, the student in Saitama Prefecture

ア began doing research on morning glories because she got interested in the factors which caused the differences in the colors of petals.

イ found that on the petals, morning glories had very small holes which were one of the keys to answering her question.

ウ kept doing research for five years and won a prize in science although the results she didn't want didn't encourage her.

エ showed the importance of keeping trying to find a correct answer to a question without thinking new ideas through her research.

6 Read the passage and choose the answer which best completes each blank ①～③.

How did life on the earth begin about 3.8 billion years ago? In the future, you may get the answer through research which will be done on Titan. Titan is the largest moon of Saturn. ① the earth has only one moon, Saturn has over 80 moons. On Titan, there are some rivers, lakes, and even seas. In addition, some special materials which were necessary to start life on the earth were found on Titan. If we can find new facts which show there was life on Titan, it may be possible to know how life was ② on the earth.

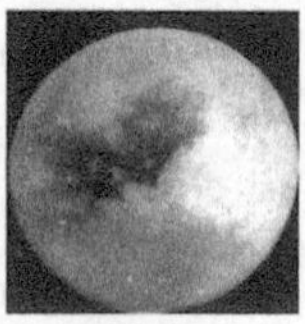
Titan
（タイタン）

Dragonfly
（ドラゴンフライ）

To do research, a drone which is called Dragonfly will

be sent from the earth in 2027 and arrive on Titan several years later. After arriving, Dragonfly will fly to many places on Titan and send information to the earth. The technology of drones is getting better. For example, Dragonfly can decide where to fly without orders from the earth. It will be the first time to use drones for research on a moon. Research with Dragonfly will teach us more things in a shorter time than research in the past. [③] to show how life on the earth began.

（注） billion 10億　moon 月，衛星　Saturn 土星　material 物質，材料
drone ドローン　technology 技術

(1) ① ア Because　イ If　ウ Though　エ Until

(2) ② ア arrived　イ born　ウ survived　エ taken

(3) ③ ア Research on materials on Saturn may be the largest problem
イ Exact orders from the earth must lead Dragonfly's flight
ウ Quicker information with Dragonfly will stop research
エ Improved technology like Dragonfly may bring us new information

7 Read the following sentences and write your answer in English.

Imagine that you are a member of a group of about 10 students. Each member of your group has a different character and opinion. When you choose a leader from the members, what kind of quality do you want the leader to have the most? Choose one of the following qualities, and write a reason for it. After that, write about your experience or an example to support your reason.

passion	kindness	creativity	diligence	a sense of humor

（注） imagine 想像する　quality 資質，性格　passion 情熱　kindness 優しさ
creativity 創造力　diligence 勤勉さ　humor ユーモア，笑い

受験番号	番	得点	

令和３年度大阪府学力検査問題

英語リスニング解答用紙〔C問題〕

【Part A】

1 ア A bag which is bigger than Ann's bag is not necessary.
イ Another bag which is as big as Ann's bag is necessary.
ウ Ann's bag is good, but a bigger one is better for the trip.
エ Ann's bag isn't good, so a smaller one is necessary for the trip.

解答欄	ア	イ	ウ	エ

採点者記入欄	
/2	

2 ア Mike will be an excellent player with any racket.
イ Mike is an excellent player, so he always chooses a good racket.
ウ This kind of racket is needed if Mike hopes to be a good player soon.
エ It is important for Mike to know what kind of racket is good for him.

解答欄	ア	イ	ウ	エ

採点者記入欄	
/2	

3 ア Ann thinks it is quite easy to find a good place for practicing their program.
イ Ann doesn't think they need to find a good place for practicing their program.
ウ Ann thinks finding a good place for practicing their program will be a problem.
エ Ann thinks they have more important things to do before practicing their program.

解答欄	ア	イ	ウ	エ

採点者記入欄	
/2	

4 ア "I'll be late. Tell the other people to go inside the theater and leave us."
イ "I'll be late. Don't wait for me. Go inside the theater with the other people."
ウ "I'll be late. I don't want you to leave me. Please wait for me. I'll be there soon."
エ "I'll be late. Can you wait for me outside the theater? I'll be there in half an hour."

解答欄	ア	イ	ウ	エ

採点者記入欄	
/3	

5 ア To ask her sister to change their plan of practicing tennis on Saturday.
イ To ask her sister to keep their promise of watching the movie on Saturday.
ウ To ask her sister to be Mike's coach for practicing tennis on Sunday or another day.
エ To ask her sister to change their plan and watch the movie on Sunday or another day.

解答欄	ア	イ	ウ	エ

採点者記入欄	
/3	

【 Part B 】

6 (1) ア The number of songs the toy can sing.
イ The number of toys which will be sold today.
ウ The number of actions the toy can do for people.
エ The number of sentences the toy can understand.

解答欄	ア	イ	ウ	エ

採点者記入欄	
/3	

(2) ア The toy is very clever, but it can only listen to a person's words and say the same words it hears.
イ The toy is very clever, and it speaks a sentence or moves its body when people say something to it.
ウ The toy is very small and light, and doesn't need so much electricity, but it needs energy every 8 hours to keep working.
エ The toy will be sold through the phone and the Internet, and its price depends on the way of shopping.

解答欄	ア	イ	ウ	エ

採点者記入欄	
/3	

【 Part C 】

採点者記入欄	
/12	

令和３年度大阪府学力検査問題

英語リスニング問題〔C問題〕

【Part C】

Eco-Tour

When you join a tour, you may enjoy sightseeing, eating foods, or shopping. However, an eco-tour is a little different kind of tour. The following things are the things the participants of an eco-tour should do.

1. Protect the local environment and respect the local culture
2. Learn through experiences
3. Contribute to the local area

For example, if you join an eco-tour, you may enjoy the wonderful nature with a local guide. You may stay with a local family and enjoy their culture. An eco-tour is a new kind of tour.

（注） eco-tour　エコ・ツアー　　participant　参加者　　contribute　貢献する

【Memo】

Tom	Yoko

＜理科＞　時間　40分　　満点　90点

1　ロボットの動きに興味をもったＫさんは，ロボットのうでとヒトのうでの動くしくみについて調べた。また，ロボットやヒトの活動を支えるエネルギーについて，Ｓ先生と一緒に考察した。あとの問いに答えなさい。

【Ｋさんが調べたこと】

・ロボットのうでには，図Ⅰの模式図のように，手首やひじ，肩などの関節に当たる場所にモーターが組み込まれていて，それらのモーターの回転によって，ロボットのうでは動く。

・ヒトは(あ)<u>セキツイ動物</u>であり，体の内部に骨格がある。図Ⅱは，ヒトのうでの骨格と筋肉の一部を表した模式図である。ヒトのうでの骨格は，ひじの関節をはさんで肩側の骨と手首側の骨がつながったつくりをもつ。

・ヒトは骨格とつながった筋肉を縮めることにより，関節を用いて運動する。骨につく筋肉は，両端が ⓐ と呼ばれるつくりになっていて，図Ⅱのように，関節をまたいで二つの骨についている。脳やせきずいからなるⓑ〔 ア　中枢　　イ　末しょう 〕神経からの命令がⓒ〔 ウ　運動　　エ　感覚 〕神経を通って筋肉に伝えられると，筋肉が縮む。

図Ⅰ

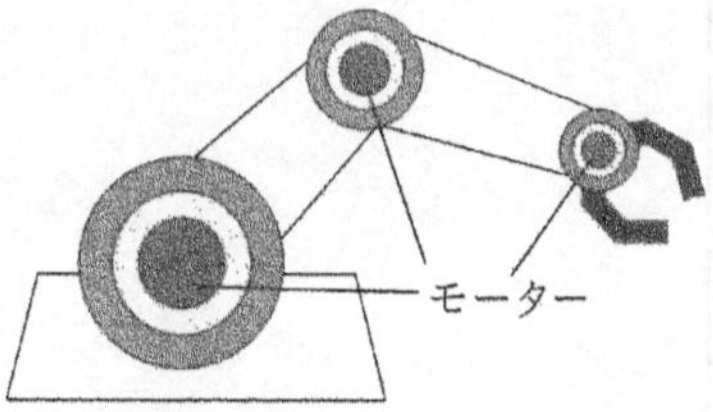

図Ⅱ

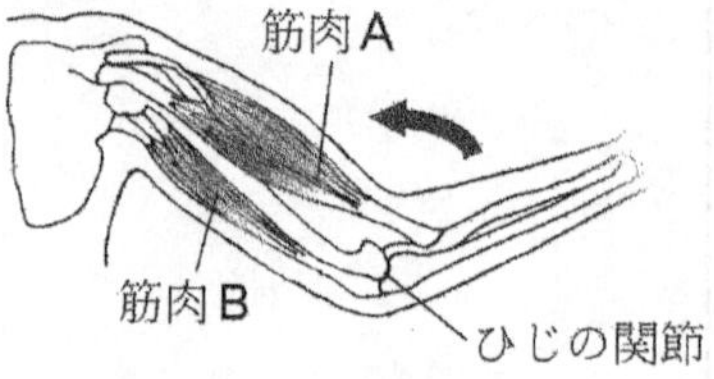

⑴　次のア～エのうち，下線部(あ)に分類される生物を一つ選び，記号を○で囲みなさい。

ア　クモ　　**イ**　メダカ　　**ウ**　ミミズ　　**エ**　アサリ

⑵　上の文中の ⓐ に入れるのに適している語を書きなさい。

⑶　上の文中のⓑ〔　〕，ⓒ〔　〕から適切なものをそれぞれ一つずつ選び，記号を○で囲みなさい。

⑷　ロボットのうでを曲げのばしするモーターは，図Ⅰのように関節に当たる場所に組み込まれているが，ヒトのうでを曲げのばしする筋肉は，図Ⅱのように骨の両側にあり，互いに向き合うようについている。次のア～エのうち，図Ⅱ中の矢印で示された向きに，ひじの部分でうでを曲げるときの，筋肉Ａと筋肉Ｂのようすとして最も適しているものを一つ選び，記号を○で囲みなさい。

ア　筋肉Ａは縮み，筋肉Ｂはゆるむ（のばされる）。
イ　筋肉Ａも筋肉Ｂも縮む。
ウ　筋肉Ａはゆるみ（のばされ），筋肉Ｂは縮む。
エ　筋肉Ａも筋肉Ｂもゆるむ（のばされる）。

⑸　ヒトのうで，クジラやイルカのひれ，コウモリの翼のそれぞれの骨格には共通したつくりが

ある。図Ⅲは，ヒトのうで，クジラのひれ，コウモリの翼のそれぞれの骨格を表した模式図である。ヒトのうでの骨格は，肩からひじまでは１本の骨，ひじから手首までは２本の骨からなるつくりになっており，クジラのひれ，コウモリの翼の骨格のつくりと共通している。このように，現在のはたらきや形が異なっていても，もとは同じ器官であったと考えられるものは何と呼ばれる器官か，書きなさい。

図Ⅲ

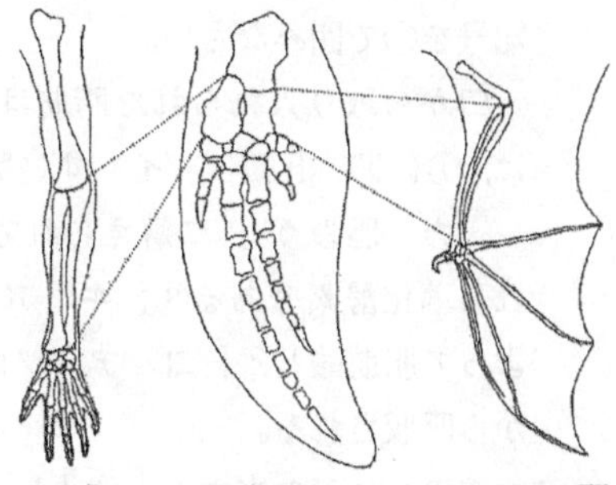

ヒトのうで　　クジラのひれ　　コウモリの翼

【ＫさんとＳ先生の会話】

Ｓ先生：ロボットやヒトが活動するときのエネルギーについて考えてみましょう。ロボットの活動は一般に電気エネルギーによって支えられていますが，ヒトの場合はどうでしょうか。

Ｋさん：食べた物の養分から取り出されるエネルギーによって支えられていると思います。

Ｓ先生：その通りです。食べた物を消化して取り出したブドウ糖や(い)脂肪などの養分からエネルギーを得ることは細胞呼吸（細胞による呼吸）と呼ばれています。細胞呼吸は，体の中の細胞一つ一つが行っています。どのようにしてエネルギーが取り出されるか，段階を追って考えていきましょう。

Ｋさん：まず，消化管で消化・吸収された養分は，血液にとけ込んだ後，体の中にはりめぐらされた毛細血管の中を流れていきますよね。

Ｓ先生：はい。そして，毛細血管からは，血液の液体成分である血しょうがしみ出て，［ⓓ］と呼ばれる液となり，細胞の周りを満たします。細胞が必要とする養分や不要になった物質はこの［ⓓ］を介して血液とやり取りされています。また，血液は体の中を循環し，肺において体の外と物質のやり取りをしています。表Ⅰには，吸う息と吐く息に含まれる成分のうち水蒸気を除いたものの体積の割合がまとめられています。吸う息と吐く息の成分を比べると，細胞呼吸のようすが分かってきますよ。

表Ⅰ

成分	体積の割合［%］	
	吸う息	吐く息
窒素	78.09	78.19
酸素	20.94	16.20
二酸化炭素	0.03	4.67
その他	0.94	0.94

Ｋさん：細胞呼吸において，ⓔ［ **ア**　窒素　**イ**　酸素　**ウ**　二酸化炭素 ］と養分が細胞内で反応することによりエネルギーが得られ，ⓕ［ **エ**　窒素　**オ**　酸素　**カ**　二酸化炭素 ］と水が細胞外に放出されているのが，吸う息と吐く息の成分に反映されているのですね。

Ｓ先生：その通りです。息を吸ったり吐いたりする肺での呼吸と，細胞呼吸との関係がよく分かりましたね。

(6) 下線部㋑について，次の文中の①［　］～④［　］から適切なものをそれぞれ一つずつ選び，記号を○で囲みなさい。

口から取り入れられた脂肪は，胆汁のはたらきによって分解されやすい状態になる。胆汁は，①［**ア**　肝臓　**イ**　すい臓　**ウ**　胆のう］でつくられ，②［**エ**　肝臓　**オ**　すい臓　**カ**　胆のう］に蓄えられている。分解されやすくなった脂肪は，さらに，すい液に含まれる消化酵素である③［**キ**　アミラーゼ　**ク**　リパーゼ　**ケ**　ペプシン］のはたらきによって脂肪酸と④［**コ**　アミノ酸　**サ**　モノグリセリド］に分解され，小腸の壁にある柔毛から吸収される。

(7) 前のページの文中の ⓓ に入れるのに適している語を書きなさい。

(8) 前のページの文中のⓔ［　］，ⓕ［　］から適切なものをそれぞれ一つずつ選び，記号を○で囲みなさい。

2　使いきりタイプのカイロの温まるしくみに興味をもったＪさんが，カイロの原材料について調べたところ，カイロには塩化ナトリウムと鉄が含まれていることが分かった。そこで，Ｊさんは塩化ナトリウムと鉄について調べ，その後，Ｕ先生と一緒にカイロのしくみを調べる実験を行った。あとの問いに答えなさい。

【Ｊさんが塩化ナトリウムと鉄について調べたこと】

・塩化ナトリウムは，電気を帯びた粒子である陽 ⓐ と陰 ⓐ からなる化合物である。
・塩化ナトリウムは，①［**ア**　電解質　**イ**　非電解質］であり，その水溶液は電流を②［**ウ**　流す　**エ**　流さない］。
・鉄は金属であり，㋐力を加えて変形させることができる。
・鉄は，自然界では鉄鉱石と呼ばれる岩石に酸化鉄として含まれている。鉄鉱石から鉄を取り出す操作は製鉄と呼ばれている。
・製鉄で利用される高炉（溶鉱炉）と呼ばれる装置の内部では，鉄鉱石に多く含まれる酸化鉄が，コークスの主な成分である炭素により還元されて鉄になる変化が起こっている。

(1) 上の文中の ⓐ に入れるのに適している語を書きなさい。また，①［　］，②［　］から適切なものをそれぞれ一つずつ選び，記号を○で囲みなさい。

(2) 下線部㋐について，金属の性質のうち，たたくとうすくなって広がる性質が展性と呼ばれているのに対して，引っ張るとのびる性質は何と呼ばれているか，書きなさい。

(3) 図Ⅰは高炉を用いた製鉄のようすを模式的に表したものである。次の文中の ⓑ ，ⓒ に入れるのに適している数をそれぞれ求めなさい。

図Ⅰ

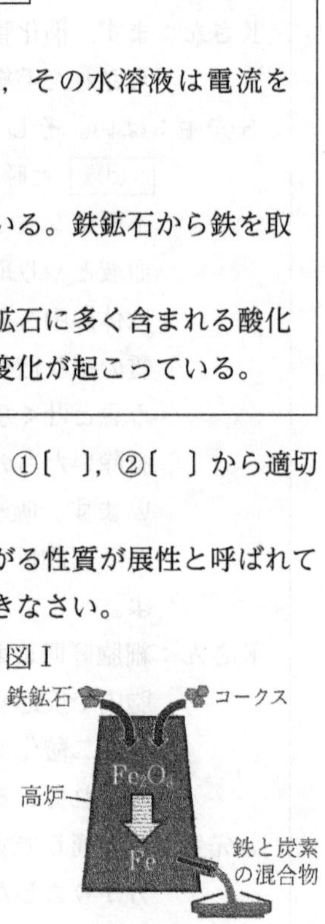

高炉の内部では，酸化鉄Fe_2O_3 1000kg から鉄Fe 700kg が得られる反応が起こっているが，高炉からは，反応しなかった炭素Ｃが混じった，鉄Feと炭素Ｃの混合物が取り出される。高炉によって，酸化鉄Fe_2O_3 4800kg から鉄Feと炭素Ｃの混合物

3500kg が取り出されるとき，高炉の内部では，酸化鉄Fe_2O_3 4800kg から鉄Fe ［ⓑ］ kg が得られる反応が起こっていると考えられる。また，このとき取り出される鉄Ｆｅと炭素Ｃの混合物の質量における，混合物に含まれる炭素Ｃの質量の割合は ［ⓒ］ ％であると考えられる。

(4) 高炉の内部で酸化鉄Fe_2O_3と炭素Ｃが鉄Ｆｅと二酸化炭素CO_2に変化する化学変化を表した，次の化学反応式中の ［ⓓ］，［ⓔ］ に入れるのに適している数をそれぞれ書きなさい。

［ⓓ］ $Fe_2O_3 + 3C \rightarrow$ ［ⓔ］ $Fe + 3CO_2$

【Ｊさんと Ｕ先生の会話１】

Ｕ先生：鉄が酸化されるときには熱が出ます。使いきりタイプのカイロにこの反応が利用されていますよ。図Ⅱのように，外袋，内袋，内袋の中身からなるカイロは，外袋を開けると，内袋の中身に入っている鉄が酸化され，固体の酸化物になる化学変化を起こし，温度が上昇します。

図Ⅱ

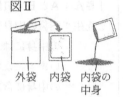

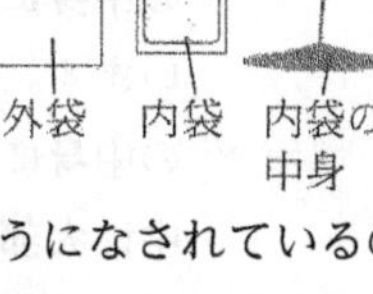

Ｊさん：外袋を開けるまでその反応が起きないようにする工夫はどのようになされているのでしょう。

Ｕ先生：外袋，内袋，内袋の中身になされている工夫を実験で確かめてみましょう。熱くなるのでやけどをしないように気をつけましょう。

【実験】 同じ種類の二つの使いきりタイプのカイロを用意し，室温が20℃で一定の実験室でそれぞれ外袋を開け，取り出した中身の入った内袋のうち一方を発熱体Ａとした。もう一方は速やかに内袋も開け，内袋の中身を発熱体Ｂとして，すべてビーカーに移した。図Ⅲ はＡ，Ｂの模式図である。表Ⅰは，Ａ，Ｂそれぞれについて，反応が始まってから温度が上昇する前に速やかに測定した質量と，温度が室温に戻ったときに測定した質量をまとめたものである。また，図Ⅳは，Ａ，Ｂそれぞれについて，反応開始からの時間と温度の関係を表したグラフである。

図Ⅲ

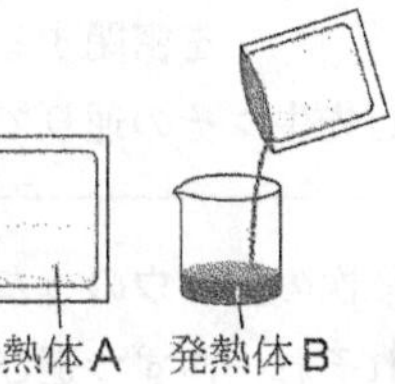

表Ⅰ

	反応開始時の質量[g]	室温に戻ったときの質量[g]
発熱体Ａ	40.6	41.7
発熱体Ｂ	37.7	35.6

図Ⅳ

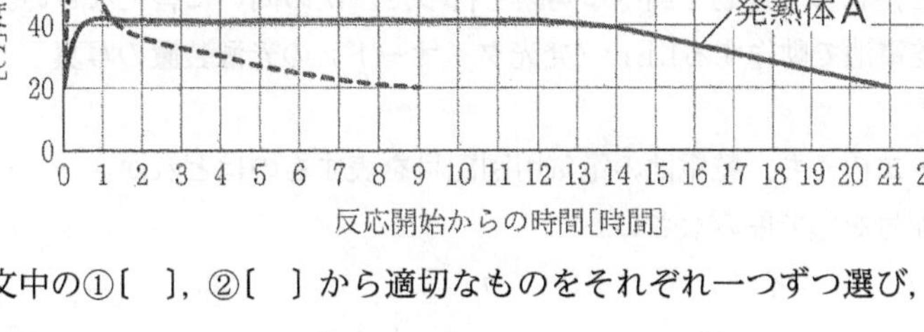

(5) 次のページ文中の①［　］，②［　］から適切なものをそれぞれ一つずつ選び，記号を○で囲みなさい。

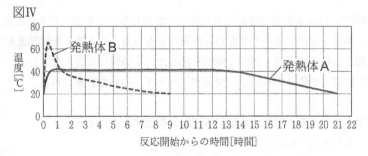

図Ⅳからは，反応が始まってから室温に戻るまでの間で，およそ一定の温度を保つ時間はAの方がBより①［ア 短い イ 長い］ことが分かり，また，最高温度についてはAの方がBより②［ウ 低い エ 高い］ことが分かる。

【Jさんと U先生の会話２】

U先生：内袋は，空気などの気体のみをわずかに通すようにつくられています。実験では，AとBで，鉄に対する空気のふれ方が異なったので，温度変化のようすに差が出ました。

Jさん：AとBで質量の増減のようすも異なりますが，これはなぜでしょうか。

U先生：内袋の中身に何が含まれていて，どのように反応しているかを考えましょう。内袋の中身には，空気とふれるだけで反応が起こるように，活性炭や塩類が加えられています。また，化学変化に必要な水は，活性炭などの物質にしみこんだ状態で内袋の中身に含まれています。この水は温められて蒸発していきますが，Aでは内袋の中に大部分がとどまり，Bでは空気中に出ていきます。

Jさん：つまり，AとBで質量の増減のようすが異なったのは，Aでは，［ⓕ］なり，Bでは，［ⓖ］なったためであると考えられるのですね。内袋の性質は，カイロの性能を決める要素の一つなのですね。

U先生：はい。それから，カイロの外袋は空気などの気体を通さない性質をもっていますよ。

Jさん：外袋を開けるまで温度が上昇する反応が起きないようにする工夫とは，外袋で内袋を密閉することで，［ⓗ］ようにすることだったのですね。

U先生：その通りです。

(6) 次のア～ウのうち，上の文中の［ⓕ］，［ⓖ］に入れる内容として最も適しているものを，それぞれ一つずつ選び，記号を○で囲みなさい。

ア 鉄に化合した酸素の質量が，空気中に出ていった水の質量より小さく

イ 鉄に化合した酸素の質量が，空気中に出ていった水の質量と等しく

ウ 鉄に化合した酸素の質量が，空気中に出ていった水の質量より大きく

(7) 上の文中の［ⓗ］に入れるのに適している内容を，「内袋の中身」の語を用いて簡潔に書きなさい。

3 理科の授業で，異なる物質の境界で光の進み方が変わることを知ったRさんは，運動する物体についても，異なる場所で進み方が変わるか興味をもった。そこで，光源装置を用いた光の屈折を調べる実験と，物体の運動を調べる実験を行った。次の問いに答えなさい。

(1) 図Ⅰは，乾電池で動作するLED（発光ダイオード）の光源装置の写真である。

図Ⅰ

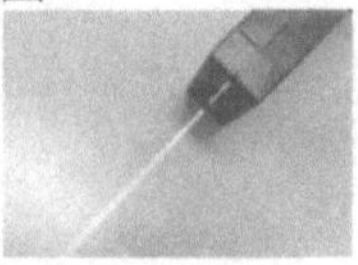

① 次のア～エのうち，乾電池の電気用図記号を表すものはどれか。一つ選び，記号を○で囲みなさい。

ア

イ

ウ

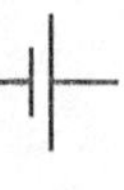

エ

② LEDの明るさは，電圧をかけて電流を流したときの電力によって決まる。電力の単位を表す記号を**アルファベット1字**で書きなさい。

③ 図Ⅱのように，光源装置の電池ケースから，直列につながれた2個の乾電池のうちの1個だけを取り外すと，LEDは点灯しない。次の**ア**～**エ**のうち，この理由として最も適しているものを一つ選び，記号を○で囲みなさい。

図Ⅱ

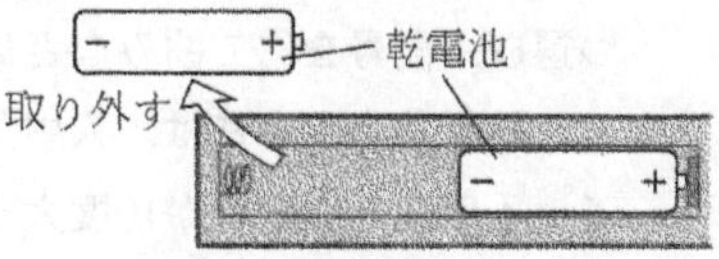

ア 回路が途切れるため。　**イ** LEDにかかる電圧が半分になるため。
ウ 空気中で放電が起きるため。　**エ** LEDを流れる電流の向きが逆になるため。

⑵ 次の文は，図Ⅲのように，線香の煙を入れた容器に光源装置の光を向けたときのようすについて述べたものである。あとの**ア**～**エ**のうち，文中の□に入れる内容として最も適しているものを一つ選び，記号を○で囲みなさい。

図Ⅲ

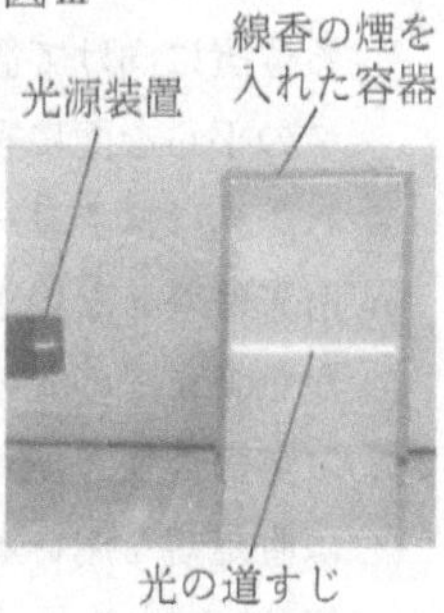

容器内では光の道すじがはっきり観察できる。これは，容器外から直進してきた光が容器内で煙の粒子によって乱反射することで□ためである。

ア 光が容器内を往復し続ける
イ 光がより強くなって直進し続ける
ウ 平行な光が1点に集まる
エ 光の一部が観察する人の方に向かう

【光の屈折を調べる実験のまとめ】

目的：光が空気からガラスに向かって進むときの，入射角の大きさと屈折角の大きさの関係を調べる。

方法：図Ⅳのように，記録用紙上で点**O**を中心としてかいた円に，均一な厚さの半円形ガラスを重ねて置き，光源装置の光を**O**に向ける。光の道すじを記録し，入射角の大きさと屈折角の大きさを測定する。

図Ⅳ

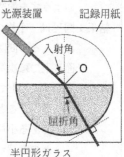

表Ⅰ

入射角の大きさ［度］	0	10	20	30	40	50	60
屈折角の大きさ［度］	0	7	13	19	25	31	35

結果：表Ⅰは，入射角の大きさと屈折角の大きさの関係をまとめたものである。

考察：[1] 表Ⅰ中では，［　ⓐ　］ことが分かる。

[2] それぞれの場合で，ガラスから空気に出る光が直進していたのは，**O**からの光の道すじが円の接線に垂直なので，空気とガラスの境界面に対する入射角の大きさと屈折角の大きさがともに0度となるためであると考えられる。

(3) 空気からガラスに向かって光が入射するとき，屈折光と同時に，ガラス表面での反射光も観察される。入射角の大きさが30度のとき，反射角の大きさは何度になるか，書きなさい。

(4) 次のア～エのうち，考察[1]中の ⓐ に入れる内容として最も適しているものはどれか。一つ選び，記号を○で囲みなさい。

ア　屈折角の大きさは，入射角の大きさに比例している

イ　入射角の大きさが10度大きくなると，屈折角の大きさは10度以上大きくなっている

ウ　入射角の大きさが０度の場合を除くと，屈折角の大きさは入射角の大きさよりも小さくなっている

エ　入射角の大きさがある角度以上になると，屈折角の大きさは０度になっている

(5) 実験をふまえ，図Ⅴのように，Oと異なる位置に向けて置いた光源装置から，ガラスの平らな面に垂直に光を入射させたところ，光はスクリーン上の点Xに達した。反射光は考えないものとしたとき，光源装置からXまでの光の道すじを，解答欄の図中に実線でかき加えなさい。ただし，作図には直定規を用いること。なお，図Ⅴ中の点線はいずれも，ガラスの平らな面に垂直な直線を表している。

図Ⅴ

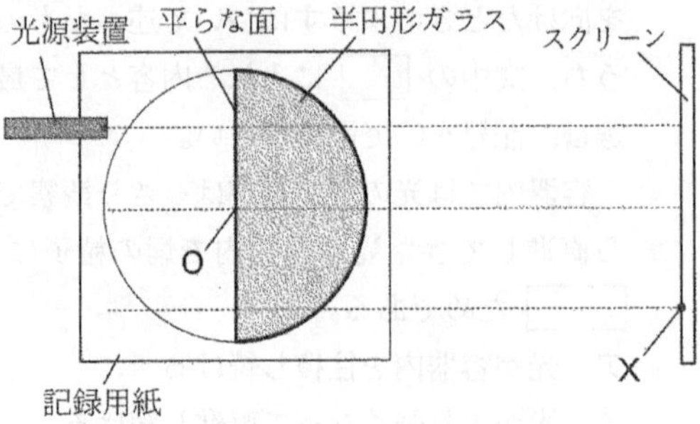

【物体の運動を調べる実験のまとめ】

目的：物体にはたらく力に注目し，摩擦のない場所とある場所で物体の進み方が変わるかを調べる。

方法：水平で凹凸のないなめらかな面Aと，水平で細かな凹凸のある面Bを，段差がないようにつなげておく。ドライアイスの小片を面Aから面Bに向かってはじき，その運動のようすを観察する。

結果：図Ⅵは，小片の0.1秒ごとの位置を示したものであり，その間隔は，面A上ではいずれも等しく，面B上では次第に短くなっている。

図Ⅵ

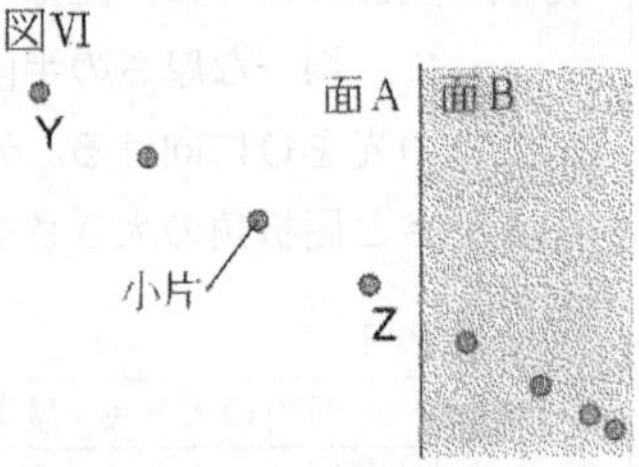

考察：[1] (あ)<u>面A上では小片は一定の速さで一直線上を進んだ</u>ことが分かる。これは，ドライアイスである小片の表面から気体が出て，小片自体がわずかに浮くことで，小片と面Aとの摩擦がなくなり，ⓑ ためであると考えられる。

[2] 面Aと面Bの境界を通過した後も小片はそのまま直進したが，面B上では小片は減速しながら進んだことが分かる。これは，表面から出た気体によって浮く高さでは足りず，小片が面Bから摩擦力を受け，その摩擦力の向きが ⓒ ためであると考えられる。このように物体の進み方は光の進み方と異なり，物体の運動の向きが変わる場合には，運動の向きを変える力のはたらきが必要であると考えられる。

⑹　下線部㋐について，図Ⅵ中に示した小片の位置Ｙと位置Ｚの間の距離が60㎝であったとき，Ｙ Ｚ間における小片の平均の速さは何㎝/秒か，求めなさい。

⑺　次のア，イのうち，上の文中の ⓑ に入れるのに最も適しているものを一つ選び，記号を○で囲みなさい。また， ⓒ に入れるのに適している内容を簡潔に書きなさい。

ア　小片には，運動の向きにも，運動の向きと反対向きにも，力がはたらいていなかった

イ　小片をはじくときにはたらいた力が，一定の大きさで小片を運動の向きに押し続けた

4　北陸地方の福井県にある三国《みくに》港の周辺を訪れ，三国港の突堤《とってい》（岸から突き出た堤防）を見学したＦさんは，突堤について調べたことをレポートにまとめた。あとの問いに答えなさい。

【Ｆさんが作成したレポート】

<目的>

三国港の突堤の建設によって港付近にどのような変化があったのかを調べ，突堤の役割を明らかにする。

<三国港の突堤の概要>

三国港の突堤は，明治時代に，近くでとれる㋐火山岩などを用いて建設され，その後，約920mまで延長された。

三国港の突堤

<突堤の建設前に三国港が抱えていた問題>

日本海に面した三国港では，船が強風による高い波の影響を受けやすかった。また，港付近の水深は，九頭竜《くずりゅう》川の上流から運搬されてくる大量の㋑土砂の堆積によって，船の出入りが困難なほど浅かった。

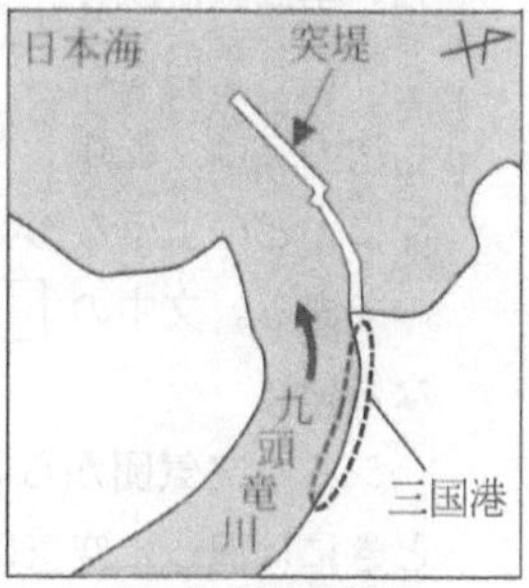

三国港付近の地図

<突堤の建設による変化>

沖合からの高い波が港付近まで届きにくくなった。また，河口から沖合に向かう流路ができ，沖合まで土砂が流れていきやすくなった。

<考察>

突堤の建設は，三国港の周辺の環境に大きな変化をもたらした。

⑴　次のア～エのうち，下線部㋐に分類される岩石を一つ選び，記号を○で囲みなさい。

ア　安山岩　　**イ**　石灰岩　　**ウ**　花こう岩　　**エ**　チャート

⑵　下線部㋑について，図Ⅰは，河川によって運搬されてきた土砂が押し固められてできた，ある堆積岩の組織のスケッチである。土砂の堆積について述べた次の文中の①〔　〕，②〔　〕から適切なものをそれぞれ一つずつ選び，記号を○で囲みなさい。また， ③ に入れるのに適している語を書きなさい。

図Ⅰ

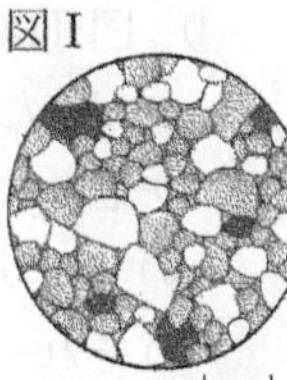

1.0mm

地層は土砂などが繰り返し堆積してできるため，大地の大きな変動がない限り，上にある地層ほど①〔**ア**　新しい　**イ**　古い〕。河川によって運搬されてきた土砂

の粒は，流水のはたらきにより，下流にいくほど②〔 ウ　角ばった　　エ　丸みを帯びた 〕ものが多く，岩石をつくる主な粒の大きさに着目して分類すると，図Ⅰで示された岩石は ③ 岩と呼ばれる堆積岩であると考えられる。

(3)　Fさんが先生にレポートを見せたところ，**考察**はレポート中に示したことを根拠として具体的に書くとよいという助言を受けた。Fさんはその助言に従って**考察**を次のように書き直した。あとの**ア**～**エ**のうち，□ に入れる内容として最も適しているものを一つ選び，記号を○で囲みなさい。

＜**考察**＞ 突堤は，防波堤として，沖合からの高い波の勢いを弱めている。また，□。

ア　突堤は，河川の流れの勢いを弱めることで，海からの風の勢いを弱めている
イ　突堤は，河川の流れがゆるやかなところよりも急なところに土砂を堆積しやすくしている
ウ　突堤は，河川から沖合への土砂の流出を最小限に食い止めることで，流路をつくっている
エ　突堤は，河川の流れの勢いを維持し，土砂を三国港付近の水底に堆積しにくくしている

(4)　突堤が建設された背景には周辺の気候の影響があったことを知ったFさんは，レポートをまとめた後，三国港付近には冬になると湿った季節風が強く吹く理由や，その季節風が九頭竜川の上流に雨や雪をもたらすしくみについても調べることにした。

①　次の文中の □ に入れるのに適している語を**漢字４字**で書きなさい。
冬になると，大陸のシベリア気団から，日本列島の東の海上で発達した低気圧に向かって強い季節風が吹く。このとき日本付近に現れている冬型の気圧配置は「□の気圧配置」と呼ばれている。

②　次の文は，乾燥したシベリア気団から吹き出した季節風が，北陸地方の沿岸部に達するまでに，どのような影響を受けて，水蒸気を多く含んで湿った空気になるかについて述べたものである。文中の □ に入れるのに適している内容を，「水蒸気」の語を用いて簡潔に書きなさい。
シベリア気団から吹き出した季節風は，□ ことで，北陸地方の沿岸部に達したときには湿った空気になっている。

③　ある日の記録では，シベリアのX市は気温−16.0℃，湿度80％であり，福井県のY市は気温3.0℃，湿度80％であった。この記録がとられたときの，Y市の空気1 m^3あたりに含まれる水蒸気の量は，X市の空気1 m^3あたりに含まれる水蒸気の量の何倍であったと考えられるか，求めなさい。答えは**整数**で書きなさい。ただし，−16.0℃，3.0℃ における飽和水蒸気量はそれぞれ1.5 g/m^3，6.0 g/m^3とする。

④　図Ⅱは，季節風として点Aまで移動してきた湿った空気が，山に沿って，点B，C，Dを通過するようすを表した模式図である。次の文中のⓐ〔　〕，ⓑ〔　〕から適切なものをそれぞれ一つずつ選び，記号を○で囲みなさい。ただし，雲の発生以外に，移動する空気中の水蒸気の量が変化することは考えないものとし，また，Aを通過したときと，Dを通過

図Ⅱ

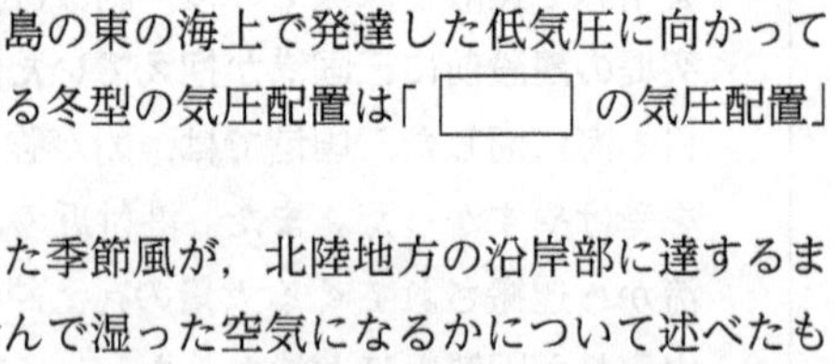

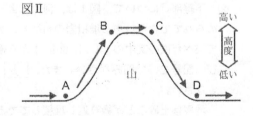

したときの空気の体積は同じであったものとする。

前のページの図Ⅱにおいて，山に沿った空気の移動にともなう，気圧の低下による雲の発生が最も起こりやすいと考えられるのはⓐ［ ア　AB間　　イ　BC間　　ウ　CD間 ］である。また，ＡからＤまで移動する間にこの空気が雨を降らせたとすると，Ａを通過したときの空気と，Ｄを通過したときの空気との比較では，空気１m^3あたりに含まれる水蒸気の量が多いと考えられるのはⓑ［ エ　A　　オ　D ］を通過したときの空気である。

(5)　Ｆさんは，山間部で雲が発生しやすいことに注目し，気圧の低下による空気の性質の変化を調べる実験を行った。次の文は，その過程をまとめたものである。あとのア～カのうち，文中の ⓒ ～ ⓔ に入れるのに適している内容の組み合わせはどれか。一つ選び，記号を○で囲みなさい。

図Ⅲ

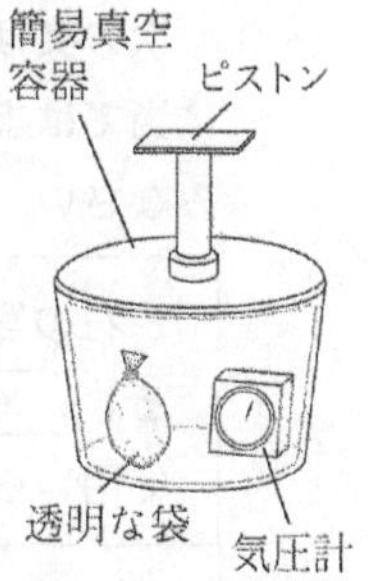

図Ⅲのように，少量の空気と水および線香の煙を入れて口をしばった透明な袋を，気圧計とともに簡易真空容器の中に密封した。そして，ピストンで容器内の空気を素早く抜いて気圧を下げていくと，袋が ⓒ ，袋内の空気の温度が ⓓ ことで，袋内の空気における飽和水蒸気量が ⓔ ため，やがて，袋内の水蒸気の一部が細かな水滴となり袋の内側がくもった。

ア　ⓒ　しぼみ　　ⓓ　下がった　　ⓔ　増えた
イ　ⓒ　しぼみ　　ⓓ　下がった　　ⓔ　減った
ウ　ⓒ　膨らみ　　ⓓ　下がった　　ⓔ　減った
エ　ⓒ　膨らみ　　ⓓ　下がった　　ⓔ　増えた
オ　ⓒ　膨らみ　　ⓓ　上がった　　ⓔ　増えた
カ　ⓒ　膨らみ　　ⓓ　上がった　　ⓔ　減った

＜社会＞ 時間 40分 満点 90点

1 わが国における金属の利用にかかわることがらについて，次の問いに答えなさい。

(1) 大陸から青銅器や鉄器といった金属器が伝えられ，工具や武器，祭器がつくられた。現存する金属器からは当時のようすがうかがえる。

① 次の文は，青銅器について述べたものである。あとのア～エのうち，文中の X ， Y に当てはまる語の組み合わせとして最も適しているものはどれか。一つ選び，記号を○で囲みなさい。

> 右の写真は，神戸《こうべ》市灘《なだ》区桜ヶ丘《さくらがおか》町で出土した X の写真である。 X などの青銅器は，おもに Y 時代に，祭礼の道具として用いられたと考えられている。

ア X 銅鏡 Y 縄文　イ X 銅鏡 Y 弥生
ウ X 銅鐸《どうたく》 Y 縄文　エ X 銅鐸 Y 弥生

② 図Ⅰは，漢字が刻まれた鉄剣の写真である。次の文は，この鉄剣について述べたものである。文中の@[ ] から適切なものを一つ選び，記号を○で囲みなさい。また，文中の ⓑ に当てはまる語を**漢字2字**で書きなさい。

図Ⅰ

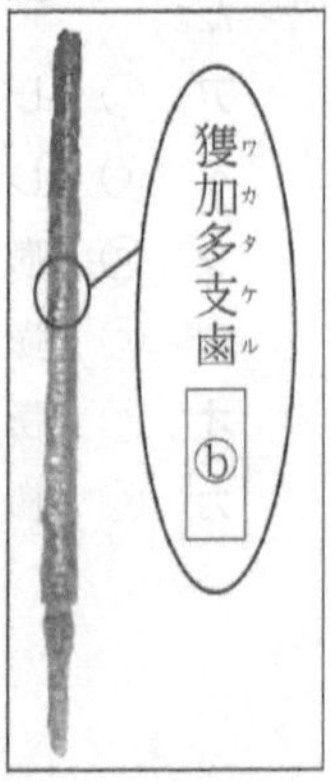

> 図Ⅰの鉄剣は，ⓐ[ア 青森　イ 埼玉　ウ 熊本]県にある稲荷山《いなりやま》古墳で出土した鉄剣である。図Ⅰ中の ⬭ で示した部分には「獲加多支鹵《ワカタケル》 ⓑ 」という漢字が刻まれており， ⓑ は大和政権（ヤマト王権）における最高権力者の称号である。

(2) 6世紀になると，建築物や仏像などにも金属が利用されるようになった。

① 右の写真は，釈迦《しゃか》三尊像と呼ばれる金銅製の仏像の写真である。この仏像は飛鳥《あすか》時代を代表する仏像で，奈良県斑鳩《いかるが》町にある寺院に置かれている。次のア～エのうち，7世紀初めに建てられた，この釈迦三尊像が置かれている寺院はどれか。一つ選び，記号を○で囲みなさい。

ア 金剛峯寺《こんごうぶ》　イ 延暦寺《えんりゃく》　ウ 東大寺　エ 法隆寺

② 奥州藤原《おうしゅうふじわら》氏は，金や馬などの売買により富を蓄え，中尊寺金色堂を建てるなど，約100年間にわたり繁栄した。次のア～エのうち，奥州藤原氏について述べた文はどれか。一つ選び，記号を○で囲みなさい。

ア 自由に商工業ができるように，城下で楽市・楽座を実施した。
イ 朝廷から征夷《せいい》大将軍に任じられ，鎌倉で武士による政治を行った。
ウ 平泉《ひらいずみ》を中心地として栄えていたが，源 頼朝《みなもとのよりとも》により攻め滅ぼされた。

エ　娘を天皇のきさきにし，その子を天皇の位につけて政治の実権を握った。

(3)　室町時代には，東アジアとの交流がさかんになり，金属などの産物が取り引きされた。また，鉄製の武器や農具をつくる鍛冶《かじ》業が発達した。

①　次の文は，明《みん》との貿易について述べたものである。文中のⓐ[　]，ⓑ[　]から適切なものをそれぞれ一つずつ選び，記号を○で囲みなさい。

> 室町幕府は明に朝貢する形をとって貿易を始め，その利益を幕府の財源にあてた。民間の貿易船と区別するための勘合という合い札をもった日本の貿易船は，明の貿易港であるⓐ[ア　重慶《チョンチン》《じゅうけい》　イ　寧波《ニンポー》　ウ　香港《ホンコン》]に入港して勘合の照合を行った。明からはおもに生糸やⓑ[エ　硫黄　オ　刀剣　カ　銅銭]が輸入された。

②　16世紀中ごろに鉄砲が伝来すると，堺《さかい》などの国内でも鉄砲がさかんにつくられるようになった。1575年，織田信長《おだのぶなが》が鉄砲を有効に用いて武田勝頼《たけだかつより》に勝利した戦いは何と呼ばれているか。次のア～エから一つ選び，記号を○で囲みなさい。

ア　長篠《ながしの》の戦い　　イ　桶狭間《おけはざま》の戦い　　ウ　関ヶ原《せきがはら》の戦い　　エ　鳥羽《とば》・伏見《ふしみ》の戦い

③　資料Ⅰは，16世紀後半に出された法令を示したものであり，その法令の一部を現代のことばに書き改めたものである。資料Ⅰが示している法令は何と呼ばれているか。**漢字3字**で書きなさい。

資料Ⅰ

> 一　諸国の百姓たちが刀・脇指《わきざし》・弓・槍《やり》・鉄砲などの武器類を持つことを堅く禁止する。

(4)　江戸時代には，鉱山の採掘や精錬の技術がすすみ，生産された金・銀・銅は貨幣などに利用された。

①　17世紀以降，佐渡《さど》の鉱山で採掘された金銀を用いて，貨幣が鋳造《ちゅうぞう》された。右の地図中のア～エのうち，佐渡の鉱山の場所を一つ選び，記号を○で囲みなさい。

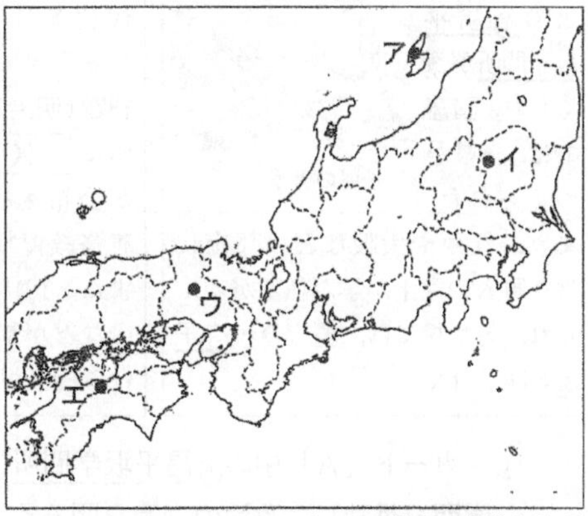

（------は現在の県界を示す）

②　江戸時代に国内の鉱山で採掘された銅は，大阪で精錬された後，その多くが長崎に運ばれた。17世紀後半から19世紀前半までの間に銅が長崎に運ばれたおもな目的を，関連する外国を2か国あげて簡潔に書きなさい。

(5)　殖産興業政策のもとで近代産業が発展し，特に鉄鋼業はわが国の経済発展を支える産業となった。

①　19世紀中ごろ，軍事力の強化のため，反射炉を建設して大砲などを製造する藩が現れた。右の写真は，1864年に4か国の連合艦隊《かんたい》によって国内の砲台が占領されたようすを撮影した写真であ

る。次のア～エのうち，この砲台を所有していた藩について述べた文はどれか。一つ選び，記号を○で囲みなさい。

ア　イギリス人商人を殺害した報復として，イギリス艦隊から砲撃を受けた。
イ　蝦夷地《えぞち》の南部に領地をもち，幕府からアイヌの人々との交易を認められていた。
ウ　安政《あんせい》の大獄に反発した元藩士らが中心となり，桜田門外で井伊直弼《いいなおすけ》を襲撃した。
エ　外様《とざま》大名の毛利《もうり》氏が治めていた藩であり，幕末には倒幕運動の中心勢力となった。

② 次の（ⅰ）～（ⅲ）は，わが国の近代産業にかかわることがらについて述べた文である。（ⅰ）～（ⅲ）をできごとが起こった順に並べかえると，どのような順序になるか。あとのア～カから正しいものを一つ選び，記号を○で囲みなさい。

（ⅰ）福岡県につくられた官営の八幡《やはた》製鉄所が，操業を開始した。
（ⅱ）欧米から最新の技術を取り入れて，官営の富岡《とみおか》製糸場が設立された。
（ⅲ）南満州《みなみまんしゅう》鉄道株式会社（満鉄）がつくられ，鉄道や炭鉱，製鉄所を経営した。

ア　（ⅰ）→（ⅱ）→（ⅲ）　イ　（ⅰ）→（ⅲ）→（ⅱ）　ウ　（ⅱ）→（ⅰ）→（ⅲ）
エ　（ⅱ）→（ⅲ）→（ⅰ）　オ　（ⅲ）→（ⅰ）→（ⅱ）　カ　（ⅲ）→（ⅱ）→（ⅰ）

2　Eさんのクラスは，班に分かれて教育にかかわることがらについて調べた。次の問いに答えなさい。

(1) Eさんの班は，教育の歴史に興味をもち，わが国の教育機関や教育制度の歴史について調べた。次の［A］～［C］のカードは，Eさんの班が調べた内容をまとめたものである。

［A］近世の教育機関

江戸幕府により㋐昌平《しょうへい》坂《ざか》学問所がつくられ，諸藩では，藩校がつくられた。

寺子屋のようす

また，江戸や大阪などの都市には，町人や武士が学ぶ私塾がつくられ，町や村には，多くの㋑寺子屋が開かれた。

［B］近代の教育制度

教育の近代化をすすめるために，1872（明治5）年に［ X ］が公布され，

小学校の授業のようす

義務教育制度の確立が図られた。また，1918（大正7）年に㋒大学令などが制定され，高等教育を受ける機会が広まった。

［C］第二次世界大戦後の教育制度

1946（昭和21）年に㋓日本国憲法が公布され，新たに教育にかかわる内容が明記された。翌年に［ Y ］及び学校教育法が制定され，教育制度が整備されていった。

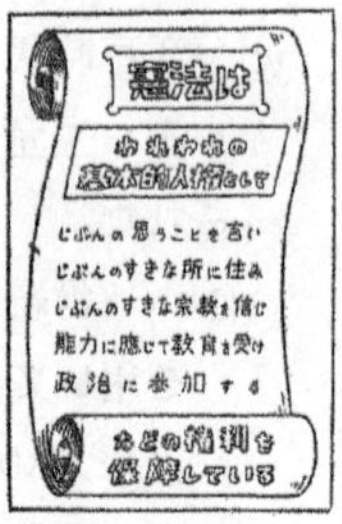

『あたらしい憲法のはなし』

① カード［A］中の㋐昌平坂学問所は江戸につくられた武士の教育機関であり，江戸幕府は学問を奨励し，政治の安定を図ろうとした。次のア～エのうち，儒学の中で，特に江戸幕府が奨励した学問はどれか。一つ選び，記号を○で囲みなさい。

ア　蘭《らん》学　イ　国学　ウ　天文学　エ　朱子学

② カード［A］中の㋑寺子屋は，農民や町人の子どもたちが読み・書き・そろばんなどの実用的な知識や技能を身に付けるための教育機関であり，寺子屋における教育の普及もあって，文化《ぶんか》・文政《ぶんせい》期には文学作品が広く親しまれるようになった。あとのア～エのうち，化政文化における文学作品について述べた文として正しいものはどれか。**二つ**選び，記号を○で囲みなさい。

ア　島崎藤村《しまざきとうそん》が，『若菜集』などの作品を発表した。
イ　十返舎一九《じっぺんしゃいっく》が，『東海道中膝栗毛《ひざくりげ》』などの小説を書いた。
ウ　滝沢《たきざわ》（曲亭《きょくてい》）馬琴《ばきん》が，『南総里見八犬伝』などの小説を書いた。
エ　井原西鶴《いはらさいかく》が，町人たちの生活を描いた浮世草子と呼ばれる小説を書いた。

③　カード［B］中の［X］に当てはまる，わが国の近代教育制度について定めた最初の法令の名称を書きなさい。

④　カード［B］中の㋒大学令は，公立や私立の大学の設置を目的に制定された。大学令が制定された当時のわが国の首相で，はじめての本格的な政党内閣を組織した人物はだれか。人名を書きなさい。

⑤　カード［C］中の㋓日本国憲法には，教育についての条文が記されている。次の文は，教育の義務と権利について記されている日本国憲法の条文の一部である。文中の［　　］の箇所に用いられている語を書きなさい。

「すべて国民は，法律の定めるところにより，その保護する子女に普通教育を受けさせる義務を負ふ。義務教育は，これを［　　］とする。」

⑥　カード［C］中の［Y］に当てはまる，日本国憲法にもとづいて，教育の目的や目標，教育の機会均等，義務教育などについて定めた法律の名称を**漢字５字**で書きなさい。

⑵　Ｆさんの班は，2017（平成29）年度にわが国から留学した高校生の延べ人数が過去最高の46,869人を記録したことに興味をもち，高校生の留学に関することがらについて調べた。表Ⅰは，2017年度における，わが国から留学した高校生の延べ人数に占める国・地域別の延べ人数の割合が高い１位から10位までの国・地域を示したものである。

①　次の文は，表ⅠからＦさんが読み取って考察した内容をまとめたものである。文中の下線部**ア～エ**のうち，内容が正しいものはどれか。**すべて選び**，記号を○で囲みなさい。

表Ⅰ　わが国から留学した高校生の延べ人数に占める国・地域別の延べ人数の割合（%）

順位	国・地域	割合
1	オーストラリア	24.3
2	アメリカ合衆国	21.9
3	カナダ	11.5
4	ニュージーランド	7.8
5	イギリス	7.4
6	台湾	5.1
7	シンガポール	3.2
8	フィリピン	2.9
9	韓国	2.7
10	マレーシア	1.6
	その他	11.6

（文部科学省の資料により作成）

・ア<u>わが国から，1位から５位までの国に留学した高校生の延べ人数は，わが国から留学した高校生の延べ人数の80%を上回っている</u>。
・１位から５位までの国は，英語を話す人が多く，中には英語を公用語としている国がある。例えば，イ<u>カナダは，英語とフランス語を公用語としている</u>。ニュージーランドは，英語とマオリ語とニュージーランド手話を公用語としている。
・ウ<u>6位から10位までの国・地域は，すべてアジアに位置している</u>。そのうち，シンガポール，フィリピン，マレーシアは歴史的な背景などが影響し，英語を話せる人が多い。例えば，エ<u>シンガポールとマレーシアは，かつてアメリカ合衆国の統治下にあった</u>ことが影響している。

・わが国では，高校生の留学先として，英語を話せる人が多い国・地域が選ばれていると考えられる。

② Fさんの班は，さらに，わが国から留学した高校生の延べ人数が最も多いオーストラリアの教育制度に関することがらについて調べた。次の文は，Fさんの班とH先生が交わした会話の一部である。この会話文を読んで，あとの問いに答えなさい。

Fさん：多くの高校生に留学先として選ばれているオーストラリアの教育制度について調べました。教育制度は州によって異なっていて，首都を含む首都特別地域では，初等教育７年，中等教育４年の11年間が義務教育期間です。

H先生：オーストラリアが掲げる多文化主義にもとづく教育制度については何か調べましたか。

Gさん：はい。オーストラリアでは，海外からの移民に対して，公用語である英語の教育が一定期間実施されます。また，移民の母語の学習の機会も大切にしています。

Fさん：このような教育制度がとられるようになった背景に，オーストラリアの移民の歴史があると考えられます。オーストラリアは，（　　　　　）ことで，さまざまな文化を互いに尊重する多文化社会へと変化していきました。

H先生：その通りです。国際化がすすむ現代では，さまざまな文化を理解することが大切であり，教育制度などの施策を充実させていくことが必要です。

(a) 首都の成り立ちは国によってさまざまである。オーストラリアの首都は，首都とすることを目的に新たに建設された都市であり，その首都名には先住民族の言語で「出会いの場所」という意味がある。オーストラリアの首都はどこか。首都名を書きなさい。

(b) 次のア～エのうち，文中の（　）に入る内容として最も適しているものはどれか。一つ選び，記号を○で囲みなさい。

ア 16世紀にポルトガルやスペインからの移民が進出し，先住民族がつくったインカ帝国が滅び，20世紀になると日本などアジア諸国からの移民が増加した

イ 17世紀にイギリスからの移民によって最初の植民地がつくられ，その後大西洋岸の13の植民地が独立し，20世紀後半からメキシコやカリブ海諸国からの移民が増加した

ウ 20世紀初めからとられていた白豪主義と呼ばれる移民政策が，20世紀後半に廃止され，アジア諸国からの移民が増加した

エ 20世紀後半以降，植民地として支配していた北アフリカ諸国からの移民や外国人労働者が増加した

3 地形などの自然環境は地域の人々の生活や産業などと関係している。次の問いに答えなさい。

(1) 世界の中で地震や火山の活動が活発なところは，山地や山脈がつらなる造山帯に集中している。次のページの図Ⅰは，造山帯を　　　で示したものであり，図Ⅰ中の▲は，2015（平成27）年に噴火したおもな火山を表している。

① 世界には，現在も活動が活発な造山帯が二つある。

図Ⅰ

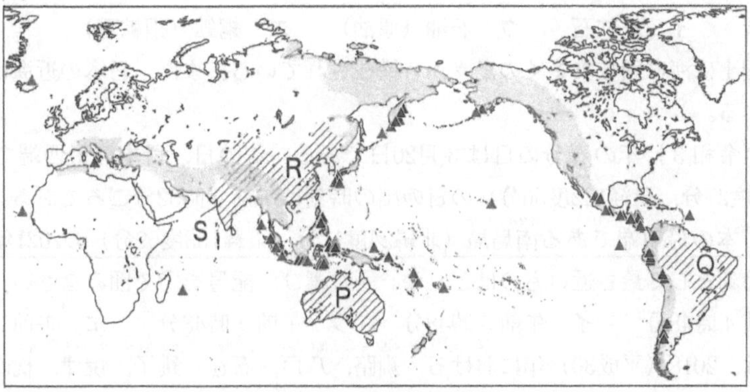

(a)　次の文は，造山帯について述べたものである。文中の ⓐ ， ⓑ に当てはまる語をそれぞれ書きなさい。

> 現在も活動が活発な二つの造山帯のうち，一つは，太平洋をとりまくように山脈や島々がつらなる造山帯であり，環太平洋造山帯と呼ばれている。もう一つは，ヨーロッパの ⓐ 山脈からアジアの ⓑ 山脈を通り，インドネシアにのびる造山帯であり， ⓐ ・ ⓑ 造山帯と呼ばれている。

(b)　環太平洋造山帯に位置するアンデス山脈の標高4,000m付近で生活する人々は，寒さで作物が育たないため，家畜を放牧している。次のア～エのうち，衣服などに利用するために，アンデス山脈の高地で放牧されているおもな家畜として最も適しているものはどれか。一つ選び，記号を○で囲みなさい。

ア　馬　　**イ**　らくだ　　**ウ**　アルパカ　　**エ**　トナカイ

(c)　環太平洋造山帯に位置する日本列島は，火山活動が活発である。次の文は，日本の火山にかかわることがらについて述べたものである。文中のⓐ〔　〕，ⓑ〔　〕から適切なものをそれぞれ一つずつ選び，記号を○で囲みなさい。

> 九州地方に位置する阿蘇《あそ》山には，火山活動によってできたⓐ〔**ア**　カルデラ　**イ**　フォッサマグナ〕と呼ばれる大きなくぼ地がみられる。また，関東地方には，富士《ふじ》山などからの火山灰が積もってできた，関東ロームと呼ばれる赤土におおわれた台地が広がっており，このような土地の特徴から，関東地方の台地上の農地はおもにⓑ〔**ウ**　田　　**エ**　畑〕として利用されてきた。

②　世界の大陸の多くの地域は，地震や火山の活動が少ない安定した地域であり，そのような地域で多く生産される鉱産資源がある。図Ⅱは，2015年における，ある鉱産資源の生産量の多い上位4か国を示したものであり，図Ⅱ中のP～Sに当たる国名はそれぞれ，図Ⅰ中の▨で示したP～Sに当たる国の国名と同じである。この鉱産資源に当たるものを，あとのア～エから一つ選び，記号を

図Ⅱ

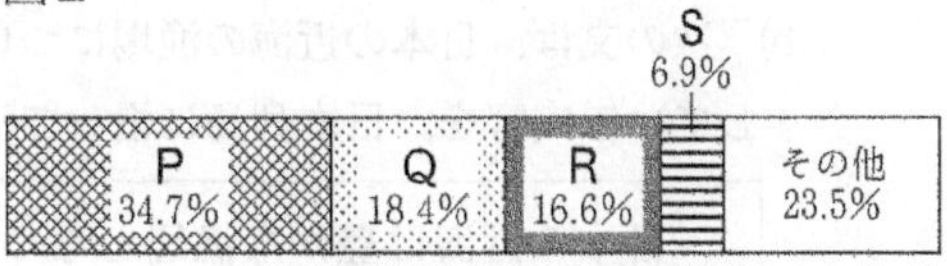

（『世界国勢図会』2019/20年版により作成）

○で囲みなさい。

ア　石炭　　**イ**　鉄鉱石　　**ウ**　石油（原油）　　**エ**　銅鉱（銅鉱石）

⑵　日本の国土は海に囲まれ多くの島々から構成されている。また，日本の近海は世界的な漁場となっている。

①　2021（令和３）年の春分の日は３月20日である。この日，日本の最西端である与那国島《よなぐにじま》（北緯24度27分，東経122度56分）の日の出の時刻は午前６時52分ごろである。次の**ア**～**エ**のうち，日本の最東端である南鳥島《みなみとりしま》（北緯24度17分，東経153度59分）の2021年３月20日の日の出の時刻として最も近いものはどれか。一つ選び，記号を○で囲みなさい。

ア　午前４時48分　　**イ**　午前５時48分　　**ウ**　午前７時48分　　**エ**　午前８時48分

②　図Ⅲは，2018（平成30）年における，釧路《くしろ》，八戸《はちのへ》，石巻《いしのまき》，銚子《ちょうし》，焼津《やいづ》，枕崎《まくらざき》の六つの漁港の水揚げ量を魚の種類別に示したものである。

図Ⅲ

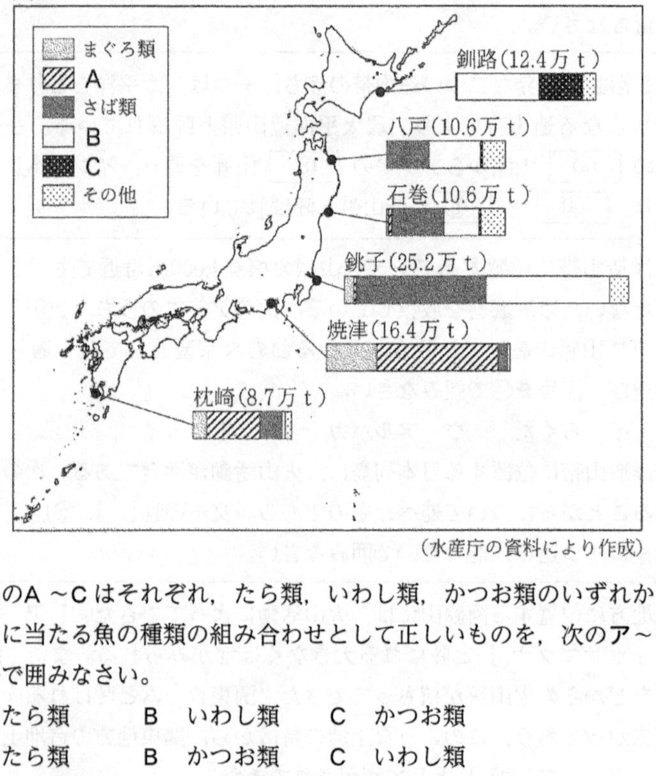

（水産庁の資料により作成）

(a)　図Ⅲ中のＡ～Ｃはそれぞれ，たら類，いわし類，かつお類のいずれかに当たる。図Ⅲ中のＡ～Ｃに当たる魚の種類の組み合わせとして正しいものを，次の**ア**～**カ**から一つ選び，記号を○で囲みなさい。

ア　Ａ　たら類　　Ｂ　いわし類　　Ｃ　かつお類

イ　Ａ　たら類　　Ｂ　かつお類　　Ｃ　いわし類

ウ　Ａ　いわし類　　Ｂ　たら類　　Ｃ　かつお類

エ　Ａ　いわし類　　Ｂ　かつお類　　Ｃ　たら類

オ　Ａ　かつお類　　Ｂ　たら類　　Ｃ　いわし類

カ　Ａ　かつお類　　Ｂ　いわし類　　Ｃ　たら類

(b)　次の文は，日本の近海の漁場について述べたものである。文中の（　）に入れるのに適している内容を，日本列島に沿って流れる海流の名称を用いて，簡潔に書きなさい。

日本の近海は豊かな漁場となっており，豊かな漁場の形成には海流が関係している。例えば，三陸《さんりく》海岸の沖合には，（　　　　　　　　　）ことでできる潮境（潮目）がみられ，また，日本海側から別の海流も流入している。それらの海流により，三陸海岸の沖合は世界有数の好漁場となっている。

③　日本は漁業生産量がかつて世界一であった。次の文は，日本の漁業について述べたものである。文中の ［ⓐ］ に当てはまる語を**漢字７字**で書きなさい。また，文中の（ⓑ）に入れるのに適している内容を，「卵」「稚魚」の**２語**を用いて簡潔に書きなさい。

・日本の漁業生産量は1980年代中ごろが最も多く，その後1990年代中ごろにかけて急速に減少した。その背景には，1982（昭和57）年に採択された国連海洋法条約にもとづいて ［ⓐ］ と呼ばれる海域を設ける国が増加し，他国の漁業を規制するようになったことがある。このような状況の中，日本では魚介類を「とる漁業」から「育てる漁業」への転換が図られてきた。

・「育てる漁業」のうち，養殖漁業は魚などを出荷する大きさになるまでいけすなどで育てて漁獲する漁業のことであり，栽培漁業は（　　ⓑ　　）して，自然の中で成長したものを漁獲する漁業のことである。

4　権力を分割し，それぞれを異なる機関が分担する制度は，権力の分立と呼ばれている。権力の分立にかかわる次の問いに答えなさい。

(1)　18世紀のヨーロッパにおいて，政治のしくみとして権力の分立が主張された。

①　18世紀，『法の精神』を著して，権力の分立を主張したフランスの思想家はだれか。次の**ア**～**エ**から一つ選び，記号を○で囲みなさい。

ア　ルター　　**イ**　ロック　　**ウ**　クロムウェル　　**エ**　モンテスキュー

②　次の**ア**～**エ**のうち，18世紀に起こったできごとについて述べた文として正しいものはどれか。一つ選び，記号を○で囲みなさい。

ア　国王に対して国民の権利や議会の権限を認めさせる権利の章典（権利章典）がイギリスで発布された。

イ　国民の言論，集会，信教（信仰）の自由を法律の範囲内で保障することを記した大日本帝国憲法が発布された。

ウ　すべての人は平等につくられ，生命，自由及び幸福追求の権利が与えられているとするアメリカ独立宣言が発表された。

エ　すべての人に人たるに値する生存（生活）を保障することをはじめて憲法で保障したワイマール憲法がドイツで制定された。

(2)　わが国では，国の権力を立法権，行政権，司法権の三つに分け，それぞれを異なる機関が担当することで，権力の濫用を防ぎ，国民の権利や自由を保障している。

①　立法権は，衆議院と参議院の両議院から構成される国会が担当している。

(a)　次の文は，国会の地位について記されている日本国憲法の条文である。文中の［　　］の箇所に用いられている語を書きなさい。

「国会は，［　　　］の最高機関であって，国の唯一の立法機関である。」

(b) 日本国憲法は，衆議院と参議院の議決が一致しないときに，いくつかの事項で衆議院に強い権限を認めている。次のア～エのうち，衆議院の優越が認められているものはどれか。**すべて選び**，記号を○で囲みなさい。

ア　内閣総理大臣の指名　　イ　国政調査権の行使
ウ　憲法改正の発議　　エ　法律案の議決

② 行政権は，内閣総理大臣と国務大臣から構成される内閣が担当している。

(a) 次のア～エのうち，内閣において行うことができるものはどれか。一つ選び，記号を○で囲みなさい。

ア　違憲立法審査権（違憲審査権）の行使　　イ　最高裁判所長官の指名
ウ　弾劾裁判所の設置　　エ　条約の承認

(b) わが国の内閣は，議院内閣制という枠組みのもとで，行政権の主体として位置づけられている。次の文は，議院内閣制にかかわることがらについて述べたものである。文中の（ⓐ）に入れるのに適している内容を，「連帯」の語を用いて簡潔に書きなさい。また，文中の ⓑ に当てはまる語を**漢字３字**で書きなさい。

> 今日のわが国が採用している議院内閣制とは，内閣は国会の信任にもとづいて成立し，行政権の行使について（　ⓐ　）というしくみである。議院内閣制は，わが国の他にイギリスなどが採用している。議院内閣制と異なる政治のしくみとして，アメリカ合衆国が採用している ⓑ 制などがある。

③ 司法権は，法にもとづいて裁判を行う裁判所が担当している。図Ⅰ，図Ⅱはそれぞれ，わが国の三審制のしくみを模式的に表したものである。あとの文は，わが国の三審制について述べたものである。文中のⓐ［　］，ⓑ［　］から適切なものをそれぞれ一つずつ選び，記号を○で囲みなさい。また，文中の ⓒ ，ⓓ に当てはまる語をそれぞれ**漢字２字**で書きなさい。

図Ⅰ

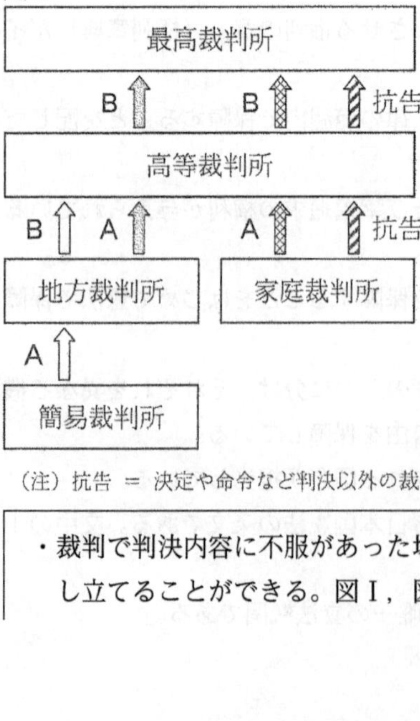

図Ⅱ

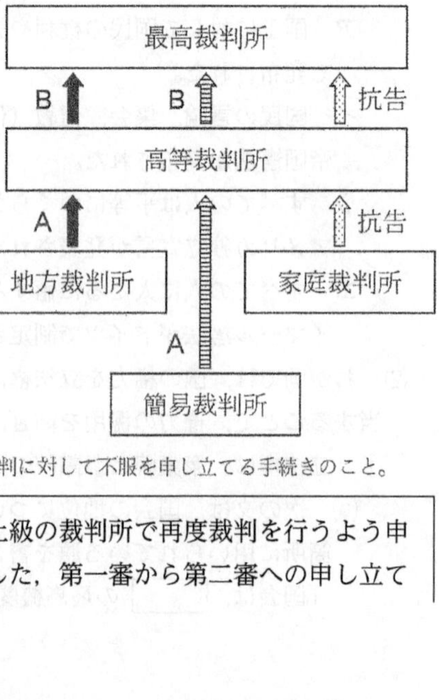

（注）抗告 ＝ 決定や命令など判決以外の裁判について，その裁判に対して不服を申し立てる手続きのこと。

> ・裁判で判決内容に不服があった場合には，より上級の裁判所で再度裁判を行うよう申し立てることができる。図Ⅰ，図Ⅱ中のAで示した，第一審から第二審への申し立て

は⒜［ **ア** 控訴《こうそ》　**イ** 再審　**ウ** 上告 ］と呼ばれており，図Ⅰ，図Ⅱ中の**B**で示した，第二審から第三審への申し立ては⒝［ **エ** 控訴　**オ** 再審　**カ** 上告 ］と呼ばれている。

・一般に，裁判は取り扱う内容によって大きく二つに分けられる。その二つのうち，個人間の紛争や企業間の紛争などを解決する裁判は，[ⓒ] 裁判と呼ばれ，図Ⅰは [ⓒ] 裁判における三審制のしくみを表している。もう一つは，犯罪の犯人だと疑われている人の有罪・無罪などを決める裁判であり，[ⓓ] 裁判と呼ばれ，図Ⅱは [ⓓ] 裁判における三審制のしくみを表している。

⑶　国から地方公共団体への権限の移譲も，権力の分立の一つである。

①　地方公共団体の政治は，住民の意思を反映し，地域の実情に合わせて行われる必要がある。次の**ア**～**エ**のうち，わが国の地方公共団体の政治に関することについて述べた文として正しいものはどれか。**すべて**選び，記号を○で囲みなさい。

ア　地方公共団体の首長及び地方公共団体の議会の議員は，その地方公共団体の住民によって直接選挙で選ばれる。

イ　地方公共団体は，消防や下水道の整備などの事務を担《にな》っており，地方公共団体の収入には，住民が納める地方税が含まれる。

ウ　地方公共団体の住民が，その地方公共団体の首長や議会の議員に就くことができるようになる年齢は，20歳（満20歳）以上と法律に規定されている。

エ　条例の制定や改廃の請求は，地方公共団体の住民がその地方公共団体の有権者の３分の１以上の署名を集めることにより，選挙管理委員会に請求することができる。

②　次の文は，わが国の地方公共団体の政治における，首長や議会の権限について述べたものである。文中の（　）に入れるのに適している内容を簡潔に書きなさい。

地方自治法には，首長と議会が互いに抑制し合い，均衡を保つための権限が定められている。例えば，首長は，議会を解散することや，議会の議決に対して（　　　　　）ことができ，議会は，首長に対して不信任を決議することや予算などの議決を行うことができる。

【資料】

カタカナ語の例

カタカナ語	原語（もとになった外国語）の主な意味
コミュニケーション	伝達・意思疎通・通信手段
ポイント	論点・要点・目的・特徴・段階・地点・点数・先端
ニーズ	必要性・必要なもの
テンション	緊張・緊迫状態
リスペクト	尊敬・敬意
コンセンサス	意見の一致・合意

カタカナ語やカタカナ語の使用に関するさまざまな意見

・表現のかたさが和らぐ。
・人によって理解度が異なる。
・カタカナ語を使用しない方がわかりやすい。
・格好よくて現代風である。
・これまでにない物事や、和語や漢語では表しにくい微妙な意味合いを表している。
・多義性があり誤解や意味のずれを生むこともある。
・原語の意味とカタカナ語の意味とが異なる。

て考えてゆくと、それはいずれ、今の時代の価値観という問題になってゆくであろうと思われる。さらに、これからの時代の建築を目指すことは、結果的に僕らの時代の価値観みたいなものをつくるきっかけになってゆくのではないか。

（西沢立衛『続・建築について話してみよう』による）

1　本文中のA～Dの――を付けた語のうち、一つだけ他と品詞の異なるものがある。その記号を○で囲みなさい。

2　①このような考え方　とあるが、本文中で筆者が「このような考え方」に則ったとき、建築家のつくる建築に特定の機能というものはないと述べるのはなぜか。その内容についてまとめた次の文の［　］に入る内容を、本文中のことばを使って**五十字以上、六十字以内**で書きなさい。

建築家のつくる建築は、人や時代の変化も含めた［　］ことが大いにありうるから。

3　次のうち、本文中で述べられていることがらと内容の合うものはどれか。一つ選び、記号を○で囲みなさい。

ア　今、我々の身の回りにある日用品や生活備品というものは、漱石の時代にはなかったものばかりであるが、それらは漱石の時代やその時代の人間の身体性とつながりをもつものである。

イ　電車というものを必要とし、電車の旅というものに快適性や居心地の良さを感じるような今の時代の人間にとって、漱石の時代の人間の尊厳というものは感覚的にしか理解することができない。

ウ　今の時代の自分達の身の回りにある様々なものは、人間の感受性や快適性、快楽というものが時を経て変化し、自分達の生活がそれらを求めるようになったことによってつくり出されたものである。

エ　携帯電話などの我々の周りにある諸機械の多くは、漱石には否定されそうなものばかりであるが、それらで溢れている今の時代の我々の生活にはある種の快適さや自由さや快楽のようなものがある。

4　「建築創造」について、本文中で述べられている筆者の考えを次のようにまとめた。［a］、［b］に入れるのに最も適しているひとつづきのことばを、それぞれ本文中から抜き出しなさい。ただし、［a］は**十字**、［b］は**十四字**で抜き出し、それぞれ**初めの五字**を書きなさい。

筆者は、人間の想像力をかき立てるような魅力を持った［a］を理想としており、［b］ことは、自分達の時代の価値観をつくる契機となってゆくであろうと考えている。

五　近年、外国との間の人・物・情報の交流の増大や、諸分野における国際化の進展に伴い、日本語の中での「カタカナ語」の使用が増大しています。カタカナ語の使用が増えていくことについてのあなたの考えを、別の原稿用紙に**三百字以内**で書きなさい。ただし、次の**条件**にしたがって書くこと。

（注）　カタカナ語＝主に欧米から入ってきた外来語や日本で外来語を模してつくられた語で、カタカナで表記される語のこと。

条件　次のページの**【資料】**からわかることをふまえて、カタカナ語の使用が増えていくことについてのあなたの考えを書くこと。

立てられるような建築をつくれないだろうか、と、僕らは次第に考えるようになった。①このような考え方（つまり使う人間に、新しい使い方を想像させる建築を目指すという考え方）に則《のっと》っていえば、僕らのＣつくる建築は原則として、特定の機能というものはない、ということもＤできる。もちろん、美術館だとか住宅だとか、特定の機能に合うように設計はするが、しかし美術館とか住宅だとかいう呼び方は、今現在の建築の使い方であって、未来までも含めた使うことの潜在的可能性という意味では、たとえそれが美術館として現在使われているとしても、その建物がまったく別の使い方を人に想像させ、それが現実化する、ということは十分にありうる。人によっては、僕らの美術館や、そこで活動する人々を見て、これは学校にも使えるかもしれないとか、託児所にいいじゃないかとか、違うことを思うかもしれないし、実際そうなることもあるかもしれない。時代が変われば、僕らとは違う想像力をもった次の時代の人間が、歴史的建造物の魅力に触発されて、当時にはありえなかったような現代的な使い方を、始めるかもしれない。むしろ僕らは、そういった人間の想像力の広がりが起きることを望んでおり、そのようなことを引き起こす魅力を建築が持つことを望んでいる。そのようなかたちで、使うことの創造性を呼ぶような、開かれた建築のあり方を、僕らは目指している。

夏目漱石《なつめそうせき》が「草枕《くさまくら》」の中で、汽車について、人間の尊厳を度外視した乗り物であると批判したことがある。夏目漱石がどのような気持ちであったのか、今となっては想像するしかないが、ジャガイモと同列に扱われたような複雑な気持ちになったということもあったかもしれない。もちろん、１００年前の時代の人間の尊厳というものを、今の時代の僕らが感覚的に理解することは難しい。今僕らは逆に、電車というものを必要としており、電車もそんなに悪いものでもないと思っている。むしろ電車の旅というものに、漱石が感じなかったタイプの快適性や居心地の良さなどを感じており、人によっては、電車に郷愁すら感じていたりする。そのように、人間の感受性や快適性、快楽というものは、時代によって変わっていくものだ。電車以外にも、携帯電話、コンピュータ、ジェット機、人工衛星、様々なものが我々の周りにあり、そのほとんどは、漱石の時代にはなかったもので、その多くは、たぶん漱石には否定されそうなガラクタばかりである。携帯電話やコンピュータやファックスなどの諸機械にがんじがらめの僕らの生活も、相当に不自由極まりない生活に見える恐れもある。しかし同時に、そういった我々の、身の回りに機械が溢《あふ》れる不自由な生活にも、ある種の快適さや自由さ、快楽みたいなものがある、ということも事実である。またそういう諸物が、僕らの快楽、価値観を変形させるような影響を僕らに与えているということもありうる。自分達《たち》の身の回りのもの、日用品などは、僕らの生活がそれを望んだ結果つくられたのか、もしくは逆に新しい日用品が登場したから、ぼくらの生活や価値観が変わっていったのか、順序はわからない。少なくともいえることは、それらは僕らの時代、僕らの身体性みたいなものとつながったモノたちであり、そういった僕らの時代の日用品、生活備品というものは、僕らの時代の価値観を鮮やかに表すものでもある、ということだ。

そういう身の回りのモノの中でも最大サイズのものとして、建築があるともいえる。各時代の人間は、各々《おのおの》の生き方、価値観のもと、異なる建築をつくり出してきた。どの時代の建築も、人間はこのように生きるのが豊かなのだという、その時代の人間の生き方みたいなものを、空間的に表現してきた。そういう意味では、今の時代の僕らにとっての機能性、快適性、もしくは空間経験ということを、つきつめ

説、すべて浮きたるここちのせらるる、そは一わたりはさることなれども、②猶《なほ》さしもあらず。③始めより終わりまで説のかはれることなきは、中々《かえって》にをかしからぬかたもあるぞかし。はじめに定めおきつる事の、ほどへて後に又異なるよき考への出《い》でくるは、常にある事なれば、始めとかはれることあるこそよけれ。年をへて学問すすみゆけば、説は必ずかはらでかなはず。

1　①いづれによるべきぞ　とあるが、次のうち、このことばの本文中での意味として最も適しているものはどれか。一つ選び、記号を○で囲みなさい。

ア　どこに集まるのかよいか
イ　誰のせいでこうなったのか
ウ　どちらに基づくのがよいか
エ　いつ決められたものなのか

2　②猶さしもあらず　とは「やはりそうでもない」という意味である。これは本文中ではどのようなことを表しているか。次のうち、最も適しているものを一つ選び、記号を○で囲みなさい。

ア　自分の説とは異なっている説を批判して、それを根拠のない説だと人に感じさせるのは、あってはならない行為だということ。
イ　考えが食い違っていて一貫していない説に対して、全体的に根拠がない説だと考えるのは一概に妥当であるとは言えないということ。
ウ　人の説を理解するときに、おおよそのことを理解したからといって、すべてをわかった気になるのはたいてい思い違いだということ。
エ　自分の説が他の人の説と同じだからといって、自分の説のほとんどを変えようとするのは、賢明な選択であるとは言えないということ。

3　③始めより終わりまで説のかはれることなきは、中々にをかしからぬかたもあるぞかし　とあるが、本文中で筆者がこのように述べる理由を次のようにまとめた。［a］、［b］に入る内容を本文中から読み取って、現代のことばで書きなさい。ただし、［a］は**十五字以上、二十五字以内**、［b］は**十字以内**で書きなさい。

後になって［a］ことは、よくあることであり、また年月がたてば［b］ので、人の説は絶対に変わるものであるから。

四　次の文章を読んで、あとの問いに答えなさい。

建築創造というものは、僕ら建築家にとっては、建築を設計し建設することだが、しかし、住む人間にとっては出来上がった建築物を使うということも、創造的なものだ。例えば新居に引っ越して、カーテン一枚窓にAかけるだけで、その人らしさ、その人のスタイルが出てしまうし、自分の家具や洋服を部屋に並べるだけで、その人らしい空間がつくられる。「使う」ということ、「住む」ということは、創造的なことなのだ。

例えば、Bある魅力的な空間を人が見て、それを使ってみたい、住んでみたい、と思うことがある。そのような、人間に使ってみたいと思わせるような、そういう空間の豊かさみたいなものをつくれないだろうか。人間が使いたくなるような建築、どう使おうか想像力をかき

い。普通の歌人なら、この立て札の文句を泣く泣く短くして三十一音に入れ込むことを考えるだろう。たとえば「人ならば五人づつ」を切って「釣橋のまへの立札馬ならば一頭づつといましめてあり」というように。が、茂吉はそうはしない。断固しない。自分の感情が、器に入らないと感じるやいなや、瞬間的により大きな新しい器を作り、それと取り替えてしまう。②そうやって作られたのがこの歌である。

この歌は、普通の短歌定型の第二句と第三句の間に、新たに「人ならば・五人づつ」（五・五）という五音二句が強引に差し込まれている。「釣橋の・まへの立札・人ならば・五人づつ・馬ならば・一頭づつと・いましめてあり」。茂吉は、即座に五七五五五七七という七句四十一音の新しい定型を作りだしてしまったのだ。そこに茂吉らしい③融通無碍《むげ》な姿勢がある。

が、不思議なのは、そうやってとっさに作られた新しい器が、きちんと短歌として認定するに足る韻律や調べを保っている、ということだ。この歌の場合は、五七五という初句から第三句までの定型律と第五句から第七句までの五七七というリズムが、色濃く短歌の定型の韻律を保持している。破調の歌であるにもかかわらず、私たちがこの歌に強烈な短歌らしさを感じてしまう秘密はそこにある。

（大辻隆弘『アララギの脊梁』による）

（注）出羽三山 ＝ 現在の山形県にある月山・湯殿山・羽黒山《はぐろさん》の総称。

1 次のうち、本文中の [①] に入れるのに最も適していることばはどれか。一つ選び、記号を○で囲みなさい。

ア 短歌という器の大きさを知る
イ 端的に自分の感情を表現する
ウ 感情の量を調整して盛り込む
エ 感情を歌の器に盛り込まない

2 ②そうやって作られたのがこの歌である とあるが、本文中のⒶで示した歌がどのようにして作られたかについて、本文中で筆者が述べている内容を次のようにまとめた。[a]、[b] に入れるのに最も適しているひとつづきのことばを、それぞれ本文中から抜き出しなさい。ただし、[a] は**八字**、[b] は**十七字**で抜き出し、それぞれ**初めの五字**を書きなさい。

橋のたもとに立てられた立札の [a] に心を打たれた茂吉は、そのことばを [b] ことはせず、七句四十一音の新たな定型を作りだした。

3 ③融通無碍 とあるが、次のうち、このことばの本文中での意味として最も適しているものはどれか。一つ選び、記号を○で囲みなさい。

ア 後先を考えないで猛然と突き進むこと。
イ 思考や行動が何にもとらわれず自由なこと。
ウ 他に心を動かされず一つのことに集中すること。
エ 長年受け継がれてきた伝統やしきたりを守ること。

4 本文中のⒶで示した歌について、筆者が述べている内容を次のようにまとめた。[　] に入る内容を、本文中のことばを使って**三十五字以上、四十五字以内**で書きなさい。

「人ならば五人づつ」という五音二句が [　] ところに、私たちがこの歌に強烈な短歌らしさを感じてしまう秘密がある。

三 次の文章を読んで、あとの問いに答えなさい。

同じ人の説《ときごと》の、ここととかしことゆきちがひて、ひとしからざるは、①いづれによるべきぞとまどはしくて、大かた其《そ》の人の

＜国語＞（C問題）

時間　五〇分　満点　九〇点

【注意】答えの字数が指定されている問題は、**句読点や「　」などの符号も一字に数えなさい。**

一　次の問いに答えなさい。

1　次の⑴～⑶の文中の傍線を付けた漢字の読み方を書きなさい。また、⑷～⑹の文中の傍線を付けたカタカナを漢字になおし、解答欄の枠内に書きなさい。ただし、漢字は楷書《かいしょ》で、**大きくていねいに書くこと。**

⑴　花の芳香が部屋に漂う。
⑵　腰を据えて物事に取り組む。
⑶　鳥が羽を繕う。
⑷　計画をタダちに実行する。
⑸　ピアノをエンソウする。
⑹　恩師へのシャジを述べる。

2　「人の短を道《い》ふこと無かれ、己の長を説くこと無かれ。」の読み方になるように、次の文に返り点を付けなさい。

無《カレ》　道《フコト》　人《ノ》　短《ヲ》、無《カレ》　説《クコト》　己　之《の》　長《ヲ》。

二　次の文章を読んで、あとの問いに答えなさい。

短歌というものは、五七五七七の三十一音からなる器である。それ以上でもそれ以下でもない。したがって、短歌で自分の感情を表現するとき、その器に盛り込むことのできる感情の量はほぼ定量である。感情の量が大きすぎると、歌いたいことは短歌の器からはみ出てしまう。また逆に、感情の量があまりに少ないと、短歌の器は満たされることなくスカスカになってしまう。

歌作り慣れるということは、とりもなおさず［　①　］ということなのだろう。器に盛り込むことのできない大量の感情は、最初から短歌にはしない。反対に、あまりに少量の感情しかない場合、それを歌にしつらえない。成熟した歌人は、そのようにして歌の器にふさわしい感情の量を見極めてゆく。その器に、ぴったりと合う感動を与えてくれる題材だけを歌の材料としてゆくのである。

が、斎藤茂吉《さいとうもきち》という人は面白い人で、成熟した歌人なら初めから歌に盛り込もうとはしない大量の感情を歌に盛り込もうとする。ただ、その場合、彼は普通の歌人と違って、三十一音という器に感情をぎゅうぎゅうづめにしようとはしない。自分の感情が入らないと悟ったら、さっさと五句三十一音という器を捨てて、新しい大きな器を自分で作ってしまうのである。

釣橋のまへの立札人ならば五人づつ
　馬ならば一頭づつといましめてありⒶ
『たかはら』（昭5）

昭和五年夏、四十八歳の茂吉は、十五歳になった長男茂太《しげた》をともなって出羽三山《でわさんざん》に登った。月山《がっさん》と湯殿山《ゆどのさん》に登った二人は、七月二十三日出羽山に登るべく赤川《あかがわ》の支流の梵字川《ぼんじがわ》を渡る。その川の川下にはささやかな吊《つ》り橋がかかっていた。橋のたもとに「人ならば五人づつ、馬ならば一頭づつ」という注意書きの書かれた立札が立っている。重量三百キロを越えるようなものは渡れない危うい小橋なのだろう。

茂吉は、その野趣あふれる文字に感動する。その溢《あふ》れる感情を短歌の器に盛り込もうとする。が、その感情の量に比して歌の器は小さ

(7) 笑顔でセッキャクする。

(8) ピアノをエンソウする。

2 次のうち、「装飾」と熟語の構成が同じものはどれか。一つ選び、記号を○で囲みなさい。

ア 疾走　イ 到着　ウ 撮影　エ 抑揚

四 ※問題に使用された作品の著作権者が二次使用の許可を出していないため、問題を掲載しておりません。

（出典：西垣通・河島茂生『AI倫理』による）

五 ある中学校の生徒会では、「一人一人が積極的にあいさつをして気持ちよく学校生活を送る」という【目標】を実現するために、次のA、Bの二つの【標語】が提案されました。あなたは、AとBのどちらの標語が目標を実現するのに効果的な標語だと考えますか。あなたの考えを別の原稿用紙に二百六十字以内で書きなさい。ただし、あとの条件1・2にしたがって書くこと。

【目標】

一人一人が積極的にあいさつをして気持ちよく学校生活を送る

【標語】

A　届けよう元気なあいさつ　始めよう　すてきな一日

B　おはようの　そのひとことで　笑顔あふれる

条件1　A、Bのどちらか**一つ**を選ぶこと。

条件2　条件1で選んだ標語が、目標を実現するのに効果的な標語だと考える理由を書くこと。

※ 二つの標語をそれぞれA、Bと表してもよい。

①せんすべなし。とかくする程翁帰り、やがて園中に至り、奴《やっこ》はしとどに成りて《ひどく汗をかいて》生くる心地なし。翁いとさりげなく、二日三日ふれど何の気色もなし。②人々猶《なほ》あやしむ。ある人此《こ》の事を聞きで翁に③むかひ、しかじかの事有りと聞く。さこそにくしと思《おぼ》すらめと云《い》ひければ、翁打ちゑみて、をのれは楽しびに花を植ゑ侍《はべ》り。さてそれがためにいかるべきかは、といへりけりとぞ。

（注）貝原益軒　＝　江戸前期の儒学者。
　　やっこ　＝　家業や家事に従事する奉公人。

1　①せんすべなし　とあるが、次のうち、このことばの本文中での意味として最も適しているものはどれか。一つ選び、記号を○で囲みなさい。

ア　とんでもない　　イ　考えるまでもない
ウ　あとかたもない　　エ　どうしようもない

2　②人々猶あやしむ　とあるが次のうち、人々が不思議に思ったことの内容として本文中で述べられているものはどれか。最も適しているものを一つ選び、記号を○で囲みなさい。

ア　二、三日たっても翁の様子がいつもと変わらなかったこと。
イ　翁が真心をこめて育ててきた牡丹の花がなくなっていたこと。
ウ　きれいに咲きそろっていた牡丹の花を翁が捨ててしまったこと。
エ　翁の好きな牡丹の花が知らない間にたくさん植えられていたこと。

3　③むかひ　を現代かなづかいになおして、**すべてひらがな**で書きなさい。

4　次のうち、本文中で述べられていることがらと内容の合うものはどれか。一つ選び、記号を○で囲みなさい。

ア　ある人が言ったことに対して翁は、「楽をすることはいくらでもできるが、それは結果的に自分のためにならない」と言った。
イ　牡丹の花が枯れていたことについて翁は、「新たに花を植えることはたやすいことだが、元通りになるわけではない」と言った。
ウ　牡丹の花が折られていたことに対して翁は、「楽しむために花を植えるのだから、それのために腹を立てることはない」と言った。
エ　不注意で牡丹の花を折ってしまった翁は、「花が育つのをいつも楽しみにしていたが、こうなるぐらいならもう育てない」と言った。

三　次の問いに答えなさい。

1　次の⑴～⑷の文中の傍線を付けた漢字の読み方を書きなさい。また、⑸～⑻の文中の傍線を付けたカタカナを漢字になおし、解答欄の枠内に書きなさい。ただし、漢字は楷書《かいしょ》で、**大きくていねいに**書くこと。

⑴　傾斜のゆるやかな坂。
⑵　一点差で惜敗した。
⑶　世界記録に挑む。
⑷　腰を据えて物事に取り組む。
⑸　毎日カかさず散歩する。
⑹　成功を信じてウタガわない。

もない、使えばいいのだから。財布にもあまり痛くなく、気軽に消費できるストレスフリーな筆記具。もはや筆記具のひとつというよりも、子供の頃から長い付き合いを続けてきた②「考える仲間」のようだ。そうだ、鉛筆は筆記具のひとつなのではなくて「鉛筆」なのだ。

（小日向京『考える鉛筆』による）

（注）デバイス＝特定の機能を果たす装置。
シンクロしていく＝一致していく。

1　本文中のAのと同じはたらきをしている「の」を含む一文を次から一つ選び、記号を○で囲みなさい。

ア　寒さがやわらいで春の気配を感じる。
イ　この花は公園に咲いているのと同じ花だ。
ウ　まるで宝石のような星が夜空に輝いている。
エ　その美術館には有名な画家の描いた絵がある。

2　①それぞれにまた違った鉛筆の表情を見せる　とあるが、本文においてこれはどのようなことを表した表現か。その内容についてまとめた次の文の［　］に入る内容を、本文中のことばを使って**十二字以内**で書きなさい。

ひらがなやカタカナなど、どのような文字で書き表すかによって、［　　　］ということ。

3　次のうち、本文中で述べられていることがらと内容の合うものはどれか。一つ選び、記号を○で囲みなさい。

ア　鉛筆を削るときの音や削りかすから感じられる心地良い香りは、初めて自分の鉛筆を手にしたときのなつかしい気持ちを思い起こさせる。
イ　黒鉛をのせて書く鉛筆の筆感とパソコンのキー入力の感触は似ているが、パソコンは入力する動作の最中に考えが消えてしまいそうになる。
ウ　鉛筆を使って書きすすめていくと、自分の心情の変化とシンクロしていくかのように、紙に描線を彫りこんでいく筆感が刻々と変化していく。
エ　鉛筆には、紙面の凹凸が黒鉛を削りとっていく筆感があり、ボールペンや一部のシャープペンシルには、紙に描線を彫りこんでいく筆感がある。

4　②「考える仲間」のようだ　とあるが、「考える仲間」のような鉛筆について、本文中で筆者が述べている内容を次のようにまとめた。［a］、［b］に入れるのに最も適しているひとつづきのことばを、それぞれ本文中から抜き出しなさい。ただし、［a］は**十七字**、［b］は**十六字**で抜き出し、それぞれ**初めの五字**を書きなさい。

○鉛筆は、思考の流れをさまたげない筆記具であり、筆圧をかけることに気をとられることなく、［　a　］ことに力を注ぐことができる。
○鉛筆は、次の思考の流れを湧きだしてくれる筆記具であり、鉛筆を削ると心が研ぎすまされ、削ったあとの削り口を見ると［　b　］が生まれてくる。

二　次の文章を読んで、あとの問いに答えなさい。

貝原益軒翁《かひばらえきけんをう》、牡丹《ぼたん》を好みてあまた植ゑられける中、ことに心を尽くされける花有り。ややけしきばめる頃、翁《おきな》宿におはさぬ程、やつこ戯《たはぶ》れして彼《か》の花をふみ折りけり。こはと驚けど

〈国語〉（B問題）

時間　五〇分　　満点　九〇点

【注意】答えの字数が指定されている問題は、**句読点や「 」などの符号も一字に数えなさい。**

一　次の文章を読んで、あとの問いに答えなさい。

鉛筆。「鉛の筆」と書いて、鉛筆。しかしその芯に鉛が使われているわけではなく、それは黒鉛という炭素なのだという。長いあいだ鉛筆を使ってみても、「これが黒鉛なんだ、炭素なんだ」という実感はない。その原材料の一部と用途を表しているAのが漢字で書いた「鉛筆」という二文字だ。

鉛筆は、ひらがなで「えんぴつ」と書いたり、カタカナで「エンピツ」と書いたりすると、①それぞれにまた違った鉛筆の表情を見せる。ひらがなの「えんぴつ」は、小学生の頃に初めて自分の鉛筆を手にしたときのなつかしい気持ちを思い起こさせる。カタカナの「エンピツ」は、ポンと机に投げだしたときや、あやまって床に落としてしまったときの「カラン」という木軸の音が聞こえてくるような響きをしている。

鉛筆、えんぴつ、エンピツ。どの文字で書いても鉛筆らしくて、すべてがしっくりくる。呼びかたの音はひとつなのに、そのイメージが文字表記によって変わるのがおもしろい。それはちょうど鉛筆の描線が、一見してどれも「鉛筆で書いた描線をしている」のに、使う鉛筆や紙などによってさまざまな表情を見せてくれるのと似ている。

いま、わたしたちの周りにはあらゆる種類の筆記具がある。パソコンや携帯電話、スマートフォンなどの文字入力デバイスもある。それらを脇においてでも、ものごとを思考するときにはあえて鉛筆を選びたい。なぜなら鉛筆は、思考の流れをさまたげない筆記具であるのと同時に、次の思考の流れを湧きだしてくれる筆記具であるから。

鉛筆は、紙の上に黒鉛をのせて書く。紙の表面の凹凸が、繊細なサンドペーパーのように黒鉛を削りとっていくその筆感は、紙面にたいして「横の流れ」ですべらせていくものだ。一方、紙面にたいして「縦に押さえつける負荷」をかけ、紙に描線を彫りこんでいく筆感の筆記具がある。ボールペンや、一部のシャープペンシルなどがそれだ。縦の負荷をかけながら書くと、手が押しこむ力を加えようとするあまりに、そちらに気をとられてしまう。パソコンのキー入力だってそうだ。キーを押すという動作はもちろん、入力する読みを選んだり、文字を選んだりしているうちに消えてしまいそうになる考えが、ときにある。ものごとを考えるときには、筆圧のほぼかからない状態で、頭のなかに浮遊する言葉をつかまえることに集中したい。

鉛筆は、書きすすめていくうちに芯の尖《とが》り具合や丸まり具合が変化し、芯が短くなっては削り、削っていくうちに軸が短くなり、その姿を刻々と変えていく。その変化が自分の心情の変化とシンクロしていく呼吸感がある。ああ、木軸がもう紙に触れてしまうくらい芯が丸まった、鉛筆を削らなければと思うとき、そのまま思考を続けたければ隣に用意してある別の鉛筆に持ちかえ、これを機に少し頭を休めようかなと思えば鉛筆削りに向かう。鉛筆を削る木のサラサラいう音と、芯のシャリシャリいう音が合わさって、心のブレも一緒に削られ、研ぎすまされていくような気持ちになる。鉛筆の削りかすからは心地良い香りを鼻に感じる。そして削り上げた鉛筆の削り口を眺めると、新たな思考に向かおうという心意気が湧いてくるのだ。

鉛筆は、何本あっても嬉《うれ》しい。買いすぎてしまったと後悔すること

られることなく、頭に浮かぶ言葉をつかまえることに力を注ぐことができるから。

○ 鉛筆は、次の思考の流れを湧きだしてくれる筆記具であり、鉛筆を削ると心が研ぎすまされ、削ったあとの削り口を見ると [b] が生まれてくるから。

5 次のうち、本文中で述べられていることがらと内容の合うものはどれか。一つ選び、記号を○で囲みなさい。

ア 鉛筆の筆感は、ボールペンや一部のシャープペンシルと同じで、紙面にたいして「横の流れ」ですべらせる筆感である。

イ 鉛筆は、何本あっても嬉しいものであり、子供の頃から長い付き合いを続けてきた「考える仲間」のようなものといえる。

ウ 鉛筆を削るときの音や削りかすの心地良い香りは、初めて自分の鉛筆を手にしたときのなつかしい気持ちを思い起こさせる。

エ 鉛筆を使って書きすすめていくと、自分の心情の変化とシンクロしていくかのように、描線を彫りこんでいく筆感が変化していく。

五

次のA～Cのうち、コミュニケーションにおいてあなたが最も大切にしたいと思うことはどれですか。あとの**条件1**～3にしたがって、あなたの考えを別の原稿用紙に書きなさい。

A 人と会ったり別れたりする時にあいさつをすること

B 人の話を聞く時に相づちを打ったりうなずいたりすること

C 人と話す時に相手や場面に合わせた言葉づかいをすること

条件1 A～Cのいずれか一つを選ぶこと。

条件2 条件1で選んだものについて、最も大切にしたいと思う理由を書くこと。

条件3 百八十字以内で書くこと。

※ 三つの内容をそれぞれA、B、Cと表してもよい。

「縦に押さえつける負荷」をかけ、紙に描線を彫りこんでいく筆感の筆記具がある。ボールペンや、一部のシャープペンシルなどがそれだ。縦の負荷をかけながら書くと、手が押しこむ力を加えようとするあまりに、そちらに気をとられてしまう。パソコンのキー入力だってそうだ。キーを押すという動作はもちろん、入力する読みを選んだり、文字を選んだりしているうちに消えてしまいそうになる考えが、ときにある。ものごとを考えるときには、筆圧のほぼかからない状態で、頭のなかに浮遊する言葉をつかまえることに集中したい。

　鉛筆は、書きすすめていくうちに芯の尖《とが》り具合や丸まり具合が変化し、芯が短くなっては削り、削っていくうちに軸が短くなり、その姿を刻々と変えていく。その変化が自分の心情の変化とシンクロしていく呼吸感がある。ああ、木軸がもう紙に触れてしまうくらい芯が丸まった、鉛筆を削らなければと思うとき、そのまま思考を続けたければ隣に用意してある別の鉛筆に持ちかえ、これを機に少し頭を休めようかなと思えば鉛筆削りに向かう。鉛筆を削る木のサラサラいう音と、芯のシャリシャリいう音が合わさって、心のブレも一緒に削られ、研ぎすまされていくような気持ちになる。鉛筆の削りかすからは心地良い香りを鼻に感じる。そして削り上げた鉛筆の削り口を眺めると、新たな思考に向かおうという心意気が湧いてくるのだ。

　鉛筆は、何本あっても嬉《うれ》しい。買いすぎてしまったと後悔することもない、使えばいいのだから。財布にもあまり痛くなく、気軽に消費できるストレスフリーな筆記具。もはや筆記具のひとつというよりも、子供の頃から長い付き合いを続けてきた「考える仲間」のようだ。そうだ、鉛筆は筆記具のひとつなのではなくて「鉛筆」なのだ。

（小日向京『考える鉛筆』による）

（注）デバイス＝特定の機能を果たす装置。
シンクロしていく ＝ 一致していく。

1　Ａ机 とあるが、次の**ア**～**エ**の傍線を付けたカタカナを漢字になおしたとき、「机」と部首が同じになるものはどれか。一つ選び、記号を○で囲みなさい。

ア　冒ケンの旅に出る。　**イ**　全国カク地で展示会を開く。

ウ　東京の近コウに住む。　**エ**　テントの支チュウを立てる。

2　①「鉛の筆」と書いて、鉛筆 とあるが、次のうち、「鉛筆」という熟語の構成について説明したものとして最も適しているものはどれか。一つ選び、記号を○で囲みなさい。

ア　前の漢字があとの漢字を修飾している。

イ　似た意味をもつ漢字を組み合わせている。

ウ　反対の意味をもつ漢字を組み合わせている。

エ　あとの漢字が前の漢字の目的や対象を示している。

3　②それぞれにまた違った鉛筆の表情を見せる とあるが、本文において、これはどのようなことを表した表現か。その内容についてまとめた次の文の［　］に入る内容を、本文中のことばを使って**十字以内**で書きなさい。

　ひらがなやカタカナなど、どのような文字で書き表すかによって、鉛筆の［　］ということ。

4　③ものごとを思考するときにはあえて鉛筆を選びたい とあるが、本文中で筆者がこのように述べる理由を次のようにまとめた。［a］、［b］に入れるのに最も適しているひとつづきのことばを、それぞれ本文中から抜き出しなさい。ただし、［a］は**十五字**、［b］は**十六字**で抜き出し、それぞれ**初めの七字**を書きなさい。

○　鉛筆は、［a］であり、筆圧をかけることに気をと

三　次の文章を読んで、あとの問いに答えなさい。

連阿《れんあ》といふ人有り。月みんとて友どち《友だち》つれて、そこはかとなく①さすらひけるが、物おひて来る翁《おきな》に逢《あ》ひて、道の程など問ひければ、②そこ達《たち》は夜をかけて何用の有りてととふ。武蔵《むさし》のの月みんとて江戸よりまかりつと答へければ、翁手をうちて、此《こ》の年迄《まで》知らざりけり、江戸には月なきなめり、と云《い》ひけり。

（注）　武蔵の＝武蔵野《むさしの》。現在の関東平野西部にある地域。

1　①さすらひける を現代かなづかいになおして、**すべてひらがな**で書きなさい。

2　②そこ達は夜をかけて何用の有りて とあるが、次のうち、このことばを言った人物として最も適しているものはどれか。一つ選び、記号を○で囲みなさい。

ア　連阿　　イ　友どち　　ウ　翁

3　次のうち、本文中で述べられていることがらと内容の合うものはどれか。一つ選び、記号を○で囲みなさい。

ア　たくさんの荷物を持って武蔵野に来た連阿に対して、翁は「今年は武蔵野で月を見ることができないようだ」と言った。

イ　武蔵野の月を見ようと思って江戸から来た連阿に対して、翁は「江戸に月がないことを今まで知らなかった」と言った。

ウ　道に迷いつつもわざわざ江戸に来た連阿に対して、翁は「武蔵野の月も江戸の月も同じ月だと知らなかったのか」と言った。

四　次の文章を読んで、あとの問いに答えなさい。

鉛筆。①「鉛の筆」と書いて、鉛筆。しかしその芯に鉛が使われているわけではなく、それは黒鉛という炭素なのだという。長いあいだ鉛筆を使ってみても、「これが黒鉛なんだ、炭素なんだ」という実感はない。その原材料の一部と用途を表しているのが漢字で書いた「鉛筆」という二文字だ。

鉛筆は、ひらがなで「えんぴつ」と書いたり、カタカナで「エンピツ」と書いたりすると、②それぞれにまた違った鉛筆の表情を見せる。ひらがなの「えんぴつ」は、小学生の頃に初めて自分の鉛筆を手にしたときのなつかしい気持ちを思い起こさせる。カタカナの「エンピツ」は、ポンとA机に投げだしたときや、あやまって床に落としてしまったときの「カラン」という木軸の音が聞こえてくるような響きをしている。

鉛筆、えんぴつ、エンピツ。どの文字で書いても鉛筆らしくて、すべてがしっくりくる。呼びかたの音はひとつなのに、そのイメージが文字表記によって変わるのがおもしろい。それはちょうど鉛筆の描線が、一見してどれも「鉛筆で書いた描線をしている」のに、使う鉛筆や紙などによってさまざまな表情を見せてくれるのと似ている。

いま、わたしたちの周りにはあらゆる種類の筆記具がある。パソコンや携帯電話、スマートフォンなどの文字入力デバイスもある。それらを脇においてでも、③ものごとを思考するときにはあえて鉛筆を選びたい。なぜなら鉛筆は、思考の流れをさまたげない筆記具であるのと同時に、次の思考の流れを湧きだしてくれる筆記具であるから。

鉛筆は、紙の上に黒鉛をのせて書く。紙の表面の凹凸が、繊細なサンドペーパーのように黒鉛を削りとっていくその筆感は、紙面にたいして「横の流れ」ですべらせていくものだ。一方、紙面にたいして

ている。では、カヤツリグサ科以外の植物が、なぜこの三角形の構造を採用していないのであろうか。

I

丸い茎は中心からの距離がどの方向にも等しいので、一定の圧力で隅々の細胞まで水を行き渡らせることができる。ところが、三角形の茎では中心からの距離がまちまちになってしまうために、隅の細胞までは水が届きにくい。そのため、カヤツリグサ科の植物の多くは、水が潤沢な湿った場所を好んで生えている。もちろん、カサスゲも例外ではない。

それにしてもプラスチックや化学繊維がなかった時代とはいえ、植物の茎で雨具を作るというのは、何とも粗末な感じがするが、そもそも植物の茎で作った笠で、本当に雨を避けることができるのだろうか。

雨が降るとカサスゲの茎はぬれてしまう。しかし、ぬれるのは笠の外側だけである。一度ぬれてしまえば、雨のしずくは、ぬれた茎を伝って笠の外へ流れ落ちる。そのため、雨水が中までしみ込むことは少ないのである。これは茅葺《かやぶ》きの屋根やわらで作った蓑《みの》なども同じしくみである。水をはじくプラスチックのほうが、一見すると雨にぬれないような気がする。しかし、もしプラスチックを材料とした梱包紐《こんぽうひも》で笠を編んだら、どうなるだろうか。プラスチックにはじかれて行き場のない水滴は、すきまを伝いながら奥へ奥へとしみ込んでしまうであろう。

さらに、茎を編んだ菅笠には隙間があいているので、雨を避けるだけでなく、通気性もいいのが特徴である。そのため、ビニールの雨合《あまがっ》羽《ぱ》のように内側がむれることは少ないのだ。粗末に見える菅笠であるが、じつは現代の科学技術も及ばない優れた機能を持っているのである。

（稲垣栄洋『残しておきたいふるさとの野草』による）

1 次のうち、本文中の ① に入れるのに最も適していることばはどれか。一つ選び、記号を○で囲みなさい。

ア そのうえ　**イ** そのため　**ウ** それとも

2 ②カサスゲが笠の材料として適しているのには理由があるとあるが、次のうち、カサスゲが笠の材料に適している理由として、本文中で述べられていることがらと内容の合うものはどれか。最も適しているものを一つ選び、記号を○で囲みなさい。

ア カサスゲはどの方向にも曲がり、よくしなるから。

イ カサスゲの茎は頑丈であり、繊維が丈夫であるから。

ウ カサスゲは繊維が豊富であり、紙の原料にもなるから。

3 次のうち、本文中のIで示した箇所で述べられている、多くのカヤツリグサ科の植物の茎の特徴を表した図として最も適しているものはどれか。一つ選び、記号を○で囲みなさい。なお、図中の矢印は水が移動する様子を表している。

ア　**イ**　**ウ**　**エ**

4 本文中で筆者は、カサスゲの茎で作った笠のどのような点が優れていると述べているか。その内容についてまとめた次の文の a に入る内容を、本文中のことばを使って**十字以上、十五字以内**で書きなさい。また、 b に入れるのに最も適しているひとつづきのことばを、本文中から**六字**で抜き出しなさい。

カサスゲの茎で作った笠は、笠の内側まで a うえに、隙間があいているので b という点。

＜国語＞（A問題）

時間　五〇分　満点　九〇点

【注意】答えの字数が指定されている問題は、句読点や「　」などの符号も一字に数えなさい。

一　次の問いに答えなさい。

1　次の⑴〜⑷の文中の傍線を付けた漢字の読み方を書きなさい。また、⑸〜⑻の文中の傍線を付けたカタカナを漢字になおし、解答欄の枠内に書きなさい。ただし、漢字は楷書《かいしょ》で、大きくていねいに書くこと。

⑴　友人を自宅に招く。
⑵　チームを優勝へと導く。
⑶　太古の人々の暮らし。
⑷　清涼な山の空気。
⑸　シタしい友人と話す。
⑹　熱心にハタラく。
⑺　明日のソウチョウに出発する。
⑻　笑顔でセッキャクする。

2　次のうち、返り点にしたがって読むと「言は行を顧み、行は言を顧みる。」の読み方になる漢文はどれか。一つ選び、記号を○で囲みなさい。

ア　言ハ顧ミ㆑行ヲ、行ハ顧ミル㆑言ヲ。
イ　言ハ㆓顧ミ行ヲ㆒、行ハ㆓顧ミル言ヲ㆒。
ウ　言ハ㆑顧ミ行ヲ、行ハ㆑顧ミル言ヲ。

二　次の文章を読んで、あとの問いに答えなさい。

笠《かさ》の材料は稲わらやイグサ、竹などさまざまだが、菅笠《すげがさ》を編むのに使われたのがカサスゲという植物である。スゲで作った笠だから菅笠なのである。そして、笠を編むのに使うスゲだから、植物名はカサスゲと名づけられた。カサスゲは畦道《あぜみち》や、湿った場所に生える野草である。しかし、かつては笠を作るために、カサスゲは田んぼでも栽培されていた。

カサスゲは夏に収穫するが、夏の間は農作業が忙しくて笠を編んでいる暇はない。［①］、カサスゲは乾燥させておいて冬仕事で笠を編んだ。そういえば、『笠地蔵』のおじいさんも、正月の餅を買うために笠を作って売りに行った。

②カサスゲが笠の材料として適しているのには理由がある。

カサスゲはカヤツリグサ科の植物である。カヤツリグサ科の植物の多くは茎の断面が三角形をしている。ふつうの植物は茎の断面が丸いので、どの方向にも曲がることができる。丸い茎をしならせることによって外部からの力に耐えるのである。ところが、断面が三角形の茎はしなりにくいが、そのかわり頑丈である。三角形は、もっとも少ない数の辺で作られているので、同じ断面積であれば、外からの力に対してもっとも頑丈な構造になっている。鉄橋や鉄塔が三角形を基本とした構造をしているのもそのためである。そのうえ、カヤツリグサは三角形の茎の外側を強靱《きょうじん》な繊維でしっかりと覆って、頑丈さを補っている。カサスゲのこの丈夫な繊維が、笠を編む材料として非常に適している。紙の原料植物として「ペーパー」(Paper) の語源にもなったパピルス (Papyrus) も、カヤツリグサ科の植物である。パピルスも茎を補強する豊富な繊維が紙の原料として優れていた。

このようにカヤツリグサ科の植物は三角形の頑丈な茎で成功を収め

一般

2021年度

解答と解説

《2021年度の配点は解答用紙集に掲載してあります。》

＜数学解答＞（A問題）

1　(1)　-6　(2)　14　(3)　4　(4)　$2x-7$　(5)　$-5x^3$　(6)　$3\sqrt{7}$

2　(1)　11　(2)　ウ　(3)　イ　(4)　18　(5)　$x=1$，$y=-5$　(6)　$x=-3$，$x=7$

(7)　xの値8，yの値5　(8)　$\frac{4}{15}$　(9)　$\frac{3}{16}$　(10)　40度　(11)　①　エ

②　$54\pi\,\mathrm{cm}^3$

3　(1)　(ア)　85　(イ)　210　(2)　$y=25x-15$　(3)　23

4　(1)　$180-a$(度)　(2)　ⓐ　CFD　ⓑ　CDF　ⓒ　ウ

(3)　$\frac{30}{7}\mathrm{cm}^2$(求め方は解説参照)

＜数学解説＞

1　（数・式の計算，平方根）

(1)　四則をふくむ式の計算の順序は，乗法・除法→加法・減法となる。$10-2\times8=10-16=-6$

(2)　同符号の2数の商の符号は正で，絶対値は2数の絶対値の商だから，$-12\div\left(-\frac{6}{7}\right)=12\div\frac{6}{7}=12\times\frac{7}{6}=\frac{12\times7}{6}=14$

(3)　$5^2=5\times5=25$だから，$5^2+(-21)=25+(-21)=25-21=4$

(4)　分配法則を使って，$4(x+1)=4\times x+4\times1=4x+4$だから，$6x-3-4(x+1)=6x-3-(4x+4)=6x-3-4x-4=6x-4x-3-4=2x-7$

(5)　$5x\times(-x^2)=-(5x\times x^2)=-(5\times x\times x\times x)=-5x^3$

(6)　$\sqrt{28}=\sqrt{2^2\times7}=2\sqrt{7}$ だから，$\sqrt{7}+\sqrt{28}=\sqrt{7}+2\sqrt{7}=(1+2)\sqrt{7}=3\sqrt{7}$

2　（式の値，文字を使った式，無理数，比例式，連立方程式，二次方程式，資料の散らばり・代表値，確率，関数$y=ax^2$，回転移動，回転体とその体積）

(1)　$a=-3$のとき，$-a+8=-(-3)+8=3+8=11$

(2)　(時間)＝(道のり)÷(速さ)より，a(m)÷(毎分)70(m)＝$\frac{a}{70}$(分)

(3)　整数mと正の整数nを用いて，分数$\frac{m}{n}$の形に表される数を**有理数**といい，分数の形には表せない数を**無理数**という。アは，分数だから有理数である。イは，分数の形には表せないから無理数である。ウは，$0.2=\frac{2}{10}$より分数の形に表せるから有理数である。エは，$\sqrt{9}=\sqrt{3^2}=3=\frac{3}{1}$より分数の形に表せるから有理数である。

(4)　比例式の内項の積と外項の積は等しいから，$x:12=3:2$より，$x\times2=12\times3$　$x=\frac{12\times3}{2}=18$

(5)　$\begin{cases}5x+2y=-5\cdots① \\ 3x-2y=13\cdots②\end{cases}$ とする。①＋②より，$5x+3x=-5+13$　$8x=8$　$x=1$　これを①に代入して，$5\times1+2y=-5$　$2y=-5-5=-10$　$y=-5$

(6)　$x^2-4x-21=0$　たして-4，かけて-21になる2つの数は$+3$と-7だから　$x^2-4x-21=$

$\{x+(+3)\}\{x+(-7)\}=(x+3)(x-7)=0$　$x=-3$, $x=7$

(7)　**度数**の合計の関係から，$2+4+x+y+1=20$　整理して，$x+y=13$…①　記録が55回以上の部員の人数が，水泳部員20人の30％であるから，$y+1=20\times\frac{30}{100}=6$　$y=5$　これを①に代入して，$x+5=13$　$x=8$

(8)　箱Aから1枚のカードの取り出し方は，1，2，3，4，5の5通り。そのそれぞれの取り出し方に対して，箱Bから1枚のカードの取り出し方が，1，3，5の3通りずつあるから，全てのカードの取り出し方は5×3＝15(通り)。このうち，取り出した2枚のカードに書いてある数の和が4の倍数，すなわち4，8であるのは，(箱A，箱B)＝(1，3)，(3，1)，(3，5)，(5，3)の4通り。よって，求める確率は$\frac{4}{15}$

(9)　$y=ax^2$は点A$(-4,\ 3)$を通るから，$3=a\times(-4)^2=16a$　$a=\frac{3}{16}$

(10)　△ABCは正三角形であるから，∠ABC＝60°　△DBEは，△ABCを，点Bを**回転の中心**として，時計の針の回転と反対の向きに**100°回転移動**したものであるから，∠CBE＝100°　以上より，∠ABE＝∠CBE－∠ABC＝100°－60°＝40°

(11)　①　それぞれ，アは四角柱，イは四角錐，ウは円錐，エは円柱の見取図である。立体Pは，底面の円の半径がAD，高さがABの円柱である。

②　求める立体Pの体積は，(底面積)×(高さ)$=\pi\times AD^2\times AB=\pi\times3^2\times6=54\pi$ (cm³)

3 (規則性，文字を使った式)

(1)　花の本数(xの値)が1増えるごとに，線分OPの長さ(yの値)は25ずつ増えるから，$x=4$のとき，xの値は$x=1$に対して$4-1=3$増えたから，そのときのyの値は，$10+25\times3=85$…(ア)　また，$x=9$のとき，xの値は$x=1$に対して$9-1=8$増えたから，そのときのyの値は，$10+25\times8=210$…(イ)

(2)　(1)と同様に考えると，花の本数がxのとき，xの値は$x=1$に対して$(x-1)$増えたから，そのときのyの値は，$y=10+25\times(x-1)=25x-15$…①である。

(3)　$y=560$となるときのxの値は，①に$y=560$を代入して　$560=25x-15$　これを解いて，$x=23$

4 (平面図形，角度，相似の証明，面積)

(1)　**平行四辺形の隣り合う内角の和は180°**だから，∠BCE＝180°－∠DBC＝180°－a°

(2)　2つの三角形の相似は，「3組の辺の比がそれぞれ等しい」か，「2組の辺の比とその間の角がそれぞれ等しい」か，「2組の角がそれぞれ等しい」ときにいえる。本証明は，「2組の角がそれぞれ等しい」をいうことで証明する。1組目の等しい角は，△ABCが直角三角形であることより∠ABC＝90°…(あ)　仮定のCF⊥DEより　∠CFD＝90°…(い)　(あ)，(い)より　∠ABC＝∠CFD…(う)　2組目の等しい角は，DE//BCであることより，**平行線の錯角は等しい**から　∠ACB＝∠CDF…(え)　(う)，(え)より，2組の角がそれぞれ等しいから，△ABC∽△CFDがいえる。

(3)　(求め方)　(例)△ABC∽△CFDだから　BC：FD＝AB：CF＝7：4　よって　FD＝$\frac{4}{7}$BC＝$\frac{20}{7}$(cm)　四角形DBCEは平行四辺形だから，DE＝BC＝5(cm)　よって，FE＝$\frac{15}{7}$(cm)　したがって，△FCEの面積は，$\frac{1}{2}\times\frac{15}{7}\times4=\frac{30}{7}$(cm²)

＜数学解答＞(B問題)

1　(1)　-4　(2)　$14x+y$　(3)　$-6a$　(4)　$7x+16$　(5)　$9-4\sqrt{5}$
(6)　900度　(7)　エ　(8)　0.33　(9)　$\dfrac{3}{10}$　(10)　$19\pi\,\text{cm}^3$

2　(1)　①　(ア)　85　(イ)　210　②　$y=25x-15$　③　23　(2)　$\dfrac{45}{2}$

3　(1)　①　㋐　0　㋑　$\dfrac{49}{8}$　②　9　③　$\dfrac{15}{2}$　(2)　tの値12(求め方は解説参照)

4　[Ⅰ]　(1)　解説参照　(2)　$b-a\,\text{cm}^2$　[Ⅱ]　(3)　①　イ，エ，オ　②　$\dfrac{24}{7}$cm
(4)　$\dfrac{40}{3}\text{cm}^3$

＜数学解説＞

1　(数・式の計算，式の展開，平方根，角度，正の数・負の数，資料の散らばり・代表値，確率，回転体の体積)

(1)　四則をふくむ式の計算の順序は，指数→かっこの中→乗法・除法→加法・減法となる。また，$(-3)^2=(-3)\times(-3)=9$だから，$2\times(-3)^2-22=2\times9-22=18-22=-(22-18)=-4$

(2)　分配法則を使って，$4(x-y)=4\times x+4\times(-y)=4x-4y$，$5(2x+y)=5\times2x+5\times y=10x+5y$だから，$4(x-y)+5(2x+y)=4x-4y+10x+5y=4x+10x-4y+5y=14x+y$

(3)　$18b\times(-a^2)\div3ab=-(18b\times a^2\div3ab)=-\left(18b\times a^2\times\dfrac{1}{3ab}\right)=-\dfrac{18b\times a^2}{3ab}=-6a$

(4)　分配法則を使って，$x(x+7)=x^2+7x$，**乗法公式$(a+b)(a-b)=a^2-b^2$**より，$(x+4)(x-4)=x^2-4^2=x^2-16$だから，$x(x+7)-(x+4)(x-4)=(x^2+7x)-(x^2-16)=7x+16$

(5)　**乗法公式$(a-b)^2=a^2-2ab+b^2$**を用いて，$(2-\sqrt{5})^2=2^2-2\times2\times\sqrt{5}+(\sqrt{5})^2=4-4\sqrt{5}+5=9-4\sqrt{5}$

(6)　**n角形の内角の和は$180°\times(n-2)$**だから，正七角形の内角の和は$180°\times(7-2)=900°$

(7)　例えば，$a=1$，$b=-1$と考えると，$a+b=1+(-1)=1-1=0$，$a-b=1-(-1)=1+(+1)=1+1=2$より，$-1<0<1<2$だから，$b<a+b<a<a-b$である。

(8)　**相対度数$=\dfrac{\text{各階級の度数}}{\text{度数の合計}}$**　度数の合計は12，度数が最も多い階級は26回以上28回未満の階級でその度数は4だから，相対度数は$\dfrac{4}{12}=0.333\cdots$　小数第3位を四捨五入して0.33

(9)　箱から2枚のカードを同時に取り出すときの取り出し方は全部で，($\boxed{3}$，$\boxed{4}$)，($\boxed{3}$，$\boxed{5}$)，($\boxed{3}$，$\boxed{6}$)，($\boxed{3}$，$\boxed{7}$)，($\boxed{4}$，$\boxed{5}$)，($\boxed{4}$，$\boxed{6}$)，($\boxed{4}$，$\boxed{7}$)，($\boxed{5}$，$\boxed{6}$)，($\boxed{5}$，$\boxed{7}$)，($\boxed{6}$，$\boxed{7}$)の10通り。このうち，取り出した2枚のカードに書いてある数の積をaとするとき，$\dfrac{a}{2}$の値が奇数であるのは，aが素因数の2を1つだけもつ場合だから，〰〰を付けた3通り。よって，求める確率は$\dfrac{3}{10}$

(10)　直線ABと直線DCの交点をOとする。AD//BCより，**平行線と線分の比についての定理**を用いると，OD：OC＝AD：BC＝2：3　これより，3OD＝2OC＝2(OD＋DC)＝2(OD＋3)　これを解いて，OD＝6cm　よって，できる立体は，底面の円の半径がBC＝3cm，高さがOC＝9cmの円錐から，底面の円の半径がAD＝2cm，高さがOD＝6cmの円錐を除いたものだから，求める体積は，$\dfrac{1}{3}\pi\times3^2\times9-\dfrac{1}{3}\pi\times2^2\times6=27\pi-8\pi=19\pi\,(\text{cm}^3)$

2　(規則性，文字を使った式，方程式の応用)

(1)　①　花の本数(xの値)が1増えるごとに，線分OPの長さ(yの値)は25ずつ増えるから，$x=4$のとき，xの値は$x=1$に対して$4-1=3$増えたから，そのときのyの値は，$10+25\times3=85\cdots$(ア)

また，$x=9$のとき，xの値は$x=1$に対して$9-1=8$増えたから，そのときのyの値は，$10+25\times 8=210$…(イ)

② ①と同様に考えると，花の本数がxのとき，xの値は$x=1$に対して$(x-1)$増えたから，そのときのyの値は，$y=10+25\times(x-1)=25x-15$…㋐である。

③ $y=560$となるときのxの値は，㋐に$y=560$を代入して，$560=25x-15$　これを解いて，$x=23$

(2) 花の本数が28であるときの線分OPの長さは，㋐より$25\times 28-15=685$(cm)…㋑　また，花の本数が31であるときの線分OQの長さは，花の本数が1増えるごとに，線分OQの長さは$a$cmずつ長くなることと，花の本数が1のとき線分OQの長さは10cmであることから，線分OPの長さのときと同様に考えて，$10+a\times(31-1)=(30a+10)$cm…㋒　これより，㋑と㋒とが同じであるときの$a$の値は，$30a+10=685$より，$a=\frac{45}{2}$

3 (図形と関数・グラフ，方程式の応用)

(1) ① xの変域に0が含まれているから，yの最小値は0…㋐　$x=-7$のとき，$y=\frac{1}{8}\times(-7)^2=\frac{49}{8}$　$x=5$のとき，$y=\frac{1}{8}\times 5^2=\frac{25}{8}$　よって，yの最大値は$\frac{49}{8}$…㋑　yの変域は$0\leqq y\leqq\frac{49}{8}$である。

② 点Bは$y=-\frac{27}{x}$上にあるから，そのy座標は$y=-\frac{27}{-3}=9$　よって，B$(-3,\ 9)$

③ 点Aは$y=\frac{1}{8}x^2$上にあるから，そのy座標は$y=\frac{1}{8}\times 6^2=\frac{9}{2}$　2点A$\left(6,\ \frac{9}{2}\right)$，B$(-3,\ 9)$を通る直線$\ell$の傾きは，$\left(\frac{9}{2}-9\right)\div\{6-(-3)\}=-\frac{1}{2}$　よって，直線ℓの式を$y=-\frac{1}{2}x+b$とおいて，点Aの座標を代入すると，$\frac{9}{2}=-\frac{1}{2}\times 6+b$　$b=\frac{15}{2}$　これより，直線ℓの式は$y=-\frac{1}{2}x+\frac{15}{2}$であり，切片が$\frac{15}{2}$であることから，点Cの$y$座標は$\frac{15}{2}$である。

(2) (求め方)　(例)D，Eはm上の点だからD$(4,\ 2)$，E$\left(t,\ \frac{1}{8}t^2\right)$　よって，F$\left(4,\ \frac{1}{8}t^2\right)$　したがって，FD$=\frac{1}{8}t^2-2$(cm)，FE$=t-4$(cm)　線分FDの長さは線分FEの長さより8cm長いから，$\frac{1}{8}t^2-2=(t-4)+8$　これを解くと，$t>4$より$t=12$

4 (合同の証明，面積，空間内の2直線の位置関係，線分の長さ，体積)

[Ⅰ] (1) (証明)　(例)△ABFと△CDGにおいてAF⊥BC，CG⊥EDだから，∠AFB＝∠CGD＝90°…㋐　四角形ABCDは平行四辺形だから，AB＝CD…㋑　AB//DCであり，平行線の同位角は等しいから∠ABF＝∠DCE…㋒　△EDCはED＝ECの二等辺三角形だから∠CDG＝∠DCE…㋓　㋒，㋓より，∠ABF＝∠CDG…㋔　㋐，㋑，㋔より，直角三角形の斜辺と一つの鋭角がそれぞれ等しいから△ABF≡△CDG

(2) △ABF≡△CDGより△ABF＝△CDGだから，△CEG＝四角形AFED－(四角形AFCD＋△CDG)＝四角形AFED－(四角形AFCD＋△ABF)＝四角形AFED－四角形ABCD＝$b-a$(cm^2)

[Ⅱ] (3) ① **空間内で，平行でなく，交わらない2つの直線はねじれの位置にある**という。辺ABと平行な辺は，辺DEの1本　辺ABと交わる辺は，辺ADと辺ACと辺BEと辺BCの4本　辺ABとねじれの位置にある辺は，辺CFと辺DFと辺FEの3本

② GH//FE，IH//AEより，平行線と線分の比についての定理を用いると，DI：IA＝DH：HE＝DG：GF＝4：3　よって，DI＝AD×$\frac{\text{DI}}{\text{AD}}$＝BE×$\frac{\text{DI}}{\text{DI}+\text{IA}}=6\times\frac{4}{4+3}=\frac{24}{7}$(cm)

(4)　∠ABC＝∠JBA＝90°…㋐　∠BAC＝∠BJA…㋑　㋐，㋑より，2組の角がそれぞれ等しいから，△ABC∽△JBA　よって，AB：JB＝CB：AB　$\mathrm{JB}=\frac{\mathrm{AB}\times\mathrm{AB}}{\mathrm{CB}}=\frac{4\times4}{6}=\frac{8}{3}$(cm)　立体AGCJを，底面が△ACJの三角錐と見ると，高さはBEに等しいから，その体積は$\frac{1}{3}\times\triangle\mathrm{ACJ}\times\mathrm{BE}=\frac{1}{3}\times\frac{1}{2}\times\mathrm{CJ}\times\mathrm{AB}\times\mathrm{BE}=\frac{1}{3}\times\frac{1}{2}\times(\mathrm{CB}-\mathrm{JB})\times\mathrm{AB}\times\mathrm{BE}=\frac{1}{3}\times\frac{1}{2}\times\left(6-\frac{8}{3}\right)\times4\times6=\frac{40}{3}$ (cm^3)

＜数学解答＞(C問題)

1　(1)　$\frac{5a+17b}{6}$　(2)　$-b^2$　(3)　$3+\sqrt{5}$　(4)　$2(a+b+2)(a+b-2)$

(5)　$2n-1$個　(6)　1260度　(7)　イ，ウ　(8)　48回　(9)　$\frac{8}{15}$

(10)　52，88　(11)　$33\pi\,\mathrm{cm}^2$

2　(1)　①　㋐　0　㋑　$\frac{27}{8}$　②　$y=\frac{7}{8}x+\frac{13}{4}$　(2)　aの値$-\frac{5}{16}$(求め方は解説参照)

3　[Ⅰ]　(1)　解説参照　(2)　$\frac{96}{35}$cm　[Ⅱ]　(3)　$\frac{9}{4}S\mathrm{cm}^2$　(4)　$\frac{3+\sqrt{21}}{2}$cm

＜数学解説＞

1　(数・式の計算，平方根，因数分解，絶対値，角度，正の数・負の数，方程式の応用，確率，数の性質，回転体の表面積)

(1)　分母を3と2の最小公倍数の6に通分して，$\frac{7a+b}{3}-\frac{3a-5b}{2}=\frac{2(7a+b)}{6}-\frac{3(3a-5b)}{6}=\frac{2(7a+b)-3(3a-5b)}{6}=\frac{14a+2b-9a+15b}{6}=\frac{5a+17b}{6}$

(2)　$\left(\frac{3}{4}ab\right)^2\div\frac{9}{8}a^2b\times(-2b)=\frac{9a^2b^2}{16}\div\frac{9a^2b}{8}\times(-2b)=-\left(\frac{9a^2b^2}{16}\div\frac{9a^2b}{8}\times\frac{2b}{1}\right)=-\left(\frac{9a^2b^2}{16}\times\frac{8}{9a^2b}\times\frac{2b}{1}\right)=-\frac{9a^2b^2\times8\times2b}{16\times9a^2b}=-b^2$

(3)　分配法則を使って，$\sqrt{3}(\sqrt{15}+\sqrt{3})=\sqrt{3}\times\sqrt{15}+\sqrt{3}\times\sqrt{3}=\sqrt{3\times15}+(\sqrt{3})^2=\sqrt{3\times3\times5}+(\sqrt{3})^2=3\sqrt{5}+3$　また，$\frac{10}{\sqrt{5}}=\frac{10\times\sqrt{5}}{\sqrt{5}\times\sqrt{5}}=\frac{10\sqrt{5}}{5}=2\sqrt{5}$だから，$\sqrt{3}(\sqrt{15}+\sqrt{3})-\frac{10}{\sqrt{5}}=3\sqrt{5}+3-2\sqrt{5}=3+\sqrt{5}$

(4)　共通な因数2をくくり出して，$2(a+b)^2-8=2\{(a+b)^2-4\}$　$a+b=M$とおくと，$2\{(a+b)^2-4\}=2(M^2-4)=2(M^2-2^2)=2(M+2)(M-2)$　Mを$a+b$にもどして，$2(M+2)(M-2)=2(a+b+2)(a+b-2)$

(5)　数直線上で，ある数に対応する点と原点との距離を，その数の絶対値という。よって，絶対値がn以下の整数，つまり，原点との距離がn以下の整数は，$-n$からnまでの整数で，その個数は$n-(-n)+1=2n+1$(個)…①　これより，絶対値がnより小さい整数の個数は，①から$-n$とnの2個を除いて，$(2n+1)-2=2n-1$(個)

(6)　n角形の内角の和は$180°\times(n-2)$だから，正n角形の一つの内角の大きさが140°であるとき，$180°\times(n-2)=140°\times n$が成り立つ。これを解いて，$n=9$　求める正多角形の内角の和は$140°\times9=1260°$

(7)　例えば，$a=-\frac{1}{2}$のとき，$a+2=\frac{3}{2}$より$a+2>a$　$\frac{a}{2}=-\frac{1}{4}$より$\frac{a}{2}>a$　$-a^2=-\left(-\frac{1}{2}\right)^2=-\frac{1}{4}$

より$-a^2>a$となり，ア，エ，オはつねにaの値以下になるわけではない。一般に，ある数から正の数を引くと，その答えはある数より小さくなるから，$a-2<a$となり，イはつねにaの値以下になる。また，ある数に1より大きい数をかけると，その答えの絶対値はある数の絶対値より大きくなるから，aが負の数のとき$2a<a$となり，ウはつねにaの値以下になる。

(8)　5人の反復横とびの回数の**平均値**は，**(基準にした回数)＋｛(基準との差)の平均｝**で求められるから，基準としたBさんの回数をx回とすると，5人の反復横とびの回数の平均値は，$x+\{(+5)+0+(-3)+(-6)+(+2)\}\div 5=x+(-2)\div 5=(x-0.4)$回　これが47.6回に等しいから，$x-0.4=47.6$　$x=48$　Bさんの反復横とびの回数は48回である。

(9)　箱から2枚のカードを同時に取り出すときの取り出し方は全部で，(a, b)＝([1], [2])，([1], [3])，([1], [4])，([1], [5])，([1], [6])，([2], [3])，([2], [4])，([2], [5])，([2], [6])，([3], [4])，([3], [5])，([3], [6])，([4], [5])，([4], [6])，([5], [6])の15通り。このうち，上を向いている面の色が同じである円盤が3枚以上連続して並ぶのは，～～を付けた8通り。よって，求める確率は$\frac{8}{15}$

(10)　$\sqrt{300-3n}=\sqrt{3(100-n)}$より，$\sqrt{300-3n}$の値が偶数となるのは，$m$を0以上の整数とするとき，$100-n=3\times 2^2\times m^2$となるときである。これを$n$について解くと，$n=100-3\times 2^2\times m^2$　これより，$m=0$のとき，$n=100-3\times 2^2\times 0^2=100$　これはnが2けたの自然数ではないから適さない。$m=1$のとき，$n=100-3\times 2^2\times 1^2=88$　$m=2$のとき，$n=100-3\times 2^2\times 2^2=52$　$m\geqq 3$のとき，$n\leqq 100-3\times 2^2\times 3^2=-8$となり，$n$が2けたの自然数ではないから適さない。以上より，問題の条件を満足するnの値は52と88。

(11)　直線ABと直線DCの交点をOとする。AD//BCより，**平行線と線分の比についての定理**を用いると，OA：OB＝AD：BC＝2：3　これより，3OA＝2OB＝2(OA＋AB)＝2(OA＋4)　これを解いて，OA＝8cm　よって，できる立体は，底面の円の半径がBC＝3cm，母線の長さがOB＝12cmの円錐から，底面の円の半径がAD＝2cm，母線の長さがOA＝8cmの円錐を除いたものである。これより，この立体の表面積は，**半径r，弧の長さℓのおうぎ形の面積が$\frac{1}{2}\ell r$**で求められることを考慮すると，(半径3cmの円の面積)＋(半径2cmの円の面積)＋(底面の円の半径が3cm，母線の長さが12cmの円錐の側面積)－(底面の円の半径が2cm，母線の長さが8cmの円錐の側面積)$=\pi\times 3^2+\pi\times 2^2+\frac{1}{2}\times 2\pi\times 3\times 12-\frac{1}{2}\times 2\pi\times 2\times 8=9\pi+4\pi+36\pi-16\pi=33\pi$ (cm^2)

2 (図形と関数・グラフ，方程式の応用)

(1)　①　x**の変域**に0が含まれているから，y**の最小値**は0…㋐　$x=-3$のとき，$y=\frac{3}{8}\times(-3)^2=\frac{27}{8}$　$x=1$のとき，$y=\frac{3}{8}\times 1^2=\frac{3}{8}$　よって，y**の最大値**は$\frac{27}{8}$…㋑　yの変域は$0\leqq y\leqq\frac{27}{8}$である。

②　点Aは$y=\frac{3}{8}x^2$上にあるから，そのy座標は$y=\frac{3}{8}\times(-2)^2=\frac{3}{2}$　よって，$A\left(-2, \frac{3}{2}\right)$　また，**放物線はy軸に関して線対称**だから，点Bのx座標は2であり，これより，点Cのx座標も2である。点Cは$y=2x+1$上にあるから，そのy座標は$y=2\times 2+1=5$　よって，C(2, 5)　2点$A\left(-2, \frac{3}{2}\right)$，C(2, 5)を通る直線$n$の傾きは，$\left(5-\frac{3}{2}\right)\div\{2-(-2)\}=\frac{7}{8}$　直線nの式を$y=\frac{7}{8}x+b$とおいて，点Aの座標を代入すると，$\frac{3}{2}=\frac{7}{8}\times(-2)+b$　$b=\frac{13}{4}$　これより，直線nの式は$y=\frac{7}{8}x+\frac{13}{4}$

(2)　(求め方)　(例)Dはm上の点だから，Dのx座標をsとすると　$\frac{3}{8}s^2=6$　これを解くと，$s>0$より$s=4$　Eのx座標はDのx座標と等しいからE(4, 0)　Fはp上の点だからF(4, 16a)　よって，EF＝$-16a$(cm)　したがって，GF＝$-16a+2$(cm)　よって，Gのx座標は　$4-(-16a+2)=$

$16a+2$　Gのy座標はFのy座標と等しいから，G$(16a+2,\ 16a)$　Gはℓ上の点だから$16a=2(16a+2)+1$　これを解くと$a=-\frac{5}{16}$

3 (平面図形と空間図形，相似の証明，線分の長さ，面積)

［Ⅰ］ (1) (証明) (例)△AEGと△FCGにおいて**対頂角は等しい**から，∠AGE＝∠FGC…㋐　△ABCはAB＝ACの二等辺三角形だから∠ACB＝∠ABD…㋑　△ACE≡△BADだから∠CAE＝∠ABD…㋒　㋑，㋒より，∠ACB＝∠CAE　よって，錯角が等しいからAE//BF　**平行線の錯角は等しい**から∠EAG＝∠CFG…㋓　㋐，㋓より，2組の角がそれぞれ等しいから△AEG∽△FCG

(2) 共通な角より，∠ABC＝∠FBA…㋐　△ABCはAB＝ACの二等辺三角形だから∠ABC＝∠ACB…㋑　△FBAはFA＝FBの二等辺三角形だから∠FBA＝∠FAB…㋒　㋑，㋒より，∠ACB＝∠FAB…㋓　㋐，㋓より，2組の角がそれぞれ等しいから△ABC∽△FBA　よって，AB：FB＝BC：BA　$\mathrm{FB}=\frac{\mathrm{AB}\times\mathrm{BA}}{\mathrm{BC}}=\frac{8\times8}{7}=\frac{64}{7}$(cm)　△AEG∽△FCGであることと，△ACE≡△BADであることを考慮すると，GA：GF＝AE：FC＝BD：(FB−BC)＝5：$\left(\frac{64}{7}-7\right)$＝7：3　$\mathrm{GF}=\mathrm{FA}\times\frac{\mathrm{GF}}{\mathrm{FA}}=\mathrm{FB}\times\frac{\mathrm{GF}}{\mathrm{GA}+\mathrm{GF}}=\frac{64}{7}\times\frac{3}{7+3}=\frac{96}{35}$(cm)

［Ⅱ］ (3) AB⊥平面BCDより，∠ABC＝∠ABD＝90°…㋐　点E，F，Gはそれぞれ辺AB，AC，ADの中点より，△ACBと△ADBにそれぞれ**中点連結定理**を用いると，EF//BC…㋑　$\mathrm{EF}=\frac{1}{2}\mathrm{BC}=\frac{1}{2}\times8=4$(cm)　EG//BD…㋒　$\mathrm{EG}=\frac{1}{2}\mathrm{BD}=\frac{1}{2}\times6=3$(cm)　㋐，㋑，㋒より，∠AEF＝∠AEG＝90°　よって，△AFEと△AGEで，底辺をそれぞれEF，EGとすると，高さはAEで共通である。**高さが等しい三角形の面積比は，底辺の長さの比に等しい**から，△AFE：△AGE＝EF：EG＝4：3　△AGE＝$\frac{3}{4}$△AFE＝$\frac{3}{4}$S　㋒より，△AGE∽△ADBで，**相似比**はAE：AB＝1：2　**相似な図形では，面積比は相似比の2乗に等しい**から，△AGE：△ADB＝1^2：2^2＝1：4　△ADB＝4△AGE　以上より，(四角形GDBEの面積)＝△ADB−△AGE＝4△AGE−△AGE＝3△AGE＝$3\times\frac{3}{4}\mathrm{S}=\frac{9}{4}\mathrm{S}$($\mathrm{cm}^2$)

(4) ∠ABC＝∠DBC＝90°より，BC⊥平面ADB　また，EF//BCより，EF⊥平面ADBである。立体A−BCDを底面が△ADB，高さがBCの三角錐と考えると，その体積は$\frac{1}{3}\times\frac{1}{2}\times\mathrm{AB}\times\mathrm{BD}\times\mathrm{BC}=\frac{1}{3}\times\frac{1}{2}\times12\times6\times8=96$($\mathrm{cm}^3$)…㋐　HB＝$h$cmとする。立体AHFGを底面が△AHG，高さがEFの三角錐と考えると，その体積は$\frac{1}{3}\times\frac{1}{2}\times\mathrm{AH}\times\mathrm{EG}\times\mathrm{EF}=\frac{1}{3}\times\frac{1}{2}\times(12-h)\times3\times4=24-2h$($\mathrm{cm}^3$)…㋑　HI//ADより，平行線と線分の比についての定理を用いると，AB：HB＝BD：IB　$\mathrm{IB}=\frac{\mathrm{HB}\times\mathrm{BD}}{\mathrm{AB}}=\frac{h\times6}{12}=\frac{h}{2}$(cm)　立体HBCIを底面が△HBI，高さがBCの三角錐と考えると，その体積は$\frac{1}{3}\times\frac{1}{2}\times\mathrm{HB}\times\mathrm{IB}\times\mathrm{BC}=\frac{1}{3}\times\frac{1}{2}\times h\times\frac{h}{2}\times8=\frac{2}{3}h^2$($\mathrm{cm}^3$)…㋒　㋐，㋑，㋒より，立体A−BCDから立体AHFGと立体HBCIを取り除いてできる立体の体積は，㋐−㋑−㋒＝$96-(24-2h)-\frac{2}{3}h^2$　これが70cm^3に等しいとき，$96-(24-2h)-\frac{2}{3}h^2=70$　整理して，$h^2-3h-3=0$　**解の公式**を用いて，$h=\frac{-(-3)\pm\sqrt{(-3)^2-4\times1\times(-3)}}{2\times1}=\frac{3\pm\sqrt{21}}{2}$　$h>0$であるから，線分HBの長さは$\frac{3+\sqrt{21}}{2}$(cm)

＜英語解答＞(A問題)

1 (1) ア (2) ウ (3) ア (4) ウ (5) ア (6) ウ (7) イ
(8) イ (9) ウ (10) ウ

2 [Ⅰ] (1) ウ (2) a popular zoo (3) イ (4) ウ
[Ⅱ] (例)① I enjoyed it very much. ② Can I ask a question?
③ What is their favorite food?

3 (1) ア (2) イ (3) happy to hear that (4) some reasons
(5) (例)she will like (6) イ (7) エ (8) (例)① Yes, he does.
② She went there two years ago.

英語リスニング
1 ア 2 ア 3 ウ 4 イ 5 (1) イ (2) エ 6 (1) ウ (2) エ

＜英語解説＞

1 (語句補充・選択問題：名詞，形容詞，現在・過去形，比較，動名詞，現在完了)

(1) bag ＝かばん clock ＝時計 desk ＝机
(2) bike ＝自転車 bus ＝バス train ＝電車
(3) famous ＝有名な local ＝地元の small ＝小さい
(4) excited ＝興奮して，ワクワクして surprised ＝驚く tired ＝疲れた
(5) borrow ＝借りる put ＝置く send ＝送る ＜ **Can I** ＋動詞の原形～？＞で「～してもいいですか？」
(6) この文の主語はthose textbooks (三人称複数)なので，be動詞は Are が適当。
(7) この文は過去のことを言っているので receive の過去形 received が適当。
(8) ＜ **A ＋動詞～＋副詞 -er ＋ than B** ＞で「AはBよりも…(で，に)～する」の意味。(比較級)
(9) 「話すこと」を表す Speaking (動名詞)が適当。
(10) ＜ **have** ＋過去分詞＞で現在完了を表す。＜ **have never** ＋過去分詞～＞で「(今まで)～したことがない」の意味。

2 (読解問題・エッセイ：語句補充・選択，語句の解釈・指示語，内容真偽，自由・条件英作文)

[Ⅰ] (全訳) こんにちは，皆さん。皆さんの好きな動物は何ですか？ 私はペンギンがいちばん好きです。ペンギンは鳥ですが飛ぶことはできません。彼らは水の中を上手に泳ぐことができます。世界にはたくさん①の種類のペンギンがいます。今日は，私のお気に入りのペンギンについて話します。

この写真を見てください。かわいいでしょう？ 彼らの名前を知っていますか？ 彼らの顔を見てください。これらのペンギンはあごの下に黒い線があります。その線はひものようなので，彼らは英語で「チンストラップペンギン」と呼ばれています。

先月，私は私のホストファミリーと人気のある動物園へ行きました。日本で，Ⓐそこは私の好きな場所の1つです，なぜなら私のお気に入りのペンギンに会えるからです。チンストラップペンギンを②見ていた時，私は彼らは日本語で「ヒゲペンギン」と呼ばれているということを知りました。私は「ヒゲはどういう意味ですか？」と聞きました。するとホストファミリーは「ヒゲは beard

の意味だよ。黒い線がヒゲのように見えるから。」と答えてくれました。私は名前の違いはおもしろいと思いました。

さて，黒い線をもう一度見てください。皆さんにはそれが何に見えますか？　私はその黒い線は口のように見えます。私がそのペンギンを初めて見た時，彼らは笑っていると思いました。だから私は彼らを「スマイルペンギン」と呼びたいです。もし皆さんがこれらのペンギンを名付けられるとしたら，なんと呼びますか？　聞いてくれてありがとうございました。

(1)　全訳参照。**many kinds of ～＝たくさんの種類の～**

(2)　全訳参照。直前の一文に注目。

(3)　全訳参照。**< be 動詞＋動詞 -ing >で「～しているところだ」を表す進行形。**

(4)　全訳参照。第3段落の内容に注目。

[Ⅱ]　(問題文と解答例訳)

あなた　：ハイ，ジュディ。あなたのスピーチは良かったです。①とても面白かったです。

ジュディ：ありがとう。

あなた　：②質問してもいいですか？

ジュディ：いいですよ。何ですか？

あなた　：③彼らの好きな食べ物は何ですか？

ジュディ：彼らはとても小さな魚が好きです。

3　(会話文問題：空所補充・選択，文の挿入，語句の並べ換え，語句の解釈・指示語，和文英訳，英問英答)

(全訳)　礼奈　　：ハイ，バトバヤル。何をしているの？

バトバヤル：ハイ，レナ。姉の誕生日プレゼントについて考えていたんだ。

礼奈　　：まあ，優しい弟なのね。彼女の誕生日はいつなの？

バトバヤル：来月なんだ。彼女のプレゼントについて何かいいアイディアを①くれないかな？　僕の姉は衣装に興味があるんだ。

礼奈　　：いいわよ，それについてあなたと一緒に考えるわ。

織田先生　：こんにちは，礼奈とバトバヤル。何について話しているのですか？

礼奈　　：こんにちは，織田先生。彼のお姉さんのお誕生日プレゼントについて話しているところです。

織田先生　：それは楽しそうですね。彼女はどんなものが好きなのですか？

バトバヤル：彼女は伝統的な衣装が好きなんです，例えば*デール*のような。

礼奈　　：*デール*？　②*デール*って何？

バトバヤル：*デール*はモンゴルの伝統的な衣装だよ。*着物*は日本の伝統的な衣装だよね？　*デール*には*着物*に似ているものもあると思うよ。

礼奈　　：本当？　おもしろいわね。

織田先生　：私も*デール*と*着物*の形は似ていると思います。

バトバヤル：見たことがあるのですか？

織田先生　：はい，私は2年前にモンゴルに行った時たくさんの*デール*を目にしました。それらはみんなきれいでした。

バトバヤル：③それを聞いて嬉しいです。僕も*デール*はきれいだと思います。

礼奈　　：いつ*デール*を着るの，バトバヤル？

バトバヤル：僕は特別な行事で*デール*を着るんだ。例えば，僕の国では，1年の最初の日やパーティーで着たりするよ。

礼奈　　：なるほど。私も特別な行事で*着物*を着るわ。

バトバヤル：*着物*は美しい伝統的な衣装だと思うよ。僕は*着物*が好きだし，姉も*着物*が好きなんだ。モンゴルでは，*着物*の生地で作られた*デール*を楽しむ人たちもいるんだよ。

礼奈　　：本当に？　*デール*を作るのに*着物*の生地を使うアイディアはおもしろいわね。*デール*を作るためになぜ*着物*が使われるのかしら？

バトバヤル：いくつかの理由を聞いたことがあるよ。Ⓐそのうちのひとつを教えるね。*着物*の生地は*デール*を作るのに適しているんだ，*デール*と*着物*の形は似ているからね。それらは長い布の切れ端たちで作られるよ。

礼奈　　：分かったわ。

バトバヤル：僕の姉も将来*着物*の生地で作った*デール*が欲しいと言っているよ。

礼奈　　：まあ，バトバヤル！お姉さんのお誕生日プレゼントのアイディアを思いついたわ。彼女に*着物*の生地を贈るのはどうかしら？　私は④彼女はそれを好むと思うわ。

バトバヤル：わあ，それはすごく良さそう，でもそれはとても値段が高いんじゃないかなあ。

織田先生　：それなら，この近くに良いお店を知っていますよ。そのお店の*着物*の生地は中古の*着物*から出たものなのです，だからそんなに高価ではないのですよ。

バトバヤル：それはいいですね。ありがとうございます。僕は*着物*の生地を買って姉に送ることにします。そうすれば彼女は*着物*の生地の*デール*を着ることを楽しむことができます。

織田先生　：*着物*の生地を手に入れただけでどうやって彼女は*デール*を着るのですか？

バトバヤル：モンゴルには，⑤選んだ生地で*デール*を作ってくれる店がいくつかあるんです。

礼奈　　：それはいい仕組みね。その*デール*を着たら写真を撮ってくれるようにお姉さんにお願いしてね。

バトバヤル：もちろんだよ。君に見せるよ。

礼奈　　：ありがとう。今ではもうモンゴルと日本の伝統的な衣装について少し分かったわ。それらについて知ることは楽しいわね。モンゴルの伝統的な衣装を作るために日本の伝統的な生地を使うのは興味深いことだと思うわ。

バトバヤル：僕もそう思うよ。Ⓑそれは2つの伝統的なものを楽しむための素晴らしい方法だと思うな。

(1)　全訳参照。　give ＝ 与える　　hold ＝(会議，祭りなどを)行う　　know ＝知っている　like ＝好きである

(2)　全訳参照。　空所②前後の礼奈とバトバヤルの発言に注目。

(3)　(I feel)happy to hear that(.)　＜ feel ＋形容詞～＞＝～と感じる　＜ happy to ＋動詞の原形～＞＝～して嬉しい

(4)　全訳参照。　下線部Ⓐ直前のバトバヤルの発言に注目。

(5)　全訳参照。　(I think)she will like (it.)

(6)　全訳参照。　ア　中古の衣装から生地を作る　　イ　私たちが選んだ生地で*デール*を作る(○)　下線部⑤を含む文前後の織田先生と礼奈の発言に注目。　ウ　*デール*に使われる生地を売る　エ　たくさんの種類の着物を売る

(7)　全訳参照。　ア　その国だけでその国の伝統的な衣装を着ること　　イ　伝統的な衣装を作るために伝統的な生地の写真を撮ること　　ウ　ある国の伝統的な衣装を着て特別な行事を楽しむこと　　エ　他の国の伝統的な生地を使って伝統的な衣装を作ること(○)　直前の礼奈の発言に注目。

(8)　全訳参照。 ①　バトバヤルは彼の国で1年の最初の日に*デール*を着ますか？　／はい，着ます。 バトバヤルの7番目の発言に注目。 ②　織田先生はいつモンゴルへ行きましたか？　／彼女はそこへ2年前に行きました。 織田先生の4番目の発言に注目。

＜英語解答＞（B問題）

1　(1)　ウ　(2)　ア　(3)　イ　(4)　イ　(5)　the costumes and cloth
(6)　(例)one of the easiest　(7)　ア　(8)　used to make something else
(9)　ウ，オ

2　(1)　エ　(2)　イ　(3)　some parts of the strange tree　(4)　ウ　(5)　ウ
(6)　(例)met a woman who believed　(7)　remember where she saw it
(8)　エ　(9)　①　(例)Yes, there were.　②　They got a lot of energy.

3　(例)①　We have 5 days before the tennis match. Can you play tennis after school today?　②　I think so, too. How about playing tennis on Friday? I'm free on that day.

英語リスニング
1　ア　2　ア　3　ウ　4　イ　5　(1)　イ　(2)　エ　6　(1)　ウ　(2)　エ

＜英語解説＞

1　(会話文問題：語句補充・選択，文の挿入，語句の解釈・指示語，和文英訳，語句の並べ換え，内容真偽)

(全訳)　礼奈：ハイ，バトバヤル。何をしているの？

バトバヤル：ハイ，レナ。姉の誕生日プレゼントについて考えていたんだ。彼女の誕生日パーティーを来月①やる予定なんだ。彼女のプレゼントについて何かいいアイディアをくれないかな？

礼奈　：②いいわよ，それについて考えるわ。優しい弟なのね。彼女は何が好きなのかしら？

バトバヤル：僕の姉は衣装を着ることに興味があるんだ。

織田先生　：こんにちは，礼奈とバトバヤル。何について話しているのですか？

礼奈　：こんにちは，織田先生。彼のお姉さんのお誕生日プレゼントについて話しているところです。バトバヤルは彼女は衣装が好きだと言っています。

織田先生　：まあ，楽しそうですね。

バトバヤル：僕の姉は伝統的な衣装が好きなんです，例えば*デール*のような。

礼奈　：*デール*？　それは何？

バトバヤル：*デール*はモンゴルの伝統的な衣装だよ。*着物*は日本の伝統的な衣装だよね？　*デール*には*着物*に似ているものがあると思うよ。ア

礼奈　：なるほど。モンゴルの人たちは毎日*デール*を着るの？

バトバヤル：イ　人々は*デール*をそんなに頻繁には着ないよ。でも何か特別なことをお祝いするために*デール*を着る人たちもいるんだ。例えば，僕は新年を祝う時にそれを着るよ。ウ　また，パーティーに行く時も着たりするよ。

織田先生　：そうそう，私は2年前にモンゴルに行きました。

礼奈　　　：それはいいですね！*デール*を来ている人たちを見る機会はありましたか？

織田先生　：大きなパーティーに*デール*を着ていく人たちを一度見ただけでした。

礼奈　　　：分かりました。日本でも*着物*を着ることに関してほぼ同じ状況だと思います。

バトバヤル：どういう意味？

礼奈　　　：つまり③*着物*を着ている人たちを目にする機会は日本ではそう多くないということよ。

バトバヤル：僕もそう思うよ。日本で*着物*を着ている人たちをたくさん見たことはないな。僕はもっと多くの人たちに*着物*を着てほしいと思うよ，*着物*は美しい伝統的な衣装だからね。僕の姉も僕も*着物*が好きだよ。エ モンゴルの人たちの中には*着物*の生地で作った*デール*を楽しむ人もいることを知ってる？

礼奈　　　：本当に？　*デール*を作るために*着物*の生地を使うアイディアはおもしろいわ。

バトバヤル：姉と僕がそういう*デール*を初めて見た時，何の生地が使われているのか知らなかったんだ。でも，*着物*の生地で作られた*デール*は美しい衣装だったから，僕たちはその衣装と生地に興味を持つようになったんだよ。姉はその衣装と生地について学び始めたんだ。彼女はⒶそれらについて学ぶのは楽しいと言っていたよ。

織田先生　：分かります。日本の伝統的な生地がモンゴルの伝統的な衣装を作るために使われることを聞いた時，興味をもちワクワクしました。

バトバヤル：僕は*着物*の生地で作った*デール*を着るのは2つの文化を楽しむための④最も簡単な方法の1つだと思います。僕の姉は将来それを着てみたいと言っています。僕は彼女が*着物*の生地を手に入れたらそれを着るのを楽しめると思います。

礼奈　　　：*着物*の生地を手に入れただけでどうやって*デール*を着るの？

バトバヤル：モンゴルには，⑤選んだ生地で*デール*を作ってくれる店がいくつかあるんだ。

礼奈　　　：それはいい仕組みね。それじゃあ，お誕生日プレゼントとして彼女に*着物*の生地をあげるのはどう？

バトバヤル：それはいい考えだけど，僕に買えるかな？　すごく値段が高いんじゃないのかと思うんだけど。

織田先生　：バトバヤル，礼奈のアイディアはいいと思います。私はこの近くに良いお店を知っていますよ。そのお店の*着物*の生地は中古の*着物*から出たものなのです，だからそんなに高価ではないのですよ。

バトバヤル：わあ，それは良さそうですね。ありがとうございます。それを買って姉に送ります。

織田先生　：*着物*は古くなると，2，3か所は良い状態ではないかもしれません。⑥しかしそのような古い*着物*のほとんどの部分は，何か他の物を作るために使うことができます。

礼奈　　　：それは*着物*の良い点ですね。

バトバヤル：今ではもうどのように人々が伝統的な衣装と生地を使い続けるか分かりました。それは日本の文化の良い部分だと思います。

礼奈　　　：私もそう思う。今日は，日本の伝統的な生地がモンゴルの伝統的な衣装を作るために使われることを学んだわ。*着物*の生地を使った*デール*について知ることが私たち自身の文化を知る機会を与えてくれたわ。

バトバヤル：そうだね。僕たちは違う文化をもっている。他の文化について学ぶことは自分たちの文化について学ぶきっかけになることがあるね。一緒に学び続けよう，礼奈。

礼奈　　　：もちろんよ。

(1)　全訳参照。　hold ＝（会，祭りなどを）を開く，行う　**＜ be 動詞＋過去分詞～＞で「～される」(受け身)**

(2)　全訳参照。　下線部②の直前のバトバヤルの発言に注目。

(3)　全訳参照。　空所[イ]直前の礼奈の質問と直後のバトバヤルの発言に注目。

(4)　全訳参照。礼奈の6番目の発言から7番目の発言までの会話の内容に注目。

(5)　全訳参照。下線部Ⓐ直前のバトバヤルの発言に注目。

(6)　one of 〜＝〜のうちの1つ　〜にくる名詞は複数形。　<A is the 形容詞-est〜 ＋(名詞…)>で「Aはいちばん〜だ。いちばん〜な…だ」(比較・最上級)。

(7)　全訳参照。空所⑤を含むバトバヤルの発言前後の礼奈の発言に注目。

(8)　(However, most parts of such old kimono can be) used to make something else (.)　else＝その他の　something else＝何か他のこと，もの

(9)　全訳参照。　ア　織田先生は2年前にモンゴルに行った時，大きなパーティーでデールを着る機会があった。　イ　バトバヤルは初めて着物を見た時，着物の生地でデールを作るアイディアを思いついた。　ウ　バトバヤルは織田先生が彼に紹介した店で伝統的な日本の生地を買うつもりだ。(○)　織田先生の6番目の発言，及びその直後のバトバヤルの発言に注目。　エ　バトバヤルは彼が着物の生地で作る伝統的な衣装を日本から送るつもりだ。　オ　礼奈は着物の生地で作るデールについて知ることを通して自分自身の国の文化について知る機会を得た。(○)　礼奈の13番目の発言に注目。

2 (長文読解問題・エッセイ：語句補充・選択，語句の解釈・指示語，文の挿入，語句の並べ換え，和文英訳，英問英答)

(全訳)　皆さんは和ろうそくについて知っていますか？　和ろうそくは現在多く使われている西洋のろうそくとは違いますが，それらはとてもよく①似ています。和ろうそくはたいてい植物から採られる蝋で作られます。その植物のうちのひとつが日本語でハゼと呼ばれる木です。人々はハゼの実から蝋を採ります。この前の夏，私は休暇で和歌山県の紀美野町へ行った時，地元の人たちから興味深い話を②聞きました。それは特別なハゼの木についてでした。

ある日，江戸時代のことです，小さな見慣れない木が紀美野町の山の中で見つかりました。その木にはとても大きな実がなっていました。人々はそれは新種のハゼだと思いました。その大きな実から，人々はたくさんの質の良い蝋を採ることができました。そのため，人々は同じ種類の木をたくさん作ろうとしました。人々はこの見慣れない木のいくつかの部分を切ってⒶそれらを他のハゼの木に接ぎ木しました。この方法で，大きな実をつけるたくさんの木が作られました。大きな実をつけるこれらの木はブドウハゼと③呼ばれました，その実がブドウに似ていたからです。その最初の見慣れぬ木はたくさんのブドウハゼの「元の木」と呼ばれました。ブドウハゼは数種類の異なるハゼの中で和ろうそくを作るための最適な蝋を生み出すという人々もいました。その町の人々はその蝋を売り，人々の暮らしはより良くなりました。人々はブドウハゼと元の木に感謝しました。

それから何年も過ぎました。④(iii)より値段の安い西洋のろうそくが人気になり紀美野町の人々はたくさんの蝋を売ることができなくなりました。(i)そして，この町の人々はブドウハゼを育てることをやめ多くの木が枯れてしまいました。(ii)そのため，この町のほとんどの人たちは元の木も他の木と同じように枯れたと思いました。ほとんどの人たちが元の木について忘れました。

2016年，紀美野町の2人の高校生が授業で彼らの町の歴史とブドウハゼについて学びました。彼らは元の木に非常に興味をもち，それについて調査を始めました。彼らはたくさんの人たちにインタビューをしました。多くの人たちがその木は何年も前に枯れたと言いました。しかしながら，その生徒たちは元の木がまだ山にあるということを⑤信じていた一人の女性に会いました。⑥彼女はどこでそれを見たか覚えていなかったけれども，20年か30年前にそれを見たと言いました。彼女

は，その木は町にたくさんの幸せをもたらしたのでとても特別だと思っていました。女性と話した後，2人の生徒たちは元の木を見つけてみることを決心しました。

生徒たちは図書館で多くの情報を集めました。そしてある本の中に，元の木の写真を見つけました。それは約80年前に撮られた写真でした。

[ア]それを見つけるのは不可能だという人たちもいましたが，2人の生徒たちは挑戦をやめませんでした。[イ]その写真を手に，彼らは山の中を歩き，それを探しました。[ウ]多大な努力の末，ついに彼らは木を見つけることができました。[エ]それは彼らが写真で見た木とそっくりでした。その木は生き残っていたのでした。それは山に生きていました。

2020年1月，その木は和歌山県の天然記念物になりました。元の木についてのこのニュースから，この町の人々はたくさんのエネルギーをもらいました。*ブドウハゼ*は彼らの町で発見され作られたハゼの特別な種類だということを覚えている人たちもいました。現在，もう一度*ブドウハゼ*を育てる計画を立てている人たちがいます。私はその高校生たちにとても励まされました。彼らは彼らの町に良い影響を与えたのです。学生は教室の外で変化をおこすことができるのだということを学びました。聞いてくれてありがとうございました。

(1)　全訳参照。　different ＝異なる　difficult ＝難しい　easy ＝簡単な　similar ＝似ている

(2)　全訳参照。　この文は過去のことを言っており，主語は I なので hear（聞く，耳にする）の過去形 heard が適当。

(3)　全訳参照。　下線部Ⓐ直前の部分に注目。

(4)　全訳参照。　＜ be 動詞＋ named ～ ＞で「～と名づけられる」

(5)　全訳参照。　(i)から(iii)の内容が起こる順序として自然な流れを考えよう。文頭の接続詞もヒントになるだろう。

(6)　(However, the students)met a woman who believed (that the original tree was still in the mountains.) 関係代名詞 **who** を使って「女性」を修飾する節を作ればよい。

(7)　(She said that she saw it 20 or 30 years ago, although she didn' t)remember where she saw it (.) 「どこでそれを見たか」を表す**間接疑問の形にすればよい。where ＋主語＋動詞の語順に注意。**

(8)　全訳参照。　空所[エ]前後の一文に注目。

(9)　全訳参照。　①　江戸時代に元の木が見つかった時，それにはとても大きな実がついていましたか？　／はい，ついていました。　第2段落1文目，2文目に注目。　②　スピーチによると，町の人々は元の木についてのニュースから何を得ましたか？　／彼らは多くのエネルギーをもらいました。第6段落1文目，2文目に注目。

3 (条件・自由英作文)

(問題文と解答例訳)

あなた：ジム，今日は月曜日です，私たちのテニスの試合は土曜日ですね。①テニスの試合まで5日間あります。放課後テニスをしませんか？

ジム　：もちろんです！やりましょう，でも1日で足りるとは思いません。できれば，他の日もやった方がいいと思います。どう思いますか？

あなた：②私もそう思います。金曜日にテニスをするのはどうですか？　私はその日は空いています。

ジム　：分かりました。

＜英語解答＞(C問題)

1 (1) ウ　(2) ア　(3) エ　(4) ウ　(5) エ　(6) ウ
2 (1) イ　(2) イ　(3) ア
3 (1) ア　(2) ウ　(3) ア　(4) ウ
4 (1) ア　(2) ア　(3) ウ　(4) イ
5 (1) ア　(2) エ　(3) イ　(4) エ　(5) イ
6 (1) ウ　(2) イ　(3) エ
7 (例) I want a leader to have kindness the most because if the leader is kind, other members can give their opinions easily. Last year, my soccer team lost a game, and we had a meeting on what to do for winning the next game. Then, our leader listened to everyone's opinion very carefully, and he said something nice to everyone. So, we could relax and share our feelings. After that, I felt our team became a better team with one goal. From the experience, I think a good leader needs kindness the most.

英語リスニング

【Part A】 1 ア　2 ア　3 ウ　4 イ　5 エ
【Part B】 6 (1) イ　(2) イ
【Part C】 (例) Tom thinks the new kind of tour is not good because visitors have some bad influences on nature. Some visitors may leave trash or hurt nature.

He thinks the new kind of tour is good because people can have an important experience. Having experiences may change people's thoughts and actions. Some people may begin to try protect nature.

He thinks the new kind of tour is good because the local people may get a job, for example, a job as a guide by such tours.

＜英語解説＞

1 (語句補充・選択：関係代名詞, 間接疑問文, 不定詞, 文の構造)

(1) コンテストで2度勝利したその少年は私の兄(弟)です。先行詞 The boy を関係代名詞**who**を使って後ろから修飾する文を作ればよい。節の中で主語になる主格の関係代名詞なので who＋主語＋動詞の語順のウが適当。

(2) その生徒たちは校門の脇で眠っているネコを見つけてはしゃいだ。< be 動詞＋ excited to ~>で「~して興奮する」

(3) 私はあの歌手が毎日何時間練習するのかということを知りたい。 how 以下はknow の目的語になる名詞節(＝~ということ)なので, **how many hours** の後の語順(主語＋動詞)に注意(間接疑問文)。

(4) 彼女が私にくれたプレゼントは私が長い間欲しいと思っていたものだ。The present [(that) she gave me] was the one (that) I wanted to get for a long time. 関係代名詞 that (目的格)が2か所省略されている。

(5) その本は私に海外旅行のために何を準備すればよいかを知るために十分な情報を与えてくれ

た。< give +人～+物…>で「(人)に(物)をあげる，与える」 <what to +動詞～>で「何を～すればよいか」。

(6)　私は試験が終わるまで観たいDVDを自分から離しておくつもりだ。I will keep the DVDs[(that)I want to watch] away from me until the exam is over. < keep … away from ～>で「…を～から離しておく」

2 (読解問題・説明文：グラフなどを用いた問題，語句補充)

(全訳)「食品を選ぶときに重要な要素は何ですか？」これは2018年に健康と食品について行われた調査の中の質問のうちの1つだった。その調査は20歳以上の人を対象に行われた。調査に参加した人たちはこの質問にいくつかの選択肢の中から1つかそれ以上の要素を選ぶ形で答えた。以下の表が表しているのは，8つの要素とそれらを選んだ人たちの割合だ。質問に答えた人全員から，表は3つの世代を示している：20歳から29歳，40歳から49歳，そして60歳から69歳の人々だ。

表を見てみよう。それぞれの世代において，最も高い割合だった要素と最も低い割合だった2つの要素は同じだ。それらは①「おいしさ」と「簡便性」である。しかしながら，表はまた，それぞれの世代の人たちが食品を選ぶ時に異なる視点を持っていることも示している。それぞれの世代の要素を最も高い割合のものから最も低い割合のものの順に並べると，3世代間にはそれぞれ2番目と3番目に来る要素に違いがある。②「価格」は20歳から29歳と40歳から49歳の人たちの中では2番目に来るが，60歳から69歳の人たちの間では3番目だ。それぞれの要素に関して，世代間で割合に違いがあるのだ。すべての要素の中で，最も大きな割合の差は38.7であり，それは③「鮮度」において見られる。

(1)　全訳及び表参照。表によると「最も高い割合の要素」と「最も低い割合の要素」は3世代とも一致している。

(2)　全訳及び表参照。表によると20歳から29歳と40歳から49歳の人たちの中では2番目に来るが，60歳から69歳の人たちの間では3番目に来ている要素は「価格」。

(3)　全訳及び表参照。3世代間で最も回答の割合に差が出たのは「鮮度」。60歳から69歳では71.5%だが，20歳から29歳では32.8%であった。71.5－32.8＝38.7

3 (読解問題・説明文：語句補充，内容真偽)

(全訳)　古い書物によると，671年6月10日に，日本で初めて時計が使われた。それは水を使った時計だった。その日は日本における時計の歴史にとってとても重要だ。

17世紀，日本では，人々は機械式の時計を作り始めた，しかしそれらはそれほど用いられなかった，なぜなら人々は太陽を見たり寺の鐘の音を聞いたりすることで大まかな時間を知ることができたからだ。しかしながら，*明治*時代には，機械式の時計を使い始める人たちも出てきた，なぜなら彼らは人々が西洋の国々から日本に持ち込まれた近代的な技術を使うためにそれらが必要だったからだ。例えば，1872年，日本で最初の鉄道が運行された。人々は鉄道に乗ろうとするのなら，正確な時間を知る必要があった。社会の変化は時間についての人々の意識の変化を①もたらしたが，それはとてもゆっくりであった。多くの人々が正確な時間を知ることの重要性をそれほど感じていなかった。

1920年，その当時日本を近代的な国にするために時間についての人々の意識を変える必要があると考える人々がいた。そのような目的で，その年，時間についての展覧会が東京で行われた。展示された多くの興味深い物を通して，人々は彼らの生活に時間がいかに影響を与えるかを知ることができた。その展覧会はとても人気が出て，約220,000人の人が来場した。展覧会の間，6月10日は「時の記念日」になった，なぜならその年の1200年以上②前のその日，初めて日本で時計が使われたからだ。1920年のその日の正午，東京中で，人々は12時を知らせる音を聞くことができたのだ。展覧会は多くの人々に分と秒の感覚をもつ機会を与えた。そして，人々は時計をより正確にするために進歩させ始めた。

初めての時の記念日からちょうど1世紀後，時計はとても正確になり人々はとても時間に正確になった。より正確な時計によって将来私たちの時間についての意識がどのように変化するのか，また社会においてどのように変化するのかは分からない。

(1)　全訳参照。bring (もたらす) の過去形 brought が適当。

(2)　全訳参照。第1段落に注目。日本で最初に時計が使われたのが671年と言われており，時の展覧会が行われたのが1920年なので「1200年以上前」を表す before が適当。

(3)　全訳参照。(時に関する展覧会がやろうとしていたのは)　ア　時間についての人々の意識に何らかの影響を与えることだ。(○)　第3段落1文目に注目。イ　日本を近代的な国にすることがいかに難しいかを伝えることだ。　ウ　人々の生活が時計の進歩にいかに影響を与えるかを示すことだ。エ　日本の機械式の時計をより正確にすることによって日本を変えることだ。

(4)　全訳参照。　ア　*明治*時代以前は，日本には機械式の時計を作る技術がなかったので，その当時の人々は正確な時間を知ることができなかった。　イ　*明治*時代には，鉄道は西洋の国々から日本に持ち込まれていなかった，なぜなら人々は時計を使う準備がなかったからだ。ウ　1920年6月10日，東京の人々は正午を知らせる音を聞く機会をもった。(○)　第3段落最後から3文目に注目。　エ　最初の時の記念日から100年が過ぎたが，人々はいまだ時間に正確ではない。

4 (読解問題・論説文：語句補充，語句の解釈・指示語，文の挿入)

(全訳)　和歌山県の紀美野町には，日本語で*ブドウハゼ*と呼ばれている木がある。人々は*ブドウハゼ*の実から蝋を取り，その蝋は和ろうそくの製作に使われる。いろいろなハゼの種類の中で，和ろうそくを作るための蝋に関しては*ブドウハゼ*が最適だという人たちもいる。

*ブドウハゼ*の木は1本の元の木から作られた。その元の木は江戸時代に紀美野町で発見された。人々はその木の実は他のハゼの①ものよりも大きいことに気がついた。その大きな実から，たくさんの質の良い蝋を取ることができた。だから，これと同じ種類の木をたくさん作るために，人々は元の木の数か所を切りそれらをハゼの他の木に接ぎ木した。この方法で，大きな実をつけるたくさんの木ができ，それらは*ブドウハゼ*と名づけられた，なぜならその実がブドウに似ていたからだ。[A]その町の人々は*ブドウハゼ*の木の実からとれた蝋を売り，人々の生活はより良くなった。[B]しかしながら，何年もの年が過ぎ，より値段の安い西洋のろうそくに人気が出るようになり，その町の人々はそれほど多くの蝋を売ることができなくなった。[C] 彼らは*ブドウハゼ*を育てることをやめ，その多くの木が枯れてしまった。ほとんどの人たちが元の木も他の木と同様に枯れたと思っていた。[D]

2016年，紀美野町の2人の高校生が彼らの町の歴史と*ブドウハゼ*について授業で学んだ。②(iii)彼らは特に元の木に興味をもった，なぜならたくさんの*ブドウハゼ*がその木から作られたからだ。彼らはそれについて調査を始めた。(iv)はじめに，彼らは多くの人たちにインタビューをして，元の木はまだ山の中にあると信じている女性に出会った。彼女は，それを20年か30年前に見たと言ったが，その場所は覚えていなかった。(ii)それを聞いて，彼らはその木を見つけようと決めたが，ほとんどの人たちがそれは何年も前に枯れたと言った。彼らは彼女の言葉を信じたかった。(i)彼らは他の方法で調査をしてみることにした。図書館で，町についてのたくさんの本を読んだ。そしてある本の中に，元の木の古い写真を見つけた。その写真を手に，彼らは山の中を歩きそれを探した。大変な努力の後，彼らは写真で見た木とそっくりな木を見つけた。それは*ブドウハゼ*の元の木であった。2020年1月，その木は和歌山県の天然記念物になった。

(1)　全訳参照。前に出てきた名詞(ここでは berries)を表す代名詞 ones が適当。

(2)　全訳参照。(*ブドウハゼ*の元の木は)　ア　たくさんの*ブドウハゼ*の木を作るために使われた。(○)　第2段落5文目6文目に注目。　イ　紀美野町の人たちによって優れた蝋のために育てられた。　ウ　たくさんの異なる種類の*ハゼ*を生み出した木だ。　エ　他の*ブドウハゼ*の木のいくつかの部分から作られた。

(3)　全訳参照。空所直後の一文に注目。「元の木も他の木と同様に枯れてしまった～」とある。

(4)　全訳参照。空所の前後の内容に注目。2人の高校生がどのように学習，調査していったかを説明している。

5 (読解問題・論説文：グラフを用いた問題，語句の解釈，内容真偽)

(全訳)　埼玉県のある生徒が最初にアサガオの開花時間に興味をもったのは，彼女が12歳の時だった。その生徒はある疑問をもった。なぜアサガオは朝に咲くのか？　のちに，彼女は暗い時間が開花時間に影響を与えるということを学んだ。アサガオは①暗くなってから約10時間後に開花する。彼女はその事実を知った時，開花時間を決定するいくつかの要因があるだろうと考えた。そのため，彼女は研究を始めた。

彼女は5年間研究を続け，たくさんの興味深い事実を発見した。例えば，花びらの白い部分に気孔と呼ばれるとても小さな穴があることが分かった。多くの人々がたいていの植物はその葉に気孔があることは知っているが，彼女はアサガオには②それら(気孔)が花びらにもあるということを発見したのだ。彼女は研究をして花びらと葉にある開いた気孔の割合を表すグラフを作った。そして，③その結果が示したことは，アサガオの花びらの気孔は暗い時に開くが，葉の気孔は明るい時に主に光合成のために開くということだ。そして，彼女は，暗くなり花びらの気孔が開いた時に水分が茎から花びらに送られ，花びらが十分な④水分を得た時に花が開くということを発見した。この研究から，彼女は花びらに含まれる水分がアサガオの開花時間を決定する重要な要因だと考えた。彼女の研究に関して，彼女は2018年に高校生のための科学分野の国際的な賞を受賞した。

その生徒が言っていたのは，時には望んでいた結果が出ないこともあったが，そのような望まなかった結果は新しいアイディアを考えたり，たくさんの研究の方法を試したりしてみることの助力になったということだ。たいていの人たちがアサガオは朝に咲くことは知っているが，なぜそうなのかを問うことはしない。彼女の研究は身の回りのことに疑問をもつことがいかに大切かということを教えてくれている。

(1)　全訳参照。空所①を含む文の直前の一文に注目。「暗い時間が開花時間に影響を与える」とある。

(2)　全訳参照。

(3)　全訳参照。下線部③を含む文を読み取ろう。グラフで暗い時間に開いている気孔の割合が高いのはⒶ(花びらの気孔)，一方日中に開く気孔の割合が高いのはⒷ(葉の気孔)。

(4)　全訳参照。空所前後の文章の内容に注目。開花に最も影響を与える要素は「水」。

(5)　全訳参照。　ア　アサガオについての研究を始めた，なぜなら彼女は花びらの色の違いを引き起こす要因に興味をもったからだ。　イ　アサガオの花びらには彼女の疑問に答えるカギの1つであるとても小さな穴があるということを発見した。(○)　第2段落2文目に注目。　ウ　望まない結果(失敗)が彼女を励ますことはなかったが，5年間研究を続け科学の賞を受賞した。

エ　彼女の研究を通して，新しいアイディアを考えることなしに疑問に対する正解を見つけようとし続けることの大切さを教えてくれた。

6 (読解問題・論説文：語句補充，文(句・節)の挿入)

(全訳)　どのようにして約38億年前に地球上に生命が存在し始めたのだろう？　将来，タイタンでなされる調査を通してその答えを知ることになるかもしれない。タイタンは土星の最も大きな衛星だ。地球にはたった1つの衛星しかない①が，土星には80以上の衛星がある。タイタンには川，湖，そして海さえもあるのだ。その上，地球上で生命が存在し始めるのに必要だったいくつかの特別な物質がタイタンで発見された。もしタイタンで生命が存在することを示す新しい事実が発見することができれば，どのようにして地球上で生命が②生まれたのかを知ることが可能になるかもしれない。

調査をするために，ドラゴンフライと呼ばれるドローンが2027年に地球から送られ，数年後にタイタンに到着することになっている。着陸後，ドラゴンフライはタイタンのたくさんの場所に飛び地球に情報を送るだろう。ドローンの技術は進歩している。例えば，ドラゴンフライは地球からの命令なしにどこへ飛ぶのかを決定できるのだ。衛星上での調査にドローンが使われるのは初めてのことになるだろう。ドラゴンフライを使った調査は私たちに過去の研究よりも短い時間でより多くのことを教えてくれるだろう。③ドラゴンフライのような進歩した技術は私たちにどのようにして地球上に生命が存在し始めたかを示す新しい情報をもたらすかもしれない。

(1)　全訳参照。though ＝～だが，～だけれども

(2)　全訳参照。arrive ＝到着する　　born ＝bear の過去分詞　< be 動詞＋ born > で「生まれる」　survive ＝生き残る　　take ＝持って行く，受け入れる

(3)　全訳参照。　ア　土星の物質についての調査は最も大きな問題かもしれない　イ　地球からの正確な命令がドラゴンフライの飛行を導かなければいけない　ウ　ドラゴンフライを使ったより速い情報は調査を止めるだろう　エ　ドラゴンフライのような進歩した技術は私たちに新しい情報をもたらすかもしれない(○)　第2段落の内容に注目。

7 (自由と条件英作文)

(問題文と解答例訳)　(あなたは10人くらいの生徒のグループのメンバーだと想像してください。グループのそれぞれのメンバーは異なる性格と意見をもっています。メンバーからリーダーを選ぶとき，リーダーにはいちばんにどんな資質をもっていてほしいですか？　次の資質の中から1つ選び，その理由を書きなさい。その後，あなたの経験やあなたの理由を支持する例を書きなさい。)

私はリーダーには優しさを最も持っていてほしいです，なぜならリーダーが優しいと，他のメンバーが意見を出しやすいからです。昨年，私のサッカーチームは試合に負けて，次の試合で勝つために何をするかについてミーティングをしました。その時，私たちのリーダーはみんなの意見をとても丁寧に聞き，みんなに良いことを言いました。だから，私たちはリラックスして私たちの気持ちを共有することができました。その後，私は私たちのチームは1つの目標に向かってより良いチームになったと感じました。この経験から，私は良いリーダーには優しさが最も必要だと思います。

2021年度英語　リスニング・スクリプト(A・B問題)

〔放送台本〕

1 Jane: Hi, Yuki. I'm hungry. Shall we go to a restaurant for lunch?

Yuki: Sure, Jane. What kind of food do you like?

〔英文の訳〕

ジェーン：ハイ，勇樹。お腹が空いたわ。ランチを食べにレストランへ行かない？

勇樹　：もちろんいいよ，ジェーン。どんな食べ物が好き？

ジェーン：ア　私は中華料理が好きよ。

〔放送台本〕

2　Look, everyone. Now, I will introduce a gesture from England. This person does two things. First, he raises one of his hands. Next, he puts his other hand on his head. This was used in meetings in the old days.

〔英文の訳〕

見てください，皆さん。これから，私はイギリスのジェスチャーを紹介します。この人は2つのことをします。はじめに，彼は片方の手をあげます。次に，もう片方の手を頭にのせます。これは昔会議で使われました。

答え：ア

〔放送台本〕

3　Becky: Hi, Shota. I'm at a supermarket. Tomorrow, we will have a party at home. Is there anything you want me to buy?

Shota: Thank you, Becky. I will make a cake tonight. So I need a bottle of milk, some eggs, and bananas for the cake.

Becky: OK. Oh, Shota, we don't need to buy any eggs. I think there are enough eggs in the kitchen.

Shota: Really? Oh, you are right.

Becky: Do you need sugar?

Shota: No. We have enough sugar. Thank you, Becky.

Becky: You are welcome. I will buy the things you need. See you later.

〔英文の訳〕

ベッキー：ハイ，翔太。今スーパーマーケットにいるの。明日，家でパーティーをするでしょう。何か買ってきてほしいものはある？

翔太　：ありがとう，ベッキー。僕は今夜ケーキを作るつもりなんだ。だからケーキには牛乳が1本，卵をいくつか，それとバナナがいるんだ。

ベッキー：分かったわ。ああ，翔太，卵は買わなくていいわよ。台所に十分卵があると思うわ。

翔太　：本当に？　ああ，君の言う通りだ。

ベッキー：砂糖は必要？

翔太　：いらないよ。砂糖は十分あるよ。ありがとう，ベッキー。

ベッキー：どういたしまして。あなたが必要なものを買って行くわ。また後でね。

答え　：ウ　(バナナと牛乳の絵)

〔放送台本〕

4 John: Good morning, Keiko. I cleaned my room last night and I put the trash in this plastic bag. What should I do now?

Keiko: Good morning, John. The trash can be burned, right? It's Tuesday today, so please put the bag in front of our house. The bags will be collected later today.

John: OK, can I put these old magazines and newspapers in the same bag?

Keiko: No, we should recycle them. The day for them is Friday.

John: I will keep that in mind. Oh, there are some plastic bottles here. Do you have another bag for them? Plastic bottles can also be recycled, right?

Keiko: Yes, but the day for plastic things is tomorrow. This is the bag for them. Here you are.

John: Thank you, Keiko.

〔英文の訳〕

ジョン：おはよう，恵子。昨日の夜僕の部屋を掃除して，このポリ袋にゴミを入れたんだよ。これからどうすればいいかな？

恵子　：おはよう，ジョン。そのごみは燃やせるごみよね？　今日は火曜日だから，その袋を家の前に置いてちょうだい。今日は後でその袋は回収されるわ。

ジョン：分かった，この古い雑誌と新聞を同じ袋に入れていい？

恵子　：いいえ，それはリサイクルすべきだわ。それらの日は金曜日よ。

ジョン：覚えておくよ。ああ，ここにペットボトルがあるよ。これらを入れる他の袋はある？ペットボトルもリサイクルできるよね？

恵子　：ええ，でもプラスチックの日は明日よ。これがプラスチック用の袋よ。はいどうぞ。

ジョン：ありがとう，恵子。

答え　：イ

〔放送台本〕

5 Thank you for visiting the area of lions. Now, it's 1 o'clock. Soon, we will show you two babies of lions here. They are very small and cute. The babies were born three months ago. They usually sleep almost all day and sometimes drink milk in a different room. They can't eat food now, but they love milk. Oh, they are coming. We are sorry but please don't use your cameras and cellphones. Strong light is not good for the babies. ...Now they are here! This is the first time you can see these babies today. After 30 minutes from now, they will go back to their room. But you have one more chance to see them today. The babies will come back here again at 4 p.m. If you want to know more about the babies, you can buy books about them at the shop near the gate. Buying the books is helpful because the money will be used to take care of the babies. We hope you have a wonderful day at our zoo. Thank you.

Question 1: How many times does the zoo show the babies to the visitors today?

Question 2: What is the thing the visitors can do to be helpful for the babies?

〔英文の訳〕

ライオンのエリアに来てくださってありがとうございます。今1時です。もうすぐ，ここで2匹のライオンの赤ちゃんをお見せします。とても小さくてかわいらしいです。その赤ちゃんたちは3か月前に生まれました。彼らはたいていほとんど一日中寝ています，そして時々違う部屋でミルクを飲みます。彼らはまだ食べ物は食べられませんが，ミルクが大好きです。ああ，彼らがやってきます。申し訳ありませんがカメラや携帯電話のご使用はおやめください。強い光は赤ちゃんたちに良くないのです。…さあ，やって来ました！これが今日の赤ちゃんたちの初お目見えです。今から30分後，彼らは彼らの部屋に戻ります。でも今日もう一度彼らに会うチャンスがあります。赤ちゃんたちは午後4時にここに戻ってきます。赤ちゃんたちについてもっと知りたい場合は，門の近くの店で彼らについての本を買うことができます。本の購入は，そのお金が赤ちゃんたちの世話のために使われるのでとても力になります。当動物園で皆さんが楽しい一日をお過ごしになりますように。ありがとうございました。

質問1：動物園は今日何回赤ちゃんたちをお客さんに見せますか？

答え　：イ　(2回)

質問2：お客さんたちが赤ちゃんたちの助けになるためにできることは何ですか？

答え　：エ　(赤ちゃんたちについての本を買うこと)

〔放送台本〕

6 Emily: Come on, Koji. Are you tired?

Koji: Yes, Emily. Please wait. I want to rest.

Emily: OK. Let's rest here. I will give you some hot tea.

Koji: Thank you. Oh, look at this map. We are already at this point now.

Emily: Yes, but it will take one more hour to get to the top of the mountain. We need energy. How do you get energy when you are tired, Koji?

Koji: I think drinking hot tea and eating delicious chocolate are very good for my body. I always bring my favorite chocolate.

Emily: I also love chocolate. Can you give me some? Chocolate is good for relaxing.

Koji: Sure, here you are. How do you get energy, Emily?

Emily: I think enjoying the view from each place is important. Look, we can see a lot of things from this high place.

Koji: I see. You mean you can get energy from the view?

Emily: Yes, I like the view from a high place. When I look back and think about the way we've come, I can feel my effort until now.

Koji: Oh, you are talking about getting energy for your mind. Now I think getting energy for my mind is as important as getting energy for my body.

Emily: That's right! Oh, you look better, Koji. Are you feeling good now?

Koji: Yes, I'm ready! Let's go!
Question 1: What did Koji give Emily as energy for her body?
Question 2: What did Koji notice through the conversation?

〔英文の訳〕

エミリー：こっちに来て，浩二。疲れたの？
浩二　　：うん，エミリー。お願い，待って。休みたいよ。
エミリー：いいわ。ここで休みましょう。暖かいお茶をあげるわね。
浩二　　：ありがとう。ああ，この地図を見て。僕たちは今もうこの辺にいるんだね。
エミリー：ええ，でも山の頂上に着くにはあと1時間かかるわ。私たちには力が必要よ。あなたは疲れた時はどうやって力を得る，浩二？
浩二　　：僕は暖かいお茶を飲むこととおいしいチョコレートを食べることが僕の体にとてもいいと思ってるよ。僕はいつもお気に入りのチョコレートを持ち歩いているんだ。
エミリー：私もチョコレートが大好きよ。少しくれる？　チョコレートはリラックスするのにいいわね。
浩二　　：もちろん，はいどうぞ。君はどうやって力を得るの，エミリー？
エミリー：私はそれぞれの場所からの景色を楽しむことが大切だと思うわ。見て，この高い場所からたくさんの物が見えるわよ。
浩二　　：なるほど。つまり景色からエネルギーを得るということだね？
エミリー：そう，私は高いところからの景色が好きなの。振り返って来た道のことを考えると，今までの努力を感じることができるのよ。
浩二　　：わあ，君は君の心にエネルギーを得ることについて話しているんだね。それを聞いて，心に力を得るのは体に力を得るのと同じくらい大事だと思うよ。
エミリー：その通りよ！まあ，元気になったみたいね，浩二。もう気分はいい？
浩二　　：うん，準備はいいよ！さあ行こう！
質問1：浩二はエミリーに体へのエネルギー源として何をあげましたか？
答え　：ウ　(チョコレート)
質問2：会話を通して浩二は何に気付きましたか？
答え　：エ　(心に力を得ることも大切なことだ。)

2021年度英語　リスニング・スクリプト(C問題)

〔放送台本〕

Please look at Part A. In this part of the listening test, you will hear five conversations between Ann and Mike. You will hear each conversation twice. After listening to each conversation twice, you will hear a question. Each question will be read only once and you must choose one answer. Now begin.

〔英文の訳〕

パートAを見てください。このリスニングテストのパートではアンとマイクの間の5つの会話を聞きます。会話はそれぞれ2回読まれます。それぞれの会話を2回ずつ聞いた後，問題文が読まれます。それぞれの問題は1回しか読まれません，1つ答えを選ばなければなりません。それでは始めます。

〔放送台本〕

1 Ann: Look at this bag, Mike. Do you think I need a bigger bag for the trip next week?

Mike: I think its size is enough, Ann.

Question: What does Mike mean?

〔英文の訳〕

アン ：このバッグを見て，マイク。来週の旅行にはもっと大きなバッグがいると思う？

マイク：大きさは十分だと思うよ，アン。

問題：マイクが言っているのはどのような意味か？

答え：ア （アンのバッグよりも大きなバッグは必要ない。）

〔放送台本〕

2 Ann: Oh, you've got a new racket, Mike. It looks similar to mine.

Mike: Actually, I've got the exact same racket, Ann. I hope I'll be a good player like you.

Ann: Thank you for your words, but I know you'll be an excellent player soon with or without this kind of racket.

Question: What does Ann mean?

〔英文の訳〕

アン ：まあ，新しいラケットを買ったのね，マイク。私のに似ているわね。

マイク：実は全く同じラケットを買ったんだよ，アン。君のような強い選手になりたいんだ。

アン ：そんなこと言ってくれてありがとう，でもこういうラケットがあってもなくてもあなたはすぐに素晴らしい選手になるはずよ。

問題：アンが言っているのはどのような意味か？

答え：ア （マイクはどんなラケットでも素晴らしい選手になるだろう。）

〔放送台本〕

3 Ann: Mike, I've just had an idea for our program in the school festival. Look at this plan. What do you think?

Mike: It's good, Ann! Let's do it. I think the other members will also agree. And I think many people will enjoy it. The last thing we have to do is to find a good place for practicing it.

Ann: Yes, but it's not going to be easy.

Question: What does Ann mean?

〔英文の訳〕

アン ：マイク，学園祭の計画を思いついたの。この計画を見て。どう思う？

マイク：いいよ，アン！　これをやろう。他のメンバーも賛成すると思うよ。そしてたくさんの人たちが楽しんでくれるよ。私たちがしなければならない最終的なことは，それを練習するための良い場所を見つけることだね。

アン　：そうね，それは簡単にはいかないと思うわ。

問題：アンが言っているのはどのような意味か？

答え：ウ（アンは，この計画を練習するための良い場所を見つけることは問題になるだろうと思っている。）

〔放送台本〕

4 Ann: Mike! You are late! I've waited for you for half an hour. The concert has already started.

Mike: Oh, Ann, I'm very sorry. I left a message on your cellphone because I didn't want you to wait for me outside the theater. I told you to go inside the theater with the other people before I arrive.

Ann: Did you? I didn't have time to hear it today. And I left my cellphone at home. I am sorry.

Question: What was the message Mike left on Ann's cellphone?

〔英文の訳〕

アン　：マイク！遅刻よ！ 私は30分もあなたを待ったわ。コンサートはもう始まってしまったわ。

マイク：わあ，アン，本当にごめん。君を劇場の外で待たせたくなかったから君の携帯電話にメッセージを残したんだよ。僕が着く前に他の人たちと一緒に劇場の中に入ってと言ったんだ。

アン　：そうだったの？　今日はそれを聞く時間がなかったわ。しかも家に携帯を忘れてきたの。ごめんなさい。

問題：マイクはアンの携帯にどのようなメッセージを残したか？

答え：イ（「僕は遅れます。僕を待たないでください。他の人たちと一緒に劇場の中に入ってください。」）

〔放送台本〕

5 Mike: Ann, are you free this Saturday? My brother and I will play tennis. Can you join us?

Ann: Sorry, Mike. I am going to watch a movie with my sister.

Mike: Really? You can watch the movie on Sunday or on another day.

Ann: I know, but the movie is the latest one with my favorite actor. I really want to watch it soon. I also made a promise with my sister.

Mike: I understand, but if possible, can you change your plan? You are a very good tennis player, and I have a tennis match on Sunday, so I want you to be my coach. Please.

Ann: What should I do? Well, I'll try to ask my sister.

Mike: Thank you very much, Ann.

Ann: But, Mike, I haven't said "yes" yet. Just wait until I get an answer

from my sister. I'll send her an e-mail.
Mike: OK.
Question: Why will Ann send an e-mail to her sister?

〔英文の訳〕
マイク：アン，今週の土曜日は空いてる？　僕の兄(弟)と僕はテニスをするつもりなんだ。一緒にできる？
アン　：ごめんなさい，マイク。私は姉(妹)と映画に行く予定なの。
マイク：そうなんだね？　映画は日曜日かそのほかの日でも観られるよ。
アン　：そうね，でもその映画は私の好きな俳優の最新作なの。早く観たいとすごく思っているのよ。姉(妹)と約束もしたし。
マイク：分かったよ，でももしできれば，計画を変更してくれないかな？　君はとてもテニスが上手だよね，僕は日曜日にテニスの試合があるんだ，だから君にコーチになってほしいんだよ。頼むよ。
アン　：私はどうすればいいの？　そうね，姉(妹)にお願いしてみるわ。
マイク：本当にありがとう，アン。
アン　：でも，マイク，まだ「うん」とは言ってないわ。姉(妹)から返事をもらうまでちょっと待ってね。彼女にメールを送るから。
マイク：分かった。
問題：なぜアンは彼女の姉(妹)にメールを送るつもりなのか？
答え：エ　(姉(妹)に計画を変更して日曜日かその他の日に映画を観ることを頼むため。)

〔放送台本〕
Please look at Part B. In this part of the listening test, you will hear a part of a radio program. It will be spoken twice. After listening to it twice, you will hear two questions. Each question will be read only once and you must choose one answer. Now begin.

〔英文の訳〕
パートBを見てください。このリスニングテストのパートでは，ラジオ番組の一部を聞きます。それは2回読まれます。2回それを聞いた後，2問問題が読まれます。それぞれの問題は1回しか読まれません，答えを1つ選ばなければなりません。それでは始めます。

〔放送台本〕
6　Good afternoon, everyone. Now it's time for shopping on the radio. The pretty little thing we bring to you today is a dog, but not a real one. It looks like a small dog, but it's a toy which uses electricity.
It can do about 50 actions. For example, it moves its ears. In addition, this dog is so clever. It can understand 100 sentences people speak, and can answer people with 50 sentences it knows. For example, when you say "How are you?" and when it understands your words, it may say, "I'm fine, thank you." When it is confused about your words, it moves its body in many

different ways to show it's listening to you. It can also sing 15 songs. The dog is especially good for people who wish to have a pet, but can't for some reasons. Please see how pretty it is on the Internet, if you want to. You will love it. Now, I'll tell you some more things about it. First, you don't need to take care of it. For example, you don't need to take it for a walk. Second, it's so small and light, so it doesn't need much electricity. You can give it enough energy during your sleeping time of about 8 hours, and it can keep working for about 16 hours. Now, don't be surprised at the price. It's only 100 dollars. This is a special price only for today. From tomorrow, it will be 120 dollars. We will sell only 150 toys today.

So, hurry up. Please call 555 632 now. We can also take your order through the Internet. Don't miss this chance.

Question 1: What does the number 150 refer to?

Question 2: Which sentence is true about the things which were said in the program?

〔英文の訳〕

こんにちは，皆さん。ラジオショッピングの時間です。今日皆さんにお持ちしたかわいらしい小さなものは犬です，でも本物の犬ではありません。これは小さな犬に似ていますが，電気を使うおもちゃなのです。この犬は50の動きができます。例えば，耳を動かします。その上，この犬はとても賢いのです。人が話す100文を理解することができ，犬が知っている50文で答えることができます。例えば，「元気？」と言って，犬があなたの言葉を理解すると，「元気です，ありがとう。」と答えます。あなたの言葉に混乱した時は，あなたの言葉を聞いていることを表すためにたくさんのいろいろな方法でその体を動かします。それは15曲の歌も歌えます。その犬はペットを飼いたいけれど何らかの理由で飼えない人たちにとっては特に良いものです。もしよかったら，その犬がどれほどかわいいかをインターネットでご覧ください。きっと大好きになるでしょう。さて，それについて更なる情報をお伝えします。まず，世話をする必要がありません。例えば，散歩に連れていく必要はありません。ふたつ目に，とても小さくて軽いので，たくさんの電気は使いません。あなたがお休みの約8時間の間に十分なエネルギーを与えることができ、約16時間動き続けることができます。さあ，お値段にも驚かないでください。たった100ドルです。これは本日だけの特別価格です。明日からは120ドルになります。本日150個限定販売です。さあ，お急ぎください。今555－632にお電話ください。インターネットでもご注文をお受けできます。この機会を逃さないでください。

質問(1)：150という数字は何を指しているか？

答え　：イ　(本日販売されるおもちゃの数)

質問(2)：番組内で言われたことについて正しい文はどれか？

答え　：イ　(そのおもちゃはとても賢く，人がそれに対して何か言うと文を話したり体を動かしたりする。)

〔放送台本〕

Please look at the test paper of Part C. First, please read the passage about a kind of tour. You have one minute. Now, begin to read.

〔英文の訳〕

パートCの問題用紙を見てください。はじめに，一種の旅行についての1節を読んでください。時間は1分です。では読み始めなさい。

〔放送台本〕

Stop reading. Now you are going to hear the conversation between Tom and Yoko. They are talking about a new kind of tour. You will hear their conversation and the question about it twice. You can write notes about the things they say about the new kind of tour on the test paper when you are listening. Now, listen to the conversation.

〔英文の訳〕

読むのをやめてください。これからトムとヨウコの会話を聞きます。彼らは新しい種類の旅行について話しています。会話とそれについての質問が2回流れます。聞いている時に，彼らが新しい種類の旅行について話していることを問題用紙にメモをとってもかまいません。それでは，会話を聞いてください。

〔放送台本〕

Tom: Hi, Yoko. Did you read the passage about the new kind of tour?

Yoko: Yes, I did, Tom. I'm very interested in the new kind of tour. I like nature, but I heard in some parts of the world, nature is changed in bad ways. So, in the future I want to join such a tour to learn what I can do to protect nature. What do you think about the new kind of tour?

Tom: It's a very difficult question, because I like nature like you, so I think the new kind of tour has some good points, but I think there is one bad point about it.

Yoko: What is it?

Tom: Well, visitors have some bad influences on nature. Some visitors may leave trash or hurt nature. So, I think the new kind of tour is not good on that point.

Yoko: That's true. It is impossible to have no influence on the environment. But, still I think the new kind of tour is good, because there are some things we can learn only by visiting the place. Learning from books or through the Internet is important, but I think having experiences is also very important.

Tom: I agree with you. I think the new kind of tour is good. People can have an important experience. Having experiences may change people's thoughts and actions. And, some people may begin to try to protect nature.

Yoko: Yes. I know some people who have joined the new kind of tour. They said they had a wonderful experience.

Tom: Well, I think the new kind of tour is good on another point, too. It's sometimes good for the local people.

Yoko: What do you mean?

Tom: By such tours, the local people may get a job, for example, a job as a guide.

Yoko: That's right. The local people may get some other choices about their ways of working.

Tom: However, I think my first opinion is also right.

Yoko: I agree. When the number of visitors becomes bigger, the situation is not good for the environment. So, it is very difficult. We cannot say the new kind of tour is good or bad so easily. I think it's very important for us to think about a thing from many different points of view.

Question: What does Tom think about the new kind of tour? Explain his opinions about it in English.

〔英文の訳〕

トム　：ハイ，ヨウコ。新しい種類の旅行についての文章を読んだ？

ヨウコ：ええ，読んだわ，トム。私はその新しい種類の旅行にとても興味をもっているわ。私は自然が好きだけど，世界のいくつかの場所では，自然が悪い方向へ変化していると聞いたの。だから，将来私はそういう旅行に参加して自然を守るために何ができるのかを学びたいわ。あなたは新しい種類の旅行についてどう思った？

トム　：それはとても難しい質問だな，僕も君のように自然は好きだから，新しい種類の旅行にはいくつか良い点があると思うけど，悪い点も一つあると思うんだ。

ヨウコ：それはどんなこと？

トム　：そうだなあ，観光客が自然に悪い影響を与えることだな。観光客の中にはごみを残して行ったり自然を傷つけたりする人たちもいる。だから，僕は新しい種類の旅行はその点については良くないと思うんだ。

ヨウコ：確かにそうね。環境に影響を与えないことは不可能ね。でも，それでも私は新しい種類の旅行は良いと思うわ，なぜならその場所を訪れないと学べないことがあるからよ。本やインターネットを通して学ぶことは大切だけど，経験することもとても大切だと思うの。

トム　：僕も君の意見に賛成だよ。新しい種類の旅行は良いと思う。人々は大切な経験をすることができるね。経験することは人々の考えや行動を変えるかもしれないよ。そして，自然を守ろうとし始める人たちもいるかもしれない。

ヨウコ：そうね。私は新しい種類の旅行に参加したことがある人を何人か知っているの。彼らはすばらしい経験をしたと言っていたわ。

トム　：そうだなあ，新しい種類の旅行は他の点でも良いと思うな。時として地元の人たちにとって良いこともあるよ。

ヨウコ：どういうこと？

マイク：そういう旅行によって，その地域の人たちが仕事を得ることがあるかもしれない，例えば，ガイドとしての仕事とか。

ヨウコ：そのとおりね。地域の人たちは働き方についていくつか他の選択肢を得るかもしれないわね。

トム　：でも，僕は僕の最初の意見もまた正しいと思うんだ。

ヨウコ：そうね。観光客の数が増えてくると，状況は環境のためには良くないわ。だから，これはとても難しいわね。新しい種類の旅行は良いとも悪いとも簡単には言えないわ。私は，多くのいろいろな視点から物事を考えることが重要だと思うわ。

問題　：トムは新しい種類の旅行についてどう考えているか？ それについての彼の意見を英語で説明しなさい。

〔放送台本〕

You have six minutes to write. Now begin.

〔英文の訳〕

書く時間は6分です。では始めてください。

＜理科解答＞

1　(1)　イ　(2)　けん　(3)　ⓑ　ア　ⓒ　ウ　(4)　ア　(5)　相同器官　(6)　①　ア　②　カ　③　ク　④　サ　(7)　組織液[組織間液，細胞間液，間質液]　(8)　ⓔ　イ　ⓕ　カ

2　(1)　ⓐ　イオン　①　ア　②　ウ　(2)　延性　(3)　ⓑ　3360kg　ⓒ　4%　(4)　ⓓ　2　ⓔ　4　(5)　①　イ　②　ウ　(6)　ⓕ　ウ　ⓖ　ア　(7)　内袋の中身が空気にふれない

3　(1)　①　ウ　②　W　③　ア　(2)　エ　(3)　30度　(4)　ウ　(5)　右図　(6)　200cm/秒　(7)　ⓑ　ア　ⓒ　運動の向きと反対の向きであった

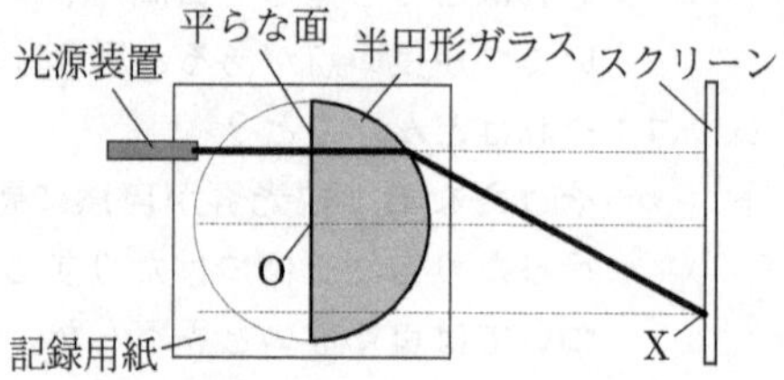

4　(1)　ア　(2)　①　ア　②　エ　③　砂岩　(3)　エ　(4)　①　西高東低の気圧配置　②　日本海から水蒸気を供給される　③　4倍　④　ⓐ　ア　ⓑ　エ　(5)　ウ

＜理科解説＞

1　(動物の体のつくりとはたらき－動物の分類，骨と筋肉，神経，進化，消化，細胞の呼吸)

(1)　背骨をもつ**セキツイ動物**に分類されるのは，魚類，両生類，ハチュウ類，鳥類，ホニュウ類の5つのグループである。クモは**節足動物**，アサリは**軟体動物**，ミミズはその他の無セキツイ動物にあたる。

(2)　骨格につく筋肉の両端には，「けん」というじょうぶな繊維の束があり，これが**関節**をはさんで2つの骨に付着している。

(3)　脳やせきずいは多くの神経が集まっている場所で，判断や命令などを行う重要な役割をになっており，**中枢神経**をよばれる。この中枢神経から枝分かれして全身に広がる神経が**末しょう神経**である。末しょう神経は，感覚器官から中枢神経へ信号を伝える**感覚神経**と，中枢神経から運

動器官へ信号を伝える**運動神経**に分けられる。

(4) 筋肉は，縮むことはできるが自らのびることはできない。筋肉はうでの骨を囲み，たがいに向き合うようについていて，2つの筋肉のどちらか1つが縮むと，もう1つがのばされるので，うでを曲げたりのばしたりすることができる。

(5) **相同器官**をもつ生物は，共通の祖先から進化してきたと考えられる。相同器官にはセキツイ動物の前あしのほか，セキツイ動物のうきぶくろと肺などの例がある。

(6) 胆汁には**消化酵素**は含まれていないが，脂肪の分解を助けるはたらきがある。脂肪酸とモノグリセリドは**柔毛**で吸収された後，再び脂肪になってリンパ管に入る。アミラーゼはデンプンを，ペプシンはタンパク質を分解する消化酵素である。タンパク質は，消化酵素によってアミノ酸に分解される。

(7) 血液の主な成分は，**赤血球**や**白血球**などの血球と，透明な液体の**血しょう**である。血しょうは毛細血管のかべを通りぬけて**組織液**となり，血しょうにとけて運ばれてきた養分や赤血球からはなれた酸素が，組織液を通して細胞に届けられる。

(8) 表Ⅰでは，吸う息と吐く息の成分の体積の割合から，酸素が使われて二酸化炭素が出されていることがわかる。ひとつひとつの細胞では，酸素を使って養分からエネルギーがとり出され，このときに二酸化炭素と水ができる。

2 (化学変化―イオン，金属の性質，還元，化学反応式，酸化)

(1) 水に溶かしたときに水溶液に電流が流れる物質を**電解質**，水に溶かしても水溶液に電流が流れない物質を**非電解質**という。電解質は，水に溶けて陽イオンと陰イオンに**電離**し，これらが動くことによって水溶液に電流が流れる。

(2) 金属には，金属光沢をもつ，電気をよく通す，引っ張るとのびる(延性)，たたくとうすく広がる(展性)，熱をよく伝えるなどの共通の性質があるが，磁石につくことは共通した性質ではない。

(3) 酸化鉄から鉄が得られる割合は，$\frac{700}{1000}\times 100=70$(%)なので，酸化鉄4800kgからは4800(kg)×70÷100＝3360(kg)の鉄が得られる。混合物に含まれる炭素の割合は，(3500－3360)÷3500×100＝4(%)

(4) 化学反応式では，→の左右で原子の種類と数が一致しなければならない。$3CO_2$から酸素原子は3×2個なので，ⓓには6÷3＝2があてはまる。$2FeO_3$より，ⓔには2×2＝4があてはまる。

(5) 図Ⅳのグラフで，Aはおよそ40℃を長時間保っていたことが分かる。

(6) 表Ⅰでは，Aは1.1g増加し，Bでは2.1g減少している。したがって，Aでは**化合**した酸素の質量が蒸発した水の質量より大きい。

(7) 内袋の中の混合物が空気にふれることで，活性炭や塩類の助けによって鉄の**酸化**が起こり，温度が上昇する。

3 (電流，光，物体の運動―電気用図記号，電力，光の反射，光の屈折，平均の速さ，摩擦力)

(1) ① アは電球，イは電流計，エは抵抗器または電熱線を表す。 ② 1秒間あたりに使われる電気エネルギーの大きさを表す値を**電力**(記号W)という。 ③ 電池に金属の導線をつないだときに，その中の**電子**が流れることが電流の正体である。したがって，回路が途切れると電子の移動は止まり，電流は流れなくなる。

(2) 煙の粒子は光を出していないが，光源から出た光が煙の粒子の表面でさまざまな向きに**反射**し，その一部が観察する人の目に届くことで見える。

(3)　光の反射では，反射した面に垂直な線と入射した光がつくる**入射角**と，反射した光がつくる**反射角**は等しい。これを**光の反射の法則**という。

(4)　入射した点で境界面に垂直な線と，屈折した光のつくる角を**屈折角**という。空気からガラスや水に光が入射する場合，屈折角は入射角より小さくなる。

(5)　図Ⅴで，光源装置から出て平らな面に垂直に入射した光は直進し，半円形ガラスの曲面で屈折して点Xに達する。

(6)　ある距離を一定の速さで移動したと考えたときの速さを，**平均の速さ**という。YZ間を小片は0.3秒で移動している。60(cm)÷0.3(秒)＝200(cm/秒)

(7)　面A上では，**摩擦**がなく小片にはあらたに力がはたらかないため，**慣性**によって**等速直線運動**をした。面Bでは，0.1秒ごとに進む距離が次第に短くなっている。これは運動の向きとは逆向きに摩擦力がはたらくため，小片の速さはしだいに減少した。

4　(地層，気象―火山岩，堆積岩，気圧配置，季節風，湿度，飽和水蒸気量)

(1)　マグマが地表や地表付近で短い時間で冷えて固まった火成岩を，**火山岩**という。石灰岩とチャートは生物の骨格や殻が集まった**堆積岩**で，花こう岩はマグマが地下の深いところで長い時間をかけて冷えて固まった火成岩の**深成岩**である。

(2)　れき，砂，泥は粒の大きさで分類される。れき：2mm以上，砂：2mm～約0.06mm，泥：約0.06mm以下である。

(3)　アは川の流れと海からの風の勢いには関連がないこと，イは土砂は河川の流れがゆるやかなところに堆積すること，ウは沖合への土砂の流出を食い止めると流路がふさがれることがあてはまらない。

(4)　①　冬になるとユーラシア大陸が冷え，太平洋の方があたたかくなった結果，ユーラシア大陸上の気圧が高く(シベリア高気圧)，太平洋上の気圧が低くなる。それによって，ユーラシア大陸から太平洋へ向かって北西の**季節風**がふく。　②　冬の時期にふく北西の季節風は冷たく乾燥している。日本海の海水面は日本海の上を通る空気よりもあたたかく，日本海の上で空気が水蒸気を含んで上昇する。　③　X市の空気$1m^3$には，$1.5(g/m^3)\times8\div100=1.2(g)$の水蒸気が，Y市の空気$1m^3$には，$6.0(g/m^3)\times8\div100=4.8(g)$の水蒸気が含まれる。$4.8\div1.2=4$(倍)　④　AB間で水蒸気を含む空気のかたまりが上昇すると，周囲の気圧が低いために膨張して気温が下がる。**露点**よりも低い温度では，空気に含みきれなくなった水蒸気は水滴になり，これらが集まって雲ができて雨や雪が降る。

(5)　まわりの気圧が下がって透明な袋の中の空気が膨張すると，気温が低くなって**飽和水蒸気量**が下がる。気温が露点まで下がると，空気中に含みきれなくなった水蒸気が水滴になって出てくるため，袋の内側が白くくもって見える。

<社会解答>

1　(1)　①　エ　②　ⓐ　イ　ⓑ　大王　(2)　①　エ　②　ウ　(3)　①　ⓐ　イ　ⓑ　カ　②　ア　③　刀狩令　(4)　①　ア　②　(例)清[中国]やオランダへ輸出するため。　(5)　①　エ　②　ウ

2　(1)　①　エ　②　イ，ウ　③　学制　④　原敬　⑤　無償　⑥　教育基本法　(2)　①　イ，ウ　②　(a)　キャンベラ　(b)　ウ

3 (1) ① (a) ⓐ アルプス　ⓑ ヒマラヤ　(b) ウ　(c) ⓐ ア　ⓑ エ
② イ　(2) ① ア　② (a) カ　(b) (例)黒潮と親潮が出会う
③ ⓐ 排他的経済水域　ⓑ (例)人工的に卵からかえした稚魚を放流

4 (1) ① エ　② ウ　(2) ① (a) 国権　(b) ア，エ　② (a) イ
(b) ⓐ (例)国会に対し連帯して責任を負う　ⓑ 大統領　③ ⓐ ア　ⓑ カ
ⓒ 民事　ⓓ 刑事　(3) ① ア，イ　② (例)再議を求める

＜社会解説＞

1 **(歴史的分野―日本史―時代別―旧石器時代から弥生時代，古墳時代から平安時代，鎌倉・室町時代，安土桃山・江戸時代，明治時代から現代，日本史―テーマ別―政治・法律，経済・社会・技術，文化・宗教・教育，外交)**

(1) ① 弥生時代には，大陸から伝来した鉄器や青銅器などの金属器が用いられた。 ② ⓐは文中の**稲荷山古墳**，ⓑは「ワカタケル」「大和政権(ヤマト王権)における最高権力者の称号」などから判断する。飛鳥時代以降，大王は天皇とよばれるようになった。

(2) ① 法隆寺は，飛鳥時代に活躍した**聖徳太子**によって建てられた。ア・イは平安時代，ウは奈良時代に建てられた。 ② 奥州藤原氏は，平安時代に**平泉**(岩手県)を拠点に東北地方で勢力を伸ばした。アは織田信長，イは源頼朝，エは藤原氏についての記述。

(3) ① **明**との**勘合貿易**では硫黄や刀剣，扇などを輸出し，絹織物や陶磁器，明銭などの銅銭を輸入した。 ② 問題文中の**織田信長**，**鉄砲**，武田勝頼などから判断する。 イ 織田信長が今川義元に勝利した戦い。 ウ 徳川家康が石田三成らに勝利した戦い。 エ 徳川慶喜が新政府に反発しておこした，戊辰戦争の始まりとなった戦い。 ③ 豊臣秀吉は資料Ⅰの法令を出し，武士以外の者から武器を取り上げる**刀狩**を行った。

(4) ① 佐渡(新潟県)からは金が採掘された。イは足尾銅山(栃木県)，ウは生野銀山(兵庫県)，エは別子銅山(愛媛県)の場所。 ② 江戸幕府の直轄地である長崎は，幕府のみがオランダ・清と貿易を行った港町。銀・銅・海産物などが輸出され，中国産の生糸・絹織物・砂糖などを輸入した。

(5) ① 写真は，1863年に**長州藩**が外国船を砲撃した下関事件に対する報復攻撃による事件のようす。アが薩摩藩，イが松前藩，ウが水戸藩について述べた内容。 ② (i)が1901年，(ii)が1872年，(iii)の満鉄設立が1906年のできごと。

2 **(地理的分野―世界―人々のくらし，歴史的分野―日本史―時代別―安土桃山・江戸時代，明治時代から現代，日本史―テーマ別―政治・法律，文化・宗教・教育，公民的分野―憲法の原理・基本的人権)**

(1) ① 昌平坂学問所は，寛政の改革のころに整備がすすみ，幕府直轄の学問所となった。寛政の改革を行った**松平定信**は，朱子学以外の儒学の講義を禁止した。 ② **化政文化**では葛飾北斎や歌川広重などの浮世絵師も活躍した。アは明治時代，エは江戸時代の元禄期の人物。
③ **学制**では，6歳以上の男女への小学校教育が国民に義務づけられた。 ④ **原敬**は，衆議院の第一党で自身が所属する立憲政友会の党員が大部分を占める，はじめての本格的な政党内閣を結成した。 ⑤ 教育を受ける権利と普通教育を受けさせる義務は，日本国憲法第26条で規定されている。 ⑥ **教育基本法**は1947年にGHQ統治下で制定され，それにともない教育勅語が失効した。

(2)　①　ア　わが国から，1位から5位までの国に留学した高校生の割合は，24.3＋21.9＋11.5＋7.8＋7.4＝72.9(%)で，80%を下回っている。　エ　シンガポールとマレーシアは，いずれもかつてイギリスの統治下にあった。　②　(a)　首都キャンベラや人口最大のシドニーなど，オーストラリアは人口の大部分が南東部の沿岸部に分布する。　(b)　文中の白豪主義などから判断する。アは南アメリカ諸地域，イはアメリカ合衆国，エはフランスに関する内容。

3　(地理的分野―世界―地形・気候，資源・エネルギー，日本―日本の国土・地形・気候，農林水産業)

(1)　①　(a)　**アルプス山脈**はスイス・オーストリアとイタリアの国境付近，**ヒマラヤ山脈**は中国とインド・ネパールの国境付近に位置する。　(b)　**アンデス山脈**ではアルパカに加えて，荷物の運搬などに利用するための家畜としてリャマを飼育している。　(c)　**阿蘇山**は世界最大級のカルデラをもつ。火山灰土は保水力が弱いため，水田利用に適さない。　②　Pがオーストラリア，Qがブラジル，Rが中国，Sがインドを表している。ブラジルが生産上位国であることから判断する。

(2)　①　南鳥島(東経153度)が与那国島(東経122度)より約30度東に位置することから，南鳥島の日の出の時刻の方が約2時間早いと考える。　②　(a)　Aは**日本海流(黒潮)**，Bは**千島海流(親潮)**の影響を受けていることが読み取れ，また，Cの大半が釧路港で水揚げされていることから判断する。　(b)　潮目とは，暖流と寒流がぶつかるところ。太平洋側を流れる暖流が日本海流(黒潮)，寒流が千島海流(親潮)。　③　ⓐ　**排他的経済水域**は，海岸線から**200海里**までの範囲のうち領海を除いた部分のことで，水産資源や鉱産資源を自国だけで利用できる水域。

4　(公民的分野―憲法の原理・基本的人権，三権分立・国の政治の仕組み，地方自治)

(1)　①　問題文中の『**法の精神**』から判断する。　ア　16世紀に宗教改革を行ったドイツの宗教家。　イ　17世紀に『統治論(市民政府二論)』を著して，抵抗権を主張したイギリスの思想家。　ウ　17世紀にピューリタン革命をおこしたイギリスの人物。　②　18世紀とは1701～1800年の期間をさす。**アメリカ独立宣言**は1776年に発表された。アは1689年(17世紀)，イは1889年(19世紀)，エは1919年(20世紀)のできごと。

(2)　①　(a)　日本国憲法第41条の条文。　(b)　内閣総理大臣の指名，法律案の議決に加えて，条約の承認，予算の議決にも**衆議院の優越**が認められている。　②　(a)　内閣は最高裁判所長官を**指名**し，その他の裁判官を**任命**する。アは裁判所，ウ・エは国会が行う。　(b)　内閣総理大臣は，国会議員のなかから国会によって指名される。また，内閣総理大臣は国務大臣を任命するが，その過半数は国会議員から選出しなければならない。衆議院は内閣不信任の決議を行い，その責任を問うことができる。　③　**民事裁判**において，第一審が簡易裁判所で行われた場合の第三審は高等裁判所で行い，最高裁判所では行わない。**刑事裁判**において，第三審は必ず最高裁判所で行うため，第一審が簡易裁判所で行われた場合の第二審は高等裁判所で行い，地方裁判所では行わない。

(3)　①　ウ　問題文中の「就くことができる年齢」とは，被選挙権が与えられる年齢のことと判断できる。被選挙権について，都道府県知事は**30歳以上**，市町村長と地方議会議員は**25歳以上**の住民に与えられる。　エ　条例の制定や改廃の請求は，有権者の**50分の1以上**の署名を集め，**首長**に請求する。　②　地方自治法では，首長が議会の議決に異議がある場合，議会に対して審議のやり直しを求めることができる**再議権(拒否権)**を認めている。

＜国語解答＞(A問題)

一 1 (1) まね　(2) みちび　(3) たいこ　(4) せいりょう　(5) 親　(6) 働
(7) 早朝　(8) 接客　2 ア

二 1 イ　2 イ　3 ウ　4 a (例)雨水がしみ込むことは少ない　b 通気性もいい

三 1 さすらいける　2 ウ　3 イ

四 1 エ　2 ア　3 (例)イメージが変わる　4 a 思考の流れをさ
b 新たな思考に向　5 イ

五 ① 私はAがコミュニケーションの中で，最も大切だと考える。なぜなら，あいさつは最初に人と会った時から，一旦その人と区切りとする時まで要所で使われる言葉だからだ。また，あいさつをすると自分・相手にとって大変気持ちのいいものだからだ。確かに気心が知れた相手ならば，必要ないかもしれない。だが，「親しき仲にも礼儀あり」というようにあいさつは必要だと思う。 ② 私はBがコミュニケーションの中で，最も大切だと考える。なぜなら，相づちやうなずいたりする事で，相手が話を聞いてくれているという意思確認をする事ができるからだ。また，黙って聞いているだけでは本当に聞いているか分からないので，反応はとても大切だ。確かに意思表示や反応は必要ないかもしれない。だが，人に聞いている事を示すにはその動作は必要だと思う。 ③ 私はCがコミュニケーションの中で，最も大切だと考える。なぜなら，目上の人・同年代の人・年下の人と相手が違う時がある。また，社会の様々な場面で同じ言葉づかいでは通用しない事があるからだ。確かに同じ言葉づかいだと気を遣わず，気軽にできるかもしれない。だが，社会に出て色々な人・場面で話すときには，用途に合わせた言葉づかいが必要だと思う。

＜国語解説＞

一 (漢字の読み書き，漢文)

1 (1) 「招(く)」とは客として来るように誘う，招待するという意味。 (2) 「導(く)」とは向上するように手引きをする，指導するという意味。 (3) 「太古」とは，おおむかしのこと。 (4) 「清涼」とは，さわやかですずしいこと。 (5) 「親(しい)」とは，互いに打ちとけて仲がいいこと。 (6) 「働(く)」とは目的にかなう結果を生ずる行為をする，仕事をするという意味。 (7) 「早朝」とは，朝の早いうちという意味。 (8) 「接客」とは，客を接待すること。

2 白文にすると，「言顧行，行顧言。」となる。問題文に照らし合わせると，「行を顧み」とあるので，「顧レ行」となる。また「言を顧みる」とあるので，「顧レ言」となる選択肢を選ぶ。

二 (論説—大意・要旨，内容吟味，接続語の問題)

1 空欄の前文を確認すると，夏にカスサゲを使って笠を編んでいる時間はないことが述べられている。そしてその後には，冬仕事として笠を編んだことが述べられている。つまり前文の原因・理由(ここで言えば夏にカスサゲで笠を編めないこと)に対して，後文で結果を述べる(冬にカスサゲで笠を編むこと)場合は「そのため」を使用する。

2 三段落目に，「カスサゲのこの丈夫な繊維が，笠を編む材料として非常に適している」とあることから，それに適した選択肢を選ぶ。

3 本文中のⅠには，カスサゲの茎の特徴が述べられている。そこには，三角形の茎であることと隅の細胞までは水が届きにくいことが挙げられているので，それに合う図を選ぶ。

4　a 「雨が降ると」から始まる段落に，カスサゲの茎で作った笠の優れた点について述べている。また問題文の「内側まで」という言葉はないが，反対の「外側」という言葉はある。内容としては，雨が降ると笠の外側だけぬれるということである。つまり，逆に言えば内側まではぬれないという事なので，「雨」「ぬれない」という意味に近い言葉を選んで使うよう留意する。　b 問題文の「隙間がある」に続く言葉としては，「さらに，」から始まる段落に示されている。雨を避けることはaで問われているので，もう一つの優れた点を挙げる必要がある。

三　**(古文—主題・表題，文脈把握，仮名遣い)**

1　単語の語頭以外の「は・ひ・ふ・へ・ほ」は，「ワ・イ・ウ・エ・オ」となる。

2　傍線部②を含む文までの現代語訳をすれば，「連阿という人がいた。月を見ようと言って友達を連れて，何となく旅をしていたが，荷物を背負ってくる老人に会い道を尋ねたところ，『君たちは夜に何の用があって(ここにいるのだ)』と言う。」となる。つまり，連阿一行と老人の会話であり，連阿一行が道を老人に尋ねたところ，返答して老人が聞き返したという事になる。

3　2の続きを現代語訳すれば，「『武蔵の月を見ようとして江戸よりやって来た』と答えたので，老人を手を打って，『この年まで知らなかった。江戸に月がないなんて』と言った。」となる。この現代語訳に適する選択肢を選ぶ。

四　**(随筆—主題・表題，内容吟味，脱文・脱語補充，部首，熟語)**

1 「机」の部首は木偏である。同じなので、エの「(支)柱」である。

2 「鉛筆」は分解すると，「鉛(の)筆」となり，前の漢字があとの漢字を修飾している。

3　問題文の内容は「鉛筆，えんぴつ」から始まる段落にある。「どのような文字で書き表すかによって」は，「文字表記によって」に対応するので，その前後を使い指定字数内におさまるように書く必要がある。

4　a 「いま，わたしたちの」から始まる段落の傍線部③を含む一文の直後に，「なぜなら」とある。「なぜなら」は理由を述べる際に用いられる言葉であり，問題では筆者の述べる理由を聞かれているので，その箇所が該当する。　b 「鉛筆は，書きすすめ」から始まる段落に「削り上げた鉛筆の削り口を眺めると」とあり，問題文の内容と一致するので，その後の内容が相当する。

5 「鉛筆は，何本あっても」から始まる段落に，鉛筆は何本あっても嬉しいこと，鉛筆は子どものころから付き合い続けた「考える仲間」であることを述べていることに注意する。

五　**(作文(課題))**

まずA～Cの中で自分がどの立場かを明確に書く。その上で，なぜそれを選んだのかという理由を挙げる。そして，予想される反論を出し，それを否定する形で自分が選んだ立場の正当性を結論づけると良い。

＜国語解答＞(B問題)

一　1 イ　2 (例)鉛筆のイメージが変わる　3 エ　4 a 頭のなかに　b 新たな思考

二　1 エ　2 ア　3 むかい　4 ウ

三 1 (1) けいしゃ (2) せきはい (3) いど (4) す (5) 欠 (6) 疑 (7) 接客 (8) 演奏 2 イ

四 1 a 人間の作品 b 人間の創作 2 ア 3 (例)定量的に可視化することで，これまで経験や勘に頼っていた売れ筋のフィクションの作り方を，明確に数量化して把握する 4 ウ

五 ① 私はAが目標を実現するのに効果的な【標語】だと考える。なぜなら，「届けよう」と「始めよう」の韻が良いからだ。また，あいさつは小声で人に聞こえるか聞こえないかぐらいではいけない。相手に聞こえて，そして相手が返してくれて初めて成立するものだからだ。それによってその人との新たな一日が始まる。確かに，気心が知れた相手ならば，あいさつなどしなくても，また小声で言って相手に聞こえなくてもいいのかしれない。だが，「親しき仲にも礼儀あり」というようにあいさつをしあう事で，お互い気持ち良い気分になることができるので必要だと思う。 ② 私はBが目標を実現するのに効果的な【標語】だと考える。なぜなら，「笑顔あふれる」という言葉がとても魅力的だからだ。あいさつをされて，嫌な気分をする人は少ない。逆にあいさつをされなかった事によって，声をかけてくれなかったと気にする人は多いはずだ。よって，あいさつをすればする方，される方ともに良い気分になる。確かに，たった一言でそこまで変わらないかもしれない。だが，たった一言で相手を「笑顔あふれる」ようにできる言葉でもあるのだ。あいさつをする事から人と人との関係は始まるので，最も大切で基本的な言葉だと思う。

<国語解説>

一 (随筆―主題・表題，大意・要旨，内容吟味，品詞・用法)

1 傍線部Aの「の」は「体言の代用」と呼ばれる「の」であり，「もの」に言い換えることができる。よって選択肢の中，「もの」と言い換えることができるのはイの「の」である。

2 問題文の内容は「鉛筆，えんぴつ」から始まる段落にある。「どのような文字で書き表すかによって」は，「文字表記によって」に対応するので，その前後を使い指定字数内におさまるように書く必要がある。

3 「鉛筆は，紙の上」から始まる段落に，鉛筆・ボールペン・一部のシャープペンシルの筆感の違いについて述べている。

4 a 「鉛筆は，紙の上に」から始まる段落に「筆圧のほぼかからない状態」「集中したい」とある。これは問題文の「筆圧をかけることに気をとられることなく」「力を注ぐことができる」と同義であるので，その間に書かれている内容を読み取る。 b 「鉛筆は，書きすすめ」から始まる段落に「削り上げた鉛筆の削り口を眺めると」とあり，問題文の内容と一致するので，その後の内容が相当する。

二 (古文―主題・表題，文脈把握，語句の意味，仮名遣い)

1 「せんすべなし」はなすべきてだてがない，どうしようもないという意味。

2 傍線部②の文の前の文を現代語訳すれば，「老人はとても何気ないそぶりで，数日経ったが何の顔色も変わらなかった。」となる。それに適する選択肢を選ぶ。

3 単語の語頭以外の「は・ひ・ふ・へ・ほ」は，「ワ・イ・ウ・エ・オ」となる。

4 後半を現代語訳すれば，「(牡丹の花を)折られた事は憎いと思うかとある人が聞いたところ，老人は笑みを浮かべて「『私は楽しんで花を植えている。そのため(楽しむため)に怒るべきであ

ろうか。いや，そうではない』と言った。」となる。それに合う選択肢を選ぶ。

三 (漢字の読み書き，熟語)

1 (1)「傾斜」とは，傾いてななめになること。 (2)「惜敗」とは，少しの差で負けること。 (3)「挑(む)」とは，ある対象に立ち向かっていくこと。 (4)「(腰を)据(えて)」とは落ち着いて，じっくり構えて事に当たること。 (5)「欠(かさず)」とは，なしでは済ますことができないこと。 (6)「疑(わない)」とは物事を本気で信じており，全く疑うことをしない様子。 (7)「接客」とは，客を接待すること。 (8)「演奏」とは，音楽を奏でること。

2 「装飾」は，「装う」と「飾る」と似た意味をもつ漢字を組み合わせているので，それに該当する選択肢はイの「到着」である。

四 (論説―主題・表題，大意・要旨，内容吟味，段落構成)

1 a 「AIが利用し処理する」から始まる段落に，AIのデータはコンピュータが創ったわけではなく，人間の作品の蓄積であることを述べている。問題文でも同等のことを書いており、その部分から指定字数を抜き出す。 b 同じく「AIが利用し処理する」から始まる段落に，AIが学習した作品群には人間の想いが詰まっていることを述べている。問題文には「AIによる創作物は，素材となるデータに込められた」とあり，AIそのものにデータとして込められた何が入っているかを本文より指定字数で抜き出す。

2 Ⅰで示した箇所には，AIが独自で作品の選出や評価をしているのではなく，人間が行っていることを主張している。またそれをマスコミによる表現の誤りから指摘し，自らの主張が正当であることを立証しようとしていることから，選択肢を選ぶ。

3 「これは電子書籍でも」から始まる段落に，「多くの人々が面白がるような，読みやすいストーリーや文章」とあることから，その直後の内容を指定字数内にまとめる。その際に，「こと」と繋げるように書く必要があるので，本文内の「把握できること」という語句に着目するとまとめやすい。

4 「このことは負の側面」から始まる段落に，AIを駆使した創作が増えると表現は固定化・硬直化しやすいこと，また「ところが他方」から始まる段落に，AIをメディアとして利用しながら，人々を感動させる作品を作る人物こそ，AI時代に期待される真のアーティストかもしれないこと，とあることに留意する。

五 (作文(課題))

まずA・Bの中で自分がどちらの【標語】が良いかを明確に書く。その上で，なぜそれを選んだのかという理由を挙げる。そして，選んだ理由に対しての予想される反論を出し，それを否定する形で自分が選んだ立場の正当性を結論づける。

<国語解答>(C問題)

一 1 (1) ほうこう　(2) す　(3) つくろ　(4) 直　(5) 演奏　(6) 謝辞
2 無㆑道㆓人短㆒、無㆑説㆓己之長㆒。

二 1 ア　2 a 野趣あふれ　b 泣く泣く短　3 イ　4 (例)強引に差し込まれているにもかかわらず，短歌として認定するに足る韻律や調べを保っている

三　1 ウ　2 イ　3 a (例)はじめに考えたこととは異なるよい考えが出てくる
b (例)学問はすすんでゆく

四　1 B　2 (例)使うことの潜在的可能性という意味では、現在使われている使い方とは別の使い方を人に想像させ、それが現実化する　3 エ　4 a 開かれた建
b これからの

五　(例) 私はカタカナ語の使用が増えることに賛成だ。なぜなら人は生きている限り，言葉を使い，また色々な方法で人とコミュニケーションをとろうとする。その中でより相手に伝わりやすく，また互いの理解を共有させる手段としてカタカナ語は最適だからだ。確かに「人によって理解度が異なる」「多義性があり誤解や意味のずれを生むこともある」という指摘もある。だがそれはカタカナ語に限らず，漢字の熟語にしても，他の言葉にしても時代や地域によって使用は多種多様である。もし互いに理解度や意味のずれがあれば，その都度修正すれば良く，それがコミュニケーションの一つにもなる。よって，私はカタカナ語の使用が増えることに賛成と考える。

<国語解説>

一 (漢字の読み書き，漢文)

1 (1) 「芳香」とは，いいにおいのこと。　(2) 「(腰を)据(えて)」とは落ち着いて，じっくり構えて事に当たること。　(3) 「繕(う)」とは，整えてかっこうをつけること。　(4) 「直(ちに)」とは時間を少しも置かずに，すぐという意味。　(5) 「演奏」とは，音楽を奏でること。　(6) 「謝辞」とは，お礼またはおわびの言葉という意味。

2 白文にすると，「無道人短，無説己之長。」となる。問題文の書き下し文は「人の短を道ふ」とあるので，「短」を読んだ後，「道」に返るため一二点をつける。その後，すぐ上の「無」を読むので総じて，「無レ道二人短一」となる。次に，「己の長を説く」あるので，「長」を読んだ後，「説」に返るため一二点をつける。その後，すぐ上の「無」を読むので総じて，「無レ説二己之長一」となる。

二 (随筆―大意・要旨，脱文・脱語補充，語句の意味)

1 「歌作りに慣れる」から始まる段落に，器に盛り込めない感情は短歌にはしないことが書かれている。逆に言えば，器に盛り込める感情を短歌にするということである。これではウが答えになるが，問題では「歌作りに慣れるということは」の次に入る語句ということなので，その内容から一つ進み，器そのものの大きさを予め知っておくことが必要という筆者の主著を読み取る。

2 a 「茂吉は」から始まる段落に，「感動する」とある。問題文の「心を打たれ」るとは，「感動する」という意味なので，その直前の内容から指定字数で抜き出す。　b 「茂吉は」から始まる段落に，「茂吉はそうはしない」とある。問題文も「ことはせず」と否定していることから，茂吉がしなかったことを本文中より指定字数で抜き出す。

3 「融通無碍」とは，「行動や考えが何の障害もなく，自由であること」という意味。

4 「この歌は」から始まる段落に，五音二句が強引に差し込まれていること，「が，不思議なのは」から始まる段落に，短歌として足る韻律や調べを保っていることを述べており，後はそれぞれの段落ともに，その2点の説明をしている。よって，筆者の主張のこの2点を指定字数内でまとめる。

三 (古文―内容吟味，文脈把握，語句の意味)

1 「いずれ」はどれ，どちらという意味。「よる(依る)」は頼りにする，基づくという意味。

2 傍線部②より前の現代語訳は「同じ人の説が，あれこれと食い違い，『どれに基づくのがよいのか』と迷って，全体的にその人の説がすべて根拠のない感じがするのは，一応はもっともであるけれども」となる。この内容に見合うものを，選択肢より選ぶ。

3 傍線部③より後の現代語訳は「初めに考え定めておいたことが，時間が経って後にまた別のよい考えが出て来るのは，常にあることであるので，初めと変わっていても良い。年月を経て学問は進歩してゆくので，説はかならず変化せずにはいられない。」となる。問題文の「後になって」とは本文の「ほどへて後に」，また「年月がたてば」とは「年をへて」に対応するので，それぞれ後の文を訳し，指定字数内におさめる。

四 (論説―主題・表題，大意・要旨，内容吟味，品詞・用法)

1 B以外の選択肢は全て「動詞」であるが，「ある」は「連体詞」である。

2 「例えば」から始まる段落に，現在の用途に合ったものとして，住宅や美術館を設計することはできるが，後になってもそまま使えるかは想定して設計はしていない。そのような意味で，建築家のつくる建築には特定の機能はないという筆者の主張を読み取る。

3 「夏目漱石が」から始まる段落に，電車や携帯電話など漱石に否定されそうなガラクタが現代にはあること，しかしそのガラクタが我々にある種の快適さや自由さ，快楽を与えるという筆者の主張から選択肢を選ぶ。

4 a 「例えば」から始まる段落に，「僕らは目指している」とある。これは問題文の「理想としている」に類似する。また，人間の想像力の広がりが起きることや広がりを引き起こす魅力を建築が持つことを望んでいるとあることから，建築に対する筆者の考え方を抜き出す。 b 「そういう」から始まる段落に，「僕らの時代の価値観みたいなのをつくるきっかけになってゆく」とあり，これは問題文の「自分たちの時代の価値観をつくる契機となってゆく」に類似する。「契機」とは「きっかけ」という意味なので，本文に書かれているこの直前の部分を抜き出す。

五 (作文(課題))

まず自分がカタカナ語に対して，肯定派か否定派かを明確に書く。その上で，なぜそのように思うのかという理由を挙げる。そして，その理由に対して【資料】の中の意見より反論を出し，それを否定する形で自分が選んだ立場の正当性を結論づける。

解答用紙集

○月×日 △曜日 天気(合格日和)

◆ご利用のみなさまへ

＊解答用紙の公表を行っていない学校につきましては、弊社の責任において、解答用紙を制作いたしました。

＊編集上の理由により一部縮小掲載した解答用紙がございます。

＊編集上の理由により一部実物と異なる形式の解答用紙がございます。

人間の最も偉大な力とは、その一番の弱点を克服したところから生まれてくるものである。 ――カール・ヒルティ――

※データのダウンロードは 2024 年 3 月末日まで。

東京学参株式会社

※ 192％に拡大していただくと，解答欄は実物大になります。

受験番号	番	得点	

令和５年度大阪府学力検査問題

数学解答用紙〔A問題〕

1		採点者記入欄
(1)		/2
(2)		/2
(3)		/2
(4)		/2
(5)		/2
(6)		/2
		/12

2		採点者記入欄
(1)	ア　イ　ウ　エ	/2
(2)	g	/2
(3)	人	/2
(4)	ア　イ　ウ　エ	/2
(5)	$x =$	/2
(6)	㋐　㋑	/2
(7)		/2
(8)	ア　イ　ウ　エ	/2
(9)	ア　イ　ウ　エ	/2
		/18

3			採点者記入欄
(1)	(ｱ)		/1
	(ｲ)		/1
(2)		$y =$	/2
(3)			/2
			/6

4			採点者記入欄
(1)		度	/2
(2)	ⓐ		/1
	ⓑ		/1
	ⓒ	ア　イ　ウ	/1
(3)	(求め方)	cm	/4
			/9

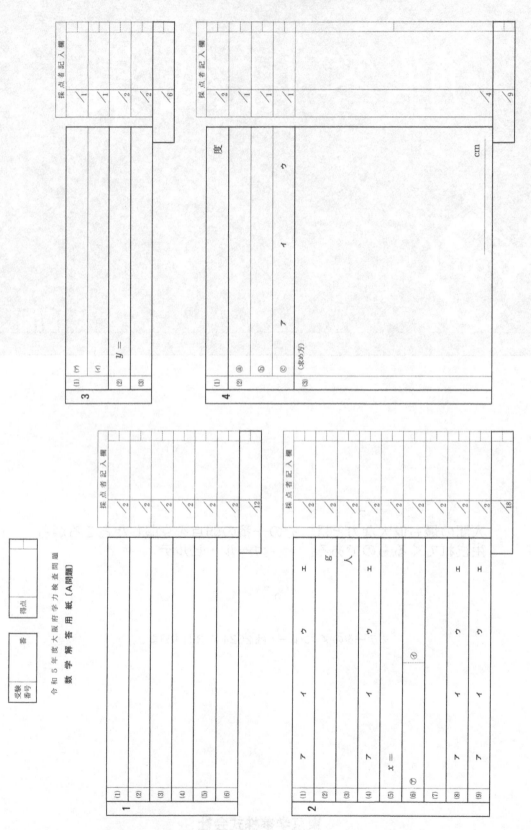

※ 192%に拡大していただくと，解答欄は実物大になります。

受験番号	番	得点	

令和５年度大阪府学力検査問題

数学解答用紙〔B問題〕

			採点者記入欄
1	(1)		/1
	(2)		/1
	(3)		/1
	(4)		/1
	(5)		/1
	(6)		/1
			/6

			採点者記入欄
2	(1)	ア　イ　ウ　エ	/2
	(2)		/2
	(3)	$x =$ 　，$y =$	/2
	(4)		/2
	(5)		/2
	(6)		/2
	(7)	cm	/2
	(8)	(求め方) aの値	/4
			/18

				採点者記入欄
3	(1)	①	(ア)	/1
			(イ)	/1
		②	$y =$	/2
		③		/2
	(2)			/2
				/8

				採点者記入欄
4	(1)	①	cm	/2
		②	(証　明)	/5
	(2)	①	cm	/3
		②	cm^2	/3
				/13

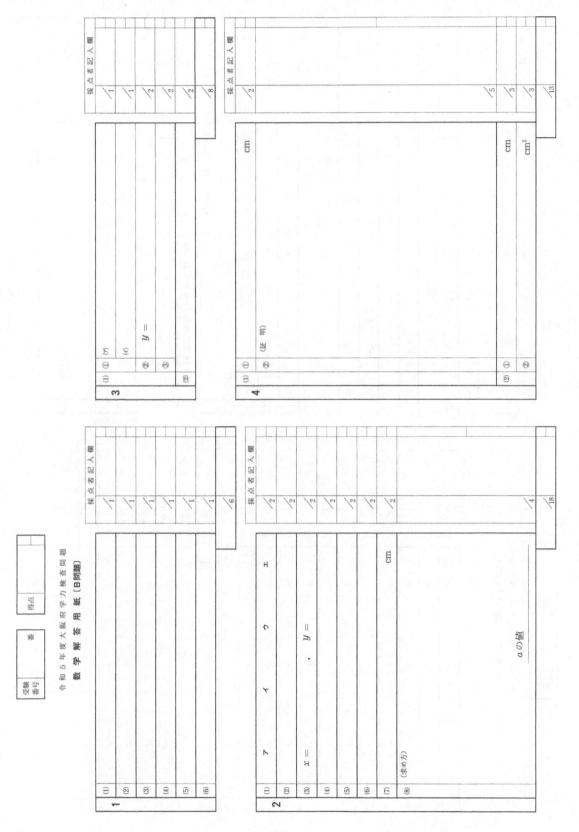

※ 192%に拡大していただくと，解答欄は実物大になります。

受験番号	番

得点	

〈リスニングを除く〉

令和５年度大阪府学力検査問題

英語解答用紙〔A問題〕

1					採点者記入欄
	(1)	ア	イ	ウ	/1
	(2)	ア	イ	ウ	/1
	(3)	ア	イ	ウ	/1
	(4)	ア	イ	ウ	/1
	(5)	ア	イ	ウ	/1
	(6)	ア	イ	ウ	/1
	(7)	ア	イ	ウ	/1
	(8)	ア	イ	ウ	/1
	(9)	ア	イ	ウ	/1
	(10)	ア	イ	ウ	/1
	(11)	ア	イ	ウ	/1
	(12)	ア	イ	ウ	/1
					/12

2					採点者記入欄
	(1)	ア	イ	ウ	/1
	(2)	ア	イ	ウ	/1
	(3)	ア	イ	ウ	/1
	(4)	ア	イ	ウ	/1
					/4

3					採点者記入欄
	①	ア	イ	ウ	/1
	②	ア	イ	ウ	/1
	③	ア	イ	ウ	/1
					/3

4						採点者記入欄
	(1)	ア	イ	ウ	エ	/1
	(2)	ア	イ	ウ	エ	/1
	(3)	ア	イ	ウ	エ	/1
	(4)	ア	イ	ウ	エ	/1
						/4

5 [Ⅰ]					採点者記入欄
	(1)	ア	イ	ウ	/1
	(2)				/2
	(3)	ア	イ	ウ	/2
	(4)	If ＿＿＿＿ ＿＿＿＿ the world in the future, I will try such food and drinks.			/2
					/7

5 [Ⅱ]		採点者記入欄
	①	/2
	②	/2
		/4

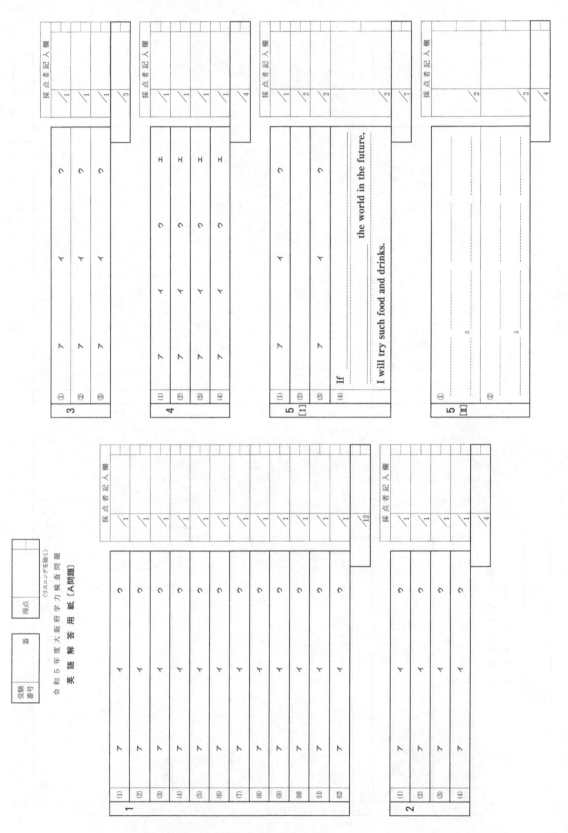

※ 192％に拡大していただくと，解答欄は実物大になります。

受験番号	番

得点	

〈リスニングを除く〉

令和５年度大阪府学力検査問題

英語解答用紙〔B問題〕

1 ［Ⅰ］

				採点者記入欄
①	ア	イ	ウ	／1
②	ア	イ	ウ	／1
③	ア	イ	ウ	／1
④	ア	イ	ウ	／1
⑤	ア	イ	ウ	／1
				／5

1 ［Ⅱ］

					採点者記入欄
(1)	ア	イ	ウ	エ	／1
(2)	ア	イ	ウ	エ	／1
(3)	ア	イ	ウ	エ	／1
(4)	ア	イ	ウ	エ	／2
(5) ①					／2
(5) ②					／2
					／9

2 ［Ⅰ］

					採点者記入欄
(1)	ア	イ	ウ	エ	／1
(2)	He ＿＿＿＿＿＿＿＿＿＿ .				／2
(3)					／2
(4)	ア	イ	ウ	エ	／2
(5)	ア	イ	ウ	エ	／2
(6)	I found ＿＿＿＿＿＿＿＿＿＿ about dandelions.				／2
(7)	ア	イ	ウ	エ	／2
					／13

2 ［Ⅱ］

	採点者記入欄
①	／3
② ［　Yes, I do.　・　No, I don't.　］	／4
	／7

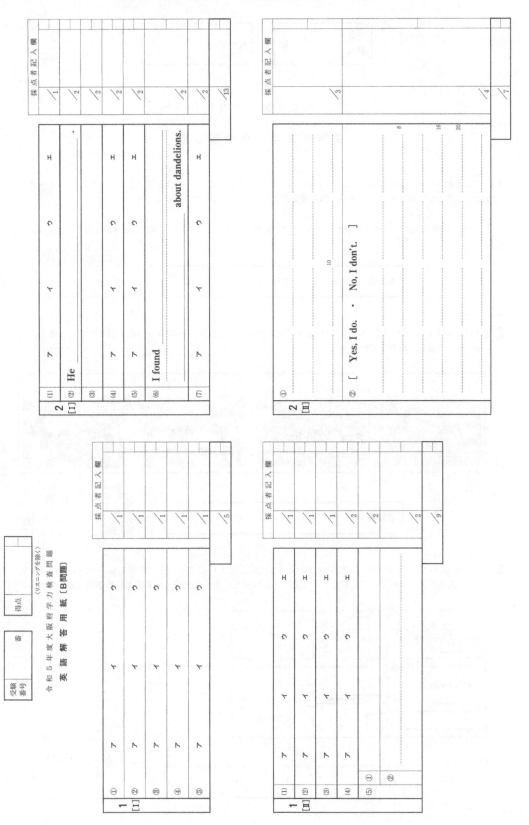

※167%に拡大していただくと，解答欄は実物大になります。

受験番号	番	得点	

令和５年度大阪府学力検査問題

英語リスニング解答用紙

1　絵里とジョーとの会話を聞いて，ジョーのことばに続くと考えられる絵里のことばとして，次の**ア～エ**のうち最も適しているものを一つ選び，**解答欄の記号**を○で囲みなさい。

ア　Two apples.　**イ**　I like orange.　**ウ**　Yes, I do.　**エ**　No, we aren't.

解答欄	ア	イ	ウ	エ

採点者記入欄	
/1	

2　真理とロブとの会話を聞いて，ロブが描いている絵として，次の**ア～エ**のうち最も適していると考えられるものを一つ選び，**解答欄の記号**を○で囲みなさい。

解答欄	ア	イ	ウ	エ

採点者記入欄	
/1	

3　下の図は，エマと啓太が通う学校の周りのようすを示したものです。二人の会話を聞いて，エマの行き先として，図中の**ア～エ**のうち最も適していると考えられるものを一つ選び，**解答欄の記号**を○で囲みなさい。

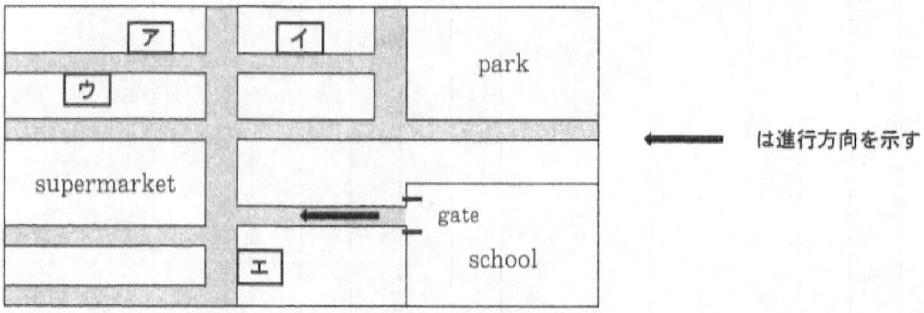

解答欄	ア	イ	ウ	エ

採点者記入欄	
/1	

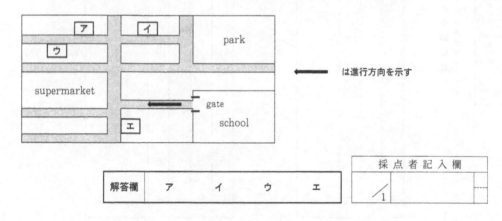

※ 167%に拡大していただくと，解答欄は実物大になります。

4　空港の搭乗口でアナウンスが流れてきました。そのアナウンスを聞いて，それに続く二つの質問に対する答えとして最も適しているものを，それぞれ**ア～エ**から一つずつ選び，**解答欄の記号**を○で囲みなさい。

(1)　**ア**　Two.　　**イ**　Three.　　**ウ**　Four.　　**エ**　Seven.

解答欄	ア	イ	ウ	エ

採点者記入欄		
/1		

(2)　**ア**　People with small children.
イ　People who have questions for a clerk.
ウ　People who have a seat number from 1 to 14.
エ　People who have a seat number from 15 to 30.

解答欄	ア	イ	ウ	エ

採点者記入欄		
/1		

5　明とケイトとの会話を聞いて，それに続く二つの質問に対する答えとして最も適しているものを，それぞれ**ア～エ**から一つずつ選び，**解答欄の記号**を○で囲みなさい。

(1)　**ア**　They will go to a flower shop.
イ　They will go to a bookstore.
ウ　They will watch a movie.
エ　They will eat lunch.

解答欄	ア	イ	ウ	エ

採点者記入欄		
/2		

(2)　**ア**　At 10:25.　　**イ**　At 10:30.　　**ウ**　At 11:15.　　**エ**　At 1:30.

解答欄	ア	イ	ウ	エ

採点者記入欄		
/2		

6　由香とサムとの会話を聞いて，会話の中で述べられている内容と合うものを，次の**ア～エ**から一つ選び，**解答欄の記号**を○で囲みなさい。

ア　Yuka said, "That's not good advice," because her brother didn't like Sam's advice.
イ　Yuka said, "That's not good advice," because her brother liked the present she gave last year.
ウ　Yuka said, "That's not good advice," because she still didn't know what to give to her brother.
エ　Yuka said, "That's not good advice," because her brother was going to watch a baseball game.

解答欄	ア	イ	ウ	エ

採点者記入欄		
/2		

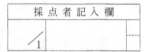

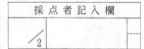

※ 192%に拡大していただくと，解答欄は実物大になります。

受験番号	番	得点	

令和５年度大阪府学力検査問題

理科解答用紙

				解答	採点者記入欄
1	[Ⅰ]	(1)			/1
		(2)	①	状組織	/1
			②	%	/1
	[Ⅱ]	(3)	ⓑ	ア　イ　ⓒ　ウ　エ	/1
		(4)		(天気)	/1
				(風力)	/1
		(5)	①		/2
			②	ア　イ　ウ　エ	/2
					/10

				解答	採点者記入欄
2	[Ⅰ]	(1)			/1
		(2)	ⓐ	ア　イ　ⓑ　ウ　エ	/1
		(3)	①	変化	/1
			②	ⓒ　ア　イ　ⓓ　ウ　エ	/2
	[Ⅱ]	(4)	①	ア　イ　ウ　エ	/2
			②		/2
		(5)	ⓕ	ア　イ　ⓖ　ウ　エ	/2
					/11

			解答	採点者記入欄
3	(1)		ア　イ　ウ	/1
	(2)		ア　イ　ウ　エ	/1
	(3)	①	ア　イ　ウ　エ	/2
		②	ア　イ　ウ　エ	/2
		③	ア　イ　ウ	/2
		④ (i)		/2
		(ii)	ⓖ　ア　イ　ウ　ⓗ　エ　オ	/2
				/12

				解答	採点者記入欄
4	[Ⅰ]	(1)	①	ア　イ　ウ	/1
			②	N	/1
		(2)	①	ⓐ　ア　イ　ⓑ　ウ　エ	/1
			②	を押す力	/1
	[Ⅱ]	(3)			/2
		(4)	ⓒ	ア　イ　ⓓ　ウ　エ	/2
		(5)	①	ⓔ　ア　イ　ⓕ　ウ　エ	/2
			②	ア　イ　ウ　エ	/2
					/12

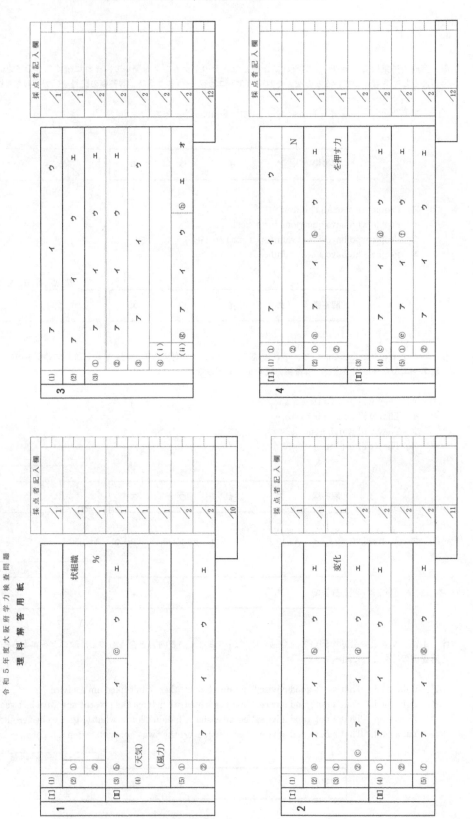

※ 192%に拡大していただくと，解答欄は実物大になります。

受験番号	番	得点	

令和５年度大阪府学力検査問題

社会解答用紙

1

								採点者記入欄
(1)	ⓐ	ア	イ	ⓑ	ウ	エ		/1
(2)	①	ア	イ		ウ	エ		/1
	②							/2
	③	ア	イ	ウ	エ	オ	カ	/2
(3)	①	ア	イ		ウ	エ		/2
	②							/2
								/10

2

									採点者記入欄
(1)	①		ア	イ		ウ	エ		/1
	②		ア	イ		ウ	エ		/1
(2)	①		ア	イ		ウ	エ		/1
	②		ア	イ		ウ	エ		/1
	③	ⓐ	ア	イ	ⓑ	ウ	エ		/2
(3)	①		ア	イ		ウ	エ		/2
	②		ア	イ	ウ	エ	オ	カ	/2
	③								/2
									/12

3

						採点者記入欄
(1)	①	ア	イ	ウ	エ	/1
	②					/2
	③					/2
	④					/2
(2)	ⓐ	ア	イ	ウ	エ	/2
	ⓑ					/2
						/11

4

								採点者記入欄
(1)	①		ア	イ		ウ	エ	/1
	②	ⓐ	ア	イ	ⓑ	ウ	エ	/1
(2)	①							/2
	②	(a)						/2
		(b)	ア	イ		ウ	エ	/2
(3)	①							/2
	②		ア	イ		ウ	エ	/2
								/12

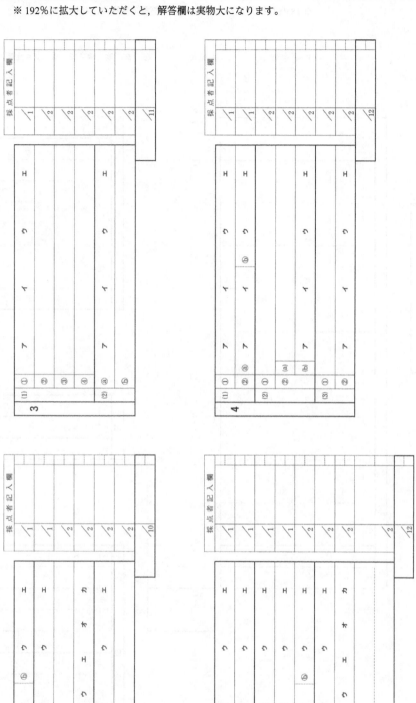

大阪府公立高校（特別選抜）　2023年度

※ 185％に拡大していただくと，解答欄は実物大になります。

令和五年度大阪府学力検査問題　国語解答用紙〔A問題〕

受験番号　　番

得点

一
1
(1) 約束
(2) 並列
(3) 雑誌
(4) 銭湯
(5) 浴びる
(6) 移す
(7) ヒロう
(8) ガク
(9) テイシ
(10) ジョウブ
2 ア　イ　ウ
3 ア　イ　ウ　エ

採点者記入欄 /1 /1 /1 /1 /1 /1 /1 /1 /1 /1 /1 /1 /12

二
1 ア　イ　ウ　エ
2 A　B　C
3 a
b パラボラアンテナのような形に　15　25　ことによって

採点者記入欄 /2 /2 /2 /4 /10

三
1
2 ア　イ　ウ
3

採点者記入欄 /2 /2 /3 /7

四
1 ア　イ　ウ
2 a　b　c
3 (1) a　b　10　15
(2) ア　イ　ウ

採点者記入欄 /2 /2 /2 /2 /2 /4 /2 /16

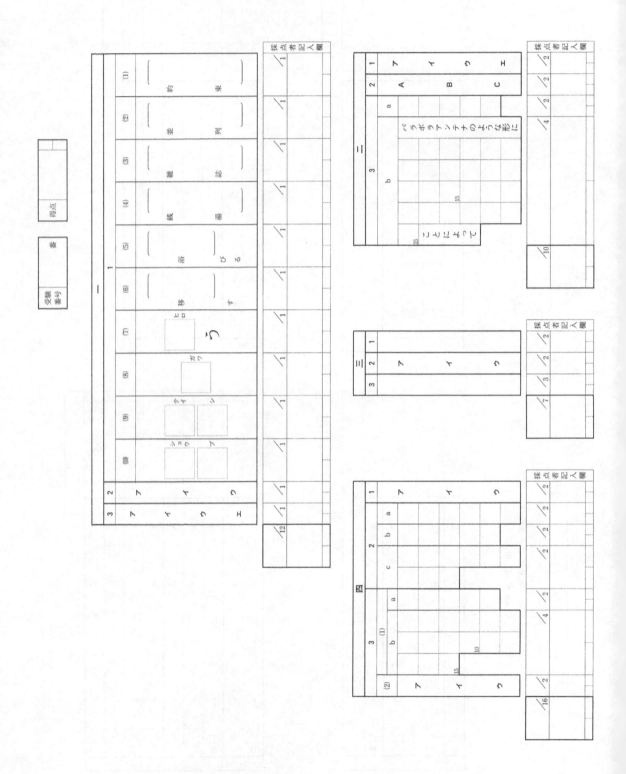

大阪府公立高校(特別選抜)　2023年度

※185%に拡大していただくと，解答欄は実物大になります。

令和五年度大阪府学力検査問題　国語解答用紙〔B問題〕

受験番号　番

得点

一

1

(1) 爽やか

(2) 訪ねる

(3) 街灯

(4) 峡谷

(5) ソソく

(6) モる

(7) ソンザイ

(8) ボウエキ

2　ア　イ　ウ　エ

3　ア　イ　ウ　エ

採点者記入欄　/1　/1　/1　/1　/1　/1　/1　/1　/2　/2　/12

二

1　ア　イ　ウ　エ

2　ア　イ　ウ　エ

3　a　そのもので　15　25　ものであり、

b

4　a　b

採点者記入欄　/2　/2　/4　/2　/2　/2　/14

三

1　ア　イ　ウ　エ

2

3　a　b　c

採点者記入欄　/2　/1　/2　/2　/7

四

1　ア　イ　ウ　エ

2　随筆が生まれるときの　40　50　ことにより、

3　ア　イ　ウ　エ

4　ア　イ　ウ　エ

採点者記入欄　/2　/6　/2　/2　/12

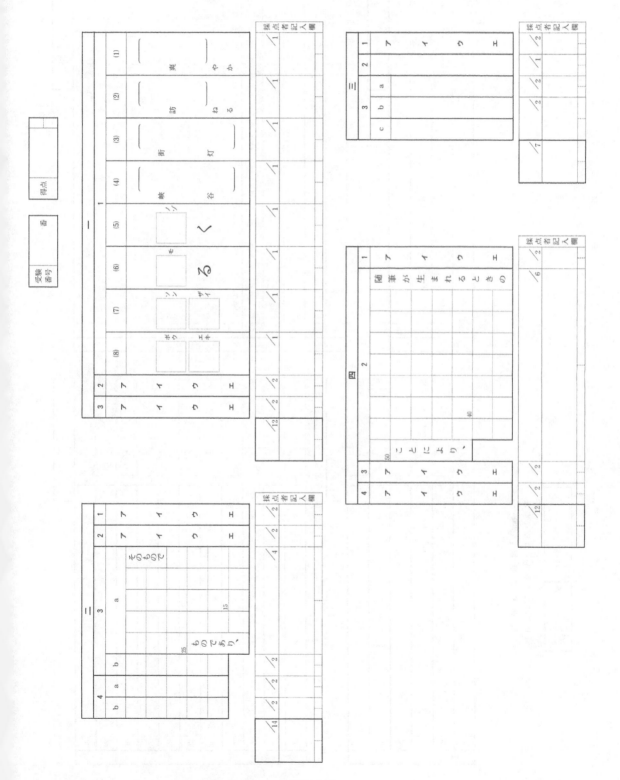

※ 192%に拡大していただくと，解答欄は実物大になります。

受験番号	番

得点	

令和５年度大阪府学力検査問題

数学解答用紙〔A問題〕

1

		採点者記入欄
(1)		/3
(2)		/3
(3)		/3
(4)		/3
(5)		/3
(6)		/3
		/18

2

		採点者記入欄
(1)	ア　イ　ウ　エ	/3
(2)		/3
(3)	ア　イ　ウ　エ	/3
(4)	g	/3
(5)	度	/3
(6)	回	/3
(7)	$x =$　　，$y =$	/3
(8)		/3
(9)		/3
(10)		/3
(11)	ア　イ　ウ　エ	/3
		/33

3

			採点者記入欄
(1)	①	(ア)	/3
		(イ)	/3
	②	$y =$	/5
(2)			/5
			/16

4

			採点者記入欄
(1)		ア　イ　ウ　エ	/3
(2)		cm^2	/3
(3)	ⓐ		/3
	ⓑ		/3
	ⓒ	ア　イ　ウ	/3
(4)	（求め方）	cm	/8
			/23

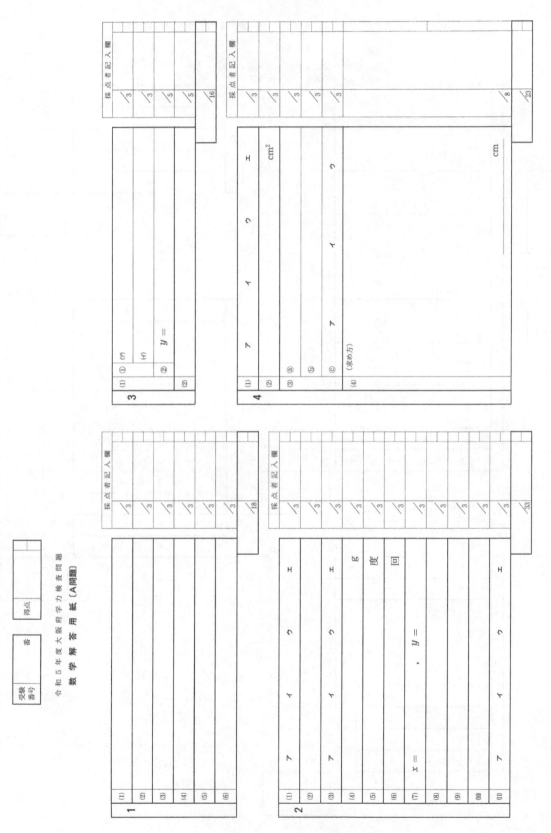

※ 192%に拡大していただくと，解答欄は実物大になります。

受験番号	番	得点	

令和５年度大阪府学力検査問題

数学解答用紙〔B問題〕

1		採点者記入欄
	(1)	/3
	(2)	/3
	(3)	/3
	(4)	/3
	(5)	/3
		/15

2		採点者記入欄
	(1)	/3
	(2)	/3
	(3)	/3
	(4)	/3
	(5)	/3
	(6) ア　イ　ウ　エ　オ	/4
	(7)	/4
	(8) (求め方) aの値	/6
		/29

3				採点者記入欄
	(1)	①	(ｱ)	/3
			(ｲ)	/3
		②	$y=$	/3
		③		/3
	(2)		sの値　，　tの値	/4
				/16

4				採点者記入欄
	[Ⅰ]	(1)	(証　明)	/7
		(2)	① cm	/5
			② cm	/5
	[Ⅱ]	(3)	ア　イ　ウ　エ	/3
		(4)	① cm	/5
			② cm^3	/5
				/30

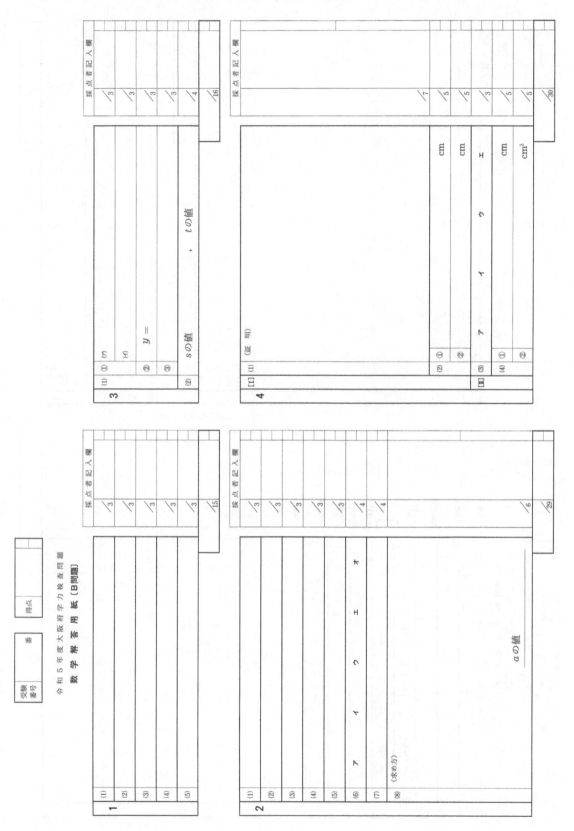

※ 192%に拡大していただくと，解答欄は実物大になります。

受験番号	番	得点	

令和５年度大阪府学力検査問題
数学解答用紙〔C問題〕

1

			採点者記入欄
(1)			/4
(2)			/4
(3)	a の値	もう一つの解　$x=$	/5
(4)	a の値	b の値	/5
(5)			/6
(6)			/6
(7)			/6
(8)	(求め方) t の値		/8
			/44

2

			採点者記入欄
(1)	①	cm	/4
	②	(証　明)	/8
(2)	①	cm	/4
	②	cm	/6
			/22

3

			採点者記入欄
(1)	①	ア　イ　ウ　エ　オ	/4
	②	倍	/4
	③	cm	/6
(2)	①	cm	/4
	②	cm^3	/6
			/24

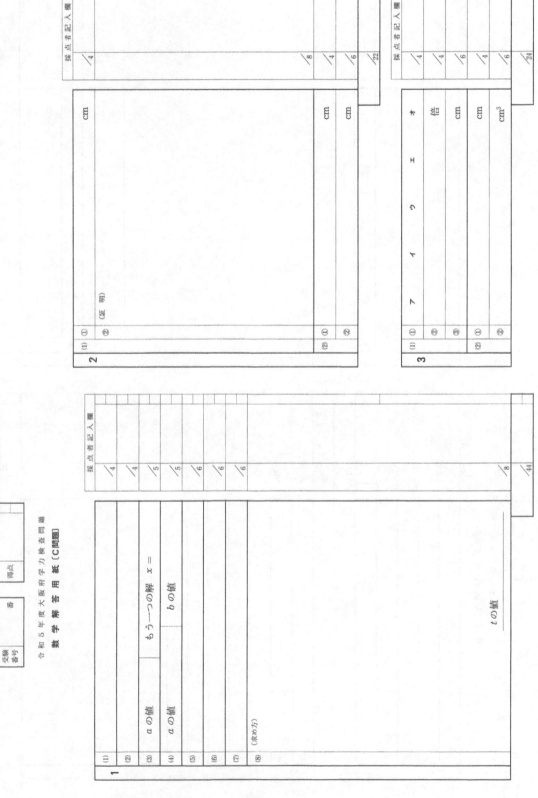

※ 192％に拡大していただくと，解答欄は実物大になります。

受験番号	番	得点	

〈リスニングを除く〉

令和５年度大阪府学力検査問題

英語解答用紙〔A問題〕

1				採点者記入欄
(1)	ア	イ	ウ	/2
(2)	ア	イ	ウ	/2
(3)	ア	イ	ウ	/2
(4)	ア	イ	ウ	/2
(5)	ア	イ	ウ	/2
(6)	ア	イ	ウ	/2
(7)	ア	イ	ウ	/2
(8)	ア	イ	ウ	/2
(9)	ア	イ	ウ	/2
(10)	ア	イ	ウ	/2
				/20

2 [I]					採点者記入欄
(1)	ア	イ	ウ	エ	/2
(2)					/2
(3)	ア	イ	ウ	エ	/3
(4)	ア	イ	ウ	エ	/3
					/10

2 [II]	採点者記入欄
① 5	/3
② 5	/3
③ 5	/4
	/10

3					採点者記入欄
(1)	ア	イ	ウ	エ	/3
(2)	heard the word.				/3
(3)	ア	イ	ウ	エ	/3
(4)	I like .				/3
(5)					/3
(6)	ア	イ	ウ	エ	/3
(7)	ア	イ	ウ	エ	/3
(8) ①					/3
(8) ②					/4
					/28

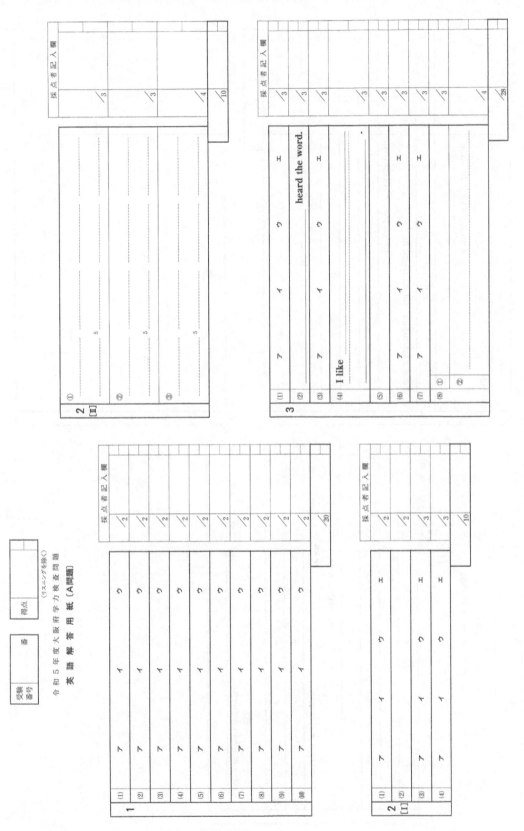

※ 192%に拡大していただくと，解答欄は実物大になります。

受験番号	番	得点	

〈リスニングを除く〉

令和５年度大阪府学力検査問題

英語解答用紙〔B問題〕

1		採点者記入欄
(1)	ア　イ　ウ　エ	/2
(2)		/3
(3)	ア　イ　ウ　エ	/3
(4)	ア　イ　ウ　エ	/3
(5)	______ of ***tempeh*** now, I could show it to you.	/3
(6)	ア　イ　ウ　エ	/3
(7)	ア　イ　ウ　エ	/3
(8)	I ______ tell you about ***tempeh***.	/3
(9)	ア　イ　ウ　エ　オ	/6
		/29

2［Ⅰ］		採点者記入欄
(1)	ア　イ　ウ　エ	/2
(2)	He ______ cup with the way of ***kintsugi***.	/3
(3)	ア　イ　ウ　エ	/3
(4)	ア　イ　ウ　エ	/3
(5)	Before learning about ***kintsugi***, he ______ which part was repaired.	/3
(6)	ア　イ　ウ　エ	/3
(7)		/3
(8)	ア　イ　ウ　エ	/3
(9) ①		/3
(9) ②		/3
		/29

2［Ⅱ］	採点者記入欄
①	/4
②［ Yes, I do. ・ No, I don't. ］	/6
	/10

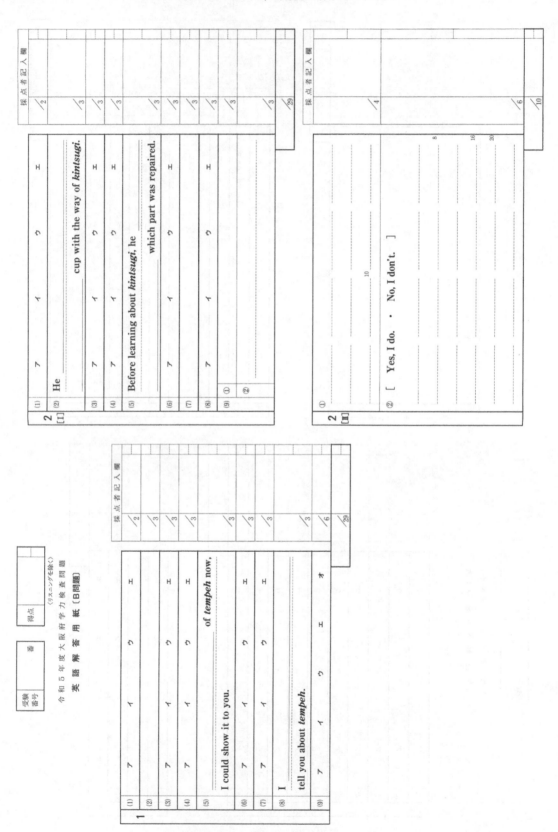

※167%に拡大していただくと，解答欄は実物大になります。

受験番号	番	得点	

令和5年度大阪府学力検査問題

英語リスニング解答用紙〔A問題・B問題〕

1　トムと里香との会話を聞いて，里香のことばに続くと考えられるトムのことばとして，次の**ア～エ**のうち最も適しているものを一つ選び，**解答欄の記号**を○で囲みなさい。

ア　Four hours.　　**イ**　Four times.　　**ウ**　Yes, I did.　　**エ**　No, I didn't.

解答欄	ア	イ	ウ	エ

採点者記入欄	
/2	

2　ラジオで天気予報が流れてきました。その天気予報で述べられている明日の天気の内容と合うものとして，次の**ア～エ**のうち最も適していると考えられるものを一つ選び，**解答欄の記号**を○で囲みなさい。

解答欄	ア	イ	ウ	エ

採点者記入欄	
/2	

3　ジェニーと高志との会話を聞いて，二人が明日，教科書のほかに学校に持っていく必要のあるものの組み合わせを示したものとして，次の**ア～エ**のうち最も適していると考えられるものを一つ選び，**解答欄の記号**を○で囲みなさい。

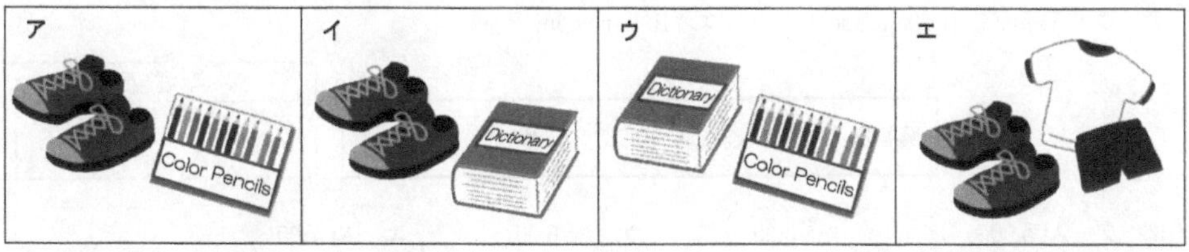

解答欄	ア	イ	ウ	エ

採点者記入欄	
/3	

※ 167％に拡大していただくと，解答欄は実物大になります。

4　華とアメリカからの留学生のサイモンが12月のカレンダーを見ながら会話をしています。二人の会話を聞いて，二人がフェスティバルに行く予定の日として，次の**ア～エ**のうち最も適しているものを一つ選び，**解答欄の記号**を○で囲みなさい。

ア　The 17th.　　**イ**　The 18th.
ウ　The 24th.　　**エ**　The 25th.

12月

月	火	水	木	金	土	日
			1	2	3	4
5	6	7	8	9	10	11
12	13	14	15	16	17	18
19	20	21	22	23	24	25
26	27	28	29	30	31	

解答欄	ア	イ	ウ	エ

採点者記入欄		
/3		

5　英語クラブに所属する絵里がオーストラリアから来た留学生に，学校生活について説明しています。その説明を聞いて，それに続く二つの質問に対する答えとして最も適しているものを，それぞれ**ア～エ**から一つずつ選び，**解答欄の記号**を○で囲みなさい。

(1)　**ア**　3 clubs.　　**イ**　10 clubs.　　**ウ**　12 clubs.　　**エ**　20 clubs.

解答欄	ア	イ	ウ	エ

採点者記入欄		
/3		

(2)　**ア**　The students can eat special curry at the school cafeteria every day.
イ　The students from Australia can join only one club activity in the school.
ウ　All the classes show a drama or dance in their classroom at the school festival.
エ　All the students sing a song at the end of the school festival.

解答欄	ア	イ	ウ	エ

採点者記入欄		
/3		

6　アメリカに留学をしている由美とホストファミリーのホワイトさんが，ホワイトさんの家で会話をしています。二人の会話を聞いて，それに続く二つの質問に対する答えとして最も適しているものを，それぞれ**ア～エ**から一つずつ選び，**解答欄の記号**を○で囲みなさい。

(1)　**ア**　At school.　　**イ**　In the garden.
ウ　At her friend's house.　　**エ**　In her room.

解答欄	ア	イ	ウ	エ

採点者記入欄		
/3		

(2)　**ア**　At 5:00.　　**イ**　At 5:30.　　**ウ**　At 6:00.　　**エ**　At 7:00.

解答欄	ア	イ	ウ	エ

採点者記入欄		
/3		

※ 192%に拡大していただくと，解答欄は実物大になります。

受験番号	番

得点	

〈リスニングを除く〉

令和５年度大阪府学力検査問題

英語解答用紙〔C問題〕

						採点者記入欄
1	(1)	ア	イ	ウ	エ	/2
	(2)	ア	イ	ウ	エ	/2
	(3)	ア	イ	ウ	エ	/2
	(4)	ア	イ	ウ	エ	/2
	(5)	ア	イ	ウ	エ	/2
	(6)	ア	イ	ウ	エ	/2
2	(1)	ア	イ	ウ	エ	/2
	(2)	ア	イ	ウ	エ	/2
	(3)	ア	イ	ウ	エ	/2
3	(1)	ア	イ	ウ	エ	/2
	(2)	ア	イ	ウ	エ	/2
	(3)	ア	イ	ウ	エ	/2
	(4)	ア	イ	ウ	エ	/2
	(5)	ア	イ	ウ	エ	/2
4	(1)	ア	イ	ウ	エ	/2
	(2)	ア	イ	ウ	エ	/2
	(3)	ア	イ	ウ	エ	/2
	(4)	ア	イ	ウ	エ	/2
	(5)	ア	イ	ウ	エ	/2
						/38

						採点者記入欄
5	(1)	ア	イ	ウ	エ	/2
	(2)	ア	イ	ウ	エ	/2
	(3)	ア	イ	ウ	エ	/2
	(4)	ア	イ	ウ	エ	/2
	(5)	ア	イ	ウ	エ	/2
	(6)	ア	イ	ウ	エ	/2
						/12

		採点者記入欄
6		/10
		/10

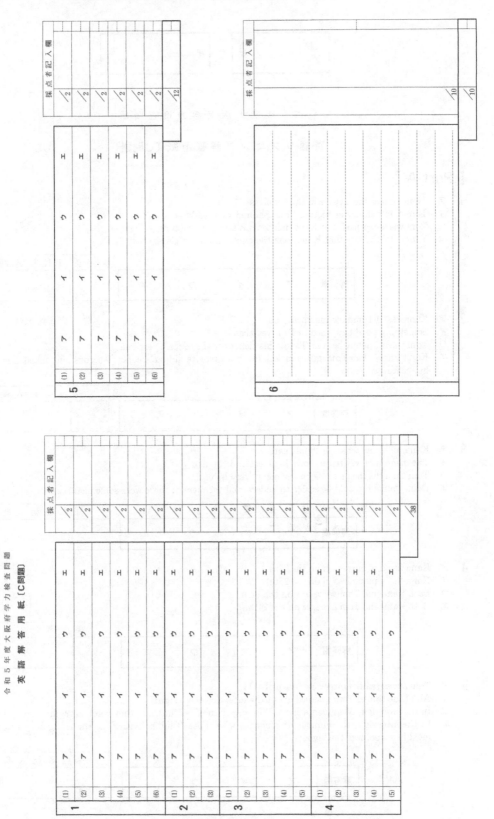

※167％に拡大していただくと，解答欄は実物大になります。

受験番号	番	得点	

令和５年度大阪府学力検査問題

英語リスニング解答用紙〔C問題〕

【Part A】

1　ア　Tom painted the picture in the art class.
　　イ　Tom didn't think the picture Kana painted was really good.
　　ウ　Tom was surprised that Kana painted a really good picture.
　　エ　Tom didn't believe that Kana took the photo in the art class.

解答欄	ア	イ	ウ	エ

採点者記入欄	
/2	

2　ア　Kana asked Tom how his uncle was.
　　イ　Something good happened to Tom yesterday.
　　ウ　Tom wasn't happy because he lost his ticket for the concert yesterday.
　　エ　Kana knew that Tom got a ticket for his favorite singer's concert before she asked him what happened.

解答欄	ア	イ	ウ	エ

採点者記入欄	
/2	

3　ア　Kana told Tom what he should eat.
　　イ　The menu was written in both Japanese and English.
　　ウ　Tom thought the pictures on the menu were helpful.
　　エ　Kana thinks it would be easier to understand the menu if there were some pictures.

解答欄	ア	イ	ウ	エ

採点者記入欄	
/2	

4　ア　Kana has a piano lesson on the 24th.
　　イ　Kana has a piano lesson on the 25th.
　　ウ　Both Kana and Tom were free on the 17th.
　　エ　Both Kana and Tom are free on the 24th.

解答欄	ア	イ	ウ	エ

採点者記入欄	
/3	

5　ア　Tom answered the interview in April.
　　イ　All of the things Tom guessed about the interview were right.
　　ウ　In the interview, 38 students chose "Making friends" as the thing they want to try harder.
　　エ　In the interview, the number of students who chose "Club activities" as the thing they enjoy the most at school was the biggest.

解答欄	ア	イ	ウ	エ

採点者記入欄	
/3	

※ 167%に拡大していただくと，解答欄は実物大になります。

【 Part B 】

6 (1) ア All the students in this school make a drama every year.
イ The school festival will be held in November.
ウ The teacher will choose which group will show their drama in the school festival.
エ The students will make groups of five or six people in the next lesson.

解答欄	ア	イ	ウ	エ

採点者記入欄		
/3		

(2) ア The students need to make a story longer than ten minutes.
イ The students need to make their own story for their drama.
ウ The students need to practice their drama in the lessons.
エ The students need to speak their parts clearly and fluently.

解答欄	ア	イ	ウ	エ

採点者記入欄		
/3		

【 Part C 】

採点者記入欄		
/12		

※ 167％に拡大していただくと，解答欄は実物大になります。

令和５年度大阪府学力検査問題

英語リスニング問題〔C問題〕

【Part C】

Let’s join the online event with Korean and Australian students!

Date: 3:30-5:30 p.m. on May 15th

Plan: 1. English speeches about each country

2. Questions and Answers

3. Games

You need to prepare a speech about Japan, photos for your speech, and a game to play together.

(注) online　オンラインの

※ 167％に拡大していただくと，解答欄は実物大になります。

【Memo】

Tom	Kana

※ 192%に拡大していただくと，解答欄は実物大になります。

受験番号	番	得点	

令和５年度大阪府学力検査問題

理科解答用紙

1

			採点者記入欄
(1)	ⓐ	ア　イ　ⓑ　ウ　エ	/2
(2)	①	ⓒ　ア　イ　ⓓ　ウ　エ	/2
	②	K：L ＝〔　　〕：〔　　〕	/3
(3)		ア　イ　ウ　エ	/3
(4)	ⓔ	ア　イ　ⓕ　ウ　エ	/3
(5)	①	実験	/3
	②	ア　イ　ウ　エ　オ　カ	/3
(6)		ア　イ　ウ　エ	/3
			/22

2

			採点者記入欄
(1)	①	ア　イ　ウ	/2
	②	反射	/2
(2)			/2
(3)		ア　イ　ウ　エ	/2
(4)		cm	/2
(5)		像	/2
(6)	ⓐ	ア　イ　ウ　エ	/2
	ⓑ	cm	/3
(7)		ア　イ　ウ　エ	/3
(8)		ア　イ　ウ　エ	/3
			/23

3

			採点者記入欄
(1)		A　B　C　D	/2
(2)		運動	/3
(3)		ア　イ　ウ　エ	/3
(4)		ア　イ　ウ　エ	/3
(5)	①	前線	/3
	②	ア　イ　ウ　エ	/3
(6)		a　b　c　d	/3
(7)		J	/3
			/23

4

			採点者記入欄
(1)	ⓐ	ア　イ　ⓑ　ウ　エ	/2
(2)	①	ア　イ　ウ　エ	/2
	②	置換法	/3
(3)		ア　イ　ウ　エ	/3
(4)		g	/3
(5)		ア　イ　ウ　エ　オ	/3
(6)		g	/3
(7)		倍	/3
			/22

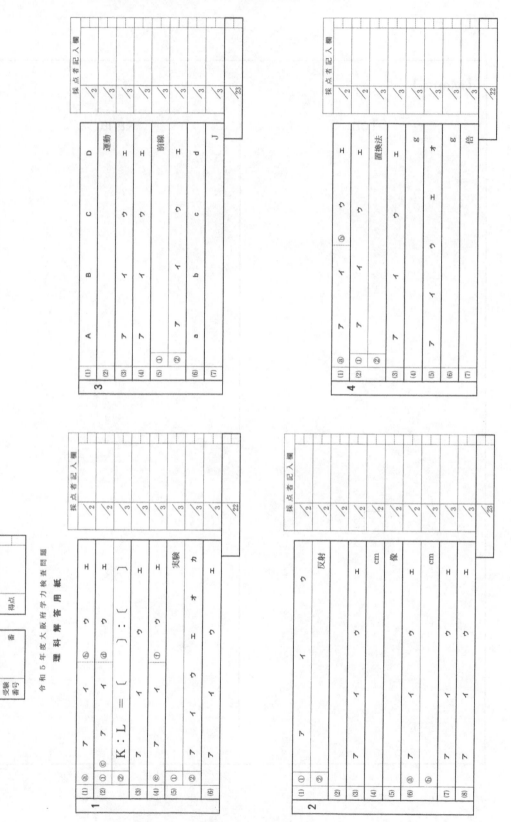

※ 192％に拡大していただくと，解答欄は実物大になります。

受験番号	番

得点	

令和５年度大阪府学力検査問題

社会解答用紙

					採点者記入欄
1	(1)	①	(a)	ア　イ　ウ　エ	/2
			(b)		/2
			(c)	ⓐ ア　イ　ⓑ ウ　エ	/2
		②			/2
		③		ア　イ　ウ　エ	/2
		④	(a)	ア　イ　ウ　エ	/2
			(b)	ア　イ　ウ　エ	/3
	(2)			ア　イ　ウ　エ	/3
	(3)				/3
					/21

					採点者記入欄
2	(1)			ア　イ　ウ　エ	/2
	(2)	①	ⓐ	ア　イ　ウ　ⓑ	/2
		②	(a)		/2
			(b)	ア　イ　ウ　エ	/2
			(c)	ア　イ　ウ　エ	/2
			(d)	ア　イ　ウ　エ	/2
		③		ア　イ　ウ　エ	/2
	(3)	ⓐ		ⓑ	/2
	(4)	①			/3
		②		ア　イ　ウ　エ	/3
					/22

					採点者記入欄
3	(1)	①		A　B　C　D　E	/2
		②			/2
		③		ア　イ　ウ　エ	/2
	(2)	①		ア　イ　ウ　エ	/2
		②		ア　イ　ウ　エ　オ　カ	/2
		③			/2
	(3)	①	ⓐ		/2
			ⓑ		/2
		②		ア　イ　ウ　エ	/2
		③	ⓐ		/2
			ⓑ		/2
		④		ア　イ　ウ　エ	/3
					/25

					採点者記入欄
4	(1)	①			/2
		②	ⓐ	ア　イ　ⓑ ウ　エ	/2
	(2)				/2
	(3)	①	ⓐ	ア　イ　ⓑ ウ　エ	/2
		②	(a)		/2
			(b)	ア　イ　ウ　エ	/3
	(4)	①		ア　イ　ウ　エ	/3
		②	ⓐ	ⓑ ア　イ	/3
	(5)				/3
					/22

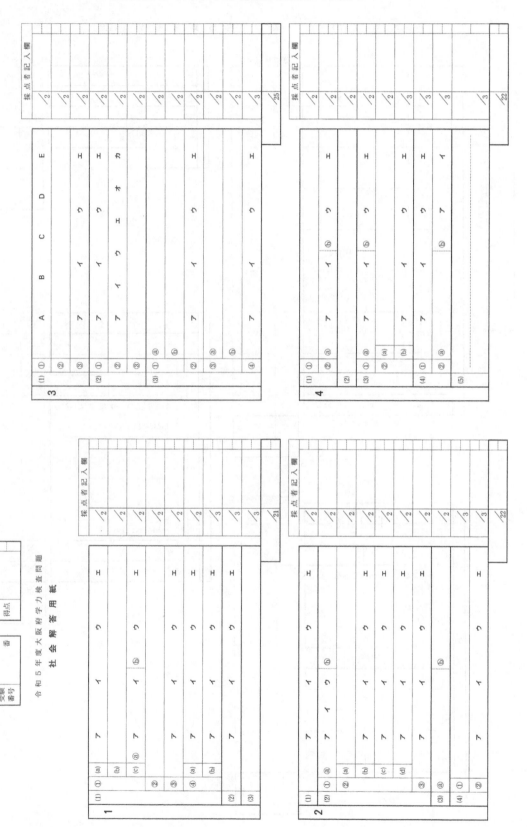

※ 192％に拡大していただくと，解答欄は実物大になります。

令和五年度大阪府学力検査問題　国語解答用紙〔A問題〕

受験番号　　番

得点

〈問題五を除く〉

一

1
(1) 宿舎
(2) 栄冠
(3) 尽くす
(4) 勧める
(5) オ□きる
(6) タモ□つ
(7) ウ□ チュウ□
(8) キュウ□ キュウ□

2
A
B
C

採点者記入欄　／2　／2　／2　／2　／2　／2　／2　／2　／3　／19

二

1
ア
イ
ウ

2
a
b 湿気の当たる蓋の裏側だけが（10）（20）現象。

3
a
b
c

採点者記入欄　／3　／4　／6　／3　／3　／3　／22

三

1
2 ア　イ　ウ
3 a　b

採点者記入欄　／3　／3　／3　／3　／12

四

1 ア　イ　ウ　エ
2 ア　イ　ウ　エ

3
(1)
a
b もういちど余分なもののなかで、（20）（25）必要がある
c のではないか
(2) ア　イ　ウ　エ

採点者記入欄　／3　／4　／4　／6　／4　／4　／25

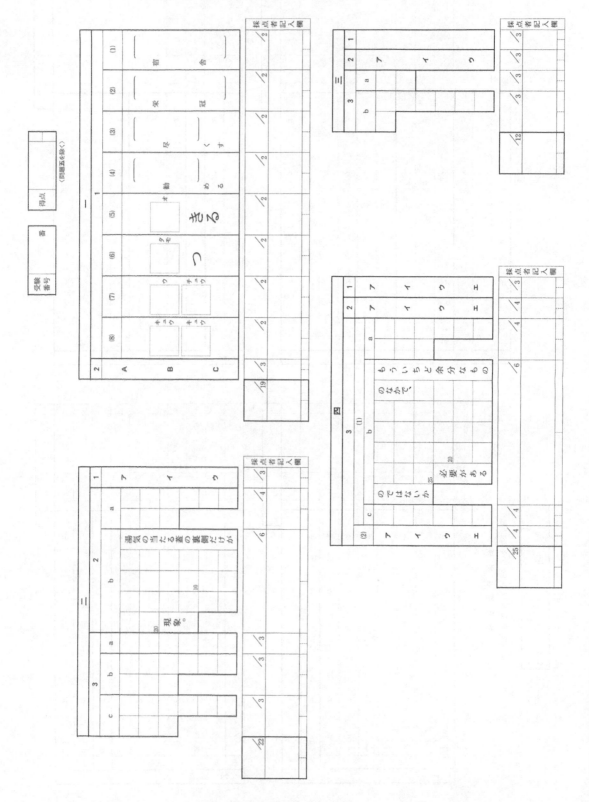

※ 139%に拡大していただくと，解答欄は実物大になります。

（原稿用紙）

受験番号　　番

得点　　／12

・原稿用紙の正しい使い方にしたがって書くこと。
・題名や名前は書かないで、本文から書き始めること。

100

180

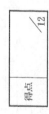

※ 192%に拡大していただくと，解答欄は実物大になります。

令和五年度大阪府学力検査問題　国語解答用紙〔B問題〕

受験番号　　番

得点　〈問題五を除く〉

一

			採点者記入欄
1	A　B　C　D		/3
2	a		/4
2	b	（20）（30）ことによってわかった事実や現実に関する新しいことが知識となる。	/6
3	ア　イ　ウ　エ		/4
4	ア　イ　ウ　エ		/4
			/21

二

			採点者記入欄
1	a		/4
1	b	はじめに（10）（15）ようになっていく。	/6
2			/2
3	ア　イ　ウ　エ		/4
			/16

三

			採点者記入欄
1	(1)	〔　　〕栄誉	/1
1	(2)	〔　　〕佳境	/1
1	(3)	〔　　〕募る	/1
1	(4)	〔　　〕携えて	/1
1	(5)	タモ□つ	/2
1	(6)	ササ□える	/2
1	(7)	キュウ□キュウ□	/2
1	(8)	リョウ□イキ□	/2
2	ア　イ　ウ　エ		/2
			/14

四

			採点者記入欄
1	ア　イ　ウ　エ		/3
2	ア　イ　ウ　エ		/4
3	a	『童子問』の間に（20）という（30）ことが分かり、	/6
3	b		/4
3	c		/4
			/21

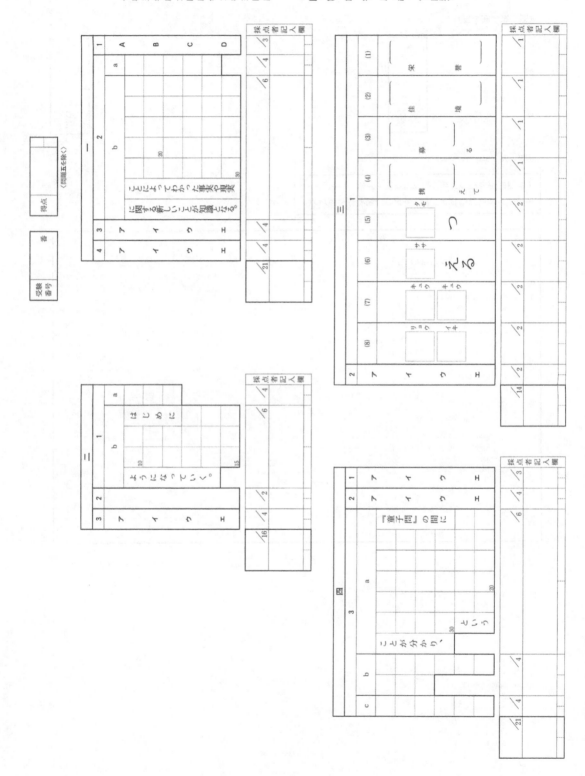

※139%に拡大していただくと，解答欄は実物大になります。

（原稿用紙）

受験番号　　番

得点　／20

・原稿用紙の正しい使い方にしたがって書くこと。
・題名や名前は書かないで、本文から書き始めること。

100

200

300

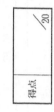

※185%に拡大していただくと，解答欄は実物大になります。

令和五年度大阪府学力検査問題　国語解答用紙〔C問題〕

受験番号　番

得点　〈問題五を除く〉

一

1 a　芭蕉は、……ということを、

1 b

2　ア　イ　ウ　エ

3 a

3 b

採点者記入欄　/6　/4　/4　/4　/4　/22

二

1　ア　イ　ウ　エ

2　ア　イ　ウ　エ

3 a

3 b　他に並ぶものがないほどすばらしく、……と思う気持ち

採点者記入欄　/4　/4　/4　/6　/18

三

1 (1)　掲《かか》げる

(2)　含蓄

(3)　珠玉

(4)　リョウ　イキ

(5)　タン　トウ

(6)　カナメ

2　ア　イ　ウ　エ

採点者記入欄　/1　/1　/1　/2　/2　/2　/2　/11

四

1　ア　イ　ウ　エ

2

3　言葉は、……ものである。

4　ア　イ　ウ　エ

採点者記入欄　/3　/4　/8　/4　/19

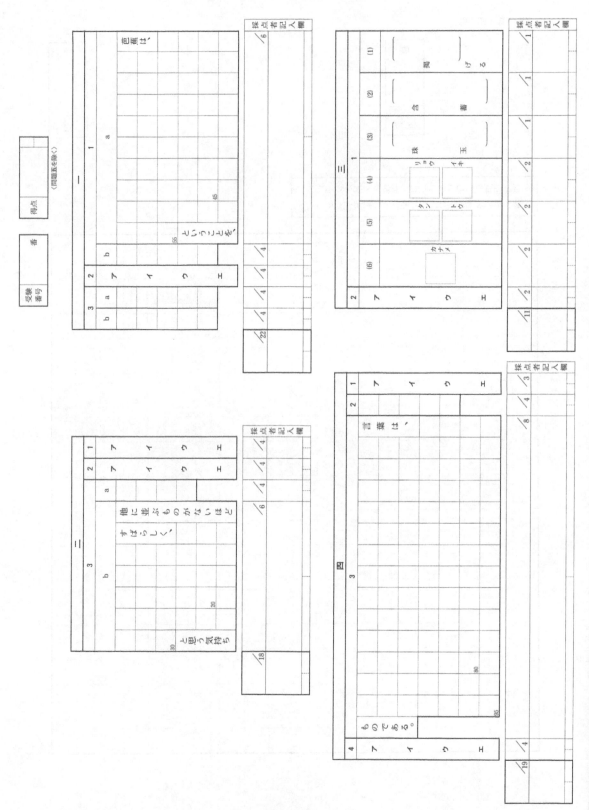

※ 139%に拡大していただくと，解答欄は実物大になります。

（原　稿　用　紙）

受験番号	番

得点	/18

・原稿用紙の正しい使い方にしたがって書くこと。
・題名や名前は書かないで、本文から書き始めること。

100

200

260

2023年度入試配点表(大阪府・特別)

(A問題)

	1	2	3	4	計
数学	各2点×6	各2点×9 ((6)完答)	(1)　各1点×2 他　各2点×2	(1)　2点 (2)　各1点×3 (3)　4点	45点

(B問題)

	1	2	3	4	計
数学	各1点×6	(8)　4点 他　各2点×7	(1)①　各1点×2 他　各2点×3	(1)①　2点 (1)②　5点 他　各3点×2	45点

(A問題)

	1	2	3	4	5	リスニング	計
英語	各1点×12	各1点×4	各1点×3	各1点×4	[Ⅰ](1)　1点 他　各2点×5	5, 6　各2点×3 他　各1点×5	45点

(B問題)

	1	2	リスニング	計
英語	[Ⅱ]　(4), (5)　各2点×3 他　各1点×8	[Ⅰ](1)　1点 [Ⅱ]①　3点　②　4点 他　各2点×6	5, 6　各2点×3 他　各1点×5	45点

	1	2	3	4	計
理科	[Ⅱ](5)　各2点×2 他　各1点×6 ([Ⅱ](3)完答)	[Ⅰ](3)②, [Ⅱ]　各2点×4 他　各1点×3([Ⅰ](2)・(3) ②, [Ⅱ](5)各完答)	(1), (2)　各1点×2 他　各2点×5 ((3)④(ii)完答)	[Ⅰ]　各1点×4((2)①完答) [Ⅱ]　各2点×4 ((4), (5)①・②各完答)	45点

	1	2	3	4	計
社会	(1), (2)①　各1点×2 他　各2点×4 ((1)完答)	(1), (2)①・②　各1点×4 他　各2点×4 ((2)③完答)	(1)①　1点 他　各2点×5	(1)　各1点×2(②完答) 他　各2点×5 ((3)②完答)	45点

(A問題)

	一	二	三	四	計
国語	各1点×12	3b　4点 他　各2点×3	3　3点 他　各2点×2	3(1)b　4点 他　各2点×6	45点

(B問題)

	一	二	三	四	計
国語	2, 3　各2点×2 他　各1点×8	3a　4点 他　各2点×5	2　1点 他　各2点×3	2　6点 他　各2点×3	45点

2023年度入試配点表(大阪府・一般)

(A問題)

	1	2	3	4	計
数学	各3点×6	各3点×11	(1)① 各3点×2 他 各5点×2	(4) 8点 他 各3点×5	90点

(B問題)

	1	2	3	4	計
数学	各3点×5	(6)・(7) 各4点×2 (8) 6点 他 各3点×5((6)完答)	(2) 4点(完答) 他 各3点×4	[Ⅰ](1) 7点 [Ⅱ](3) 3点 他 各5点×4	90点

(C問題)

	1	2	3	計
数学	(1),(2) 各4点×2 (3),(4) 各5点×2(各完答) (8) 8点 他 各6点×3((7)完答)	(1)② 8点 (2)② 6点 他 各4点×2	(1)③,(2)② 各6点×2 他 各4点×3((1)①完答)	90点

(A問題)

	1	2	3	リスニング	計
英語	各2点×10	[Ⅰ](1),(2) 各2点×2 [Ⅱ]③ 4点 他 各3点×4	(8)② 4点 他 各3点×8	1, 2 各2点×2 他 各3点×6	90点

(B問題)

	1	2	リスニング	計
英語	(1) 2点 (9) 6点 他 各3点×7	[Ⅰ](1) 2点 [Ⅱ]① 4点 ② 6点 他 各3点×9	1, 2 各2点×2 他 各3点×6	90点

(C問題)

	1	2	3	4	5	6	リスニング	計
英語	各2点×6	各2点×3	各2点×5	各2点×5	各2点×6	10点	【PartA】1~3 各2点×3 他 各3点×2 【PartB】各3点×2 【PartC】12点	90点

	1	2	3	4	計
理科	(1),(2)① 各2点×2 他 各3点×6 ((1),(2)①,(4)各完答)	(6)ⓑ,(7),(8) 各3点×3 他 各2点×7	(1) 2点 他 各3点×7	(1),(2)① 各2点×2 他 各3点×6((1)完答)	90点

	1	2	3	4	計
社会	(1)④(b),(2),(3) 各3点 ×3 他 各2点×6 ((1)①(c)完答)	(4)①・② 各3点×2 他 各2点×8 ((2)①,(3)各完答)	(3)④ 3点(完答) 他 各2点×11	(3)②(b),(4),(5) 各3点× 4((4)②完答) 他 各2点× 5((1)②,(3)①各完答)	90点

(A問題)

	一	二	三	四	五	計
国語	2 3点 他 各2点×8	2a 4点 2b 6点 他 各3点×4	各3点×4	1 3点 3(1)b 6点 他 各4点×4	12点	90点

(B問題)

	一	二	三	四	五	計
国語	1 3点 2b 6点 他 各4点×3	1b 6点 2 2点 他 各4点×2	1(1)~(4) 各1点×4 他 各2点×5	1 3点 3a 6点 他 各4点×3	18点	90点

(C問題)

	一	二	三	四	五	計
国語	1a 6点 他 各4点×4	3b 6点 他 各4点×3	1(1)~(3) 各1点×3 他 各2点×4	1 3点 3 8点 他 各4点×2	20点	90点

※ 192%に拡大していただくと，解答欄は実物大になります。

受験番号	番

得点	

令和４年度大阪府学力検査問題

数学解答用紙〔A問題〕

1		採点者記入欄
(1)		/2
(2)		/2
(3)		/2
(4)		/2
(5)		/2
(6)		/2
		/12

2		採点者記入欄
(1)	倍	/2
(2)	ア　イ　ウ　エ	/2
(3)	ア　イ　ウ　エ	/2
(4)	$x =$	/2
(5)		/2
(6)	回	/2
(7)		/2
(8)	ア　イ　ウ　エ	/2
(9)	ア　イ　ウ　エ	/2
		/18

3			採点者記入欄
(1)	①	(ア)	/1
		(イ)	/1
	②	$y =$	/2
(2)			/2
			/6

4			採点者記入欄
(1)		cm	/2
(2)	ⓐ		/1
	ⓑ		/1
	ⓒ	ア　イ　ウ	/1
(3)	(求め方)	cm	/4
			/9

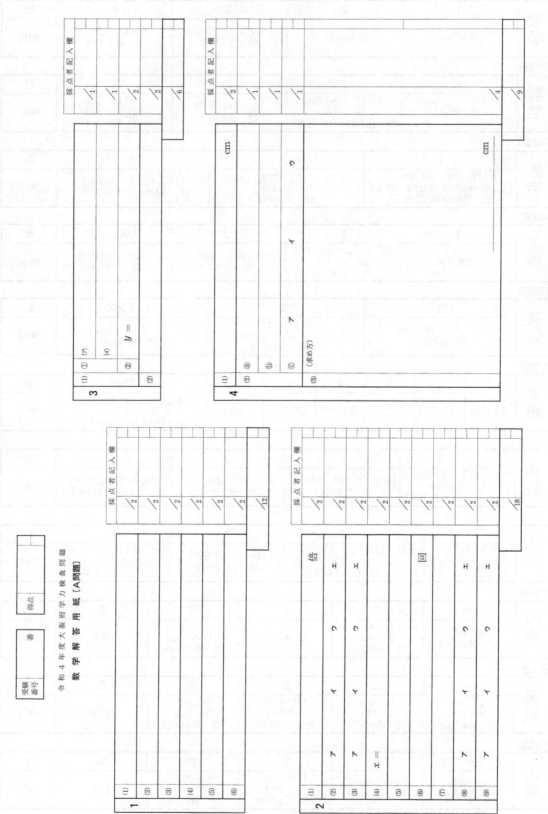

※ 192%に拡大していただくと，解答欄は実物大になります。

受験番号	番	得点	

令和４年度大阪府学力検査問題

数学解答用紙〔B問題〕

1		採点者記入欄
(1)		/1
(2)		/1
(3)		/1
(4)		/1
(5)		/1
(6)		/1
		/6

2		採点者記入欄
(1)	個	/2
(2)	ア　イ　ウ　エ	/2
(3)	$x =$　，$y =$	/2
(4)		/2
(5)		/2
(6)		/2
(7)	cm^3	/2
(8)	(求め方) tの値	/4
		/18

3			採点者記入欄
(1)	①	(ア)	/1
		(イ)	/1
	②	$y =$	/2
	③		/2
(2)			/2
			/8

4			採点者記入欄
(1)	①	cm^2	/2
	②	(証　明)	/5
(2)	①	cm	/3
	②	cm	/3
			/13

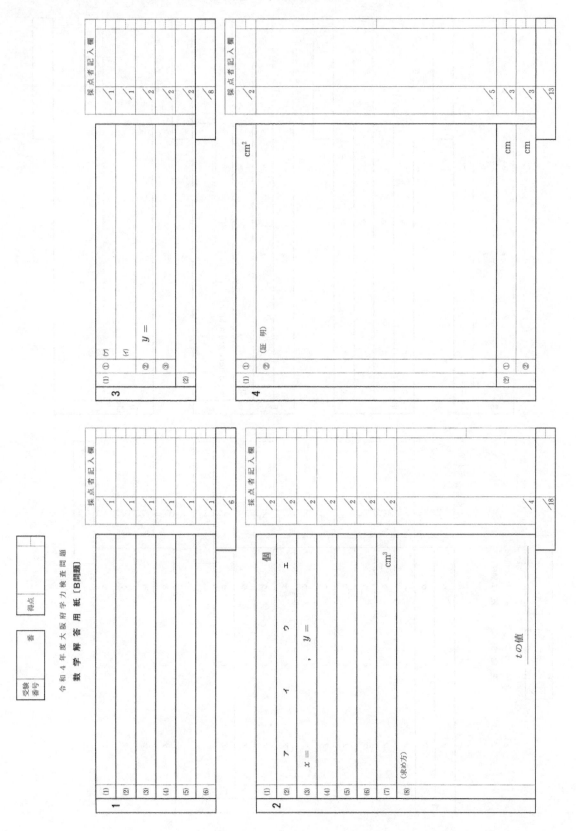

※ 192%に拡大していただくと，解答欄は実物大になります。

受験番号	番

得点	

〈リスニングを除く〉

令和４年度大阪府学力検査問題

英語解答用紙〔A問題〕

1					採点者記入欄
	(1)	ア	イ	ウ	/1
	(2)	ア	イ	ウ	/1
	(3)	ア	イ	ウ	/1
	(4)	ア	イ	ウ	/1
	(5)	ア	イ	ウ	/1
	(6)	ア	イ	ウ	/1
	(7)	ア	イ	ウ	/1
	(8)	ア	イ	ウ	/1
	(9)	ア	イ	ウ	/1
	(10)	ア	イ	ウ	/1
	(11)	ア	イ	ウ	/1
	(12)	ア	イ	ウ	/1
					/12

2					採点者記入欄
	(1)	ア	イ	ウ	/1
	(2)	ア	イ	ウ	/1
	(3)	ア	イ	ウ	/1
	(4)	ア	イ	ウ	/1
					/4

3					採点者記入欄
	①	ア	イ	ウ	/1
	②	ア	イ	ウ	/1
	③	ア	イ	ウ	/1
					/3

4						採点者記入欄
	(1)	ア	イ	ウ	エ	/1
	(2)	ア	イ	ウ	エ	/1
	(3)	ア	イ	ウ	エ	/1
	(4)	ア	イ	ウ	エ	/1
						/4

5 [Ⅰ]					採点者記入欄
	(1)	ア	イ	ウ	/1
	(2)	ア	イ	ウ	/2
	(3)				/2
	(4)	There are a lot of ＿＿＿＿＿＿ .			/2
					/7

5 [Ⅱ]		採点者記入欄
	① ＿＿＿＿ 5 ＿＿＿＿	/2
	② ＿＿＿＿ 5 ＿＿＿＿	/2
		/4

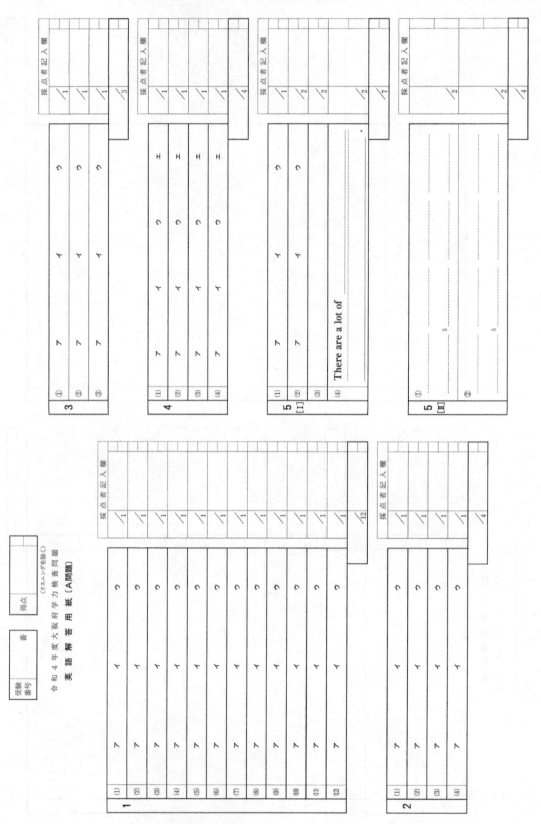

※ 192％に拡大していただくと，解答欄は実物大になります。

受験番号	番	得点	

〈リスニングを除く〉

令和４年度大阪府学力検査問題

英語解答用紙〔B問題〕

1 [Ⅰ]				採点者記入欄
①	ア	イ	ウ	／1
②	ア	イ	ウ	／1
③	ア	イ	ウ	／1
④	ア	イ	ウ	／1
⑤	ア	イ	ウ	／1
				／5

1 [Ⅱ]					採点者記入欄
(1)	ア	イ	ウ	エ	／1
(2)	ア	イ	ウ	エ	／1
(3)	ア	イ	ウ	エ	／1
(4)	ア	イ	ウ	エ	／2
(5) ①					／2
(5) ②					／2
					／9

2 [Ⅰ]					採点者記入欄
(1)	ア	イ	ウ	エ	／1
(2)					／2
(3)	ア	イ	ウ	エ	／2
(4)	**There were many kinds of** ＿＿＿＿ ＿＿＿＿ **understand.**				／2
(5)	ア	イ	ウ	エ	／2
(6)	**If we didn't have common units, our lives** ＿＿＿＿ ＿＿＿＿ .				／2
(7)	ア	イ	ウ	エ	／2
					／13

2 [Ⅱ]	採点者記入欄
① （10）	／3
② ［ **Yes, I do.** ・ **No, I don't.** ］ （8）（16）（20）	／4
	／7

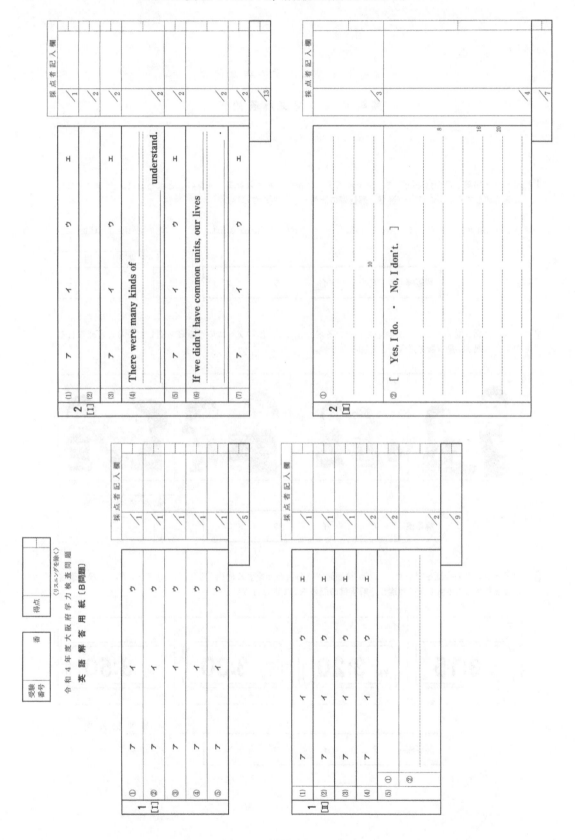

※167%に拡大していただくと，解答欄は実物大になります。

令和4年度大阪府学力検査問題

英語リスニング解答用紙

1　ジョンと由美との会話を聞いて，由美のことばに続くと考えられるジョンのことばとして，次の**ア～エ**のうち最も適しているものを一つ選び，**解答欄の記号**を○で囲みなさい。

ア　Yes, he did.　　**イ**　No, I didn't.　　**ウ**　A black shirt.　　**エ**　At the station.

解答欄	ア	イ	ウ	エ

採点者記入欄		
/1		

2　二人の会話を聞いて，二人が会話をしている場面として，次の**ア～エ**のうち最も適していると考えられるものを一つ選び，**解答欄の記号**を○で囲みなさい。

解答欄	ア	イ	ウ	エ

採点者記入欄		
/1		

3　優子とジムとの会話を聞いて，二人が映画館で待ち合わせをする時刻として，次の**ア～エ**のうち最も適していると考えられるものを一つ選び，**解答欄の記号**を○で囲みなさい。

ア	イ	ウ	エ
PM 3:15	PM 3:20	PM 3:30	PM 3:50

解答欄	ア	イ	ウ	エ

採点者記入欄		
/1		

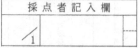

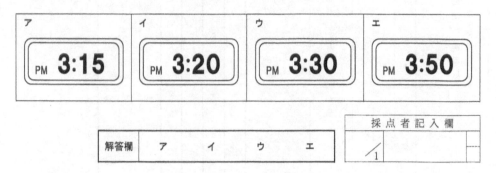

※ 167%に拡大していただくと，解答欄は実物大になります。

4　グリーン先生が，最初の英語の授業で生徒に話をしています。その話を聞いて，それに続く二つの質問に対する答えとして最も適しているものを，それぞれ**ア～エ**から一つずつ選び，**解答欄の記号**を○で囲みなさい。

(1)　**ア**　In Japan.　**イ**　In China.　**ウ**　In America.　**エ**　In Australia.

解答欄	ア	イ	ウ	エ

採点者記入欄		
/1		

(2)　**ア**　Study about children.　**イ**　Take notes.
ウ　Do research.　**エ**　Ask questions.

解答欄	ア	イ	ウ	エ

採点者記入欄		
/1		

5　ロブとホストファミリーの真理子との会話を聞いて，それに続く二つの質問に対する答えとして最も適しているものを，それぞれ**ア～エ**から一つずつ選び，**解答欄の記号**を○で囲みなさい。

(1)　**ア**　Because Mariko wanted to relax.
イ　Because Rob wanted to go to the library.
ウ　Because Rob likes listening to music.
エ　Because it will be sunny in the morning.

解答欄	ア	イ	ウ	エ

採点者記入欄		
/2		

(2)　**ア**　A lunch.　**イ**　A guitar.　**ウ**　Books.　**エ**　Umbrellas.

解答欄	ア	イ	ウ	エ

採点者記入欄		
/2		

6　エミリーと拓也が学校の教室で会話をしています。二人の会話を聞いて，会話の中で述べられている内容と合うものを，次の**ア～エ**から一つ選び，**解答欄の記号**を○で囲みなさい。

ア　Takuya said "I'm sorry," because he couldn't move the desks and chairs.
イ　Takuya said "I'm sorry," because he walked on Emily's bag.
ウ　Emily said "I'm sorry," because she put a desk on Takuya's foot.
エ　Emily said "I'm sorry," because she couldn't move the desks and chairs alone.

解答欄	ア	イ	ウ	エ

採点者記入欄		
/2		

※ 192%に拡大していただくと，解答欄は実物大になります。

受験番号	番	得点	

令和４年度大阪府学力検査問題

理科解答用紙

1				採点者記入欄
[Ⅰ]	(1)	①	ア　イ　ウ　エ	/1
		②		/1
	(2)		ア　イ　ウ　エ	/1
	(3)	①	秒	/1
		②	km/s	/2
[Ⅱ]	(4)	①		/1
		②		/1
		③	ア　イ　④　ウ　エ	/2
	(5)		光	/2
				/12

2				採点者記入欄
[Ⅰ]	(1)		ア　イ　ウ	/1
	(2)		ア　イ　ウ　エ	/1
	(3)	①	ア　イ　②　ウ　エ	/2
[Ⅱ]	(4)	①	ア　イ　ウ　エ	/1
		②	g	/2
	(5)	①		/2
		②	g	/2
				/11

3				採点者記入欄
[Ⅰ]	(1)	①		/2
		②	ア　イ　ウ　エ	/1
	(2)	①		/1
		②	ア　イ　ウ　エ	/1
[Ⅱ]	(3)		ア　イ　ウ　エ	/2
	(4)		ア　イ　ウ　エ	/2
	(5)	①	ア　イ　ウ　②　エ　オ	/2
				/11

4				採点者記入欄
[Ⅰ]	(1)		ア　イ　ウ　エ	/1
	(2)			/1
	(3)		V	/1
	(4)	①	ア　イ　②　ウ　エ	/2
[Ⅱ]	(5)	ⓐ	ア　イ　ⓑ　ウ　エ	/2
	(6)	ⓒ	m　ⓓ　オ　カ	/2
	(7)		秒	/2
				/11

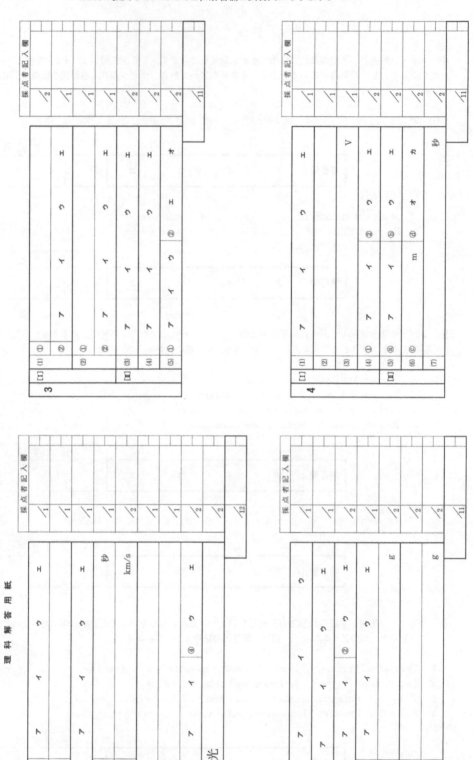

※ 192%に拡大していただくと，解答欄は実物大になります。

受験番号	番	得点	

令和４年度大阪府学力検査問題

社会解答用紙

								採点者記入欄
1	(1)	①	ア	イ	ウ	エ		/1
		②	ア	イ	ウ	エ		/1
		③						/2
	(2)	①	A	B	C	D		/2
		②	ア	イ	ウ	エ		/2
	(3)		ア	イ	ウ	エ		/2
	(4)	ⓐ	ア	イ	ⓑ	ウ	エ	/2
								/12

									採点者記入欄
2	(1)		ア	イ	ウ	エ			/1
	(2)								/1
	(3)		ア	イ	ウ	エ			/1
	(4)								/2
	(5)	①							/2
		②							/2
	(6)		ア	イ	ウ	エ	オ	カ	/2
									/11

									採点者記入欄
3	(1)	①	ア	イ	ウ	エ			/1
		②	ア	イ	ウ	エ			/1
		③							/2
		④							/2
	(2)	①							/2
		②	ア	イ	ウ	エ	オ	カ	/2
									/10

							採点者記入欄
4	(1)	①	ア	イ	ウ	エ	/1
		②	ア	イ	ウ	エ	/1
		③					/2
		④	ア	イ	ウ	エ	/2
	(2)	①	ア	イ	ウ	エ	/2
		②					/2
		③	ア	イ	ウ	エ	/2
							/12

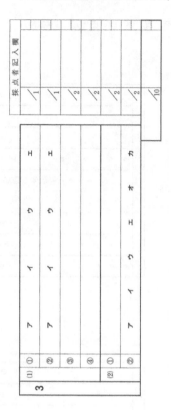

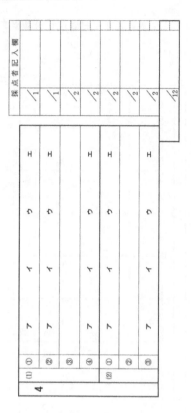

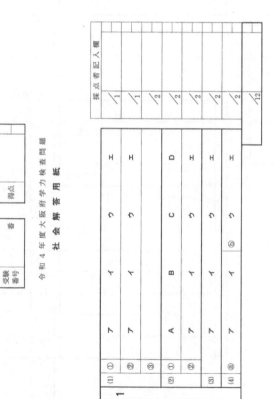

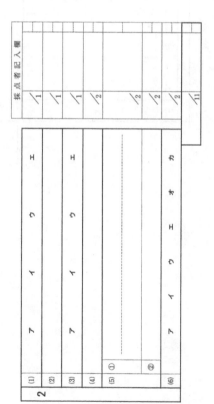

大阪府公立高校(特別選抜)　2022年度

※ 185%に拡大していただくと，解答欄は実物大になります。

令和四年度大阪府学力検査問題　国語解答用紙〔A問題〕

受験番号　　番

得点

一

1
(1) 機械　／1
(2) 冷蔵　／1
(3) 昨晩　／1
(4) 強固　／1
(5) 習う　／1
(6) 練る　／1
(7) □《クモ》　／1
(8) □《マジ》わる　／1
(9) □《チョ》□《キン》　／1
(10) □《スイ》□《リク》　／1

2　ア　イ　ウ　／2

／12

二

1　ア　イ　ウ　／2

2　（10）　／2

3　ア　イ　ウ　エ　オ　カ　／2

4　a　アメリカ大使館の職員から（10）ときに、　／4

b　ア　イ　ウ　／2

5　ア　イ　ウ　／2

／14

三

1　／2

2　ア　イ　ウ　／2

3　ア　イ　ウ　／3

／7

四

1　／2

2　a　多くの爬虫類の歯は顎の（10）だけだが、　／2

b　恐竜の歯は顎の（10）。　／2

3　a　（11）　／2

b　／2

4　ア　イ　ウ　／2

／12

採点者記入欄

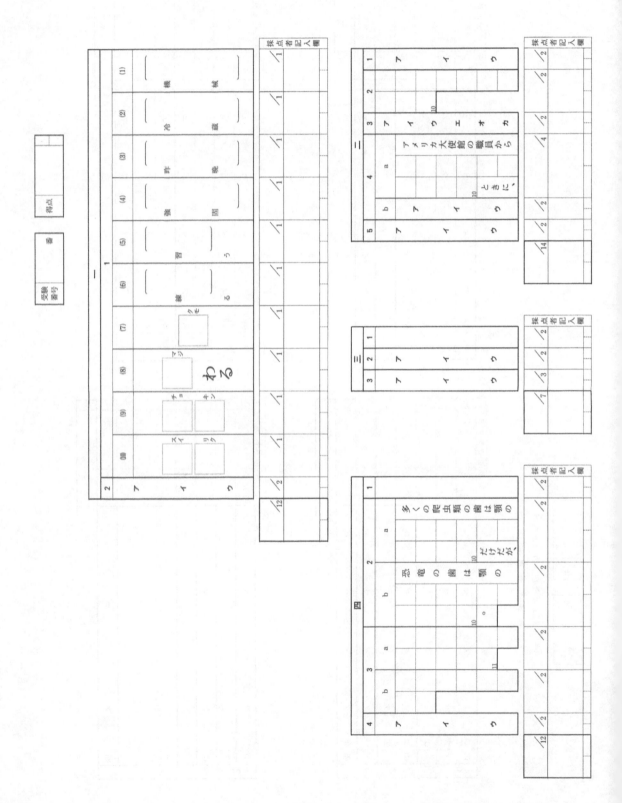

※185%に拡大していただくと，解答欄は実物大になります。

令和四年度大阪府学力検査問題　国語解答用紙〔B問題〕

受験番号　　番

得点

一

1
(1) 〔　　〕織る
(2) 〔　　〕操る
(3) 〔　　鍛錬　　〕
(4) 〔　　脳裏　　〕
(5) マジわる
(6) ハたす
(7) チクバ
(8) ヒヒョウ

2 ア イ ウ エ

3 ア イ ウ エ

採点者記入欄　/1 /1 /1 /1 /1 /1 /1 /1 /2 /2 /12

二

1 A B C D

2 ア イ ウ エ

3 ア イ ウ エ

4 a　ことが大切なことであり、
b

採点者記入欄　/2 /2 /2 /4 /2 /12

三

1 ア イ ウ エ

2

3

4 ア イ ウ エ

採点者記入欄　/2 /2 /1 /2 /7

四

1 ア イ ウ エ

2 a　音楽は、　ために
b
c

3 ア イ ウ エ

採点者記入欄　/2 /6 /2 /2 /2 /14

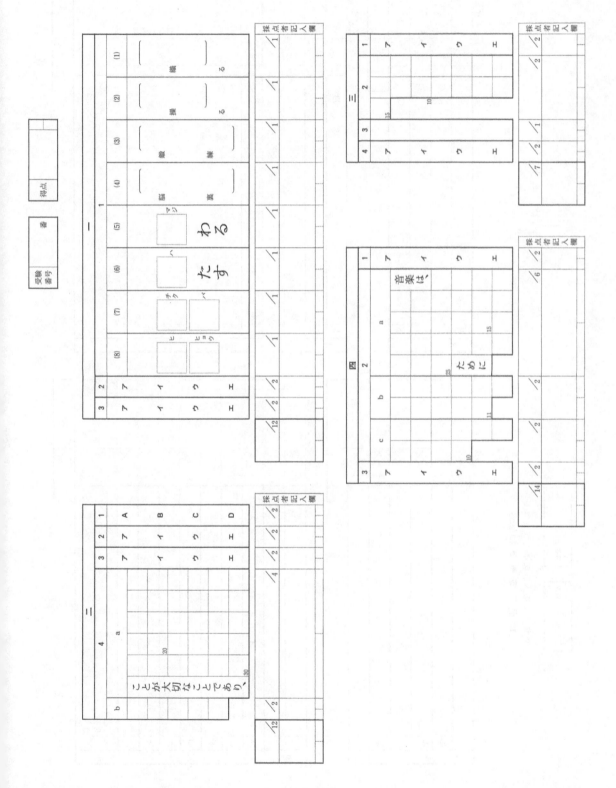

※ 192%に拡大していただくと，解答欄は実物大になります。

受験番号	番

得点	

令和４年度大阪府学力検査問題

数学解答用紙〔A問題〕

1		採点者記入欄
(1)		/3
(2)		/3
(3)		/3
(4)		/3
(5)		/3
(6)		/3
		/18

2		採点者記入欄
(1)		/3
(2)	℃	/3
(3)	ア　イ　ウ　エ	/3
(4)	$x =$ ， $y =$	/3
(5)		/3
(6)	回	/3
(7)		/3
(8)	ア　イ　ウ　エ	/3
(9)		/3
(10) ①	ア　イ　ウ　エ	/3
(10) ②	cm^3	/3
		/33

3		採点者記入欄
(1) ① (ア)		/3
(1) ① (イ)		/3
(1) ②	$y =$	/5
(2)		/5
		/16

4		採点者記入欄
(1)	度	/3
(2)	cm	/3
(3) ⓐ		/3
(3) ⓑ		/3
(3) ⓒ	ア　イ　ウ	/3
(4)	（求め方） cm	/8
		/23

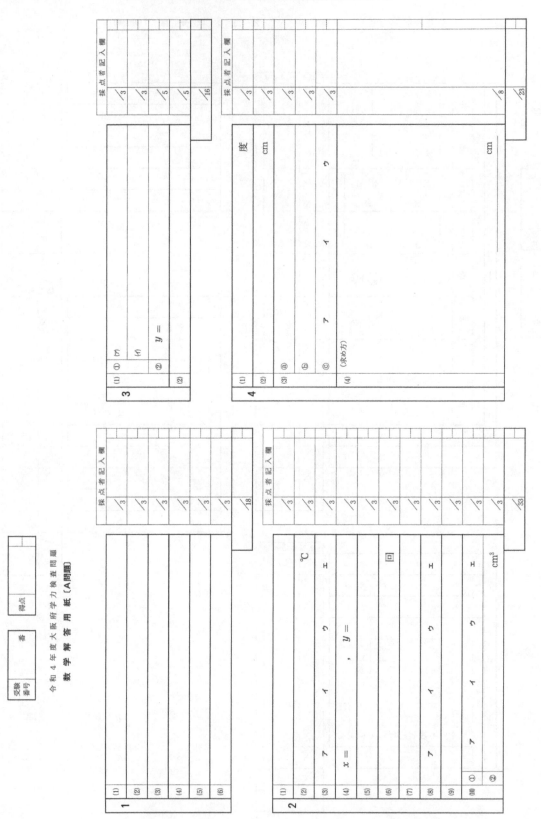

※ 192%に拡大していただくと，解答欄は実物大になります。

受験番号	番

得点	

令和４年度大阪府学力検査問題

数学解答用紙〔B問題〕

1			採点者記入欄
	(1)		/3
	(2)		/3
	(3)		/3
	(4)		/3
	(5)		/3
			/15

2			採点者記入欄
	(1)	$a =$	/3
	(2)		/3
	(3)	ア　イ　ウ　エ　オ　カ	/3
	(4)		/3
	(5)		/3
	(6)	度	/4
	(7)		/4
	(8)	(求め方) aの値	/6
			/29

3				採点者記入欄
	(1)	①	(ア)	/3
			(イ)	/3
		②	$y =$	/3
		③		/3
	(2)		sの値　，　tの値	/4
				/16

4					採点者記入欄
	[Ⅰ]	(1)		(証　明)	/7
		(2)	①	cm	/5
			②	cm^2	/5
	[Ⅱ]	(3)		ア　イ　ウ　エ　オ	/3
		(4)	①	cm	/5
			②	cm^3	/5
					/30

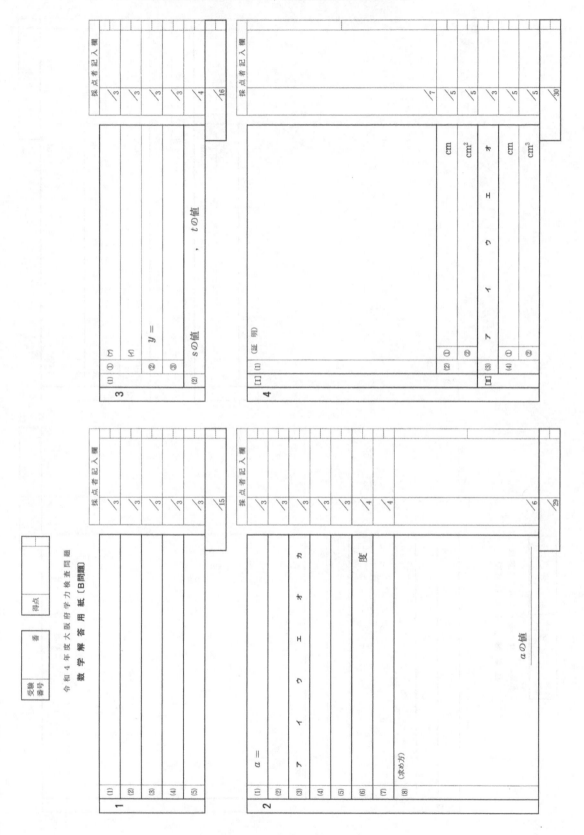

※ 192%に拡大していただくと，解答欄は実物大になります。

受験番号	番	得点	

令和４年度大阪府学力検査問題

数学解答用紙〔C問題〕

		解答	採点者記入欄
1	(1)		/4
	(2)	$x=$　　　，$y=$	/4
	(3)		/5
	(4)	ア　イ　ウ　エ	/5
	(5)		/6
	(6)	人	/6
	(7)		/6
	(8)	(求め方) tの値	/8
			/44

			解答	採点者記入欄
2	(1)		cm²	/4
	(2)		(証　明)	/8
	(3)	①	cm	/4
		②	cm²	/6
				/22

			解答	採点者記入欄
3	(1)	①	cm²	/4
		②	cm	/4
		③	cm	/6
	(2)	①	cm	/4
		②	cm³	/6
				/24

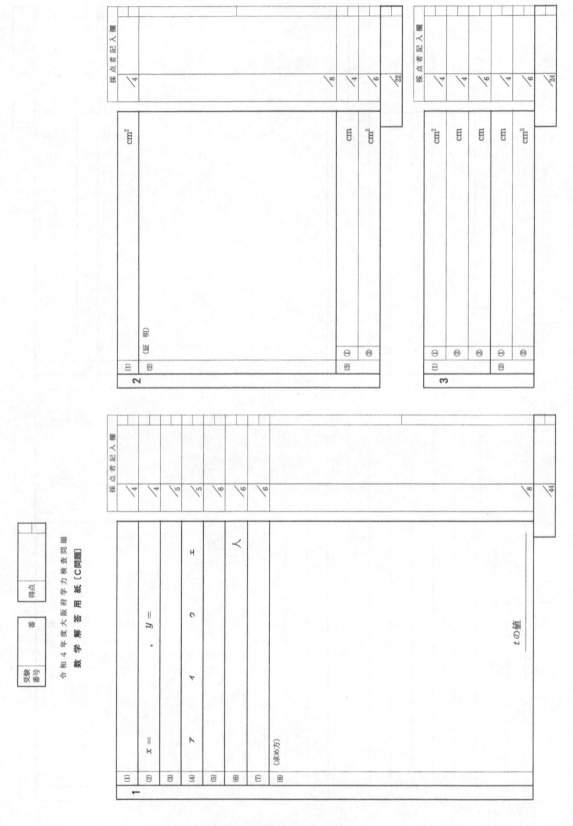

※ 192％に拡大していただくと，解答欄は実物大になります。

受験番号	番	得点	

〈リスニングを除く〉

令和４年度大阪府学力検査問題

英語解答用紙〔A問題〕

1

				採点者記入欄
(1)	ア	イ	ウ	/2
(2)	ア	イ	ウ	/2
(3)	ア	イ	ウ	/2
(4)	ア	イ	ウ	/2
(5)	ア	イ	ウ	/2
(6)	ア	イ	ウ	/2
(7)	ア	イ	ウ	/2
(8)	ア	イ	ウ	/2
(9)	ア	イ	ウ	/2
(10)	ア	イ	ウ	/2
				/20

2〔Ⅰ〕

					採点者記入欄
(1)	ア	イ	ウ	エ	/2
(2)					/3
(3)	ア	イ	ウ	エ	/2
(4)	ア	イ	ウ	エ	/3
					/10

2〔Ⅱ〕

	採点者記入欄
① ＿＿＿＿ 5 ＿＿＿＿	/3
② ＿＿＿＿ 5 ＿＿＿＿	/3
③ ＿＿＿＿ 5 ＿＿＿＿	/4
	/10

3

						採点者記入欄
(1)		ア	イ	ウ	エ	/3
(2)		ア	イ	ウ	エ	/3
(3)	I ＿＿＿＿ a picture.					/3
(4)	Before I visited Grand Canyon, I learned ＿＿＿＿ .					/3
(5)		ア	イ	ウ	エ	/3
(6)						/3
(7)		ア	イ	ウ	エ	/3
(8)	①					/3
	②					/4
						/28

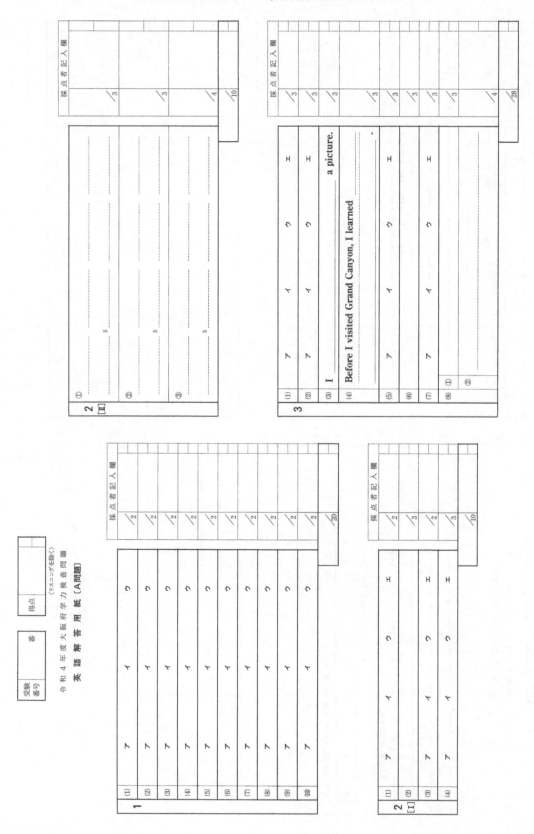

※ 192%に拡大していただくと，解答欄は実物大になります。

受験番号	番	得点	

〈リスニングを除く〉

令和４年度大阪府学力検査問題

英語解答用紙〔B問題〕

1

		採点者記入欄
(1)	ア　イ　ウ　エ	/2
(2)	ア　イ　ウ　エ	/3
(3)	ア　イ　ウ　エ	/3
(4)	There are many ＿＿＿＿ only by visiting the place.	/3
(5)	ア　イ　ウ　エ	/3
(6)	But the view in front of me ＿＿＿＿ .	/3
(7)	ア　イ　ウ　エ	/3
(8)		/3
(9)	ア　イ　ウ　エ　オ	/6
		/29

2

		採点者記入欄
(1)	ア　イ　ウ　エ	/2
(2)	By reading some reports, I ＿＿＿＿ .	/3
(3)	ア　イ　ウ　エ	/3
(4)		/3
(5)	＿＿＿＿ the two shells with your hands?	/3
(6)	ア　イ　ウ　エ	/3
(7)	ア　イ　ウ　エ	/3
(8)	ア　イ　ウ　エ	/3
(9) ①		/3
(9) ②		/3
		/29

3

		採点者記入欄
①		/4
②		/6
		/10

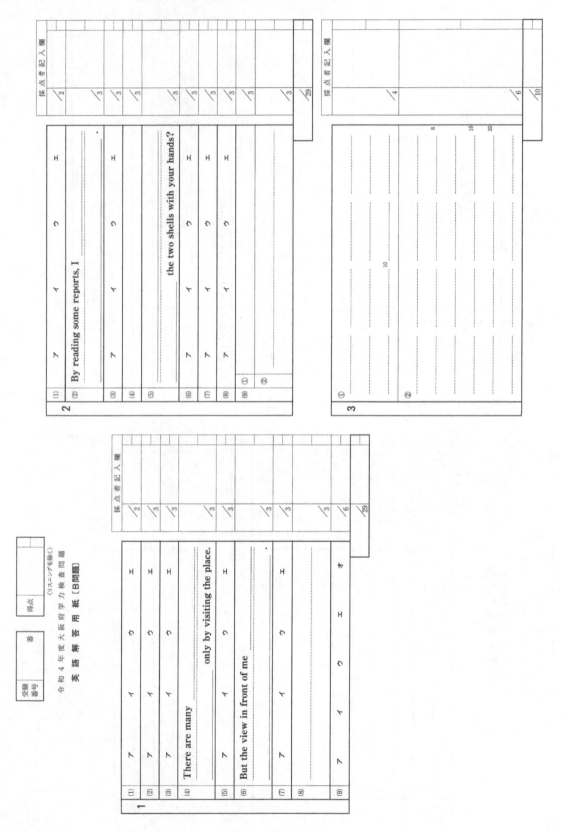

※ 167％に拡大していただくと，解答欄は実物大になります。

令 和 4 年 度 大 阪 府 学 力 検 査 問 題

英 語 リ ス ニ ン グ 解 答 用 紙〔A問題・B問題〕

1　ジョーと陽子との会話を聞いて，陽子のことばに続くと考えられるジョーのことばとして，次の**ア～エ**のうち最も適しているものを一つ選び，**解答欄の記号**を○で囲みなさい。

ア　Yes, I was.　　**イ**　No, it wasn't.　　**ウ**　It was one dollar.　　**エ**　I liked it very much.

解答欄	ア	イ	ウ	エ

採点者記入欄		
/2		

2　英語の授業で美希が絵の説明をしています。美希が説明している絵として，次の**ア～エ**のうち最も適していると考えられるものを一つ選び，**解答欄の記号**を○で囲みなさい。

ア

イ

ウ

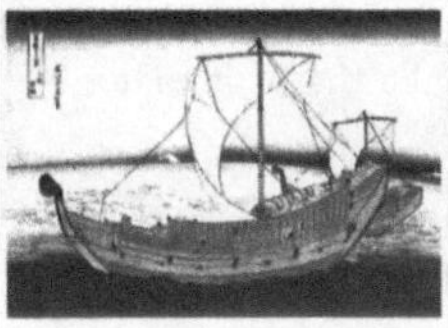

エ

解答欄	ア	イ	ウ	エ

採点者記入欄		
/2		

3　アンと直人との会話を聞いて，二人が聞きに行ったコンサートのプログラムを示したものとして，次の**ア～エ**のうち最も適していると考えられるものを一つ選び，**解答欄の記号**を○で囲みなさい。

ア	イ	ウ	エ
♪ Titles of songs ♪	♪ Titles of songs ♪	♪ Titles of songs ♪	♪ Titles of songs ♪
1. Moment	1. Hope	1. Future	1. Future
2. Future	2. Moment	2. Moment	2. Hope
3. Hope	3. Future	3. Hope	3. Moment

解答欄	ア	イ	ウ	エ

採点者記入欄		
/3		

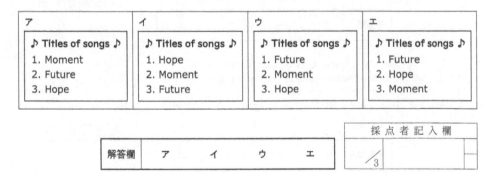

※ 167%に拡大していただくと，解答欄は実物大になります。

4　ピーターと恵美との会話を聞いて，恵美が紹介している動物病院の診療予定を表したものとして，次のア～エのうち最も適していると考えられるものを一つ選び，**解答欄の記号**を○で囲みなさい。

ア

午後	月	火	水	木	金	土	日
3時～8時	○	○	○	○	○	○	○

○は開院

イ

午後	月	火	水	木	金	土	日
4時～8時	○	○	○	○	○	○	○

○は開院

ウ

午後	月	火	水	木	金	土	日
3時～8時	○	○	○	○	○	／	／

○は開院

エ

午後	月	火	水	木	金	土	日
4時～8時	○	○	○	○	○	／	／

○は開院

解答欄	ア	イ	ウ	エ

採点者記入欄　/3

5　授業でブラウン先生がしている説明を聞いて，それに続く二つの質問に対する答えとして最も適しているものを，それぞれ**ア～エ**から一つずつ選び，**解答欄の記号**を○で囲みなさい。

(1)　ア　Two.　　イ　Three.　　ウ　Four.　　エ　Five.

解答欄	ア	イ	ウ	エ

採点者記入欄　/3

(2)　ア　The first thing to do in the cooking lesson.　　イ　People who will make curry.
ウ　People who will make the fruit cake.　　エ　The fruit used for the cake.

解答欄	ア	イ	ウ	エ

採点者記入欄　/3

6　サッカークラブに所属するボブと，姉で大学生のニーナとが電話で話をしています。二人の会話を聞いて，それに続く二つの質問に対する答えとして最も適しているものを，それぞれ**ア～エ**から一つずつ選び，**解答欄の記号**を○で囲みなさい。

(1)　ア　At the entrance of the house.　　イ　Inside the box in Bob's room.
ウ　Around the table in the kitchen.　　エ　Under the lunch box inside Bob's bag.

解答欄	ア	イ	ウ	エ

採点者記入欄　/3

(2)　ア　She will clean the entrance to find Bob's shoes.
イ　She will go to the stadium with Bob's soccer shoes.
ウ　She will look for Bob's soccer shoes at home.
エ　She will make a lunch for Bob and bring it to the stadium.

解答欄	ア	イ	ウ	エ

採点者記入欄　/3

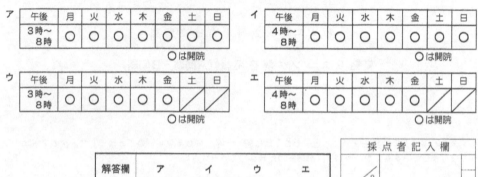

※ 192%に拡大していただくと，解答欄は実物大になります。

受験番号　　番

得点

令和4年度大阪府学力検査問題
〈リスニングを除く〉
英語解答用紙［C問題］

						採点者記入欄
1	(1)	ア	イ	ウ	エ	/2
	(2)	ア	イ	ウ	エ	/2
	(3)	ア	イ	ウ	エ	/2
	(4)	ア	イ	ウ	エ	/2
	(5)	ア	イ	ウ	エ	/2
	(6)	ア	イ	ウ	エ	/2
2	(1)	ア	イ	ウ	エ	/2
	(2)	ア	イ	ウ	エ	/2
	(3)	ア	イ	ウ	エ	/2
3	(1)	ア	イ	ウ	エ	/2
	(2)	ア	イ	ウ	エ	/2
	(3)	ア	イ	ウ	エ	/2
	(4)	ア	イ	ウ	エ	/2
	(5)	ア	イ	ウ	エ	/2
4	(1)	ア	イ	ウ	エ	/2
	(2)	ア	イ	ウ	エ	/2
	(3)	ア	イ	ウ	エ	/2
	(4)	ア	イ	ウ	エ	/2
	(5)	ア	イ	ウ	エ	/2
						/38

						採点者記入欄
5	(1)	ア	イ	ウ	エ	/2
	(2)	ア	イ	ウ	エ	/2
	(3)	ア	イ	ウ	エ	/2
	(4)	ア	イ	ウ	エ	/2
	(5)	ア	イ	ウ	エ	/2
	(6)	ア	イ	ウ	エ	/2
						/12

	採点者記入欄
6	/10
	/10

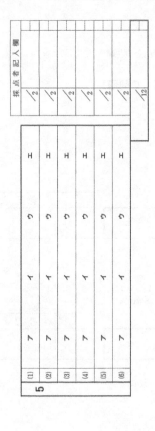

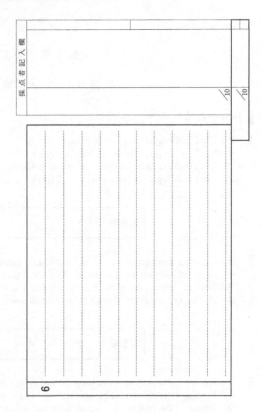

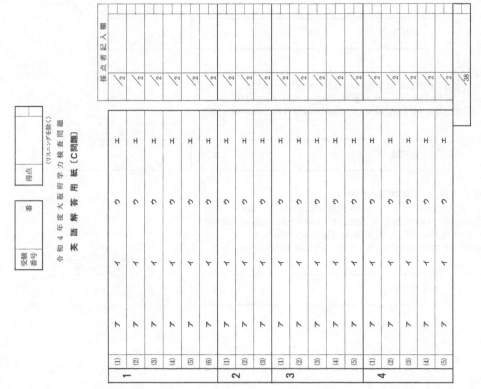

※ 167%に拡大していただくと，解答欄は実物大になります。

令 和 4 年 度 大 阪 府 学 力 検 査 問 題

英 語 リ ス ニ ン グ 解 答 用 紙〔C問題〕

【 Part A 】

1 ア That building is the most famous.
イ That building is famous but not so tall.
ウ That building is taller than any other building.
エ That building is as tall as other buildings.

解答欄	ア	イ	ウ	エ

採点者記入欄		
/2		

2 ア Jane has a camera now, and she will take a picture.
イ Jane left her camera at home, so Kevin will take a picture.
ウ Both of them have a camera, but they don't want to take a picture.
エ No one has a camera though both of them want to take a picture.

解答欄	ア	イ	ウ	エ

採点者記入欄		
/2		

3 ア Having various choices can make choosing the best one difficult.
イ Having so many choices means that any choice is wrong.
ウ Choosing the best one is easy if there are various choices.
エ Choosing so many flowers for her sister is the problem.

解答欄	ア	イ	ウ	エ

採点者記入欄		
/2		

4 ア Kevin is late for the meeting because he didn't know about it.
イ Kevin is late for the meeting because he forgot about it.
ウ Kevin is not late for the meeting because he remembered it.
エ Kevin is not late for the meeting because Jane let him know about it.

解答欄	ア	イ	ウ	エ

採点者記入欄		
/3		

5 Kevin and Jane are talking on the phone.
ア Kevin left his uniform at home and Jane found it for him.
イ Kevin thought he left his uniform, but it was found inside his bag.
ウ Jane went to the kitchen to look for Kevin's lunch box.
エ Jane will go to the stadium to bring Kevin's uniform soon.

解答欄	ア	イ	ウ	エ

採点者記入欄		
/3		

※ 167%に拡大していただくと，解答欄は実物大になります。

【 Part B 】

6

【Picture】

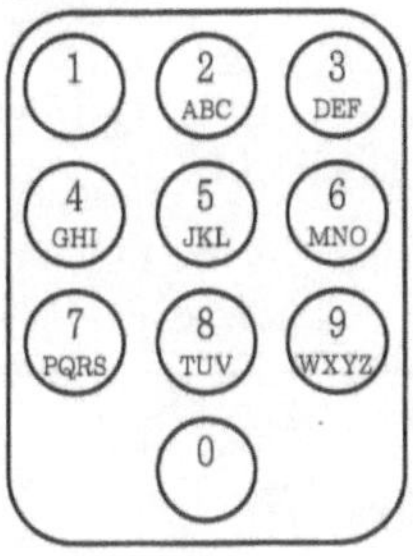

(1) ア　Looking at the numbers on a phone is a useful way of remembering phone numbers.
イ　Cellphones are not able to remember necessary phone numbers.
ウ　When a shop wants you to remember its phone number, it tells you its number many times.
エ　A phrase made for remembering numbers helps you remember a phone number.

解答欄	ア	イ	ウ	エ

採点者記入欄		
/3		

(2) ア　1029239
イ　6247228
ウ　6423228
エ　8486287

解答欄	ア	イ	ウ	エ

採点者記入欄		
/3		

【 Part C 】

採点者記入欄		
/12		

※ 167%に拡大していただくと，解答欄は実物大になります。

令 和 4 年 度 大 阪 府 学 力 検 査 問 題

英 語 リ ス ニ ン グ 問 題〔C問題〕

【 Part C 】

The system of producing and consuming food in a local area

Producing and selling food in a local area have some good points. Buying and eating the food produced in the area also have some good points.

This system is helpful to many people.

(注) consume　消費する

※ 167％に拡大していただくと，解答欄は実物大になります。

【Memo】

Ken	Beth

※ 192%に拡大していただくと，解答欄は実物大になります。

受験番号	番	得点	

令和４年度大阪府学力検査問題

理科解答用紙

1

		解答	採点者記入欄
(1)	①	ア　イ　ウ　エ	/2
	②	ⓐ ア　イ　ⓑ ウ　エ	/2
(2)	①	ア　イ　② ウ　エ	/2
(3)	①	ⓒ ア　イ　ⓓ ウ　エ	/2
	②	ア　イ　ウ　エ	/3
(4)			/3
(5)		ア　イ　ウ　エ	/3
(6)	①	ア　イ　②	/3
(7)		ア　イ　ウ　エ　オ　カ	/3
			/23

2

		解答	採点者記入欄
(1)	①	ア　イ　ウ　エ	/2
	②		/2
(2)		ア　イ　ウ　エ	/2
(3)			/3
(4)		L	/3
(5)		ア　イ　ウ　エ	/3
(6)		ⓓ ア　イ　ⓔ ウ　エ　オ	/3
(7)		ア　イ　ウ　エ　オ　カ	/3
			/21

3

		解答	採点者記入欄
(1)			/2
(2)		ア　イ　ウ　エ	/2
(3)	①	ア　イ　② ウ　エ	/3
(4)		ア　イ　ウ　エ	/3
(5)			/2
(6)		ア　イ　ウ　エ	/2
(7)		月末ごろ	/3
(8)	①	ア　イ　② ウ　エ	/3
(9)			/3
			/23

4

		解答	採点者記入欄
(1)		N	/2
(2)		cm	/2
(3)			/2
(4)	ⓐ	cm	/2
	ⓑ	N	/2
(5)	①	ア　イ　② ウ　エ	/2
(6)	①	N	/2
	②	N	/3
	③	N	/3
(7)			/3
			/23

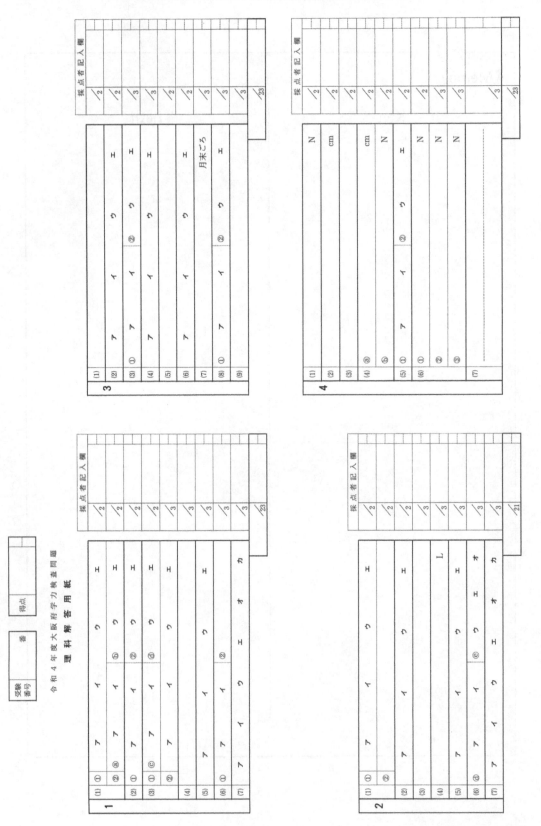

※ 192％に拡大していただくと，解答欄は実物大になります。

令和４年度大阪府学力検査問題

社会解答用紙

受験番号　　番

得点

1

- (1) ア　イ　ウ　エ
- (2)
- (3) ① ア　イ　ウ　エ
- ② ア　イ　ウ　エ　オ　カ
- (4) ア　イ　ウ　エ
- (5) ① ア　イ　ウ　エ
- ②
- (6) ①
- ②
- (7)

採点者記入欄　/2　/2　/2　/2　/2　/2　/3　/3　/3　/3　/24

2

- (1) ① ア　イ　ウ　エ
- ② ア　イ　ウ　エ　オ　カ
- (2) ① ア　イ　ウ　エ
- ② (a) ア　イ　ウ　エ
- (b) ア　イ　ウ　エ　オ　カ
- (3)
- (4) ① ⓐ ア　イ　ⓑ ウ　エ　オ
- ②
- ③

採点者記入欄　/2　/2　/2　/2　/2　/2　/3　/3　/3　/21

3

- (1)
- (2) ① ⓐ ア　イ　ⓑ ウ　エ
- ②
- ③
- ④ ア　イ　ウ　エ　オ　カ
- (3) ①
- ② ア　イ　ウ　エ
- ③
- (4) ① ア　イ　ウ　エ
- ② ア　イ　ウ　エ

採点者記入欄　/2　/2　/2　/2　/2　/2　/2　/3　/3　/3　/23

4

- (1) ① ア　イ　ウ　エ
- ②
- ③ ア　イ　ウ　エ
- (2) ⓐ　ⓑ
- (3) ア　イ　ウ　エ
- (4) ① ア　イ　ウ　エ
- ② ⓐ ア　イ　ウ　ⓑ エ　オ　カ　キ
- (5) ① ア　イ　ウ　エ
- ② ⓐ ア　イ　ウ　ⓑ エ　オ　カ　キ
- (6)

採点者記入欄　/2　/2　/2　/2　/2　/2　/2　/2　/3　/3　/22

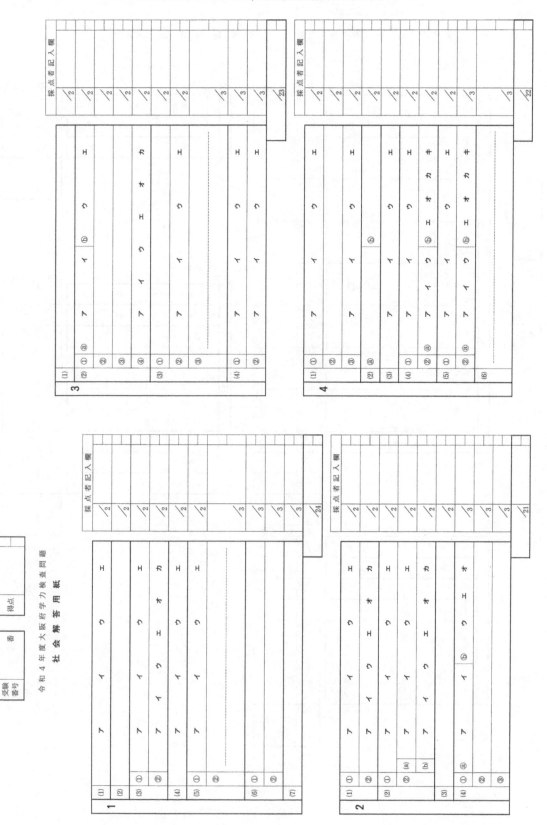

※ 192％に拡大していただくと，解答欄は実物大になります。

令和四年度大阪府学力検査問題　国語解答用紙〔A問題〕

受験番号　番

得点（問題五を除く）

一
1
(1) 貸す
(2) 至る
(3) 包装
(4) 満喫
(5) □《ツ》もる
(6) □《ハリ》
(7) □□《キンニク》
(8) □□《ダハ》
2 ア イ ウ

採点者記入欄 /2 /2 /2 /2 /2 /2 /2 /2 /4 /20

二
1 ア イ ウ
2 ア イ ウ
3 ア イ ウ エ
4 a
b 文章の（15）こそが、（20）

採点者記入欄 /4 /4 /4 /4 /6 /22

三
1 ア イ ウ
2
3 ア イ ウ

採点者記入欄 /4 /4 /4 /12

四
1 ア イ ウ エ
2 ア イ ウ エ
3 いままで（15）（25）ということを、
4 (1) a
b
(2) ア イ ウ エ

採点者記入欄 /3 /3 /6 /4 /4 /4 /24

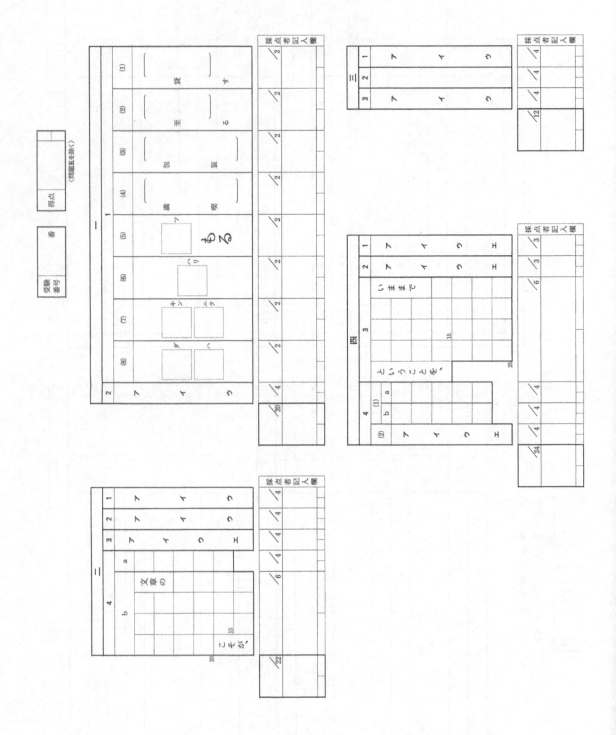

※ 139%に拡大していただくと，解答欄は実物大になります。

(原稿用紙)

受験番号　番

得点　/12

・原稿用紙の正しい使い方にしたがって書くこと。
・題名や名前は書かないで、本文から書き始めること。

100

180

※ 192%に拡大していただくと，解答欄は実物大になります。

令和四年度大阪府学力検査問題　国語解答用紙〔B問題〕

受験番号　　番

得点

〈問題五を除く〉

一

1　ア　イ　ウ　エ　／3

2　ア　イ　ウ　エ　／3

3　数多くの人たちのさまざまな（25）（35）ものであるから。　／6

4　／4

／16

採点者記入欄

二

1　ア　イ　ウ　エ　／4

2　ア　イ　ウ　エ　／4

3　／2

4　④　⑤　／4

／14

採点者記入欄

三

1

(1)　包装　／1

(2)　勇敢　／1

(3)　防ぐ　／1

(4)　遂げる　／1

(5)　ハリ　／2

(6)　キズく　／2

(7)　ソウダン　／2

(8)　リッシ　／2

2　ア　イ　ウ　エ　／2

／14

採点者記入欄

四

1　ア　イ　ウ　エ　／4

2　a（13）　／4

b（12）　／4

3

(1)　ア　イ　ウ　エ　／4

(2)　a　／4

b　時雨によって（20）（30）気持ちであり、　／8

／28

採点者記入欄

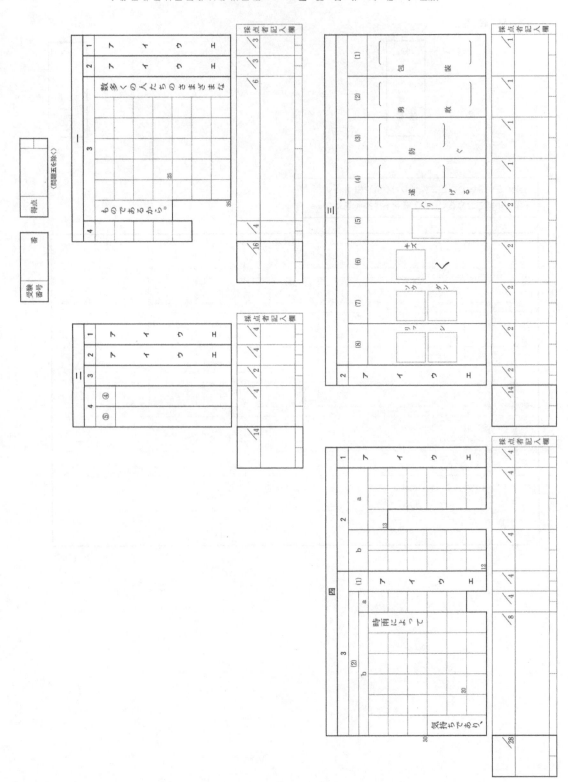

※ 139%に拡大していただくと，解答欄は実物大になります。

(原稿用紙)

受験番号　　番

得点　／18

・原稿用紙の正しい使い方にしたがって書くこと。
・題名や名前は書かないで、本文から書き始めること。

100

200

260

大阪府公立高校(一般選抜)　　2022年度

※ 185%に拡大していただくと，解答欄は実物大になります。

令和四年度大阪府学力検査問題　　国語解答用紙　〔C問題〕

受験番号　　番

得点　〈問題五を除く〉

一

1　A　B　C　D

2　a　b

3

4　a　「私は」でなく「私が」と書くことによって、（35）（45）と考えたから、

b

採点者記入欄　/3　/4　/4　/4　/6　/4　/25

二

1　ア　イ　ウ　エ

2　ア　イ　ウ　エ

3　a

b　ア　イ　ウ　エ

c　ア　イ　ウ　エ

採点者記入欄　/4　/4　/4　/4　/16

三

1　(1) 論す　(2) 透かす　(3) 網羅　(4) ココロヨく　(5) リッシ　(6) シュウチク

2　ア　イ　ウ　エ

採点者記入欄　/1　/1　/1　/2　/2　/2　/2　/11

四

1　（35）（45）

2　ア　イ　ウ　エ

3　a　b

採点者記入欄　/6　/4　/4　/4　/18

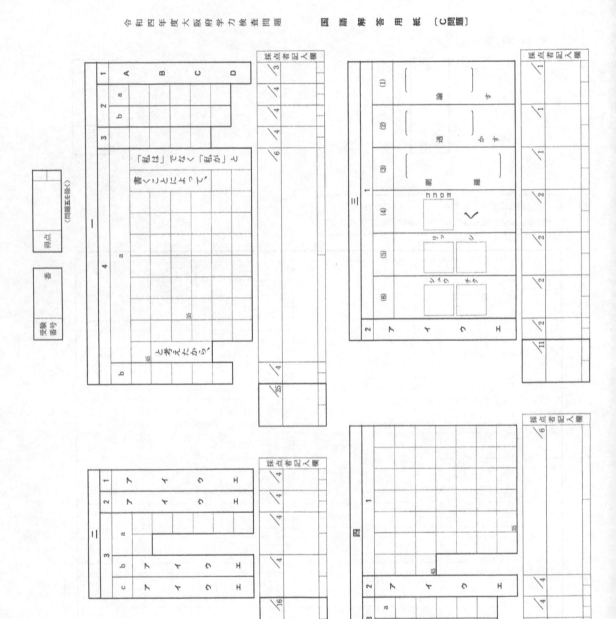

※ 139%に拡大していただくと，解答欄は実物大になります。

（原稿用紙）

受験番号　　番

得点　/20

・原稿用紙の正しい使い方にしたがって書くこと。
・題名や名前は書かないで、本文から書き始めること。

100

200

300

2022年度入試配点表(大阪府・特別)

(A問題)

数学	1	2	3	4	計
	各2点×6	各2点×9	(1)① 各1点×2 他 各2点×2	(1) 2点 (2) 各1点×3 (3) 4点	45点

(B問題)

数学	1	2	3	4	計
	各1点×6	(8) 4点 他 各2点×7	(1)① 各1点×2 他 各2点×3	(1)① 2点 (1)② 5点 他 各3点×2	45点

(A問題)

英語	1	2	3	4	5	リスニング	計
	各1点×12	各1点×4	各1点×3	各1点×4	[I] (1) 1点 他 各2点×5	5, 6 各2点×3 他 各1点×5	45点

(B問題)

英語	1	2	リスニング	計
	[II] (4), (5) 各2点×3 他 各1点×8	[I] (1) 1点 [II]① 3点 ② 4点 他 各2点×6	5, 6 各2点×3 他 各1点×5	45点

理科	1	2	3	4	計
	[I] (3)②, [II] (4)③・④, (5)各2点×3 他 各1点 ×6([II] (4)③・④完答)	[I] (1)・(2), [II] (4)① 各1点×3 他 各2点×4 ([I] (3)完答)	[I] (1)①, [II] 各2点×4((5)完答) 他 各1点×3	[I] (4), [II] 各2点×4 他 各1点×3 ([I] (4), [II] (5)・(6)各完答)	45点

社会	1	2	3	4	計
	(1)①・② 各1点×2 他 各2点×5 ((4)完答)	(1)~(3) 各1点×3 他 各2点×4	(1)①・② 各1点×2 他 各2点×4 ((1)②完答)	(1)①・② 各1点×2 他 各2点×5 ((2)③完答)	45点

(A問題)

国語	一	二	三	四	計
	2 2点 他 各1点×10	4a 4点 他 各2点×5	3 3点 他 各2点×2	各2点×6	45点

(B問題)

国語	一	二	三	四	計
	2, 3 各2点×2 他 各1点×8	4a 4点 他 各2点×4	3 1点 他 各2点×3	2a 6点 他 各2点×4	45点

2022年度入試配点表(大阪府・一般)

(A問題)

	1	2	3	4	計
数学	各3点×6	各3点×11	(1)①　各3点×2 他　各5点×2	(4)　8点 他　各3点×5	90点

(B問題)

	1	2	3	4	計
数学	各3点×5	(6)・(7)　各4点×2 (8)　6点 他　各3点×5	(1)　各3点×4 (2)　4点(完答)	[I](1)　7点 [II](3)　3点(完答) 他　各5点×4	90点

(C問題)

	1	2	3	計
数学	(1),(2)　各4点×2 (3),(4)　各5点×2　(8)　8点 他　各6点×3	(2)　8点 (3)②　6点 他　各4点×2	(1)③,(2)②　各6点×2 他　各4点×3	90点

(A問題)

	1	2	3	リスニング	計
英語	各2点×10	[I](1),(3)　各2点×2 [II]③　4点 他　各3点×4	(8)②　4点 他　各3点×8	1, 2　各2点×2 他　各3点×6	90点

(B問題)

	1	2	3	リスニング	計
英語	(1)　2点　(9)　6点 他　各3点×7	(1)　2点 他　各3点×9	①　4点 ②　6点	1, 2　各2点×2 他　各3点×6	90点

(C問題)

	1	2	3	4	5	6	リスニング	計
英語	各2点×6	各2点×3	各2点×5	各2点×5	各2点×6	10点	【PartA】1~3　各2点×3 他　各3点×2 【PartB】各3点×2　【PartC】12点	90点

	1	2	3	4	計
理科	(1)①・②,(2),(3)① 各2点×4　他　各3点×5 ((1)②,(2),(3)①各完答)	(1)①・②,(2)　各2点×3 他　各3点×5 ((6)完答)	(1),(2),(5),(6) 各2点×4　他　各3点×5 ((3),(8)各完答)	(6)②・③,(7) 各3点×3　他　各2点×7 ((5)完答)	90点

	1	2	3	4	計
社会	(5)②,(6),(7) 各3点×4 他　各2点×6	(4)　各3点×3 他　各2点×6 ((4)①完答)	(3)③,(4)　各3点×3 他　各2点×7 ((2)①・④,(4)①各完答)	(5)②,(6)　各3点×2 他　各2点×8 ((2),(4)②,(5)②各完答)	90点

(A問題)

	一	二	三	四	五	計
国語	2　4点 他　各2点×8	4b　6点 他　各4点×4	各4点×3	1, 2　各3点×2 3　6点 他　各4点×3	12点	90点

(B問題)

	一	二	三	四	五	計
国語	3　6点 4　4点 他　各3点×2	3　2点 他　各4点×3 (4完答)	1(1)~(4) 各1点×4 他　各2点×5	3(2)　8点 他　各4点×5	18点	90点

(C問題)

	一	二	三	四	五	計
国語	1　3点 4a　6点 他　各4点×4	各4点×4 (3b・c完答)	1(1)~(3) 各1点×3 他　各2点×4	1　6点 他　各4点×3	20点	90点

※ 140％に拡大していただくと，解答欄は実物大になります。

受験番号	番	得点	

令和３年度大阪府学力検査問題

数学解答用紙〔A問題〕

1			採点者記入欄
	(1)		/2
	(2)		/2
	(3)		/2
	(4)		/2
	(5)		/2
	(6)		/2
			/12

2			採点者記入欄
	(1)	ア　イ　ウ　エ	/2
	(2)	ア　イ　ウ　エ	/2
	(3)	円	/2
	(4)	人	/2
	(5)	$x =$	/2
	(6)	㋐　㋑	/2
	(7)		/2
	(8)		/2
	(9)	ア　イ　ウ　エ	/2
			/18

3			採点者記入欄
	(1)	(ア)	/1
		(イ)	/1
	(2)	$y =$	/2
	(3)		/2
			/6

4			採点者記入欄
	(1)	ア　イ　ウ　エ	/2
	(2)	ⓐ	/1
		ⓑ	/1
		ⓒ　ア　イ　ウ	/1
	(3)	（求め方）　cm^2	/4
			/9

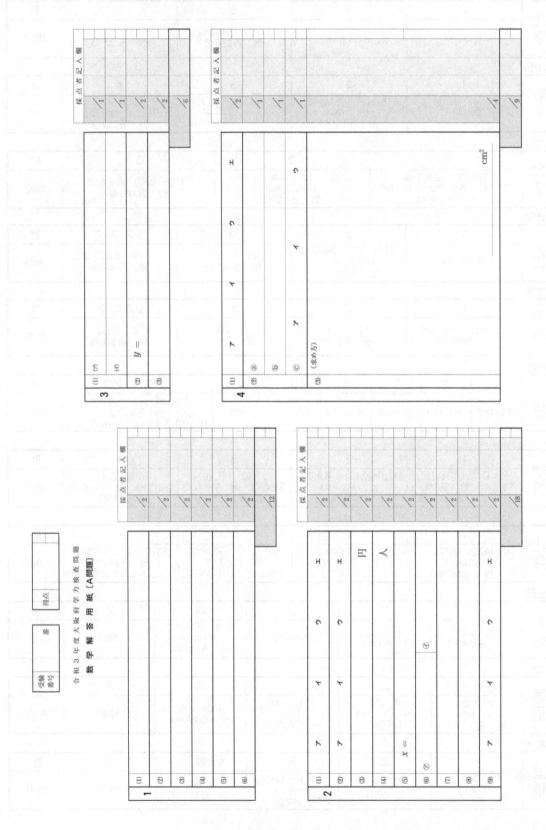

※ 140%に拡大していただくと，解答欄は実物大になります。

受験番号	番	得点	

令和３年度大阪府学力検査問題

数学解答用紙〔B問題〕

1		採点者記入欄
(1)		/1
(2)		/1
(3)		/1
(4)		/1
(5)		/1
(6)		/1
		/6

2		採点者記入欄
(1)		/2
(2)	ア　イ　ウ　エ	/2
(3)		/2
(4)		/2
(5)	g	/2
(6)		/2
(7)		/2
(8)	(求め方) aの値	/4
		/18

3			採点者記入欄
(1)	①	(ア)	/1
		(イ)	/1
	②	$y =$	/2
	③		/2
(2)		sの値　　，　tの値	/2
			/8

4			採点者記入欄
(1)		ア　イ　ウ　エ	/2
(2)		(証明)	/5
(3)	①	cm	/3
	②	cm^2	/3
			/13

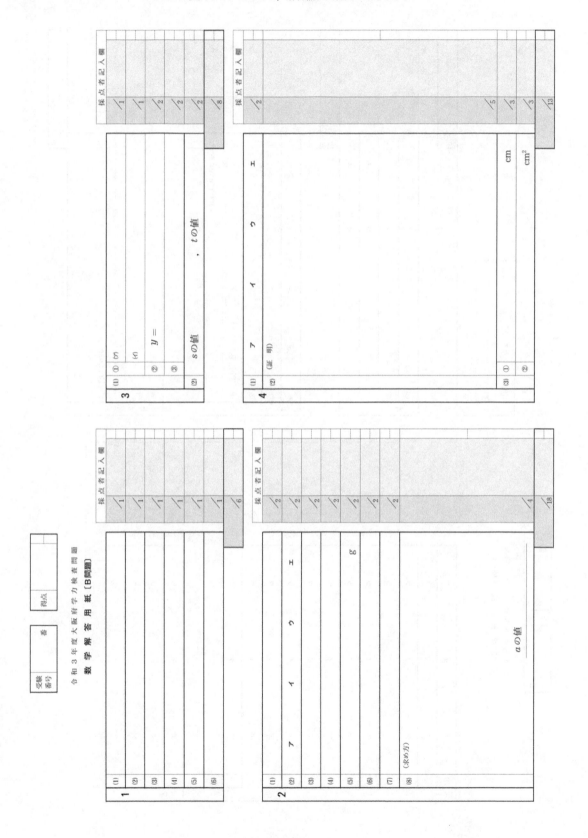

※ 140%に拡大していただくと，解答欄は実物大になります。

受験番号	番	得点	

〈リスニングを除く〉

令和３年度大阪府学力検査問題

英語解答用紙〔A問題〕

1					採点者記入欄
	(1)	ア	イ	ウ	／1
	(2)	ア	イ	ウ	／1
	(3)	ア	イ	ウ	／1
	(4)	ア	イ	ウ	／1
	(5)	ア	イ	ウ	／1
	(6)	ア	イ	ウ	／1
	(7)	ア	イ	ウ	／1
	(8)	ア	イ	ウ	／1
	(9)	ア	イ	ウ	／1
	(10)	ア	イ	ウ	／1
	(11)	ア	イ	ウ	／1
	(12)	ア	イ	ウ	／1
					／12

2					採点者記入欄
	(1)	ア	イ	ウ	／1
	(2)	ア	イ	ウ	／1
	(3)	ア	イ	ウ	／1
	(4)	ア	イ	ウ	／1
					／4

3					採点者記入欄
	①	ア	イ	ウ	／1
	②	ア	イ	ウ	／1
	③	ア	イ	ウ	／1
					／3

4						採点者記入欄
	(1)	ア	イ	ウ	エ	／1
	(2)	ア	イ	ウ	エ	／1
	(3)	ア	イ	ウ	エ	／1
	(4)	ア	イ	ウ	エ	／1
						／4

5 [I]					採点者記入欄
	(1)	ア	イ	ウ	／1
	(2)				／2
	(3)	ア	イ	ウ	／2
	(4)	This is ＿＿＿＿ I have ever seen.			／2
					／7

5 [II]			採点者記入欄
	①	I ＿＿＿＿ 5	／2
	②	Because ＿＿＿＿ 5	／2
			／4

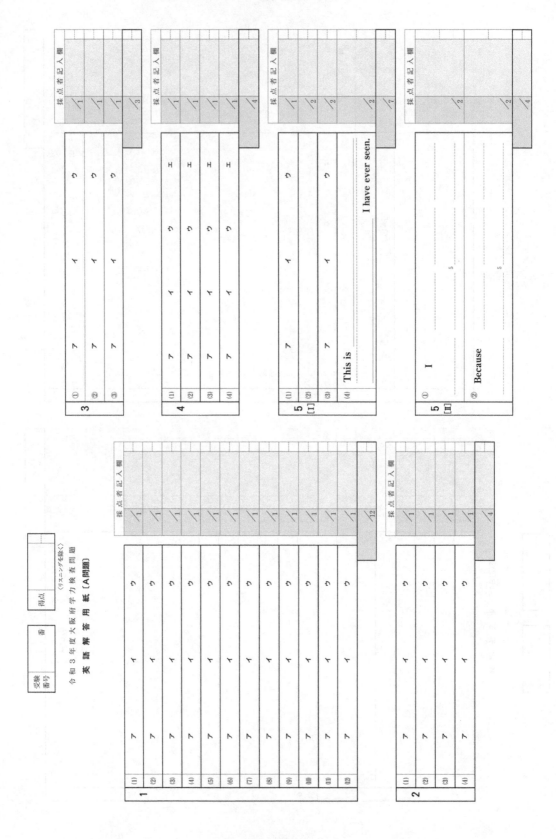

※140%に拡大していただくと，解答欄は実物大になります。

受験番号	番	得点

〈リスニングを除く〉

令和３年度大阪府学力検査問題

英語解答用紙〔B問題〕

1 [Ⅰ]

				採点者記入欄
①	ア	イ	ウ	/1
②	ア	イ	ウ	/1
③	ア	イ	ウ	/1
④	ア	イ	ウ	/1
⑤	ア	イ	ウ	/1
				/5

1 [Ⅱ]

					採点者記入欄
(1)	ア	イ	ウ	エ	/1
(2)	ア	イ	ウ	エ	/1
(3)	ア	イ	ウ	エ	/1
(4)	ア	イ	ウ	エ	/2
(5) ①					/2
(5) ②					/2
					/9

2

					採点者記入欄
(1)					/1
(2)	ア	イ	ウ	エ	/2
(3)	The researchers ＿＿＿ in each situation.				/2
(4)	ア	イ	ウ	エ	/2
(5)	ア	イ	ウ	エ	/2
(6)	I also think such children can take actions especially for ＿＿＿ .				/2
(7)	ア	イ	ウ	エ	/2
					/13

3

		採点者記入欄
①	10	/3
②	8 16 20	/4
		/7

※ 140%に拡大していただくと，解答欄は実物大になります。

受験番号	番	得点	

令和3年度大阪府学力検査問題

理科解答用紙

1				採点者記入欄
	[Ⅰ]	(1)	極	/1
		(2)	ア　イ　ウ	/1
		(3)		/1
		(4)	ア　イ　ウ	/1
		(5)	ア　イ　ウ　エ	/1
	[Ⅱ]	(6)	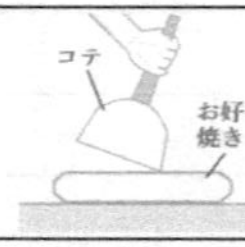	/1
		(7)	ア　イ　ウ　エ	/2
		(8)	Pa	/2
		(9)		/2
				/12

2				採点者記入欄
	[Ⅰ]	(1)	ア　イ　ウ　エ	/1
		(2)	①　ア　イ　②　ウ　エ	/1
		(3)		/1
	[Ⅱ]	(4)	ア　イ　ウ	/1
		(5)	g/cm^3	/2
	[Ⅲ]	(6)	①　ア　イ　②　ウ　エ	/2
		(7)	ア　イ　ウ　エ	/2
				/10

3				採点者記入欄
	[Ⅰ]	(1)		/1
		(2)	①　ア　イ　②　ウ　エ	/1
		(3)		/1
	[Ⅱ]	(4)		/2
		(5)	ア　イ　ウ	/2
	[Ⅲ]	(6)	ア　イ　ウ　エ	/2
		(7)	①　ア　イ　②　ウ　エ	/2
				/11

4				採点者記入欄
	[Ⅰ]	(1)	ア　イ　ウ　エ	/1
		(2)		/1
		(3)	①　ア　イ　②　ウ　エ	/1
		(4)	ア　イ　ウ　エ	/1
	[Ⅱ]	(5)	①	/2
			②　倍	/2
			③　ア　イ　ウ　エ	/2
		(6)		/2
				/12

※ 140%に拡大していただくと，解答欄は実物大になります。

受験番号	番	得点	

令和３年度大阪府学力検査問題

社会解答用紙

					採点者記入欄
1	(1)	①		ア　イ　ウ　エ	/1
		②		ア　イ　ウ　エ	/1
		③	ⓐ	ア　イ　ⓑ　ウ　エ	/1
	(2)	①	(a)	A　B　C　D　E　F	/1
			(b)	ア　イ　ウ　エ	/2
		②	(a)	ア　イ　ウ　エ　オ　カ	/2
			(b)		/2
					/10

					採点者記入欄
2	(1)	①		ア　イ　ウ　エ	/1
		②		ア　イ　ウ　エ	/1
	(2)	①		ア　イ　ウ　エ	/1
		②			/2
	(3)			ア　イ　ウ　エ　オ　カ	/2
	(4)	①		ア　イ　ウ　エ	/2
		②	ⓐ		/2
			ⓑ		/2
					/13

				採点者記入欄
3	(1)			/2
	(2)			/2
	(3)	①		/2
		②		/2
		③	ア　イ　ウ　エ	/2
		④	ア　イ　ウ　エ	/2
				/12

				採点者記入欄
4	(1)		ア　イ　ウ　エ	/1
	(2)		ア　イ　ウ　エ	/1
	(3)		ア　イ　ウ　エ	/2
	(4)		ア　イ　ウ　エ　オ　カ	/2
	(5)	①	ア　イ　ウ　エ	/2
		②		/2
				/10

※ 140%に拡大していただくと，解答欄は実物大になります。

令和三年度大阪府学力検査問題

国語解答用紙〔A問題〕

受験番号　　番

得点

一

1
(1) 配（　）送（　）
(2) 遊（　）泳（　）
(3) 晴（　）天（　）
(4) 頭（　）角（　）
(5) 曲（　）げて
(6) 努（　）める
(7) コマ □ かく
(8) ザイ □ リョウ □
(9) ジュン □ ジョ □
(10) ヤ □ ジルシ □

2　ア　イ　ウ

3　ア　イ　ウ

採点者記入欄　/1 /1 /1 /1 /1 /1 /1 /1 /1 /1 /2 /2 /14

二

1　ア　イ　ウ　エ

2　a

b　かなりの（　　　　　　10）を費やすことになるが、

3　ア　イ　ウ

4　ア　イ　ウ

採点者記入欄　/2 /2 /4 /2 /2 /12

三

1

2　ア　イ　ウ

3　ア　イ　ウ

採点者記入欄　/2 /2 /3 /7

四

1　a　それを（　　　　10）のは、

b（　　　　15）

2　ア　イ　ウ

3　A　B　C

4

採点者記入欄　/4 /2 /2 /2 /2 /12

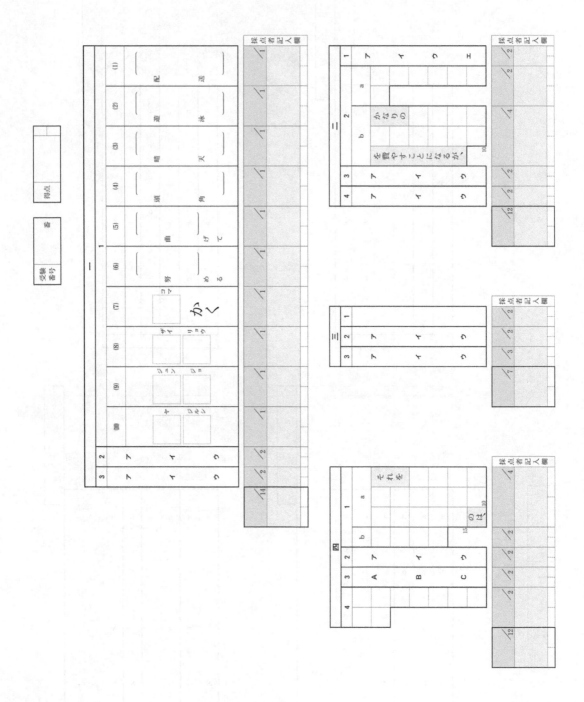

令和三年度大阪府学力検査問題

国語解答用紙〔B問題〕

受験番号　番

得点

一
1　ア　イ　ウ　エ
2　ア　イ　ウ　エ
3　ア　イ　ウ　エ
4　a
b　自分の　ように し、
採点者記入欄　／2　／2　／2　／2　／4　／12

二
1
2　ア　イ　ウ　エ
3　(1)　ア　イ　ウ　エ
(2)　ならば、
採点者記入欄　／1　／2　／2　／2　／7

三
1
(1)　軌跡
(2)　添削
(3)　垂らす
(4)　務める
(5)　アツ　み
(6)　ナ　げる
(7)　ヘイ　ソ
(8)　ケン　コウ
2　ア　イ　ウ　エ
採点者記入欄　／1　／1　／1　／1　／1　／1　／1　／1　／2　／10

四
1　A　B　C　D
2　ア　イ　ウ　エ　オ　カ
3　a　b
4　ことが　できるから。
5　ア　イ　ウ　エ
採点者記入欄　／2　／2　／2　／2　／6　／2　／16

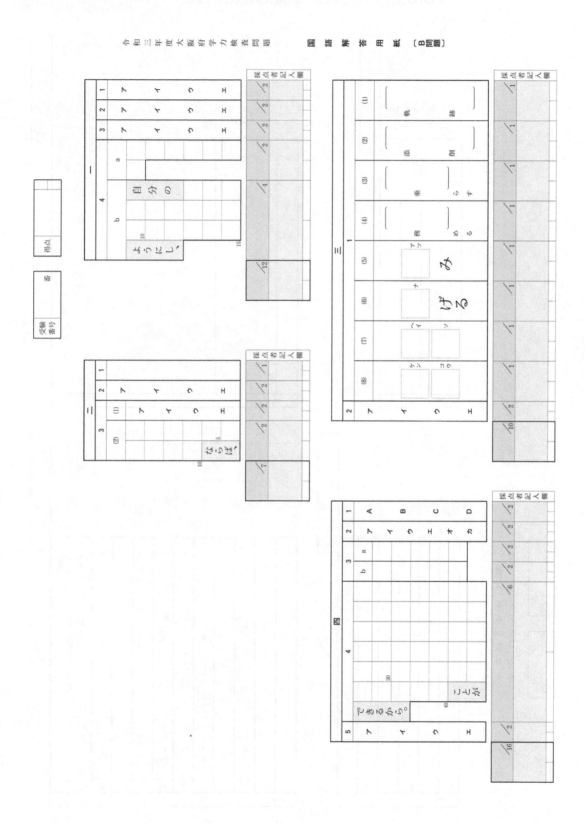

※ 140%に拡大していただくと，解答欄は実物大になります。

受験番号	番	得点	

令和３年度大阪府学力検査問題

数学解答用紙〔A問題〕

1		採点者記入欄
(1)		/3
(2)		/3
(3)		/3
(4)		/3
(5)		/3
(6)		/3
		/18

2		採点者記入欄
(1)		/3
(2)	ア　イ　ウ　エ	/3
(3)	ア　イ　ウ　エ	/3
(4)		/3
(5)	$x=$　，　$y=$	/3
(6)		/3
(7)	xの値　，　yの値	/3
(8)		/3
(9)		/3
(10)	度	/3
(11) ①	ア　イ　ウ　エ	/3
(11) ②	cm^3	/3
		/36

3		採点者記入欄
(1) (ア)		/3
(1) (イ)		/3
(2)	$y=$	/5
(3)		/5
		/16

4		採点者記入欄
(1)	度	/3
(2) ⓐ		/3
(2) ⓑ		/3
(2) ⓒ	ア　イ　ウ	/3
(3)	（求め方）　cm^2	/8
		/20

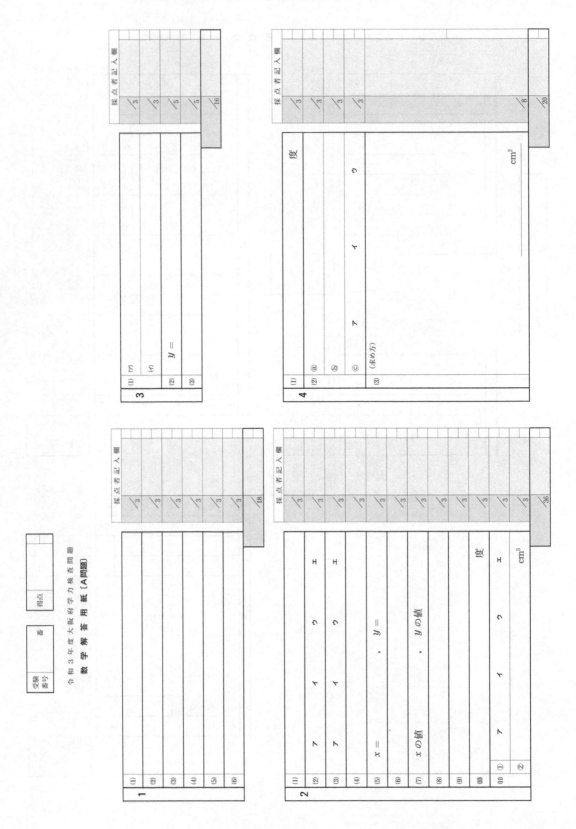

※ 140%に拡大していただくと，解答欄は実物大になります。

受験番号	番	得点	

令和３年度大阪府学力検査問題

数学解答用紙〔B問題〕

1

		採点者記入欄
(1)		/3
(2)		/3
(3)		/3
(4)		/3
(5)		/3
(6)	度	/4
(7)	ア　イ　ウ　エ	/4
(8)		/4
(9)		/4
(10)	cm^3	/4
		/35

2

			採点者記入欄
(1)	①	(ア)	/3
		(イ)	/3
	②	$y =$	/3
	③		/3
(2)			/4
			/16

3

			採点者記入欄
(1)	①	㋐　㋑	/3
	②		/3
	③		/4
(2)	（求め方）	t の値	/6
			/16

4

				採点者記入欄
[Ⅰ]	(1)	（証　明）		/7
	(2)		cm^2	/4
[Ⅱ]	(3)	①	ア　イ　ウ　エ　オ	/4
		②	cm	/4
	(4)		cm^3	/4
				/23

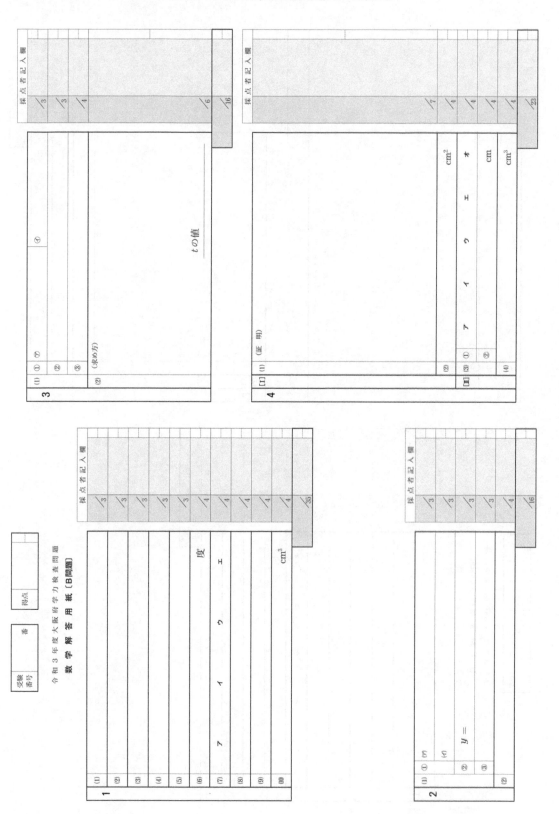

※ 140%に拡大していただくと，解答欄は実物大になります。

受験番号	番	得点	

令和３年度大阪府学力検査問題

数学解答用紙〔C問題〕

1			採点者記入欄
	(1)		/3
	(2)		/3
	(3)		/3
	(4)		/4
	(5)	個	/4
	(6)	度	/4
	(7)	ア　イ　ウ　エ　オ	/4
	(8)	回	/6
	(9)		/6
	(10)		/6
	(11)	cm^2	/6
			/49

2				採点者記入欄
	(1)	①	㋐　㋑	/4
		②		/6
	(2)	(求め方) aの値		/7
				/17

3				採点者記入欄
	[Ⅰ]	(1)	(証　明)	/8
		(2)	cm	/6
	[Ⅱ]	(3)	cm^2	/4
		(4)	cm	/6
				/24

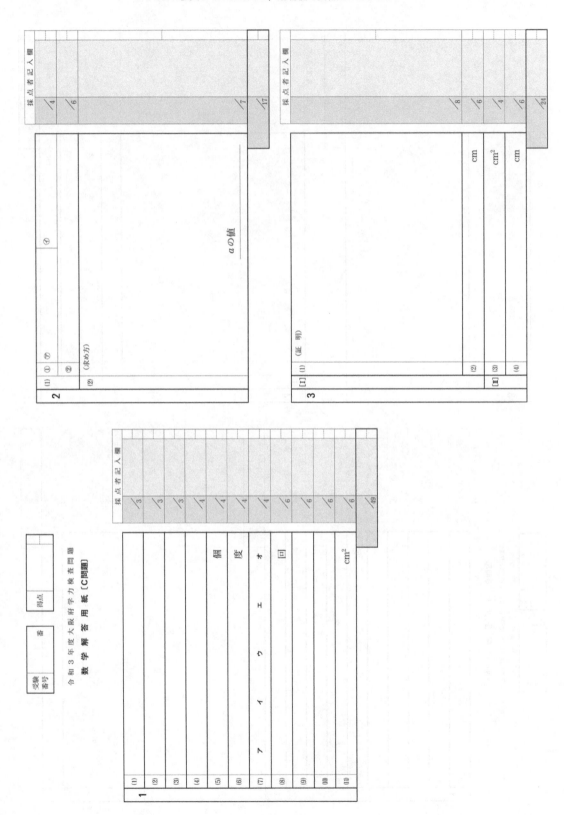

※ 140%に拡大していただくと，解答欄は実物大になります。

受験番号	番	得点	

〈リスニングを除く〉

令和３年度大阪府学力検査問題

英語解答用紙〔A問題〕

1

				採点者記入欄
(1)	ア	イ	ウ	/2
(2)	ア	イ	ウ	/2
(3)	ア	イ	ウ	/2
(4)	ア	イ	ウ	/2
(5)	ア	イ	ウ	/2
(6)	ア	イ	ウ	/2
(7)	ア	イ	ウ	/2
(8)	ア	イ	ウ	/2
(9)	ア	イ	ウ	/2
(10)	ア	イ	ウ	/2
				/20

2
[Ⅰ]

					採点者記入欄
(1)	ア	イ	ウ	エ	/2
(2)					/3
(3)	ア	イ	ウ	エ	/2
(4)	ア	イ	ウ	エ	/3
					/10

2
[Ⅱ]

		採点者記入欄
①	5	/3
②	5	/3
③	5	/3
		/9

3

					採点者記入欄
(1)	ア	イ	ウ	エ	/3
(2)	ア	イ	ウ	エ	/3
(3)	I feel ＿＿＿＿＿＿＿＿ .				/3
(4)					/3
(5)	I think ＿＿＿＿＿＿＿＿ it.				/3
(6)	ア	イ	ウ	エ	/3
(7)	ア	イ	ウ	エ	/3
(8) ①					/4
(8) ②					/4
					/29

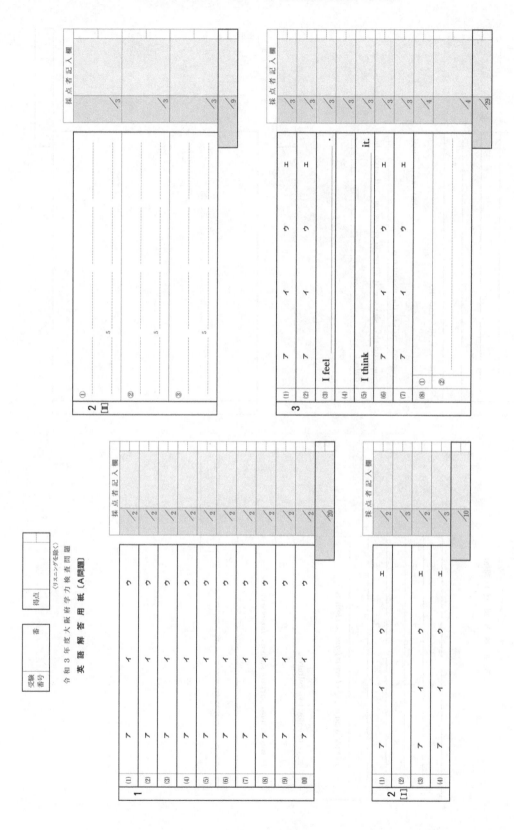

※ 140%に拡大していただくと，解答欄は実物大になります。

受験番号	番	得点	

〈リスニングを除く〉

令和３年度大阪府学力検査問題

英語解答用紙〔B問題〕

1

		採点者記入欄
(1)	ア　イ　ウ　エ	/2
(2)	ア　イ　ウ　エ	/3
(3)	ア　イ　ウ　エ	/3
(4)	ア　イ　ウ　エ	/3
(5)		/3
(6)	I think wearing ***deel*** with ***kimono*** cloth is ＿＿＿＿ ways to enjoy two cultures.	/3
(7)	ア　イ　ウ　エ	/3
(8)	However, most parts of such old ***kimono*** can be ＿＿＿＿ .	/3
(9)	ア　イ　ウ　エ　オ	/6
		/29

2

		採点者記入欄
(1)	ア　イ　ウ　エ	/2
(2)	ア　イ　ウ　エ	/2
(3)		/3
(4)	ア　イ　ウ　エ	/3
(5)	ア　イ　ウ　エ	/3
(6)	**However, the students ＿＿＿＿ that the original tree was still in the mountains.**	/4
(7)	**She said that she saw it 20 or 30 years ago, although she didn't ＿＿＿＿ .**	/3
(8)	ア　イ　ウ　エ	/3
(9) ①		/3
(9) ②		/3
		/29

3

		採点者記入欄
①		/5
②		/5
		/10

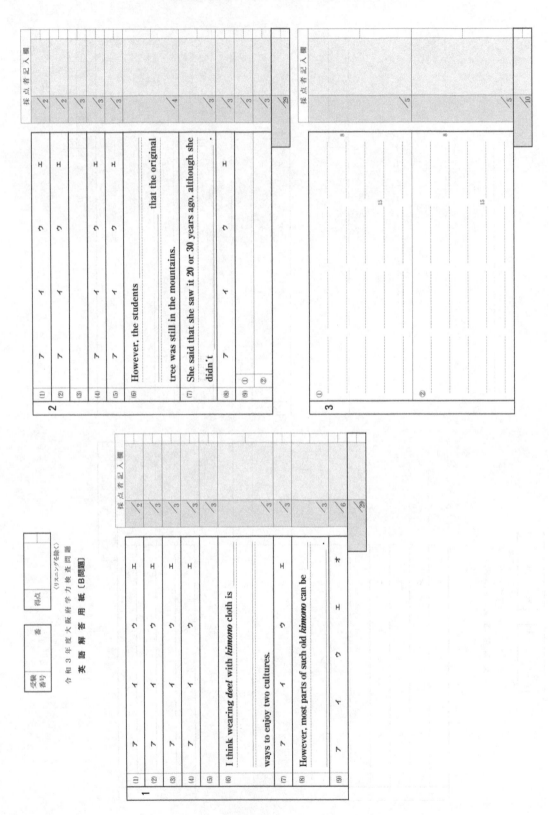

※ 140%に拡大していただくと，解答欄は実物大になります。

受験番号	番

得点	

〈リスニングを除く〉

令和３年度大阪府学力検査問題

英語解答用紙〔C問題〕

						採点者記入欄
1	(1)	ア	イ	ウ	エ	/2
	(2)	ア	イ	ウ	エ	/2
	(3)	ア	イ	ウ	エ	/2
	(4)	ア	イ	ウ	エ	/2
	(5)	ア	イ	ウ	エ	/2
	(6)	ア	イ	ウ	エ	/2
2	(1)	ア	イ	ウ	エ	/2
	(2)	ア	イ	ウ	エ	/2
	(3)	ア	イ	ウ	エ	/2
3	(1)	ア	イ	ウ	エ	/2
	(2)	ア	イ	ウ	エ	/2
	(3)	ア	イ	ウ	エ	/2
	(4)	ア	イ	ウ	エ	/2
4	(1)	ア	イ	ウ	エ	/2
	(2)	ア	イ	ウ	エ	/2
	(3)	ア	イ	ウ	エ	/2
	(4)	ア	イ	ウ	エ	/2
						/34

						採点者記入欄
5	(1)	ア	イ	ウ	エ	/2
	(2)	ア	イ	ウ	エ	/2
	(3)	ア	イ	ウ	エ	/2
	(4)	ア	イ	ウ	エ	/2
	(5)	ア	イ	ウ	エ	/2
6	(1)	ア	イ	ウ	エ	/2
	(2)	ア	イ	ウ	エ	/2
	(3)	ア	イ	ウ	エ	/2
						/16

		採点者記入欄
7		/10
		/10

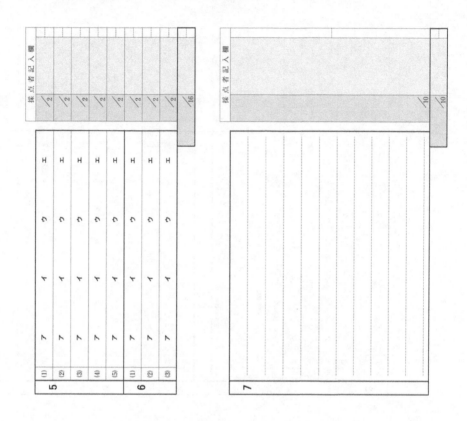

※ 140%に拡大していただくと，解答欄は実物大になります。

受験番号	番	得点	

令和３年度大阪府学力検査問題

理科解答用紙

1			採点者記入欄
(1)		ア　イ　ウ　エ	/2
(2)			/2
(3)	ⓑ ア　イ	ⓒ ウ　エ	/2
(4)		ア　イ　ウ　エ	/2
(5)		器官	/3
(6)	① ア　イ　ウ	② エ　オ　カ	/3
	③ キ　ク　ケ	④ コ　サ	/3
(7)			/3
(8)	ⓔ ア　イ　ウ	ⓕ エ　オ　カ	/3
			/23

2			採点者記入欄
(1)	ⓐ		/2
	① ア　イ	② ウ　エ	/2
(2)			/2
(3)	ⓑ	kg	/2
	ⓒ	%	/2
(4)	ⓓ	ⓔ	/3
(5)	① ア　イ	② ウ　エ	/3
(6)	ⓕ ア　イ　ウ	ⓖ ア　イ　ウ	/3
(7)			/3
			/22

3			採点者記入欄
(1)	①	ア　イ　ウ　エ	/2
	②		/2
	③	ア　イ　ウ　エ	/2
(2)		ア　イ　ウ　エ	/2
(3)		度	/2
(4)		ア　イ　ウ　エ	/3
(5)		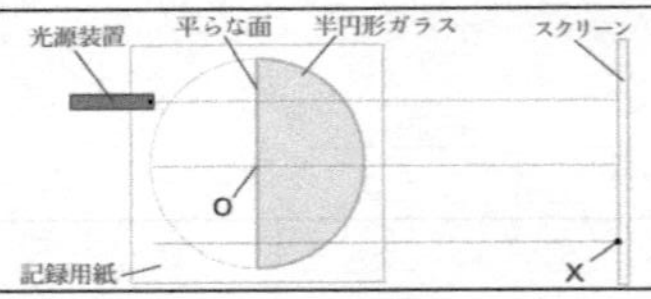	/3
(6)		cm/秒	/3
(7)	ⓑ	ア　イ	
	ⓒ		/3
			/22

4			採点者記入欄
(1)		ア　イ　ウ　エ	/2
(2)	① ア　イ	② ウ　エ	/2
	③	岩	/2
(3)		ア　イ　ウ　エ	/2
(4)	①	の気圧配置	/3
	②		/3
	③	倍	/3
	④ ⓐ ア　イ　ウ	ⓑ エ　オ	/3
(5)		ア　イ　ウ　エ　オ　カ	/3
			/23

※140%に拡大していただくと，解答欄は実物大になります。

受験番号	番

得点	

令和3年度大阪府学力検査問題

社会解答用紙

1				採点者記入欄
(1)	①		ア　イ　ウ　エ	/2
	②	ⓐ	ア　イ　ウ　ⓑ	/2
(2)	①		ア　イ　ウ　エ	/2
	②		ア　イ　ウ　エ	/2
(3)	①	ⓐ	ア　イ　ウ　ⓑ　エ　オ　カ	/2
	②		ア　イ　ウ　エ	/2
	③			/2
(4)	①		ア　イ　ウ　エ	/2
	②			/3
(5)	①		ア　イ　ウ　エ	/3
	②		ア　イ　ウ　エ　オ　カ	/3
				/25

2				採点者記入欄
(1)	①		ア　イ　ウ　エ	/2
	②		ア　イ　ウ　エ	/2
	③			/2
	④			/2
	⑤			/2
	⑥			/2
(2)	①		ア　イ　ウ　エ	/3
	②	(a)		/3
		(b)	ア　イ　ウ　エ	/3
				/21

3				採点者記入欄
(1)	①	(a)	ⓐ　ⓑ	/2
		(b)	ア　イ　ウ　エ	/2
		(c)	ⓐ　ア　イ　ⓑ　ウ　エ	/2
	②		ア　イ　ウ　エ	/2
(2)	①		ア　イ　ウ　エ	/2
	②	(a)	ア　イ　ウ　エ　オ　カ	/3
		(b)		/3
	③	ⓐ		/3
		ⓑ		/3
				/22

4				採点者記入欄
(1)	①		ア　イ　ウ　エ	/2
	②		ア　イ　ウ　エ	/2
(2)	①	(a)		/2
		(b)	ア　イ　ウ　エ	/2
	②	(a)	ア　イ　ウ　エ	/2
		(b)	ⓐ	/2
			ⓑ	/2
	③	ⓐ	ア　イ　ウ　ⓑ　エ　オ　カ	/2
		ⓒ	ⓓ	/2
(3)	①		ア　イ　ウ　エ	/2
	②			/2
				/22

※ 140％に拡大していただくと，解答欄は実物大になります。

令和三年度大阪府学力検査問題　国語解答用紙〔A問題〕

受験番号	番

得点	〈問題五を除く〉

一

問	解答欄	採点者記入欄
1 (1)	（　）招く	/2
1 (2)	（　）導く	/2
1 (3)	太（　）古	/2
1 (4)	清（　）涼	/2
1 (5)	シタしい	/2
1 (6)	ハタラく	/2
1 (7)	ソウ　チョウ	/2
1 (8)	セッ　キャク	/2
2	ア　イ　ウ	/4
		/20

二

問	解答欄	採点者記入欄
1	ア　イ　ウ	/4
2	ア　イ　ウ	/4
3	ア　イ　ウ　エ	/4
4 a	笠の内側まで（10）うえに、（15）	/6
4 b		/4
		/22

三

問	解答欄	採点者記入欄
1		/4
2	ア　イ　ウ	/4
3	ア　イ　ウ	/4
		/12

四

問	解答欄	採点者記入欄
1	ア　イ　ウ　エ	/3
2	ア　イ　ウ　エ	/3
3	鉛筆の　という（10）こと。	/6
4 a		/4
4 b		/4
5	ア　イ　ウ　エ	/4
		/24

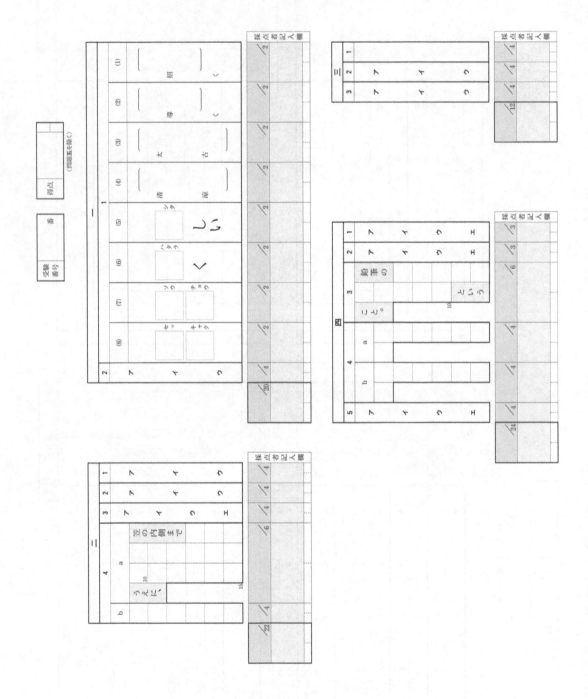

※ 140%に拡大していただくと，解答欄は実物大になります。

（原稿用紙）

受験番号　　番

得点　／12

・原稿用紙の正しい使い方にしたがって書くこと。
・題名や氏名は書かないで、本文から書き始めること。

100

180

※ 140%に拡大していただくと，解答欄は実物大になります。

令和三年度大阪府学力検査問題　国語解答用紙〔B問題〕

受験番号	番

得点	

〈問題五を除く〉

一

		採点者記入欄
1	ア　イ　ウ　エ	／2
2	どのような文字で書き表すかによって、（　　）ということ。 12	／6
3	ア　イ　ウ　エ	／4
4 a		／4
4 b		／4
		／20

二

		採点者記入欄
1	ア　イ　ウ　エ	／4
2	ア　イ　ウ　エ	／4
3		／2
4	ア　イ　ウ　エ	／4
		／14

三

			採点者記入欄
1	(1)	〔傾斜〕	／1
	(2)	〔惜敗〕	／1
	(3)	〔挑〕む	／1
	(4)	〔据〕えて	／1
	(5)	□《カ》かさず	／2
	(6)	□《ウタガ》わない	／2
	(7)	□《セッ》□《キャク》	／2
	(8)	□《エン》□《ソウ》	／2
2		ア　イ　ウ　エ	／2
			／14

四

		採点者記入欄
1 a		／4
1 b		／4
2	ア　イ　ウ　エ	／4
3	読みやすいストーリーや文章を（　　）50　60 ことが	／8
4	ア　イ　ウ　エ	／4
		／24

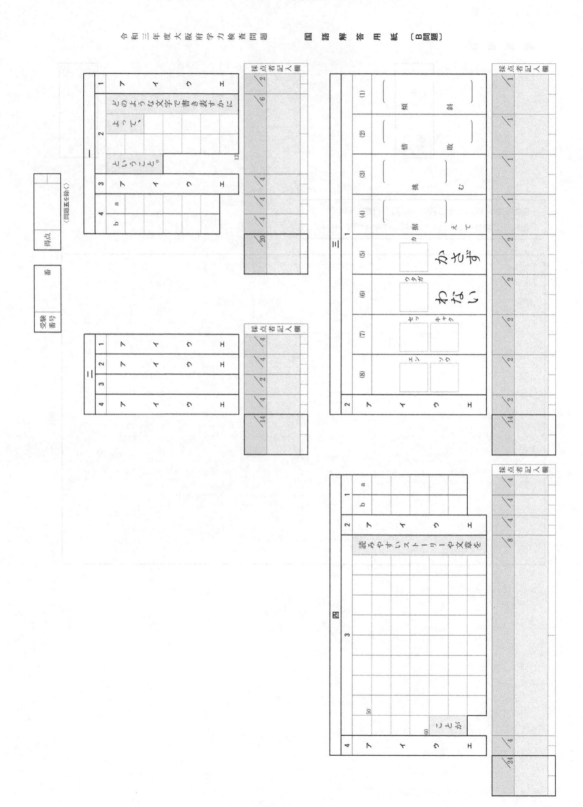

※ 140%に拡大していただくと，解答欄は実物大になります。

（原稿用紙）

受験番号　　番

得点　／18

・原稿用紙の正しい使い方にしたがって書くこと。
・題名や氏名は書かないで、本文から書き始めること。

100

200

260

※ 140%に拡大していただくと，解答欄は実物大になります。

令和三年度大阪府学力検査問題　　国語解答用紙〔C問題〕

受験番号　　番

得点

〈問題五を除く〉

一

1
(1) 〔　　〕芳　香〔　　〕
(2) 〔　　〕据　〔　　〕えて
(3) 〔　　〕繕　〔　　〕う
(4) タダ　□　ちに
(5) エン　ソウ　□□
(6) シャ　ジ　□□

2 無道人短、無説己之長。

採点者記入欄　/1　/1　/1　/2　/2　/2　/2　/11

二

1 ア　イ　ウ　エ
2 a　b
3 ア　イ　ウ　エ
4 五音二句が　……　ところに、

採点者記入欄　/4　/4　/4　/4　/6　/22

三

1 ア　イ　ウ　エ
2 ア　イ　ウ　エ
3 a 後になって　……　ことは、
　b 年月がたてば　……　ので、

採点者記入欄　/4　/4　/4　/4　/16

四

1 A　B　C　D
2 人や時代の変化も含めた　……　ことが大いにありうるから。
3 ア　イ　ウ　エ
4 a　b

採点者記入欄　/3　/6　/4　/4　/4　/21

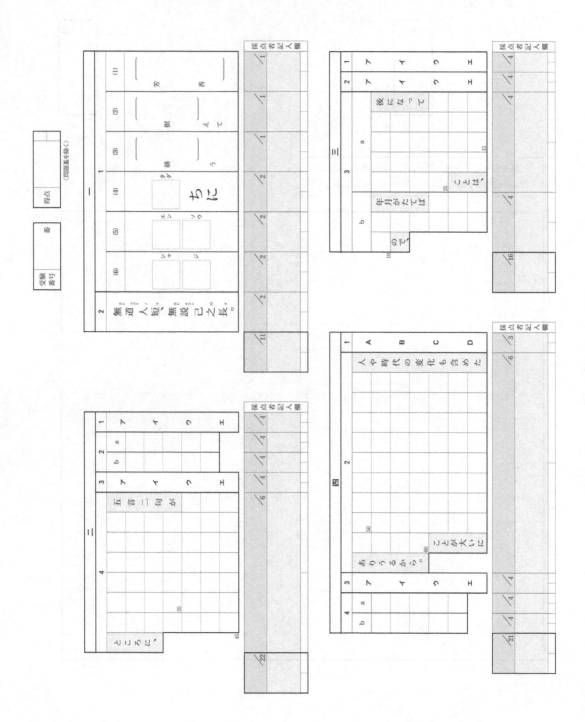

※ 140%に拡大していただくと，解答欄は実物大になります。

（原稿用紙）

受験番号　　番

得点　／20

・原稿用紙の正しい使い方にしたがって書くこと。
・題名や氏名は書かないで、本文から書き始めること。

2021年度入試配点表(大阪府・特別)

(A問題)

	1	2	3	4	計
数学	各2点×6	各2点×9 ((6)完答)	(1)　各1点×2 他　各2点×2	(1)　2点 (2)　各1点×3 (3)　4点	45点

(B問題)

	1	2	3	4	計
数学	各1点×6	(8)　4点 他　各2点×7	(1)①　各1点×2 他　各2点×3	(1)　2点 (2)　5点 他　各3点×2	45点

(A問題)

	1	2	3	4	5	リスニング	計
英語	各1点×12	各1点×4	各1点×3	各1点×4	[I](1)　1点 他　各2点×5	5, 6　各2点×3 他　各1点×5	45点

(B問題)

	1	2	3	リスニング	計
英語	[I]　各1点×5 [II]　(4), (5)　各2点×3 他　各1点×3	(1)　1点 他　各2点×6	①　3点 ②　4点	5, 6　各2点×3 他　各1点×5	45点

	1	2	3	4	計
理科	[II](7)~(9)　各2点×3 他　各1点×6	[II](5), [III](6)・(7) 各2点×3 他　各1点×4((2)・(6)各完答)	[I]　各1点×3 他　各2点×4 ((2)・(7)各完答)	[I]　各1点×4 他　各2点×4	45点

	1	2	3	4	計
社会	(2)①(b), ②(a)・(b) 各2点×3 他　各1点×4((1)③完答)	(1), (2)①　各1点×3 他　各2点×5	各2点×6	(1), (2)　各1点×2 他　各2点×4	45点

(A問題)

	一	二	三	四	計
国語	2, 3　各2点×2 他　各1点×10	2b　4点 他　各2点×4	3　3点 他　各2点×2	1a　4点 他　各2点×4	45点

(B問題)

	一	二	三	四	計
国語	4b　4点 他　各2点×4	1　1点 他　各2点×3	2　2点 他　各1点×8	4　6点 他　各2点×5	45点

2021年度入試配点表(大阪府・一般)

(A問題)

数学	1	2	3	4	計
	各3点×6	各3点×12	(1) 各3点×2 他 各5点×2	(3) 8点 他 各3点×4	90点

(B問題)

数学	1	2	3	4	計
	(1)～(5) 各3点×5 他 各4点×5	(1) 各3点×4 (2) 4点	(1)③ 4点 (2) 6点 他 各3点×2 ((1)①完答)	[I] (1) 7点 他 各4点×4 ([II] (3)①完答)	90点

(C問題)

数学	1	2	3	計
	(1)～(3) 各3点×3 (4)～(7) 各4点×4((7)完答) 他 各6点×4	(1)① 4点 ② 6点 (2) 7点	[I] (1) 8点 (2) 6点 [II] (3) 4点 (4) 6点	90点

(A問題)

英語	1	2	3	リスニング	計
	各2点×10	[I] (1), (3) 各2点×2 他 各3点×5	(8) 各4点×2 他 各3点×7	1, 2 各2点×2 他 各3点×6	90点

(B問題)

英語	1	2	3	リスニング	計
	(1) 2点 (9) 6点 他 各3点×7	(1), (2) 各2点×2 (6) 4点 他 各3点×7	各5点×2	1, 2 各2点×2 他 各3点×6	90点

(C問題)

英語	1	2	3	4	5	6	7	リスニング	計
	各2点×6	各2点×3	各2点×4	各2点×4	各2点×5	各2点×3	10点	【PartA】 1~3 各2点×3 他 各3点×2 【PartB】 各3点×2 【PartC】 12点	90点

理科	1	2	3	4	計
	(1)～(4) 各2点×4 他 各3点×5 ((3), (6)①②・③④, (8)各完答)	(4)～(7) 各3点×4 他 各2点×5 ((1)①②, (4)～(6)各完答)	(4)～(7) 各3点×4 他 各2点×5 ((7)完答)	(1), (2)①②・③, (3) 各2点×4 他 各3点×5 ((2)①②, (4)④各完答)	90点

社会	1	2	3	4	計
	(4)②, (5) 各3点×3 他 各2点×8 ((1)②, (3)①各完答)	(1) 各2点×6 (2) 各3点×3 ((1)②, (2)①各完答)	(2)②・③ 各3点×4 他 各2点×5 ((1)①(a)・(c)各完答)	各2点×11 ((2)①(b)・③ⓐⓑ・ⓒⓓ, (3)①各完答)	90点

(A問題)

国語	一	二	三	四	五	計
	2 4点 他 各2点×8	4a 6点 他 各4点×4	各4点×3	1, 2 各3点×2 3 6点 他 各4点×3	12点	90点

(B問題)

国語	一	二	三	四	五	計
	1 2点 2 6点 他 各3点×4	3 2点 他 各4点×3	1(1)～(4) 各1点×4 他 各2点×5	3 8点 他 各4点×4	18点	90点

(C問題)

国語	一	二	三	四	五	計
	1(1)～(3) 各1点×3 他 各2点×4	4 6点 他 各4点×4	各4点×4	1 3点 2 6点 他 各4点×3	20点	90点

〈リスニング問題の音声について〉

本問題集掲載のリスニング問題の音声は、弊社ホームページでデータ配信しております。

現在お聞きいただけるのは「2024年度受験用」に対応した音声で、2024年3月末日までダウンロード可能です。弊社ホームページにアクセスの上、ご利用ください。

※本問題集を中古品として購入された場合など、配信期間の終了によりお聞きいただけない年度がございますのでご了承ください。

大阪府公立高校　2024年度

ISBN978-4-8141-2869-3

発行所　東京学参株式会社

〒153-0043　東京都目黒区東山2-6-4
URL　https://www.gakusan.co.jp

編集部　E-mail　hensyu@gakusan.co.jp

※本書の編集責任はすべて弊社にあります。内容に関するお問い合わせ等は、編集部まで、メールにてお願い致します。なお、回答にはしばらくお時間をいただく場合がございます。何卒ご了承くださいませ。

営業部　TEL　03 (3794) 3154
FAX　03 (3794) 3164
E-mail　shoten@gakusan.co.jp

※ご注文・出版予定のお問い合わせ等は営業部までお願い致します。

2023年8月29日　初版